大清一統志

第九册

山東（一）

山東（一）

山東（一）

目録

山東全圖……五五五五
山東統部表……五五五八
大清一統志卷一百六十一　山東統部……五五六二
濟南府圖……五六〇一
濟南府表……五六〇四
大清一統志卷一百六十二　濟南府一……五六一八
大清一統志卷一百六十三　濟南府二……五六五一
大清一統志卷一百六十四　濟南府三……五六九五
兖州府圖……五七三五
兖州府表……五七三八
大清一統志卷一百六十五　兖州府一……五七四六
大清一統志卷一百六十六　兖州府二……五七七六
大清一統志卷一百六十七　兖州府三……五八一四

東昌府圖……五八五五
東昌府表……五八五八
大清一統志卷一百六十八　東昌府一……五八六五
大清一統志卷一百六十九　東昌府二……五八九五
青州府圖……五九二七
青州府表……五九三〇
大清一統志卷一百七十　青州府一……五九四二
大清一統志卷一百七十一　青州府二……五九七三
大清一統志卷一百七十二　青州府三……六〇一八
登州府圖……六〇六五
登州府表……六〇六八
大清一統志卷一百七十三　登州府……六〇七四

山東全圖

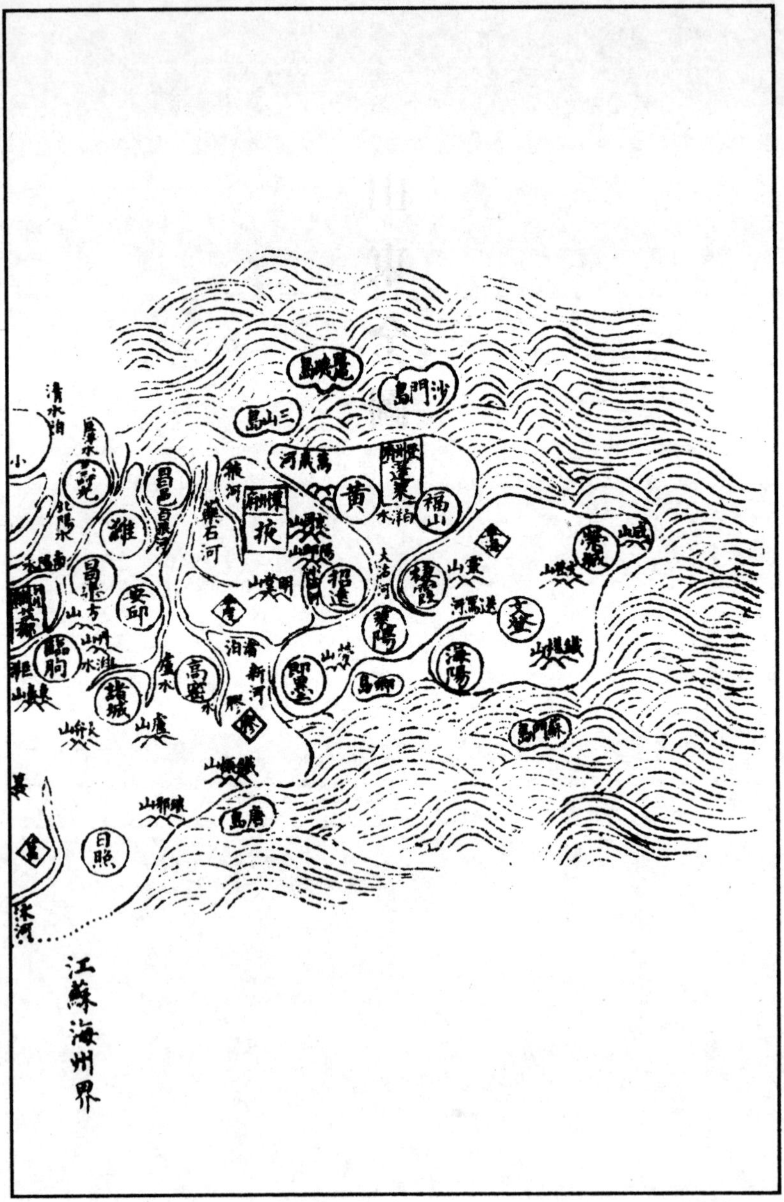
沙門島
三山島
黃
福山
濰
安邱
臨朐
諸城
高密
即墨
萊陽
招遠
棲霞
文登
海陽
唐島
日照
江蘇海州界

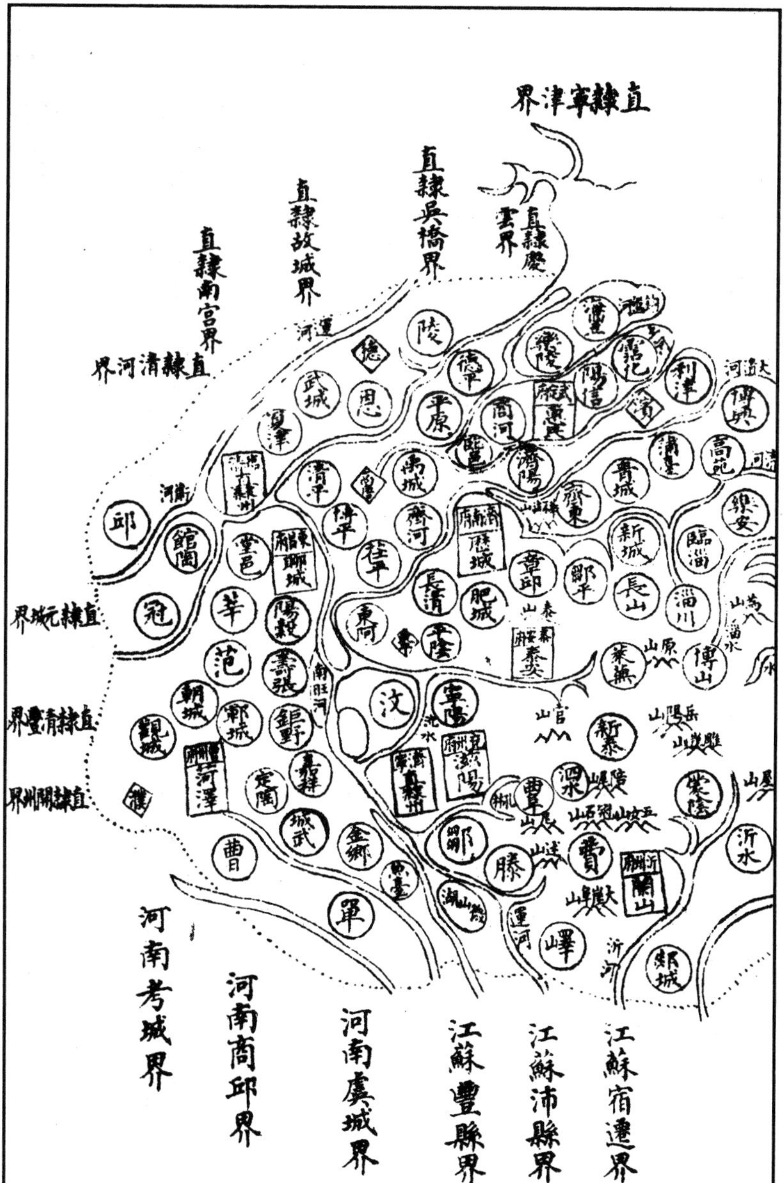
直隸寧津界
直隸慶雲界
直隸吳橋界
直隸故城界
直隸南宮界
直隸清河界
直隸元城界
直隸清豐界
直隸開州界
陵
德
恩
武城
夏津
平原
德平
樂陵
商河
陽信
利津
博興
高苑
禹城
齊河
歷城
齊東
青城
樂安
新城
臨淄
長山
鄒平
章邱
長清
肥城
淄川
博山
萊蕪
新泰
茌平
博平
清平
堂邑
聊城
館陶
邱
冠
莘
陽穀
范
壽張
朝城
觀城
鄆城
鉅野
菏澤
定陶
嘉祥
城武
曹
金鄉
單
東阿
平陰
汶
寧陽
泗水
曲阜
鄒
滕
費
嶧
蘭山
郯城
蒙陰
沂水
河南考城界
河南商邱界
河南虞城界
江蘇豐縣界
江蘇沛縣界
江蘇宿遷界

山東統部表

		濟南府
秦	齊、琅邪、薛、東四郡地。	齊郡地。
兩漢	前漢青、兗、徐三州地。後漢青、徐、兗、豫四州地。	濟南郡 前漢置郡。後漢爲國，治東平陵。
三國	屬魏。	濟南國 屬魏。
晉	初分屬兗、豫、冀、青、徐五州。義熙五年仍爲兗、徐、青三州地。	濟南郡 永嘉後移治歷城。
南北朝	宋分青州置冀州，分徐州置東徐州。魏初爲司、冀、兗、青、齊五州，後又增置濟、光、東徐、西兗、膠、南青、北徐七州。	齊州濟南郡 宋僑置冀州。魏皇興三年改州。
隋	大業三年改諸州爲郡，分屬豫、兗、青、徐四州。	齊郡 開皇初郡廢。大業初改州爲郡。
唐	貞觀元年分屬河南、河北二道。至德二載復以郡爲州。	齊州 武德初復置州，屬河南道。
五代		齊州
宋金附	宋初屬京東、河北二路。熙寧七年分京東爲東、西二路。金改京東爲山東，仍分東、西二路。	濟南府 宋政和六年升府，屬京東東路。金屬山東東路。
元	改置燕南河北道、山東東西道，統屬中書省。	濟南路 改路，屬中書省。
明	山東布政使司 洪武九年置。	濟南府 洪武初復府。九年爲山東布政司治。

續表

兗州府	東昌府	青州府	登州府
薛郡地。	東郡地。	齊郡	齊郡地。
徐、兗二州地。		青州齊郡 元封五年置州，治臨淄。	東萊郡 後漢移來治。
	魏平原郡地。	青州齊郡	
	平原國地。	青州齊郡 永嘉後移州治廣固城。義熙五年治東陽城。	東萊國地。
兗州 宋元嘉三十年置。	平原郡 魏太和十一年改置，治王城。武泰初分置南冀州。永安中州廢。	青州齊郡 齊州郡皆治益都。	魏東牟郡地。
魯郡 大業二年改魯州。三年改郡。	開皇初郡廢。十六年置博州。大業初州廢。	北海郡 大業三年州廢，改郡名。	東萊郡地。
兗州 武德五年復州，屬河南道。	博州 武德初復置州，屬河北道。	青州 武德四年復置州，屬河南道。	登州 神龍三年改置，屬河南道。
兗州	博州	青州	登州
兗州 宋政和八年升襲慶府，屬京東西路。金復故。	博州 宋屬河北東路。金屬山東西路。	益都府 宋慶曆三年爲京東東路治。金改府，爲山東東路治。	登州 宋屬京東東路。金屬山東東路。
兗州 初屬濟州，後屬中書省濟寧路。	東昌路 至元四年升博州路。十三年改名，屬中書省。	益都路 改路，屬中書省。	登州 初屬益都路，後屬般陽路。
兗州府 洪武十八年升府，屬山東布政司。	東昌府 洪武初改府，屬山東布政司。	青州府 洪武初改府。九年屬山東布政司。	登州府 洪武九年升府，屬山東布政司。

續表

萊州府	武定府	沂州府	泰安府
齊郡地。		琅邪郡	齊郡地。
東萊郡 高帝置，治掖。後漢徙治黃。	千乘、渤海、平原三郡地。	琅邪國 初爲東海郡地。後漢建初五年置國，治開陽。	泰山郡 高帝置。初治博，後治奉高。
東萊郡		琅邪國	泰山郡
東萊國 改國，還治掖。		琅邪國	泰山郡
光州 東萊郡 宋復郡。魏皇興四年置州。		沂州 宋移郡治即丘。魏永安二年置北徐州。周改名。	東平郡 魏治鉅平。齊改名，還治博。
東萊郡 開皇初郡廢。五年改曰萊州。大業初復爲郡。	棣州 開皇六年分置，治陽信。	琅邪郡 開皇中郡廢。大業初改州爲郡。	開皇初郡廢。
萊州 武德四年復置州，屬河南道。	棣州 武德六年州廢。貞觀十七年復置，屬河南道。	沂州 復置州，屬河南道。	武德五年於博城置東泰州。貞觀元年廢。
萊州	棣州	沂州	
萊州 宋屬京東東路。金屬山東東路。	棣州 宋屬河北東路。金屬山東東路。	沂州 宋屬京東東路。金屬山東東路。	泰安州 金初置泰安軍。大定二十二年升州，屬山東西路。
萊州 初屬益都路。至元二年屬般陽路。	棣州 中統三年置濱棣路。後罷，屬濟南路。	沂州 屬益都路。	泰安州 直隸省部。
萊州府 洪武九年升府，屬山東布政司。	武定州 洪武六年改曰樂安州。宣德元年又改，屬濟南府。	沂州 洪武初屬濟南府。十八年改屬兗州府。	泰安州 屬濟南府。

續表

曹州府	濟寧直隸州	臨清直隸州
碭郡地。	碭郡地。	東郡地。
濟陰郡地。	任城國 後漢元和初置。	
濟陽郡地。	永嘉後廢。	
	高平郡 魏神龜初置任城郡。齊天保七年改名。	
	開皇初廢。	
	濟州地。	
曹州 金大定八年移置，屬山東西路。	濟州 金天德二年移來治。	
曹州 初屬東平路。至元二年直隸省部。	濟寧路 至元六年徙治鉅野。八年升爲濟寧府，尋復徙。十二年復置州。十六年改路。	
曹州 洪武初廢。正統十一年復置，屬兗州府。	濟寧州 洪武初改路爲府。十八年降爲州，屬兗州府。	臨清州 弘治二年升州，屬東昌府。

大清一統志卷一百六十一

山東統部

在京師南八百里。東西距一千六百四十里，南北距八百十里。東至大海一千三百里，西至直隸大名府元城縣界三百四十里，南至江南徐州府沛縣界五百七十里，北至直隸河間府寧津縣界二百四十里。東南至江南淮安府海州界六百八十里，西南至河南歸德府商丘縣界六百八十里，東北至渤海四百二十里，西北至直隸冀州南宫縣界三百一十里。

分野

天文虛、危、奎、婁分野，玄枵、降婁之次，兼室、壁、房、心、昴、畢分野，娵訾、大火、大梁之次。齊地，虛、危分野，屬青州，自須女十度至危十五度，爲玄枵之次，今濟南府、青州府、登州府、萊州府、武定府及兖州府之陽穀，東昌府之聊城、堂邑、博平、茌平、清平、高唐州，臨清州之夏津，泰安府之東阿、平陰當其地。魯地，奎、婁分野，屬徐州，自奎五度至胃六度，爲降婁之次，今兖州府、沂州府、泰安府及萊州府之高密、即墨、膠州、平度州當其地。衛地，營室、東壁分野，屬并州，自危十六度至奎四度，爲娵訾之次，今曹州府之濮州、范縣、觀城、朝城，兖州府之汶上、壽張，東昌府之莘縣、冠縣、館陶，臨清州丘縣，泰安府之東平州當其地。宋地，房、心分野，屬豫州，自氐五度至尾七度，爲大火之次，今曹州府及濟寧州金鄉、魚臺當其地。趙地，昴、畢分野，屬冀州，自胃七度至畢十一度，爲大梁之次，今東昌府之恩縣、臨清州之武城當其地。

建置沿革

禹貢青、徐及兖、豫四州之域。禹貢：濟、河惟兖州；海、岱惟青州；海、岱及淮惟徐州；又豫州導菏澤。今濟南、青、登、萊及泰安府東阿、平陰之北境皆古青州地。兖州與曹州府之鉅野，泰安府之東平州及新泰、萊蕪之南境皆古徐州地。東昌與兖州府之陽穀、壽張，曹州府之鄆城及濟南、青州二府之西北境皆古兖州地。曹州府，古豫州地。周爲青、兖、豫三州地。周禮職方氏：正東曰青州；河東曰兖州。漢書地理志：周改禹徐州合之於青。禹貢九州兼有青、徐，爾雅無青，周禮無徐。郭璞爾雅注云：疑是殷制。春秋爲齊、魯及衛、宋、曹、滕、薛、郳、莒、杞諸國地。戰國屬齊，并屬楚、趙。今青州、濟南、武定及東昌之西境州縣，泰安之肥城、萊蕪、東阿、平陰，兖之陽穀、壽張，曹之范縣，春秋齊國地。登、萊，春秋紀、萊、牟、介、莒諸國地，戰國並屬齊。兖州府及沂之沂水、日照，曹之單縣、鉅野、鄆城，泰安之新泰、東平，春秋魯國地。戰國後南屬楚，北屬齊。曹州府之濮州、朝城、觀城，春秋衛地，戰國屬齊，後又屬趙。濟寧州之金鄉，春秋宋地。曹州府之曹縣、定陶，春秋曹國地，後屬宋，戰國屬齊。兖州府之鄒縣，春秋邾國地，戰國改名鄒國。滕縣，春秋滕、薛、小邾三國地。沂州府之莒州，春秋莒國地。東昌府之館陶、冠縣、莘縣、恩縣，臨清州之武城縣，春秋晉地，戰國屬趙。臨清州丘縣爲趙東鄙，高唐州爲齊西鄙，夏津爲齊、趙二國邊界。秦兼天下，置齊郡、琅邪郡、薛郡、東郡。漢初，分齊爲三國。史記秦楚之際月表：項羽分齊爲三國：臨淄王田都都臨淄，濟北王田安都博陽，膠東王田市都即墨。尋并於漢，分置諸郡國。改薛郡爲魯國。後漢書郡國志：魯國，秦薛郡。高后改。元封五年，置十三州部刺史，爲青、兖、徐三州地。青州領平原、千乘、濟南、齊、北海、東萊六郡，菑川、膠東、高密三國；兖州領東、山陽、濟陰、泰山四郡，城陽、東平二國；而琅邪、東海二郡及魯國屬徐州。皆今山東省所屬之地。按：菑川、膠東、高密三國，漢志不言所屬，以本文故齊推之，當屬青州。魯國，漢志屬豫州。後漢書郡國志：魯國本屬徐州，光武改屬豫州。推之前志，亦據書成時所屬而言也。後漢屬青、徐、兗、豫四州。青州刺史治臨淄，領濟南國、平原郡、樂安國、北海國、東萊郡、齊國；徐州刺史治郯，領東海郡、琅邪國；而東郡、東平國、任城國、泰山郡、濟北國、山陽郡、濟陰郡並屬兗州；魯國屬豫州。三國魏因之。

晉初，分屬兗、豫、冀、青、徐五州。晉書地理志：兗州統濮陽國、濟陽郡、高平國、任城國、東平國、濟北國、泰山郡；豫州統魯郡；冀州統平原國、樂陵國；青州統齊國、濟南郡、樂安國、城陽郡、東萊國、長廣郡；徐州統東海郡、琅邪國、東莞郡。永嘉後爲後趙、前燕、前秦、南燕所有。晉志：惠帝末，兗州、豫州、冀州、青州淪於石氏，徐州所得惟半。季龍末，遼西段龕據青州，慕容恪克之。苻氏平燕，盡有其地。苻氏敗，刺史苻朗以州降晉，置幽州刺史，鎮廣固。隆安四年，慕容德都之，復改爲青州。德以并州牧鎮陰平，幽州刺史鎮發干，徐州刺史鎮莒城，青州刺史鎮東萊，兗州刺史鎮梁父。慕容超移青州於東萊郡。義熙五年，劉裕平南燕，仍爲兗、徐、青三州地。宋元嘉九年，分青州置冀州。二十年，省兗州，尋復置。泰始三年，分徐州置東徐州。宋書州郡志：青州刺史領郡：齊郡、濟南、樂安、高密、平昌、北海、東萊、泰原、長廣。冀州刺史領郡：平原、樂陵。徐州刺史領郡：蘭陵、東海、東莞、東安、琅邪、陽平、濟陰、北濟陰、平昌。兗州刺史元嘉二十年省，分郡屬徐、冀州；三十年六月復立，領郡：泰山、高平、魯郡、東平、陽平、濟北。後魏爲司、冀、領郡：安德。兗、領郡：泰山、魯、高平、任城、東平、東陽平。青、領郡：齊、北海、樂安、渤海、高陽、河間、樂陵。齊本劉宋冀州，皇興三年更名。領郡：東魏、東平原、東清河、廣川、濟南、太原。五州，又增置濟、泰常八年置，領郡：濟北、平原、東平、南清河、東濟北。光、皇興四年分青州置，領郡：東萊、長廣、東牟。東徐、孝昌元年置，領郡：下邳、武原、郯。西兗、孝昌三年置，領郡：沛、濟陰。膠、永安二年置，領郡：東武、高密、平昌。南青、太和二十二年改，領郡：東安、東莞〔一〕。北徐永安二年置，領郡：東泰山、琅邪。七州，共領四十二郡。北齊因之。後周置總管府於青州。隋開皇三年，廢郡爲州。十四年，總管府廢。大業元年，於兖州置都督府。三年，改諸州爲郡，分屬豫、濟陰郡屬。兖、東平、濟北、渤海、平原四郡屬。青、北海、齊、東萊、高密四郡屬。徐魯、琅邪二郡屬。四州。唐武德初，復以郡爲州。二年，置齊州總管府。管齊、鄒、東泰、譚、淄、濟六州。四年，又置青州、管青、濰〔二〕、登、牟、莒、密、萊、乘八州。德州、管博、德、棣、觀四州。鄆州管鄆、濮、兖、戴、曹五州。三總管府。七年，改總管府爲都督府。貞觀元年，府罷，諸州分屬河南、河北道採訪使。鄆、曹、濮、兖、沂、青、淄、密、登、萊、齊、棣十二州屬河南道，博、德二州屬河北道。七年，復置齊州都督府。十四年，又置兖州都督府。天寶元年，仍改州爲郡。至德二載，復以郡爲州，分置淄青、平盧、天平、泰寧四州節度使。唐書方鎮表：至德元載，置青密節度使，治北海。乾元二年，升鄆齊兖都防禦使爲節度使〔三〕，治兖州。上元二年，置淄沂節度使，治沂州。尋以侯希逸引兵保青州，併領淄沂，遂號淄青平盧節度使。寶應元年，廢兖鄆節度使。元和十四年，又置鄆曹濮節度使〔四〕，治鄆州。十五年，賜號天平軍節度使。長慶元年，升沂海觀察使爲節度使，治兖州。乾寧四年，賜號泰寧軍節度使。五代梁、唐因之，晉置威信軍於曹州，漢初廢，周復於曹州置彰信軍。

宋初屬京東及河北路。熙寧七年，分京東爲東、西兩路。濟南府，青、密、沂、登、萊、濰、淄七州，屬京東東路；襲慶、興仁、東平三府，濟、單、濮三州，屬京東西路；而博、德、恩、棣、濱五州屬河北路。金改京東爲山東，始有「山東」之名，仍分東、西兩路。東路領益都、濟南二府，濰、淄、沂、密、登、萊、莒、棣、濱、寧海十州；西路領東平府，兖、曹、濟、博、德〔五〕、滕、泰安七州；而恩、濮二州屬大名府路〔六〕；單州屬南京路。元分置燕南河北道、山東東西道肅政廉訪司及山東東西道宣慰司〔七〕，直隸中書省，謂之「腹裏」。東平、東昌、濟寧三路，曹、濮、德、恩、冠、高唐、泰安七州，屬燕南河北道；濟南、般陽二路，寧海州，屬山東東西道；而益都路屬宣慰司。明洪武元年置山東行中書省，治青州。九年，移治濟南。尋改置山東承宣布政使司，領六府，濟南、兗州、東昌、青州、登州、萊州。一十四州，八十九縣。濟南府領武定、德、濱三州，二十六縣；兗州府領濟寧、沂、東平、曹四州，二十三縣；東昌府領臨清、高唐、濮三州，十五縣；青州府領莒州，十三縣；登州府領寧海州，七縣；萊州府領平度、膠二州，五縣。

本朝因之，爲山東省。雍正二年，升濟南府之泰安、武定、濱，兗州府之濟寧、曹、沂等六州爲直隸州。八年，濟寧州仍屬兗州府。十二年，升武定、沂二州爲府，濱州改屬武定。十三年，升泰安、曹二州爲府。乾隆四十一年，升濟寧州並東昌府之臨清州爲直隸州。共領府十，州二。

濟南府、兗州府、東昌府、青州府、登州府、萊州府、武定府、沂州府、泰安府、曹州府，濟寧直隸州、臨清直隸州。

形勢

東據海，東南接江南海州贛榆縣境，爲安東、日照、諸城，折而東，爲膠州、即墨、萊陽、海陽、文登，至榮城折而北〔八〕，又折而西，爲文登、寧海、福山、蓬萊、黄縣、招遠、掖縣、昌邑、濰縣、壽光、樂安、利津、霑化、海豐，折而北，抵直隸之鹽山縣界，凡千餘里。自登州以南，皆岸大海。自萊州以東，則曰渤海，亦曰少海。南起登州沙門島，北至永平碣石，爲渤海之口，廣五百里。晉書地理志：「舜以青州越海，分爲營州。」是古青州之境，跨有北海也。榮城以東，有元人海運故道。自濟南、兗州、東昌、泰安、曹州五府外，當大海一面之險者，武定東北境，沂州東南境；當兩面之險者，青州、萊州北境、南境；當三面之險者，登州東、南、北，皆以海爲境。南距徐、邳，舊運河自江南徐州府入境，新運河自邳州入境。西接宋、衛，今河南歸德、直隸大名爲古宋、衛之地。北連燕、趙。今直隸河間爲古燕、趙之地。其名山則有泰山，在泰安府。五嶽之東嶽也，亦曰岱宗。沂山，在青州府臨朐縣，是爲東鎮。琅邪，在青州府諸城縣。其大川則有黃河，黃河故道禹漯川，經今武城、德州、德平北，又東北經樂陵、海豐西北，又東流入海。東漢以後，河經今觀城南，朝城、莘縣東，堂邑東南，聊城、博平、茌平北，折而北流，經禹城西，平原、陵縣東，又折而東，經德平、臨邑、商河北，樂陵、惠民南，又東經濱州、蒲臺南，至利津東南入海。自唐迄宋初，河北流一支，經今濮州北，朝城、莘縣、堂邑西，折而東北，經清平、夏津、德州南，德平北，又東北經惠民、陽信北，至霑化東北入海；其南流一支，經今濮州東北，范縣、陽穀、東阿、平陰、長清、臨邑西北，折而東，經濱州、利津北，東入海。自宋仁宗以後，河北流一支，經今冠縣、館陶、臨清、武城、德州西北，流入直隸景州、東光界；東流一支，經今朝城、莘縣、堂邑、聊城西北，又東經高唐、平原、德平、商河、惠民、陽信北，至霑化東北入海。自金章宗以後，河由今菏澤北，濮州南，東北至鄆城東北，壽張東南，注於梁山濼。南北分流，北派由北清河入海，經今東阿、平陰、長清西北，折而東，經齊河東，齊東西，青城、蒲臺北，濱州南，至利津東入海；南派由南清河入淮，經今東平、汶上西南，嘉祥東北，濟寧西南，魚臺之東，流入江南沛縣界。明弘治中，築斷黃陵岡，北流始絕。今從河南考城東流入，經曹、單二縣南，東南流入江南豐縣、碭山界。運河，即會通河。元至元中所開。明永樂九年濬故道，自濟寧北至臨清，凡三百八十五里；南至江南沛縣，凡三百里。而南旺湖地勢特高，於是相地置閘，以時啓閉。自分水北至臨清，地降九十尺，爲閘十有七，而達衛河；南至沛縣沽頭，地降百六十尺，爲閘二十有一，而達河、淮。舊志：運河凡七百七里，入衛河，又四百里始出境，達京師。山東境內，由魚臺至臨清，得汶、洸、泗、沂四水，共泉百七十餘，會於泗水，而分流於漕渠，爲閘百三十，爲淺二百二十，皆有司分掌之，而統於總河。新志：運河南自江南邳州界起，經兗州、曹州、泰安、東昌、濟南五府之境四州、十六縣，北至直隸吳橋縣界，長一千一百四十三里。濟水，今大清河即濟水故道。自汶上縣北出，至東平州西安山閘，又西北與運河分流，經東阿、平陰、長清、齊河、歷城，而會於濼水，即小清河也。又北經臨邑、惠民、濱州、利津，而入於海。由安山閘而下，皆稱大清河。小清河即濟之南源，一名濼水，源出濟南府城西南趵突泉，合諸泉水，並城北流，屈而東，大明湖水注之。東北經華不注山，合華泉，經章丘、鄒平、長山及新城縣，會孝婦河。又東經高苑、博興、樂安入海。自歷下以東之水昔入濟者，並入小清河。汶水，源出泰安府萊蕪縣原山之南，西南流，會嬴汶、柴汶、牟汶諸水，經徂萊山之陰，又南流曰大汶口。小汶水自新泰縣東來注之，合流，經府城南，又西南經寧陽縣北堽城壩，分爲二流：其正流西經平陰，又西南流，經汶上，合白馬湖諸水，入南旺湖，南北分流，爲分水閘，即今運河也；支流爲洸河，自寧陽縣西南流，達兗州府城西，合沂、泗二水，至濟寧州南天井閘，東入運河。拱帶畿南，轉輸扼要。至於嶽宗受秩，清宴呈休，聲教漸被之餘，不徒以山河十二爲雄矣。舊志。

文職官

巡撫。駐濟南府。兼提督銜，監督臨清關務。

總督河道。駐濟寧州。雍正元年，添設副總河一員。十三年裁。嘉慶十九年，復設副總河，尋裁。

提督學政。

布政司，經歷，庫大使。廣儲。

按察司，經歷，司獄。

督糧道，駐德州。管理漕糧，兼管德、常、臨清倉事務。庫大使。

分守濟東泰武臨道。駐濟南府。管理驛傳事務。轄濟、東、泰、武四府，臨清一州。

分守登萊青兵備道。駐登州府。

分巡兗沂曹濟兵備道。駐兗州府。兼管驛傳事務，及曹單、曹儀二廳黄河工程。

分巡運河兵備道。駐濟寧州。管黄、運河隄，兼管河庫道事。

鹽運使，駐濟南府。兼理鹽法道，及河南商丘九州縣、江南徐州府六州縣鹽法。運同，濱樂分司，駐濱州。運判，膠萊分司，駐膠州。經歷，庫大使，益昌。批驗所大使二員，歷城濼口、蒲臺北關。鹽場大使十員。樂安縣王家岡，壽光縣官臺，諸城縣信陽，福山縣登寧，掖縣西由，膠州石河，利津縣永阜，霑化縣永利、富國，日照縣濤雒。

濟南府知府，水利同知，糧捕通判，駐德州。府學教授，訓導，經歷，司獄，知州，德。管河州同，州判，河捕，駐邊臨鎮。州學學正，訓導，吏目，知縣十五員，歷城、章丘、鄒平、淄川、長山、新城、齊河、齊東、濟陽、禹城、臨邑、長清、陵、德平、平原。縣丞七員，歷城、章丘、齊河、平原俱駐縣城，長山駐周村，禹城駐禹城橋，長清駐張夏鎮。按：禹城一員，乾隆五十四年裁淄川改設。縣學教諭十五員，訓導十五員，主簿，歷城屬中公集，乾隆三十七年裁膠州古鎮巡司改設。巡檢，歷城屬龍山鎮，乾隆三十一年設。典史十五員。

兗州府知府，同知三員，總捕一員，原駐府城，乾隆二十一年移駐滕縣社安集；運河一員，駐濟寧州；泇河一員，駐滕縣夏鎮。按：泇河一員舊係通判，乾隆三十八年裁沂郯海贛同知改設。通判三員，泉河一員，駐汶上縣；捕河一員；糧捕一員，原駐府城，乾隆二十年移駐陽穀縣張秋鎮。府學教授，又四氏學教授一，學録一，尼山學録一。訓導，經歷，司獄，知縣十員，滋陽、曲阜、寧陽、鄒、泗水、滕、嶧、汶上、陽穀、壽張。按：曲阜知縣，舊係孔氏世職，乾隆二十一年定爲在外題缺。其孔氏世襲知縣之職，改授世襲六品官。縣丞八員，滋陽、鄒、嶧俱駐縣城，滕駐臨城驛，汶上駐馬村，陽穀駐阿城鎮。舊設七員，乾隆四十六年增汶上管河、滕管河各一員，裁寧陽一員。縣學教諭十員，訓導十員，主簿三員，陽穀、壽張俱管河，舊設四員，乾隆四十六年裁汶上、滕二員，增寧陽一員。典史十員，閘官十二員。嶧屬頓莊、萬年莊、臺莊、韓莊，汶上屬開河、寺前鋪、珠梅、南旺、袁家口，陽穀屬阿城、荆門、七級。

至聖廟官，三品執事官以下均係本縣聖裔，由衍聖公會同山東學政揀選，報部充補，年終彙題。衍聖公世襲六品官，舊係曲阜世職知縣，乾隆二十一年改設。翰林院五經博士二員，太常寺博士，國子監學録二員，執事官四十員，三品二員、四品四員、五品六員、七品八員、八品十員、九品十員，乾隆八年增設。司樂，典簿，奎文閣。屯田管勾，屯官八員，鉅野、鄆城、平陽各二員，東阿、獨山各一員。林廟守衛司百户，知印，掌書，書寫，啓事二員，金絲堂、詩禮堂。奏差，隨朝伴官六員。

東昌府知府，水利同知，通判二員，上河一員，駐府城；下河一員，駐武城縣。府學教授，訓導，經歷，司獄，知州，高唐。州判，州學學正，訓導，吏目，知縣九員，聊城、堂邑、博平、茌平、莘、清平、冠、館陶、恩。縣丞三員，聊城、茌平駐縣城，恩縣駐四女寺。縣學教諭九員，訓導九員，管河主簿四員，聊城、堂邑、清平、館陶。巡檢。清平屬魏家灣。典史九員，閘官五員。聊城屬永通、通濟橋、周家店，堂邑屬梁家鄉，清平屬戴家灣。

青州府知府，同知二員，理事一員，海防一員。府學教授，訓導，經歷，司獄，知縣十一員，益都、博山、臨淄、博興、高苑、樂安、壽光、昌樂、臨朐、安丘、諸城。縣丞三員，益都駐金嶺鎮，壽光駐侯鎮，安丘駐景芝鎮。縣學教諭十一員，訓導十一員，巡檢二員，臨朐屬穆陵關，諸城屬信陽鎮。典史十一員。

登州府知府，海防同知，舊有鹽捕通判，乾隆七年裁。府學教授，訓導，經歷，司獄，知州。寧海。州同，州學學正，訓導，吏目，知縣九員，蓬萊、黃、福山、棲霞、招遠、萊陽、文登、海陽、榮城。縣丞二員，蓬萊駐縣城；萊陽原駐縣城，乾隆三十一年移駐姜山集。縣學教諭九員，訓導九員，巡檢六員，黄屬黃山館驛，福山屬海口，文登屬靖海、威海，海陽屬行村寨，榮城屬石島。典史九員。

萊州府知府，海防同知，府學教授，訓導，經歷，司獄，知州二員，平度、膠。州同二員，平度駐灰埠驛，膠駐州城。州學學正二員，訓導二員，吏目二員，知縣五員，掖、昌邑、濰、高密、即墨。縣丞三員，掖舊駐縣城，乾隆五十二年移駐朱橋鎮；昌邑、濰駐縣城。縣學教諭五員，訓導五員，巡檢四員，濰屬固隄店，膠州屬靈山，即墨屬鼇山衛、栲栳島。典史五員。

武定府知府，海防同知，駐利津。府學教授，經歷，司獄，知州，濱。州判，州學學正，訓導，吏目，知縣九員，惠民、青城、陽信、海豐、樂陵、商河、利津、霑化、蒲臺。縣丞三員，惠民、利津、蒲臺。縣學教諭八員，惠民止設訓導。訓導九員，巡檢二員，海豐屬大沽河口，利津屬豐國鎮。舊設三員，乾隆三十一年裁霑化縣天山鎮一員。典史九員。

沂州府知府，通判二員，鹽捕一員，駐蘭山；沂郯海贛一員，駐郯城大興鎮，乾隆三十八年裁兗州府泇河通判改設。府學教授，經歷，司獄，知州，莒。州同，州學學正，訓導，吏目，知縣六員，蘭山、郯城、費、蒙陰、沂水、日照。縣丞二員，蘭山，乾隆六十年移駐蘭陵集；沂水駐東里店。縣學教諭五員，蘭山止設訓導。訓導六員，管河主簿，郯城，乾隆四十六年裁縣丞改設。巡檢七員，蘭山屬青駝寺，費屬關陽鎮、平邑寨，莒州屬石埠集、十字路，沂水屬垛莊，日照屬安東。典史六員。

泰安府知府，糧捕通判，駐樓德莊。府學教授，經歷，司獄，知州，東平。州同，管河。州判，管河。州學學正，訓導，吏目，知縣六員，泰安、肥城、新泰、萊蕪、東阿、平陰。縣丞二員。泰安、東阿。縣學教諭五員，泰安止設訓導。訓導六員，主簿，泰安屬安駕莊。巡檢二員，新泰屬上四莊，東平屬彭家集。典史六員，閘官三員。東平屬靳家口、安山閘、戴家灣口。

曹州府知府，同知二員，督捕一員，駐菏澤縣桃源集；曹河一員，嘉慶四年裁曹單同知改設。通判二員，曹考一員，乾隆四十八年裁曹儀通判改設；糧河一員，嘉慶四年裁管糧通判改設，八年移駐單縣黃堽集。府學教授，經歷，司獄，知州，濮。州判，州學學正，訓導，吏目，知縣十員，菏澤、單、城武、鉅野、鄆城、曹、定陶、范、觀城、朝城。縣丞三員，曹縣二員，一管河，一駐劉家口；曹單一員，嘉慶四年裁河南修武縣丞設，移屬。縣學教諭九員，菏澤止設訓導。訓導十員，管河主簿三員，曹、鉅野、單。巡檢二員，菏澤屬沙土集，乾隆三十四年裁鉅野安興寨巡檢改設；曹屬安陵。典史十員，閘官。鉅野屬通濟橋。

濟寧直隸州知州，州同，管河州判，州學學正，訓導，吏目，知縣三員，金鄉、嘉祥、魚臺。縣學教諭三員，訓導三員，管河主簿，魚臺屬南陽。典史三員，閘官七員。本州屬在城、天井、仲家淺、石佛、棗林、新店，魚臺屬南陽。

臨清直隸州知州，州同，州判，州學學正，訓導，吏目，稅課局大使，會通。閘官，甎板。知縣三員，武城、夏津、丘。糧河縣丞，武城。縣學教諭三員，訓導三員，管河主簿，夏津。巡檢二員。本州屬王家淺，乾隆三十七年裁裴家圈巡檢改設；武城屬甲馬營。典史三員。

武職官

青州副教統，駐青州府。舊置將軍，乾隆二十六年裁。協領四員，一管理正黃、正紅二旗，一管理鑲黃、正白二旗，一管理鑲白、正藍二旗，一管理鑲紅、鑲藍二旗。佐領十二員，舊設十六員，乾隆三十五年裁四員。防禦十六員，驍騎校十六員，隨印筆帖式二員。舊設三員，乾隆二十七年裁一員。

德州城守尉，駐德州。防禦四員，驍騎校四員，左翼鑲黃滿洲、蒙古二旗，右翼正黃滿洲、蒙古二旗，原各設防禦二員、驍騎校二員，遇有防禦缺出，即在本翼驍騎校二員内擬送正陪。嘉慶十二年奏改。嗣後德州防禦缺出，不論翼將驍騎校四員内揀選，擬送正陪。筆帖式一員。舊設二員，乾隆三年裁一員。

撫標，左、右二營。參將，左營兼中軍，雍正九年改遊擊設。遊擊，右營。守備二員，千總三員，左二、右一。舊設四員，嘉慶二十三年撥右營一員歸曹州鎮轄。把總七員，左四、右三。舊設八員，嘉慶二十三年撥右營一員歸曹州鎮轄。經制外委六員。左三、右三。額外外委十三員。左七、右六。

河督標，駐濟寧州。中、左、右三營，兼轄河南懷河、豫河二營，詳載河南統部武職門。副將，中營，兼中軍，駐濟寧州，兼轄通汛河道。參將，左營，駐濟寧州，兼轄通汛河道，乾隆四十八年改遊擊設。遊擊，右營，駐東平州安山汛，兼轄本營通汛河道。都司，中營，駐袁家口。守備二員，左營駐魚臺縣南陽汛，右營駐東平州戴廟汛。千總六員，中二員，分防汶上縣南旺、張八老口二汛；左二員，分防魚臺縣徐家堡、濟寧州石佛閘二汛；右二員，分防東平州安山、壽張縣張秋二汛。把總十二員，中四員，分防大長溝、開河、靳家口河西、靳家口河東四汛；左四員，分防馬家堡、魯橋堡、邢莊、利建閘四汛；右四員，分防東平州十里鋪、王仲口、沙灣、壯猷臺四汛。經制外委九員，每營三員。額外外委五員。中二、左一、右二。

登州鎮總兵官，駐登州府。中、右二營。遊擊，中營。都司，右營。守備二員，千總三員，二駐本營，一防八角口海汛。舊設四員，嘉慶二十一年撥中營一員歸曹州鎮轄。把總八員，四駐本營，四分防招遠、黃縣、棲霞、萊陽各汛。經制外委十員，九駐本營，一防之罘島。舊設十二員，嘉慶二十二年撥二員歸曹州鎮轄。額外外委六員。

兗州鎮總兵官，駐兗州府，兼督催漕運。中、右二營。遊擊，中營。都司，右營。守備二員，千總四員，二駐本營，二分防肥城、界河二汛。把總六員，一駐本營，五分防汶上、泗水、滋陽外汛、曲阜、鄒縣各汛。舊設七員，嘉慶二十二年撥寧陽一員歸曹州鎮轄。經制外委八員，中四員，三駐本營，一防寧陽汛。嘉慶二十二年改把總設。右四員，二駐本營，二分防鄒縣、嘉祥二汛。額外外委十一員。中五、右六。

曹州鎮總兵官，駐曹州府。中、右二營。舊置參將，隸兗州鎮轄。嘉慶二十二年改設，並置遊擊以下官。遊擊，中營。都司，右營。守備二員，千總四員，俱駐本營。舊設二員，嘉慶二十一年增一員，二十二年又增一員。把總九員，六駐本營，三分防濮州、范縣、孟家海各汛。舊設六員，嘉慶二十一年增一員〔九〕，二十二年又增二員。經制外委六員，三駐本營，三分防定陶、觀城、朝城各汛。額外外委六員。

以上登州等三鎮均聽巡撫兼提督銜節制。

濟寧城守營都司，駐濟寧州。守備，千總，防天井閘汛。把總二員，經制外委二員，額外外委一員。

運河營守備，駐濟寧州。舊爲黃、運河守備，乾隆四十七年改設。協備，駐臨清州。千總二員，一防濟寧北汛，一防泇河汛。把總二員，一防捕河汛，一防下河汛。經制外委三員，分防魚臺南陽鎮、東平戴村壩、聊城各汛。額外外委七員。

黃河營協備二員，曹單一員，駐單上汛，嘉慶四年改河南考城汛千總設。曹河一員，駐曹縣望魯鎮。千總，防曹縣下汛。把總，防單縣汛。經制外委二員，一防單上汛，一防曹中汛。額外外委四員。曹單二員、曹河二員。

以上濟寧城守等三營均隸河督管轄。

文登協副將，駐文登縣。都司，中軍。千總二員，一駐本營，一防榮城縣汛。把總三員。一駐本營，二分防靖海衛、海陽縣二汛。舊設四員，嘉慶二十二年裁一員。

膠州協副將，駐膠州。都司，中軍。千總二員，一防膠州外汛，一防靈山衛汛。把總五員，二駐本營，三分防登窑口、浮山所、安丘縣各汛。經制外委四員，一駐本營，三分防青島口、岞山、古鎮口各汛。額外外委二員。

萊州營參將，駐萊州府。守備，中軍。千總二員，一防濰縣汛，一防昌邑汛。把總四員，二駐本營，二分防西海、北海各汛。經制外委四員，額外外委二員。

即墨營參將，駐即墨縣。守備，中軍。千總二員，一防平度汛，一防鼇山衛汛。把總五員，二駐本營，三分防高密、諸城、雄崖所各汛。經制外委四員，額外外委二員。

青州營參將，駐青州府。守備，中軍。千總，把總四員，分防臨淄、博興、高苑、臨朐各汛。經制外委五員，舊設六員，乾隆五十五年裁一員。額外外委四員。

水師前營遊擊，駐膠州。守備二員，一防登州水城，一防成山東汛。千總二員，一防成山東汛，一防膠州南汛。

把總四員，二防登州水城，一防成山東汛，一防膠州南汛。經制外委六員，額外外委三員。

寧福營都司，駐寧海州。千總，把總二員，一防威海汛，一防福山汛。經制外委三員，一駐本營，二分防威海、行村各汛。額外外委一員。

壽樂營都司，駐壽光縣。千總，把總二員，一防樂安汛，一防昌樂汛。經制外委一員，額外外委一員。

以上文登等二協、萊州等六營，均隸登州鎮管轄。

沂州協副將，駐沂州府。都司，千總四員，一駐本營，三分防蒙陰、沂水、大興鎮各汛。把總二員，一防蘭山北汛，一防費縣汛。經制外委七員，舊設六員，二駐本營，四分防李家莊、向城、劉家莊、半程各汛，乾隆五十五年增設垛莊汛一員，由青州營改屬。額外外委三員。

泰安營參將，駐泰安府。守備，千總，防濟南府長清縣汛。把總四員，一駐本營，三分防新泰、萊蕪、宫里各汛。經制外委四員，額外外委二員。

臺莊營參將，駐嶧縣臺莊。守備，千總二員，一防丁廟閘汛，一防得勝閘汛。把總四員，一駐本營，三分防嶧縣、紅花埠、郯城各汛。舊有龐家渡一員，嘉慶二十二年撥屬鉅野營。經制外委六員，舊設五員，嘉慶二十二年增龐家渡一員，由兖中營改屬。額外外委三員。

濟南城守營參將，駐濟南府。舊隸登州鎮轄，嘉慶二十二年改屬。守備，千總二員，一駐本營，一防淄川汛。把總四員，一防歷城外汛，三分防章丘、鄒平、新城各汛。經制外委五員，三駐本營，二分防雒口、濟陽二汛。額外外委二員。

武定營遊擊，駐武定府。舊隸登州鎮轄，嘉慶二十二年改屬。守備一員，一駐本營，一防海豐佘家港汛。千總二員，一防長山汛，一防樂陵汛。把總五員，一駐本營，四分防蒲臺、海豐、濱州、商河各汛。經制外委八員，分防陽信、周村、利津、霑化、青城、辛莊、久山、齊東各汛。額外外委四員。

安東營都司，駐安東衛。舊隸登州鎮轄，嘉慶二十二年改屬。千總，把總三員，分防日照、莒州、董家各汛。經制外委三員，額外外委一員。

沙溝營都司，駐滕縣沙溝鎮。把總，經制外委二員，一駐本營，一防魚臺汛。額外外委三員。

以上沂州一協，泰安等六營，均隸兗州鎮管轄。

臨清協副將，駐臨清州。舊隸兗州鎮轄，嘉慶二十二年改屬。都司，中軍。千總二員，一駐本營，一防丘縣汛。把總四員，一防新城河汛，三分防館陶、武城、夏津各汛。經制外委五員，額外外委三員。

德州營參將，駐德州。舊隸兗州鎮轄，嘉慶二十二年改屬。守備，中軍。千總，把總四員，一防河汛，三分防陵縣、臨邑、恩縣各汛。經制外委五員，分防四女寺、柘園鎮、劉智廟、德平、恩縣各汛。額外外委三員。

東昌營參將，駐東昌府。舊置都司，屬曹州營，嘉慶二十二年改設。守備，中軍。千總，防河汛。把總四員，一駐本營，三分防平陰、博平、堂邑各汛。經制外委三員，一駐本營，二分防梁鄉閘、戴廟閘二汛。額外外委三員。舊設一員，嘉慶二十五年增二員。

高唐營遊擊，駐高唐州。舊隸兗州鎮轄，嘉慶二十二年改屬。守備，中軍。千總二員，一駐本營，一防禹城汛。

把總三員，分防平原、茌平、齊河各汛。經制外委五員，分防清平、黎吉寨、腰站、晏城、三十里鋪各汛。額外外委三員。

壽張營遊擊，駐壽張縣。舊隸兗州鎮轄，嘉慶二十二年改屬。守備，駐張秋鎮。千總二員，一駐本營，一防冠縣汛。把總二員，一防陽穀汛，一防莘縣汛。經制外委三員，一駐本營，二分防阿城鎮、周家店二汛。額外外委三員。

梁山營都司，駐壽張縣梁山。舊隸兗州鎮轄，嘉慶二十二年改屬。把總二員，一防東平汛，一防東阿汛。經制外委一員，防鄆城汛。額外外委二員。舊設一員，嘉慶四年增一員。

鉅野營守備，駐鉅野縣。舊置把總，隸兗州鎮轄。嘉慶十一年改范縣守備設，二十二年又改屬。把總二員，一防金鄉汛，一防曹縣汛。舊設一員，嘉慶二十三年增一員。經制外委，防城武汛。額外外委二員。

以上臨清一協、德州等六營，均隸曹州鎮管轄。

濟寧衛守備，北岸管河千總，領運千總八員。前幫二員，後幫二員，左幫二員，右幫二員。

東昌衛守備，領運千總二員。

德州衛守備，領運千總二員，左衛領運千總二員。

臨清衛守備，領運千總八員。山東前幫二員，後幫二員；河南前幫二員，後幫二員。

濟南衛領運千總八員。平山前幫二員，後幫二員。

任城衛領運千總一員。

東平守禦所千總，領運千總。

濮州所領運千總一員。

户口

康熙五十一年，原額人丁二百二十七萬八千九百八十二。乾隆三十七年，停編丁。今滋生男婦大小統共二千八百五十四萬一千四百六十七名口，計民户四百八十六萬五千一百七十四户；又衛所屯户統共八萬三千六百四十五户，男婦大小統共三十九萬九千四百六十三名口；又竈户統共三萬三千三百七十二户，男婦大小統共二十二萬九千九百八十九名口。

田賦

田地八十八萬三千五百九十五頃二十八畝八分有奇，額徵地丁正、雜銀三百三十四萬四千六十一兩四錢三分二釐。濟南、兖州、東昌、武定、泰安、曹州六府，濟寧、臨清二州，共額徵漕糧三十四萬五千一百三十石三斗六升七合四勺。

税課

臨清關額徵正税銀二萬九千六百八十四兩，銅斤水脚銀七千六百九十二兩三錢一分，盈餘銀三千八百兩。山東正引、票引共六十七萬一千七百四十道，額徵鹽課銀十五萬八千八百九十六兩三分三釐有奇。

名宦

漢

曹參。沛人。孝惠元年爲齊相。聞膠西有蓋公，使人厚幣請之。蓋公爲言治道貴清静而民自定。參於是避正堂，舍蓋公焉。相齊九年，齊國大治。

石慶。趙人。元朔中爲齊相。舉國慕其家行，不言而齊大治。爲立石相祠。

雋不疑。渤海人。武帝末爲青州刺史。昭帝即位，齊孝王孫劉澤交結郡國豪傑，欲先殺青州刺史。不疑發覺收捕，皆伏其辜。擢爲京兆尹。

蔣詡。杜陵人。哀帝時爲兖州刺史，以廉直名。王莽居攝，以病免。

王望。琅邪人。光武時爲青州刺史，甚有威名。時州郡災旱，望行部，道見饑者哀之，以便宜出所在布粟賑給。事畢，上言。帝以望不先表請，欲治其罪。鍾離意言：「望懷義忘罪，當仁不讓。若繩之以法，將乖聖朝愛育之旨。」帝嘉其議，赦之。

李恂。臨涇人。明帝時爲兖州刺史。嘗席羊皮，服布被，以清約率下。

魯丕。扶風茂陵人。章帝時爲青州刺史。務在寬厚，明慎刑罰。

王渙。郪人。和帝時爲兖州刺史。繩正部郡，風威大行。

法雄。郿人。永初時爲青州刺史。討平海寇，州界清静。每行部，録囚徒，察顔色，多得情僞。長吏不奉法者，皆解印綬去。

王龔。高平人。安帝時舉孝廉，遷青州刺史。劾奏貪濁二千石數人，帝嘉之，徵拜尚書。

杜喬。林慮人。漢安元年以喬守光禄大夫，使徇察兖州。表泰山太守李固政爲天下第一；陳留太守梁讓、濟陰太守汜宫、濟北相崔瑗等，贓罪千萬以上。讓，即梁冀季父，宫、瑗皆冀所善。

楊秉。華陰人。兖州刺史。遷任城相，計日受俸，餘禄不入私門。故吏齎錢百萬遺之，閉門不受。以廉潔稱。

李膺。襄城人。性簡亢，無所交接。桓帝時爲青州刺史。守令畏其威名，多望風棄官去。

第五種。長陵人。桓帝時爲兖州刺史。中常侍單超兄子匡爲濟陰太守，負勢貪放。種欲收舉，未知所使。會聞從事衛羽素抗厲，乃召羽，具告之。羽出，遂馳至定陶，閉門收匡。賓客親吏四十餘人，糾發其贓五六十萬。種即奏匡，并以劾超。州内震慄。是時，泰山賊叔孫無忌等暴横一境，州郡不能討，羽説種曰：「泰山險阻，寇猾不制，今雖有精兵，難以赴敵。羽請往譬降之。」

種敬諾。羽乃往，備説禍福。無忌帥其黨與三千餘人降。

橋瑁。睢陽人。靈帝時爲兖州刺史，甚有威惠。

孔融。魯國人。劉備表領青州刺史。建安元年，爲袁譚所攻。自春至夏，戰士所餘裁數百人，流矢羽集，干戈内接。融隱几讀書，談笑自若。

劉岱。牟平人。爲兖州刺史。虚己愛物，爲士人所附。黄巾賊入兖州，殺任城相鄭遂，轉入東平。岱擊之，戰死。

臧洪。射陽人。獻帝時領青州刺史。值黄巾屠破之餘，洪收撫離叛，百姓復安。

三國　魏

胡質。壽春人。太祖時遷征東將軍，假節都督青徐諸軍事。廣農積穀，有兼年之儲。置東征臺，且佃且守。又通渠諸郡，利舟楫，嚴設備，以待敵，海邊無事。性沈實内察，不以其節檢物，所在見思。及卒，家無餘財，惟有賜衣、書篋而已。

孫觀。泰山人。青州刺史。從征孫權於濡須口，爲流矢所中，力戰不顧。太祖勞之，曰：「將軍被創深重，而猛氣益奮，不當爲國愛身乎？」轉振威將軍。創甚，遂卒。

司馬朗。温人。太祖時遷兖州刺史，政化大行，百姓稱之。雖在軍旅，常粗衣惡食，儉以率下。雅好人倫典籍。後征吴，至居巢卒。州人追思之。

王凌。祁人。文帝時爲兖州刺史。討孫權有功，遷青州。時海濱乘喪亂之後，法度未整，凌布政施教，賞善罰惡，甚有綱紀，百姓稱之。

鍾毓。長社人〔一〇〕。正元中〔一一〕，淮南既平，爲青州刺史，以治績見稱。

州泰。南陽人。爲兖州刺史。時諸葛誕反，吴遣文欽等救之，朱异率三萬人爲文欽增勢。泰拒异於陽淵，追戰破之。

晉

魯芝。扶風人。魏常道鄉公時，遷監青州諸軍事。武帝踐阼，以芝清忠履正，素無居宅，使軍兵作屋五十間。

衛瓘。安邑人。武帝時，轉征東將軍、青州刺史，加征東大將軍、青州牧。所在皆有政績。

胡威。壽春人。質子。武帝時，拜青州刺史。帝謂威曰：「卿與父孰清？」對曰：「臣不如也。臣父清恐人知，臣清恐人不知，是臣不及父遠也。」

劉演。魏昌人。太尉琨之兄子。琨將討石勒，以演領兖州刺史，鎮廪丘。演斬王桑，走趙固，得衆七千人。爲石勒所攻，演拒戰，勒退。元帝拜爲都督。

荀羨。臨潁人。穆帝時監青州諸軍事，領兖州刺史。慕容蘭以數萬衆屯汴，羨自洸水引汶通渠，至於東阿，征之，遂斬蘭。帝將封之，固辭不受。

謝幼度。陽夏人。孝武時，苻堅强盛，朝廷求鎮禦者。謝安舉幼度。拜建武將軍、兖州刺史，連敗堅軍。復遣參軍劉襲攻堅兖州刺史張崇於鄄城〔一二〕，走之。又進攻廣固，降堅青州刺史苻朗。以兖、青、司、豫平，加都督徐、兖、青、司、冀、幽、并七州軍事。

劉毅。沛人。安帝時桓靈寶篡位，毅與劉裕等討之。裕以毅爲冠軍將軍、青州刺史，徙兖州刺史。毅號令嚴整，所經墟邑，百姓安之。

南北朝　宋

申恬。魏人。元嘉十二年遷督魯、東平、濟北三郡諸軍事。威惠兼著，吏民便之。

唐

鄧景山。曹州人。至德初擢拜青徐節度使，爲政簡肅。

劉玄佐。匡城人。建平時李納叛，李洧以徐州歸，納急攻之。玄佐受詔援洧，大破納兵，進圍濮州，狥濮陽，皆下之。遷檢校兵部尚書，兼曹濮觀察、青徐兖鄆招討使。

馬總。扶風人。元和末，李師道平，析鄆、曹、濮等州爲天平軍，除總節度使。長慶初召還。以鄆人附賴總，復詔還鎮。

曹華。楚丘人。憲宗時爲兖鄆節度副使。會兖海軍亂，殺觀察使王遂。詔華往代，視事三日，合軍大饗。幕甲士於廡，誅殺帥者凡百二十人〔一三〕。華以沂地褊，請治兖，許之。自李正已盜齊魯，俗益汙驁，華乃親近儒雅士，春秋祀孔子祠，立學宫講誦。出家貲佐贍給，人乃知教，成就諸生，仕諸朝。

王沛。許昌人。陳州李夰之亂，以忠武節度副使討夰，拜兖海沂密節度使。時新建府，軍士多獷驁，沛明示法制，蒐閲以時，軍政大治。

烏重胤。張掖人。穆宗時爲天平軍節度使。善撫士，與下同甘苦。待官屬有禮，當時名士如温造、石洪皆在幕府。既没，士二十餘人刲股以祭。

崔弘禮。博陵人。穆宗時爲天平軍節度使，累以破賊功，加檢校尚書左僕射。

薛平。龍門人。穆宗時詔分淄青齊登萊五州爲平盧軍，徙平爲節度使。王庭湊圍棣州，詔平出援。平遣將率兵往救。因饋餉不足，衆潰。平悉帑資募卒掩賊，降餘黨，引謀亂者二千人斬堂皇下〔一四〕，脅從者皆縱還田里，威鎮一方。在鎮六年，徭役均平。寶曆初，入朝，民障路願留，數日得出。

令狐楚。宜州人。敬宗時爲天平軍節度使。始鄆帥每至，以州錢二百萬入私藏，楚獨辭不受。又毀李師古園檻僭制者。久之，徙節河東，召爲吏部尚書。

王承元。薊人。太和五年徙平盧淄青節度使。始鹽禁未嘗行兩河，承元請歸有司，由是兖鄆諸鎮皆知奉法。承元資性仁裕，所至愛利。

殷侑。陳州人。文帝時爲天平軍節度使。自李師道亂，賊入盡爲軍資，侑以餉軍有贏，當上送官裁制經費，歲以錢十五萬緡、粟五萬石歸有司。

柳仲郢。京兆人。咸通五年爲天平軍節度使。尚氣義，不奏祥瑞，不度浮屠。摘貪吏，濟單弱。歲凶，必貸匱蠲負，里無逋家。

薛崇。僖宗時爲天平軍節度使。黄巢寇兖州，崇與賊戰，不克，死之。

曹全晸。中和間爲天平軍節度使。韓簡寇鄆州，全晸死之。

五代　周

符彦卿。宛丘人。初鎮兖州，改鎮鄆州，又爲天平軍節度使。以寬惠得人心。

李穀。汝陰人。世宗時，河大決齊、鄆，發十數州丁壯塞之，命穀領護，刻期就功。

宋

沈繼宗。太康人。太宗時使京東計度財賦。濮州土貢銀，課民織造，不折省税，鄆州節度配屬縣納藥物，皆爲民病。繼宗歸，歷言於上，除其弊。

李惟清。章丘人。太宗時爲京東轉運使。會募丁壯爲義軍，惟清曰：「若是，天下不耕矣。」三上疏諫，由是獨選河北，而餘路悉罷。

陳若拙。盧龍人。淳化中，河決鄆州，擢京東轉運使，發卒塞王陵口。又於齊州浚導水勢，設隄於采金山，奏免六州所料梢木五百萬，民甚便之。

柴成務。濟陰人。淳化六年爲京東轉運使。會宋州河決，成務上言：「河水所經，地肥饒，願免其租税，勸民種藝。」從之。

陳知微。高郵人。真宗時爲京東轉運副使。不務皦察，嘗奏還東平監所侵民田六百八十家。又決古廣濟河，以通運道。

榮諲。任城人。真宗時爲京東轉運使。萊陽産銀砂，民有私採者，事露，安撫使欲論以刼盜。諲曰：「山澤之利，人得有之。」貸免甚衆。

張錫。漢陽人。仁宗時爲京東轉運使。淄、青、徐、濮、鄆諸州人冒耕河壖地，數起争訟。錫命籍其地，收租絹歲二十餘萬，訟者亦息。

李璋。上黨人。仁宗時爲天平軍節度使，徙曹州觀察使。帝書「忠孝李璋」字，並祕書圖籍賜之。

呂居簡。河南人。慶曆中提點京東刑獄。時夏竦有憾於石介，介死，竦言於上曰：「介未嘗死，北走隣國矣。」遣中使發棺驗之。居簡曰：「介死，必有親族門生會葬。」令結狀保証以聞，事乃白。徐州妖人孔直温挾左道誘軍士爲變，居簡究黨與，貸詿誤，斬直温等。濮州復叛，居簡獲首惡，誅之。因大閱兵享勞，奸不得發。

陳希亮。眉州人。嘉祐中遷京東轉運使。大猾有號「截道虎」者，捕流海島。徐州守暴苛，以細過籍民産，獲小盜使自誣抵。希亮言其狀，廢去。

楊日嚴。河南人。爲京東轉運使。會青、徐饑，日嚴請江淮、陝西轉粟五十萬，以賑貧民。又開清河八十里，培河隄，起倉廪，以便漕運。

趙滋。開封人。爲京東東路都巡檢。乳山砦兵叛，殺巡檢。滋馳入其壘，次第推問，得黨與百餘人付獄，衆莫敢動。在京東五年，數獲盜，不自言。安撫使富弼奏之，乃超授供備庫副使。

王舉元。真定人。爲京東轉運使。沙門島多流人，守吏顧貨槖，陰殺之。舉元請立監，以較賞罰。自是全活者甚衆。

向子韶。開封人。神宗時京東轉運副使。屬郡郭奉世進萬緡羨餘，户部聶昌請賞之，以勸天下。子韶劾奉世，且言：「近臣首開聚斂之端，漸不可長。」上論譴之。

馬默。成武人〔一五〕。神宗時提點京東刑獄。性剛嚴疾惡，部吏望風投檄。金鄉令以賄著，其父方執政，貽書曰：「馬公素剛，汝有過，將不免。」令悉取不義之物焚撤之。

王居卿。蓬萊人〔一六〕。神宗時提舉京東刑獄、鹽鐵判官，改京東轉運使。青州河貫城中，居卿即城上立飛梁，設樓櫓，下建門，以時啓閉，水患以息。

鮮于侁。閬州人。神宗時爲京東西路轉運使。河決澶淵，議欲勿塞。侁言：「夏秋雨淫，猶溢而害。若縱大河注其中，民爲魚矣。」作議河書上之。哲宗立，復使京東。司馬光言於朝曰：「以佖之賢，不宜使居外。顧齊、魯之區，凋敝已極，須佖往救之。安得如佖百輩，布列天下乎？」士民聞其重臨，如見慈父母。

金

趙鑑。章丘人。山東東路轉運副使。行臺宰相欲以故宋宦者權都水監，鑑曰：「誤國閹豎，汴人視爲寇讎，付以美官，將失人望。」遂不用。天德初，起爲濟州刺史。

楊伯淵。藁城人。山東東路轉運使。正隆末，羣盜蠭起，州縣往往罹害，獨濟南賴伯淵保全。

伊拉益。明安人。承安時爲山東西路轉運使。有敕使按行山東，益奏：「乞止令調於近甸，何必驚遠方耳目？」書聞，上命有司治使者罪。「伊拉益」舊作「移剌益」，「明安」舊作「猛安」，今俱改正。

承暉。章宗時爲山東路統軍使。時山東盜起，潛匿泰山巖穴間。按察使請發數萬人刊除林木，承暉奏曰：「山不可赭。齊人易動，驅之入山，必有凍餓失所之患。此誨盜，非止盜也。」議遂寢。

璞薩安貞。蒙古人。貞祐二年除山東路統軍安撫使。益都縣人楊安兒聚黨刦掠，萊州徐汝賢、登州耿格皆以城降。遂僭號改元，陷寧海，攻濰、密等州縣，據穆陵關，欲取益都。安貞以璞薩留嘉、完顔額倫爲左、右翼，軍昌邑東。徐汝賢以衆十萬來拒。轉戰三十里，殺獲不可勝計。至萊，賊大敗。復萊州，斬徐汝賢。安兒脱身走，乘舟入海。舟人擊之，墜水死。三年，殺黨與劉二祖等。前後擊獲以萬計，遷樞密副使。四年，餘黨復擾山東。安貞遣兵討殺九萬人，降者三萬餘。賊首郝定僅以身免，衆皆安慰復業。「璞薩安貞」舊作「僕散安貞」，「璞薩留嘉」舊作「僕散留家」，「完顔額倫」舊作「完顔訛論」，今俱改正。

完顔弼。明安人。貞祐中山東西路宣撫副使。時，劉二祖餘黨保濟南勤子堌〔一七〕。弼遣人招之，皆降。元兵圍東平，弼百計應戰，久之解去。弼愛民省費，軍民無相訟，有古良將風。

元

石珪。新泰人。太祖時山東諸路都元帥，領兵破曹，與金將連戰數晝夜，馬仆被擒。囚至汴，金主壯其爲人，誘以名爵。珪奮然曰：「吾身仕大朝，官居光禄，復能受封他國耶？」怡然就死，色不變。其麾下立社兖州祀焉。

嚴實。長清人。太宗時授東平路行軍萬户。破濮、曹、楚丘、定陶、上黨，約束將士，戒勿屠掠，全活者衆。

嚴忠濟。實之第二子也。太宗時，襲東平路行軍萬户管民長官。開府布政，一法其父。養老尊賢，興學造士，治爲諸道第一。

齊榮顯。聊城人。從嚴實入朝，授東平路總管府參議，兼博州防禦使。時攻淮南，道出東平，民間供給費銀二萬錠。榮顯詣斷事官愬之，得折兑賦税，民賴以不困。

宋子貞。長子人。金末，率衆歸東平行臺嚴實，招置幕府，用爲詳議官，兼提舉學校。時饑民北徙，子貞多方賑救，全活數萬人。金士之流寓者悉引見周給，且薦用之，故東平人材多於他鎮。太宗命爲行臺右司郎中。行臺所統五十餘城，子貞命官分三道糾察，官吏始有綱紀。東平將校占民爲部曲户，謂之「脚寨」，擅其賦役幾四百所。子貞請罷歸州縣，人以爲便。實卒，子忠濟請於朝，授參議東平府事，兼提舉太常禮樂。子貞作新廟樂，延致生徒，每季程試，必親臨之，齊魯儒風爲之一變。

薩克蘇。回鶻人。世祖時爲山東行省都督。民乏牛具，爲之上聞，驗民丁力，官給之。統軍詔布哈田游無度，元帥伊蘇岱爾據民田爲牧地，薩克蘇隨事奏聞。山東屢歉，爲請發粟賑䘏蠲租，東人刻石頌德。「薩克蘇」舊作「撒吉思」，「詔布哈」舊作「抄不花」，「伊蘇岱爾」舊作「野連答爾」，今俱改正。

達爾瑪。高昌人。除濟寧路總管。興學勸農，百廢俱修。元統三年遷山東廉訪使。時山東盜起，白晝殺掠，達爾瑪以爲官吏貪污所致，先劾去之，而後上擒賊方畧，朝廷嘉納之。即遣兵擒獲，齊魯以安。「達爾瑪」舊作「答里麻」，今改正。

王玉汝。鄆人。初爲東平行臺令史。夏津災，奏請復其民一歲。朝廷將以東平地分封諸勳貴，玉汝奏不可，事得寢。累官兗州觀察使。

董文炳。藁城人。中統二年，李壇平，山東猶未靖，以文炳爲山東東路經畧使。至益都，留兵於外，從數騎入居府，不設警衛。召壇故將吏曰：「天子使經畧使撫汝，得便宜除將吏，汝等勉取金銀符，使不敢格上命。」所部大悦，山東以安。

董文用。藁城人。中統八年授山東東西道巡行勸農使。山東自經兵燹，野多曠土。文用巡行勸勵，無間幽僻。入登州境，見其墾闢有方，以郡守伊拉瑪爲能，作詩表異之。於是列郡咸勸，地利畢興。五年之間，政績爲天下勸農使之最。「伊拉瑪」舊作「移剌某」，今改正。

姚樞。柳城人。世祖時立十道宣撫使，以樞使東平。既至郡，置勸農、檢察二人以監之，推物力以均賦役，罷鐵官。

王磐。永年人。中統時拜益都等路宣撫副使，以疾免。居青州，李壇謀不軌，磐馳入京師以聞。世祖嘉其誠節，撫勞甚厚。命磐參議東平行臺事。壇平，召拜翰林直學士。

徐世隆。西華人。中統十四年爲山東提刑按察使。時有妖言獄，所司逮捕凡數百人。世隆剖析註誤者十八九，悉縱遣之。

張德輝。交城人。世祖時爲東平路宣慰使。春旱，禱泰山而雨，奏免遠輸豆粟二十萬斛、和糴粟十萬斛。孀婦馬氏將鬻其女以納逋賦，分己俸代償之，仍蠲其額。

張惠。新繁人。至元元年行省山東，以銀贖俘囚三百餘家爲民；其不能歸者，使爲僧，建寺居之。李壇之亂，民被軍士擄掠者甚衆。惠至，大括軍中，悉縱之。又奏選良吏，去冗官，以蘇民困。

胡祗遹。武安人。至元時爲濟寧路總管。上八事於樞府，升爲山東東西道提刑按察使。所至抑豪右，扶寡弱，敦教化，厲士風。民有父子兄弟相訟者，必諭以天倫之重，不獲已則繩以法。

何榮祖。廣平人。成宗時爲山東東西道按察使。時宣慰使樂實、姚演開膠州海道，糧船遇暴風多漂没，實等督諸漕卒償之，榜掠慘毒，自殺者相繼。榮祖即草辭以奏，詔免其徵。

吴鼎。燕人。大德十一年，山東諸郡饑，詔鼎往賑之。朝議發粟四萬石、鈔折米一萬石，鼎謂同使者曰：「民得鈔，將何從易米？不如仍與之米。」同使者曰：「朝議已定，恐不可復得。」鼎曰：「人命豈不重於米耶？」言於朝，得所請。

張昇。平州人。天曆初，出爲山東道廉訪使。時方有警，有司請完城以爲備。昇曰：「民恃我以生，完城是棄民也。」由是民皆安之。

蓋苗。元城人。至正時爲山東廉訪副使。益都、淄、萊地，舊稱産金，朝廷建一府六所綜其事，民歲買金以輸官，至是六十年矣。民有忤其官長意，輒謂所居有金礦，掘地及泉而後止。猾吏爲奸利，莫敢誰何。苗建言罷之。爲山東廉訪使，民饑爲盜，所在羣聚，乃上救荒弭盜十二事，劾宣慰使飢皵不法者。有司援例，欲徵苗所得職田，苗曰：「年荒民困，吾無以救，尚忍徵歛以肥己耶？」輒命已之。同僚皆無敢取。

太平。京兆鄠人。順帝時爲淮南行省左丞相，兼知行樞密院事，總制諸軍，駐於濟寧。時諸軍久出，糧餉苦不繼。太平命有司給牛具以種麥，自濟寧達於海州，民不擾而兵賴以濟。

布顔布哈。蒙古人。山東宣慰使。轉平章行省，守禦益都。明兵壓境，捍城自戰，城陷不屈，死之。「布顔布哈」舊作「普顔不花」，今改正。

申榮。順帝時平章山東行省，守東昌。榮見列郡皆降，告其父曰：「兒不能全忠孝，有一死報國耳。」遂自經。

張俊。順帝時爲山東行樞密知院。性沉静，有智謀，善用兵。明兵取益都，俊悉力拒守，城破，攜妻子投井死。

于德文。順帝時爲山東宣慰司副使〔一八〕。明兵取益都，城破，德文與僉事齊都皆不屈而死。

明

安然。潁州人。洪武初爲山東行中書省參知政事〔一九〕。立心平正，撫綏勤勞，禄止養身，餘給公用。後遷御史大夫。

陳迪。宣城人。洪武中爲山東布政司參政。捕蝗弭盜，民甚德之。

鐵鉉。鄧州人。建文初爲山東布政司參政。燕兵起，李景隆駐兵德州，鉉督餉未嘗乏缺。景隆軍敗南奔，鉉固守濟南，既而被圍，相持不下，令軍民詐降，開城門，候成祖入。急下鐵板，幾中。比戰，令軍士噪罵，成祖大怒，攻三月不克，乃去。以東昌之捷，升右布政使〔二〇〕，尋進兵部尚書。燕師渡江，鉉屯淮上，兵潰。成祖即位，執之至，反背坐廷中嫚罵，令其一回顧，終不可，遂磔於市。時年三十七。

陳士啓。泰和人。永樂中爲山東右參政。每事盡心，不察察爲明，不苛急責效。行部，督徭賦，期不峻，事集而民不擾。

段民。武進人。永樂間，山東妖婦唐賽兒作亂，三司官以縱寇誅，以民爲山東布政司參政。下車敷宣德意，整飭紀綱，撫綏殘氓，剗革宿弊。時索唐賽兒甚急，逮天下尼媪幾萬人。民力爲矜宥，人情始安。

王質。泰和人。正統初爲山東右布政使。廉勤果毅，人服其公。尤以清譽聞。

張驥。安化人。正統間以大理少卿巡撫山東。值歲大饑，設法賑救，全活甚衆。嘗請奏復曹州治，薦知縣范希正爲知州。希正後爲良吏。山東設巡撫自驥始。東人至今稱之。

年富。懷遠人。正統間以副都御史巡撫山東。廉静寡欲，遇事敢爲。按行諸郡，官吏畏服，姦豪屏迹。東昌多夷人，頑獷弗率，富奏徙之南方，境内大治。

薛瑄。河津人。正統間爲山東提學僉事。揭白鹿洞學規，開示學者，延見諸生，親爲講解。雖片長不忍棄，其黜汰者，必追其所入廩，由是士莫不奮。

盛時望。無錫人。成化間巡撫山東。旱饑，時望露禱於天，大雨霑溉，槁禾復蘇，乃舉救荒之政。既賑，餘粟百餘萬石。又推行九則法於諸府，斥貪暴，表忠良，除苛政，民心翕然歸之。

馬諒。和州人。正統間山東布政司左參議。民有惑於後妻，欲寘子於法，諒諭父母曰：「爾子凶德，乃吾屬教令之失，非由爾之罪。」父母感悟，請釋還，爲孝子。

郭觀。武進人。正統間巡按山東。首劾三司正佐三四人，郡邑庶僚以貪墨去者甚衆，疑獄積歲未决者悉爲剖斷。

王宇。祥符人。天順間爲山東右布政使。時屢歲不登，民皆流移。上以璽書諭宇安撫之。宇盡心賑濟，民賴全活。

林總。寧德人。天順初以左僉都御史出賑山東，發粟三十五萬餘石，銀、錢、鈔、布各鉅萬計，活饑民百四十五萬，給牛種者亦數萬。復奏蠲荒田租二十餘萬，民困以甦。

張鑑。南充人。成化間以右僉都御史巡撫山東。悃愊無華，而持行高潔。居官砥節，首公務，去民害，見田多荒蕪，上墾闢事宜，請除其宿負，優復三年。又請流民還者，官給田契牛種，因命兼督理營田。山東巡撫之兼督理營田者，自鑑始。

牟俸。巴縣人。成化間以副都御史巡撫山東。值歲大饑，經理賑濟，全活數萬人。大、小清河湮塞，建議修濬，民大稱便。

陳善。成化間爲山東按察司副使。於是，張秋屢阸於運河之衝，甚爲民患。善令民治隄壘石，東岸十二里盡南旺湖，西岸八十里盡沙河，以達臨清。植柳數百萬株，隄以益固。

許進。靈寶人。成化間以監察御史巡按山東。剛正嚴肅，貪汚望風解組。減長清等縣鹽船閘夫，革濟寧等處濫設夫役，賑恤饑荒，平反獄囚。

劉大夏。華容人。弘治初，河決張秋，命大夏以右副都御史往治。於孫家渡、四府營築長隄亘三百六十里，又修築黃陵岡及張秋、沙灣，水乃大治，工鉅而費甚省，由是漕運無虞，居民免患。

王霽。上海人。弘治時以右僉都御史巡撫山東。歲旱大饑，屢疏乞免漕糧、臨清閘稅，請改徵米濟賑，先後發米二百七十六萬石，銀三十七萬四千兩有奇，活饑民二百六十三萬餘人，流移復業者萬三千八百餘户。

楊茂元。鄞人。弘治中爲山東按察副使。河決張秋，上命中官李興等往治。茂元奏言：「中官恣横，外戚擅權，宜專任都御史劉大夏，召興還朝。」忤旨逮繫，父老遮道乞還，不聽。

趙璜。安福人。正德七年以右僉都御史巡撫山東。時民困於盜，璜區畫科徭，公私便焉。有河壖地數百里〔二〕，號膏腴，璜募流民使墾而除其租。番僧乞徵以充齋糧，帝已許之，璜上書立爭，得免。曲阜爲賊殘破，璜請移縣就闕里，從之。

姚鏌。慈谿人。正德時爲山東左布政使。居官不以家累自隨，輿隸皆得出入寢所。守藏吏以羡金四千進，鏌正色叱之。武宗巡幸，鏌舟誤觸帝舟，左右以告。帝素知鏌材畧，笑曰：「是鬍翁也。」釋之。

黄瓚。儀徵人。正德間以都御史巡撫山東。節用賑恤。值武宗南巡，調度有方，民以不擾。

孫燧。餘姚人。任山東按察使。明習法律，獨持憲體。朝命三司按歸善王，慮有他，擬檄兵爲防。燧毅然往，不終朝而獄具。

許逵。固始人。正德間爲山東按察使僉事，整飭武定兵備。時流賊勢盛，終不敢入其境。

姜洪。廣德人。正德初任山東左布政使。時流賊猖獗，洪飭兵繕守，民恃無擾。

王相。光山人〔二二〕。正德間以監察御史巡按山東。入境訪除民蠹，摘伏如神。按臨清，捕豪官稔惡者數輩，付於法，爲朱寧所誣逮繫〔二三〕，吏民擁轍號泣。

朱節。山陰人。嘉靖二年以監察御史巡按山東。時兵旱相仍，礦賊竊發。節親率軍士搜捕盡絶。以勞疾，卒於官。

陳沂。鄞人。嘉靖間遷山東左參政。按視沂、莒、滕、費諸州縣，察其災傷，爲發帑市牛，給民墾藝，寬其租。又蠲除種馬、運木諸徭〔二四〕，民獲蘇息。嘗遇張璁於德州，璁謂曰：「行當召公。」沂謝曰：「齊民困甚，苟行沂恤災之疏，勝受德也。」

王世貞。太倉人。嘉靖中山東兵備副使。青州多豪民巨盜，有司不能制。世貞集强壯，教之射，嚴行保甲。又於州邑畫地爲界，使義官統之。定捕盜賞罰之格，於顏神鎮築城爲衛。行之期年，盜盡解散。

趙彦。膚施人。天啓間巡撫山東。值妖寇徐鴻儒作亂，陷鄒、滕諸州縣，彦討平之，東省獲安。

勞永嘉。石門人。崇禎初爲山東按察使。時新城陷，永嘉急檄州縣，繕城郭，備器械，衆志以固。論保障功，轉布政使。時兵火逃亡，呼庚轉急，永嘉調度有方，餉得不絶，擢登萊巡撫。

蔡懋德。崑山人。崇禎時守濟南道，進按察使。持讞平允，獄訟衰息。

徐從治。海鹽人。崇禎間以右副都御史巡撫山東。登州陷，與登萊巡撫謝璉同入萊州固守，多方備禦。中樞惑於浮議，命主事張國臣往撫賊。從治三上疏，力言賊不可撫狀，不報。閲兵城上，爲飛礮擊死。

鄧謙。孝感人。崇禎時官山東兵備道。濟南城潰，謙戰於城上，與季父有徵同死〔二五〕。母莫氏亦不食死〔二六〕。贈光禄丞。又鹽運使灌陽唐世熊亦死之。

張秉文。桐城人。崇禎初爲山東布政使。濟南圍急，秉文與巡按宋學洙等分門死守，晝夜不解甲。城破，偕其妻方氏、妾陳氏投水死。贈太常寺卿。

宋學洙。長洲人。崇禎時巡按山東。大兵南下，學洙方巡章丘，聞警，疾馳入濟南曰：「此省會地，藩封在焉。守備單弱，乃爾吾死是城必矣。」兵薄城下，學洙守南門。城破，死之。

本朝

徐大用。奉天人。初任萊州守。秩滿，即以參議道分守萊州。順治十年，膠州總兵官海時行素驕蹇，奉調南征，大用監其軍。時行嗾兵爲逆，逼大用同入海。大用不從，遂遇害。

施閏章。宣城人。順治十三年任提學僉事，以名教自任，開講明湖之上，東省士風爲之丕變。

祖澤溥。奉天人。順治十八年總督山東。土寇于七聚衆據棲霞之鋸齒牙山，官兵莫敢入。澤溥身先士卒，一日之內，克其三寨，賊衆悉降。乃相度機宜，分兵戍守，登、萊悉平。

蔣國柱。奉天人。順治十八年以副都御史巡撫山東。自明季重斂之餘，糧有包荒，役有雜派，國柱一切奏除之，民困以蘇。

郎永清。正黄旗漢軍。初任東昌道。值禁旅南征，東昌爲水陸衝要，輸輓特繁，永清多方調度，兵民無不輯協。歷官布、按二司。康熙二十五年，官至本省巡撫。在東省四十年，頗著勞績。

靳輔。鑲黄旗漢軍。康熙十六年以兵部尚書總督河道。時駱馬湖水勢横決，運船商舟皆罹其害。輔請開新河以避其險，其效頗驗，著有治河書。卒，賜祭葬，謚文襄，入祀賢良祠。

徐旭齡。錢塘人。康熙二十二年巡撫山東。甫下車，劾貪墨數人，吏治肅清。禁漕糧收兑之弊，革河夫僉派之擾，豪猾望風斂跡。卒，賜祭葬，謚清獻。

宋犖。商丘人。康熙二十六年任山東按察使。東省命案最繁，率多輕生，犖令州縣驗實立案，必究及唆訟之人，盡法繩之，刁風頓息。歲歉，運家粟以助賑，東人德之。

佛倫。正白旗滿洲人。康熙二十八年巡撫山東。時東省吏治頗有因循，佛倫整綱飭紀，肅然一變。

張鵬翮。遂寧人。康熙三十九年任河道總督。節浮冒，汰冗員，恤工役，經理河道者十年，境内多沐其惠。卒，賜祭葬，謚文端，入祀賢良祠。

張伯行。儀封人。康熙四十二年任濟寧河道。操履清勁，以不欺爲本。所著居濟一得十卷，凡疏濬宣洩之宜，古今同異之辨，討論詳備。司河務者，每資考鏡焉。卒，賜祭葬，謚清恪。

趙申季。武進人。康熙四十五年提督山東學政。清廉謹恪，苞苴請託皆不至其門。校文必親自點勘，夜漏非三下不休。體素羸，竟以疾卒於官。

黄叔琳。大興人。康熙四十八年提督山東學政。修復濟南之白雪、青州之松林兩書院，又拔諸生之尤者，入書院督課之。遷去後，士民祀之於松林書院，以次宋賢王、曾等十三人之後。

陳鵬年。長沙人。康熙六十年任河道總督。時武陟口屢決，鵬年親詣河干，立風雪中，兼工築岸。工竣，竟以勞卒於官。賜祭葬，謚恪勤，入祀賢良祠。

嵇曾筠。無錫人。雍正五年以河南副總河兼管東省河工。七年，總督河道。除曹、單徭河陋規，核定運河夫役工食、需用土方，以取土近遠估定工價，人皆便之。卒，賜祭葬，謚文敏，入祀賢良祠。

和舜武。鑲藍旗滿洲人。嘉慶二十年任山東布政使。整飭吏治，頗洽輿情。二十三年，擢巡撫。疏請勒限清釐積案，分别勸懲章程。卒，賜祭葬，謚恭慎。

校勘記

〔一〕領郡東安東莞　乾隆志卷一二五山東省建置沿革（下同卷簡稱乾隆志）同。據魏書卷一〇六中地形志：「南青州。領郡三、縣九。東安郡、東莞郡、義塘郡。」此處漏義塘郡。下文「共領四十二郡」當作「共領四十三郡」。

〔二〕濰　原作「維」，乾隆志同，據舊唐書卷三八地理志一改。

〔三〕升鄆齊兗都防禦使爲節度使　「齊」，原作「濟」，據乾隆志、新唐書卷六五方鎮表改。

〔四〕又置鄆曹濮節度使　「曹」，原脱，據乾隆志、新唐書卷六五方鎮表補。

〔五〕德　原脱，據乾隆志、金史卷二五地理志中補。

〔六〕而恩濮二州屬大名府路　「府」，原脱，乾隆志同，據金史卷二六地理志下補。

〔七〕元分置燕南河北道山東東西道肅政廉訪司及山東東西道宣慰司　「山東東西道肅政廉訪司」，原脱「道」字，據乾隆志、元史卷五八地理志一補。

〔八〕至榮城折而北　按，榮城即榮成，登州府屬縣，本志「城」「成」混用。山東省輿圖、形勢、文職官作「榮城」，登州府作「榮成」。

〔九〕嘉慶二十一年增一員　「增」，原作「曾」，據文意改。

〔一〇〕鍾毓長社人　「社」，原作「杜」，據乾隆志及三國志卷一三魏書鍾繇傳改。

〔一一〕正元中　「元」，原作「光」，乾隆志同，均誤，魏無「正光」年號，據三國志卷一三魏書鍾毓傳改。

〔一二〕復遣參軍劉襲攻堅兗州刺史張崇於鄄城　「參軍」，原作「監軍」，乾隆志同，據晉書卷七九謝安傳附謝玄傳改。

〔一三〕誅殺帥者凡百二十人　「百二十人」，乾隆志作「千二百人」。按，新、舊唐書曹華本傳皆作「千二百人」，雍正山東通志卷二八之二人物二作「百二十人」。蓋乾隆志從唐書，本志從通志也。然山東通志改作「百二十人」，似亦無據。

〔一四〕引謀亂者二千人斬堂皇下　「二千人」，原作「二十人」，乾隆志同，據新唐書卷一一一薛平傳及雍正山東通志卷二七宦績志改。

〔一五〕馬默成武人 「成」，原作「城」，乾隆志同，據宋史卷三四四馬默傳改。

〔一六〕王居卿蓬萊人 「蓬萊」，原作「萊陽」，據乾隆志、宋史卷三三一王居卿傳改。按，雍正山東通志卷二八之二人物二以王居卿爲萊陽人，然同書卷二五職官又以王居卿為登州人。萊陽屬萊州，蓬萊屬登州。則山東通志亦不以蓬萊爲非，蓋「蓬萊」、「萊陽」偶相混而誤也。

〔一七〕時劉二祖餘黨保濟南勤子堌 「勤」，原作「勒」，乾隆志同，據金史卷一〇二完顏弼傳改。按，金史卷一四宣宗本紀作「大沫堌」。

〔一八〕順帝時爲山東宣慰司副使 「司」，原作「使」，乾隆志同，據雍正山東通志卷二五之一職官志改。

〔一九〕洪武初爲山東行中書省參知政事 「行」，原闕，乾隆志同，據雍正山東通志卷二五之一職官志補。

〔二〇〕以東昌之捷升右布政使 「右布政使」，乾隆志同，明史卷一四二鐵鉉傳作「布政使」，疑此衍。又按，據明史鐵鉉本傳，鐵鉉升山東布政使是因濟南之役大挫燕兵，東昌之役發生於後，此敘事有誤。

〔二一〕有河壖地數百里 「地」，原作「池」，據乾隆志及明史卷一九四趙璜傳改。「壖」，乾隆志及趙璜傳作「灘」。

〔二二〕王相光山人 「光山」，原作「光州」，乾隆志同，據明史卷一八八王相傳及雍正山東通志卷二七宦績志改。按，光州與光山同屬明永寧府，至清，光州升直隸州，光山始屬焉。

〔二三〕爲朱寧所誣逮繫 「寧」，原作「安」，據乾隆志改。按，本志避清宣宗諱改也。

〔二四〕又蠲除種馬運木諸徭 「運」，原作「還」，乾隆志同，據國朝獻徵録卷一〇四顧璘山西行太僕寺卿陳先生沂墓志銘改。

〔二五〕與季父有徵同死 「徵」，乾隆志作「正」，勝朝殉節諸臣録作「禎」。蓋本作「禛」，清人避清世宗諱改字，愈改愈遠。

〔二六〕母莫氏亦不食死 「莫」，乾隆志、勝朝殉節諸臣録同，明季北略卷一四作「黄」。

濟南府圖

惠民界
商河界
齊東
濟陽
小清河故道
小清河
新城
長山
白雲湖
章邱
鄒平
臨淄界
長白山
周村店
淄川
龍山鎮司
清河
開河
孝婦河
泰安界
博山界

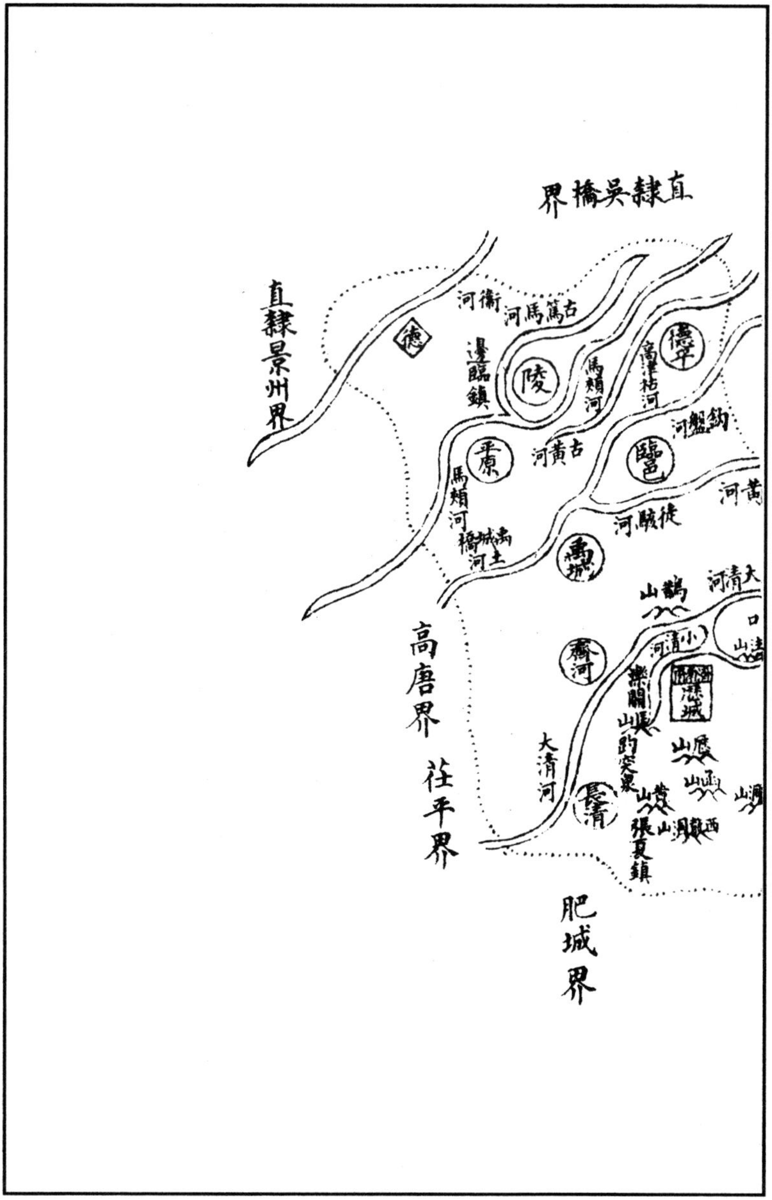
直隸吳橋界
直隸景州界
德
衛河
古篤馬河
邊臨鎮
陵
馬頰河
德平
鉤盤河
平原
古黃河
臨邑
黃河
馬頰河
徒駭河
禹城
大清河
鵲山
小清河
齊河
大清河
長清
趵突泉
張夏鎮
高唐界
茌平界
肥城界

濟南府表

	濟南府	歷城縣
秦	齊郡地。	
兩漢	濟南郡 前漢置郡。後漢爲國，治東平陵。	歷城縣 屬濟南郡。後漢屬國。 東平陵縣 濟南郡治。
三國	濟南國 屬魏。	歷城縣 東平陵縣
晉	濟南郡 永嘉後移治歷城。	歷城縣 永嘉後爲郡治。 平陵縣 永嘉後屬濟南郡，後去「東」字。
南北朝	齊州濟南郡 宋僑置冀州。魏皇興三年改州。	歷城縣 宋元嘉九年兼爲冀州治。魏爲州郡治。 平陵縣 周省。
隋	齊郡 開皇初郡廢。大業初改州爲郡。	歷城縣 郡治。 開皇十六年分置營城縣。大業初省入章丘。
唐	齊州 武德初復置州，屬河南道。	歷城縣 武德二年復置平陵縣及譚州，兼領營城縣。八年縣廢。貞觀元年州廢。十七年改平陵曰全節。元和十五年省。
五代	齊州	歷城縣
宋金附	濟南府 宋政和六年升府，屬京東東路。金屬山東東路。	歷城縣 府治。
元	濟南路 改路，屬中書省。	歷城縣 路治。
明	濟南府 洪武初復府。九年爲山東布政司治。	歷城縣 府治。

續表

	章丘縣
臺縣 屬濟南郡。	陽丘縣 屬濟南郡。後漢省。 東平陵縣地。
臺縣	
省。	
東魏郡 聊城縣 宋置魏郡，治臺城。魏加「東」字。北齊郡、縣俱廢。	高唐縣 齊天保七年移置。 博平縣 宋置，屬魏郡。魏屬東魏郡。齊省。 衛國縣 宋僑置，屬頓丘郡。魏屬東魏郡。
	章丘縣 開皇十六年改名，屬齊郡。 亭山縣 開皇六年改名，屬齊郡。
	章丘縣 屬齊郡。 元和十五年省。
	章丘縣 屬濟南府。
	章丘縣
	章丘縣 屬濟南路。
	章丘縣 屬濟南府。

			鄒平縣
菅縣 屬濟南郡。	朝陽縣 屬濟南郡。後漢曰東朝陽。	猇縣 屬濟南郡。後漢省。	梁鄒縣 屬濟南郡。
菅縣	東朝陽縣		梁鄒縣
菅縣	東朝陽縣 改屬樂安國。		省。
宋省。	朝陽縣 宋去「東」字，還屬濟南郡。齊省。		東平原郡 宋僑置平原郡。魏加「東」字。齊天保七年移平原縣來治。
臨濟縣 開皇六年於菅城置朝陽。十六年又改名，屬齊郡。	開皇十六年復置。大業初省入臨濟。		開皇初郡廢。十六年分置濟南縣。大業初省入長山。
臨濟縣 武德元年於縣置鄒州。八年州廢，屬齊州。			景龍元年置濟陽縣，屬淄州。元和十五年省入高苑。
臨濟縣			鄒平縣
宋咸平四年省。			鄒平縣 宋景德元年移治濟陽城。
			鄒平縣 至元二年分屬濟南路。
			鄒平縣 屬濟南府。

續表

	淄川縣
鄒平縣 屬濟南郡。	般陽縣 屬濟南郡。後漢屬齊國。
鄒平縣	般陽縣
省。	太康後省。
平原縣 宋僑置，屬平原郡。魏屬東平原郡。齊徙廢。	東清河郡 宋僑置清河郡。魏加「東」字。齊廢。 貝丘縣 宋元嘉五年置，屬清河郡。魏屬東清河郡。
鄒平縣 開皇十八年改置，屬齊郡。	開皇十六年置淄州。大業初廢。 淄川縣 開皇十八年改名，屬齊郡。
鄒平縣 屬淄州。	淄州 武德元年復置州。天寶元年改淄川郡。乾元元年復州，屬河南道。 淄川縣 州治。
徙廢。	淄州 淄川縣
	淄州 宋屬京東東路。金屬山東東路。 淄川縣
	般陽路 中統五年升淄州路。至元二年改淄萊路。二十四年又改。 淄川縣 路治。
	淄川縣 洪武初曰般陽府。九年降爲淄川州，屬濟南府。十二年又降縣。

	長山縣
土鼓縣 屬濟南郡。 昌國縣 屬齊郡。 萊蕪縣 屬泰山郡。	濟南都尉
土鼓縣 昌國縣 萊蕪縣	
省。 昌國縣 省。	
土鼓縣 宋復置。齊省入平山。 逢陵縣 宋永初中置，屬濟南郡。齊省。 昌國縣 齊徙廢。	東平原郡 宋僑置廣川郡。齊天保七年改名。 武强縣 宋置，郡治。
	開皇初廢。 長山縣 開皇十八年改名，屬齊郡。
	長山縣 屬淄州。
	長山縣
	長山縣
	長山縣 屬般陽路。
	長山縣 屬濟南府。

	新城縣
於陵縣，屬濟南郡，爲都尉治。後漢屬濟南國。	高苑縣，屬千乘郡。後漢屬樂安國。 延鄉侯國，屬千乘郡。後漢省。 平安侯國，屬千乘郡。後漢省。
於陵縣	高苑縣
於陵縣	高苑縣，樂安國治。
宋永初後省。	宋省。
	長山、高苑二縣地。
	新城縣，太宗析置，屬般陽路。
	新城縣，洪武十二年屬濟南府。

續表

續表

齊河縣	齊東縣	濟陽縣	禹城縣
祝阿縣地。	鄒平、朝陽二縣地。	著縣屬濟南郡。	
		著縣	
		著縣	
		著縣齊省。	
		臨濟縣地。	
高城縣地。	鄒平縣地。		禹城縣初移祝阿縣於此。天寶九年改名，屬齊州。
			禹城縣
齊河縣宋置耿濟鎮。金大定八年析置，屬濟南府。	金置齊東鎮。	濟陽縣金天會七年析置，屬濟南府。	禹城縣宋屬濟南府。
齊河縣改屬德州。	齊東縣憲宗二年析置，屬河間路。	濟陽縣	禹城縣至元二年改屬曹州。
齊河縣屬濟南府。	齊東縣屬濟南府。	濟陽縣	禹城縣還屬濟南府。

續表

	臨邑縣
高唐縣 屬平原郡。 瑗縣 屬平原郡。後漢省。 阿陽縣 屬平原郡。後漢省。	漯陰縣 屬平原郡。
高唐縣	漯陰縣
省入祝阿。	省。
	臨邑縣 宋孝建二年僑置，屬魏郡。魏屬東魏郡。
	臨邑縣 屬齊郡。
源陽縣 武德元年置。貞觀元年省入。	臨邑縣 屬齊州。
	臨邑縣
	臨邑縣 宋建隆元年移治，屬濟南府。
	臨邑縣 屬河間路。
	臨邑縣 屬濟南府。

長清縣
濟北國 前漢文帝置。武帝後二年國除。後漢永元二年復置。 盧縣 屬泰山郡，爲都尉治。後漢國治。
濟北國 盧縣
濟北郡 盧縣
徙廢。 盧縣 宋屬濟北郡。魏屬太原郡。孝昌二年又移東太原郡來治。齊廢。
長清縣 開皇十四年改置，屬濟北郡。 濟北縣 開皇六年分置。大業初省。
長清縣 初屬濟州。天寶中屬齊州。
長清縣
長清縣 宋至道二年移治，屬濟南府。
長清縣 至元二年改屬泰安州。
長清縣 還屬濟南府。

續表

續表

茌縣 屬泰山郡。			祝阿縣 屬平原郡。後漢屬濟南國。
山茌縣 魏加「山」字。			祝阿縣
山茌縣		太原縣 義熙中僑置。	祝阿縣
山茌縣 宋永初後省。元嘉十年復置，屬太原郡。	太原郡 宋元嘉十年置。孝建初治升城。後兼置并州。齊省。	太原縣 治升城。爲郡治。齊省。	祝阿縣 宋屬太原郡。
大業初省入歷城。			祝阿縣 屬齊郡。
武德元年復置，屬齊州。天寶元年改曰豐齊。元和十五年省。			徙廢。

續表

陵縣		德州
	安德縣屬平原郡。	
	安德縣	
	安德縣屬渤海郡。	
安德郡魏太和中置。尋罷。中興中復置，治安德。	安德縣魏郡治。	
平原郡開皇初郡廢。九年置德州。大業初復爲郡，改名。	安德縣	長河縣開皇六年置廣川縣。仁壽初改名，屬平原郡。
德州武德四年復置州，屬河北道。	安德縣州治。元和中分置歸化縣。太和四年省入臨邑。	長河縣屬德州。元和十年移治。
德州	安德縣	周省爲長河鎮。
德州宋屬河北東路。金屬山東西路。	安德縣	將陵縣宋景祐元年移治，屬永静軍。金屬景州。
德州屬濟南路。	安德縣	陵州憲宗三年升州。至元二年罷。三年復爲州，屬河間路。
陵縣永樂七年改州爲縣，屬濟南府。	洪武初省入州。	德州洪武初降爲陵縣。永樂七年改州，屬濟南府。

續表

	德平縣
鬲縣 屬平原郡。 重丘縣 屬平原郡。後漢省。	平昌縣 屬平原郡。後漢曰西平昌。
鬲縣	西平昌縣
鬲縣	東晉省。
鬲縣 魏初屬渤海郡。後屬安德郡。齊省入安德。	平昌縣 魏太和二十二年復置，屬渤海郡。熙平中屬樂陵郡。天平初分屬東安德郡。齊天保七年移今治，屬平原郡。
將陵縣 開皇十六年分置，屬平原郡。	平昌縣
將陵縣 屬德州。	平昌縣 屬德州。
將陵縣	德平縣 後唐改名。
	德平縣 宋神宗初省。元符二年復置。
	德平縣
	德平縣 屬濟南府。

	平原縣	
般縣屬平原郡。	平原縣高帝置。	平原縣郡治。
般縣	平原郡	平原縣
般縣	平原國	平原縣國治。
般縣魏屬渤海郡。中興初別置安德郡。齊後廢。 重平縣魏孝昌中改置，屬安德郡。齊省入平昌。	魏太常末置東青州，尋與郡俱廢。	平原縣魏太平真君三年并入鬲。太和二十一年復置，屬渤海郡。後屬安德郡。
般縣開皇十六年復置，屬平原郡。		平原縣屬平原郡。
貞觀十七年省入平昌。		平原縣屬德州。
		平原縣
		平原縣
		平原縣
		平原縣

鄃縣 屬清河郡。	繹幕縣 屬清河郡。
鄃縣	繹幕縣
鄃縣	繹幕縣
鄃縣 魏太和中改屬平原郡。後屬南清河郡。齊省。	繹幕縣 魏太平真君三年并入武城。太和二十一年復置，屬安德郡。齊省。
	繹幕縣 開皇十六年復置。大業初省入安德。

續表

大清一統志卷一百六十二

濟南府一

在山東省治。東西距三百六十里，南北距二百八十里。東至青州府臨淄縣界二百五十里，西至東昌府高唐州界一百十里，南至泰安府泰安縣界一百四十里，北至武定府商河縣界一百四十里。東南至青州府博山縣界二百三十里，西南至東昌府茌平縣界一百三十里，東北至武定府惠民縣界一百八十里，西北至直隸河間府景州界三百里。自府治至京師八百里。

分野

天文虛、危分野，玄枵之次。

建置沿革

禹貢青州之域。周爲齊地。秦屬齊郡。漢初分置濟南郡。文帝十六年爲濟南國。西南境爲濟北國，西北境爲平原郡，東南境爲千乘郡地。景帝二年，國除爲郡。後漢建武十五年，復爲濟南國。三國屬魏。晉曰濟南郡。宋元嘉九年，僑置冀州。北境屬魏。後魏皇興三年，改曰齊州。隋開皇初郡廢。大業初改爲齊郡。唐武德元年，復曰齊州。二年，置總管府。貞觀元年，府罷。七年，又置都督府。天寶初，改曰臨淄郡。五年，復曰齊郡。乾元初復曰齊州，屬河南道。唐書方鎮表：乾寧二年置武肅軍防禦使。天復元年罷。五代因之。宋初曰齊州濟南郡。治平二年置興德軍節度。政和六年，升爲濟南府，屬京東東路。宋史地理志：至道三年，屬京東路。熙寧七年，分屬西路。元豐五年，仍屬東路。金曰濟南府，屬山東東路。元爲濟南路，屬中書省。明洪武初復曰濟南府。九年，爲山東布政使司治。

本朝爲山東省治。領州一，縣十五。

歷城縣。附郭。東西距一百十里，南北距一百五十里。東至章丘縣界九十里，西至長清縣界二十里，南至泰安府泰安縣界一百里，北至濟陽縣界五十里。東南至章丘縣界九十里，西南至長清縣界七十里，東北至章丘縣界一百里，西北至齊河縣界四十里。戰國齊歷下邑。漢置歷城縣，屬濟南郡。後漢屬濟南國。晉初因之，永嘉後爲濟南郡治。宋元嘉九年，又僑置冀州治此。後魏爲齊州濟南郡治。隋爲齊郡治。唐爲齊州治。宋爲濟南府治。金因之。元爲濟南路治。明復爲濟南府治。本朝因之。

章丘縣。在府東一百十里。東西距四十里，南北距一百三十里。東至鄒平縣界二十里，西至歷城縣界二十里，南至泰安府萊蕪縣界九十里，北至齊東縣界四十里。東南至淄川縣界六十里，西南至歷城縣界九十里，東北至鄒平縣界四十里，西北至濟陽縣界七十里。漢置陽丘、菅二縣，俱屬濟南郡。後漢省陽丘。劉宋又省菅。北齊天保七年移置高唐縣於此。隋開皇十六年，改曰章丘，屬齊郡。唐武德二年屬譚州。貞觀元年屬齊州。宋景德三年置清平軍。熙寧三年軍廢，仍爲縣，屬濟南府。金因之。元屬濟南路。明屬濟南府。本朝因之。

鄒平縣。在府東一百六十五里。東西距四十五里，南北距八十里。東至長山縣界十里，西至章丘縣界三十五里，南至淄川縣界二十里，北至武定府青城縣界六十里。東南至長山縣界十二里，西南至章丘縣界三十三里，東北至青州府高苑縣界八十里，西北至齊東縣界四十里。漢置梁鄒、鄒平二縣，屬濟南郡。晉省。宋武帝於故梁鄒縣僑置平原郡，并領平原縣。後魏曰東平原郡。隋開皇初郡廢，十八年改平原縣曰鄒平，屬齊郡。唐武德元年屬鄒州，八年屬譚州。貞觀元年屬淄州。景龍元年於梁鄒城置濟陽縣。元和十五年，省入高苑。宋景德元年，移鄒平治濟陽廢縣，仍屬淄州。金因之。元至元二年分屬濟南路。明屬濟南府。本朝因之。

淄川縣。在府東少南二百二十里。東西距八十五里，南北距七十里。東至青州府益都縣界三十五里，西至章丘縣界五十里，南至青州府博山縣界三十里，北至長山縣界四十里。東南至青州府益都縣界四十五里，西南至泰安府萊蕪縣界三十里，東北至青州府益都縣界三十五里，西北至長山縣界四十五里。漢置般陽縣，屬濟南郡。後漢屬齊國。晉屬樂安國。太康後省。宋武帝僑置清河郡。元嘉五年并置貝丘縣屬焉。後魏曰東清河郡。北齊郡廢。隋開皇十六年，於貝丘縣置淄州。十八年改縣曰淄川。大業初州廢，屬齊郡。唐武德元年復置淄州。天寶元年改曰淄川郡。乾元元年復曰淄州，屬河南道。宋屬京東東路。金屬山東東路。元中統五年，升淄州路總管府。至元二年改淄萊路。二十四年改曰般陽路。明洪武初爲般陽府。九年降爲淄川州，屬濟南府。十二年又降州爲縣。本朝因之。

長山縣。在府東一百九十里。東西距五十五里，南北距五十五里。東至青州府臨淄縣界四十里，西至鄒平縣界十五里，南至淄川縣界三十里，北至新城縣界二十五里。東南至青州府益都縣治一百四十里，西南至歷城縣治二百十里，東北至青州府博興縣治九十里，西北至齊東縣治九十里。齊於陵邑。漢置於陵縣，屬濟南郡，爲都尉治。後漢屬濟南國。宋武帝僑立武强縣，并置廣川郡。後魏因之。北齊天保七年改廣川爲東平原郡。隋開皇初郡廢。十八年改縣曰長山，屬齊郡。唐武德元年屬鄒州。八年州廢，屬淄州。五代、宋、金因之。元屬般陽路。明洪武十五年改屬濟南府。本朝因之。

新城縣。在府東北二百十六里。東西距四十六里，南北距二十六里。東至青州府臨淄縣界四十里，西至長山縣界六里，南至長山縣界一里，北至青州府高苑縣界二十五里。東南至青州府博興縣界五十里，西南至長山縣界三里，東北至青州府博興縣界五十里，西北至長山縣界三十里。漢置高苑縣，屬千乘郡。後漢屬樂安國。晉爲樂安國治。劉宋省。自隋至金，爲長山、高苑二縣地。元太宗始以長山縣之驛臺地置新城縣，屬般陽路。明洪武十二年改屬濟南府。本朝因之。

齊河縣。在府西四十里。東西距七十一里，南北距八十一里。東至長清縣界一里，西至東昌府高唐州界七十里，南至長清縣界一里，北至臨邑縣界八十里。東南至長清縣界半里，西南至長清縣界三十里，東北至濟陽縣界七十里，西北至禹城縣界四十里。漢祝阿縣地。唐爲禹城縣地。宋置耿濟鎮，仍屬禹城。金大定八年始置齊河縣，屬濟南府。元至元二年改屬德州。明屬濟南府。本朝因之。

齊東縣。在府東北一百五十里。東西距六十里，南北距四十一里。東至武定府青城縣界二十五里，西至濟陽縣界三十五里，南至章丘縣界四十里，北至武定府惠民縣界一里。東南至鄒平縣界四十里，西南至歷城縣界五十里，東北至武定府青城縣界二十里，西北至濟陽縣界三十里。漢鄒平、朝陽二縣地。唐、宋爲鄒平縣地。金置齊東鎮。元憲宗二年始改鎮置縣，屬河間路。三年屬濟南路。至元二年還屬河間。明洪武初屬濟南府。本朝因之。

濟陽縣。在府東北七十里。東西距一百四十里，南北距六十五里。東至齊東縣界八十里，西至禹城縣界六十里，南至歷城縣界二十五里，北至武定府商河縣界四十里。東南至章丘縣界一里，西南至齊河縣界八十里，東北至武定府惠民縣界六十里，西北至臨邑縣界六十里。春秋齊著邑。漢置著縣，屬濟南郡。後漢、晉、宋、魏皆因之。北齊省。隋、唐爲臨濟縣地。宋爲章丘縣地。金天會七年初，析章丘、臨邑二縣地置濟陽縣，屬濟南府。元、明不改。本朝因之。

禹城縣。在府西北一百十里。東西距七十里，南北距七十里。東至濟陽縣界四十里，西至平原縣界三十里，南至齊河縣界二十五里，北至陵縣界四十五里。東南至齊河縣治七十里，西南至東昌府高唐州界六十里，東北至臨邑縣界三十五里，西北至平原縣治七十里。春秋齊高唐、轅二邑。漢置高唐、瑗二縣，屬平原郡。後漢省瑗縣。晉廢高唐入祝阿縣。唐初移祝阿於此，屬齊州。天寶元年改曰禹城。宋屬濟南府。金因之。元至元二年改屬曹州。明洪武二十年屬濟南府。本朝因之。

臨邑縣。在府北一百四十里。東西距四十里，南北距六十里。東至武定府商河縣界二十里，西至陵縣界二十里，南至齊河縣界四十里，北至德平縣界二十里。東南至濟陽縣界四十里，西南至禹城縣界五十里，東北至武定府商河縣界四十五里，西北至陵縣界十五里。春秋齊隰邑。漢置漯陰縣，屬平原郡。後漢因之。晉省。宋孝建二年僑立臨邑縣於此，屬魏郡。後魏屬東魏郡。隋屬齊郡。唐武德元年屬譚州。貞觀元年屬齊州。宋屬濟南府。金因之。元太宗七年割屬河間路。憲宗三年還屬濟南。至元二年復屬河間。明洪武初屬濟南府。本朝因之。

長清縣。在府西南七十里。東西距一百里，南北距一百五里。東至歷城縣界四十里，西至東昌府茌平縣界六十里，南至泰安府肥城縣界七十里，北至齊河縣界三十五里。東南至泰安府泰安縣界一百十里，西南至泰安府平陰縣界五十里，東北至歷城縣界五十里，西北至禹城縣界六十里。春秋齊盧邑。漢置盧縣。文帝二年置濟北國於此。武帝後二年國除，屬泰山郡，爲都尉治。後漢永元二年，復置濟北國，治盧。晉因之。宋屬濟北郡。後魏屬太原郡。北齊郡、縣俱廢。隋開皇十四年改置長清縣，屬濟北郡。唐初屬濟州。天寶中屬齊州。宋屬濟南府。元至元二年改屬泰安州。明還屬濟南府。本朝因之。

陵縣。在府西北二百里。東西距八十里，南北距四十里〔一〕。東至武定府商河縣界七十五里，西至德州界五里，南至平原縣界十八里，北至德州界二十二里。東南至臨邑縣界四十里，西南至平原縣界二十里，東北至德平縣界四十里，西北至德州治七十里。漢置安德縣，屬平原郡。後漢因之。晉屬渤海郡。後魏太和中於縣置安德郡。尋罷。中興中復置。隋開皇初郡廢。九年，於縣置德州。大業初改爲平原郡。唐武德四年復置德州，并置總管府。貞觀元年府罷。天寶元年復曰平原郡。乾元元年復曰德州，屬河北道。元和四年於州置保信軍節度。五年罷。宋曰德州平原郡，屬河北東路。金曰德州，屬山東西路。元亦曰德州。初屬東平路，至元中改屬濟南路。明洪武初省安德縣入州。永樂七年改陵縣爲德州，以故州爲陵縣，屬濟南府。本朝因之。

德州。在府西北二百六十里。東西距一百三里，南北距六十里。東至陵縣界六十八里，西至直隸河間府故城縣界三十五里，南至東昌府恩縣界四十里，北至河間府景州界二十里。東南至平原縣界四十里，西北至河間府故城縣界十三里，東北至河間府吴橋縣界二十里，西北至河間府景州界三十里。禹貢兖州之域。古有鬲氏之地。漢置鬲縣，屬平原郡。後漢爲侯國。晉亦曰鬲縣。後魏初屬渤海郡，後屬安德郡。北齊省入安德。隋開皇六年改置廣川縣於此。十六年，又分置將陵縣。仁壽初改廣川曰長河，皆屬平原郡。唐屬德州。五代周省長河縣入將陵。宋景祐元年移將陵治長河鎮，改屬永静軍。金屬景州。元憲宗三年割屬河間路。尋升爲陵州。至元二年復爲縣。三年，復爲州。明洪武初復降爲縣，屬濟南府。永樂七年改德州爲陵縣，以故陵城爲德州。本朝因之。

德平縣。在府北二百五里。東西距七十里，南北距五十五里。東至武定府惠民縣界三十里，西至德州界四十里，南至臨邑縣界三十里，北至直隸河間府寧津縣界二十五里。東南至武定府商河縣界三十里，西南至陵縣界三十里，東北至武定府樂陵縣界二十五里，西北至河間府吴橋縣界四十五里。漢置平昌縣，屬平原郡。後漢曰西平昌縣。晉因之，後省。後魏太和二十二年復置平昌縣，屬渤海郡。熙平中屬樂陵郡。天平初分屬東安德郡。北齊郡廢，仍屬平原郡。隋因之。唐屬德州。太和二年割屬齊州。三年，還屬德州。五代後唐改曰德平。宋神宗初省爲鎮，入安德。元符二年復置，屬德州。金、元因之。明屬濟南府。本朝因之。

平原縣。在府西北一百八十里。東西距五十五里，南北距八十里。東至禹城縣界四十里，西至東昌府恩縣界十五里，南至東昌府高唐州界五十里，北至德州界三十里。東南至禹城縣界四十里，西南至臨清州夏津縣界五十里，東北至陵縣界二十五里，西北至德州界三十里。戰國齊、趙之境，屬平原邑。漢置平原縣，并置平原郡治焉，屬青州。後漢建安十八年，以郡屬冀州。晉爲平原國治。後魏太常末置東青州。皇興中與郡俱廢。太平真君三年省縣入鬲。太和二十一年復置，屬渤海郡。中興中屬安德郡。隋屬平原郡。唐屬德州。宋、金、元、明不改。本朝屬濟南府。

形勢

南有泰山之固，北有渤海之利。史記高祖紀。憑負山海，擅利魚鹽。杜佑通典。東接臨淄之饒，西阻濟河之險。衆泉競出，而匯流於南北；五郡分列，而通道於東西。古齊之名區，東齊之首郡。鄭樵通志。

風俗

俗多織作，士務功名。漢書地理志。多才力，重許可，能辛苦。唐杜牧集。故爲文學之國，然亦以朋比誇詐，見於習俗。宋曾鞏齊州詩序。濟南人敦厚闊達，多大節。元程文海遂開堂記。

城池

濟南府城。周十二里有奇，門四，池廣五丈。舊土築，明洪武四年甃石。本朝乾隆十三年修，五十二年、嘉慶十六年重修。歷城縣附郭。

重修。

章丘縣城。周六里，門四，池廣二丈。舊土築，明萬曆六年甃石。本朝乾隆二十年修。

鄒平縣城。周四里，門四，池廣二丈二尺。元至元十二年築。明萬曆八年甃石。本朝康熙九年修，乾隆三十六年重修。

淄川縣城。周五里，門四，池廣一丈五尺。明崇禎九年甃石。本朝順治四年修。

長山縣城。周四里，門四，池廣二丈七尺。宋舊址，元至正十二年築。明成化二年修，本朝乾隆三十五年修。

新城縣城。周五里，門四，池廣二丈。明成化中重築。萬曆七年甃甎。本朝乾隆五十九年修。

齊河縣城。周四里，門四，池廣一丈。金大定八年修。本朝乾隆三十一年修。

齊東縣城。周五里，門六，池廣七尺。明成化中修築。本朝乾隆二十六年修。

濟陽縣城。周四里，門三，池廣丈餘。金舊址，明萬曆四年甃甎。本朝乾隆五十七年修。

禹城縣城。周九里有奇，門四，池廣一丈四尺。明萬曆七年增築，並設護城隄。本朝乾隆三十五年修。

臨邑縣城。周九里有奇，門四，池廣二丈二尺。宋舊址，明萬曆七年甃石。本朝順治九年修，乾隆五十七年重修。

長清縣城。周四里有奇，門四，池廣二丈五尺。宋舊址，明成化中甃石。本朝順治六年修，乾隆五十七年重修。

陵縣城。周八里有奇，門四，池廣三丈二尺。明正德六年改築。本朝康熙七年修，乾隆二十七年重修。

德州城。周十里有奇，門五，池廣五丈。明洪武中築。外有羅城，延袤二十里，明正德六年築。

德平縣城。周三里有奇，門三，池廣四尺。明正德中，增築外城，周六里，門四，池廣二丈。本朝康熙十一年修。

平原縣城。周五里有奇，門四，池廣三丈二尺。元舊址，明萬曆十年甃甎。本朝康熙十年修，乾隆三十三年重修。

學校

濟南府學。在府治西北。宋熙寧間建，明成化間增修，本朝康熙二十四年修。入學額數二十八名。

歷城縣學。在府治東北。舊在縣治東，明成化間遷今所。本朝康熙二十一年修。入學額數二十名。

章丘縣學。在縣治西南。宋嘉祐五年建，本朝屢加修葺。入學額數二十名。

鄒平縣學。在縣治東南。元至元七年建，本朝屢修。入學額數十五名。

淄川縣學。在縣治西南。元至元中建，本朝康熙四年修。入學額數十五名。

長山縣學。在縣治東南。宋紹聖元年建，元張養浩有記。本朝屢加修葺。入學額數十五名。

新城縣學。在縣治東南。元大德十年建，本朝康熙十九年修，二十七年重修。入學額數十五名。

齊河縣學。在縣治東。明洪武初建，本朝順治十三年修。入學額數十五名。

齊東縣學。在縣治東。元大德間建，本朝康熙二十三年修。入學額數十五名。

濟陽縣學。在縣治西南。金大定間建，元趙孟頫記。本朝康熙五十八年修。入學額數十五名。

禹城縣學。在縣治東。元至元中建，有朱子所書「耕雲釣月」石刻在内。本朝屢修。入學額數十二名。

臨邑縣學。在縣治東南。宋崇寧初建，本朝順治、康熙年間屢加修葺。入學額數十二名。

長清縣學。在縣治東。宋天禧二年建，本朝屢加修葺。入學額數十五名。

陵縣學。在縣治東南。元至元中建，本朝康熙十二年修。入學額數十二名。

德州學。在州治北。舊在州治西南，明洪武中遷今所。正統間修學於東廡下，掘得石碑曰「董子讀書處」。本朝屢加修葺。入學額數二十名。又，衛學十五名。

德平縣學。在縣治南。元至元間重建，有漢禰衡《魯夫子碑文》。本朝屢修。入學額數十二名。

平原縣學。在縣治南。宋明道中建，本朝屢修。入學額數十五名。

濼源書院。在府城内西門大街。本朝雍正十一年建。

振英書院。在府城内。本朝康熙五十七年建。

陽丘書院。在章丘縣城内。本朝康熙三十五年建。

繡江書院。在章丘縣城内。本朝嘉慶六年建。

般陽書院。在淄川縣城内。本朝康熙三十一年建。

崔公書院。在新城縣城内。本朝乾隆十九年建。

東臯書院。在齊東縣城内。

漯東書院。在禹城縣城内。本朝嘉慶八年建。

五峯書院。在長清縣城内。本朝嘉慶二十一年建。

三泉書院。在陵縣。舊址久圮，本朝乾隆四十四年在縣南門内迤東新建。

繁露書院。在德州城内。本朝乾隆十八年建。

敬業書院。在德平縣東街北。本朝乾隆三十二年建，六十年知縣鍾大受改建重修。

景顔書院。在平原縣城内。本朝嘉慶四年知縣張懷清捐建。按：舊志載，閔子書院，在歷城縣東五里閔子墓前，元天曆間建；歷山書院，在歷城縣趵突泉東，明萬曆年建；長白書院，在鄒平縣東十里，明成化十六年建；伏生書院，在鄒平縣東十八里，元建；范文正公書院，在鄒平縣西三十里，明成化十六年建。謹附記。

戶口

原額人丁二百二十七萬八千九百八十二，今滋生男婦大小共三百八十九萬九千一百六名口，計民户共六十九萬九千七百十四户。又衛所屯户共三萬六千五十二户，男婦大小共十一萬五千七百十三名口。

田賦

田地十萬九千九百五十九頃三畝二分二釐有奇，額徵地丁正、雜銀五十八萬二千七百一兩九錢八分四釐，麥改米一萬十五石四斗三升七合九勺，米一十三萬九千七百二十九石八斗一升四合四勺。

山川

廟山。在歷城縣東界。寰宇記：在歷城縣東十里。因舜廟得名。元好問濟南記作妙山。

龍洞山。在歷城縣東南三十里。上有東、西二洞。王存元豐九域志：此山禹所嘗登，亦名禹登山。齊乘：山如重甗。西洞透深一里許，秉火可入；東洞在萬仞絶壁之上，洞口釜鬵尚存，煙火之迹如墨。昔人避兵，引絙以上。有翠屏巖、獨秀峯、三秀峯。峯側龍祠，郡邑禱雨極應。

歷山。在歷城縣南五里。酈道元水經注：歷城南對山，山上有舜祠。舜耕歷山，亦云在此。山下有大穴，謂之舜井，抑亦茅山禹井之比矣。寰宇記：歷山在縣南五里，一名舜耕山。于欽齊乘：又名千佛山。本朝乾隆十三年，高宗純皇帝聖駕經此，有御製千佛山詩。

函山。在歷城縣南二十里。一名玉函山。段成式酉陽雜俎：齊郡函山有鳥，足青嘴赤，黄素翼，絳顙，名王母使者。昔漢武登此山，得玉函，長五寸。帝下山，玉函忽化爲白鳥飛去。世傳上有王母藥函，常令鳥守之。府志：又名卧佛山，上有碧霞殿，路有十八盤。

仙臺山。在歷城縣南四十里。産羊肝石、花板石。又有仙臺嶺，世傳漢武於此望祀蓬萊島。

康王山。在歷城縣南五十里。上有太甲陵。

卧虎山。在歷城縣南五十里。岱北諸谷之水，至山下始合。論者以此爲山川之鎖鑰。

石固寨山。在歷城縣南五十里。南有鳳凰山，東有虎山，西有丁公嶺。山居其中，頗爲險固。昔人嘗置寨於此，故名。

龍山。在歷城縣西南十二里。又名興隆山。

奎山。寰宇記：在歷城縣西南十五里。三齊記：殷時有道士隱於此，野火四發，道士祈天即雨。今人遇旱，燒山禱雨多應。

黄山。在歷城縣西南六十里。齊乘：山周如城，岱陰諸谷之水奔流至山西，匯爲池，圍數畝不溢，至山北而伏流，即渴馬崖也，至府城西南而復出，爲趵突泉。

匡山。在歷城縣西。魏書地形志：歷城有匡山。齊乘：奎山，北有匡山，世傳太白讀書於此。又北曰粟山。

藥山。在歷城縣西北十二里。齊乘：粟山北有藥山，山産陽起石。舊志：上有九峯並列，本草謂山無積雪，草木常青，蓋有陽氣蒸鬱使然。其南又有鞍山，相傳晉師伐齊，戰於鞍，即此。

黄臺山。在歷城縣北八里。魏書地形志：歷城有黄臺山。

鵲山。在歷城縣北二十里濼口鎮。亦名崰山。魏書地形志：臨邑有鵲山。隋書地理志：歷城有鵲山。齊乘：王繪李白詩注云，扁鵲煉丹於此，故名。舊志：大清河流於其東，名崰山。湖上有鵲山亭。古有崰山院。本朝乾隆十三年，高宗純皇帝東巡，有御製鵲山詩。

九里山。在歷城縣東北九里。相傳韓信破齊歷下，嘗駐軍於此。

華不注山。在歷城縣東北。春秋成公二年：戰於鞍，齊師敗績，逐之，三周華不注。魏書地形志：歷城有華不注山。水經注：濟水又東北，逕華不注山。虎牙桀立，孤峯特拔，青崖翠發，望同點黛。下有華泉。元和志：華不注山，一名華山。在歷城縣東北十五里。寰宇記：一名金輿山。齊乘：左傳「師至於靡笄之下，逢丑父使公下，如華泉取飲」，則此山亦名靡笄。伏琛齊記：「不」讀如「跗」，與詩「鄂不韡韡」之「不」同，謂「花蒂」也。言此山孤秀，如花跗之著於水也。本朝乾隆十三年，高宗純皇帝東巡，有御製華不注山詩。

鮑山。在歷城縣東北三十里。隋書地理志：歷城有鮑山。明統志：山下有鮑城。

東陵山。在章丘縣東南四十八里。隋書地理志：章丘有東陵山。元和志：在縣南二十八里。莊子曰「盜跖死於東陵之上」。寰宇記：山南有盜跖冢。舊志：亦名跖山。

樂盤山。在章丘縣南二十七里。寰宇記：山有樂盤城。三齊記云，即齊孝王與陽丘侯餞送地。

龍盤山。在章丘縣南二十八里。隋書地理志：章丘有龍盤山。元和志：山在縣南二十五里。寰宇記：山南屬全節，北屬章丘，兩縣中分。周初有神龍潛此，故名。

湖山。在章丘縣南五十里。有南、北、中三麓。明統志：下有小山，俗名一品山。禱雨多應。

雞山。在章丘縣西南四十里。魏書地形志：衛國有雞山。隋書地理志：歷城有雞山。水經注：巨合水，出雞山西北。寰宇記：昔有神雞，晨鳴於此，候之，獲一石，潔白如玉，因名。

危山。在章丘縣西南四十里。寰宇記：縣東北二里危山之頂，有平陵王墓。縣志：今人呼爲鐵墓。

亭山。在章丘縣西南六十里。元和志：亭山縣，本漢平陵縣，宋衛國縣，開皇六年改。縣南有亭山，因以爲名。

冶山。在章丘縣西南六十里。唐時冶鐵於此，故名。

趙山。在章丘縣西南六十里。山有四峯對峙，不可通行，俗名四門山。其西爲虎山，積石巉巖，狀若虎踞。山半有拔注泉，下有漿水泉。

虎門山。在章丘縣西南六十里。石崖中斷若門，故名。

女郎山。在章丘縣東北一里。水經注：陽丘縣南有女郎山，山上有神祠，俗謂之女郎祠。齊乘：一名小田山。齊記：章亥有三女溺死葬此。有三陽洞。俗云有子張墓。

黄山。在鄒平縣東南三里。土色多黄，故名。魏書地形志：平原有黄山。府志：山半有翠微亭，山麓爲遐景亭。元大德中，處士安仁甫所築。

于兹山。在鄒平縣東南十里。三峯列秀，當大路之口。舊有于兹仙翁祠，今廢。

太湖山。在鄒平縣東南二十里。接長山縣界。齊乘：長白山西南有太湖山。

長白山。在鄒平縣南二十里。東北屬長山，北屬鄒平，折而西屬章丘，南則淄川，盤繞四縣。抱朴子：長白，泰山之副嶽，繡江發源於此。魏書辛子馥傳：長白山連接三齊，多有盜賊。子馥受使檢覆，因辨山谷要害，宜立鎮戍之所。隋書地理志：章丘有長白山。元和志：長白山，高二千九百丈，周迴六十里。相傳陳仲子夫妻所隱也。太平御覽：以山中雲氣長白，故名。齊乘：長白山阿有醴泉寺。相傳誌公卓錫之地。宋范文正公讀書寺中。有上、下二書堂，在黌堂嶺、會仙峯下，皆宋代所建。明統志：長白山在長山縣西南三十里，又名會仙山。山有峯〔二〕，孤秀盤鬱，獨壓衆山。縣志：長白山西南，會仙一峯最高。登山之道，南由大峪、書堂〔三〕，北由魯家泉、風門道。近頂五里許，峭立險仄，非攀援不能上。轉而南下，有宣風洞、上書堂、范公泉。其側爲猫頭峯，前爲狻猊峯。南向東轉，其陰爲羅圈峪，又東南爲摩訶頂〔四〕。自羅圈峪委折而東，有超䆗峪、種金頂、劈尖頂、桃花峪、水尖頂，此長白之南嶂也。其北嶂，自會仙東，則爲老人峯，又東爲鍛砧峯，當縣治正南十三里。其南則印臺山也。西嶂之間爲大峪，峪有象山，其劈尖頂之北，有南石户頂、北石户頂，有滴水崖、玩湖頂。下爲魯家泉。有徐郭洞，一名玉泉洞，去縣八里。

富相山。在鄒平縣西南五里。一名賀家山，下有賀家村，故名。山不甚高，樹木繁茂，杏花柿葉，徧滿山谷。西有乳泉，邑人取以釀酒。又有景相公山，在縣西南三里，以下有景範墓得名。

九龍山。在鄒平縣西南十五里。齊乘謂之啞婦山。舊志：山北有九峯如聯珠，六、七峯之間名啞婦口，或稱隘阜口。山路險狹，穿鑿而成。

鳳凰山。在鄒平縣西南三十五里。東有雕窩峪，西有迦峪。

宿山。在鄒平縣西十里。圓峯孤立，九龍山繞其西南。舊志：下有古店，行旅止宿，故名。

梓桐山。在淄川縣東十里。後有壘圜洞，亦名鬼谷，舊傳鬼谷子隱居此洞。西有王樵繭室。其東曰吉磨山，出磨石。山上有石碌井。

淄山。在淄川縣東南三十里。又有西谷山，在縣東南四十里。

摘星山。在淄川縣東南四十里。山形高聳，故名。

原山。在淄川縣東南七十里。接青州府益都縣界。漢書地理志：萊蕪原山，淄水所出。元和志：山去淄川縣六十里。齊乘：一名岳陽山，跨淄川、益都兩縣界。縣志：在縣南九十里，西去萊蕪七十里。

笠山。在淄川縣南十五里。又有大堆山，在縣南二十五里。

萬山。在淄川縣南三十五里。以羣山環繞其左右，故名。

崑崙山。在淄川縣西南二十里。山形如轂輪。又有三台山，亦在縣西南二十里。

甲山。在淄川縣西南三十里。水經注：萌水出西南甲山。縣志：舊名祝山。

虎山。在淄川縣西南三十里。又有瑚山，在縣西南三十里；鳳凰山、箕山，在縣西三十里。

沖山。在淄川縣西三十五里。

焕山。在淄川縣西北十里。舊志：上有煙火臺。

明山。在淄川縣西北二十五里。即古萌山，萌水所經。山下有水，澄澈見底，故名。

浮山。在淄川縣北二十里。舊志：豐水薄其下，遠望之，如浮水上。

黌山。在淄川縣東北十里。即古黄山。接章丘、鄒平二縣界。水經注：德會水出昌國黄山。寰宇記：黌山，相傳鄭康成注詩書，棲遲於此。上有古井不竭，獨生細草，葉似薤，謂之書帶草。

卧牛山。在長山縣東六十里。

米山。在長山縣南三十里。縣志：相傳齊桓公積土於此，爲虛糧，以示敵，故名。

花山。在新城縣東南四十里。土崖無石，原谷繡錯，遠望如蓮花，故名。

四角山。在新城縣東南四十五里。元史哈喇布哈傳：嘗以事至益都，於四脚山下置廣興、商山二冶。蓋即此山。其後訛「脚」爲「角」也。「哈喇布哈」舊作「合剌普華」，今改正。

馬公山。在新城縣東南四十五里。山下有一畝石，周一里，不生草木，天欲雨則雲氣蔚然。

羅山。在新城縣東南五十里。狀如羅城。

商山。在新城縣東南五十里。跨益都、臨淄縣界，亦名鐵山。晉書慕容德載記：立冶於商山，置鹽官於烏帝澤，以廣軍國之用。魏書食貨志：崔亮言：「南青州苑燭山、齊州商山，並是往昔銅官，舊迹見在，並宜開鑄。」寰宇記：商山在淄川縣北七十里，有鐵礦，古今鑄焉。舊志：山前有盤龍嶺，後有鐵牛峯，左有金山祠，右有蓮洞。絶頂有爐神祠，旁有聖水泉。

太子山。在長清縣東七里。又有崛山，在縣東三十里。

通明山。在長清縣東六十里。舊名屏風山，峭壁中有石孔，日光東西通明，因改今名。

崮山。在長清縣東南三十里。本朝乾隆二十一年、二十七年、三十六年，高宗純皇帝南巡經此，俱有御製崮山詩。

雞鳴山。在長清縣東南八十里。

方山。在長清縣東南九十里。亦名靈巖山。水經注：玉水西北流，經玉符山。齊乘：府西南龍洞山，西南有方山，在長清縣界，疑即水經注之玉符山也。舊志：上有六泉，曰黄龍、甘露、獨孤、雙鶴、卓錫、石龜，皆甘洌。下有靈巖寺，爲濟南名刹，歷代題咏甚多。本朝乾隆二十二年建有行宫。二十七年、三十年、四十五年、四十九年，高宗純皇帝南巡駐此，俱有御製方山詩。

朗公山。在長清縣東南九十里。一名朗公谷。苻秦時，竺僧朗隱居處。北沙河出此。

南黄山。在長清縣東南百里。蓋泰山餘脈，與徂徠、梁父並峙者。

青崖山。在長清縣南四十里。岡巒綿亘，崖谷常青，故名。有南沙河水，與七仙、白石諸泉合流其下。宋嘉定十三年，金長清令嚴實聚衆結砦於此。稍西北曰五峯山，岡巒還相合，泉石甚勝。

隔馬山。在長清縣南六十里。魏書地形志：山茌縣有隔馬山。元和志：隔馬山在縣東南三十五里，左傳「宿沙衛殺馬於隘以塞道」，即此。齊乘：玉符山西爲隔馬山，山東北曰神林，有隔馬神君祠。祠南一潭，清澈如鑑，歲旱，禱雨輒應。

獵山。在長清縣東北四十里。水經注「玉水西北經獵山東」，即此。今訛作臘山。

基山。在德平縣西二十里。高五丈，狀若臺基，故名。

分水嶺。在章丘縣東南三十里。其水自嶺上東西分流，故名。酉陽雜俎云：金杏種出分流山，昔漢武訪蓬、瀛，有獻是者，帝嘉之。今人猶呼漢帝果。

天倉嶺。在章丘縣東南七十里。俗傳有軍士於此得藏粟濟饑，故名。旁有趙八洞，外有井泉，以樵人趙八居此，因名。

長城嶺。在章丘縣南九十里，接泰安府萊蕪縣界。上有古長城，齊宣王築。西接平陰，東距大海。

黑牛嶺。在章丘縣南百里。高峻深遠，多産巨木。

桃花嶺。在長山縣東北十五里小寨。

蒼龍峽。在淄川縣東南三十里。即般水所出之龍山也。明統志在縣西南八里，誤。

大峪。在鄒平縣西南十五里。縣志：中有二十四村，高廣幽深，多良田佳木。

龍洞。在章丘縣西南八十里，接歷城縣界。亦曰龍堂洞。高廣如屋，石壁具神佛四十餘軀，巧若天造。西洞深數里，中有盆石泉。

歷水。在歷城縣東。水經注：東城歷祠下，泉流競發，其水北流，逕歷城東，又北引爲流杯池，分爲二水：右水北出，左水西逕歷城北，西北爲陂，謂之歷水，與濼水會。寰宇記：歷城縣，歷水在縣東門外十步，與濼水同入鵲山湖。

關盧水。在歷城縣東。水經注：關盧水，導源馬耳山，北逕博亭城西，西北流至平陵城，與武原水合。武原水，出譚城南平澤中，北逕譚城東，又北逕東平陵縣故城，西北逕巨合城，東合關盧水，而注巨合水。舊志：一名盤水，又名全節河，行歷城縣東十五里，入大清河。

聽水。在歷城縣東北二十里。水經注：聽水上承濼水，東流北屈，又東北注巨合水，又北入於濟。齊乘：即今響河。

芹溝水。在章丘縣南。水經注：芹溝水，出臺縣故城東南，西北流逕臺城東，又西北入於濟。齊乘：十二芹溝，俗名西麻灣，出章丘縣南明水驛，與明水合流三里餘，入繡江。舊志：又有東麻灣，在百脈泉左百餘步。

巨合水。在章丘縣西南四十里。源出縣之雞山，北流經歷城縣東七十里。水經注：巨合水，出雞山之西北，北逕巨合故城西，又北合關盧水，又西北逕臺縣故城南，白野泉水注之。又北，聽水注之。亂流北入於濟。齊乘：水出雞山下，俗名雙女泉。西源出龍山鎮南五十里，曰榆科泉，逕巨里。東源亦名武原水，出鎮南十餘里，曰江水泉，逕巨里東，俗訛爲東、西巨冶河，俱北流五里餘，乃相合，北入小清河。

般水。在淄川縣東南十五里。水經注：出縣東南龍山，俗亦謂之爲左阜水。西北逕其城南，又南屈曲入瀧水。寰宇記：今般水發源去縣二十里，逕縣治南一百二十步，又西北入瀧水。齊乘：般水，出淄川縣東南龍山龍灣洞，俗名魚頭河。西北流至般陽城東，二水，一支逕城南，一支環城西北，俱流入瀧水。

淄水。在淄川縣東南七十里。詳見青州府。

明水。在淄川縣西。即古萌水也。諸泉所匯，近水稻田，咸資灌溉，產米最佳。水經注：萌水出西南甲山，東北逕萌山西，東北入於瀧。縣志：有瀧水出沖山之陽，北流入萌水，一名氾陽河，即古瀧水也。

德會水。在淄川縣東北。漢書地理志：昌國德會水，西北至西安入如水。水經注：德會水，出昌國黃山，西北流昌國故城南，又西北五里，泉水注之。水出縣南黃阜，北流逕城西北，入德會水。又西北，世謂之滄浪溝。又北，入時。舊志：亦名鄭黃溝。府志：今名豐水，亦曰朱龍河。

時水。在新城縣東三十里。自青州府臨淄縣流入。又北至高苑縣入小清河，其支流逕新城縣南門外，又西逕長山縣北入孝婦河。漢書地理志：臨淄縣如水，西北至梁鄒入濟。水經注：淄水又北，時水注之，即如水也。出齊城西南二十五里，平地出泉，水色黑，又目之爲黑水。西至石洋堰，分爲二水，謂之石陽口枝津。西北至梁鄒入泲。又北逕西安城西，又北，京水、系水注之。又云：時水自西安城西南，分爲二水，枝津別出，西流逕東高苑城西南注，又北注故瀆，又西逕西高苑縣故城南，西北至梁鄒城入於泲。考水經注之二高苑，今之新城地；梁鄒城，今鄒平縣地。大約時水自入小清河，而今新城縣以下則皆時水之支流也。今長山縣西去鄒平最近，可證。按：漢書之如水，即水經注之時水，又即黑水。青州府志：土人名曰烏河，似又以水黑得名。舊志列烏河，又列吴河。考吴河即時水支流，疑「烏」、「吴」又以音近致訛，故府、縣志俱無「吴河」之名。今删去烏河、吴河，改列時水，其支流附見時水之下。

中川水。在長清縣南二十里。亦名沙溝水。水經注：中川水，東南出山茌縣之分水溪，一源兩分，泉流半解，亦謂之分流交。半水南出泰山入汶。半水出山茌縣，西北流，東逕太原郡南〔五〕，又西北與漢賓溪水合〔六〕，謂之格馬口。又北經盧縣故城東，而北入濟，俗謂之沙溝水。

玉水。在長清縣東北三十里。一名玉符河。水經注：玉水導源泰山朗公谷，西北流逕玉符山，又西北逕獵山東，又西北經祝阿縣故城東、野井亭西，俗謂是水爲祝阿澗水，北流注於濟。寰宇記：玉水東南自歷城流入。舊志謂之豐齊河，自泰山北諸溪水合而成流，經中宫渴馬崖，又西北經豐齊鎮大清橋北入大清河。按：輿圖此水在齊河縣東南僅里許，舊志屬之長清。蓋兩邑以大清河爲界，西北岸屬齊河，東南屬長清，此水又在大清河之南也。

小清河。源出歷城縣西，東經章丘、鄒平、長山、新城入青州府高苑縣，至博興合時水入海。水經注：濼水出歷城故城西南，泉源水湧若輪，俗謂之娥英水，以泉源有舜妃娥英廟故也。其北爲大明湖，湖水引瀆東入西郭，東至歷城西，而側城北注，分爲二水：右水北出，左水西逕歷城北，謂之歷水，與濼水會。濼水又北流注於濟，謂之濼口。濟水自臺縣東北合芹溝水，又東北逕菅縣故城南，右納百脈水，又合楊渚溝水，又東逕梁鄒北，有瀧水注之。其城之東北，又有時水西北入焉。又東北至臨濟。寰宇記：濼水在歷城西南二百步。齊乘：今府城西，平地泉源觱湧，旁合馬跑、金線諸泉，周可數畝。北出又合密脂、五龍泉，並城北流，屈而東注城北水門，大明湖水出注之。又東北，至華不注山，合華泉，是小清河之在歷城者，即古濼水也。元和志：長山有濟水在西北，去縣三十五里。今章丘小清河故道，在縣北三十里，在鄒平北十三里，長山西北三十里，是此三縣之河皆濟水故道也。

禹貢錐指云：宋南渡後，劉豫導濼水東入濟水故道，爲小清河。歷城縣志云：明永樂以後漸堙塞。成化九年，參政唐源潔嘗濬治之。嘉靖十二年又塞，乃復濬博興以西達於歷城，幾三百里。久復淤。蓋小清河惟恃濼水爲源，堰東有阻，則濼水仍自華不注東北入大清河，屢濬屢塞，職是故也。今小清河之在章丘者已經湮淤〔七〕，而鄒平以下、高苑以上，兼受諸山壑之水，會於駕鴨灣。詳見青州府。

大清河。自泰安府肥城縣流入，逕長清縣西，東北流逕齊河縣東，又東北逕歷城縣北，又東北逕濟陽縣南，又東北逕齊東縣北一里，與武定府惠民縣分界，又東流武定府青城縣界。自長清至歷城，皆濟水故道；其在濟陽、齊東者，漯水故道也，今謂之鹽河。水經注：濟水逕平陰城西，右迤爲湄湖。又東北至垣苗城西，河水自泗瀆口東北流注之。又東北與湄溝合。又逕盧縣故城北，又逕什城北，又過盧縣北，東北與中川水合。又東北，右會玉水。又東北，濼水注之，謂之濼口。又東北逕華不注山，又東北逕臺縣，巨合水注之；又東北逕臺縣北，又東北合芹溝水，又東北過菅縣南。通典：東平以東，有水流經濟南、淄川、北海界中入海者，謂之清河，蓋汶水、菏澤之合流，非古時之濟水也。齊乘：自鉅野北出，至四瀆津，與河合流者，乃齊之清河，水經所謂得其通稱者是也。胡渭禹貢錐指，齊乘以大清河爲古濟水，小清河劉豫所創，志家皆沿其説。黄子鴻非之曰：以水經注、元和志、寰宇記諸書考之，濟水最南，漯水在中，河水最北。今小清河所經，自歷城以東，如章丘、鄒平、長山、新城、高苑、博興、樂安諸縣，皆古濟水所行，而大清河所經，自歷城以上至東阿，固皆濟水故道，自歷城東北，如濟陽、齊東、青城諸縣，則皆古漯水所行；蒲臺以北，則故河水所經。蓋宋時河嘗行漯瀆，及河去，則大清河兼行河、漯二瀆；其小清河所行，則斷爲濟水故道也。自與漯水合，而清河之名，遂被於漯。據水經，漯水逕著縣故城南，著即今濟陽，而縣南有大清河，是知大清河即漯。其水自歷城入濟陽，乃近世所決，非唐清河入海之故道也。濟陽之流日盛，則章丘之流日微，故劉豫堰濼水使東以益之。其所行者，實濟水故道，而志家反以濟陽之大清河爲古濟，舛謬殊甚。然大清河自歷城入濟陽，及濱州以東入海之道，不知決於何年，意者宋神宗時，河嘗合北清河入海，始開此道。其後金明昌五年，河復由此入海，久而後去，流益深廣，此大清河所以浩浩而小清河所以屢濬屢塞也歟？

運河。自東昌府恩縣流逕直隸故城南，東北流，復入德州西南新窯口。北流經德州城西，又東北流經德州北之桑園鎮，入直隸吴橋縣界，即古清河也。本隋之永濟渠，一名衛河，又名御河。桑欽水經：清河自武城、棗强者，逕廣川故城南，又東北逕歷城故城南，又東北與張甲屯絳故瀆合，又至修縣。元和志：永濟渠，在縣西，去縣十里。明統紀：永樂十年，宋禮言，德州西北衛河東北岸至舊黄河十三里，可開小引河，合洩水，入舊黄河，至海豐大沽河入海。從之。山東通志：明弘治中，都御史白昂於德州之南四女寺鑿支河，至九龍口，入古黄河歸海。本朝康熙四十四年，即於四女寺建減水閘。雍正四年改爲滚水壩。九年，復挑濬支河，而宋禮所開引河湮廢已久，衛河屢患漲溢。十三年，巡撫岳濬請於德州之北哨馬營開濬支河，東行至漕村隄口，入鉤盤河，東北流會老黄河入海。即於哨馬營建滚水石壩，水漲則洩之歸海。又以德州城西牆垣正當衛河之衝，乃於衛河西岸自馬家迴溜起至舊月河頭别開引河，南北長二百六十餘丈，其舊河建有攔水壩，使水勢全歸引河，逕趨哨馬營，於是州城藉以鞏固。又乾隆二十八年，於運河西方菴對岸濬引河四百九十餘丈，南自魏家莊後接運河起，北至老隄頭入運河。二十九年，復加疏濬，其四女寺支河及滚水壩，亦並加濬築焉。乾隆十三年、十六年、二十一年、二十七年，高宗純皇帝巡幸經此，俱有御製運河詩。

淯河。在章丘縣東一里。亦曰繡江。其源即百脈水也。水經注：百脈水出土鼓縣故城西，水源方百步，百泉俱出，故謂之百脈水。西北流逕陽丘縣故城中，又西北出城，又北逕黄巾固，又北注濟。元和志：百脈水出亭山縣東北平地。寰宇記：百脈水，在縣北百步，闊三丈，經縣界，屈曲六十里入濟。齊乘：百脈水，即繡江也。合麻灣水，東北流逕章丘城東，又北入小清河。舊志：百脈水，在縣南三十里明水鎮。西麻灣在其右三里，其側即淨明泉。東麻灣在百脈左百餘步，皆爪漏河所伏流而復出者。四泉合而北流，合淯河。又北至縣城東，爲繡江。又西北至水寨，合白雲湖。又北入小清，有淯口鎮。

爪漏河。在章丘縣西南七里。源出縣西南百里山峪中，東北至明社莊之石崖，汩然而止，土人名其處爲滲水灣。自灣以北二十里，至於月宫枯河崖側有泉一泓。又東北四十里，至於明水，則湧百脈、麻灣諸泉〔八〕，夏秋積雨，羣峪之水來匯，溢於城南五里，會於淯河。既霽，則枯涸如故，故曰漏河。

獺河。在章丘縣東北七里。即古楊渚溝也。水經注：楊渚溝水逕於陵城西南，西北逕土鼓城東，又西北逕章丘城東，又北逕甯城西，而北流注濟。寰宇記：楊渚水，一名獺河，在縣東十里，闊一丈，出逢陵故城西南二十里。齊乘：在縣東七里。出長白山之王村峪。舊志：西北流至柳塘口，經小清河故道入鄒平、長山、新城界，會孝婦河，東流入海。後人訛「獺」爲「漯」，謂即古之漯水，誤。

白條溝河。在鄒平縣東七里。即古魚子溝也。魏書地形志：東魏郡安陽有魚溝水，經魚子溝，水南出長白山東柳泉口，流逕於陵故城，西北流注於瀧水。明史河渠志：永樂九年浚鄒平縣白條溝三十餘里。濟南府志：嘉靖九年，知縣葉林重濬。本朝康熙二十八年，知縣程素期復行疏治，引入小清河。按：縣志白條溝河源有二，一出鑑埠，一出楊隄，合流於漯河，一名魚子溝，與水經注「南出長白山，西北流注瀧水」之文不合。齊乘以沙河爲魚子溝，與志亦不合，並存俟考。

沙河。在鄒平縣西一里。齊乘：蒙水俗名沙河，出長白山葫蘆峪，水經謂之魚子溝，東入孝婦河。

孝婦河。在淄川縣西一里。古瀧水也。自青州府益都縣流入，經縣西界，北流經長山縣南門外，又東北流經新城縣西北二十里入小清河，曰坌河口。水經注：瀧水南出長城中，北流至般陽縣故城，西南與般水會。又北逕其縣西北，流至萌水口。又西北至梁鄒，東南與魚子溝水合，北注濟。寰宇記：古名孝水。

乾溝河。在長山縣西南三十里。源出長白山，東北流入孝婦河，或謂即古魚子溝也。又有瀦龍河，亦出長白山，北流入小清河。

澇淄河〔九〕。在新城縣東南三十里。舊志：源出鐵山，北流至索鎮店，西南入烏河。

徒駭河。即漯水下流也〔一〇〕。自齊河縣北八十里，東北流經臨邑縣南三十里，又東逕濟陽縣界，又東北入武定府惠民縣界，俗名小土河。舊志：或云即屯氏別河。本朝乾隆十三年、二十二年、二十七年，高宗純皇帝巡幸經此，俱有御製徒駭河詩。

按：「漯」之爲「土」，當由齊音相近而訛。至九河故道，聖祖仁皇帝御論，謂當不出直隸之滄、景二三百里間，折衷至當。而濟南、武定諸水道多有蒙其名者。舊志濫引先儒注疏及諸家之辨證，今皆削去。

古瓠子河。在齊河縣西十里。水經：瓠子河自茌平縣瓠里渠，又東北過祝阿縣爲濟渠，注河水。自泗口出爲濟水、濟河二瀆，合而東注於祝阿也。縣志：宋時名熙河，蘇轍熙河賦稱「在漢元光河決瓠子」是也。今湮。

趙牛河。在齊河縣西二十里。舊曰利民河。西南自長清連楊隄，西北至禹城界，長百餘里。地勢窪下，夏秋水溢，渰没禾稼。明洪武十七年，知縣趙清、縣丞牛文濬河，闊十五步，深二丈，民至今賴之，故名趙牛河。

温聰河。在齊河縣西北二十五里滕官屯西。鄉民温聰議開，以洩劉洪坡水，故名。

倪倫河。在齊河縣北二十五里晏城南。初楊家坡秋水大注，渰没禾稼，鄉民倪倫請開河以洩水，故名。

減水河。在齊東縣東二里。一名陳愷溝〔一〕。明成化元年開濬，南引章丘之白雲湖，流逕薛家渡口，由馬家窪入大清河。舊志：馬家窪近小清河，與白雲湖相接，一遇水潦，河水即通小清河，而瀰漫於馬家窪，民田多被其害，因築渠以洩之大清河，而汙池變爲膏腴。又有禦寇河，在縣西南三里。明正德六年開濬，南通減水河，北通大清河，今其蹟猶存，俗名乾河。

壩水河。在齊東縣西。明成化十一年，知縣李寬開濬，以洩歸蘇鎮之水。亦引白雲湖，自新莊流入縣境〔二〕，紆迴二十五里，至延安鎮西二里入大清河。

古黄河。德州及臨邑、禹城、陵縣，皆漢平原郡地，爲黄河所經故道。自東昌府恩縣流入，經平原縣西北，流經德州東。又北流入直隸吳橋縣界。水經注：大河故瀆自靈縣，又東逕鄃縣故城東，又東逕平原縣故城西，而北絶屯氏三瀆。北逕繹幕縣故城東北，西流逕平原鬲縣故城西，又東北逕平原縣，枝津百出，至安陵縣遂絶。此西漢時故道。元和志云：王莽枯河在將陵縣西，去縣十里。舊志云：黄河崖在州東南二十餘里，其遺迹也。其一自高唐州流逕平原縣東，又東北逕陵縣南，又東北逕臨邑縣北，與德平分界。又東北入武定府樂陵縣界。水經注：大河自高唐縣故城西，又北，左逕安德城東，而北爲鹿角津，東北至般縣、樂陵，此蓋東漢以後故道。元和志：臨邑縣黄河在縣北七十里，平原縣黄河南去縣五十里，長河縣黄河東去縣五里，皆其遺迹也。又，長清縣亦有黄河。元和志：在縣北，去縣五十里，蓋唐以前河流所經。而寰宇記謂禹城縣之黄河自長清流入，又東北入臨邑界，與桑、酈所述順逆判殊。蓋宋時所經，非漢故道也。本朝乾隆十六年、二十七年，高宗純皇帝南巡經此，有御製老黄河詩。按：古黄河上承恩縣四女寺及德州哨馬營兩支河之水，東北流至吴橋縣之玉泉莊，會鉤盤河下流，經直隸寧津、南皮及武定府之樂陵、海豐諸縣，至大沽河口入海。山東通志：自德州至樂陵縣，本鬲津河故道，今通謂之老黄河。本朝雍正九年以後，屢加濬治，以洩衛河盛漲，運道安流，永資利賴矣。

漯河。自東昌府高唐州流入，經禹城縣西二里，又東北逕齊河縣北境，入臨邑縣界。俗名大土河。水經注：漯水自東武陽逕博平縣，又東出於高唐縣，俗亦謂之原河。又東北逕瑗縣故城西，又逕高唐縣故城東，又東北逕漯陰縣故城北，又東北逕著縣故城南，又東北逕崔氏城北，又東逕鄒平縣故城北，又東北逕東鄒城北。元和志：臨淄縣漯水北去縣七里。按：漯河自宋以前嘗爲大河經流。寰宇記云有古黄河在臨邑縣南二十里，上自禹城，下入臨濟，即此。又有聖水，在章丘縣東十里，源出小荆山，西入漯河。

商河。在禹城縣北。流逕平原縣東，又東北逕陵縣南，又東北逕德平縣南，東流入武定府商河縣界。水經注：商河首受河，亦漯水及澤水所潭，水淵而不流，世謂之清水。雖沙漲填塞，厥迹尚存。歷澤而北，謂之落里坑。逕張公城西，又北，重源潛發，曰小漳河。「商」「漳」聲相近，故讀移耳。又北逕平原縣東，又逕安德縣故城南，又東北逕平昌縣故城南，又東逕般縣故城南，又東至東陵。寰宇記：商水在安縣西南八十里。舊志：今自平原以北，斷續過半矣。

沺河。在長清縣南二十里。源出米山，北流至城南，入孝婦河。

鉤盤河。在陵縣東四十五里，曰盤河店。舊志：自陵縣東南、臨邑西北，分爲二水，其一東經德平、商河，北行至武定之陽信縣南二十里，而斷爲截河鋪；其一自德平西北流入武定之樂陵，經海豐之南、霑化之北，至久山鎮入海。寰宇記云：在樂陵東南，從德州平昌來。輿地記云：在樂陵。

古王翁河。在平原縣西南，蓋黄河枝津也。三國魏志孫禮傳：清河、平原争界，禮以烈祖初封平原時圖決之，宜屬平原，實以王翁河爲限。

古屯氏河。在平原縣北。水經〔一三〕：屯氏别河北瀆東逕繹幕縣故城南，又東北逕重平縣故城南，又東入陽信縣〔一四〕，今無水；屯氏别河南瀆自平原東絶大河故瀆，又逕平原縣故城北，枝津右出〔一五〕，東北至安德縣界，東會商河南瀆，又東北，於平原界又有枝渠右出，至安德縣遂絶。縣志：自隋疏爲永濟渠，古迹遂不可考。

篤馬河。即馬頰河。自東昌府恩縣流入平原縣之西南境，東北流逕德州東、陵縣西，又東北逕德平縣西北，入武定府樂陵縣界。漢書溝洫志：鴻嘉四年河溢，河隄都尉許商與丞相史孫禁共行視圖方略，禁以爲可決平原金隄，開通大河，令入故篤馬河，至海五百餘里。商以爲禁所欲開者，在九河南，失水之迹，處勢平夷，旱則淤絶，水則爲敗，不可許。後漢書郡國志：平原，地道記曰：「有篤馬河。」水經注：屯氏别河南瀆，首受大河故瀆，東出，亦通謂之篤馬河。東北逕安德縣故城西，又東北逕臨齊城南，又屈逕其城東。故瀆廣四十步。又東北逕重丘縣故城西，又東北逕西平昌縣故城北，又逕般縣故城北。寰宇記：篤馬河即古馬頰河。山東通志：篤馬河亦名馬頰，非禹迹也。

四望湖。在歷城縣西，即大明湖之别渚。按：寰宇記「在縣西二百餘步，其水分流入縣城，與孝感水合」。今考城西無入城之水，疑古今水道不同也。

濯纓湖。在歷城縣城内西北。本名灰泉。齊乘：府城内灰泉最大，自北珍珠以下皆匯於此。周圍廣數畝，當是大明湖之源也。明統志：元憲使珊珠希仁改今名。「珊珠希仁」舊作「珊竹希仁」，今改正。

大明湖。在歷城縣西北隅，周十餘里。水經注：濼水北爲大明湖，西即大明寺，寺東、北兩面側湖，池上有客亭，左右楸桐，負日俯仰，目對魚鳥，極望水木明瑟，可謂濠梁之性，物我無違矣。湖水引瀆東入西郭，東至歷城西，而側城北注，又上承東城歷祠下，泉源競發，其水北流，逕歷城東，又北引水爲流杯池。州僚賓燕，公私多萃其上。明統志：大明湖源出舜泉，其大占府城三之一，由北水門出，與濟水合，瀰漫無際。遥望華不注峯若在水中，蓋歷下城絶勝處也。舊志：今濼水達城北流而不入城，舜泉亦止成一井不流，惟北珍珠、濯纓諸泉北流入湖耳。湖境亦多爲居民填塞，治圃環沼，僅成曲港，可通小舟，而蔬果魚蝌之屬，其爲民利多矣。本朝乾隆十三年，高宗純皇帝東巡經此，有御製大明湖詩。

蓮子湖。酉陽雜俎：歷城北二里有蓮子湖，周環二十里，湖中多蓮花，紅緑間明，乍疑濯錦。有魚船掩映，罟罾疏布，遠望之者，若珠網浮杯也。

鵲山湖。在歷城縣北二十里。湖北岸有鵲山，故名。寰宇記：濼水與歷水合流，同入鵲山湖。舊志：自劉豫導濼東行，而水不及鵲山湖矣。舊有亭，亦久廢。

白雲湖。淯河之下流也。自章丘縣西北七里，流逕歷城縣東北，合小清河。周五十里，俗名劉郎中泊，有魚藕菱芡之利。明洪武初設河泊所，十七年革。

湄湖。在長清縣西南五里。東西三十里，南北二十五里。水經注：濟水右迤爲湄湖，方四十里。爾雅：水草交爲湄。釋名曰：湄，眉也。臨水如眉。元和志謂之淯溝泊。

錦繡川。在歷城縣南中宫鎮東。一名北川，延袤六十餘里，流逕中宫鎮南，亦名中宫河，下流入長清縣，即水經注之玉水也。府志：今名大磵溝。夾磵芍藥叢生，春時絶勝。又有錦陽、錦雲二川，畧相聯屬。

八會津。在鄒平縣南。元和志：濟陽縣八會津在縣南一里，相傳水陸所湊，其路有八，故名。按：今鄒平縣即唐之濟陽縣地。此水今湮。

四瀆津。在臨邑故縣東。水經注：河水東北流逕四瀆津，津西側岸臨河有四瀆祠，東對四瀆口。川瀆異同考：臨邑東有四瀆津，大河故道所經也。唐五行志云永徽六年齊州河溢，即此地。

耿家陂。在長清縣西北三十里。周二十里。下流入大清河。

百花洲。在歷城縣大明湖南。方廣數十里，居民廬舍，圜旋環繞。本朝乾隆十三年，高宗純皇帝東巡經此，御製有用宋曾鞏百花洲韻詩。

黑水潭。在德平縣西北三十五里。望之水色如黛，故名。曩流注篤馬河，今涸。

黑龍潭。在平原縣西二十里，古馬頰河側興龍寺下。其深叵測，遇旱禱雨，取水於此。

白鹿淵。在德平縣東。水經注：般河又東爲白鹿淵，南北三百步，東西千餘步，徑三丈餘，其水冬清夏濁，渟而不流。

趵突泉。在歷城縣西。曾鞏齊州二堂記云：泰山之北與齊之東南諸谷之水，西北匯於黑水之灣，又西北匯於柏崖之灣，而至於渴馬之崖，則汩然而止。自崖以北，至於歷城之西，蓋五十里，而有泉湧出，高或至數尺，其旁之人名之曰趵突之泉。齊人皆謂嘗有棄糠於黑水之灣者，而見之於此，蓋泉自渴馬崖潛流地中，而自此復出也。其注而北，則謂之濼水，達於清河，以入於海。明統志：一名瀑流。府志：上有觀瀾亭。本朝康熙二十三年，聖祖仁皇帝駕幸濟南，賜額曰「激湍」，曰「源清流潔」，并御製趵突泉詩。乾隆十三年，高宗純皇帝東巡經此，有御製恭依聖祖趵突泉韻及再題趵突泉諸詩。

珍珠泉。有南北二泉。南泉在府城内鐵佛巷東，今淤。北泉在白雲樓前，右有劉氏泉，左有溪亭泉，今在巡撫公廨。本朝康熙二十三年，聖祖仁皇帝御書扁曰「清漪」。二十八年，再幸，復賜扁曰「作霖」，并御製觀珍珠泉詩。乾隆十三年，高宗純皇帝東巡，亦有御製珍珠泉詩。

金線泉。在府城西。元好問濟南行記：金線泉有紋若金線，夷猶池面，泉今爲靈泉菴。齊乘：歷下名泉有曰金線，曰趵突，曰皇華，曰柳絮，曰卧牛，曰東高，曰漱玉，曰無憂，曰石灣，曰酒泉，曰湛露，曰滿井，曰北煮糠，曰散水，曰溪亭，曰濯纓，曰灰泉，曰知魚，曰硃砂，曰劉氏，曰雲棲，曰登州，曰望水，曰洗鉢，曰淺井，曰馬跑，曰舜井，曰珍珠，曰香泉，曰鑑泉，曰杜康，曰金虎，曰黑虎，曰東蜜脂，曰西蜜脂，曰孝感，曰玉環，曰羅姑，曰混沙，曰灰池，曰南珍珠，曰芙蓉，曰滴水，曰灰灣，曰懸清，曰雙桃，曰温泉，曰汝泉，曰龍門，曰染池，曰懸泉，曰都泉，曰柳泉，曰車前，曰煮糠，曰爐泉，曰白虎，曰甘露，曰林汲，曰白泉，曰金沙，曰白龍，曰花泉，曰獨孤〔一六〕，曰醴泉，曰漿水，曰南煮糠，曰苦苣，曰熨斗，曰鹿泉，曰龍居，合章丘百脈，總七十二。見名泉碑。

天鏡泉。在歷城縣西門外。舊志：新附名泉有五十七，其一名天鏡，在龍潭南，方廣一畝。

浄明泉。在章丘縣南。齊乘：明水，一名浄明泉，出百脈西北石橋邊。其泉至潔，纖塵不留，土人以洗目，退昏翳。合西麻灣入繡江。徐壁濟水論〔一七〕：濟水分支，伏流地中，至縣西南，出爲爪漏河，至滲水灣，乃伏入地中，至是始出，而爲百脈、浄明、東、西麻灣四泉，合而北流爲淯河〔一八〕，又北流至城東爲繡江，西北至水寨會爲白雲湖。又東北入小清河，始與濼水會。又東入大清，乃復濟水之本原云。

醴泉。在鄒平縣西南二十二里。泉深丈許，旁有醴泉寺。相傳僧寶誌卓錫於此。又曰范公泉，蓋宋范仲淹讀書處也。其西有聖水井。

卓錫泉。在長清縣東南靈巖山。又有黄龍泉、雙鶴泉、甘露泉，俱在靈巖寺旁。

七仙泉。在長清縣東南六十里。又有白石泉，衆水相合，即沙溝水上源也。

清沙泊。在新城縣西北二十五里。縣志：岔河之委，溢而成湖。又名落鴈湖。中有界石，北爲高苑，南爲新城。

龐家泊。在新城縣北二十五里，接高苑縣界。

麻大泊。在新城縣東北三十里，接博興、高苑縣界。俗名官湖，又名錦秋湖。周五六十里，蒲葦叢生，芙渠如錦。其中有魚龍灣，水流旋轉不定，相傳有龍窟。其水溢而北流至博興，南入烏河。又見青州府。

會城泊。在新城縣東北三十里烏河口。即古之平州也。水經注：濟水又東北迤爲淵者，謂之平州，其側有平安縣故城，俗謂之會城。縣志：會城泊，亦名紅蓮泊。

瀑水灣。在淄川縣南二十五里。縣志：源出夆山東南，曲折西流，水行石上，忽陷下一丈餘，西去爲壑，水懸流而下若簾，冬結冰柱，入崖下石龕，中流至五里許入孝水。又有龍灣，在縣南門外，水聲震吼，聞數里。

白龍灣。在陵縣東四十里。俗呼爲龍家窪。

黑水灣。在臨邑縣南三十里下口東。又有婁家灣，在下口北。

滸山濼。在鄒平縣西十五里九龍山之西。周迴二十餘里，接章丘縣境。自小清河淤塞，獺水流逕其中，汪洋無際。

蓋野溝。在新城縣東北。水經注：源出延鄉城東北平地，西北流逕延鄉城北，又西北流，謂之蓋野溝。又西北流，逕高苑縣北，注時水。

華溝。在新城縣東北四十里。一名爲魯連坡。

甘棗溝。在臨邑縣北古黄河之南。水經注：河水自平原右溢，世謂之甘棗溝。水側多棗，故俗取名焉。又東北歷長隄，經漯陰縣北，又東經著城北，東爲陂淀，淵潭相接，世謂之穢野溝。

上方井。在章丘縣東二十里。泉從石罅流出，冬夏不竭。南一里許，又有下方井。

校勘記

〔一〕南北距四十里　「四十」下原衍「七」字，乾隆志卷一二六濟南府建置沿革（下同卷簡稱乾隆志）同，據雍正山東通志卷五疆域志删。按，下文云「南至平原縣界十八里，北至德州界二十二里」，則南北實距四十里，「七」字乃誤置，因删。

〔二〕山有峯　「山」下原有「下」字，乾隆志同，據明一統志卷二二山東濟南府山川删。

〔三〕南由大峪書堂　「由」，原作「有」，據乾隆志改。

〔四〕又東南爲摩訶頂　「訶」，原作「阿」，據乾隆志及雍正山東通志卷六山川志改。

〔五〕東逕太原郡南　乾隆志同。按，戴震校水經注，移「東」於「太原」上。

〔六〕又西北與漢賓溪水合　「漢賓溪水」，乾隆志同，戴震校水經注改作「賓溪谷水」。

〔七〕今小清河之在章丘者已經湮淤　「今」，原作「令」，據乾隆志改。

〔八〕則湧百脈麻灣諸泉　「脈」，原作「派」，據乾隆志及本志下文改。

〔九〕滂淄河　「淄」，原作「溜」，據乾隆志及雍正山東通志卷六山川志改。

〔一〇〕即漯水下流也　「漯」，原作「累」，據乾隆志改。

〔一一〕一名陳愷溝　「愷」，原作「塏」，據乾隆志及雍正山東通志卷六山川志改。

〔一二〕自新莊流入縣境　「自」，原闕，乾隆志同，據雍正山東通志卷六山川志補。

〔一三〕水經　乾隆志同。按，下引文字當屬水經注文，戴震校水經注云「原本及近刻並訛作經」是也。

〔一四〕又東入陽信縣　「陽信」，原作「信陽」，乾隆志同，據水經注卷五河水乙正。

〔一五〕枝津右出　「枝津」上原有「東北」二字，「右」原作「又」，乾隆志同，據水經注卷五河水删、改。

〔一六〕曰獨孤　「孤」，原作「狐」，據乾隆志及雍正山東通志卷六山川志改。

〔一七〕徐壁濟水論　「壁」，乾隆志作「璧」，未知孰是。

〔一八〕合而北流爲洧河　「洧河」，原作「濟河」，乾隆志同。按，濟河在兖州府泗水境内，與此不涉。本志前文「洧河」條云百脈水、西麻灣、净明泉、東麻灣「四泉合而北流，合洧河」，與輿圖合，且敘事正與此同，則「濟河」爲「洧河」之誤。因據改。

大清一統志卷一百六十三

濟南府二

古蹟

東平陵故城。在歷城縣東。春秋齊平陵邑。劉向説苑：「齊桓公之平陵，見家人有年老而自養者。」漢置東平陵縣，以右扶風有平陵，故此加「東」也，濟南郡治焉。晉永嘉後移郡治歷城，以東平陵爲屬縣。後去「東」字。劉宋因之。酈道元水經注：武原水逕東平陵縣故城西，故陵城也。後乃加「平」。周省。隋末，土人李義滿據堡自守。武德二年歸唐，於堡復置平陵縣及譚州，以滿爲總管，封平陵郡公。貞觀元年州廢，以縣屬齊州。十七年，齊州都督齊王祐叛，滿及男君球固守。賊平，縣廢，有詔重置，改名全節以旌其功。縣西南至州七十里，元和十五年併入歷城。太平寰宇記：平陵城在縣東七十五里，廢全節縣在平陵西北十五里。齊乘：東平陵故城在濟南東七十五里，周二十餘里。

歷下故城。在今歷城縣治西。春秋時齊邑也。史記晉世家：平公元年伐齊，齊靈公與戰靡下。徐廣曰：「靡，一作『歷』。」又田儋傳：漢三年，韓信襲破齊歷下軍。三齊記：歷下城南對歷山，城在山下，故名歷下城也。郭緣生述征記曰：歷城到營城三十里。自城以東，水瀰漫數十里，南則迫山，實爲險固。于欽齊乘：金亂，土人阻水立邑，號曰水寨。歸元後，始移置今縣。

臺縣故城。在歷城縣東北。春秋齊邑。晏子春秋：公爲之封邑，使田無宇致臺與無鹽。漢爲侯國，屬濟南郡。安帝延光三年，濟南上言，鳳凰集臺縣丞霍收舍樹上。晉省。宋時僑置魏郡及聊城縣。後魏立東魏郡，理臺。魏書地形志：東魏郡，宋孝武置。後自歷城徙治臺城。又領聊城縣有臺城是也。北齊郡、縣俱廢。章懷太子曰：臺縣故城在平陵縣北。寰宇記：臺城在廢全節縣北十三里。又，齊天保七年改濟南郡，還治歷城，臺城遂廢。

陽丘故城。在章丘縣東南。漢文帝四年，封齊悼惠王子安爲陽丘侯，國於此。後爲縣，屬濟南郡，後漢省。水經注：百脈水西北逕陽丘縣故城中，世謂之章丘城，非也。元和志：章丘縣，本漢陽丘縣也。高齊天保七年，自高唐故城移高唐縣理於此。隋開皇十六年，以博州亦有高唐縣，改爲章丘，取縣南章丘山爲名。寰宇記：高唐故城在今章丘縣東南十五里。

亭山故城。在章丘縣西南。劉宋僑置衛國縣，屬頓丘郡。後魏改屬東魏郡。隋開皇六年改曰亭山，屬齊郡。唐屬齊州。元和志：縣西北至州九十里。本漢平陵縣地。縣東南有亭山，隋因以爲名。元和十五年省入章丘。齊乘：故城在縣東南六十里。

菅縣故城。在章丘縣西北。漢文帝四年封齊悼惠王子罷軍爲菅侯，國於此。後爲縣，屬濟南郡。後漢至晉因之。劉宋省。晉書慕容德載記：南陽太守閭丘羡師次菅城。魏書地形志：東魏郡聊城縣有菅城。隋開皇六年改置朝陽縣於此。十六年改曰臨濟。唐武德元年於縣置鄒州。八年州廢，屬譚州。貞觀初仍屬齊州。元和志：臨濟縣，西南至齊州一百二十里。本漢菅縣。隋移朝陽縣理此。後改臨濟。宋咸平四年省入章丘。金史地理志：章丘有臨濟鎮。肇域志：故菅城在今章丘縣西北二十五里，今名水寨。

朝陽故城。在章丘縣西北。漢置縣，爲侯國，屬濟南郡。應劭曰：「在朝水之陽。」後漢曰東朝陽，以南陽郡有朝陽，故此加「東」也。晉改屬樂安國。宋仍曰朝陽，還屬濟南郡。後魏因之。齊、周時省。隋開皇六年改置朝陽於故菅縣。十六年，改曰臨濟，仍分置朝陽縣於此。大業初，仍廢入臨濟縣。寰宇記：朝陽故城在臨濟縣東四十里。齊乘：在章丘縣東二十五里。

猇縣故城。在章丘縣北。漢征和元年封趙敬肅王子起爲侯國，屬濟南郡。後漢省。蘇林曰：「今東朝陽有猇亭。」

平原故城。在鄒平縣東。宋武帝置平原縣，屬平原郡。後魏因之。寰宇記：高齊天保七年，自今長山縣界移平原縣於今鄒平縣理東南三十五里漢梁鄒故城，屬廣川郡。周不改。隋開皇三年，復自梁鄒城移平原入鄒平城。舊志：平原城在今鄒平縣東十二里，今爲平原莊。

鄒平故城。在今鄒平縣北。漢置鄒平縣，屬濟南郡。晉永嘉後省。魏書地形志：臨濟有鄒平城。元和志：鄒平縣，東南至淄州一百二十里。本漢舊縣。隋開皇三年自梁鄒城移平原縣入鄒平城。十八年改爲鄒平。寰宇記：鄒平故城，俗名趙臺城，在縣西南十五里。唐武德二年築，八年移於今理。舊志：有故城，在今縣北孫家鎮，去齊東縣東南四十里。唐時所治也。宋景德元年移治濟陽城，而此城廢。俗訛爲梁鄒城。

濟南故城。在鄒平縣北。隋開皇十六年分長山置濟南縣。大業初仍省入長山。元和志：隋於後漢梁鄒城地置濟南縣。齊乘：隋濟南城在鄒平東北十五里。舊志又有濟南郡城，在縣北十八里，未詳。

般陽故城。今淄川縣治。漢置縣。應劭曰：「在般水之陽。」晉縣省而城存。宋書沈文秀傳：王玄邈據盤陽城。魏書地形志：東清河郡治盤陽城。元和志：淄川縣，本漢般陽縣也。

萊蕪故城。在淄川縣東南。漢置縣，屬泰山郡。後漢及晉初因之。後省。應劭曰：「即魯萊柞邑，昭公七年季孫所以與孟氏臣謝息者。」水經注：淄水出泰山萊蕪縣原山，東北流逕萊蕪谷，屈而西北流，逕其縣故城南。從征記曰：「城在萊蕪谷，當路阻絕，兩山間道由南北門。漢末有范史雲爲萊蕪令，言萊蕪在齊，非魯所得。引舊說云，齊靈公伐萊，萊民播流此谷，邑落荒蕪，故曰萊蕪。」元和志：萊蕪故城在今淄州東南六十里。按：魏書地形志東清河郡貝丘縣有萊蕪城，即漢縣也。又泰山郡牟縣亦有萊蕪城，蓋漢、晉間已嘗西徙於今萊蕪縣界也。

土鼓故城。在淄川縣西。漢置縣，屬濟南郡。後漢因之。晉省。宋復置，後魏因之。又地形志東魏郡博平縣有土鼓城，蓋嘗徙治也。北齊併入平山。

逢陵故城。在淄川縣西北。宋永初中置，屬濟南郡。後魏因之。又地形志東魏郡博平縣亦有逢陵城，蓋嘗徙治也。北齊省。寰宇記：故城在淄川縣西北四十里，齊大夫逢丑父之邑。齊乘：商諸侯逢伯陵封於此，逢丑父其後也。

昌國故城。在淄川縣東北。古齊邑。亦名昌城。史記趙世家：惠文王二十五年，燕周將攻昌城，取之。樂毅傳：燕昭王封樂毅於昌國，號爲昌國君。漢置昌國縣，屬齊郡。後漢及晉、宋、魏皆因之。魏孝昌三年，清河民房頃作亂，據昌國城。時東清河郡治盤陽，又所領武城縣有昌國城，蓋縣嘗徙治也。高齊時廢。括地志：故城在淄川縣東北四十里。

武强故城。今長山縣。元和志：長山縣，東南至淄州六十四里。本漢於陵縣地。宋武帝於此立武强縣。開皇十八年，改武强爲長山縣，取長白山爲名。

於陵故城。在長山縣西南。本齊於陵邑。漢置縣，屬濟南郡，爲都尉治。後漢建武中嘗改封侯霸子昱侯於此。宋永初後省。魏書地形志：逢陵有於陵城。元和志：齊記曰「於陵城西三里有長白山，陳仲子夫妻所隱也」。寰宇記：於陵故城在長山縣南二十五里。舊志：在縣西南二十里。

濟南郡城。史記齊悼惠王世家：高后立其兄子呂台爲呂王，割齊之濟南郡爲呂王奉邑。正義引括地志云：「濟南故城在淄州長山縣西北三十五里。」後漢書章帝紀：元和二年，進幸濟南。章懷太子注：「縣名。今淄州長山縣西北。」按：兩漢止有濟南郡，並治東平陵，在今歷城縣，距此百餘里；而無濟南縣。不知括地志、後漢書注皆何所據也。

高苑故城。有二，俱在今新城縣。漢高帝六年，封丙倩爲高苑侯。又文帝十六年，分齊爲膠西王國。史記表：都宛。水經注：高苑有東、西二城，東城則膠西王都，西城則丙倩侯國。劉宋時縣省。魏書地形志：東平原郡高有高苑城。括地志：高苑故城在淄州長山縣北二十四里。參考道里，今新城縣當即西高苑。又，縣志有古城，在縣東十二里，牆址猶存，蓋即東高苑也。

延鄉故城。在新城縣東。漢置縣爲侯國，屬千乘郡。後漢省。魏書地形志：樂陵郡濕沃，有延鄉城。水經注：蓋野溝水源導延鄉城東北，世人謂故城爲從城。「延」、「從」字相似，讀隨字改，所未詳也。

平安故城。在新城縣東北。漢置平安侯國，屬千乘郡。後漢省。水經注：濟水又東北，逕爲淵渚，謂之平州。濕沃側有平安縣故城〔一〕，俗謂之會城，非也。應劭曰：「博昌縣西南三十里有平安亭，故縣也。」世尚存平州之名矣。」唐武德初復置平安縣，屬青州。八年省入博昌。舊志：會城在縣東北四十里，與高苑縣接界，或謂之高會城，即古平安也。

著縣故城。在濟陽縣西南。漢書曹參傳：從下齊收著、漯陰。顏師古注：「詩齊風『俟我於著乎而』，即著縣也。」寰宇記：著城在臨邑縣東南五十里。相傳地生蓍草，每年上貢，故名。齊乘：著，本音竹庶。韋昭誤以爲「著蔡」之「蓍」，後人緣此有「貢蓍」之說。

阿陽故城。在禹城縣東。亦曰陽阿。漢置縣，屬平原郡。後漢省。水經注：河水經陽阿縣故城西。應劭曰：「漯陰縣東南五十里有陽阿鄉，故縣也。」寰宇記：阿陽城在廢禹城縣西北五十里，今縣南去七里。

瑗縣故城。在禹城縣南。即齊轅邑也。左傳哀公十年：夏，趙鞅帥師伐齊，取犂及轅。注：「祝阿縣西有轅城。」漢書地理志平原郡有瑗縣。後漢省。寰宇記：瑗城在縣南一百里，一作「援」。杜預曰：「『轅』即『瑗』也。」

源陽故城。在禹城縣南。唐武德元年置縣，屬齊州。貞觀元年省入禹城。寰宇記：源陽城在縣南一百里。隋末喪亂，縣令桓孝才立壍於家側，率宗親共守，不屬諸賊。唐武德初，大使崔同就築城，奏授孝才爲縣令。城在源陽河側，因以爲名。六年廢。

禹城故城。在今禹城縣西南。舊曰祝阿。隋、唐間自長清縣界移治此。天寶元年改曰禹城。元和志：在齊州西北八十五里。寰宇記：乾元二年，史思明侵河南，守將李銑於長清縣邊家口決大河東注，縣因淪陷，移理遷善村，即今治也。舊志有祝阿故城，在今縣西南十七里，蓋即唐初遷治處。

高唐故城。在禹城縣西南。春秋齊邑。左傳襄公十九年：齊夙沙衛奔高唐以叛。哀公十年：趙鞅帥師伐齊，取犂及轅，毁高唐之郭。史記：齊威王曰：「吾臣有肦子者，使守高唐，趙人不敢東漁於河。」杜預左傳注：「高唐在祝阿縣西北。」寰宇記古高唐邑在禹城縣南五十里，是也。漢時於其地置縣，屬平原郡。應劭十三州記：在平原郡南五十里，晉廢。後改置於漢靈縣界。舊志：高唐城在今縣西四十里，即漢縣也。按：齊高唐邑在今禹城縣南，漢縣在今縣西，二地雖殊，界實相近。至今東昌府之高唐州乃漢靈縣地，取古名耳。

漯陰故城。在臨邑縣西。本齊之犂邑，亦曰犂丘，又名曰隰。左傳哀公十年：趙鞅帥師伐齊，取犂及轅。二十三年：晉荀瑶伐齊，戰於犂丘，知伯親禽顔庚。二十七年：陳成子召顔涿聚之子晉曰：「隰之役，而父死焉。」杜預注：「犂丘，隰也。」漢置漯陰縣，屬平原郡。應劭曰：「縣在漯水之南，因名。」後漢因之。晉省。水經注：漯水又東北，逕漯陰故縣城北，故犂邑也。歷北漯陰城南，伏琛謂之漯陽城。地理風俗記曰：平原漯陰縣，今巨漯亭是也。寰宇記：漢濕陰廢城在今臨邑西四十里，宋武平齊，移理於縣西北五十里北濕陰城，亦謂漢城爲南濕陰城。按：後漢志作濕陰。地形志有濕陰城，蓋傳寫之譌。

臨邑故城。在臨邑縣北。漢置臨邑縣，屬東郡，在今茌平縣界。劉宋孝建二年僑置於此。後魏至隋、唐皆因之。元和志：縣南至齊州六十里。宋史地理志：建隆元年，河決公乘渡口，城壞。三年移治孫耿鎮，即今治也。

盧縣故城。在長清縣南。春秋齊邑。左傳隱公三年：齊、鄭盟於石門，尋盧之盟。襄公十八年：晉伐齊，趙武、韓起以軍圍盧。漢初置盧縣，屬泰山郡，都尉治焉。文帝封東牟侯興居爲濟北王，都盧。和帝後分泰山置濟北國，亦都此。後魏改屬太原郡。魏書地形志：太原郡盧縣，晉後自濟北改屬。有盧城，蓋縣嘗徙治也。孝昌二年又移東太原郡治此。隋書地理志：長清縣有東太原郡，齊廢，蓋縣隨郡廢也。寰宇記：盧城在長清縣南五十里。内有隔城。舊志：在今縣南二十五里。按：漢書濟北王傳「國除爲北安縣」，而地志不載。

長清故城。在長清縣西南。本盧縣地。隋開皇五年置鎮，十四年廢鎮置縣。宋史地理志：長清，至道二年徙城於縣之刺榆店，即今治也。舊志：故城在今縣東南三十里。

山茌故城。在長清縣東北。漢置茌縣，屬泰山郡。應劭曰：「茌山在東北。」後漢因之。三國魏改曰山茌，魏明帝紀景初元年山茌縣言黄龍見，是也。晉升平三年，慕容儁以賈堅爲泰山太守，屯山茌。劉宋永初後省。元嘉十年復置，并僑置太原郡治焉。孝建元年改屬濟北。後魏仍屬太原郡。隋大業初廢入歷城。唐武德元年復置，屬齊州。天寶元年改曰豐齊。元和志：縣東北至州四十里。十五年省入長清。寰宇記：廢茌縣在長清縣東北四十里，齊州西三十六里。金史地理志長清有豐齊鎮，即此。

祝阿故城。在長清縣東北。禮記：武王封黄帝之後於祝。春秋襄公十九年：諸侯盟於祝柯。左傳作「盟於督揚」。杜預注：「督揚即祝柯也。」公羊傳作祝阿。漢爲縣，屬平原郡。後漢改屬濟南國。晉亦爲祝阿縣。劉宋元嘉十年屬太原郡。後魏因之。隋屬齊郡。唐初移今治禹城縣，而故縣廢。章懷太子曰：「祝阿故城在山茌縣東北。」元和志：在豐齊縣東北二里。寰宇記：在長清縣東北四十五里，禹城縣東南八十里。乾元二年始移理遷善村，即今禹城縣。

東太原城。在長清縣東北，亦曰升城。晉義熙中僑置太原縣於此。劉宋元嘉十年立太原郡。孝建初，以縣爲郡治，後兼置并州於此。魏書地形志：太原郡太原縣治升城。房崇吉傳：宋明帝以崇吉爲并州刺史，領太原，太守戍升城。北齊郡、縣俱廢。按：水經注、隋志俱作東太原郡，以故太原爲西，故加「東」也。

德州故城。今陵縣治。即漢安德縣也。後魏太和中於此置安德郡。隋改德州平原郡，自後因之。明史地理志：洪武七年，移德州於故陵縣。十三年，復置陵縣於此。縣志：故德州城壁塹高深，城門内起直城，前障掩蔽内外，左右幔道，其尾相屬。傳云顔魯公制也。周二十餘里。永樂初，徙其甎以築今之德州，而縣遂廢爲土城。

歸化故城。在陵縣南。亦曰福城。寰宇記：元和中，鄭權奏言〔二〕：「德州安德縣渡黄河，南鄰齊州臨邑縣，有灌家口草市。頃者，成德軍於市北十里築城，名福城。城緣隔河，與臨邑縣對岸。又居安德、平昌、平原三縣界〔三〕，疆境闊遠，請置爲縣。」從之。太和四年廢爲鎮，入臨邑。金史地理志安德有嚮化鎮，即此。

長河故城。今德州治。漢置廣川縣，在今直隸棗强縣界。北齊廢。隋開皇六年復置。仁壽初改名長河。舊唐書地理志：隋於舊廣川縣東八十里置新縣，尋改長河。爲水所壞。元和四年移就白橋，於永濟河西岸置縣，東去故城十三里。十年，又移治於河東岸小胡城，即今治也。元和志：縣東至德州五十里。五代周時省爲鎮，入將陵。宋景祐元年移將陵縣來治。元爲陵州治。

重丘故城。在德州東。春秋襄公二十五年：諸侯同盟於重丘。漢置重丘縣，屬平原郡。後漢濟南王康傳：建武三十年，以平原之重丘益濟南。而志無此縣，蓋尋省也。應劭曰：「安德縣北五十里有重丘鄉，故縣也。」歐陽忞輿地廣記：隋於重丘故城置將陵縣。

將陵故城。在德州東。漢書外戚恩澤侯表：將陵侯史曾〔四〕，宣帝元康二年封，神爵四年除。而志未嘗有縣，蓋鄉亭名也。隋開皇十六年，始分安德置將陵縣，屬平原郡。唐屬德州。元和志：縣南至德州五十里，取安德縣故城爲名。宋景祐元年移治於長河鎮，而此城廢。

鬲縣故城。在德州北。古鬲國也。春秋襄公四年傳言：「靡奔有鬲氏。」後屬齊，爲鬲邑。漢書曹參傳「從下齊還收平原、鬲、盧」是也。漢置鬲縣，屬平原郡。後漢建武十三年，封朱祐爲侯國。晉、宋皆屬平原郡。後魏改屬安德郡。北齊省。括地志：鬲縣故城在安德縣西北五十里。

平昌故城。在德平縣西南。漢縣。後漢顯宗時曰西平昌，以北海有平昌，故加「西」也。後魏始復曰平昌。寰宇記：縣在德州東北八十里，漢平昌故城在今縣西南三十里。後魏永熙二年移於廢平昌城。高齊天保七年又移於今理。

重平故城。在德平縣西北。漢置重平縣，在今直隸吴橋縣界。後魏孝昌中復改置於此，屬安德郡。北齊省入平昌。後漢書注：故城在今安德縣西北。縣志：今有重平鎮，在縣西北三十里。

般縣故城。在德平縣東北。漢置縣，屬平原郡。後漢、晉因之。後魏改屬渤海。熙平中屬樂陵。中興初別置安德郡於此，屬滄州。北齊郡、縣俱廢入平昌。隋開皇十六年復置，屬平原郡。唐貞觀十七年仍省入平昌。寰宇記：在平昌縣東北二十五里。

平原故城。在今平原縣南。古平原邑。齊西境，地屬趙。趙惠文王封弟勝爲平原君。漢置縣，并立平原郡於此。後魏太平真君三年併入鬲，尋復置。舊唐書地理志：平原故城在今縣西南二十五里。今縣治城北齊所築。縣志：有古城二：一在縣南二十餘里，一在縣西南三十里。

鄃縣故城。在平原縣西南。亦曰隃〔五〕。漢高后四年封呂陀爲俞侯〔六〕。又，景帝六年封欒布爲俞侯。如淳曰：「即鄃也。」後爲縣，屬清河郡。溝洫志：武安侯田蚡爲丞相，其奉邑食鄃。鄃居河北，河決而南，則鄃無水災。後漢書馬武傳：建武十三年增邑，更封鄃侯。後魏太和中改屬平原郡，後屬南清河郡。北齊省入平原。隋復置，在今夏津縣界而故城廢。括地志：鄃縣故城在平原縣西南五十里。

繹幕故城。在平原縣西北。漢置縣，屬清河郡。後漢、晉因之。後魏太平真君三年併入武城。太和二十一年復置，屬安德郡。高齊省入平原。隋開皇十六年復置，大業初省入安德。寰宇記：在平原縣西北二十里。

梁鄒舊城。今鄒平縣治。漢高帝五年封武虎爲梁鄒侯，國於此。後爲縣，屬濟南郡。晉書樂安王鑒傳：咸寧初，以齊國之梁鄒益封。地理志不載，蓋尋省也。宋武帝僑置平原郡，後魏曰東平原郡，隋廢入長山。唐改置濟陽縣。元和志：縣東南至淄州九十四里。景龍元年於漢梁鄒城置。舊唐書地理志：元和十五年併入高苑。宋史地理志：景德元年，移鄒平治濟陽廢縣。至今不改。

肥鄉廢縣。在歷城縣東。宋書州郡志：魏郡領肥鄉縣。晉太康地志：屬廣平。魏書地形志：肥鄉有平陵城。隋書地理志：齊郡亭山舊曰衛國，後齊併土鼓、肥鄉入焉。

營城廢縣。在歷城縣東。隋開皇十六年置，屬齊郡。大業初廢入章丘。唐武德二年又置，屬譚州。八年廢入平陵。述征記：歷城到營城三十里。寰宇記：營城在歷城東四十里。又有營城在縣西二十七里，漢本始初趙充國所封營平邑也。齊乘：營平城在府東三十里，即隋、唐營城縣。

博平廢縣。在章丘縣東南。宋書州郡志：冀州魏郡，孝武僑立，領博平縣。魏書地形志：東魏郡仍領博平縣。隋書地理志：宋東魏郡，後齊省入章丘，而博平不復見。舊志有博平鎮，在章丘縣東南三十五里，蓋即宋所置縣。又有魏郡郭林鎮，在縣西北六十里，疑即故東魏郡也。

濟北廢縣。在長清縣界。隋開皇六年分盧縣置。大業初省。寰宇記：故城在長清縣西三十里。

鮑城。在府城東三十里。寰宇記：歷城縣鮑城在歷城縣東三十四里，相傳鮑叔牙所食邑也。

譚國城。在歷城縣東。春秋莊公十年：冬十月，齊師滅譚。注：「譚在濟南平陵縣西南。」水經注：武原水出譚城南，北逕譚城東，俗謂之有城也。譚，國也。齊桓之出過譚，譚不禮焉。魯莊公九年，即位，又不朝。十年，滅之。寰宇記：譚城在廢全節縣東南十五里。

巨里城。在歷城縣東。亦曰巨合城。漢書王子侯表：巨合侯發，城陽頃王子。元鼎元年封。後漢書郡國志：濟南國歷城有巨里聚。耿弇傳：建武五年，張步分遣弟敢守巨里。弇進兵，先脅巨里。注：「巨里，聚名也。一名巨合城。在今齊州全節縣東南。」水經注：巨里水北逕巨合故城西，耿弇之討張步也，守巨里，即此城也。三面有城，西有深坑，坑西即弇所營也。元和志：全節縣巨合城，在縣東南十三里。齊乘：在歷城縣東七十里。宋改爲龍山鎮。

黄巾固城。今章丘縣治。後漢末黄巾保聚於此，齊人謂壘保爲「固」，故名。晉太元十三年，後燕青州刺史慕容紹自歷城退屯黃巾固，燕主垂因置徐州於此。水經注：百脈水北逕黃巾固，蓋賊所屯，故「固」得名焉。元和志：章丘縣理城即黃巾城也。高齊移高唐理此。隋改爲章丘。

崔氏城。在章丘縣西北。左傳襄公二十七年：齊崔成請老於崔。注：「濟南東朝陽縣西北有崔氏城。」水經：漯水東北逕崔氏城北。唐書宰相世系表：齊丁公伋嫡子讓國叔乙〔七〕，食采於崔，遂爲崔氏。通志：崔氏城在章丘縣西北二十五里。

樂安城。在章丘縣北。寰宇記：臨濟縣東北八十里有樂安城。齊乘：樂安城在章丘臨濟鎮東北八十里，蓋漢元帝時匡衡所封，非千乘故縣也。

甯戚城。在章丘縣東北。水經注：楊渚溝水北逕甯西。寰宇記：甯戚城在章丘縣東北三十里，即楊渚水所經也。

長城。在淄川縣南，西接長清縣界。水經注：瀧水南出長城中。即此。

晏城。在齊河縣西北。寰宇記：禹城縣有晏嬰城，城内有井，水和膠入藥方。金史地理志：齊河有晏城鎮。舊志：晏嬰食邑於此，故名。本朝乾隆二十二年，高宗純皇帝經此，有御製晏城詩。三十年於此建行宮，三十六年、四十一年、四十五年、四十九年俱有御製齊河縣行館詩。

魏王城。在齊東縣西南三十里。縣志：相傳李密所築，有遺址。

郚城。在濟陽縣西二十五里。相傳爲古郚國。

鍾城。在禹城縣東南百餘里。後漢書耿弇傳：建武五年，詔弇進討張步。步使其將屯祝阿，别於泰山鍾城列營以待弇。弇先擊祝阿，拔之，故開圍一角，令衆得歸鍾城。鍾城人聞祝阿已潰，空壁亡去。胡三省通鑑注：鍾城在泰山郡界，故曰泰山鍾城。

楊虚城。在禹城縣西南。亦作楊墟。漢書王子侯表：楊墟侯將閭，齊悼惠王子。文帝四年封。後漢書馬武傳：定封爲楊墟侯。水經注：河水又逕楊墟縣之故城東。漯水又東北過楊墟縣東注。地理志曰「楊墟，平原之隸縣也。城在高唐城之西南」。

斗城。在禹城縣西南。晉太元張願屯祝阿之瓮口，後燕慕容隆討之，至斗城，去瓮口二十五里，還擊願，大破之，是也。又，瓮口成在縣南。十六國春秋：隆兵至斗城，願兵奄至，隆擊却之，遂進戰於瓮口，願敗走。蓋斗城在河津之南，而瓮口又在斗城東南也。

禹息城。在長清縣界。寰宇記：在廢禹城縣西南三十里。又有龍頟城，在廢禹城東南二十五里。漢故縣。後漢省。周宣帝時祝阿縣曾理於此。

石塞城。在長清縣西南。晉義熙二年，南燕西中郎將封融奔魏，與羣盜襲石塞城，即此。

垣苗城。在長清縣西南。魏書地形志：太原縣有糜溝、垣苗二城。水經注：濟水逕垣苗城西。城，故洛當城也〔八〕。宋武西征，令垣苗鎮此。

白石城。在陵縣。史記齊悼惠王世家：膠東王雄渠，齊悼惠王子，以白石侯文帝十六年爲膠東王。正義曰：「白石古城在德州安德縣北二十里。」

三汊口城。在陵縣東南。唐書李納傳：棣州有蛤𧊅鹽池，歲產鹽數十萬斛，爲納所據，築壘德州南，跨河以守蛤𧊅，謂之三汊城。貞元八年，納子師古嗣鎮，冀帥王武俊引兵至三汊，詔師古毀其城。

臨齊城。在陵縣東北。水經注：屯氏別河東北逕臨齊城南始東，齊未賓，魏築城以臨之，故城得其名也。

十二連城。在德州北十里。明建文中，李景隆帥師禦燕兵於此。

龍湊城。在德州東北。後漢書袁紹傳：公孫瓚遣兵至龍湊挑戰，紹擊破之。又，建安九年，袁譚屯龍湊。胡三省注：

「龍湊在平原、渤海間，爲河津要口也。」

張公城。在平原縣南。水經注：大河又北，逕張公城，臨側河湄，魏青州刺史張公治此，故世謂之張公城。水有津焉，名之曰張公渡。

石窌邑。在長清縣東南。左傳成公二年：齊侯以辟司徒之妻有禮，予之石窌。注：「縣東有地名窌。」杜佑通典：長清縣，齊之石窌邑。元和志：在縣東三十餘里。

驛臺鎮。今新城縣治。元史地理志：新城本長山縣驛臺。太宗在潛，以人民完聚，割置爲縣，屬般陽府路〔九〕。齊乘：縣在府北八十里，本長山之驛臺鎮。元時置縣。

耿濟鎮。今齊河縣治。本祝阿縣地。後漢建武五年，耿弇進討張步，從朝陽橋濟河以渡，先擊祝阿，拔之，故名。齊乘：齊河縣本濟南之耿濟鎮。金時劉豫家此鎮。縣志：耿濟渡，縣東一里，即今大清河橋口。

齊東鎮。今齊東縣治。金史地理志：鄒平有齊東鎮。齊乘：齊東縣舊曰趙巖口。金爲齊東鎮。劉豫置夾河巡檢司，以瀕大清河，故名。元因置縣也。舊志有齊東舊城，在縣東大清河東岸，遺址尚存。明初，縣境地狹民少，分青城縣之青城、正德、嘉會三鄉；弘治三年，割章丘之臨清鄉；十二年，復割章丘之固均鄉及鄒平之梁鄒、會仙二鄉益之，而縣境始大。

孫耿鎮。今臨邑縣治。齊乘：宋孝武孝建二年置臨邑縣，取東郡故臨邑城爲名。至宋建隆元年，決河壞城，徙治孫耿鎮，介漢著、漯陰之間，是今治爲孫耿鎮無疑也。按：金史齊河有新孫耿鎮，濟陽有舊孫耿鎮，而縣治之名孫耿者未詳。寰宇記稱漯陰城在縣西十里，揆其遠近，似今治爲北漯陰故城，豈宋時遷孫耿未久而復徙於此也？存之以備參考。

明行宫。在德州城西衛河東岸。明永樂、宣德間，車駕往來兩京，嘗駐於此。今舊迹無存。

會波樓。在濟南府城北門上。本朝乾隆十三年，高宗純皇帝東巡登此，有御製會波樓詩。

白雲樓。在歷城縣濯纓湖上。元張養浩有賦。後有白雲泉。又有白雲樓在鮑城，明李攀龍別業。

北極臺。在歷城縣城北大明湖上。

曬書臺。在淄川縣東北黌山後。鄭康成箋註詩、書於此。

清涼臺。在新城縣境。一名清冢。縣志：相傳齊高士顏斶所居。

聞韶臺。在濟陽縣東北三十里曲隄鎮。縣志：相傳爲孔子在齊聞韶處。元建大成殿於此。有肅政廉訪使王士熙記。

韓信臺。在長清縣北二十五里。臺高三級，歲久風雨剥落，舊傳信下齊所築。臺側數里有大溝，乃其藏兵處，今呼爲韓信溝。

看花臺。在陵縣西門隍塹外。舊志云南有花圃，北爲臺，延袤二畝，外環以水，雜植芙蕖、菱、芡。門前有橋，四隅有井，井有檻。西北有釣魚磯，東南有挽舟臺。唐書：顏真卿爲平原太守時，安祿山逆節頗著，真卿完城浚池，陰料丁壯，儲廩實，佯會文士，泛舟飲酒賦詩，紓祿山之疑。今廢爲僧寺，池井湮塞，惟西南隅一井猶存。

繁露臺。在德州學内。州志：明正統間，知州韋景元修學得碑，刻曰「董子讀書之臺」，遂即遺址增築，以「繁露」名之。本朝乾隆二十二年、四十一年、四十五年、四十九年，高宗純皇帝南巡經此，俱有御製繁露臺詩。

歷下亭。在歷城縣大明湖西，即古客亭。杜甫詩「海右此亭古」。齊乘：面山背湖，實爲勝地。本朝乾隆十三年，高宗純皇帝東巡，有御製歷下亭詩。又有水香亭，在歷下亭旁，宋曾鞏有詩。

北渚亭。在歷城縣。水經注：大明湖西有大明寺。水成淨池，池上有亭，即北渚也。宋晁補之有賦，曾鞏、元郝經皆有詩。

天心水面亭。在大明湖上。元李泂建，虞集有記。亭後有超然臺，明建文時鐵鉉嘗犒軍於此。

⿰山昔山亭。在歷城縣⿰山昔山湖上。杜甫詩序「登歷下新亭，亭對⿰山昔山湖」，即此。

繡江亭。在章丘縣東繡江之濱。金元好問與張子鈞、張飛卿觴於繡江，即此。

古賴亭。在章丘縣西北。左傳哀公六年：齊侯陽生使胡姬以安孺子如賴。十年：晉趙鞅伐齊，毁高唐之郭，侵及賴而還。後漢書郡國志：菅縣有賴亭。

古于亭。在長山縣西。左傳昭公十年：陳桓子召公子周，與之夫于。注：「於陵西北有于亭。」

古野井亭。在齊河縣東。春秋昭公二十五年：齊侯唁公于野井。漢書：祝阿有野井亭。縣志：在齊河北岸。

古清亭。在長清縣東。左傳哀公十年：齊伐我，及清。注：「盧縣東有清亭。」按：山東通志以清亭在東阿界内，引杜預左傳注「濟北東阿縣有清亭」、水經注「濟水自魚山北逕清亭」爲證，然盧、東阿皆漢縣，而長清置自隋開皇中，宋至道中又移治於刺榆店。以地考之，當在盧、東阿二縣之間。且漢之東阿爲今陽穀縣地，而今之東阿則明洪武中以故穀城移治者也。當仍載入長清「古蹟」爲是。

歇馬亭。在德州北十里。相傳唐太宗征遼嘗駐此。

齊州二堂。在府城西南，歷山之陰，濼水之上。一曰歷山之堂，一曰濼源之堂。宋曾鞏知齊州，建此以館客，有齊州二堂記。

七聘堂。在歷城縣。元張養浩謝政歸里，至元間七聘不起，後人因名其堂。

静化堂。在歷城縣。曾鞏建。齊乘：在舊府治後。又有禹功堂、芙蓉堂、名士軒、竹齋、凝香齋、采香亭、芍藥廳、仁風廳，俱在今布政司公廨。

雲莊。在歷城縣西北十里。府志：元張養浩致仕所居。中有雲錦池、雪香林、掛月峯、待鳳石、遂閒堂、處士庵，綽然、拙逸、樂全、九皋、半仙五亭，並記。

使君林。在歷城縣。魏正始中，鄭慤率賓僚避暑於此，以簪刺蓮葉，令與柄通，注酒飲之，名碧筒酒。

石門。在長清縣西南，今圮於河。春秋隱公三年：齊侯、鄭伯盟於石門。注：「石門，齊地。或曰濟北盧縣西南濟水之門。」京相璠曰：今盧縣故城西南六十里有石門，去水三百步，蓋水瀆流移，故在岸側也。

房家園。在歷城縣。舊志云：北齊博陵房豹之山池也。其中雜樹森聳，泉石崇邃，歷中祓禊，以此爲勝。其參軍尹孝逸詩曰：「風淪歷城水，月倚華山樹。」時人以比謝靈運「池塘」十字。

南園。在新城縣南郭外。中有二如亭，明浙江右布政王象晉著羣芳譜於此。

官桑園。長清縣志：稅課司大使樊童，明建文中以刑部主事謫官，值燕師至濟南，童上疏言周公輔成王之事，死焉。貧不能歸，邑大夫以官桑園四十畝并勸農主簿廳給之。今廢爲民居。

河倉。在德州城北三里。金史地理志：將陵縣置河倉。州志：明永樂七年，建水次倉於此。

關隘

灤關。在歷城縣西北十二里。有批驗所大使駐此。

鄒關。在鄒平縣西北十三里。

鹿角關。在臨邑縣北十五里，接陵縣界，古大河所經也。元和志：臨邑有鹿角關，在臨邑縣西北七十里，陵縣東南七十五里，蓋跨大河，以鹿角津爲名。齊乘有平原嶺，在德州東南七十里。嶺下有鹿角津〔一〇〕。

四口關。在長清縣西，接東昌府茌平縣界。元和志：在長清縣西南五十里。後魏置，武德四年廢。蓋即古四瀆津之口也。

張公故關。在德州南。元和志：在陵縣東南七十里。

龍山鎮巡司。在歷城縣東七十里。本朝乾隆三十一年設。

盤水鎮。在歷城縣東南。金史地理志：歷城，鎮六：盤水、中宮、老僧口、上洛口、王舍人店、遥牆。縣志：上洛口有批驗所，鹽艘要津。

柳埠鎮。在歷城縣南，中宮鎮東南二十五里。爲縣巨鎮。

堰頭鎮。在歷城縣東北二十里。亦曰下濼堰，亦曰濼口，即濼水入大清河處，築堰以分其流。舊有巡司，今裁。

普濟鎮。在章丘縣東南五十里。金史地理志：章丘，鎮四：普濟、延安、臨濟、明水。

孫家鎮。在鄒平縣北三十里。金史地理志：鄒平，鎮三：淄鄉、介東、孫家嶺。

索鎮。在新城縣東四十里。元史地理志：新城，太宗創置。以田、索二鎮屬焉。

張店鎮。在新城縣東南四十里，接長山、淄川、益都三縣界。

劉宏鎮。在齊河縣西南三十里。金史地理志：齊河，鎮三：晏城、劉宏、新孫耿。晏城驛在縣北，後移於縣治東南隅，今裁。

臨河鎮。在齊東縣南，臨小清河。宋明道二年，大清河自東平溢入小清河，廢淄川之臨河鎮，以避水患。

回河鎮。在濟陽縣西南。金史地理志：濟陽，鎮四：回河、曲隄、舊孫耿、仁豐。縣志：回河鎮在縣西南二十里。曲隄鎮在縣東北三十里，有宋黄庭堅碑。孫耿鎮在縣西南四十里。仁豐鎮在縣東北六十里，有城，明洪武元年設巡司，八年裁。

新市鎮。在濟陽縣西六十里。金史地理志：臨邑，鎮三：新鎮、安肅、新市。齊乘：新市鎮舊屬臨邑。元至元二年屬濟陽。

新安鎮。在禹城縣北。金史地理志：禹城，鎮三：新安、仁水寨、黎濟寨。

張夏鎮。在長清縣東南。本朝乾隆二十四年設縣丞駐此。

莒鎮。在長清縣西北。金史地理志：長清，鎮六：赤莊、莒、李家莊、歸德、豐齊、陰河。

滋博鎮。在陵縣東四十里。金史地理志：安德，鎮四：滋博〔一二〕、嚮化、盤河、德安。

邊臨鎮。在德州東五十里。本朝乾隆二十七年移州判駐此。

桑園鎮。在德州北四十里。即景州之廢安陵城也。明正德中馬申錫駐桑兒園，招流賊劉六等，即此。良店水驛置於此。有水次倉。

懷仁鎮。在德平縣東南二十里。金史地理志：德平，鎮二：懷仁、孔家鎮。

水務鎮。在平原縣東四十里。金史地理志：平原，鎮一：水務。

德州衛。在州治東。今存。又有德州左衛，本朝康熙二十七年裁。

石固寨。在歷城縣西南四十里。四面皆險，惟西南一徑可入。舊志：南燕時嘗據此。

石都寨。在長清縣東南七十里。元、明置有巡司。

中公集。在歷城縣南三十里。本朝乾隆三十七年設主簿駐此。

周村店。在長山縣南。本朝移縣丞駐此。

苑城店。在長山縣北二十里。齊乘：長山縣北苑城店，因故高苑爲名。縣志：舊有白山馬驛，兼置遞運所，在縣北門外。俱裁。

青陽店。在鄒平縣西三十里。明初設馬驛，兼置遞運所，後裁。

神頭店。在陵縣東北。即古厭次城也。後漢書獨行傳：劇賊畢豪等入平原，縣令劉雄將吏士乘船追之，至厭次河。齊乘：漢高帝封爰類爲厭次侯，今爲神頭店。統志：厭次在陵縣東北二十里，蓋即神頭鎮。

禹城橋。在禹城縣西五里。本朝乾隆五十四年設縣丞駐此。

譚城驛。在歷城縣西北五里。舊有驛丞，今裁。又遞運所，在縣西關外。

龍山驛。在歷城縣東七十里。

晏城驛。在齊河縣東南隅。舊置縣西北晏城鎮，後移此。

劉普驛。在禹城縣北十五里。明初置於縣西北，成化十年移此。

崮山驛。在長清縣東南。明洪武初置於縣東北關外，成化中移此。本朝康熙初改置長城、崮山二驛，一丞主之。今裁。

長城驛。在長清縣東南九十里。

安德驛。在德州南門外。又，舊有太平馬驛，在州南七十里平原縣界。有遞運所，後革。又，安德水驛在德州西門外。又有梁家莊水驛，在州南七十里，接直隸故城縣界；良店水驛在州北六十里。舊有驛丞，今俱裁。

桃園驛。在平原縣西南。明永樂十八年置於桃園站，在縣西北十五里，後移此。

津梁

鵲華橋。在歷城縣大明湖南岸。古名百花橋，元易今名，遂以「百花」名其南橋。兩橋相望，中爲百花洲，洲上有百花臺。環湖有七橋，今惟百花、濼源二橋。曾鞏詩：「從此七橋風與月，夢魂長到木蘭舟。」本朝乾隆十三年，高宗純皇帝東巡經此，有御製鵲華橋詩。

濼源橋。在歷城縣西。蘇轍有詩。

黄岡橋。在歷城縣西五里。明嘉靖十三年，巡撫袁宗儒開濬黄岡廢河，自匡山鋪經長清界抵段店華家口，諸水溢寨處悉疏掘之，達於鹽河，乃因匡山廢橋甃石新之。

繡江橋。在章丘縣東淯河上。

錦江橋。在章丘縣東南明水鎮。

利津橋。在章丘縣西北。

鳳江橋。在章丘縣西北水寨。

從花橋。在章丘縣北八里回村，跨淯河。

石橋。在鄒平縣南七里。

段家橋。在鄒平縣西北三十里。

蘇相橋。在淄川縣西二十里。

永安橋。在長山縣南一里孝婦河上。二十九洞。本朝康熙四十九年建。

通濟橋。在長山縣西一里孝婦河上。二十七洞。本朝康熙二十三年建。

廣濟橋。在新城縣東一里。亦名司馬橋。明兵部尚書王象乾重修，故名。

索鎮橋。在新城縣東三十里。

大清橋。在齊河縣東半里。跨大清河，爲南北通衢。明嘉靖二十七年，羽士張演昇修，數年告成。橋凡九洞，石皆鈐鐵，上置狻猊檻柱，結構最工。東西立二坊，一曰「大清橋」，一曰「濟水朝宗」。本朝順治八年重修。

高家橋。在齊河縣西四十里。跨趙牛河。

齊家橋。在齊東縣南二里。跨滅水河。

蘇武斷糧橋。在濟陽縣西北五十里。俗傳蘇武斷糧於此，語甚不經。今土人以「蘇橋曙色」爲「八景」之一。

劉家橋。在齊東縣西延安鎮西南。跨壩水河。

漯河橋。在禹城縣西北。

廣福橋。在長清縣東南三十里。跨山河。

聖德橋。在長清縣南四十里。又雍盛橋在縣南二十五里，樂清橋在縣南三十里，俱本朝雍正八年修建。

崛山橋。在長清縣東北三十里。跨豐齊河。

三里橋。在陵縣東三里。

土河橋。在德州東南四十里。

浮橋。在德州西北衛河上。本朝乾隆三十年、四十一年，高宗純皇帝巡幸經此，有御製德州浮橋詩。

惠濟橋。在德州北八里哨馬營支河上。本朝雍正十三年建。

義渡橋。在德平縣西四十里。

馬家橋。在德平縣北十五里，跨鬲津河。

方便橋。在德平縣東北二十里，跨鬲津河。

三岔口橋。在平原縣東二十里。

津期橋。在平原縣西南五十里，即平原津之地，明永樂初改名永昌橋。

鄢家渡。在濟陽縣東四十里。

邊家道口。在長清縣西十二里。

隄堰

于家隄。在新城縣東鄭黃溝上。

清沙隄。在新城縣西北清沙泊上。

金剛隄。在新城縣東北麻大泊中。分新城、高苑、博興三縣之界。

護城隄。在禹城縣城外。明萬曆九年築。縣界又有石橋、土橋、流洪陂等三隄。

古隄。在陵縣東北一里。

陳公隄。在德州東北五里。宋陳堯佐知滑州，築隄防河，綿亘至海，因名。

鯀隄。在德平縣西南二十五里。相傳伯鯀所築，約十餘里。縣志：土河兩岸舊有隄，甚高廣。明嘉靖間，土人沿隄墾種，遂盡平之。每夏潦，無以捍水，爲秋成害。

陵墓

古

赫胥氏墓。在章丘縣西朝陽故城内。

商

太甲冢。在歷城縣南五十里。後漢書郡國志註：皇覽曰「太甲有冢，在歷山上」。府志：冢旁有甘露井，石鐫「天生自來泉」五字，乃古銘也。

周

鮑叔牙墓。在歷城東鮑山下。

閔子騫墓。在歷城縣東五里。宋神宗初年建祠墓前，蘇轍撰碑，蘇軾書。

淳于髡墓。寰宇記：在縣東六十七里。唐柳宗元有詩。

陳仲子墓。在長山縣東。唐張説古泉驛詩云：「昔聞陳仲子，守義辭三公。身耕妻織屨，樂亦在其中。」又云：「長白臨河上，於陵入濟東。」正此地也。

公孫丑墓。在淄川縣東南十五里。

萬章墓。在新城縣南。縣志：相傳萬章葬此。

騶衍墓。寰宇記：在章丘縣東十里。

王蠋墓。在章丘縣東十五里。

漢

酈生墓。在章丘縣西北。齊乘：章丘臨濟鎮南有酈商冢。

樊將軍墓。在平原縣南一里。縣志：相傳爲樊噲葬處。

婁敬墓。齊乘：在德平縣東南二十里。有祠，周顯德間建。

平陵王墓。寰宇記：在章丘縣東北二里。齊孝王也。

雍齒墓。在長山縣西北二里雍家莊。

伏生墓。寰宇記：在章丘縣朝陽故城東五里。水經「漯水又東經伏生墓前」是也。又，鄒平縣東北十八里亦有墓，碑碣尚存。

轅固冢。在新城縣東北十八里。今俗訛爲「牛堌冢」。

公孫弘墓。在淄川縣南十五里。地名公孫莊。

東方朔墓。在陵縣東四十里。水經注：厭次縣西有東方朔墓，其側有祠。齊乘：在古厭次城北，祠在墓前。縣志：在縣東北二十里神頭店西南。　按：舊志武定府陽信縣亦載有東方朔墓，但西漢之厭次故城在今陵縣東北三十里，已詳武定府古蹟。則墓應載於陵縣，不必重載入陽信縣也。

夏侯勝墓。在歷城縣東十里古平陵東門外。

朱雲墓。在歷城縣東平陵城南。山東通志：墓上生草如劍，名指佞草。　按：漢書：夏侯勝，東平人。宣帝時爲長信少府，卒官，賜葬平陵。雲本魯人，徙平陵。上書折檻，後不復仕，卒葬平陵東郭外。蓋漢時右扶風有平陵縣，則二人之墓疑皆在右扶風之平陵。而舊志以歷城有東平陵，因載於此。今姑存之。

歐陽歙墓。在德平縣西北。魏書地形志(一二)：靈平縣有歐陽歙冢。

梁鄒侯墓。在鄒平縣東南一里。舊志：蓋武虎墓也。

朱祐冢。在德平縣東南故鬲城西北五里。祐本光武功臣，封鬲侯。

董永墓。在長山縣東南三十里。府志：永墓有三：一在博興；一在魚臺；其在長山者，墓所方十餘里，秋晚無霜。

馬融墓。在章丘縣南。融爲郡太守，卒葬於此。見寰宇記。

南北朝　魏

慕容白曜墓。在禹城縣北一里。白曜，鮮卑人。皇興間以安南將軍平定全齊〔一三〕，封濟南王。卒葬於此。

唐

房彦謙墓。寰宇記：在章丘縣西三十里趙山之陽。高三丈。舊志：在縣西南七十里。有李百藥碑文，歐陽詢書。

褒公段志玄墓。在齊河縣北二十里晏城南。按：唐書褒公陪葬昭陵，齊河不應有墓。或子孫葬衣冠於此。

趙寵墓。在德平縣西北。碑尚存，稱濟、恒二州刺史。

五代　周

景範墓。在鄒平縣西南五里。

宋

韓贄墓。在長山縣北五里青丘店。王巖叟撰誌。

廉復墓。在章丘縣東南二十里。

穆賓墓。在章丘縣女郎山之陽。洛陽王壽卿撰石表文，并書篆，黄庭堅爲贊。後徙岱嶽觀。

王樵墓。在淄川縣西慕王莊。墓前有祠。

金

楊烈墓。在濟陽縣西北十五里。烈，太和間進士，仕至太府少監，弘農郡開國伯。

元

劉敏中墓。在章丘縣東南五里。

張養浩墓。在章丘縣東南十五里。又，張起巖墓亦在此。

張祐墓。在陵縣東南三里。山東通志：祐，覃懷人。官中書省參知政事，封清河郡公。

萬緡墓。在德平縣西南八里。本烏魯氏〔一四〕，初名錫都爾瑚，賜名萬緡。官淮西廉訪使。「烏魯」舊作「兀魯」，「錫都爾瑚」舊作「識篤爾」，今並改正。

朱和墓。在德平縣東南二十五里箕山鄉。和，鬲侯祐之後。官德州行省。子佐，懷遠大將軍，墓祔側。

明

蘇禄國王墓。在德州北二里。永樂十五年來朝，道卒葬此。本朝雍正五年，王後嗣王母漢末母拉律林遣使阿石丹入朝。十年，奏請葺墓，敕官重修。

曹得墓。在德州東北十五里。得本山西懷仁縣人，永樂中以都督鎮德州，七載而卒，敕葬於此。其部曲環居墓所，至今猶稱曹村。

葛守禮墓。在德平縣東三里，官營冢墓。

祠廟

舜祠。在歷城縣南門。水經注：城南有山，山上有舜祠。本朝乾隆十三年，高宗純皇帝東巡，有御製謁舜廟詩。

閔子祠。在歷城縣東五里。宋神宗初，濟南太守李肅之即墓前置祠立碑。

四文公祠。在章丘縣學内。祀唐文昭公房玄齡，元文簡公劉敏中、文忠公張養浩、文穆公張起巖。

曾鞏祠。在歷城縣東南千佛山側。

七忠祠。在歷城縣西門。祀明建文死難臣鐵鉉、陳迪、胡子昭、平安、高巍、王省、鄭華。萬曆中黜平安，躋丁忠芳。

女郎祠。在章丘縣北女郎山。見寰宇記。

鄭康成祠。在淄川縣東黌山。

范文正公祠。有二：一在鄒平縣西南三十里醴泉寺南，一在長山縣南一里。

三賢祠。在新城縣東北錦秋湖側。祀魯仲連、諸葛亮、蘇軾。以三人皆嘗遊此，故建祠祀之。

晏子祠。在齊河縣西北晏城鎮。本朝乾隆三十年、三十六年、四十一年、四十五年、四十九年，高宗純皇帝南巡，俱有御製晏子祠詩。

濟水祠。在臨邑縣界。水經注：地理志曰縣有濟水祠，王莽之殼城亭也。應劭風俗通：濟廟舊在臨邑。按：山經、地志俱稱泲水出臨邑，故有泲廟，今莫從考。

東方先生祠。在陵縣北二十五里。晉散騎常侍夏侯湛作畫贊，碑陰有唐顏真卿記。

顏魯公祠。有三：一在陵縣城內，一在德州小西門外，一在平原縣治東。

董子祠。舊在德州城中。明萬曆中改建於衛河東岸。

管輅祠。元和志：在平原縣西南一里。

娥英廟。水經注：在歷城西南濼源上。

平陵王廟。在章丘縣西南四十里危山上。

樂毅廟。在淄川縣東。地名樂店，唐李邕書開元寺碑，今在廟中。

河神廟。在德州城西河上，祀衛河神。

寺觀

正覺寺。舊在府城內。明永樂間徙歷山門外。正統時敕賜藏經。成化時易今名。

華林寺。在正覺寺東。唐天寶十年建。今僅存正殿。

千佛寺。在歷城縣歷山下。有隋開皇間所鐫佛像。

神通寺。在歷城縣東南七十里。元和志：在琨瑞山中。即苻秦時竺僧朗隱居也。

龍泉寺。在章丘縣南二十五里。

醴泉寺。在鄒平縣西南三十里。有誌公碑。宋范仲淹嘗讀書寺中。

普照寺。古開元寺也。在淄川縣東北。舊志：内有石佛，高二丈四尺。金石録：唐淄川開元寺碑，李邕撰并書。

金華寺。在齊河縣西北。縣志：相傳即晏嬰宅址。

靈巖寺。在長清縣東南方山下。後魏正光中，法定禪師始建寺。有摩頂松，相傳爲唐三藏法師遺迹。又有鐵袈裟山，石黑銹如鐵，覆地如袈裟披摺之狀。齊乘：爲佛圖澄卓錫之地。有立鶴泉、佛日巖、辟支塔。舊志：唐相李吉甫作十道圖，以潤之棲霞、台之國清、荆之玉泉〔一五〕，合此寺爲「四絶」云。本朝乾隆二十二年、二十七年、三十年、三十六年、四十一年、四十五年、四十九年，高宗純皇帝南巡，駐蹕於此。有御製靈巖寺詩、靈巖寺八景詩，曰巢鶴巖，曰甘露亭，曰卓錫泉，曰摩頂松，曰鐵袈裟，曰白雲洞，曰雨花巖，曰愛山樓，皆勒石。凡御賜書額五、聯一。

臺頭寺。在德州城東三十里古黄河岸上。

廣教寺。在德平縣西二十五里。有古塔曰麋鎮，唐貞觀中建，尉遲敬德監造。

淳熙寺。在平原縣城西。宋嘉祐五年僧義海創建。

長春觀。在歷城縣西。丘處機修真處。殿後一洞，蜿蜒數十里。一名大庵。

三陽道觀。在章丘縣北女郎山上。縣志：葆光子姓郭，不知何許人。嘗居三陽洞，學煉神服氣之術，土人相傳於此成仙。

慶雲觀。在新城縣東四十五里。縣志：相傳宋時慶雲出，因建。

迎祥宫。在歷城縣北。元張起巖作碑記。

名宦

漢

蕭望之。蘭陵人。以諫大夫出爲平原太守。

匡衡。承人。初除太常掌故，調補平原文學。

温壽。祁人。父序，爲隗囂别將荀宇所拘劫，伏劍死。光武聞而憐之，除壽爲鄒平侯相。

伏湛。東武人。更始時爲平原太守。時天下驚擾，湛獨晏然，教授不廢。建武三年，爲大司徒。賊徐卿等據富平，帝知湛爲青、徐所信向，遣到平原。徐卿等即日歸降。

趙憙。宛人。光武時遷平原太守。時平原多盜賊，憙捕斬其渠帥。餘黨數千人，奏一切徙京師近郡，帝從之。於是擢舉義行，誅鋤姦惡。後青州大蝗，侵入平原界輒死，歲屢有年，百姓歌之。

何敞。平陵人。濟南王康尊貴驕甚，竇憲出敞爲濟南太傅。敞至國，輔康以道義，康敬禮焉。

劉寵。牟平人。除東平陵令，以仁惠爲吏民所愛。母疾，棄官去。百姓將送塞道，車不得進，乃輕服遁歸。

史弼。考城人。桓帝時爲平原相。時詔書下，舉鈎黨，弼獨無所上。詔書前後切責，弼曰：「他郡自有，平原自無，胡可相比？若誣陷良善，相有死而已，所不能也。」會黨禁中解，濟活者千餘人。弼爲政，特挫抑彊豪，小民有罪，多所容貸。後弼被陷，平原吏人奔走詣闕訟之。

滕延。北海人。桓帝時爲濟北相。時小黄門段珪與侯覽並立田業，近濟北界，侵犯百姓，劫掠行旅。延一切收捕，殺數十人，陳尸路衢。延坐免。

陳紀。許人。獻帝時拜侍中，出爲平原相。

三國　魏

司馬芝。温人。太祖以芝爲管長。時郡主簿劉節賓客千餘，出爲盜賊，入亂吏治。芝差節客王同等爲兵，節藏同等，芝乃馳檄濟南，陳節罪，太守即以節代同行。青州號芝以郡主簿爲兵。

晋

阮种。尉氏人。元康中遷平原相。爲政簡惠，百姓稱之。

南北朝

魏

拓拔平原。河南王曜孫。顯祖時齊州刺史。善於懷撫，邊民歸附者千有餘家。

鹿生。乘氏人。顯祖時爲濟南太守，前後在任十年。時三齊始附，人懷苟且，蒱博終朝，頗廢農業。生立制斷之，聞者嗟善。

韓麒麟。棘城人。孝文時拜齊州刺史。在官寡於刑罰。以新附之人未階臺宦，士人沈抑，乃表請守宰有闕，宜推用豪望，廣延賢喆。朝議從之。臨終之日，惟有俸絹數十疋，其清貧如此。

薛聰。汾陰人。宣武即位，除都督齊州刺史。政存簡静，卒於州。吏人追思，留其所坐榻以存餘愛。

路邕。陽平人。宣武時除東魏郡太守。莅政清勤，經年儉，自出家粟賑賜貧窘〔一六〕，靈太后下詔褒美。

辛穆。狄道人。正光中除平原相。善撫導。長子子馥亦除平原相，父子並爲此郡，吏民懷之。

拓拔子華。高涼王孤平之後。孝莊初除齊州刺史。先是，州境數經反逆邢杲之亂，人不自保。子華撫集豪右，委之筦鑰，衆皆感悦，境内帖然。

隋

韋藝。杜陵人。高祖初，拜齊州刺史。爲政清簡，士庶懷惠。

趙軌。洛陽人。高祖時爲齊州別駕。在州四年，考績連最，徵入朝。父老相送者各揮涕曰：「公清若水，請酌一杯水奉餞。」軌受而飲之。

房恭懿。洛陽人。開皇初遷德州司馬。在職歲餘，政爲天下之最。上甚異之，因謂諸州朝集使曰：「房恭懿志存體國，愛養我百姓，卿等宜師斅也。」

王伽。章武人。開皇末爲齊州行參軍。送流囚七十餘人詣京師，悉脱其枷，與期曰：「某日當至。如致前却，吾當爲汝受死。」流人感悦，依期而至。上聞，召見與語，稱善久之。

公孫景茂。阜城人。仁壽中拜淄州刺史。有德政，稱爲良牧。大業初卒於官，人吏赴喪者數千人。

張須陀。閿鄉人。大業中爲齊郡丞。會歲饑，將開倉賑給，官屬咸曰：「須待詔敕。」須陀曰：「待報至，當委溝壑矣。吾以此獲罪，死無所恨。」先開倉而後上狀，帝知之，不責也。時賊寇掠郡境，須陀悉討平之，威振東夏。以功遷齊郡通守。

唐

陽嶠。雒陽人。儀鳳中授將陵尉。

李邕。江都人。開元中爲淄州刺史，著有聲譽。

李隨。玄宗時拜濟南太守。安禄山反，隨與單父尉賈賁、濮陽人尚衡起兵討賊。

顔真卿。京兆萬年人。玄宗時爲平原太守。安禄山逆狀芽蘖，真卿度必反，陽託霖雨，增陴濬隍，料丁壯，儲廩實，日與賓客泛舟飲酒，以紓禄山之疑。禄山反，河朔盡陷，獨平原城守倶備。募士得萬人，大饗城西門，慷慨泣下，衆感勵。賊破東都，遣使傳李憕、盧奕、蔣青首來徇，真卿紿其衆曰：「我素識憕等，其首皆非是。」乃斬賊使，藏三首，他日結芻續體，殮而祭，爲位哭之。

殷侑。陳州人。文宗時拜義昌軍節度使。時痍荒之餘，墟里生荆棘。侑單身之官，安足麤淡，與下共勞苦，以仁惠爲政。

歲中流户襁屬而還，遂與營田，丐耕牛三萬。詔度支賜帛四萬疋，佐其市。户口滋饒，廥儲盈腐，上下便安。

曹全晸。昭宗時爲淄州刺史。韓簡率衆寇州，城陷，死之。

五代　唐

張錫。福州人。同光末爲淄川令。不畏强禦，專務愛民，刺史有所徵，不答。馮道知錫介直，奏爲監察御史。

劉遂清。安丘人。明宗時除淄州刺史。淄俗尚强悍，少親遜風，遂清教以孝悌，躬行督率。嘗迎養其母，及郊，親執轡行數十里，州人咸感其孝。

晉

翟進宗。天福時爲淄州刺史。平盧節度使楊光遠反，以騎兵數百脅取至青州，進宗不屈而死。

周

郭瓊。盧龍人。世宗時爲齊州防禦使。民饑，瓊以己俸賑之，人懷其惠，相率詣闕，頌其德政，詔許立碑。

張藏英。范陽人。世宗即位，授德州刺史。請於深州李晏口置砦，及誘境上亡命者以隸軍，從之。遂築城李晏口，募得勁兵數千人。會王彦超爲遼兵所圍，藏英率新募兵馳往擊之，遼人解去。

宋

尹崇珂。天水人。太祖時爲淄州刺史。有善政，民詣闕請刻石頌德，太祖命李穆撰文賜之。

李漢超。雲州雲中人。太祖時齊州防禦使。在郡十七年，政平訟理，吏民愛之，詣闕求立碑頌德。太祖詔徐鉉撰文賜之。

王貴。并州太原人。太宗時爲淄州刺史，從潘美北征，頗立戰功。又從楊業爲遼兵所圍，射殺數十人，矢盡；又擊殺數人，遂遇害。

張藴。范陽人。咸平初監淄州兵，遼兵至青間，州人棄城，藴拔刀遮止於門，力治守備，遼兵引去。郡守掠爲己功，反陷以罪，藴受而不校。

靳懷德。博州高唐人。咸平中知德州。遼兵至，懷德固守城壁，有詔褒之。

韓琦。安陽人。仁宗時授將作監丞，通判淄州。留心民事，凡所咨謀，預儲經濟。

唐介。江陵人。仁宗時通判德州。轉運使崔嶧取庫絹配民而重其估，介留牒不下，且移安撫使責數之。嶧怒，馳檄按詰，介不爲動。

曾鞏。南豐人。嘉祐中知齊州。曲隄周氏雄里中，州縣莫敢詰，鞏取置於法。章丘民聚黨號「霸王社」，鞏配三十一人。又屬民爲保伍，使譏察出入，自是外户不閉。河北濬河，齊當給夫二萬，鞏括其隱漏，省費數倍。又弛無名渡錢爲橋，以濟往來，人皆以爲利。

范純仁。吴人。神宗時知齊州。齊俗兇悍，人輕爲盜劫，西司理院，繫囚常滿。純仁盡呼至庭下，訓使自新，即釋去。期歲，盜減大半。

蘇轍。眉山人。神宗時以陳州教授改著作郎，齊州掌書記。沉静簡默，文學頗著。

李常。建昌人。神宗時知齊州。齊多盜，論報無虚日。常得黠盜，刺爲兵，使在麾下，盡知囊括處，悉發屋破柱，拔其根株，姦無所匿。

趙叔皎。秦悼王四世孫。元豐中累遷至德州兵馬都監。劉順等相繼謀叛，叔皎皆設方畧捕擒之。建炎元年，金人圍城，叔皎率兵禦之，前後六戰，勢窮被執，怒罵不屈，遂遇害。

晁補之。鉅野人。哲宗時知齊州。羣盜晝掠塗巷，補之默得其姓名，一日宴客，召賊曹，以方畧授之。酒行未竟，悉擒以來，一府爲撤警。

向宗道。哲宗時知淄州。修明學校，增益生徒，以勵風教。

王巖叟。清平人。哲宗時知齊州。先是，巖叟言「河北榷鹽法尚行，民受其弊」，至是請以所言鹽法行之京東。

張叔夜。開封人。大觀中知濟南府。羣盜猝至，叔夜度力不敵，乃取舊赦賊文，俾郵卒傳至郡，盜聞少懈。叔夜發卒五千人擊之〔一七〕，盜奔潰。

趙不羣。太宗六世孫。靖康初宰章丘縣。縣當山東、河北之衝，不羣募五千人，增城浚濠，爲戰守備。敵攻圍兩月，不能下。

金

李瞻。玉田人。天會中遷德州防禦使。爲政寬平，民懷其惠，相率詣京師請留者數百千人。

梁肅。奉聖州人。世宗時爲濟南尹。上疏曰：「漢文除肉刑，罪至徒者帶鐐居役，歲滿釋之；家無兼丁者加杖准徒。今取遼季之法，徒一年者杖一百，是一罪二刑也。臣實痛之。」未幾，召拜參知政事。

楊閏之。香河人。大定中爲齊河縣主簿。剖決如流，庭無留訟。

張萬公。東阿人。大定中爲長山令。時土寇至城下者幾萬人，萬公登陴，諭以鄉里親舊意，衆感悟，相率去。邑人賴之。後知濟南府、山東路安撫使。時連歲旱蝗，萬公慮民饑盜起，上陳豫備賑濟及督責有司禁戢盜賊之方，上皆從之。

王擴。永平人。明昌中同知德州防禦使，被詔賑貸山東西路饑民，擴輒限數外給之。泰和中，山東盜起，擴行章丘道中，遇一男子，舉止不常，捕訊，果歷城大盜也。衆以爲神。

完顏守貞。泰和中知濟南府事。上以山東重地，須大臣鎮撫，守貞久遷謫，故移授之。

齊鷹揚。淄州軍事判官。貞祐初元兵取淄州，鷹揚募兵備禦。城破，率衆巷戰，創甚被執，欲降之。鷹揚伺守者少怠，即起奪槊殺人，不屈死。贈嘉議大夫、淄州刺史，立廟於州，以時致祭。

梁昱。宣宗時以判官攝淄州，遭李全亂，昱率軍民力田，徵科有度，餽餉不乏。轉運使田琢奏其功，遷同知淄州。

舒穆魯元。懿州路胡圖瑚明安人。宣宗時同知淄州軍事。劇盜劉奇久爲民患，一日捕獲，方訊鞫，聞赦將至，亟命杖殺之，闔郡稱快。後移知濟南府。「舒穆魯元」舊作「石抹元」，「胡圖瑚明安」舊作「胡土虎猛安」，今俱改正。

元

趙炳。灤陽人。中統時濟南妖民作亂，命炳爲濟南路總管。炳至，止罪首惡，餘黨解散。歲凶，發廩賑民而後以聞，朝廷不之罪。

趙孟頫。湖州人。至元中同知濟南路，署總管府事。官事清簡。有元掀兒者，役於鹽場，不勝艱苦，因逃去。其父求得他人屍，遂誣告同役者殺掀兒。既誣服，孟頫疑其冤，留弗決，踰月掀兒自歸。郡中稱爲神明。

杜世昌。嘉州人。至元中爲長清尹。時大軍南下，所在騷擾。世昌出迎撫之，秋毫無犯，民賴以安。

田壽。燕人。至元中任臨邑尹。莅政廉明，豪猾斂手。先是，防兵在邑，以芻牧爲名，占民膏腴地二萬餘畝。壽爲申請，得奉詔檢覈，悉歸於民。

高伯温。上都人。至元中爲長清尹。教民植桑一十七萬株，立義倉百所，招撫流民五百餘户。境内瀦水浸田，乃開渠洩水。民樂其業，立石頌之。

王構。東平人。成宗時爲濟南路總管。諸王從者怙勢行州縣，民莫敢忤視。構聞諸朝，徙之北境。學田爲牧地所侵者，理而歸之。官貸民粟，歲饑而責償不已，構請輸以明年。

李惟肅。正定人。大德中授章丘尹。廉恕剛斷，先教後刑。常指繡江語人曰：「吾惟飲此耳。」因築亭曰飲江。

趙杞。南宫人。至正中爲禹城尹。時河決金隄，調夫役急。禹城去曹州千有餘里，民不堪役。杞親詣州，請免民役，州允之，獨留杞董河事，一年而還。

杜翶。至正中知長山縣。設常平法，翶思民力弗堪，不事折配，聽其自輸，民賫糧至者相望。不半年，建縣廨、廟學、社稷壇、社學，皆以次修葺。

明

崔亮。洪武初濟南太守。修城堞，建倉庾，撫綏得宜，士民感服。

陳修。上饒人。洪武初濟南太守。時兵燹之後，民物凋瘵，修招集流亡，令其服業。嘗上墾田之策，帝嘉納之。

鄧瑜。洪武時爲濟南衛指揮同知。將從征，囑其妻扈氏曰：「我爲人臣當盡忠，汝爲人妻當盡節。」瑜果歿於陣，扈氏守節終身。

王省。吉水人。建文時濟陽教諭。會燕兵至，省被執不降。既而釋之，乃集諸生於堂曰：「此堂曰『明倫』，今日之倫安在？」言訖痛哭，隨觸柱死。

薛慎。山陽人。永樂時知長清縣，有惠政，以親喪去。民知慎服闋，詣闕乞再任，吏部尚書蹇義言：「長清已別除令，更易不便。」帝曰：「置令以爲民也。但得民心，屢易何害？」竟復任。

侯宣。封丘人。天順間知歷城縣。有威信，勤於吏治，賑饑弭盜，民立碑頌之。

白行順。清澗人。成化間知濟南府。訪求治原，緩刑罰，興學校，勸耕種，招流亡。尋升山西參政，士民遮道留之。

劉鎰。羅山人。成化間知鄒平縣。時有蝗食禾稼，狼噬人，鎰禱於神，害皆息。

李興。嵩縣人。成化間知鄒平縣。廉介自守，政稱第一。

王縉。山陰人。成化間知臨邑縣。旁邑民爲盜誣服，直指以屬縉。縉訊無左證，乃極爲囚原。直指復屬他令治是獄，論死者如干人，遂劾罷縉。未幾，真盜坐他事發，前獄各有據，乃直縉，時稱縉爲慈且明云。

楊武。岐山人。弘治間授淄川令。民幾無訟，囹圄中惟種園蔬。先是，淄水悍決爲民患，武隄防疏道，曲盡機宜，民甚賴之。以治行第一，擢監察御史。

李恕。富平人。弘治間知德平縣。剛明果斷，吏不敢欺。積穀備荒，全活甚衆。

俞諫。桐廬人。弘治間知長清縣。嘗憫流民失業，境内凡有河堧地，課民耕種。貧者貸以牛籽，歲徵租儲倉，凶年即以是賑之。

喬遷岐。正德中知長山縣。流賊入境，官民廬舍焚燬殆盡。遷岐任甫一月，豎栅堅守，賊不能入。

盧恭。萍鄉人。正德間知平原縣。積穀二萬石，以備凶荒。種樹萬株，以蔭行役。時稱循吏。

張淑勵。太原盂人。嘉靖間知歷城縣。值災荒之後，輕徭薄斂，與民休息。朔旦集諸生，設俎豆，論詩書，士民戴之。

茅世亨。溧水人。嘉靖間知禹城縣。邑人苦徭役不均，至有破家者。世亨下車，即編審均役，民便之。歲值大水，世亨親帥隄防，屢陳災祲，是年夏税得免。

王九儀。長安人。萬曆間爲淄川令。會民苦田不均，九儀善度田，竟無敢欺者。尤善摘發，盗不敢犯淄川境。

南拱極。安邑人。萬曆間知陵縣。時方大旱，妖民程章煽動饑民，將約期爲亂。拱極乘其未發，捕獲之。搜得旗幢印信，徒衆朋籍，悉對衆焚之，人心以安。尋獲雨，是歲有秋。

茅國縉。歸安人。萬曆間知章丘縣。邑中苦徭役，民多鬻産轉徙，國縉立條鞭法，一切富户里甲歸之召募，數年以後，閭閻殷富。

董復亨。元城人。萬曆間知章丘縣。博學有文譽，重修章丘縣志三十四卷，士大夫皆善之。

王上聞。祥符人。萬曆間知齊河縣。行條鞭法，罷里牌、牌甲、户頭之役。在任數年，夜户不閉，民甚安之。

白鯤。南和人。萬曆間知齊東縣。鄒平令欲分漯水，由淺水入大清河，邑人懼有漂泊之患。鯤力争乃罷。歲大饑，廣設粥廠以食餓者，政聲甚著。

張安豫。華亭人。崇禎時知齊河縣。饑饉之後，萑苻多警。安豫給牛種，蠲荒税，募兵緝盗，甃治城垣，民至今思之。

史能仁。鹿邑人。崇禎時知新城縣。值大旱，蝗爲災，能仁單騎巡行，鼓勵捕逐，自暴烈日中三日。忽有馬蜂數萬自北來螫蝗，蝗盡，蜂亦不見。調淄川，民攀轅號泣者萬人，車不能行。

苟好善。醴泉人。崇禎時知濟南府。城破，死之。同死者，同知陳虞卿、通判熊列獻、歷城知縣韓承宣。

本朝

馮祥聘。山海衛人。順治初知齊河縣。時流賊逼城，祥聘捍禦有方，城賴以全。

王用體。高平人。順治初知齊河縣。時凋瘵之後，頻值歲饑，民間逋賦累萬，用體毀家代償，民甚德之。

牛友月。隰州人。順治初知長清縣。在任五年，凡徵收銀米耗羨，一無所取，悉貯倉庫，人莫識其意也。後值歲儉，賑粟不敷，察荒使者有難色。友月曰：「吾籌之稔矣。」悉籍以助。

羅文瑜。廣寧人。康熙初知濟南府。時軍務旁午，文瑜部署一切度支徭役，民無所擾。嘗奉撥軍餉三十萬兩，恐所屬催科病民，乃親歷州邑勸諭之。

劉國楨。福清人。知德州。得士民心，後以罣悞免官歸，士民留之，不可。去任之日，雖婦穉亦哀號道左。

崔懋。遼陽州人。康熙中知新城縣。時水旱頻仍，民多逋逃。懋力請蠲赦墾荒，捐給牛種，召募耕種，民皆樂其故業。值小清河溢，頗爲邑患，懋修築隄堰，一切貲費並不取之民間。又修濬孝婦河以利民田。居職十二年，政簡刑清，老幼咸德之。

原遜志。蒲城人。乾隆庚子進士。選授臨邑。俸滿，題升德州。訪知河水爲患，春夏之交，僱夫增築隄岸，民得安居。兩次採買倉穀，穀雖昂貴，照市價給發。奸民冒充浮橋橋夫，苛索商旅，下車即禁革。政暇訪疾苦，勸耕耘，懸賞捕蝗，蝗不爲災。州有繁露書院，生息銀虧缺，捐俸資諸生膏火，成材者衆。購馬應臺灣兵差，民有未領價先預備者，事後懇求充公，堅拒之，曰：「民用情，我更當好信。」

校勘記

〔一〕濕沃側有平安縣故城　乾隆志卷一二七濟南府二古蹟（下同卷簡稱乾隆志）同。按，水經注卷八濟水「濕」作「漯」，二字同。戴震校以爲「縣」字當在「沃」字下。

〔二〕元和中鄭權奏言　「鄭」，原作「程」，乾隆志同，據太平寰宇記卷六四河北道德州改。

〔三〕又居安德平昌平原三縣界　「平昌」，原作「德平」，乾隆志同，據太平寰宇記卷六四河北道德州及唐會要卷七一河北道改。

〔四〕將陵侯史曾　「曾」，原作「會」，據乾隆志及漢書卷八二史丹傳改。

〔五〕亦曰隃　「隃」，乾隆志作「俞」。

〔六〕漢高后四年封吕陀爲俞侯　「陀」，乾隆志作「佗」，史記卷九高后本紀作「他」。按，三字通。

〔七〕齊丁公伋嫡子讓國叔乙　「叔乙」，原作「叔乞」，且在「讓國」上，據新唐書卷七二下宰相世系表二下改、乙。乾隆志「叔乙」字不誤，但亦誤置「讓國」上。

〔八〕濟水逕垣苗城西城故洛當城也　「西城」，原倒作「城西」，據乾隆志及水經注卷八濟水乙。

〔九〕屬般陽府路　「府」，原闕，據元史卷五八地理志補。乾隆志誤脱「路」字。

〔一〇〕嶺下有鹿角津　「津」，乾隆志同。按，齊乘卷一山川言平原嶺上有鹿角關。

〔一一〕滋博 「滋」，乾隆志同，金史卷二五地理志作「磁」。
〔一二〕魏書地形志 「形」，原作「理」，乾隆志同，據魏書卷一〇六上地形志改。
〔一三〕皇興間以安南將軍平定全齊 「皇興」，原作「皇輿」，乾隆志同，據魏書卷五〇慕容白曜傳改。
〔一四〕本烏魯氏 「本」，原作「木」，據乾隆志改。
〔一五〕荆之玉泉 「玉」，原作「王」，據乾隆志改。
〔一六〕自出家粟賑賜貧窘 「自」，原作「日」，乾隆志同，據魏書卷八八路邕傳改。
〔一七〕叔夜發卒五千人擊之 「千」，原作「十」，乾隆志同，據宋史卷三五三張叔夜傳改。

大清一統志卷一百六十四

濟南府三

人物

漢

田何。淄川人。自魯商瞿受易孔子，傳六世至何。漢興，言易者本之。

伏勝。濟南人。秦博士。孝文時，求能治尚書者，天下亡有。聞伏生能治，欲召之。時伏生老，不能行。於是，詔鼂錯往受之。

楊何。淄川人。從王同受田何易，頓丘京房師之。元光初，徵官大中大夫。

終軍。濟南人。少好學，能屬文。年十八，至長安上書言事。武帝異其文，拜爲謁者給事中。初，軍步入關，關吏予軍繻，軍曰：「大丈夫西遊，終不復傳還！」棄繻而去。後建節，東出關，關吏識之曰：「此棄繻生也。」累擢諫大夫。後使南越卒，時年二十餘，故世謂之終童。

王訢。濟南人。遷被陽令。武帝末，御史暴勝之過被陽，欲斬訢，訢已解衣伏質，仰言曰：「使君威振郡國，殺一訢不足以增威，不如時有所寬，以明恩貸，令盡死力。」勝之壯其言，貰不誅。還，薦訢，徵爲右輔都尉。昭帝時爲丞相，封宜春侯。薨，謚曰敬侯。

林尊。濟南人。事歐陽高。爲博士，論石渠。後至太子太傅，授平陵平當、梁陳翁生，徒衆尤盛。

高詡。般人。世傳魯詩。以清操知名，不仕王莽。光武即位，徵拜大司農。

禮震。平原人。受業歐陽歙，受尚書。歙下獄當死，震年十七，自繫上書求代。光武嘉其行義，拜郎中。

牟長。臨濟人。少習歐陽尚書，不仕王莽。建武初，拜博士，遷河南太守，自爲博士。及在河内，諸生講習者常有千餘人。著録前後萬言，著尚書章句，俗號爲牟氏章句。復徵爲中散大夫。子紆，亦以隱居教授，門生千人。肅宗聞而徵之。

徐巡。濟南人。師事東海衛宏，後從扶風杜林受學。以儒顯。光武以爲議郎。

成翊世。平原人。爲郡吏，深明道術。安帝初，諫和熹鄧后歸政，鄧氏誅，徵爲尚書郎。延光中，皇太子廢，翊世連上書訟之，詔免歸。順帝立，以虞詡等薦爲尚書。在朝正色，百僚敬之。

所輔。平原人。爲縣小吏。時劇賊畢豪入界。縣令劉雄與戰，被執。賊將刺之，輔願以身代。賊縱雄刺輔，貫心洞背而死。事聞，詔書追傷之。

魏劭。平原人。平原相史弼遷河東太守，檻車徵。劭毁變形服，詐爲家僮，瞻護於弼。弼受誣，當棄市。劭與同郡人賣郡邸，行賂侯覽，得減死論。

陶丘洪。平原人。清達博辯，文冠當代。時譏平原人行賂以免史弼，洪曰：「昔文王羑里，閎、散懷金。史弼遭難，義夫獻寶，亦何疑焉？」舉孝廉不就，辟太尉府掾。年三十卒。

王君公。平原人。明易。爲郎，數言事不用，乃免歸，儈牛自隱。時人語曰「避世牆東王君公」。

襄楷。平原人。好學博古，善天文、陰陽之術。桓帝時，災異尤數，楷詣闕上疏，收送洛陽獄。靈帝即位，太傅陳蕃舉方正不就，鄉里宗之。每太守至，輒致禮請。中平中，以博士徵不至，卒於家。

劉瓆。平原高唐人。有經術，處位敢直言，歷官太原太守。以忤閹官下獄死。

禰衡。般人。少有才辨，而氣尚剛傲。孔融愛衡才，數稱述於曹操。操欲見之，衡不肯往。操懷忿，以其才名，不欲殺之，送與劉表。復侮慢於表，表恥，不能容，以江夏太守黄祖性急，故送衡與之。黄祖大會賓客，衡言不遜，遂令殺之。時年二十六。

三國　魏

王烈。平原人。漢末，與管幼安、邴原等至遼東，名聞在幼安、原之右。辭公孫度長史，商賈自穢。太祖命爲丞相掾，徵事未至，卒於海表。

管輅。平原人。清河太守華表召爲文學掾。安平趙孔曜薦於冀州刺史裴徽曰：「輅雅性寬大，與世無忌。仰觀天文則同妙甘公、石申，俯覽周易則齊思季主。宜蒙陰和之應，得及羽儀之時。」徽辟爲文學從事。徙部鉅鹿，遷治中别駕。正元二年爲少府丞，明年卒，年四十八。

劉惇。平原人。明天官，達占數，尤明太乙，皆能推演其事，窮盡要妙。著書百餘篇。

晉

劉寔。平原高唐人。博通今古，清身潔己。以世多進趣，廉遜道闕，著崇讓論以矯之。後拜司空，轉太傅。太安初，以老疾遜位，薨，年九十一，謚曰元。寔自少至老，篤學不倦。尤精三傳，辨正公羊。又撰春秋條例二十卷。

劉智。寔弟。貞素有兄風。少貧窶，每負薪自給，誦讀不輟。以儒行稱，歷遷侍中、尚書、太常。著喪服釋疑論，多所辨明。太康末卒，謚曰成。

氾毓。盧人。奕世儒素，敦睦九族，時人號其家「兒無常父，衣無常主」。毓少履高操，安貧有志業。武帝召之不就。凡所述造七萬餘言。

華表。魏太尉華歆子。表年二十，拜散騎黄門郎，累遷侍中。泰始中，拜太子少傅，遷太常卿。以老病，乞骸骨。司徒李胤、司隸王宏等並嘆美表清澹退静，以爲不可得貴賤而親疏也〔二〕。卒年七十二，謚曰康。

華廙。表子。宏敏有才義。泰始初，累遷南中郎將，都督河北諸軍事。緣有違忤之咎，免官削爵土。棲遲家巷垂十載，教訓子孫，講誦經典。集經書要事，名曰善文，行於世。太康初大赦，得襲封。惠帝即位，加侍中，遷太子少傅。動遵禮典，得傅道之義。進位開府儀同三司。年七十五卒，謚曰元。

華嶠。廙弟。少有令聞。武帝以嶠博聞多識，凡治禮、音律、天文、數術、南省文章、門下撰集，皆典統之。嶠以漢紀煩穢，改作之，名後漢書。文質事核，有遷、固之規。元康三年卒，追贈少府，謚曰簡。

華混。廙子。泰始中免廙官，混以世孫當受封，逃避，斷髮陽狂，病瘖不能語，故得不拜。世咸稱之。及嗣父爵，清貞簡正，歷位侍中、尚書。

華恒。混弟。博學，以清素稱。尚武帝女，拜駙馬都尉。元康初，選爲太子賓友，累遷散騎常侍。咸和初，以討王敦功，封苑陵縣侯。蘇峻之亂，恒侍帝左右，從至石頭。備履難厄，困悴踰年。及帝加元服，又將納后，寇難之後，典籍靡遺，恒推尋舊典，撰定禮儀，并郊廟、辟雍、朝廷軌則，事並施用。卒年六十九，贈侍中，謚曰敬。

解系。著人。父修，魏琅邪太守、梁州刺史，考績爲天下第一。系清身潔己，甚得聲譽，歷官散騎常侍。會氐、羌叛，與征西將軍趙王倫討之。倫信用佞人孫秀，與系爭軍事。系表殺秀以謝氐、羌，不從。倫、秀譖之，系坐免官，遂害之。永寧二年，追贈光禄大夫。弟結，少與系齊名；結弟育，名亞二兄。以系故，俱被害。

華軼。歆之曾孫也。少有才氣，聞於當世。汎愛博納，衆論美之。初爲博士，累遷散騎常侍。永嘉中歷振威將軍、江州刺史，甚有威惠。時天子孤危，四方瓦解，軼每遣貢獻入洛，不失臣節。

淳于智。盧人。有思義，能筮易，善厭勝之術。消災轉禍，不可勝紀。而卜筮所占，千百皆中。

南北朝　魏

房法壽。繹幕人。少好射獵，輕率勇果，爲平遠將軍。與韓麒麟對爲冀州刺史。性好施，親舊賓客，率同饑飽。卒，贈青州刺史，謚敬侯。曾孫豹，拜西河太守，遷博陵、樂陵二郡太守。風教修理，稱爲美政。

房士達。法壽從弟三益子。起家濟州左將軍府倉曹參軍。孝昌中，其鄉人劉蒼生等作亂，士達率州郭之人二千餘，東西討擊，悉破平之。武泰初，就家拜平原太守。抑挫豪强，境内肅然。時邢杲寇亂，憚其威名，越郡城西，度不敢攻逼。永安末，轉濟南太守。士達不入京師而頻爲本州郡，時人榮之。

房景伯。法壽族子。家貧，傭書自給。養母甚謹。除齊州輔國長史。會刺史亡，敕行州事。政存寬簡，百姓安之。後除清河太守。郡民劉簡虎曾失禮於景伯，即署其子爲西曹掾，命喻山賊。賊以景伯不念舊惡，一時俱下，論者稱之。孝昌三年卒，贈左將軍、齊州刺史。

房景先。景伯弟。幼孤貧，無資從師。其母自授毛詩、曲禮。晝則樵蘇，夜誦經史，遂大通贍〔二〕。太和中解褐太學博士。時太常劉芳、侍中崔光當世儒宗，歎其精博，奏兼著作佐郎，修國史。累遷步兵校尉，領尚書郎、齊州中正。所歷皆有當官稱。

景先沉敏方正，事兄恭謹。卒，贈洛州刺史，謚曰文。

房景遠〔三〕。景伯幼弟。重然諾，好施與。事二兄至謹，撫養兄孤，恩訓甚篤。益州刺史傅竪眼慕其名義，啓爲昭武府功曹參軍。以母老不應。卒於家。

崔承宗。齊州人。父於宋世仕漢中，母喪因殯彼。後青、齊歸魏，遂爲隔絶。承宗性至孝，萬里投險，偷路負喪還京師。黄門侍郎孫惠蔚聞之，曰：「吾於斯人見廉范之情矣。」於是弔贈盡禮，如舊相識。

齊

劉懷珍。平原人。漢膠東康王寄之後也。辟豫州主簿。元嘉中，討平司馬順則，讓功不肯當，時人稱之。齊高祖輔政，徵爲都官尚書。建元初，轉左衛將軍，改霄城侯。卒，遺言薄葬。謚敬侯。子靈哲，懷珍卒，當襲爵，以兄子在魏，固辭。朝廷義之。

劉善明。懷珍族弟。宋元嘉末青州饑，善明開倉救鄉里，百姓呼其家田爲「續命田」。魏克青州，善明因母在代，哀戚如持喪。元徽初贖母還。沈攸之反，善明獻計平之。高帝踐阼，拜淮南、宣城二郡太守，封新塗伯。建元二年卒，家無遺儲，惟有書八千卷。

劉懷慰。平原人。父喪，不食醯醬，冬月不絮衣。養孤弟妹、事寡叔母，皆有恩義。仕宋爲齊郡太守，著廉吏論以達其志。及卒，明帝曰：「劉懷慰若在，朝廷不憂無清吏也。」

明僧紹。鬲人。明經，有儒術。宋時隱長廣郡嶗山。齊建元元年，徵爲正員郎，不就。聞沙門僧遠風德，往候定林寺。高帝欲出寺見之，僧遠問僧紹曰：「天子若來，居士若爲相對？」僧紹曰：「山藪之人，正當鑿坯以遁。若辭不獲命，便當依戴公故事耳。」永明元年，詔徵國子博士，不就。卒。

梁

劉峻。懷珍從父弟。峻好學，聞有異書，必往祈借。人謂之「書淫」。安成王秀好峻學，引爲户曹參軍，給其書籍，使撰類苑。未成，以疾去。因遊東陽紫巖山，築室居焉。初，武帝招文學之士，峻率性而動，故不任用，乃著辨命論以寄其懷。普通三年卒，謚曰元靖先生。

劉霽。懷慰子。九歲能誦左氏傳。十四居父憂，有至性，每哭輒嘔血。既長，博涉多通。天監中，起家奉朝請，出補西昌相，入爲尚書主客侍郎。未期，除海鹽令。前後宰二邑，並以和理稱。母疾，霽年已五十，衣不解帶者七旬。及亡，廬於墓，哀慟過禮，未終喪而卒。

劉杳。霽弟。十三丁父憂，每哭，哀感行路。杳博綜羣書，沈約、任昉以下，有遺忘皆訪問焉。大通元年，爲步軍校尉，兼東宫通事舍人。累遷尚書左丞，卒。杳清儉，無所嗜好。自居母喪，便長斷腥羶。臨終遺命，不得設靈筵祭醊，其子遵行之。

劉歊。杳弟。幼有識慧，及長，博學有文才。不娶不仕，以山水書籍相娱而已。奉母兄以孝弟稱。著革終論，年三十二卒，人以爲知命。謚曰貞節處士。

劉訏。懷珍從孫。幼稱純孝。父母卒，爲伯父所養，事伯母及昆姊孝友篤至。本州刺史張稷辟爲主簿，乃掛檄於樹而逃。卒年三十一。宗人至友謚曰元貞處士。

北齊

張買奴。平原人。經義該博，門徒千餘人，諸儒咸推重之。歷太學博士、國子助教。天保中卒。

趙彦深。名隱，避齊廟諱，以字行，平原人。幼孤貧，事母甚孝。安閒樂道，不雜交遊，爲雅論所歸服。齊神武徵補大丞相功曹參軍，專掌機密，文翰多出其手。神武崩，秘喪事。文襄巡撫河南，委彦深後事，既而内外安静，彦深力也。累遷司徒。卒年七十。彦深歷事累朝，常參機近，温柔謹慎，喜怒不形於色。子仲將，沉敏有父風。學涉羣書，善草隸。位吏部郎。

隋

明克讓。鬲人。少好儒雅，博涉書史。三禮禮論，尤所研精。龜筭曆象，咸得其妙。年十四，釋褐湘東王法曹參軍，歷官散騎侍郎。高祖受禪，拜太子内舍人，轉率更令，進爵爲侯。詔與太常牛弘等修禮議樂，當朝典故多所裁正。卒年七十。

王孝籍。平原人。少好學，博覽羣言，徧治五經，頗有文翰。開皇中，召入秘書，助修國史。後歸鄉里，以教授爲業。注尚書及詩。

房彦謙。法壽玄孫。通涉五經，工草隸。仕齊爲齊州主簿，清簡守法。齊亡，歸於家。開皇中，韋藝薦之，不得已應命。累遷秦州總管録事參軍。煬帝嗣位，遂去官。後徵授司隸刺史，爲執政者所嫉，出爲涇陽令，卒於官。

唐

秦瓊。歷城人。始爲隋將來護兒帳内，後歸王世充。世充多詐，因降高祖，拜馬軍總管。破尉遲敬德，走宋金剛，從討世充、竇建德、劉黑闥，先鋒陷陣，前無堅對。進封翼國公，累拜左武衛大將軍。卒贈徐州都督，陪葬昭陵。後改封胡國公，圖形凌煙閣。

羅士信。歷城人。隋大業時，長白山賊攻齊郡，士信年十四，擊賊濰水上。賊懼，無敢亢。後討王世充，身被重創見獲，世充厚遇之。士信恥與邴元真等伍，來降高祖，拜陝州道行軍總管。賊平，封郯國公。從秦王擊劉黑闥，得一城，士信願守之。城陷，不屈而死。

高君狀。齊州人。貞觀中，齊王祐反〔四〕，引騎狗邑聚，君狀曰：「上親平寇難，土地甲兵不勝計。今王以數千人爲亂，如一手摇泰山，其如君父何？」祐擒之，愧其言不能殺。詔擢榆社令。時有羅石頭刺祐不克，被殺。李君求、房繼伯據縣不從，抗表以聞。太宗嘉之，賜敕曰：「縣依舊置，改名全節。」

員半千。全節人。羇丱通書史，舉童子高第。咸亨中，調武陟尉。歲旱，勸令發粟賑民，不從。及令謁州，半千悉發之，下賴以濟。除棣、濠、蘄三州刺史〔五〕，所至，禮化大行。累封平原郡公。半千事五君，有清白節。年老不衰，樂山水自放，卒年九十四，吏民哭于野。

何彦先。齊州人。武后時，位天官侍郎。初與員半千同事王義方，義方死，行喪，種松檟墓側，三年乃去。

邵貞一。鄒平人。以武后革命，終身不仕，隱於長白山。

郭虔瓘。歷城人。開元初，爲北庭都護〔六〕。突厥默啜子同俄特勒圍北庭，虔瓘斬之。以功授冠軍大將軍、安西副大都護，封潞國公。

崔從。全節人。少孤貧，與兄能偕隱太原山中。會歲饑，拾橡實以飯，講學不廢。擢進士第，累官尚書左丞。長慶初，領鄜坊節度，羌不敢犯境。卒謚曰正。從爲人嚴偉，立朝有風望，内無聲妓娱玩，士大夫賢之。子慎由，聰警强記，有父風。由進士第累官吏部尚書，卒贈司空。慎由弟安潛，進士擢第，累遷太子太傅，卒贈太子太師。安潛於吏事尤長，雖位將相，閲具獄，未嘗不身聽之。

孟簡。平昌人。舉進士，宏辭連中，累遷倉部員外郎。王叔文任户部，簡以不附，離徙他曹，官終常州刺史、太子賓客分司。簡工詩，尚節義，與之交者雖歿，視卹其孤不少衰。

五代

梁

田敏。鄒平人。少通春秋之學，詳明禮樂，博涉典墳。梁舉進士，至周累官工部尚書，以太子少保致仕。子章，官至殿中丞。

周景範。長山人。顯德中官至中書侍郎、同平章事，出鎮魏郡。并人來寇，贊世宗北征，世宗優詔褒之。

宋

王杲。齊州人。宋初征澤潞，平揚州，杲從行獲戰功，乃拔遷散指揮使。雍熙中，遼兵至，杲率衆拒之。上召見問狀，命監河北，有能聲。李順亂，杲敗賊，斬首萬級。咸平五年，出爲亳州永城縣都監。被召，將入見，以疾卒。

范正辭。齊州人。治春秋公羊、穀梁。登第，遷國子監丞，歷知淄州、饒州事。上壯其敢斷，累遷河東轉運使，兼侍御史知雜事。劾李昌齡輩貪墨，舉吴奮等任大郡。卒年七十五。子諷，字補之。辨論激昂，喜爲名聲，然亦操持在己，人不敢欺。舉進士第，通判淄州。歲旱蝗，諷至鄒平，發官廪貸民。比秋，民皆先期而輸。累遷光禄卿。

李惟清。章丘人。開寶中，以「三史」解褐，累官刑部侍郎。惟清倜儻自任，有鈎距，臨事峻刻，所至稱强幹。卒贈户部尚書。

盧錫圭。淄州人。太平興國中進士。咸平中，累遷河北轉運使。時北鄙未靖，調發軍儲，糧道不絶。以職務修舉召入，遷秩刑部，拜右諫議大夫。錫圭勤吏職，所至以幹集聞。

韓贄。長山人。登進士第，爲侍御史。知諫院，舉劾無所諱。出知州府，政簡而治。以吏部侍郎致仕。贄性行淑均，平居自奉至約。所得禄賜，買田贍族黨。退休十五年，謝絶人事，讀書賦詩以自娱。年八十五卒。

崔遵度。江陵人。徙淄州之淄川。純介好學。太平興國中，舉進士，出知忠州。李順之亂，遵度領甲士百餘背城而戰。賊入，投江中，州兵援之得免。景德初，引對崇政殿，改太常丞，直史館。遵度與物無競，口不言是非，淳淡清素，於勢利泊如也。善鼓琴，喜讀易。卒年六十七。子拜官者二人。

張揆。其先范陽人，後徙齊州。擢進士第，歷大理寺丞，以疾解官。十年不出户，讀易，因通楊雄太玄經。陳執中薦揆經明行淳，召爲國子監直講，累遷龍圖閣直學士。進言妃族太盛，不可不裁損，使保其家。帝嘉納之。後加翰林侍讀學士，知審刑院，出知齊州。卒贈尚書禮部侍郎。揆性剛狷少容，好讀書，老而不倦。

張掞。幼篤孝。舉進士，累遷龍圖閣直學士，知成德軍。宦者閻士良爲鈐轄，多撓帥權，掞劾之。累官户部侍郎。事兄揆如父，理家必諮而行，爲鄉黨矜式。

王樵。淄川人。博通羣書，尤善老子、周易。咸平中，舉家被遼兵所掠。樵棄妻入遼訪父母，累年不獲。還東山，刻木以葬，服喪六年，哀動行路。又爲屬之尊者次第成服，北望嘆曰：「身世如此，自比於人可乎？」遂與俗絶，自稱「贅世翁」。晚年遊塞下，畫策求滅遼，不用，乃壘石自環，謂之「繭室」。病革，入室自掩户卒。

趙自化。平原人。以醫術稱，撰四時養頤録獻真宗。又喜爲篇什，有漢沔詩集五卷。

周起。鄒平人。父意，知衛州，坐事削官。起才十三，詣京師訟父冤，父迺得復故官。舉進士，通判齊州，知開封、河中府，所至有風烈。累官樞密院副使，卒謚安惠。起性周密，凡奏事及答禁中語，隨輒焚草，故其言外人無知者。

劉庭式。齊州人。舉進士，通判密州。後監太平觀，以高壽終。初，庭式約取鄉人女，及舉進士，女以疾盲，且貧甚，其家不敢復言，庭式卒娶之。及婦死，哭之甚哀。程頤、蘇軾皆歎，以爲不可及。

單煦。平原人。舉進士，知洛陽縣，歷知昌、濮、合州，皆有政績。累官光禄卿。煦友愛。兄熙嘗毆人至死，煦曰：「家貧親老，仰兄以事，義當代死。即詣闕待捕。已而死者蘇，驚問之，煦以情告。其人感歎，遂輟訟。

李格非。濟南人。幼時俊警異甚。有司方以詩賦取士，格非獨用意經學，著禮記説至數十萬言。登進士第，爲鄆州教授，入補太學録。以文章受知於蘇軾，遷禮部員外郎。以黨籍罷。

李昭玘。濟南人。少與晁補之齊名，爲蘇軾所知。擢進士第，累遷太常少卿。崇寧初，入黨籍中，閒居十五年，自號樂静先生。寓意法書圖畫，貯於十囊，命曰「燕遊十友」。初，昭玘校試高密得侯蒙，蒙執政，使人致己意，昭玘惟求秘閣法帖而已。靖康初，復以起居舍人召，而已卒。

吕頤浩。其先樂陵人，徙齊州。中進士第，累官吏部尚書。建炎二年，車駕南渡鎮江，頤浩願留爲江北聲援。金人去揚州，改江東安撫制置使〔七〕，兼知江寧府。時苗傅、劉正彦爲逆，逼高宗避位，頤浩寓書張浚，遂以兵發江寧，舉鞭誓衆，士皆感厲。高宗復辟，頤浩秉政，屢請興師復中原。九年，金人歸河南地，高宗欲以頤浩往陝西，以老病辭，且條陝西利害。卒贈太師，謚忠穆。頤浩有膽畧，善鞍馬弓劍，當國步艱難之際，人倚之爲重。

辛棄疾。歷城人。少與党懷英同學，號辛、党。耿京聚兵山東，棄疾爲掌書記，勸京奉表歸宋。會張安國殺京降金，棄疾趨金營縛之以歸，獻俘行在。歷官樞密都承旨。棄疾豪爽尚氣節，所交多海内知名士。嘗同朱熹遊，熹殁，僞學禁方嚴，獨爲文往哭之。雅善長短句，有稼軒集行世。卒贈光禄大夫。德祐初，加贈少師，謚忠敏。

王衣。歷城人。中明法科，遷大理少卿。韓世忠執苗傅、劉正彦獻俘，檻車幾百兩，先付大理獄，將盡尸諸市。衣奏自傅、正彦妻子外，皆釋之。删雜犯死罪四十七條成書，帝嘉其議法詳明。累除刑部侍郎。衣質直和易，持法不阿，議者賢之。

金

周馳。歷城人。以策論魁天下。貞祐間，濟南破，不肯降，攜一孫赴井死。

馬驤。禹城人。登進士，歷官有聲。貞祐三年爲濟陰令。元兵克曹州，被執不屈，死之。贈朝列大夫。

張順。淄州士伍。淄州被圍，行省遣兵救之。順往覘兵勢，爲所執，使宣言行省軍敗，宜速降。順陽許諾，乃呼城中曰：「外兵無多，節度軍且至，堅守無降！」敵兵刃交下，遂死。淄人知救至，以死守，城賴以全。後贈宣武將軍。

楊敏中。淄州人。貞祐初，元兵取淄州，敏中與判官齊鷹揚及州民張乞驢等募兵備禦。城陷，率衆巷戰。鷹揚戰死，敏中與乞驢被執，亦不屈而死。

元

嚴實。長清人。畧知書，志氣豪放，授東平路行軍萬户。約束諸將，毋敢妄有殺掠。會大饑，逃亡無所託，實作糜粥置道傍，全活者衆。卒年五十九，遠近悲悼，野哭巷祭，旬月不已。中統初，追封魯國公，謚武惠。

劉伯林。濟南人。好任俠，善騎射。金末，爲威寧防城千户。入元，以功累遷西京留守，兼兵馬副元帥。伯林在威寧十餘年，務農積穀，與民休息，鄰境凋瘵而威寧獨爲樂土。卒，累贈太師，封秦國公。子黑馬，名嶷，驍勇有志畧。弱冠，隨父征伐，大小數百戰，出入行陣，畧無懼色。襲父職爲萬户，佩虎符，兼都元帥。中統三年，命兼成都路軍民經畧使。瀘州被圍，時已屬疾，猶親督轉輸不輟。左右諫其少休，嶷曰：「國事方急，以此死無憾。」遂卒，年六十三。贈太傅，謚忠惠。子十二人，元振、元禮顯。

張榮。歷城人。授山東行尚書省，兼兵馬都元帥，知濟南府事。時民爭發墓刦銀，榮下令禁絶。朝廷議取汴，榮請先六軍以清蹕道。汴梁下，河南民北徙至濟南，榮令分屋與地居之，俾得樹畜，且課其殿最，曠野闢爲樂土。是歲中書考績，爲天下第一。世祖即位，封濟南公。卒年八十二。

孟德。濟南人。由鄒平令累官至同知濟南路事。尋領濟南軍，攻宋徐、光、濠、蘄、黄等州，積有戰功。以老告歸。子義，襲爲萬户，領兵守沂、郯，數戰有功。累授昭勇大將軍、招討使。

張均。濟南人。父山，從軍伐宋，以功爲百户，戰死。均襲父職。世祖時，累立戰功，加宣武將軍，升松江萬户。大德初，爲和林等處都元帥、鎮國上將軍。

劉通。齊河人。從嚴實歸元，爲齊河總管。尋授鎮國上將軍、濟南知府。宋將彭義斌攻齊河，率衆夜登，通與六七人鼓譟而進，宋人驚懼，墜溺死甚衆，義斌以數騎免。遷德州等處二萬户軍民總管，卒。子復亨，襲爲行軍千户。中統初，進武衛軍副都指揮使。李璮叛，遣使招復亨，復亨斬之。時兵集濟南乏食，復亨盡出私蓄以濟師，世祖嘉之。至元中，加奉國上將軍，卒。子五人，浩、澤、澧、淵、淮。

劉斌。歷城人。少孤，有勇力。從張榮起兵，屢立戰功，升濟南新舊軍萬户，移鎮邳州。宋將憚之。病作，謂其子曰：「居官當廉正自守，毋黷貨以喪身敗家。」語畢而逝。謚武莊。子思敬襲職，立功授濟南武衛軍總管，累遷江西行省參知政事，卒謚忠肅。

張炤。濟南人。幼穎悟力學。世祖時，辟爲中書省掾。尋知兖州事，改授淮西等路行中書省左右司郎中。時元軍進攻瓜洲、鎮江〔八〕，炤運糧儲，給戰具，贊畫之力居多。揚州未下，炤躬往招諭，皆望風款附。歷官揚州、鎮江、東昌三路總管，所至吏民畏服，以治最稱。卒封清河郡侯，謚敬惠。

劉敏中。章丘人。幼卓異不凡，嘗言其志曰：「自幼至老，相見無愧色，乃吾志也。」至元中，拜監察御史。劾桑格奸邪不報，辭職歸。復起歷集賢學士，商議中書省事，上疏陳十事，累遷翰林學士承旨。敏中生平，身不懷幣，口不論錢，義不苟進，進必有所匡救。每以時事爲憂，中夜歎息，涙濕枕蓆。著有中菴集。卒贈光禄大夫，封齊國公，謚文簡。「桑格」舊作「桑哥」，今改正。

楊文郁。濟陽人。兒時讀書，過目輒成誦。平生冲淡寡欲，授闕里教授，四方來學者多所成就。遷祭酒，移疾歸。大德初，特詔乘傳入京。歷翰林承旨。卒，謚文安。

張養浩。濟南人。幼有行義，讀書不輟。授堂邑尹，民爲立碑頌德。拜監察御史，疏時政萬餘言。後拜禮部尚書，參議中書省事。會元日欲張燈爲鼇山，上疏罷之。以父老棄官歸，尋丁父憂，累召不起。天曆初，關中饑，特拜陝西行臺御史中丞。聞命即到官，夜則禱於天，晝則出賑饑民，終日不少怠，遂得疾不起。卒，封濱國公，謚文忠。

張起巖。章丘人。弱冠爲福山縣教諭，攝縣事，聽斷明允。嗣中延祐進士，除同知登州事。改集賢修撰，轉監察御史，拜禮部尚書。文宗親郊，起巖充大禮使，步武有節，望之如古圖畫中所覩，帝甚嘉之。轉燕南廉訪使，搏擊豪强，不少容貸。滹沱河水爲真定害，起巖移文責河神，水患遂息。積階至榮禄大夫，卒謚文穆。起巖美鬚眉，外和中剛，名聞四裔。性孝友，卒之日，家無餘財。先是，太史奏文昌星明，明日仁宗生，起巖亦生。後仁宗設科取士，起巖第一，論者以爲非偶然也。

韓鏞。濟南人。延祐中進士。累除僉浙西廉訪司事。擊姦暴，黜貪墨，郡縣肅然。拜侍御史，以剛介爲時所忌，乃罷去。復起授饒州路總管，歷遷西行臺中丞。卒於官。

鮑興。鄒平人。至正間隨父宦遊浙。值兵，避難於淞。母喪，三年守墓，哀毁骨立。置一船載父，隨寓爲家。父名隱，號漁樵主者。

潘昂霄。濟南人。號蒼崖。雄文博學，爲當時推重。官至翰林侍讀學士，著有蒼崖類稿、金石例。子詡，爲江西提刑理問。

魏中立。濟南人。由國子伴學，歷官陝西行臺御史中丞，遷守饒州。徐壽輝陷湖廣，分攻州郡，中立以義兵擊却之。已而賊復合，遂爲所執，以紅衣被其身，欲屈之。大駡不已，遂被害。

訾汝道。齊河人。居父喪，以孝聞。母嘗寢疾，晝夜不去側。母卒哀毁，終喪不御酒肉。性友愛，二弟將析居，悉以美田廬讓之。里中嘗大疫，或曰「癘氣能染人，勿入也」，不聽，益周行問所苦。嘗出粟貸人，至秋無以償，聚其券焚之。縣令李讓爲請旌其家。

劉琮。歷城人。父久病，盡賣妻女養父。貲竭無措，乃焚書請代父死，書牒坎地埋之，遂得錢一窖。出錢水涌，父飲即愈，因名其處曰孝感泉。

張名德。淄川人。官至般陽路總管。毛貴攻城，名德死之。贈河南行省右丞，謚忠襄。

許輔。臨邑人。至正中授青州路總管。受詔勤王，戰歿於陣。

明

王漣。長山人。師事金華宋濂，學問精邃。洪武中擢史館，選入文華堂肄業。尋攝御史，按河南。回奏稱旨，太祖稱之曰：「宰相才也。」

宋性。德州人。洪武中以貢入國學。嘗代所知草疏，上奇其文，召見，除刑部主事。永樂初，位至四川右參政，進北京刑部右侍郎。因病告歸。被讒，籍其家，無餘貲。上知其廉，賜地十頃，免其租。

高咸寧〔九〕。濟南人。建文時貢士。燕兵攻濟南城，咸寧心非之，乃作周公相成王論射營中。軍士執以見成祖，欲官之，不可，遂遣還。卒年九十七。

耿通。齊東人。洪武中領鄉薦。永樂初，擢刑科給事中。屢有彈劾，朝端憚之。遷大理寺丞。漢王高煦謀奪嫡，通數言太子無過，以開帝意。帝怒，假他事磔死，天下惜之。

張惠。德州人。永樂中任監察御史，巡按雲南。有御史張善以蛇妖病卧，惠往視。頃之，妖蛇挾風雨而至，惠射之，風雨止而蛇匿於樹。焚其樹，蛇墜，善病尋愈。過沅陵，見居民延燒數百家，皆言有惡鳥銜火。惠爲文檄城隍神，翼日惡鳥投死於江。拜禮部尚書。天順三年卒於官。

張謹。長清人。長於文藝。纂成祖實録，徵入史館。臺省薦擢爲刑科給事中，彈劾不避權貴。時交南叛，謹知思南府兼提督軍務。至則單騎詣壘，諭以威福。酋皆畏服，民以安堵。子剛，天順進士。累遷僉都御史。以邊功奏捷，憲宗曰：「西有王鉞，北有張剛，朕何憂哉？」

王允。歷城人。正統進士。任御史，有直聲。父母殁，並廬墓三年，有烏集兔馴之異，詔旌其門。

李綱。長清人。天順進士，累官僉都御史。綱性剛直，與物寡合。平江侯陳豫素與綱有隙，聞其殁，即館檢其笥，惟敝衣圖書而已，乃嘆曰：「不意有此鐵御史也。」

李森。歷城人。天順進士，授給事中，有直聲。成化初，日食、地震，森疏陳十事。時有貴幸侵民田，率諸給事劾之，不問。後諫萬貴妃專寵，謫定州同知。

張鼐。歷城人。成化進士，授監察御史。抗疏劾李孜省，出爲郴州判官〔一〇〕。尋起河南僉事，累升都御史，巡撫遼東。詔入掌院，忤劉瑾，削職歸。瑾敗復官。學者稱爲柏山先生。

徐以貞。長山人。成化進士，知晉寧縣。發奸摘伏，聽訟明察。服闋復任，政治益勵。累升都御史，巡撫陝西，有戰功。後忤劉瑾，左遷鳳翔府。以病乞歸。

王坦。平原人。成化進士，官給事中。上疏切諫，皆中時弊。外戚王源占地一千二百二十餘頃，坦又以爲言，尋坐事貶北流主簿。弘治中，終揚州知府。

朱鋭。齊河人。成化舉人，任知州。父卒，哀毁骨立，負土於墳。三年，坑深丈餘。縣令趙青爲立石，題曰朱孝塘。

邢政。臨邑人。成化舉人，擢岢嵐知州。時劉瑾按圖徵賄州縣，岢嵐不中度，乃矯詔罰粟若干。州民聞之，爭輦負粟至，不籍主名。踰數日，穀浮於罰數。

邊貢。歷城人。弘治進士，擢給事中。正德初，劉瑾用事，出知衛輝府，改荆州，並能其官。累拜南京户部尚書。貢早負才名，尤工於詩。所交悉海内名士，與李夢陽、何景明、康海、王九思、徐楨卿、王廷相稱爲「弘治七子」，而李、何、徐、邊又稱「四傑」。蓄書至萬卷，一夕火幾盡，仰天大哭曰：「天喪我也！」遂發病卒。

徐暹。歷城人。弘治進士，任給事中。疏劾劉瑾竊柄，械繫下獄，榜笞幾死。家居七載，不入城市。瑾敗，起山西僉事，尋升副使。時有巨寇號「混天王」，劫掠郡縣，暹以計平之。卒於官。

黄臣。濟陽人。正德進士，改庶吉士，歷任吏、刑、工都給事中，官至右副都御史。時世廟初議大禮，忤旨廷杖。既而上鑒其忠，委任之。

巴思明。新城人。正德進士，授行人。武宗南巡，江彬等專擅，思明劾之，杖四十，貶學正。世宗即位，升户、兵二科，執法嚴明。卒於官。

劉珂。齊河人。正德中，流賊攻城，城陷，執珂及其子鏄。賊以刃恐之，使索婦女，珂不從。賊先斷其子臂，憤駡益力，賊併殺之。

王廷輔。德平人。善騎射。正德間，流賊倡亂，廷輔與宋珏等三百餘人捍賊。賊走，追之。賊反攻，衆潰，乃下馬步射，矢盡遇害。

葛守禮。德平人。嘉靖進士，授彰德推官，有聲，遷禮部郎中。會有行賂請繼封者，事聞，籍記遺賂，無守禮名，帝由是重其廉。累遷户部尚書。奏定國計簿式，夙弊以清。時徐階、高拱、張居正更用事，交相軋，守禮周旋其間，正色獨立，人以爲難。

卒，贈太子太傅，謚端肅。

李開先。章丘人。嘉靖進士。能詩文，善填詞，與唐順之、趙時春等稱「八才子」。累升太常少卿。時邑人袁崇冕、謝九容、龔勗並以詩詞名世〔一一〕。

葉洪。德州衛人。嘉靖進士，擢給事中。性剛毅，遇事敢言。疏凡數十上，皆軍國大事。已極論吏部尚書汪鋐奸，忤旨奪俸，尋貶寧國縣丞。

盧宗哲。德州衛人。嘉靖進士，選庶吉士。嚴嵩秉政，欲籠致之，不可。累官南太僕寺卿。有贖金三千，或謂例當取，宗哲笑曰：「豈有懷金盧濬卿哉？」入爲光禄卿。時上供值不時予，賈人苦之，宗哲悉發羨金償之。後推升户部侍郎，爲嵩所格，罷官歸。

王崇義。淄川人。十歲通易傳、毛詩、小戴禮。舉嘉靖進士，授刑部主事。會曹妃宮婢楊金英等謀逆，上怒，欲族之，崇義抗論曰：「外家安與知内庭猝發事，律止坐其家長，餘可無問也。」所全活七十餘人。奉命恤河南獄，録可矜者數百人以聞。出守寧波，致仕歸。

李攀龍。歷城人。嘉靖進士，歷陝西提督學副使。居家十年復出，累遷河南按察使。好讀書，工詩文，高自標置。築白雪樓於鮑山、華不注之間，曰：「他無所溷吾目也。」與王世貞齊名，世稱「王、李」。又與徐中行、宗臣、梁有譽、謝榛、吴國倫稱「嘉隆七子」。

劉禄。章丘人。嘉靖進士，除給事中。疏救尚書王杲，忤嚴嵩，廷杖七十，謫茘浦尉。隆慶初，詔復職，升太常少卿。

劉中立。禹城人。嘉靖進士，任給事中。張居正當國，中立抗疏劾之。出爲陝西參政，轉山西。時温峪有山賊嘯聚，發兵平之。父喪，徒跣至家，號痛感疾而卒。

陳孟珂。禹城人。父守用，爲光山典史。時牢山寇發，被執，賊刃脅之，大罵不屈，遇害。

侯承恩。齊河人。父仲舉，通渭縣典史。賊至，仲舉出敵，被擒。承恩後至，奮力擊賊救父。父走脱，賊復合圍，磔承恩。撫臣嘉其忠孝，立祠神仙嶺。

殷士儋。歷城人。嘉靖丁未進士。改翰林，累官大學士。高拱專政，屢加排擠。遂避以歸，築廬濼水之濱，以經史自娛。卒，謚文莊，學者稱曰棠川先生。

耿鳴世。新城人。隆慶進士。初知邢臺，請減重税三之一。引水灌城西田百頃，歲增穀萬石。按河西甫一月，逐三墨吏，餘者皆望風去。累官隴右參議，再按應天，以忤張居正左遷。

趙世卿。歷城人。隆慶進士。萬曆初，授南京兵部主事。陳匡時五要，忤張居正意，落職歸。居正死，累遷户部尚書。請停礦税，又請發帑濟邊，前後疏累上。署吏部，推舉無所私。世卿素厲清操，當官盡職，帝重之而不能用。後連章乞去，不報。乘柴車徑去，亦不罪。

王象乾。新城人。祖重光，嘉靖進士，累官貴州右參議。父之垣，由進士累官户部侍郎。象乾舉隆慶進士，歷僉都御史，巡撫宣府。在任七年，邊境無事。以功加兵部侍郎，總督川湖貴州軍務。時楊應龍初平，播州、銅仁諸寇相繼爲亂，悉討平之。尋總督薊遼，朵顔結諸部頻抄掠，象乾至，遣使諭之，乃納款。秩滿，進兵部尚書，兼署吏部事。疏薦鄒元標、趙南星等，不報。崇禎初，瑚敦圖大入山西，時象乾年八十三，即家起總督宣、大山西軍務。瑚敦圖受約束如故。象乾權譎有膽畧，前後歷官督撫，威名著九邊，累加太子太師。以病乞歸，卒。弟象晉，字康宇，萬曆進士。由中書歷遷河南按察使。時宗室藺陽王起大獄，象晉力持之，全活甚衆。遷浙江右布政使，亦有聲績。年七十引歸。著書凡數十種。象晉子與蔭，崇禎進士，由翰林庶吉士改御史。李自成陷京師，與妻于氏、子諸生士和同縊死。「瑚敦圖」舊作「虎墩兔」，今改正。

張一元。鄒平人。隆慶進士。累升右僉都御史，巡撫河南。歲饑，疏請留贖金、借鄖餉河北漕米，請發内帑。上悉從之。大盜自省挾饑民爲亂，一元計擒之。巡按希旨請開礦，一元執奏不可，事得寢。姪延登，萬曆進士，歷縣令，擢給事中。以副都御史巡撫浙江，首毁閹祠，討平闖賊周三老等。累官工部尚書，改左都御史。卒，謚忠定。

邢侗。臨邑人。萬曆進士。初授南宫知縣，邑大治。擢爲御史，按三吴，捕大俠，急荒政。及代，吴民夾江泣送。以親老乞休。詩文書法，擅妙一時。有來禽館集及手書法帖傳于世。

孫止孝。歷城人。萬曆進士。備兵密雲，以忤權貴歸。己卯城陷，自縊死。同時死者，舉人劉敕、穆遠、劉化光、賈槐、張元英、嵇嵐、胡顯宗、米嘉珠、徐暉吉、劉汝通、丁振、王啓亨，貢生張允文、劉檄、史臣贊，總兵吴安邦，武進士王敬賢，京營副將費克讓，指揮陳光先等數十人。

程紹。德州人。萬曆進士，擢户科給事中。再疏請撤礦使，不報。轉吏科，多所劾奏，謫歸。光宗即位，以副都御史巡撫河南。儀封宗人爲盜窟，紹列上其狀，廢徙高牆。會玉璽出臨漳，紹言國之所寶，在德不在璽，因薦鄒元標、馮從吾等。疏上，忤魏忠賢意，嗾御史劾之，遂引疾而歸。

畢自嚴。淄川人。萬曆進士，歷天津巡撫。厲兵核餉，公私賴之。數忤魏忠賢意，引疾去。崇禎中進户部尚書，綜核各鎮額餉、客餉之數甚悉，所條奏事宜悉報可。時京師被兵，旨中夜數發，自嚴奏答無滯，不敢安寢，頭目臃腫，事幸無乏。屢加太子太保，致仕歸。

王浩。萬曆進士。署户部河南司篆。有大璫銜上命索珠寶，直溢額三十萬，浩執不與，曰：「貴人第云，臣浩不可。」竟得寢。知潞安府，有惠政，升河南副使。老幼擁車轍而泣，至三日不得行。

焦馨。章丘人。萬曆進士，歷官巡撫寧夏。道過堂邑，聞魏璫建祠事，馨曰：「吾頭可斷，祠不可建。」及抵任，將吏頻言，馨曰：「倘有禍，我獨當也。」卒不爲建。尋解組歸。搆一别業，曰余香園。蒔花植卉，與親友笑歌。卒，祀鄉賢。

王象復。象乾從弟。歷官保定府同知。以不拜魏璫生祠罷歸。崇禎辛未年，李九成兵變，象復時方屬疾，語其子曰：「吾家世受國恩，義不可去。」與其子與夔率蒼頭數十人守南門，而亂兵已焚北門入。父子皆被執，死之，屍相抱不可解。事聞，各贈卹有差。

高舉。淄川人。萬曆進士。知完縣、蒲圻，皆有惠政，徵爲御史。時内璫張德毆死平人，衆莫敢問。舉抗疏致璫於法。河決淮、泗，舉按其地，築塞形勢，卒如其言。後巡撫浙江，省軍需萬緡，捐贖鍰數千金，築南湖隄。

王三遷。臨邑人。幼孤，事母孝。母卒，殯茅屋，鄰火延燒，茅已焦，三遷抱柩大呼曰：「兒在此！」風應聲折而南，火熄，柩無恙。葬之日，匍匐哀號，路人釋負而嘆。夜有甘露降墓柏。有司上其事〔一二〕，題其門曰「節孝」。

盧世㴶。德州人。九歲而孤，哀毁如成人。事母及兄姊以孝弟聞。舉天啓進士，累官御史。甲申之變，世㴶與其鄉人擒斬僞官，倡義討賊。後數年，卒於家。世㴶好賦詩，即家創一亭，祀杜少陵。擁書萬卷，客至，飲酒其中，隤然自放。有文集行世。

本朝

焦毓慶。章丘人。順治初由貢生授江西永新令。清白自誓。會金聲桓爲逆，毓慶駡賊而死。妾劉氏并僕劉治、張乾皆盡節死。

趙尹振。齊河人。性倜儻，尚節氣。順治丙戌進士，任阜城令，有循聲。尋調衡山。時闖賊餘黨突陷湘潭，或勸棄城去，尹振不可，城陷死之。

董振秀。平原人。性警敏，倜儻有志。明末，土寇蜂起，乃練鄉勇爲守禦。值歲饑，施粥活數萬人。本朝順治中，由貢生通判太平。瀕湖多盜，振秀伏壯士舟中，命羸弱者擊棹爲商賈狀。盜望見，遽登舟，伏甲突出，盡擒之。累遷福建副使。會建寧兵薄城下，振秀完守備，率死士擊敗之。獲糧數萬斛，兵民以安。

劉開文。鄒平人。初任江西南瑞道，調湖北下荆南道。順治三年，總兵王光恩結流寇叛，劫襄陽府府庫。及光恩被逮，其弟光泰、成遂復煽衆寇鄖陽，開文率城内衆官力禦之，城陷遇害。贈光禄寺卿，廕子鵬翀知州。

索應運。德州人。任陝西白水知縣。順治三年，流寇劉文丙攻城，應運悉力捍禦。城陷，殺胥役劉廷漢等，應運巷戰遇害。贈按察司僉事。

王士禛。新城人。順治戊戌進士，任揚州推官。以才名内遷部曹，改翰林，累遷左都御史、刑部尚書。以詩文領袖藝林，所著凡三十二種。乾隆三十二年，賜謚文簡。兄士禄，順治乙未進士。官考功員外郎。亦工詩，與士禛齊名。

于覺世。新城人。順治己亥進士。除歸德府推官，改知巢縣。禁巫風，賑饑饉，威惠甚著。巨寇宋某起安廬，謀據焦湖應滇逆，揚帆自大江東下。覺世偵知之，設伏於南門之浮橋，身率甲士邀擊之，殲其魁，安廬之盜遂絶。官至參議，致仕歸。奉繼母甚謹，鄉黨稱孝焉。

田雯。德州人。康熙甲辰進士。由中書舍人歷户部員外郎。請以白糧附漕艘，運費不煩而民力省，著爲定例。累督江南學政，由鴻臚卿出撫江寧。濬京口運河，公私便之。調撫貴州，時苗狆猖獗，粤省力議會勦，雯移書制府，謂制苗之法，犯則治之，否則防之而已。議遂寢。以户部左侍郎督河工歸。雯博綜史學，詩文名一時。

董訥。振秀孫。康熙丁未進士。由編修累官左都御史，尋總督兩江。新屯蠹政，訥奏罷之。改督漕運，設易知小單，剔弊釐奸，漕政肅清。

王偀。長山人。康熙庚戌進士。知興國州，遷曲靖府同知。苗蠻時劫敓，偀單騎入山，委曲開導，苗人皆帖服。升知重慶府，尤有善政。

何世瑾。新城人。康熙己丑進士。入史館十餘年，出督浙江學政，尋改兩淮運使。潔己奉公，累官直隸總督，卒謚端簡。

朱士含。平原縣諸生。幼以孝稱，事繼母頗得歡心。父遘疾，延醫數百里外，藥必親嘗，經年不解衣帶。及父殁，喪禮兼至。既葬，廬墓三年，哀慕終身。乾隆四年旌。

袁承寵。長山人。父景文，户部主事。承寵七齡母卒，盡禮如成人。閲三載父殁，繼母李氏于歸方二載，每欲身殉，承寵百計防範。任官後，迎養備至。嗣李氏患癱瘓，病亟，時侍湯藥，衣不解帶者九十餘日。承寵由湖北德安同知洊擢至臬司，旋簡太常。廉介之操，終始如一。至周恤戚族，修造橋梁，人尤稱之。

袁守侗。長山人。乾隆庚寅舉人。歷官户部、刑部郎中。少有至性，常依依父母之側。及長，最得兩親歡。父官户部郎中，其卒也，兩兄皆遠宦，守侗親視含斂，哭絶者屢。母卒盡哀，目疾遂劇，不復出仕。長兄守侗，於保定節署往返營護；次兄守仲，蘭州同知，以疾歸，不能動履，謹視湯藥一載有餘。官刑部時，留意平反，有好司官之目。邑令謀修邑志，守侗力贊成之。後鳩捐重修郡學，其他倡義之舉不可勝數。

劉永泰。臨邑人。由藍翎侍衛授廣東增城營守備。乾隆五十三年，隨征安南，擊賊於黎城遇害。廕恩騎尉。

龔殿安。歷城人。四川重慶鎮中營守備。乾隆三十一年，緬甸滋擾，殿安擊賊猛密，力竭遇害。

周禮。歷城人。署長清營千總。嘉慶元年，隨勦賊匪，力竭遇害。廕雲騎尉。

張齡霞。臨邑人。由武舉洊擢山西大同鎮守備。嘉慶四年，勦捕教匪，賊敗而復合，齡霞力戰身死。廕雲騎尉。

姚國棟。歷城人。由武舉洊擢湖北興國營參將。嘉慶六年，防守竹谿。賊匪攻城，國棟督兵堵禦，並督催糧運。時戴家營賊黨又會合「青藍號」大股賊衆滋擾，國棟奮勇迎擊。路仄冰凌，馬力難施，遂遇害。廕雲騎尉。

胥泗起。歷城人。由行伍洊升河南南陽鎮中營遊擊。隨勦湖北賊匪，多著戰功。嘉慶七年，擊賊於馬鬃嶺，山徑陡險，墜崖卒。廕雲騎尉。

流寓

周

扁鵲。渤海人。善醫。嘗居濟州盧縣，遂號盧醫。

漢

鄭康成。北海高密人。嘗寄居陽丘之虋山。山有草如薤，土人名曰「鄭公書帶」。

南北朝　魏

温子昇。太原人。家於濟南。始爲廣陽王深賤客，在馬坊教奴子書。熙平初射策高第，補御史。齊文襄引爲咨議參軍。

五代　唐

張易。未詳其籍。少讀書長白山，苦學自勵，食無鹽酪者五歲。齊有高士王遠霻居海上，博學精識，少許可，易從之遊數年。

元

李泂。滕州人。僑居濟南。有湖山花竹之勝，作亭曰天心水面。文宗敕虞集製文以記之。

列女

晉

解結女。濟南著人。惠帝時，結被戮。女適裴氏，明日當嫁而禍起，裴氏欲認活之。女曰：「家既若此，我活何爲？」亦坐死。朝廷遂議革舊制。女不從坐，由結女始。

南北朝　魏

孫氏女。名男玉。平原鄃縣人。夫爲靈縣民所殺，女追執仇人，以杖毆殺之。有司處死以聞，顯祖特恕之。

荀金龍妻劉氏。平原人。世宗時，金龍爲梓潼太守。梁遣衆攻圍，金龍疾不能任事，劉修戰具，一夜悉成。城乏水，劉集衆訴於天，俄而雨澍，人得以濟。後援至賊退。事聞，世宗嘉之。

北齊

趙彦深母傅氏。平原人。彦深三歲，傅便孀居。家人欲使改適，自誓以死。彦深五歲，傅謂之曰：「家貧而汝小，何以能濟？」對之流涕。及彦深拜太常卿還，不退朝服，先入見母，跪陳幼小孤露，蒙訓得至此。母子相泣久之，然後改服。後爲宜陽國太妃。

唐

盧惟清妻徐氏。淄川人。惟清貶播州尉，徐還鄉里，糲食，斥鉛膏采絺不御。會赦，徐間關迎至荆州，聞惟清死。二髯奴將劫徐歸下江，徐數其罪。不敢逼，劫其貲去。徐倍道行至播州，足繭流血，迎屍還葬。

宋

崔志女。禹城人。事母孝。政和中母病，忽思食魚不得。女聞古有王祥事，竟往河中卧，凡十日，得魚三尾，鱗鬣稍異，歸以遺母，食之病頓愈。或問方卧時何如？女曰：「以身試冰，不覺寒也。」

元

劉公翼妻蕭氏。歷城人。頗通書史。至正中，聞毛貴兵將壓境，豫與夫謀，願作清白鬼。居無何，城陷，蕭解絛自縊死。

李伍妻張氏〔一三〕。鄒平人。伍死戍所，張養舅姑。及死，喪葬無遺禮。既而歎曰：「夫骨暴遠土，妾敢愛死乎？」乃行四十日至戍所，見夫從子零，詢夫葬地，則榛莽不可識。張哀慟欲絶，夫忽降於童，指骨所在，如其言得之。遂與零護喪還。

吕彦能妻劉氏。陵州人。至正中，賊犯陵州，彦能與家人謀所往。其姊曰：「吾喪夫，又無後，不死何爲？」遂赴井死。劉語彦能曰：「君可自往，妾入井矣。」二女、子婦王氏、二孫女，一門死者七人。

明

逯經生妻于氏。章丘人。經生殁，足不出户，門内草生若無人。嘗三日不舉火，鄰人餽之粟，却不受。縣令武金過其里，聞之，武故遺腹子，重苦節，造門求一見。于辭曰：「孀居以來，誓不見男子。」武拜於門外，嘆息而去。

韓震吉妻楊氏。章丘人。震吉少業儒，忽遘疾，呼楊語曰：「若能從吾地下否？」楊泣應曰「能」。後一日，韓竟不起，楊一痛而絶。迫夜甦，告舅姑曰：「新婦業許亡人死，不得復事舅姑。」止之，不從。復召其母兄諭之，氏佯許，迫夜乘間自縊死。

姜守身妻楊氏。章丘人。守身死，楊號泣忽絶，絶而復甦者數四。涕泣向母曰：「兒欲從亡人地下，義不得爲母留。」母防閑甚嚴。越四月，命諸侍女往墓祭，留一侍女盛兒者侍。諸侍女甫出，即浴身理髮自縊，盛兒亦自縊楊氏傍。有司請於朝，賜廟曰「雙烈」。

申記兒。章丘人。舊軍鎮民家女也。記兒生而艷，年十六，端莊沉静，不苟言笑。正德中，山東盜起，記兒被執。賊百計誘之不從，遇害。敕表其門曰「烈女坊」。

韓汴妻胡氏。淄川人。年十七適汴，越明年汴病卒。胡哭之痛絶而甦，復自縊。

王象節妻畢氏。新城人。象節爲翰林檢討時，畢從宦京師。象節病不起，畢氏請以象節弟子亮爲後，悉以管鑰付嗣子，閉户自縊。按：舊志載新城典史王天民女，年十二，崇禎末遇兵變赴火死。謹附記。

劉應熊妻趙氏。齊河人。知縣趙鑑孫女。應熊病殁，趙潛入寢室自縊。

宋氏女。齊河人。許字杜永實。未娶，永實病殁。女聞之不食，欲以身殉，父母阻之。未幾，有求配者，父母欲許之。女夜潛起，佩永實原聘釵梳，自縊於寢門。

崔瑞妻吴氏。濟陽人。正德間從夫往萊蕪，道遇賊，欲汚之，不從。賊怒，支解之，并殺其夫。

馬拯妻邢氏。臨邑人，名慈静。拯爲貴州布政使，值苗亂，盡瘁卒。邢痛絶復甦，扶夫柩歸。遇風濤，輒大號曰：「柩存與存，柩亡與亡耳！」後得歸，氏自赴闕上言夫勞績，上憫之，贈拯太常寺卿。氏博學，工詩文，兼妙書畫，與兄侗齊名。

王繼宗妻張氏。長清人。正德間，流賊剽掠清邑，與張禮妻劉氏俱爲賊所執，欲汚之，罵不絶口。賊怒，張被槊貫心死，劉被刀削面死。

趙一楠妻劉氏。陵縣人。萬曆間遇土寇，一楠妾吴氏以刀自刺死。吴妹亦一楠妾，刺頸未斷，延數日亦死。劉氏自母家歸，而寇復至，罵不絶口，遇害。時稱一門三烈。

周光烈妻謝氏。德州人。御史廷策女。通女範、女則諸書。十八歲適光烈，克盡婦道。光烈卒，大慟，整衣辭姑及母，屏漿絶粒，誓以身殉。母兄諭之，觸堦求死，越五日卒。

許氏女。德州人。邑人上選女也。崇禎末，女年十四，城破，藏地窖中。及被發，度不能免，曰：「身不可辱也。」即自縊。

靳佑妻李氏。德平人。佑病篤，與李訣曰：「予病在旦夕，三子尚幼，能守乎？」李敬諾。潛自語曰：「與其後夫而死以致疑，孰若先夫而死以示信？」遂自縊。

本朝

焦毓慶妾劉氏。章丘人。毓慶令永新，氏隨夫抵任。時逆鎮金聲桓弄兵豫章，毓慶抗節遇害。氏聞變，自縊死。

馬驌妾趙氏。鄒平人。驌任靈壁縣知縣，卒於官。氏扶柩歸葬，自經死。

董其纕妻王氏。臨邑人。夫亡，誓以死殉，不食死。順治九年旌。

趙明徵妻楊氏。歷城人。年二十五夫亡，守節六十年。同縣趙士琦妻呂氏、張幼智妻楊氏，均康熙年間旌。

王延英妻張氏。章丘人。夫亡，守節撫孤，毀家紓變。康熙年間旌。

張愷居妻劉氏。鄒平人。愷居早亡，氏撫孤守節。姑死，貧不能葬。氏勤勞織紡，日積數文，積二十五年，與夫喪並舉。康熙年間旌。

劉應蛟妻胡氏。淄川人。年十九夫亡，姑老子幼，又遭歲祲，備嘗艱苦。順治四年，山賊竊發，氏豫於崖側潛鑿一洞。寇至，匿姑及子於洞中，藉以得免。苦節五十餘年。同縣孫延齡妻袁氏與二女爲賊所迫，俱赴井死。同時抗賊死節，高玫妻翟氏、張泰瑞妻譚氏、泰瑞子譜妻高氏、唐之傑妻馬氏、韓茂椿妻賈氏、丁郕妻呂氏、薛觀妻張氏、韓茂樞妻畢氏、王泮繼妻殷氏，均康熙年間旌。

王楨妻韓氏。長山人。楨歷仕太常寺少卿。順治三年，山寇入城，婦女皆驚避。氏曰：「我命婦也，不可先去以爲民望。」翼日被掠，罵賊而死。同縣高尹妻郭氏，遇山寇掠城，郭坐不爲起，賊掖之，大罵被殺。又烈婦沈鼎妻王氏、許光妻李氏、李可與妻張氏、總兵王應統繼妻劉氏，均康熙年間旌。

王與玫妻沈氏〔一四〕。新城人。崇禎壬午，與玫殉難。氏守節撫孤三十餘年。同縣耿弘烈妻鄭氏、侯爵妻周氏，均康熙年間旌。

韓春魁妻杜氏。齊東人。夫亡無子，取外甥爲韓後，曰：「是亦一綫可寄也。」苦節六十餘年。同縣趙榮妻劉氏，淄川山寇劫掠縣境，氏拒賊死之，就其地瘞焉。越三年，備棺改葬，顔色如生。參政張惟養妾毛氏，惟養卒，不食而死。均康熙年間旌。

魏宏度妻紀氏。禹城人。年二十夫亡，嗣子相繼夭殁。氏守節四十餘年。康熙年間旌。

邢王允妻王氏。臨邑人。年十九夫亡，遺孤方在襁褓。氏守節撫孤，四十年如一日。康熙二十年旌。

韋守官妻梁氏。長清人。自幼許字守官。年饑，其父攜氏就食河南，鬻於富室。及笄，養主爲之謀聘。氏泣以幼許韋姓，不願改適。乃使人達韋，韋往迎歸。已而守官病殁，親族謀嫁之，氏曰：「吾夫迎於河南，吾豈不能相從地下乎？」衆議乃寢。順治初，山賊擾其村，氏懼爲所污，閉户積薪自焚死。康熙年間旌。

任明翰妻謝氏。德州人。年十九夫亡，號痛不食，欲以死殉。既而曰：「上有舅姑，無奉之者；下有幼子，無撫之者。我敢以死塞責耶？」苦節三十五年。同縣陳復顯妻吕氏、陳曰明妻顧氏、張應泰妻金氏，均康熙年間旌。

劉起妻王氏。章丘人。守正捐軀。雍正年間旌。

張氏女。長山人。貢生張承年女。鄰家無賴子窺而逼之，堅不從，遂見殺。雍正年間旌。

郭安妻李氏。淄川人。安爲仇所誣，繫獄死。氏訟之得伸，抵仇罪，獄成，不食死。時年十八歲。雍正年間旌。

李氏女。德州人。户部侍郎濤女。字曲阜孔傳鉅。未婚而傳鉅卒，易縞衣歸孔，守節終身。同州烈婦梁允謀妻陳氏、劉彬妻劉氏，節婦趙廷選妻吴氏，均雍正年間旌。

楊榮妻楚氏。歷城人。夫亡守節。乾隆元年旌。同縣吴瑶妻祝氏、楊不黨妻衛氏、楊不伐妻蔣氏、韓廷蘭妻劉氏、周國璽妻郭氏、張國柱妻楊氏、傅元兆妻宋氏、衛弘猷妻宋氏、田林妻許氏、盧士奇妻張氏、上官福妻王氏、張奮翔妻李氏、楊國卿妻張氏、劉永述妻宋氏、崔茂盛繼妻蘇氏、吴淳妻李氏、錢述古妻葉氏、張世準妻孟氏、孫捷妻趙氏、吴錟妻聶氏、王允利妻劉氏、王維屏妻高氏、汪發祖妻邢氏、楊滋掄妻吴氏、楊世臣妻陳氏、李際芳妾徐氏、袁嗣先妻崔氏、李嗣德妻李氏、俞繼安妻陳氏、魯弘基妻李氏、韓遐齡妻潘氏、陳士愷妻韓氏、韋祺妻孔氏，均乾隆年間旌。

張希曾妻劉氏。章丘人。夫亡守節。同縣張泙妻王氏、李之美妻畢氏、明士元妻焦氏、王蔚妻梅氏、王生成妻陳氏、李之績妻邢氏，又孫葉氏、高歐氏、郝艾氏、高張氏、趙唐氏、趙崔氏、李牛氏、史郝氏、史高氏、韓張氏、趙高氏、趙王氏、李高氏、史張氏，均乾隆年間旌。

孫奎星妻王氏。鄒平人。夫亡守節。同縣王有禄妻夏氏、張銘新妻董氏、王啓湛妻孟氏、王啓瀛妻杜氏、成兆洛妻梁氏、王賜冠妻袁氏，均乾隆年間旌。

張興旺妻王氏。淄川人。夫早亡，家貧無子，氏堅志守節，備歷艱辛。同縣孫贊元妻國氏、趙心鏗妻馮氏、孫宿房妻吕氏、高肇雍妻畢氏、李轂妻李氏、孟芝蘭繼妻蘇氏、高肇和妻張氏、高肇京妻李氏〔一五〕、沈一士妻王氏、王連正妻蔣氏、張鳳妻徐氏、張鐸妻薛氏、仇能妻朱氏、劉文成妻張氏、畢海穡妻張氏、王朝貴妻安氏、王銑妻張氏、劉浩元妻邊氏、劉質秀繼妻王氏、王存笈妻孫氏、張輕妻孫氏、高之駼繼妻韓氏、高之騄妻劉氏、侯孟起妻張氏、袁其雯妻張氏、畢世涵妻王氏、王克温妻于氏、韓維賈妻高氏、王世謹妻牛氏、高貽壯妻孫氏、王介禟妻汪氏、劉儀妻李氏，均乾隆年間旌。

袁景文繼妻李氏。長山人。景文官户部主事，病殁，氏矢志守節。同縣邢明常妻高氏、李斯禮繼妻劉氏、劉導妻李氏、李象春妻里氏、李玉生妻許氏、劉玠繼妻成氏、袁承緒妻曲氏、趙光璽妻王氏、賈與才妻李氏、趙正生妻孫氏，均乾隆年間旌。

王曲氏。新城人。夫亡守節。同縣董楊氏、王伊氏、周于氏、王翟氏、王徐氏、王畢氏、董棨氏、王韓氏、王董氏、王于氏、王張氏、伊袁氏、伊楊氏，均乾隆年間旌。

馬象賢妻蕭氏。齊河人。夫亡守節。乾隆年間旌。

史育才妻耿氏。濟陽人。夫亡守節。同縣張克忠妻王氏、楊汝楫妻任氏、楊化程妻王氏、張會玉妻婁氏、郝永士妻王氏、楊廷佐妻李氏、王璟妻張氏、馬瓚妻楊氏、王士宏妻高氏、周鑑妻洪氏、張敬妻耿氏、呼自評妻劉氏、李琯妻樊氏，均乾隆年間旌。

韓廷薰妻米氏。禹城人。夫亡守節。同縣霍世太妻鄒氏、王景孟妻張氏、石坤和妻周氏，均乾隆年間旌。

朱鑑妻畢氏。臨邑人。夫亡守節。同縣烈女劉氏、李希孟女贊姐，烈婦張大任妻王氏、龐全儒妻朱氏、楊文建妻盧氏、于俊妻孟氏。又郝氏女春姐，因鄰人褻語，羞忿自縊。節婦鄧世幹妻蘇氏、劉誼妻孟氏，均乾隆年間旌。

石凝妻蘇氏。長清人。夫亡守節。同縣朱揆一妻朱氏、楊世鳳妻譚氏、史祺妻任氏、魏甡妻張氏、邱萬妻王氏、王嶕妻石氏、董友菊妻張氏，均乾隆年間旌。

魏鈖妻谷氏。陵縣人。夫亡守節。同縣許三順妻宋氏、劉淵妻楊氏、劉廷秀妻曹氏、劉縉妻李氏、邢連璧妻李氏、閻良梅妻王氏、趙文楨妻李氏、馬五妻劉氏，均乾隆年間旌。

海安妻伍素哩氏。德州駐防馬甲，滿洲人。夫亡守節。又阿林妻扎克塔氏，均乾隆年間旌。

程慎妻徐氏。德州人。夫亡守節。同州馬顯智妻馬氏、盧蘭妻張氏、王光升妻單氏、羅适妻榮氏、王朝笏妻李氏、王繼先妻王氏、魏玿妻劉氏、吕巘妻湯氏、盧道安妻李氏、封運隆妻李氏、封璣妻任氏、魏君端妻葛氏、董魁亮妻劉氏、劉守經妻范氏、韓彰妻范氏、梁允義妻顧氏、馬進舉妻張氏、陳璵妻成氏、金楫妻張氏、陳廷桂妻李氏、馬忠禄妻齊氏、俞帝賓妻張氏、李朝宣妻宋氏、鄭復義妻劉氏、宋其樸妻袁氏、任含貞妻吴氏、陳念祖妻盛氏、程彦栁妻趙氏、李世昌妻杜氏、謝靖妻米氏、楊繼榮妻趙氏、李文明妻段氏、楊昇妻任氏、楊繼震妻高氏、楊定國妻羅氏、齊琳妻時氏、宿居仁妻顔氏、趙繼璞妻吕氏、盧道焕妻趙氏、王如愚妻高氏、吕貞尉妻魏氏、封元恒妻陳氏、宋巖妻高氏、魏章燦妻王氏、何可邵妻劉氏、張震妻楊氏、宋瑢妻蕭氏、趙定家妻李氏、李元賁妻吴氏、均乾隆年間旌。

張氏女。德平張有亮女。守正捐軀。同縣節婦張廷瓚妻郭氏、宋炳妻王氏、王汝霖妻汪氏，均乾隆年間旌。

王元臣妻唐氏。平原人。繼姑患疾而手攣，氏扶侍甚勤。值夜失火，冒烈焰救姑，膚體焦爛，死而復蘇。年二十八夫亡，翁姑亦繼逝，拮据殯葬，守節終身。同縣節婦海炯昆妻張氏、邱文魁妻王氏、袁介錫妻任氏、姚悌妻王氏、孫謨妻蔡氏、王汝涵妻李氏、黃豹妻王氏、張彥祥妻孫氏、方懋迪妻周氏、劉瀚妻張氏、朱懷霖妻張氏、朱懷櫺妻徐氏、姚王澤妻藺氏、石嶺妻張氏、吳宣妻紀氏、蕭玘妻劉氏、張釗妻牛氏、司進寶妻門氏、趙之楨妻于氏、孫九齡妻趙氏、王自浩妻姚氏、盧秉輝妻張氏、張堯豐妻劉氏，均乾隆年間旌。

劉理妻賈氏。歷城人。夫亡殉節。同縣節婦蔣彥智妻李氏、呂昭愚妻李氏、王嘉臣妻焦氏、沈德臨妻李氏、侯崐妻高氏、蔣加福妻曹氏、陳長齡妻姬氏、高楹妻鈕氏、呂成璉妻郭氏、陳國治妻張氏、鄒連如妻于氏、唐汝霖妻魏氏、朱珽妻趙氏、張曰璠妻劉氏、范文煦妾金氏、朱緒美妻劉氏、蘇漢升妻李氏，烈女高普女，孝女陳志芳、陳信芳，均嘉慶年間旌。

王者英妻張氏。章丘人。夫亡殉節。同縣烈婦韓袁氏，節婦史泩繼妻張氏、李焦氏、劉王氏、劉李氏、李李氏、李高氏、姜鄭氏、劉璜妻李氏，均嘉慶年間旌。

胥清達媳郭氏。鄒平人。夫亡守節。同縣張億鎮妻夏氏、時賓妻于氏、韓家詩妻張氏、韓家詰妻張氏、韓傳壎妻王氏，均嘉慶年間旌。

韓雯妻劉氏。淄川人。夫亡守節。同縣李永安妻賈氏、李湜妻石氏、張耀宗妻高氏、李維柟妻蘇氏、孫洵良妻張氏、孫清吉妻蔣氏、許嶔妻張氏、韓繼龍妻孫氏、王夙綸妻于氏，均嘉慶年間旌。

孟沈氏。長山人。遇暴不從，捐軀明志。同縣節婦袁承緒妾宋氏、袁守仲繼妻趙氏、韓廷珍妻甘氏、徐作信妻崔氏、尹茂柏妻王氏、樊維祥妻李氏、袁繼儉妾周氏，均嘉慶年間旌。

何殿邦繼妻王氏。新城人。夫亡守節。同縣成元士妻畢氏、耿肇崐妻徐氏、孫弘基妻張氏、于汝爲妻胡氏、金允樂妻釋氏、李莊子妻張氏、董二喜妻劉氏，均嘉慶年間旌〔一六〕。

宋學曾妻曹氏。齊河人。夫亡，哀毁如禮。翁姑亦繼逝，拮据喪葬。值歲饑，母子孤孀日不再食。守節三十餘年。同縣王三妻曲氏、王得振妻楊氏、李鈉妻王氏、楊丹成妻蕭氏，均嘉慶年間旌。

張思牖妻周氏。齊東人。夫亡守節。同縣張宜轅妻鄭氏，均嘉慶年間旌。

高積倩妻張氏。濟陽人。夫殁自縊。同縣節婦高希文妻鄺氏、畢文鹿妻劉氏、尹松年妻王氏、周善義妻靳氏、周大武妻張氏、王世貴妻汪氏、黎雷妻張氏、尹枌妻王氏、于景魁妻何氏，均嘉慶年間旌。

褚樑繼妻盧氏。禹城人。夫亡守節。嘉慶年間旌。

郝春姐。臨邑人。守正捐軀。同縣于孟氏，節婦李英妻崔氏、劉誼妻孟氏、鄧世幹妻蘇氏，均嘉慶年間旌。

郭邦桐妻劉氏。長清人。夫亡守節。同縣朱德盛妻楊氏，均嘉慶年間旌。

喬氏女九姐。陵縣人，喬尚義女。守正捐軀。同縣許淵妻馬氏、馮倫妻卞氏、張嘉猷妻宋氏、鍾希詩妻陳氏、崔鍾氏，均嘉慶年間旌。

額勒渾繼妻素察氏。德州駐防馬甲，滿洲人。夫亡守節。又舍興額妻伍素哩氏、特明阿妻必嚕氏、崇福妻塔塔喇氏、德布陞額妻武嚕特氏、花連泰妻餘瑚哩氏、色欽佈妻納木都魯氏、興阿善妻瓜勒佳氏、色布正阿妻方氏、富尚阿妻司氏、多陞阿妻巴岳特氏、唐安妻餘瑚哩氏、閑散達明阿妻東嘉氏、德通阿妻沙喇氏，又蒙古馬甲阿勒坦妻梅勒氏、必倫佈妻東嘉氏、永明妻王佳氏，均嘉慶年間旌。

鄧方猷妻夏氏。德州人。夫亡守節。同州桑永照妻陳氏、吳朝卿妻畢氏、劉永祥妻王氏、盧詰妻呂氏、李敷妻趙氏、牟增悦妻賀氏、李元機妻張氏、盧蔭恩妻秘氏、蕭天職妻孫氏、任紹祖妻張氏、周國璞妻解氏、封四連妻李氏、吴榕妻王氏、滿越章妻馬氏，烈婦李王氏、王馬氏，均嘉慶年間旌。

閻敏妻孟氏。德平人。夫亡守節。同縣朱人傑妻牛氏，均嘉慶年間旌。

宋大受妻朱氏。平原人。夫亡守節。同縣魯瑚妻張氏、劉本妻吴氏、李安仁妻趙氏、張用中妻宋氏，均嘉慶年間旌。

仙釋

漢

鹿皮翁。淄川人。少精木工。岑山上有神泉，人不能至也，翁於泉上作轉輪懸閣，又於山顛作祠舍，留止其傍七十餘年。一日下山呼宗族六十餘人上山半，俄淄水盡漂一郡。後百餘年，賣藥於市，不知所終。

晉

元陽子。長白山人〔一七〕。得金碧潛通書於伏生墓中，細爲註解。修煉華陽宫，凡十九年仙去。

五代　周

義楚。姓裴氏，安陽人。七歲來歷下。後該覽大藏，擬白樂天六帖，纂釋氏義理、庶事羣品，以類相從，建其門目，總括大綱,計五十部。隨事別列四百四十門,始從「法王利見」部,終「獅子獸類」部,物類撿括。顯德元年,進呈世祖,敕付史館,賜紫衣,仍加號明教大師。

金

李笈。濟南人。寓臨安。嘗詣浄慈寺,見青衣道人林下斵筍,揖之。道人曰:「子來同食。」燒筍食之,甚美。道人忽不見。笈頓覺身輕神逸,行步如飛,不復飲食。入蜀,隱青城山,乘雲而去。

元

丘處機。棲霞人。常隱於歷城之長春觀,自號長春子。今歷城南有長春洞遺迹。

麻衣先生。即李堅也。元時居長清,抱道潛真,醉歌自娱。嘗以妙藥愈人疾,或豫告人吉凶,無不應者。聲若巨鐘,走若奔馬。年踰百歲,嘗過石澗巖,指謂門人曰:「此吾葬地。」豫言其日而蜕化焉。

明

王敕。歷城人。少有仙骨,穎邁絶人。成化間讀書華不注山東卧牛山寺。嘗晚眺,見山坡火光,敕隨發地二尺許,得石匣函書二册。讀之,能知未來休咎,御風出神。死後數年,里人於良鄉道中見有鼓吹從南來,視之,乃敕也。

土産

絲。唐書地理志：齊州土貢絲。明統志：章丘、鄒平二縣出絲。

絹。唐書地理志：齊州土貢絹，德州土貢絹。寰宇記：淄州出絁絹。

綿。唐書地理志：齊州土貢綿。元和志：齊賦綿。

綾。唐書地理志：德州土貢綾。

葛。唐書地理志：齊州土貢葛。

麻。寰宇記：淄州出麻布。

石。唐書地理志：齊州土貢滑石、雲母石。元和志：淄州貢理石。宋史地理志：濟南貢陽起石。明統志：歷城出白礓石、鵞管石。

藥。唐書地理志：齊州、淄川土貢防風。明統志：歷城出澤瀉、三稜草，章丘出防風，長清出半夏。　按：舊志載元食貨志：産銀之所，曰般陽，曰濟南；産鐵之所，曰濟南。明食貨志：萬曆二十四年，遣中使於濟南等處開礦。在昔未聞，其非常産可知，謹附記。

校勘記

〔一〕以爲不可得貴賤而親疏也　「而」，原闕，據乾隆志卷一二八濟南府人物（下同卷簡稱乾隆志）及晉書卷四四華表傳補。

〔二〕遂大通贍　「贍」，原作「贍」，據乾隆志及魏書卷四三房景先傳改。

〔三〕房景遠　「遠」，原作「遂」，據乾隆志及北史卷三九房景遠傳改。

〔四〕齊王祐反　「祐」，原作「祐」，乾隆志同，據資治通鑑卷一九六唐紀十二及新唐書卷八〇太宗諸子傳改。下文同改。

〔五〕除棣濠蘄三州刺史　「濠」，原作「豪」，乾隆志同，據舊唐書卷一九〇員半斤傳改。

〔六〕開元初爲北庭都護　「庭」，原作「廷」，乾隆志同，據舊唐書卷一〇三郭虔瓘傳改。下文同改。

〔七〕改江東安撫制置使　「制」，原闕，乾隆志同，據宋史卷三六二呂頤浩傳補。

〔八〕時元軍進攻瓜洲鎮江　「洲」，原作「州」，據乾隆志改。

〔九〕高咸寧　「寧」，原作「安」，據乾隆志改。按，本志避清宣宗諱改字，今回改。下文同改。

〔一〇〕出爲郴州判官　「郴」，原作「彬」，據乾隆志及明史卷一八六張鼒傳改。

〔一一〕時邑人袁崇冕謝九容龔勗並以詩詞名世　「勗」，原作「最」，據乾隆志改。

〔一二〕有司上其事　「上」，原作「二」，據乾隆志改。

〔一三〕李伍妻張氏　「伍」，乾隆志作「五」。

〔一四〕王與玫妻沈氏　「玫」，原作「玟」，據乾隆志及雍正山東通志卷二九列女志改。下文同改。

〔一五〕高肇京妻李氏　「京」，原闕，據乾隆志補。

〔一六〕均嘉慶年間旌　「旌」，原作「施」，據文意改。

〔一七〕元陽子長白山人　「白」，原闕，乾隆志同，據雍正山東通志卷三〇仙釋志補。

兖州府圖

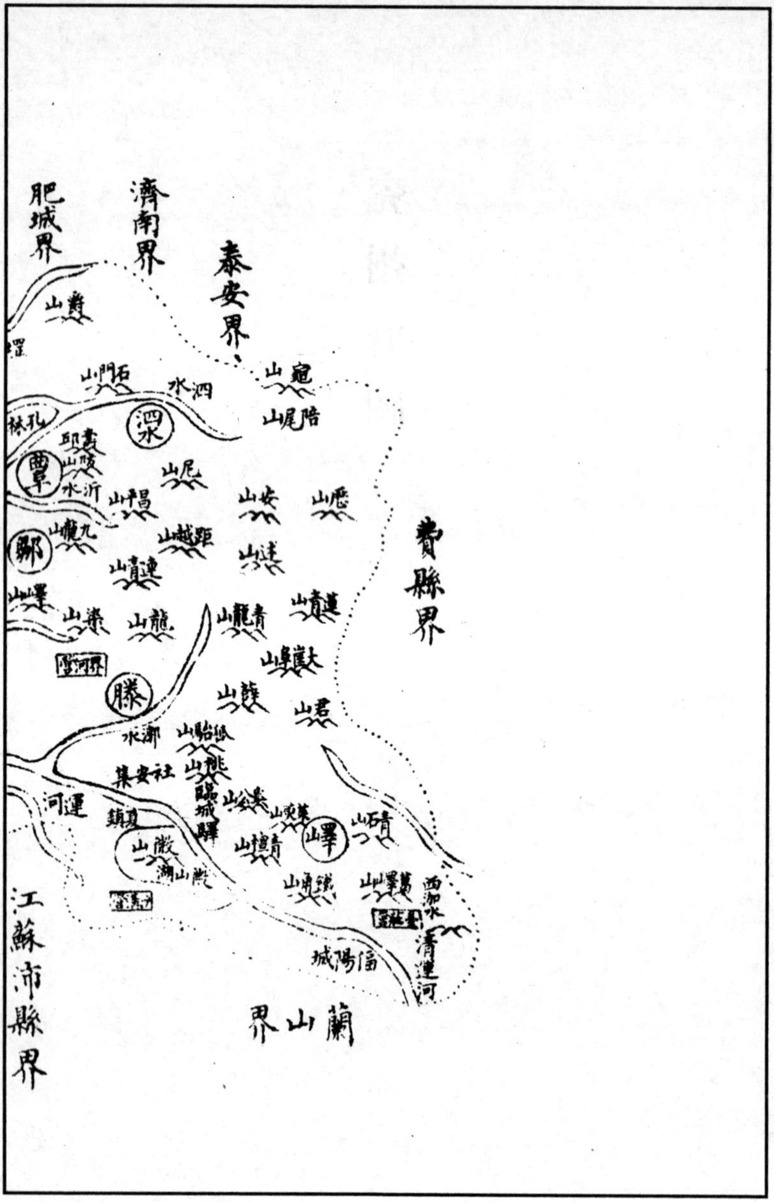
肥城界
濟南界
泰安界
費縣界
江蘇沛縣界
蘭山界
石門山
泗水
泗水
陪尾山
孔林
曲阜
尼山
沂水
鄒
滕
運河
社安集
偪陽城
清運河

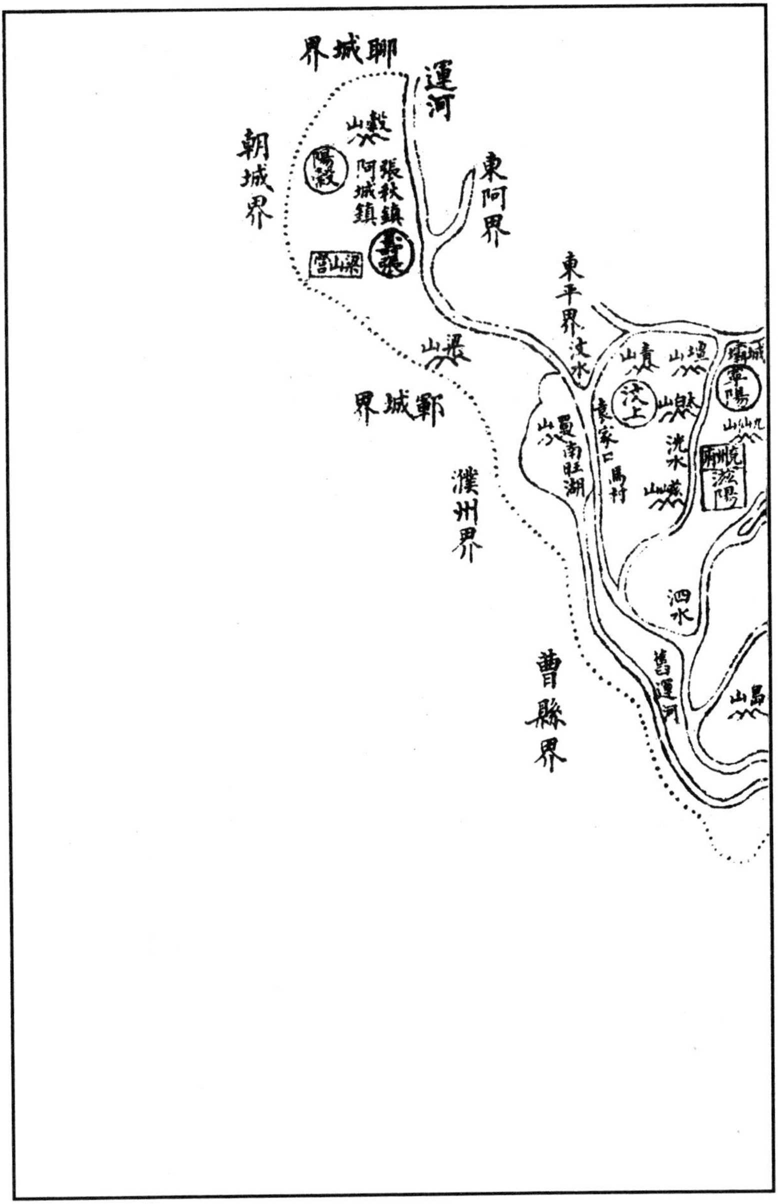
聊城界
運河
朝城界
東阿界
張秋鎮
阿城鎮
梁山營
東平界
汶水
鄆城界
濮州界
南旺湖
袁家口
馬村
汶上
泗水
舊運河
曹縣界

兖州府表

	兖州府	滋陽縣
秦	薛郡地。	
兩漢	徐、兖二州地。	瑕丘縣 屬山陽郡。 乘丘縣 屬泰山郡。後漢省。 樊縣 屬東平國。後漢改屬任城國。
三國		瑕丘縣 樊縣
晉		省入南平。 後省。
南北朝	兖州 宋元嘉三十年置。	宋爲州治，不置縣。
隋	魯郡 大業二年改魯州。三年改郡。	瑕丘縣 開皇十三年復置，爲州治。大業三年爲郡治。
唐	兖州 武德五年復州，屬河南道。	瑕丘縣 州治。
五代	兖州	瑕丘縣
宋金附	兖州 宋政和八年升襲慶府，屬京東西路。金復故。	嵫陽縣 宋大觀四年改名瑕縣，尋又改。
元	兖州 初屬濟州。後屬中書省濟寧路。	嵫陽縣
明	兖州府 洪武十八年升府，屬山東布政司。	滋陽縣 成化七年改「嵫」爲「滋」。

曲阜縣	寧陽縣
魯國 薛郡治。	
魯國 魯縣 國治。	寧陽侯國 屬泰山郡。後漢屬東平國。 剛縣 屬泰山郡。後漢屬濟北郡。
魯國 魯縣	寧陽侯國 剛縣
魯郡 改郡。 魯縣 郡治。	省。 剛平縣 改名，屬東平國。
任城郡 齊改名。 魯縣 任城郡治。	平原縣 齊移置。
開皇三年廢。 曲阜縣 開皇四年改汶陽。十六年又改，屬魯郡。	龔丘縣 開皇十六年改名，屬魯郡。
曲阜縣 貞觀元年省。八年復置，屬兖州。	龔丘縣 屬兖州。
曲阜縣	龔丘縣
曲阜縣 宋大中祥符五年改名仙源。金復故。	寧陽縣 宋大觀四年改名龔縣。金大定二十九年又改。
曲阜縣	寧陽縣 至元二年省入嵫陽。大德元年復置。
曲阜縣 屬兖州府。	寧陽縣 屬兖州府。

續表

	鄒縣	泗水縣
成縣 後漢置，屬濟北國。 汶陽縣 屬魯國。	騶縣 屬魯國。 南平陽縣 屬山陽郡。 橐縣 屬山陽郡。後漢改曰高平。	
成縣 汶陽縣	鄒縣 南平陽縣 高平縣	
省。 汶陽縣 屬魯郡。	鄒縣 南平陽縣 屬高平國。 高平縣 屬高平國。	
汶陽縣 齊省。	鄒縣 平陽縣 宋去「南」字，屬高平郡。齊省。 高平縣 宋移高平郡來治。齊俱廢。	
	鄒縣	泗水縣 開皇十六年改置，屬魯郡。
	鄒縣 屬兖州。	泗水縣 屬兖州。
	鄒縣	泗水縣
	鄒縣 宋熙寧五年省入仙源。元豐七年復置。金屬滕州。	泗水縣
	鄒縣	泗水縣 至元二年省入曲阜。三年復置。
	鄒縣 屬兖州府。	泗水縣 屬兖州府。

續表

	滕縣
	薛縣 滕縣
卞縣 屬魯國。 部鄉縣 屬東海郡。後漢省。	蕃縣 屬魯國。 薛縣 屬魯國。 公丘縣 初改置,屬沛郡。後漢屬沛國。
卞縣	蕃縣 薛縣 公丘縣
卞縣 屬魯郡。	蕃縣 元康中改屬彭城郡。 薛縣 屬魯郡。 公丘縣 咸寧三年改屬魯郡。後廢。
卞縣 魏省入鄒。	蕃郡 魏孝昌二年置。元象二年省。武定五年復置。齊廢。 蕃縣 魏爲郡治。 薛縣 齊廢。
	滕縣 開皇十六年改名,屬彭城郡。
	滕縣 屬徐州。
	滕縣
	滕州 金大定二十二年置滕陽軍。二十四年改州。 滕縣 金大定二十二年改曰滕陽。後復故,爲州治。
	滕州 滕縣
	廢。 滕縣 屬兗州府。

嶧縣	
	戚縣
	昌慮侯國 屬東海郡。建安三年析置昌慮郡，十一年罷。 戚縣 屬東海郡。 合鄉縣 屬東海郡。 桃山侯國 屬泰山郡。後漢省。
	昌慮縣 戚縣 合鄉縣
蘭陵郡 元康元年置。	昌慮縣 元康中改屬蘭陵郡。 後廢。 合鄉縣
蘭陵郡 宋徙治昌慮。魏武定五年復置，治氶。	昌慮縣 魏廢。 合鄉縣 宋屬蘭陵郡。齊省。 永興縣 魏皇興初置，屬蕃郡。齊省。 永福縣 魏皇興初置，屬蕃郡。齊省。
開皇三年郡廢。十六年置鄫州。大業初州廢。	
武德四年復置州。貞觀初廢。	
嶧州 金貞祐四年置，治蘭陵。	
嶧州 屬益都路。	
嶧縣 洪武二年降縣，屬兗州府。	

續表

續表

承縣　屬東海郡。	蘭陵縣　屬東海郡。	鄫縣　屬東海郡。後漢屬琅邪國。	建陽侯國　屬東海郡。後漢省。	陰平侯國　屬東海郡。
承縣　屬蘭陵郡。	蘭陵縣　郡治。	鄫縣		陰平侯國
承縣	蘭陵縣	省入即丘。		省。
承縣　郡治。	蘭陵縣　宋省。魏復置，屬蘭陵郡。齊省。			
蘭陵縣　大業初改名，屬彭城郡。	開皇十六年復置。大業初省。			
承縣　武德初復故名。貞觀初屬沂州。	武德四年復置。貞觀初廢。			
承縣				
蘭陵縣　金明昌六年又改名。貞祐四年屬邳州。尋爲嶧州治。				
至元二年省入州。				

續表

	汶上縣	陽穀縣
傅陽縣 屬楚國。後漢屬彭城國。	東平陸縣 屬東平國。 桃鄉侯國 屬泰山郡。後漢省。	
傅陽縣	東平陸縣	
後省。	東平陸縣	
	平陸縣 宋初去「東」字。元嘉中僑置陽平郡，兼移樂平寄治。魏改郡曰東平陽。齊廢。	
	平陸縣 屬魯郡。	
	中都縣 天寶元年改名，屬鄆州。	
	中都縣	
	汶上縣 宋屬東平府。金貞元元年改曰汶陽。泰和八年又改。	陽穀縣 宋景德三年移治，屬東平府。
	汶上縣 屬東平路。	陽穀縣 屬東平路。
	汶上縣 屬兗州府東平州。	陽穀縣 屬兗州府。

續表

		壽張縣
	東阿縣屬東郡，爲都尉治。	范縣地。
	東阿縣	
	東阿縣屬濟北郡。	
	東阿縣宋省。魏復置。	
陽穀縣開皇十六年析置，屬濟北郡。	東阿縣	壽張縣地。
陽穀縣改屬鄆州。	東阿縣屬鄆州。	
陽穀縣	東阿縣	
	宋開寶八年徙廢。	金大定七年徙置竹口鎮。十九年復還舊治。
		王陵店。
		壽張縣洪武初廢。十四年又移來治，屬東平州。十八年改屬兗州府。

大清一統志卷一百六十五

兗州府一

在山東省治南三百二十里。東西距五百十里，南北距二百六十里。東至沂州府費縣界一百六十里，西至曹州府濮州界三百五十里，南至江南徐州府沛縣界一百五十里，北至泰安府肥城縣界一百一十里。東南至沂州府蘭山縣界三百三十里，西南至曹州府曹縣界三百一十里，東北至泰安府泰安縣界一百八十里，西北至泰安府東平州界一百六十里。自府治至京師一千二百三十里。

分野

天文奎、婁分野，降婁之次，兼胃、室、壁、氐、房、心之分。

建置沿革

禹貢徐、兗二州之域。府治及東境屬徐州，西北境屬兗州。周爲魯國。東南境爲邾、小邾、滕、薛諸國，西南境爲曹國兼宋地。戰國屬楚。秦置薛郡。漢更爲魯國。治魯縣。後漢、魏因之。晉改郡。劉宋元嘉三十年始更置兖州。宋書州郡志：兖州刺史，後漢治山陽昌邑，魏、晉治廪丘。武帝平河南，治滑臺。文帝元嘉十三年，治鄒山，又寄治彭城。二十年省兖州，分郡屬徐、冀州。三十年復立，治瑕丘。按：今府治即漢瑕丘縣。自漢以來，兖州徙治不一，其治瑕丘自此始也。後魏仍曰兖州。按：魏初兖州亦治滑臺。魏書紀、傳多稱此爲東兖州。太和十八年，以東郡屬司州，始稱此爲兖州。隋大業元年，廢州置都督府。二年，改魯州。三年，改魯郡。時始自曲阜徙治瑕丘。唐武德五年復曰兖州。貞觀十四年置都督府。天寶初復曰魯郡。乾元初復曰兖州，屬河南道，後置節度使，賜號泰寧軍。唐書方鎮表：乾元二年，升鄆、齊、兖三州都防禦使爲節度使，治兖州。寶應元年廢。長慶元年，升沂海觀察使爲節度使，徙治兖州。太和八年，復廢爲觀察使。大中五年，又升沂海觀察使爲節度使。乾寧四年，賜沂海節度使爲泰寧軍節度使。五代因之。周廣順二年罷軍。宋初仍曰兖州魯郡，復置泰寧軍節度。大中祥符元年升大都督府。政和八年升爲襲慶府，屬京東西路。金復曰兖州。大定十九年，改曰泰定軍，屬山東西路。元亦曰兖州，初屬濟州，憲宗二年屬東平路，至元五年復屬濟州。十六年，屬中書省濟寧路。明洪武初曰兖州，屬濟寧府。十八年，升爲兖州府，屬山東布政司。本朝因之，屬山東省。初，領州一、縣十三。乾隆四十一年，升濟寧爲直隸州，以金鄉、嘉祥、魚臺三縣屬之。今領縣十。

滋陽縣。附郭。東西距三十里，南北距五十里。東至曲阜縣界十里，西至濟寧州界二十里，南至鄒縣界二十里，北至寧陽縣界三十里。東南至鄒縣治五十里，西南至濟寧州治六十里，東北至寧陽縣界四十里，西北至汶上縣界六十里。春秋魯負瑕邑。漢置瑕丘縣，屬山陽郡。晉省入南平陽縣。劉宋元嘉三十年始置兖州，治瑕丘故城。後魏因之。隋開皇十三年始復置瑕丘縣爲兖州治。大業三年爲魯郡治。唐仍爲兖州治。五代因之。宋大觀四年，避孔子諱，改曰瑕縣，尋又改爲嵫陽。金、元皆因之。明洪武初，省縣入兖州。十八年，升兖州爲府，復置嵫陽縣。成化七年改「嵫」爲「滋」。本朝因之。

曲阜縣。在府東三十里。東西距五十里，南北距五十五里。東至泗水縣界三十里，西至滋陽縣界二十里，南至鄒縣界二十五里，北至寧陽縣界三十里。東南至嶧縣治二百六十里，西南至濟寧州治九十里，東北至泰安府泰安縣界五十里，西北至寧陽縣治六十里。古少皞之墟。周初曰曲阜，封周公子伯禽於此，爲魯國。秦爲薛郡治。漢置魯縣，爲魯國治。後漢因之。晉爲魯郡治。宋及後魏因之。北齊文宣改郡曰任城。隋開皇三年廢郡。四年改縣曰汶陽。十六年又改名曲阜，屬魯郡。唐貞觀元年省。八年復置，屬兖州。五代因之。宋大中祥符五年改曰仙源縣。金復爲曲阜。元因之。明屬兖州府。本朝因之。

寧陽縣。在府北五十里。東西距七十五里，南北距五十五里。東至泗水縣界五十里，西至汶上縣界二十五里，南至滋陽縣界二十里，北至泰安府肥城縣界三十五里〔一〕。東南至曲阜縣界三十里，西南至濟寧州治九十里，東北至泰安府泰安縣界五十里，西北至泰安府東平州治一百二十里。春秋爲魯之闡邑。漢置寧陽侯國，屬泰山郡。後漢屬東平國。晉省。北齊文宣移置平原縣於此。隋開皇十六年改縣曰龔丘，屬魯郡。唐屬兖州。五代因之。宋大觀四年又改曰龔縣。金大定二十九年改名寧陽縣。元至元二年省入嵫陽。大德元年復置，仍屬兖州。明屬兖州府。本朝因之。

鄒縣。在府東南五十里。東西距一百里，南北距七十五里。東至泗水縣界六十五里，西至濟寧州界三十五里，南至滕縣界五十里，北至曲阜縣界二十五里。東南至滕縣界七十里，西南至濟寧州魚臺縣界七十五里，東北至泗水縣界八十里，西北至滋陽縣界三十里。春秋邾國。魯繆公時改爲騶。漢置騶縣，屬魯國。後漢、晉、宋、魏、隋因之。唐屬兖州。五代因之。宋熙寧五年省爲鎮，入仙源縣。元豐七年復置，仍屬兖州。金屬滕州。元因之。明洪武中改屬兖州府。本朝因之。

泗水縣。在府東少北九十里。東西距一百里，南北距七十五里。東至沂州府費縣界七十里，西至曲阜縣界三十里，南至鄒縣界二十五里，北至泰安府泰安縣界五十里。東南至嶧縣治二百四十里，西南至鄒縣治九十里，東北至泰安府新泰縣界七十里，西北至寧陽縣界四十里。春秋時魯卞邑。漢置卞縣，屬魯國。後漢因之。晉屬魯郡。劉宋因之。後魏省入鄒縣。隋開皇十六年改置泗水縣，屬魯郡。唐屬兖州。五代及宋、金因之。元至元二年省入曲阜縣。三年復置，仍屬兖州。明屬兖州府。本朝因之。

滕縣。在府東南一百四十里。東西距一百六十里，南北距一百五十里。東至嶧縣界一百里，西至濟寧州魚臺縣界六十里，南至江蘇徐州府銅山縣界一百十里，北至鄒縣界四十里。東南至嶧縣界五十里，西南至江蘇徐州府沛縣界七十里，東北至沂州府費縣界一百四十里，西北至鄒縣界四十里。周時滕、薛、小邾三國地。戰國時爲齊地。秦爲薛縣地。漢置蕃縣，屬魯國。後漢因之。晉屬魯郡。元康中改屬彭城郡。宋因之。後魏孝昌二年置蕃郡，元象二年省。武定五年復置。北齊郡廢。隋開皇十六年改蕃曰滕縣，屬彭城郡。唐屬徐州。五代至宋因之。金大定二十二年改縣曰滕陽，兼置滕陽軍。二十四年改置滕州，仍治滕縣，屬山東西路。元因之。明洪武二年州廢，以縣屬濟寧府。十八年改屬兖州府。本朝因之。

嶧縣。在府東南二百六十里。東西距一百六十里，南北距一百二十里。東至沂州府郯城縣界一百十里，西至滕縣界五十里，南至江蘇徐州府邳州界六十里，北至沂州府費縣界六十里。東南至邳州治一百八十里，西南至徐州府銅山縣界五十里，東北至沂州府蘭山縣界二十里，西北至滕縣界七十里。春秋時鄫國地。戰國屬楚，爲蘭陵邑。漢置蘭陵、氶二縣，屬東海郡。後漢因之。晉元康元年置蘭陵郡。劉宋徙郡治昌慮，省蘭陵入氶縣屬之。後魏武定五年復置蘭陵郡，并置蘭陵縣屬之。北齊廢蘭陵縣。隋開皇三年郡廢。十六年置鄫州。大業初州廢，改氶縣爲蘭陵縣，屬彭城郡。唐武德四年復置鄫州，又改蘭陵爲氶縣。貞觀初州廢，縣屬沂州。五代及宋因之。金明昌六年又改氶縣爲蘭陵。貞祐四年改屬邳州，尋於縣置嶧州。元屬益都路。至元二年省縣入州。明洪武二年降州爲嶧縣，屬濟寧府。十八年改屬兖州府。本朝因之。

汶上縣。在府西北九十里。東西距一百五里，南北距六十五里。東至寧陽縣界三十五里，西至曹州府鄆城縣界七十里，南至濟寧州界四十五里，北至泰安府東平州界二十里。東南至滋陽縣界三十里，西南至濟寧州嘉祥縣界六十五里，東北至東平州界四十里，西北至東平州界二十五里。古厥國。春秋時魯中都地。戰國屬齊，爲平陸邑。漢置東平陸縣，屬東平國。後漢及晉因之。宋初曰平陸。元嘉中僑置陽平郡，兼移樂平縣寄治，尋廢。大明元年復置郡。後魏曰東陽平郡，仍治樂平。北齊郡廢。隋開皇十六年復改樂平曰平陸，屬魯郡。唐初屬兗州。天寶元年改曰中都。貞元十四年改屬鄆州。五代因之。宋屬東平府。金貞元元年改曰汶陽。泰和八年又改曰汶上。元屬東平路。明屬兗州府東平州。本朝屬兗州府。

陽穀縣。在府西北三百里。東西距七十里，南北距九十里。東至泰安府東阿縣界四十里，西至曹州府朝城縣界三十里，南至壽張縣界三十里，北至東昌府聊城縣界六十里。東南至壽張縣界十五里，西南至曹州府范縣治四十里，東北至東昌府聊城縣界七十里，西北至東昌府莘縣界二十里。春秋齊柯邑。漢置東阿縣，屬東郡，爲都尉治。後漢因之。晉改屬濟北郡。宋大明元年省。後魏復置，仍屬濟北郡。隋開皇十六年，因縣境有故陽穀邑，析置陽穀縣，屬濟北郡。唐初屬濟州。天寶十三年州廢，以縣屬鄆州。宋屬東平府。金因之。元屬東平路。明屬兗州府。本朝因之。雍正八年，分隸東平州，十三年仍屬兗州府。

壽張縣。在府西北二百四十里。東西距八十里，南北距六十五里。東至泰安府東平州界五十里，西至曹州府范縣界三十里，南至曹州府鄆城縣界六十里，北至陽穀縣界五里。東南至泰安府東平州界五十里，西南至曹州府范縣界三十里，東北至泰安府東阿縣治九十里，西北至陽穀縣界五里。漢東郡范縣地。隋、唐、宋爲壽張縣地。金大定七年徙置竹口鎮，十九年復還舊治。元因之，屬東平路。明洪武初廢，十四年又移置於王陵店，屬東平州。十八年改屬兗州府。本朝因之。雍正八年，分隸東平州，十三年仍屬兗州府。

形勢

大野既瀦，有羽有蒙。孤桐蠙珠，泗、沂攸同。揚雄徐州箴。南抱黃河，注以汶、泗、沂、梁之水；北瞻泰山，翼以尼、防、鳧、繹之山。通志。

風俗

魯秉周禮。左傳。孔子修「六經」，以述唐、虞、三代之道，是以其民好學，上禮義，重廉恥。漢書地理志。賤商賈，務稼穡，尊儒慕學，得洙、泗之俗。隋書地理志。人情樸厚，俗有儒風。文獻通考。

城池

兖州府城。周十四里有奇，門四，郭門五，池廣三丈。明洪武十八年築，正德後屢經修築。本朝康熙十年修，乾隆四十三年重修。滋陽縣附郭。

曲阜縣城。周十里，門五，池廣一丈。明正統七年自縣東十里徙建，嘉靖以後屢修。

寧陽縣城。周四里有奇，門四，池廣一丈二尺。宋天聖中築。明嘉靖後屢修，甃甎。本朝康熙二十四年修。

鄒縣城。周四里有奇，門四，城濠與小沙水相通。舊土築，明萬曆五年甃甎。本朝順治五年修，康熙七年、四十八年重修。

泗水縣城。周三里有奇，門四，池廣一丈二尺。明成化間修築，隆慶間甃石。本朝乾隆五十五年修。

滕縣城。周五里有奇，門四，池廣三丈五尺，引梁溪水注之。明洪武二年因舊址甃甎石，本朝乾隆三十二年修。

嶧縣城。周四里，門四，池廣三丈。明成化二十二年因舊址甃石，本朝乾隆四十三年修。

汶上縣城。周十二里有奇，門四，池廣一丈二尺。明成化以後屢修築。本朝順治十四年修，乾隆四十二年、嘉慶二十一年重修。

陽穀縣城。周十二里，門四，池廣二丈。舊土城，明萬曆五年甃甎，二十五年加築護城隄。本朝康熙五十年修，乾隆五十五年、嘉慶二十二年重修。

壽張縣城。周五里，門四，池廣三丈。明弘治十四年增築。本朝順治十七年修，乾隆五十五年重修。

學校

兖州府學。在府治北。舊在府治東南，唐大中間兖海觀察使劉莒卜建。宋景祐中，州守孔道輔重修。元、明以來屢經修葺，本朝康熙二十三年增修。入學額數二十名。

滋陽縣學。在縣治東。元時爲兖國復聖公廟，後毁。明洪武十八年復設滋陽縣，建學於此。本朝順治九年增修。入學額數二十名。

曲阜縣學。在闕里西。舊在曲阜故城内，明正德九年遷建於孔廟東，嘉靖五年復徙於廟西矍相圃故址。崇禎四年修。入學額數十二名。又於額設樂舞生内考取四名。四氏學在闕里東，舊名孔氏家學。魏黄初二年令魯郡修孔廟，宗聖侯孔羨於廟外爲屋，以居孔氏學者。宋祥符間，知縣孔勗於廟側建學。延祐間增入顔、孟二氏子孫。明洪武初，改名三氏學。萬曆間，又入曾子後裔，改名四氏學。入學額數二十名。

寧陽縣學。在縣治東北。元時爲縣治，後縣徙，以其地爲學。至元間始建，本朝康熙十年重建。入學額數十五名。
鄒縣學。在縣治西。元元貞元年改建。明天啓間修，本朝康熙三十三年修。入學額數十五名。
泗水縣學。在縣治東南。舊在城東南一里，宋元豐間建，明洪武八年遷今所。本朝順治、康熙間修。入學額數八名。
滕縣學。在縣治西。宋大觀間建。明洪武二年重建，天啓三年修。本朝康熙五十三年修。入學額數二十名。
嶧縣學。在縣東門外。宋初建，元廢。明洪武二十三年重建。本朝康熙年間修。入學額數十五名。
汶上縣學。在縣治東。元至元間建。明洪武以後屢修。本朝康熙五十一年修。入學額數十五名。
陽穀縣學。在縣治東。宋崇寧中建。元至元間修。明成化間重修。本朝康熙十一年修。入學額數十五名。
壽張縣學。在縣治東。明洪武間建，正統間修。本朝康熙五十五年修。入學額數十二名。
東魯書院。在府城内。本朝乾隆二十五年修。舊名少陵書院。
洙泗書院。在曲阜縣東北八里。元至正十年建，明吕柟有記。本朝乾隆十三年，高宗純皇帝幸魯，有御製洙泗書院詩。
近聖書院。在鄒縣城内。本朝康熙三十一年建。
道一書院。在滕縣城内。本朝乾隆十年建。按：舊志載：顔子書院在滋陽縣南八里，唐開元間封顔子爲兖國公，立祠於此，後改爲書院。尼山書院在曲阜縣東南六十里尼山上。元至順間建，賜額，設山長，學士虞集有記。子思書院在鄒縣東南，縣志相傳爲子思講堂故址，亦即孟母三遷處。元元貞間，鄒縣尹司居敬構堂曰中庸精舍。大德間奏立書院。明正統間重修。性善書院在滕縣西南，元延祐元年建，舊隸學宫，明天啓間移建。聖澤書院在汶上縣城内，明嘉靖二年由縣西新開河東移建。謹附記。

户口

原額人丁二十二萬六千二百三十二，今滋生男婦大小共二百五十五萬四千九百六十八名口，計民户共三十七萬一千四百九十三户。又衛所屯户共七千七百八十户，男婦大小共七萬二千九百三名口。

田賦

田地九萬四百六十九頃四十八畝八分二釐有奇，額徵地丁正、雜銀二十九萬一千八百六十三兩三錢三分，麥二千一百二十二石八斗二升一合三勺，米二萬四千七百三十三石六斗四升七合二勺。

山川

嶧山。在滋陽縣西三十里。高一里，廣三里。上有神祠，宋神宗時封爲惠應侯。文獻通考：瑕丘縣有嶧陽山。按：元大德間碑云，兖郡有山曰嶧，郡在其左，故縣名嶧陽。諸志稱爲嶧陽山，非也。

甑山。在滋陽縣東北十里。逶迤綿亘，接曲阜、寧陽二縣界。北史張華原傳「兖州東北七十里甑山中有六駮食猛獸」，即此。按：兖州府志是山列曲阜縣下，一名九仙山。後有白雲洞，西有孔子石。曲阜縣志亦同。約其道里太遠，今仍入滋陽。

防山。在曲阜縣東三十里。周八里，高三里。峯如筆牀，一名筆架山。山北三里餘即啓聖王墓。春秋僖公十四年：季姬及鄫子遇於防。史記孔子世家：防山在魯東。元和志：防山在曲阜縣東二十五里。禮記曰「孔子既得合葬於防」，此是也。

顏母山。在曲阜縣東南尼山東三里。兩山相對，中隔沂水。上有聖井及顏母祠。

昌平山。在曲阜縣東南五十里尼山之西，接鄒縣界。史記「孔子生魯昌平鄉陬邑」，即此。

尼山。在曲阜縣東南六十里，連泗水、鄒縣界。一名尼丘山。史記孔子世家：叔梁紇與顏氏禱於尼丘，得孔子。元和志：尼丘山在泗水縣南五十里。闕里志：尼山東有顏母山，西有昌平山，山脈皆自泰山來。其外衆山，連絡環拱，不可勝數，若尼山之翼云。孔涇祖庭廣記曰：其山五峯連峙，謂之五老峯。中峯即尼丘，迴出雲漢間，所謂圩其頂者此也。上有先聖廟。廟北爲中和壑，壑上有觀川亭。壑下沂水出焉，流而下注，爲智源溪。溪流而南，其上爲坤靈洞，元皇慶間，鄒尹司居敬刻孔子石像於中。過溪而東，有文德林，宋仁宗皇祐二年，以孔子誕生之地，封山神爲毓聖侯，有御製碑記。

女陵山。在曲阜縣北二十里。寰宇記：相傳秦始皇東巡，女死葬此，因名。

石門山。在曲阜縣東北五十里。上有石門寺。嶮河發源於此。唐李白有魯郡東石門重别杜甫詩。按：寰宇記嶮河發源九龍山，府志作「發源石門山」，存考。

鳳凰山。在寧陽縣東五十里。上爲甯家寨，有平地，可容數百人。

九頂山。在寧陽縣東一百里。山有九峯，故名。

鳳仙山。在寧陽縣南六十里。府志：上有洞，瀑布幕之，謂之水簾。

雲山。在寧陽縣西北十五里。上有穴，四時出雲。又西北爲翥亭山、鶴山、龜山，接汶上縣界。

牟山。在寧陽縣西北四十里。下枕汶流。山陰有石井，深數丈。

寧山。在寧陽縣北十八里。縣在其南，故曰寧陽。其北爲伏山，洞鐫石佛，故又名佛山。

告山。在寧陽縣東北二十里。南峯上有玉皇洞，洞中石壁飛泉，甘若玉露。其北有虎尾山、皮山；其西有陪山，山北有仙人洞。

爵山。在寧陽縣東北七十里。縣志：相傳魯義姑遇齊師，棄子於此。或謂春秋時，有神爵集於上，故名。山之東爲鳳屏山，西爲刑山。

靈山。在寧陽縣東北九十里。南接泰安府新泰縣界。樹木蔥蔚，四時蒼翠。又東有玲瓏山。

接輿山。在鄒縣東五里。狀如兩車相接，故名。

連青山。在鄒縣東六十里。其勢連綿，鋭峯插漢。東爲巨山，又東爲尖山。

牙山。在鄒縣東南嶧山北。後漢書郡國志：騶城北有牙山，牙山北有唐口山，唐口山北有陽山。府志：嶧山與牙山大小相錯，狀若犬牙。牙山之北有小邱山，又北爲唐口山，又北爲輿山。縣之東南，山十餘數，皆絡繹相銜，狀如貫珠，又達於繹，若扈從云。又縣東南三十里有紅、溝二山。

鄒嶧山。在鄒縣東南二十里。本名嶧山，亦曰邾嶧山。書禹貢：嶧陽孤桐。詩魯頌：保有鳧、繹。詩補傳：「『繹』與『嶧』同。」左傳文公十三年：邾文公卜遷於繹。注：「魯國鄒縣北有嶧山。」史記秦始皇紀：二十八年，上鄒嶧山，刻石頌秦德。漢書地理志：魯國鄒嶧山在此。郭璞曰：「嶧山，純石積構，連屬如繹絲然，故以『繹』名。」水經注：山東西二十里，高秀獨出，積石相臨，殆無土壤。石間多孔穴，洞達相通，往往有如數間屋處，其俗謂之繹孔。永嘉中，太尉郗鑒將鄉曲逃此山。今山南有大繹，名曰鄒公繹。山北有絶巖，秦始皇觀禮於魯，登於繹山之上，命丞相李斯以大篆勒銘山嶺，名曰書門。括地志：嶧山，一名鄒山，在鄒縣南二十里。即禹貢之嶧陽也。劉薈鄒山記：山下是鄒縣。本是邾國，魯穆公改鄒，山從邑變，故謂鄒山。寰宇記：嶧山有穴，遥與洞庭通。府志：山南有太通巖，巖下石洞宏敞，爲孔子坐像。巖上爲妙光洞。山左爲東華宫，又上爲白雲宫，宫後有白雲洞，洞上爲五華峯。由洞穴穿入，上至峰頂，紀子墓在焉。山下有孤桐寺，洞穴甚多，不可勝紀。山南爲故鄒國城，所謂邾遷於繹也。縣志：嶧山，一名鄒嶧，爲别乎邳之葛嶧也。周圍二十餘里，自麓至巔，計八里許。按：鄒山即嶧山，古無鄒山之名。禹貢、魯頌皆止稱嶧，史記始兼稱鄒嶧，蓋以地冠山。鄒山記所謂「山從邑變」是也。漢書地理志則仍稱嶧山，自劉昭注後漢郡國志及魏收志，始分鄒與嶧爲二。考秦皇所勒石者鄒嶧，而宋書載魏主燾登鄒山，仆秦皇碑，可知鄒與嶧互稱，分爲二者誤。

鳧山。在鄒縣西南五十里，接魚臺界。即魯頌之鳧山也。元和志：鳧山在鄒縣東南三十八里。齊乘：鳧山在鄒縣西南五十里。古有伏羲廟，今云有伏羲墓，非也。府志：山南有吕公洞，洞有丹井，其上有伏羲廟，廟前有雙柏，可數千年物。縣志：山分東西，名曰雙鳧。

岡山。在鄒縣北二里。兩岡南北相對，小沙河經其東麓。

馬鞍山。在鄒縣北二十里。形如馬鞍，故名。山之麓爲孟母墓，宋孔道輔嘗建廟墓前。

九龍山。在鄒縣東北二十里。山形起伏凡九，上有靈泉，一名靈山。其西南十里爲珠山，山形獨立如珠，故名。

四基山。在鄒縣東北三十里。大、小沙河俱發源於此。山巔有石，狀如堂基。其西麓爲亞聖孟子墓。

距越山。在鄒縣東北七十里，與尼山相接。山形高大，冠於羣峯，上有龍井，禱雨輒應。井前有距越廟。

陪尾山。在泗水縣東五十里，泗水發源於此。山東有湖，謂之漏澤。接沂州府費縣界。書禹貢：熊耳、外方、桐柏，至於陪尾。史記作負尾，漢志作横尾。孔傳云：「淮出桐柏，經陪尾。」鄭氏謂在江夏安陸東北。吴澄書纂言曰：「安陸横山非淮所經，當即泗水縣陪尾山，其以横尾爲陪尾者，非是。」按：泗水源出陪尾，爲淮所會，其去江夏安陸道里懸絶，殊難牽合。恭讀乾隆二十二年御製至泉林詩注及御製泗水源詩，以安陸之陪尾别爲一山，足正古來説經之失矣。

商寨山。在泗水縣東南二十里。一名商山，亦名昌山，兩山相對，形勢巉巖。上有石臼、泉池，下有鮑村、東巖、黄陰三泉，流入泗水。

安山。在泗水縣東南三十五里。石洞森列，泉出其中，上多喬木。

歷山。在泗水縣東南七十里，接費縣界。

龜山。在泗水縣東北五十里，與沂州府之蒙山相連。詩魯頌：奄有龜、蒙。春秋定公十年：齊人來歸，鄆讙龜陰田。水經注：龜山在博縣北一十五里。昔夫子望山而懷操，故琴操有龜山操焉。山北即龜陰之田也。元和志：龜山在泗水縣東北七十五里。縣志：龜山在縣東北五十里，與新泰縣接界。又縣東南五十里亦有龜山，小山也，以形似名。按：縣志「龜山與新泰縣接界」，是新泰縣之龜山與此爲一，應入於此。

薛山。在滕縣東四十里。一名雪山。山之東皆削壁，薛水出其下。上有悟真巖，盤陀石，青龍、白雲、超仙、黄龍、丹陽諸洞。下有茶泉，流入薛水。其北爲高山，高山之南有雲龍山。齊乘：高山上有趙盾祠。

泉固山。在滕縣東九十里。山勢峭聳巉絶，突起數十仞，四壁如削成，斜懸一徑，僅能受足。下有泉，可飲千人。又東一百十里爲胡陵山，一山中分，東則費，西則滕。

狐駘山。在滕縣東南二十里。左傳襄公四年：臧紇救鄫侵邾，敗於狐駘。注：「狐駘，邾地。魯國蕃縣東南有目台亭。」縣志：狐駘山，一名目台，俗省字，訛爲胡山、壺山，皆非。

蠶母山。在滕縣東南三十里。其上有桑，霜降不落，故名。少東爲落鳳山，起伏如波浪。縣志：相傳有鳳凰落此，因名。

桃山。在滕縣東南三十里。寰宇記：桃山，即華采山也。齊乘：桃山在滕州南五十里，今訛作陶山，謂有陶朱公墓。西微山，謂有微子墓。皆謬。按：滕縣志別有桃山，在縣南六十里。

奚公山。在滕縣東南六十里。其南有粱山，形方而長，故名。元和志：奚公山在滕縣東南六十里。奚仲初造車於此處。

茱萸山。在滕縣東南一百里。山有九十九峯、九十九峪，壽聖泉出焉。

微山。在滕縣南一百里，接江蘇徐州府沛縣界。魏書地形志：彭城郡留縣有微山。元和志：微山上有微子塚，在沛縣東南六十里。府志：微山上有留侯墓，其下爲微山湖，黄溝水入焉。又東南爲赤山，其下爲赤山湖。又稍南爲吕孟湖。微山北有柏山，遠望色白，亦名白山。

染山。在滕縣西北五十里。其北即鄒縣，西接魚臺縣界。齊乘：山有伏羲廟、聖母泉。

龍山。在滕縣北二十五里。峯巒奇秀，蜿蜒如龍，上有龍湫，流爲小白河。又北十五里爲雙谷山，兩峯對峙，山多虚谷，有聖水泉。

青龍山。在滕縣東北五十里。山峯特峙，狀如僧笠。前有水峪、棠梨峪。亦名梨山，又名牙山。稍南有奇寶山、屏山、寶峯山、華蓋山。寶峯之西爲馬山，山南有泉，流爲明水。又西爲石溝，車箱水出焉，北流入漷。青龍山西五里有鳳凰山。

蓮青山。在滕縣東北五十里。山有二：其一爲西蓮青，絶頂兩峯，插入雲漢，名蓮花峯；其一爲東蓮青，上有九十九峯，前有玉女池，後有水簾洞，東有桃花谷。谷多桃花，每春水出澗，浮帶落花，邑人謂之小桃源。自蓮青而東，踰漷河，崒然聳秀者，爲巨越山。又東爲連珠山，黿步水出焉，西流至鳳凰山，入漷河。

大崮阜山。在滕縣東北九十里。狀如三重臺閣，高出雲表，四面皆削壁，有一徑直上。稍南爲巉山，有瀑布流爲石溝水，下流入漷河。

述山。在滕縣東北一百里。漷水發源於此。山上有寨，四面皆絶壁，惟東北一鳥道。稍東折而南，爲曾子山，有曬書臺。縣志：相傳曾子讀書於此。

黄約山。在滕縣東北一百十里。一名黄葉山。山巔石裂尺許，下探無際，雲出如煙，號曰雲谷山。下有黄約城。

樓山。在滕縣東北一百二十里，黄約山東北。縣志：山巔有井，前一小山爲樵山。有泉水歷疊巘而下，聲聞一里，望之如曳練。下有胭脂溝，水淡紅如桃花色即雨，雨止如故。又東北十二里爲太白水，有瀑布。稍西爲仙姑山，山南横卧者爲鳳凰嶺，嶺南則漷水南流，嶺北則沂水北流。由嶺而東上爲崆峒山，山有洞，多白蝙蝠，大者如鴉。

青石山。在嶧縣東七里。上有石穴，深數丈，名仙人洞。四圍懸崖，古木陰森。西巖尤峭峻，雨後瀑飛千尺，自削壁而下，直達澗底。

葛嶧山。在嶧縣東南十五里。嶧縣以此得名。亦名嶧陽山，今名柱子山。下有村落，氶水繞其下。後漢書郡國志注：「山出名桐。伏滔北征記：今盤根往往而存。」元和志：嶧陽山在下邳縣西六里。舊志：山之西南有黄鑪山，産銅。羅泌路史云：顓頊修黄帝之政，采葛嶧之銅鑄鼎，以藏天下之神主。按：禹貢孔疏以嶧陽爲葛嶧，蔡傳因之。其説本後漢書注。考宋儒以前，未有以鄒嶧爲嶧陽者，獨王應麟詩傳有是説，或非無見。姑並存以俟考。

寨山。在嶧縣東南六十里。形圓如覆釜，有壁壘、井臼遺址。東麓有泉名一勺，雨後噴薄，殊可觀。

望仙山。在嶧縣南二十里。高峻莊嚴，如人端坐垂手狀，頂甚平曠。其西爲丁公山，峯亦奇秀。縣志：相傳漢丁公曾避難於此，故名。更南三十里，有鑄錢山。

鐵角山。在嶧縣西南二十里。巖畔有洞，可容數十人。山頂絶險，繚以周垣，狀如壁壘。山下有泉，居民引以溉田。縣西南九十里有馬山，形若奔馬，武水出焉。

青檀山。在嶧縣西七里。上多青檀。山巔有流泉，經縣南會承水，入泇河。宋岳飛嘗留題巖壁。

石屋山。在嶧縣西二十里。山麓有流泉，瀉爲瀑布，下流爲金注水。其南有大名山。又西三里，有馬頭山。山前壁立如削，旁一鳥道達其上。絶頂有二池，遇旱不涸。其地平曠可耕。山東有龍塘泉，東流會青檀寺水。

白茅山。在嶧縣西四十五里。山後有玉華泉，流爲彭河。

車梢山。在嶧縣北六十里。一名三峯山，即寰宇記所謂花盤山也。四圍峯巒突兀，俯臨澗壑。澗下一池，深杳莫測，滄浪淵出焉，爲承水上源。其西曰巨梁山，一名巨龍山。其南半里許，爲將軍山、斗山及熊耳山。山南有黄龍洞，中空闊委折，高數丈，深十餘丈，燭以火乃可入。西巖有泉，旁多石乳，有白蝙蝠，大如鴿。

君山。在嶧縣北六十里。西泇水發源於此。古名抱犢山，亦曰抱犢崮。魏書地形志：蘭陵郡承縣有抱犢山。元和志：抱犢山在承縣北六十里。壁立千仞，頂寬而有水。山去海三百餘里，天氣澄明，宛然在目。昔有遯隱者，抱一犢於其上墾種，故以爲名。山高九里，周圍四十五里。寰宇記：抱犢山，抱朴子云出芝草。齊乘：君山一名抱犢山，在嶧州北六十里。

夾山。在嶧縣北七十里。縣志：相傳即春秋之夾谷，非也。相近又有夾兒山，舊有錫場。

仙壇山。在嶧縣東北一里。舊志：山巔廣數里，攢簇奇秀，望之如廬，相傳古仙人所居。山腰有痕如帶，亦名玉帶山。又名鳳山。

天臺山。在嶧縣東北五十里。山頂平如圓蓋，四壁巉峻，望之入雲。

太白山。在汶上縣東五十里。縣志：相傳唐李白嘗至其上，因名。俗呼爲牛山。其旁爲雲尾山。二山出雲相接則雨。

蜀山。在汶上縣西南四十里。其下即蜀山湖。四望無山，屹立波心。爾雅「山獨者蜀」，故名。

青山。在汶上縣北三十五里。怪石聳翠，俗名卧佛山。又縣北四十里有松山，孤峯獨峙，叢柏蓊鬱，舊亦名青山。

坦山。在汶上縣東北二十里。山形平坦，故名。土人呼爲壇山，以舊有禱雨壇也。其西巖憑視城郭，如在宇下。又東北五里爲金山，亦名榻山。榻山之右爲九峯山，又北爲采山，皆坦山之支云。

穀山。在陽穀縣治東北。小阜也。縣因以名。

梁山。在壽張縣東南七十里。山以梁孝王遊獵於此而得名。上有虎頭崖、宋江寨，其下舊有梁山濼。又縣城東南有鳳山，故縣城亦名曰鳳城。

壽丘。在曲阜縣東北八里。皇甫謐帝王世紀：黄帝生於壽丘。史記五帝本紀：舜作什器於壽丘。元和志：壽丘在曲阜縣東北六里。皇甫謐以爲在魯城東門之北。按：帝王世紀「黄帝生於壽丘」，則非葬於壽丘可知，金改壽丘爲壽陵，舊志遂列黄帝陵於曲阜，誤也。本朝遣官祭告黄帝陵，在今陝西鄜州中部縣，與壽丘無涉。附辨於此。

曲阜。在曲阜縣治東。禮記明堂位：成王封周公於曲阜。後漢書郡國志注：帝王世紀曰「少昊自窮桑登帝位，窮桑在魯北，後徙曲阜」。應劭風俗通：春秋左傳「魯公伯禽宅曲阜之地」，阜者，茂也，言平地隆踊，不屬於山陵也。元和志：曲阜在魯城中，委曲長七八里。縣治及季子臺、大庭氏庫並在其上。

光武洞。在鄒縣南瓦曲村。相傳漢光武嘗避兵於此。元大德間碑記尚存。

覺林洞。在嶧縣北五十里。一名朝陽洞。林木交蔭，蔦蘿下垂，境頗幽邃。又南二里爲九陽洞，地多桐樹，路亦險峻。山頂有蓮花峯。又梁王洞在覺林西北，有林泉之勝。縣志：相傳爲梁武所鑿，故名。

西沂水。源出曲阜縣東南尼山之麓，西北流逕曲阜縣南二里，又西流入滋陽縣境，至府城東，合於泗。論語：曾點曰「浴乎沂」。左傳昭公二十五年：季平子請待於沂上。杜預注：「魯城南有沂水。」水經注：沂水出魯城東南尼丘山西北，平地發泉，流逕魯縣故城南。沂水北對稷門，亦曰雩門。門南隔水有雩壇，即曾點所謂「風乎舞雩」處。又西逕圓丘北，又西，右注泗水。元和志：沂水亦名雩水，源出縣東南八里坰澤，俗名連泉。詩魯頌「駉駉牡馬，在坰之野」是也。按：此沂水，齊乘謂爲西沂。其自岱麓之沂山出者，别見沂州府。

洙水。在曲阜縣北四里。泗水分流也。春秋莊公九年：冬，浚洙。水經注：洙水出泰山蓋縣臨樂山，西北逕蓋縣，又西逕泰山東、平陽縣西南流，盜泉注之。又西南流於卞城西，入泗水。亂流西南，至魯縣東北，又分爲二水：洙水西北流逕孔里，是謂洙、泗之間矣。又西南枝津出焉，又南逕瑕丘城東，而南入石門。又西南逕南平陽縣之顯閭亭西，又南洸水注之。又南至高平南，入於泗。元和志：洙水東去瑕丘縣二十三里，泗水東自曲阜縣界流入，與洙水合。闕里志：今洙水與泗水不通，上源在孔林之東，止一溝瀆，似古魯城之隍也。穿林横流，過墓前出林，復西南流，入於西沂。其故道不可考。乾隆二十一年，高宗純皇帝幸魯經此，有御製洙河詩。按：今洙水上源既不遠，而下流即入西沂，與水經注故道迥殊。其分流之處，轉出泗水之南，亦與水經注南泗北洙之説異。或以爲今之濟河，自府城東金口閘分流，貫城而西出，至濟寧州界，會洸水入運河，疑即洙水故瀆。又以府城北二十五里有沙河，三十里有漕河，九折而下，矯若游龍，亦名九龍灣，皆自寧陽縣流入，又西入洸，疑即洙水枝津也。

汶水。自泰安府西南流入寧陽境，至縣東北三十四里堽城壩分而爲二：其一南流，别爲洸水；其一西流，入東平州界，轉西南流，至汶上縣北。又西南會諸泉，匯於南旺湖，入運河。水經注：汶水過博縣西，西南流逕陽關故城西，又南左會淄水，又南逕鉅平縣故城東，又西南逕汶陽縣北，又西逕汶陽故城北，又西洸水出焉，又西逕蛇丘縣南，又西南過岡縣北〔二〕，又西蛇水注之，又西溝水注之，又西逕春亭北。又汶水自桃鄉四分，其派别之處，謂之四汶口。元和志：汶水北去中都縣二十四里，又北入須昌縣界。明會典：汶河逕寧陽縣北堽城，歷汶上、東平、東阿，又東北流入海。元於堽城之左築壩，遏汶入洸，南流至濟寧，合沂、泗二水以達於淮。自永樂間築戴村壩，汶水盡出南旺，於是洸、沂、泗自會濟，而汶不復通洸。舊志：汶水至汶上城北二十五里，受濼、澢諸泉，謂之魯溝。又西南流至城北二里，受蒲灣泊水，謂之草橋河。又西南十里，謂之白馬河。又西南二十里，謂之鵞河。鵞河者，故宋之運道也。涸而爲渠，汶水由之。又西南十五里，謂之黑馬溝。又西南至南旺，入於漕。六分北流，出南旺下閘，至於臨清，會於御河，長三百五十里；四分南流，出南旺上閘，至於濟寧，會於沂、泗，長一百里。按：汶水有五，其源各異。詳見泰安府。而合流入運之地，並在今兗州境。乾隆十三年、二十年、四十五年、四十九年，高宗純皇帝巡幸，俱有御製渡汶河詩。

洸水。汶水支流也。自寧陽縣東北堽城壩分流，西南逕寧陽縣西三里，又南流逕滋陽縣西南，又西南流至濟寧州界天井閘入運河。水經注：呂忱曰，洸水上承汶水於岡縣西闡亭東〔三〕。爾雅曰汶別爲闡，其猶洛之有波矣。西南流逕盛鄉城西，又南逕寧陽縣故城西，又南，洙水支津注之，又西南逕乘丘縣故城東，又東南流注於洙水。寧陽縣志：元初於堽城左作斗門，遏汶水入泗，於是洸流始盛。至元六年，以奔流衝激，泥沙填淤，乃議濬之。自閘口至石刺以通其源，又自石刺至高吴橋，南至王家道口，凡五十六里有奇，以達其流，而洸河復治。二十年，會通河開，北自奉符爲閘，以導汶水，盡入於洸；東會泗水，出於任城之會源閘而始分。明永樂九年，又築堽城壩以遏汶水，惟壩南官莊河入洸，洸流始微。成化十一年，主事張盛復爲堽城石閘，稍分汶水支流以入於洸，逕寧陽西南兩崖之間，有東、西兩閘，以備蓄洩。南匯蛇眼諸泉，流入滋陽。於是洸水入漕之流，滔滔不絶矣。

淄水。在寧陽縣東北。左傳昭公二十六年：齊師圍成，成人伐齊師之飲馬于淄者。水經注：淄水又西逕成城北，又西逕陽關城，注汶水。按：此即今小汶河，與青州府之淄水爲二。詳見泰安府。

泗水。源出泗水縣東陪尾山，西流逕曲阜縣北八里，又西南流逕滋陽縣東五里，轉南流與曲阜縣之西沂水合，入金口閘。又南流逕鄒縣西南五十里，又南至濟寧州會洸水，由天津閘入運河，凡二百二十里。左傳哀公八年：齊伐魯，次於泗上。國語：宣公夏濫于泗淵。漢書地理志：魯國卞縣泗水，西南至方與入沛，過郡三，行五百里。水經：泗水出魯卞縣北山，西南逕魯縣北，又西過瑕丘縣東，屈從縣東南流，漷水從東來注之。又南過平陽縣西，又南過高平縣西，洸水從北西來注之。又南過方與縣東，菏水從西來注之。又屈東南過湖陸縣南，涓涓水從東北來注之。又南過沛縣東。注：地理志曰「出濟陰乘氏縣」，又云「出卞縣北」，經言「北山」，皆爲非矣。山海經云「泗水出魯東北」，余昔因公事，路經洙、泗，尋其源流，水出卞縣故城東南，桃墟西北，墟有澤，澤方十五里，澤西際阜，俗謂之嫣亭山。自此連岡通阜，西北四十餘里。岡之西際，便得泗水之源也。石穴吐水，五泉俱導，泉穴各徑尺餘。泗水西逕其縣故城南，又西南流逕魯縣，分爲二流：北爲洙瀆，南則泗水。洙、泗之間，即夫子領徒之所也。泗水自城北南逕魯城，西南合沂水。元和志：泗水之源有四，四泉俱導，因以爲名。明會典：泗河源出陪尾山，西流至兖州城東，又南流經横河，與沂水合。元時於兖州東門外五里金口作壩建閘，遏泗之南趨。明朝因而修築，每夏秋水漲，則啓閘，放使南流，會沂水，由堽里河出師家莊閘；冬春水微，則閉閘，令由黑風口東經兖州城入濟，又南流會洸水，至濟寧，出天津閘，入於運河。舊志：成化七年，工部主事張盛復作石壩，固之以鐵，以時啓閉，爲漕河之利，謂之金口閘河。胡渭禹貢錐指：泗水自泗水縣歷曲阜、滋陽、濟寧、鄒縣、魚臺縣、滕縣、沛縣、徐州、邳州、宿遷、桃源，至清河縣入淮，此禹迹也。今其故道，自徐州以南悉爲黄河所占。按：明萬曆以前，舊漕河自徐州歷沛縣而北，即泗水也。其支流與汴水合，經二洪下接於淮，則泗水尚入淮也。自萬曆二十二年開濬泇河，以避黄河水險，由是黄專合汴、泗入運，不復達於淮。本朝乾隆二十二年，高宗純皇帝南巡經此，有御製過泗水詩。

漷水。在滕縣南十五里，即南沙河也。源出縣東北一百里述山西南麓，西流會黄約山諸泉水逕縣南，又西會南梁河入運河。左傳襄公十九年：取邾田自漷水。注：「漷水出東海合鄉縣，西南流經魯國，至高平湖陸縣入泗。」水經注：漷水出東海合鄉縣，西南流入邾，又經魯國鄒山東南，又西南逕蕃縣故城南，又西逕薛縣故城北，又西逕仲虺城北，又西逕湖陸縣入於泗，故京相璠曰：「薛縣漷水，首受蕃縣，西至山陽湖陸。」是也。經言「瑕丘東」，誤耳。按：齊乘云滕州南有薛水，即古漷水，出州東高山，春秋「魯取邾田自漷水」，杜注「水出東海合鄉縣，西南經魯國至高平湖陸縣入泗」，蓋此水也。縣志以爲水經注「梁水南鄰於漷」，即今漷水也。薛水去南梁遠，中隔石橋泉河，安得鄰之？以薛水爲古漷水，誤矣。且縣東北述山前有分水嶺，直南至嶧山東，水皆東流，自崆峒山西至鳳凰嶺北，水皆北流。東海合鄉之水何從而入？杜注亦謬。齊乘又云有沙河水出鄒嶧山，皆西南流至山陽湖，與南梁相合，同入於泗，名三河口。縣志亦辨其不然，以爲源自嶧山者，此北沙河也；西南流入泗者，則南沙河，乃漷水也。舊入三河口，初不與南梁會，自漕河東徙，遏其南流，而北出之趙溝，始與南梁會合，不復入三河口矣。

南梁水。在滕縣東北十五里。源出趵突、荆溝二泉，合而爲一，西會漷水入運河。漢書地理志：魯國蕃縣南梁水西至胡陵入沛渠。水經注：泗水又左會南梁水。地理志曰，水出蕃縣東北，平澤出泉若輪焉，發源成川，西南流，分爲二水：北支水西出逕蕃縣北，西逕滕城北，溉公丘田〔四〕，故有兩溝之名；南梁水自枝渠西南逕魯國蕃縣故城東，俗以南鄰於漷，亦謂之西漷水〔五〕。又屈逕城南。地理志曰，其水西流注於沛〔六〕。沛在湖陸西，而左注泗。泗、沛合流，互受通稱。經無「南梁」之名，而有「湑涓」之稱，疑即是水也。齊乘：南梁水出滕縣荆溝村，西南流至滕州東門外，折而過城北，又西入山陽湖，山陽俗曰刁陽，由湖南出注於泗。明統志：梁水源發滕縣東一十五里，西南流入徐州沛縣界。按：南梁河舊不與漷水合，而入徐州沛縣界。自明嘉靖間運河東徙，又遏漷水，導之北出趙溝，與南梁會，而同入於漕。齊乘、明統志所言，與今河流皆不合矣。

丞水。在嶧縣西。一名承治河。本出縣北車梢峪，源曰滄浪淵，南流會許池水。今滄浪淵水微細，獨許池爲正源矣。南逕縣城西門外，折東流至縣南三十里，納金注水。又東納義河水，南合泇河，入運河。元和志：丞縣以西北丞水得名。寰宇記云：承治水出縣西北方山，王莽改丞縣爲承治，故水有此名。今又訛爲承治水。

西泇水。在嶧縣北六十里。亦名泇河，即古柤水也。源出縣東北抱犢山，東南流至邳州界，會沂水入黃河。水經注：偪陽縣西北有柤水溝，去偪陽八十里，東南流逕偪陽故城東北，南亂於沂，而注於沭，謂之柤口城。齊乘：東泇河出沂州西北之箕山；西泇河出嶧州東北抱犢山，東南流至三合村，與東泇合。又有魚溝水出浮丘山，亦合於此，故名三合。南貫四湖，又南合武河入泗，謂之泇口。按：唐書地理志丞縣有陂十三，蓄水溉田，皆貞觀以來築。齊乘言今沂、嶧二州仰泇、丞二水溉田，青、徐水利莫與爲匹，皆十三陂之遺跡也。明萬曆三十二年，總河李化龍開泇口，自夏鎮李家港至黃林莊，名曰泇河，以此水得名。二年，改泇河爲運道。

運河。自江蘇徐州府沛縣入府境，逕嶧縣南五十里，西北逕滕縣東南六十里，又西北逕魚臺縣東北三十里，折而北逕濟寧州西三里，與嘉祥縣分界，又北逕汶上縣西南三十五里，又北入泰安府東平州界。自南而北，有泇河、南旺、張秋等名。元史河渠志〔七〕：濟州汶、泗相通河，非自然長流河道，於兖州立牐堰，約泗水西流，堽城立牐堰，分汶水入河，南會於濟州，以六閘撙節水勢，啓閉通放舟楫，南通淮、泗，以入新開會通河。明史河渠志：太祖定都應天，用海運以餉遼卒。洪武二十四年，河決原武，漫安山湖而東，會通盡淤。成祖肇建北京，轉漕東南，一仍由海，一則浮淮入河，至陽武陸輓百七十里，抵衛輝，浮於衛。海運既險，陸輓亦艱，永樂九年，用濟寧州同知潘叔正言，命尚書宋禮等濬會通河。禮用汶上老人白英策，築壩東平之戴村，遏汶使無入洸，而盡出南旺。南旺者，南北之脊也。自左而南，距濟寧九十里，合沂、泗以濟；自右而北，距臨清三百餘里，獨賴汶。自南旺分水，北至臨清，降地九十尺，置閘二十有一；南至鎮口，降百十有六尺，置閘二十有七。其外又有積水、進水、減水、平水之閘五十有四，壩二十有一，所以防運河之洩，佐閘爲用。谷應泰明紀事本末：正統十三年，河決滎陽，經曹、濮以入運河，至兖州沙灣之東隄大洪口而決，濟、汶諸水皆從之入海，會通遂淤。景泰四年，左僉都御史徐有貞疏上流爲渠，起金隄張秋西南，踰范、濮，經澶淵，以接河、沁，用平水勢。又濬漕渠出沙灣，北至臨清二百四十里，南至濟寧三百一十里。嘉靖七年，以河決東溢，逾曹入昭陽湖，運道大阻，都御史盛應期上言，宜于昭陽湖左別開新渠，北起姜家口，南至留城一百四十餘里，以通漕舟。其地居河上流，土皆沙淤，功弗就。四十四年，河盡北徙，吏部侍郎朱衡、左僉都御史潘季馴，尋應期故道開新河，自南陽達留城百四十一里濬舊河，自留城達境山五十三里，八月而成。河防志：泇河以嶧縣東西泇水得名。明隆慶丁卯、庚午間，都御史翁大立屢疏請開河，自馬家橋經利國監入泇口，出邳州，以避秦溝、吕梁之險。議不行。萬曆癸巳，河決汶上，灌徐、邳，潰漕隄二百里。總河舒應龍求通洩之途，於微山湖東得韓家莊，可引湖水由彭河注之泇，開支渠四十餘里。工成，猶未能通漕也。己亥秋，都御史劉東星來治河，舉韓家莊未竟之工。辛丑春，再修浚，建渠梁橋石閘一，德勝、萬年、萬家莊各草閘一，是年漕艘由泇河行者十之三矣。癸卯，河決黄莊，入昭陽湖。都御史李化龍定計開泇，棄王市以下三十里之泇河，徑從王市取直，達紀家集南。當河深處以避鑿郗山及周柳諸湖百里之險，遂改挑直河之支渠，修砌王市之石壩，平治大泛口之湍溜，撈濬彭家口之淺沙，建閘設壩，次第畢舉。通計開泇二百六十里，内分邳屬一百里，隸中河；而夏鎮所隸，自李家港口東至黄林莊一百六十里；屬滕縣者五十里；屬嶧縣者一百十里。

黄河故道。在陽穀縣西。水經注：河水於范縣東北流爲倉亭津，又歷柯澤，又徑東阿縣故城西，而東北注鄧里渠。又東北過茌平，逕昌鄉亭、碻磝城。元和志：黄河在陽穀縣北十二里，又縣東十八里有沙河，由曹州府范縣流逕壽張縣，又東流入境。雨潦則匯羣川北流，至東昌龍灣入運河。相傳亦黄河故道也。

嶮河。在曲阜縣東北五十里。寰宇記：在曲阜縣北四十二里。源出九龍山，東南流入洙。其溪磵險隘。左傳桓公十二年：公會杞侯、莒子盟於曲池。杜預注：「汶陽縣北有曲池亭，即以此水爲名。」

灑河。在寧陽縣東南五里。匯東北蛇眼諸泉，環城而流，即今城河也。南流至滋陽入漕，西流同古城泉，由高吴橋南入洸。明統志：漕水源發寧陽縣治東蛇眼泉，北流至府城北三十里入洸水。

大沙河。在鄒縣南三里。源出四基山，西南流徑城南入白馬河。又有小沙河，亦出四基山，由岡山東麓徑城東而南，至城西，折南流。明萬曆中，知縣王汝振築壩塞西南故道，穿渠導水，環城而北，復流而南，至城西五里瀦，名曰因利渠。本朝康熙間，知縣婁一均募民疏濬城濠積沙，加築滚水石壩於西南，使水勢停蓄，以資灌溉。

界河。在鄒縣南五十里。亦名白水河。源出滕縣北龍山，西流入鄒縣境，過界河驛，仍出滕縣界，徑染山前。又西南瀦爲郁郎淵，一名温水湖。又西受聖母池水，入運河。

白馬河。在鄒縣北二十里。魏書地形志：高平郡平陽有白馬溝。明統志：白馬河源發九龍山，西流入於泗水。舊志：白馬河會馬山、孟母等十二泉，轉入魯橋濟運。又有紅溝河，出縣東南紅溝山，流至城西南入白馬河。又有蓼河，源亦出九龍山，西流逕縣南，折而西北，入白馬河。

濟河。在泗水縣東一里。源出縣東南珍珠泉。又黄陰河，在縣東三十五里。皆北流入泗。

南明河。在滕縣東南十里。源出嶧縣黑風口諸山泉，西逕梁山，又西逕奚公山，受薛河支流。又西逕白山，入微山湖。

石橋河。在滕縣南三十里。源出縣南官橋東北平地，西流過故薛城北，又繞其西，西南流至三河口，入運河。按：石橋河本與漷、薛爲三河，漷既遏而北，薛又遏而南，今入口者惟石橋河耳。

薛河。在滕縣南四十里。源出寶峯山東，諸泉匯而爲淵，名西江水。又西徑薛山，名薛河。又南合東江水。東江水出湖陸山，西流至雲龍山入薛河，又西南入微山湖。

百中河。在滕縣南八十里。源出縣南百中社，南流十里，會三里灣河，西至留城入運河。

北沙河。在滕縣北十五里。俗訛爲白沙河。源出鄒縣嶧山，南流逕龍山後，繞出其左，又逕龍山南流至縣西，分爲二：一出休城南，至馬家口入運河；一趨休城北，又西受北石橋水，又西會白水河入運河。明統志：北沙河源出滕縣北龍山，西流逕魚臺縣界，入昭陽湖。按：魚臺縣志有沙河在縣東南五十里，逕沙湖鎮流入昭陽湖，蓋運河故道也。昔與滕縣沙河爲一，自夏鎮河開，改在昭陽東畔，此河不與滕通。明統志所言舊道也。

小沂河。在滕縣東北一百二十里。有二源：一出縣東北太白山之東，一出縣東北樵山之西，俱至縣東北合爲沂河，入沂州府界。蓋即沂州大崖阜之上源也。

金注河。在嶧縣南五里。土人訛爲金珠。源出石屋山，南流，又東南入於氶水。又縣東北三十里有義河，西南流會氶水。

彭河。在嶧縣南五十里。一名中心溝。源出縣西白茅山下之玉華泉，東流合衆水，又東會氶水入泇。明萬曆初，總河舒應龍議引河水，由彭河注之泇，即此。

武河。在嶧縣南一百里。源出馬山，東流入運河。詳見江蘇邳州。

伊家河。在嶧縣西南，微山湖引河也。微湖上承南旺、蜀山諸湖之水，其尾閭有二：一由湖口閘入漕河，一舊由張谷山出荆山橋而南，其經流也。乾隆二十一年，荆山橋淤塞，湖水暴漲，奉旨開伊家河以洩水勢。上起微山湖，下至江蘇邳州黄林莊入運，共長六十九里。由是諸湖匯派，無泛溢之虞，而有瀦蓄之利矣。

山羊河。在滕縣西南六十里，接江蘇沛縣界。

巨龍河。在嶧縣西北六十里。源出東暨村靈泉，西流繞西暨集，西南入微山湖。

清水河。在陽穀縣南五十里。自壽張縣流入，東徑張秋鎮南減水閘入運河。

獨山湖。在滕縣南六十里，接魚臺縣界。亦名南陽湖。沙河、鄒、泗諸水餘流所匯也。亦引流入運河。明隆慶六年，於南陽北岸爲石隄三十餘里，減水閘十四座。本朝乾隆二十四年加修水口十八處，涵洞四座焉。

吕孟湖。在滕縣南一百二十里。北爲運河，其西爲赤山湖、微山湖，東爲張莊河，又東接嶧縣之韓莊湖，實一湖也。今通謂之吕孟湖。明史河渠志：諸湖連注八十里，引薛河出地浜溝入運。

昭陽湖。在滕縣西南七十里，魚臺縣東南六十里，接江蘇沛縣界。明會典：昭陽大湖長十八里，小湖長十三里，二湖相連，北屬滕，南屬沛。周圍八十餘里，納諸縣之水，湖口置石閘，放水入薛河，由金溝口以達舊運河。後以河決棄沽頭，開新河，則南陽在東，昭陽在西，去黄水益遠，運河乃安。府志：昭陽湖即山陽湖也。亦曰刁陽。去滕縣七十里，故爲運河東岸。受滕縣諸泉，匯爲巨浸，溢水沽頭閘入運。嘉靖末，河水東決，由運趨湖，漕渠阻塞。尚書朱衡改新渠於湖東，以避河水，又於其南築隄以防河患。自是河益南徙，不復趨湖。泉水分流入運，亦不能越漕而西。湖水填淤，居民樹藝其中，化爲膏壤矣。

耿武湖。在滕縣西五十里，居運河之北。

温水湖。在滕縣西北六十里。即郁郎淵。北沙河之水所瀦也。

蜀山湖。在汶上縣南三十五里，運河東岸。周六十五里，跨汶上、嘉祥、濟寧三州縣境。以湖中有蜀山，故名。汶上諸水及濼濇等泉皆匯於此。每遇運河水弱，則開汶上境内金線閘、嘉祥境内利運閘以濟重運焉。

馬踏湖。在汶上縣西南，汶河隄北，漕河東岸，周三十四里。亦名南旺北湖。明萬曆間創築土隄三千二百餘丈。其上爲釣臺泊。

南旺湖。在汶上縣西南三十五里，運河西岸，周九十三里。即鉅野澤東畔也。宋時河水東溢，與梁山濼水匯爲一，周可三百餘里。及明永樂中，開會通河，畫爲二隄，使漕渠貫其中。在東者又分爲二，南爲蜀山湖，北爲馬踏湖。其間地形特高，謂之水脊。汶水西南流注於此，分南、北二流，所謂分口也。萬曆間，開浚河渠，加築舊隄一萬二千餘丈，東西子隄一千二百餘丈。河防考：明永樂中，尚書宋禮開會通河成，復請設水櫃以濟漕渠，在汶上曰南旺，東平曰安山，濟寧曰馬場，沛曰昭陽。各因鍾水，相地勢，建閘壩，漲則減之入湖，涸則開之入河，名曰四水櫃。

石橋泊。在汶上縣南十五里。會拔劍泉水，西入沙中伏流不見。

石樓濼。在汶上縣西南二十里，周三十里。嘗有城郭人馬之狀出於水上，謂之「水市」。縣西北十五里又有魚營濼，周四十里，縣東北三里曰蒲灣濼，舊名仲勾陂，周二十餘里，俱入於汶。每秋水泛漲，一望無際，遠近村落悉在煙波杳靄中。

梁山濼。在壽張東南梁山下，久湮。按：五代史晉開運元年，河決滑州，環梁山，入於汶、濟。司馬光通鑑：周顯德六年，命步軍都指揮使袁彥浚五丈渠，東過曹、濮梁山濼，以通青、鄆之漕。宋史河渠志：天禧三年，滑州河溢，歷澶、濮、曹、鄆注梁山濼。熙寧十年，河決於澶州曹村澶淵，北流斷絶，河道南徙，東匯於梁山張澤濼。宦者楊戩傳云：梁山濼，古鉅野澤，綿亘數百里，濟、鄆數州賴其蒲魚之利。蓋梁山濼即古大野澤之下流，汶水自東北來，與濟水會於梁山之東北，迴合而成濼。宋時決河匯入其中，其水益大。其後河徙而南，濼亦漸淤。迨元開會通河，引汶絶濟；明築戴村壩，遏汶南流，歲久填淤，遂成平陸。今州境積水諸湖，即其餘流也。

沙灣。在壽張縣東南三十里，去北安平鎮十二里。黄河舊決口也。明史徐九思傳：嘉靖中，九思以工部郎中治張秋河道，議築減水橋於沙灣，俾漕河與鹽河相通。工成，遂爲永利。舊志：明時疏會通河，一循元人故道，惟於開河閘至沙灣，比故河道北徙幾二十餘里。又引黄河支流自河南封丘縣荆隆口東，東至於沙灣，以達臨清之衛河。弘治中，河決於此。自是築塞黄陵岡，而沙灣之流漸涸。

廣濟渠。在壽張縣西。舊志：明正統中，河決汴梁，東北趨漕河，潰沙灣東隄，由大清河入海。景泰四年，徐有貞修塞決河。先疏其上流爲渠，起張秋金隄，通壽張之沙河，至於范、濮，以達河、沁，名曰廣濟渠。渠口即通源閘也。

阿澤。在陽穀縣東。左傳襄公十四年：衛獻公出奔齊，孫林父追之，敗公徒於阿澤。注：「東阿縣西南有大澤，即阿澤也。」或曰今七級上、下二閘，即古阿澤之地。

西湖陂。在陽穀縣西十五里。亦名黑龍潭。又縣西北二十五里有鵞鴨陂，霖雨後，視西湖陂尤廣。

東泓陂。在壽張縣東一里。冬夏不涸。又縣東三里有白羊陂。

孔子準字池。在汶上縣治堂上。縣志：自漢、唐以來，中有池，以石爲之。外方内圓，刻鯉魚四，環注以水。上不在水面，下不在底，以示爲政者中行之意。

負瑕泉。在滋陽縣北六里。以古負瑕邑得名。其東有闕里等泉，西有蔣詡等泉。滋陽境内凡十四泉，並入濟河。按：兖州府屬有泉州縣凡十，泉源凡二百三十三，俱爲泉河通判所轄。額設泉夫，歲加疏濬，以資漕運。

文獻泉。在曲阜縣城東二步。舊志：即魯頌之泮水也，西南流入沂河。

逵泉。在曲阜縣東南三里。水中石如伏黿、怒鼉。名見左傳。

温泉。在曲阜縣東南十里。雖沍寒時，水常暖可浴。西北流入西沂水。舊志：曲阜縣境凡二十八泉，入泗者七，由西沂入泗者二十有一。

柳泉。在寧陽縣西十里。俗名柳子溝。舊南流十五里入洸。明嘉靖初，洸水涸，泉滲沙中，不能達漕，乃於洸河兩岸東西各立一閘，以時啓閉。東會蛇眼等泉，匯於灑河。明季仍南流入洸。本朝康熙三年，復改東流，經城東，會諸泉以入灑河。

灤澢泉。在寧陽縣西北三十五里。西南流經汶上縣東北五十里，入蒲灣泊。又西流會龍鬬泉，入汶河。

蛇眼泉。在寧陽縣北門外。泉穴如蛇眼，故名。又縣北門外有日淵泉，縣北一里有古泉，東北一里有三里溝泉，縣東門外有井泉，東十二里有張家泉，東南八里有金馬莊泉，俱會蛇眼泉，入於灑河。舊志：寧陽縣境泉凡十五，入泗者四，入洸者十有一。

魯姑泉。在寧陽縣西北二十五里。西南流六十五里，入灤澢泉；又西會汶上縣龍鬬泉，入汶河。

淵源泉。在鄒縣西南七十里。源出鐵脚山下，水深十餘丈，西北流四里，入白馬河。舊志：鄒縣境凡十五泉，惟三角灣泉自入泗，餘皆由白馬河入於泗。

寺前泉。在泗水縣東五十里泉林寺南。縣志：陪尾山下有泗水神祠，西即泉林寺。水出山下，四泉同發，故曰泗水。寺之左右，泉以十數，互相灌輸，合而成流。按：山麓有趵突泉、珍珠泉、黑虎泉、淘米泉，所謂四泉同發者也。相去各二丈許，從石罅中湧出，噴瀑沸騰，晝夜不息。合左右十餘泉，并在卞橋東五里内匯流而爲泗。

盜泉。在泗水縣東北。尸子：孔子過於盜泉，渴矣而不飲，惡其名也。水經注：盜泉出卞城東北卞山之陰。論撰考識曰：水名盜泉，仲尼不潄，即斯泉矣。縣志：縣境之泉凡八十有七，惟盜泉不流，餘皆匯爲泗河。

趙溝泉。在滕縣西南二十六里。舊志有紋溝、三山、五花等泉，俱注南沙河。又黄溝泉在縣東南，與温水、龍灣諸泉舊俱逕沛縣留城閘，入漕河。縣境凡三十四泉，皆引流濟運。

許由泉。在嶧縣西北四十里。

光武泉。在嶧縣北五十里。即巨龍河上流。相傳漢光武征董憲時，曾駐於此。舊志：縣境凡十有四泉，皆引以濟運。

許池泉。在嶧縣西北十里嶺阜下。湧出五泉，曰珍珠，曰鍋泉，曰篩泉，曰金化，曰灰泉。惟灰泉稍濁，餘皆清澈，可鑒毫髮。南流會滄浪、石室二泉，即爲氶水。

馬莊泉。在汶上縣東南十八里。泉源二十四，合而爲一，西流十五里，徑城南，伏流至城北復出，由魯溝入蜀山湖。

龍鬬泉。在汶上縣東北五十里。初出湧沸如兩虬相擊，故名。其東有薛家溝泉、雞爪泉、趙家橋泉，俱會寧陽境之魯姑泉、濼澢泉，亘四十里而達蒲灣濼，匯流入汶河。

聖水井。在滋陽縣東北二里石佛寺門東。府志：井底有碑，上刻古篆。歲旱致祭，取碑出井，即雨。

孔子故井。在曲阜縣城中孔廟東詩禮堂後。相傳即夫子所飲之井也。明兖州府知府童旭護以石欄。本朝乾隆十三年、二十一年、二十七年、三十年、三十六年、四十一年、四十五年、四十九年，高宗純皇帝幸魯，有御製故井贊及御製故井諸詩，并勒石井側。

伯禽井。在曲阜縣東北三里周公廟東南。水清洌而甘，亦名甘井。

顏子井。在曲阜縣東北周公廟西南。

季桓子井。在曲阜縣東北三里周公廟北。圍五丈三尺，深八十尺，以石甃之。白褒魯記：鹿門有兩井，一爲臧武仲井，深六十尺；一爲季桓子井，深八十八尺。國語：季桓子穿井，得土缶，其中有羊，以問仲尼。即此。

阿井。在陽穀縣北五十里東阿城鎮，上有亭覆之。水經注：東阿城北門内西側皋上有大井，其巨若輪，深七丈，歲常煮膠入貢，本草所謂「阿膠」也。沈括夢溪筆談：東阿濟水所經，取井水煮膠，謂之「阿膠」。用攪濁水則清，服之下膈疏痰止吐，皆取濟水性趨下，清而重，故以治淤濁及逆上之痰。齊乘：今水不盈數尺，色正緑而重，周爲垣，掌之於官。

校勘記

〔一〕北至泰安府肥城縣界三十五里　「泰安府」，原作「濟南府」，乾隆志卷一二九兗州府建置沿革（下同卷簡稱乾隆志）同。按，肥城縣屬泰安府，不屬濟南府，據改。又按，雍正山東通志卷五疆域云寧陽縣「北五十里至泰安府之泰安縣界」，本志卷一七九泰安府泰安縣下云「南至兗州府寧陽縣界六十里」，肥城縣下云「南至泰安縣界六十里」，則肥城縣不與寧陽接壤，此肥城縣似亦當作「泰安縣」。

〔二〕又西南過岡縣北　「岡」，乾隆志同。按，戴震校水經注，以「岡」爲「剛」之訛，是也。漢置剛縣，屬泰山郡。

〔三〕洸水上承汶水於岡縣西闡亭東　「岡」，乾隆志同。按「岡」當作「剛」，説見上條校勘記。

〔四〕漑公丘田　「公」，原作「分」，據乾隆志及水經注卷二五泗水改。

〔五〕俗以南鄰於漷亦謂之西漷水　「以」下原有「爲」字，乾隆志同，據水經注卷二五泗水删。

〔六〕其水西流注於沛　「沛」，乾隆志同。按，戴震校水經注以爲「沛」當作「濟」，下又脱「渠」字。楊守敬疏以爲「沛」爲「泲」之訛字，熊會貞云泲水即菏水。

〔七〕元史河渠志　「史」，原作「志」，據乾隆志改。

大清一統志卷一百六十六

兖州府二

古蹟

樊縣故城。在滋陽縣西南。漢置縣，屬東平國。後漢改屬任城國。晉因之，後廢。括地志：故城在瑕丘縣西南三十五里。

乘丘故城。在滋陽縣西北。春秋莊公十年：公敗宋師于乘丘。注：「乘丘，魯地。」漢置縣，屬泰山郡。武帝封中山靖王子將夜爲侯國。後漢省。水經注：洸水逕泰山郡乘丘縣故城東。括地志：故城在瑕丘縣西北三十五里。通鑑：周安王二年，魏、韓、趙伐楚，至桑丘。胡三省注：「桑丘，史記楚世家作乘丘，即今兖州之瑕丘縣也。」按：水經注引史記趙世家「韓將舉與齊、魏戰于乘丘」，謂即乘丘縣。考史記，「乘丘」本作「桑丘」。張守節正義引括地志辨桑丘在易州，不在泰山。竊思魯地入楚，三國伐楚而至桑丘，其爲乘丘無疑。若趙、齊、魏之戰，安得在此？可以證水經注改「桑丘」爲「乘丘」之失。又漢志於「泰山郡乘丘」下、「濟陰郡乘氏」下俱引春秋「公敗宋師于乘丘」。水經注「乘氏縣故城，宋乘丘邑也」，似又以乘丘爲宋地。考左傳，乘丘之役，公子偃自雩門出，則乘丘之去魯城不遠，以爲宋地恐未必然。至漢志注之兩引，亦自相矛盾，附辨於此。

魯國故城。今曲阜縣治。周時魯國舊都。左傳定公四年：祝鮀曰：「因商奄之民命以伯禽，而封于少皡之墟。」史記：

武王封周公于曲阜。正義曰：「兖州曲阜縣外城，即魯公伯禽所築也。」元和志：兖州曲阜縣，本漢魯縣。其地即古炎帝之墟。自後或爲魯國，或爲魯郡，而縣屬焉。北齊文宣帝省魯郡，仍於魯城置任城郡。開皇三年罷郡。四年改縣曰汶陽，屬兖州。十六年又改名曲阜。府志：古魯城在今曲阜縣城外，周迴延袤可十餘里。縣志：在縣城北三里，今爲古城村。按：元和志闕里、矍相圃俱云在曲阜縣西南三里魯城中，始知縣志之古城乃唐時之曲阜，非魯城也。乾隆二十七年，高宗純皇帝南巡，迴蹕駐曲阜，御製古泮池證疑，以今曲阜縣治爲古之魯城，足以正府、縣志之失，而新城、舊城瞭如指掌矣。

曲阜故城。在今曲阜縣東十里。縣志：宋大中祥符間，遷縣治於魯城東。明正德七年，流賊陷曲阜，乃徙還魯城故址，築新城。按，故城乃齊、隋時所遷，縣志誤。

南平陽故城。今鄒縣治。本春秋時邾地。後爲魯平陽邑。左傳哀公二十七年：越子使后庸來，盟于平陽。戰國時爲齊南陽邑。孟子謂「魯慎子一戰勝齊，遂有南陽」，魯仲連謂「楚攻南陽」，皆指此也。漢置南平陽縣，屬山陽郡。後漢永平二年改屬東平國，後仍還山陽。晉屬高平國。劉宋曰平陽，屬高平郡。後魏因之。北齊時省。水經：泗水又過南平陽縣西。注：山陽郡之南平陽縣也。竹書紀年曰「梁惠成王二十九年，齊田盼及宋人伐我東鄙〔一〕，圍平陽」者也。章懷太子曰：南平陽故城，今兖州鄒縣。按：齊乘有古邾城，在鄒縣之南，漢以爲南平陽，晉廢入鄒縣。今南平陽晉、宋、後魏俱屬高平，並未嘗廢。至隋書地理志始無此縣，當在北齊時廢入。且今鄒縣南距漢時縣治止二十餘里，若南平陽又在今縣之南，則兩縣相去不過數里，似乎太近。齊乘之言皆非也。縣志謂南平陽城在縣西三十里，今其地猶有平陽橋、平陽寺、平陽店。然以今之俗名，證漢時舊縣，亦屬難信。當從後漢書注爲是。

邾國故城。在鄒縣東南二十六里。本邾婁國。春秋隱公元年：公及邾儀父盟于蔑。注：「邾，今魯國鄒縣也。」左傳文公十三年：邾文公卜遷于繹。注：「繹，邾邑。」魯國鄒縣北有繹山。漢置騶縣。前漢書地理志：魯國騶，故邾國。繹山在北。後漢書郡國志註：劉會騶山記曰〔二〕：「邾城在山南，去山二里。」水經注：繹山，邾文公之所遷。今城在鄒山之陽，依巖阻以墉固。

故邾婁之國，曹姓也。後乃縣之。因騶山之名以氏縣也。杜佑通典：故邾國城在鄒縣東南，周迴四十里。上冠峯巒，下屬溪壑。自南北朝以來，遂遷今治。元和志：鄒縣，本漢騶縣地。故邾國，魯之附庸，魯繆公改「邾」爲「鄒」，因騶山以爲縣。于欽齊乘：鄒縣，古邾國。鄭樵通志云，顓帝玄孫陸終氏第五子晏安，賜姓曹，封於邾。子孫以邾爲姓。周武王封晏安之裔邾挾爲附庸，自挾至儀父十二世，始見春秋。十四世，邾文公遷於繹，改稱鄒。趙臺卿曰「至孟子時，改曰鄒」，此説非也。按六書考故「邾、鄒同聲之轉也」，故邾謂之邾婁，婁有二音，合「閭」音爲「邾」，合「樓」音爲「鄒」，此本邾國耳。後爲楚宣王所滅。又古邾城在鄒縣南，邾文公遷於繹。繹本騶山，故亦稱騶城，蓋其始封之邑也。漢嘗以爲南平陽。騶城在繹山南二里。邾遷於繹，依嶧山以爲邑。今山前古城猶存，此亦漢縣也。按：古邾城在嶧山之南，即邾文公之所遷。漢、晉以來爲騶縣。諸説相同，固無可疑，獨今縣治在嶧山北二十里，以元和志考之，自唐時已然。而諸書皆未言及徙置之故，齊乘備載「古蹟」，於鄒縣之外增一邾城，云是其始封之邑，在今縣南，則是今縣既非始封之邑，又非遷嶧之城。縣志求之不得，以宋元嘉間約畧言之，亦無確據。考後漢書注云「南平陽縣故城，今兗州鄒縣是也」，始知今縣治乃漢之南平陽縣無疑。蓋省平陽入騶縣，又移騶縣治平陽耳。後魏時平陽、騶縣並置，分屬高平、魯郡。北齊天保七年，併省郡縣，其改置鄒縣當在此時，不在宋元嘉間也。

高平故城。在鄒縣西南。漢置橐縣，屬山陽郡。後漢更置高平侯國。晉屬高平國。劉宋時移高平郡來治。後魏因之。北齊郡、縣俱廢。水經注：泗水逕高平縣故城西。漢宣帝地節三年，封丞相魏相爲侯國。高帝八年，封將軍陳錯爲橐侯。地理志曰：縣故山陽郡之橐也。王莽改曰高平。應劭曰：「章帝改。」章懷太子曰：「故城在鄒縣西南。」

卞縣故城。在泗水縣東五十里。春秋時爲魯卞邑，卞莊子食邑於此。春秋僖公十有七年：夫人姜氏會齊侯於卞。國語：楚申無宇曰：「魯有弁、費。」注：韋昭曰：「弁，即卞也。」史記魯世家：頃公亡，遷於卞邑。漢置卞縣。晉因之。後魏縣廢。水經注：泗水逕卞縣故城南。春秋襄公二十九年季武子取卞，曰「聞守者將叛，臣率徒以討之」是也。

郚鄉故城。在泗水縣東南。春秋時魯邑。左傳文公七年：城郚。注：「卞城南有郚城。」漢置郚鄉縣，屬東海郡。後漢省。

蕃縣故城。今滕縣治。漢置蕃縣。前漢書注：應劭曰：「鄫國也。音『皮』。」師古曰：「白褒云，陳蕃之子爲魯相，國人爲諱，改曰『皮』。」此説非也。郡、縣之名，土俗各有別稱，不必皆依本字。水經注：南梁水逕魯國蕃縣故城東。隋書地理志：彭城郡滕，舊置蕃郡。後齊廢。開皇十六年改曰滕縣。元和志：滕縣本古滕國，漢蕃縣也。後魏置蕃郡，以縣屬焉。北齊郡、縣並廢。隋於此置滕縣，屬彭城郡。唐屬徐州。南至州二百里。

桃山故城。在滕縣東。漢置縣爲侯國，屬泰山郡。後漢省。今縣東南有桃山，漢縣當以此名。

薛縣故城。在滕縣東南四十四里薛河之北。古奚仲所封之國。左傳定公元年：薛宰曰：「薛之皇祖奚仲居薛，爲夏車正，遷於邳。仲虺居薛，爲湯左相。」戰國時，齊封田嬰於此。秦置薛縣。漢屬魯國。後齊廢。史記孟嘗君傳：齊湣王三年，封田嬰於薛。子文代立，是爲孟嘗君。後漢書郡國志：薛城在春秋之季曰徐州。哀公十有四年，齊陳恒執其君置於舒州。史記作徐州。水經注：竹書紀年「梁惠成王三十一年，邳遷于薛，改名爲徐州」。括地志：薛縣故城在滕縣東南四十四里。元和志：故薛城在滕縣東南四十三里，薛侯國也。當孟嘗君時，薛中六萬家，其中富厚，天下無比。此田文以抗禦楚、魏也。按，薛城春秋以後別名舒州，史記皆作徐州。劉熙釋名：「徐，舒也。」古字相通，固非禹貢之徐州，亦非漢、晉以來之彭城也。近志以爲即今徐州，因引入彭城，誤矣。

昌慮故城。在滕縣東南六十里。春秋：郳濫邑也。左傳昭公三十一年：郳黑肱以濫來奔。注：「濫，東海昌慮縣。」漢宣帝甘露四年，封魯孝王子弘爲侯國〔三〕。後漢建安三年，析置昌慮郡，尋復故。晉元康中，以縣屬蘭陵郡。宋爲郡治。後魏仍屬蘭陵郡，後廢。寰宇記：濫城在滕縣東南五十九里。府志：故昌慮城周十里，有子城。按：昌慮縣，建安中魏武曾分爲郡。晉以後復爲縣，乃寰宇記謂建安中置郡，至隋始省，齊乘、明統志直謂建安中始置縣，與諸史皆不相合。齊乘又謂此即戚城，以漢戚朐縣爲證，併二縣名爲一，皆誤。

戚縣故城。在滕縣南七十里。乃秦縣也。漢屬東海郡。後漢及晉因之，後廢。漢書高帝紀：秦二年十一月，沛公引兵之薛，秦泗州守壯兵敗於薛，走至戚。又曹參傳：遷爲戚公，屬碭郡。注：顏師古曰：「爲戚縣之令。」府志：故戚城周圍四里，今迦河同知駐此。

蘭陵故城。在嶧縣東五十里。史記：荀卿適楚，春申君以爲蘭陵令。漢置縣，屬東海郡。後漢及晉初因之。元康元年，分置蘭陵郡。劉宋移郡治昌慮，以蘭陵省入承縣。後魏復置，屬蘭陵郡。北齊廢。隋開皇十六年復置。大業初又廢，改承縣爲蘭陵。唐武德四年，仍改蘭陵爲承縣，别置蘭陵縣。貞觀初復省入承縣，屬沂州。元和志：蘭陵縣城在承縣東六十里。齊乘：在州東南六十里。

鄫縣故城。在嶧縣東八十里。春秋時小國。僖公十四年，鄫子來朝。襄公十六年，莒人滅鄫。「鄫」亦作「繒」。史記：夫差七年，敗齊師于艾陵，遂至繒。又貨殖傳：朐、繒以北其俗齊。漢置繒縣，屬東海郡。後漢改屬琅邪國。後漢書劉永傳董憲及龐萌走入繒山是也。晉因之，後廢入即丘。魏書地形志：即丘縣有繒城。隋復分承縣置繒城縣。大業初併入承縣。唐復置鄫城縣，爲鄫州治。貞觀初，州、縣俱廢。寰宇記：故繒城在承縣東八十里。齊乘：古鄫城在嶧州東八十里。漢、晉並爲繒縣，其後省入蘭陵。隋初鄫州理承縣。大業二年始移蘭陵郡理此。後爲山賊左君衡所據，至唐武德初平賊，復置鄫州，理此城。按：地形志繒城，晉、宋時省入即丘，齊乘本寰宇記，謂省入蘭陵，與魏志亦不合。又按：隋開皇十六年，分承縣地置鄫州鄫城縣及蘭陵縣。此城當時爲鄫州鄫城所理，其蘭陵所理即漢、晉舊縣也，未嘗移理，此城亦未嘗爲郡。齊乘謂蘭陵移郡理此，亦誤。唐武德四年，以承縣治鄫州，别置鄫城縣以屬之，亦未嘗理此城也。

偪陽故城。在嶧縣南五十里。古偪陽國。左傳所謂「偪陽，妘姓」者也。襄公十年，晉侯會諸侯及吴子壽夢于柤，遂伐偪陽。穀梁作傅陽。漢置傅陽縣，屬楚國。後漢屬彭城國。晉因之，後廢。魏書地形志：彭城郡古有偪陽城。水經注：柤水流逕偪陽縣故城東北。

陰平故城。在嶧縣西南三十里。漢陽朔二年，封楚孝王子回爲陰平侯國，屬東海郡。後漢因之。晉省。章懷太子注：「陰平故城，在今沂州承縣西南。」

建陽故城。在嶧縣西。漢縣，屬東海郡。宣帝甘露四年，封魯孝王子咸爲侯國。後漢省。後漢書劉永傳：董憲屯建陽，去昌慮三十里。注：「建陽故城，在今沂州承縣北。」

承縣故城。在嶧縣西北一里。漢置縣，以丞水所經而名，屬東海郡。後漢及晉初因之。元康後屬蘭陵郡。宋因之。後魏武定五年移郡治此。隋改爲蘭陵縣，屬彭城郡。唐復故。元和志：承縣東北至沂州一百八十五里。元和十四年，楚州刺史李愬討李師道，拔承城。寰宇記：漢故城在今縣西一里，唐武德四年移今治。金貞祐四年，徙治土樓村。元省入嶧州。府志：故承縣城在嶧縣城西北，漢承縣故城也。丞水之西，又有舊土城，相傳爲隋鄫州城，亦稱承縣。

中都故城。在汶上縣西。春秋時魯邑。夫子爲中都宰，即此。後漢書郡國志：須昌有致密城，古中都。水經注：巨野溝西南逕致密城南。郡國志曰：古中都也，即夫子所宰之邑。元和志：中都故城在今中都縣西三十九里。一名殷密城。至漢以其地爲東平陸縣。按：後漢志、水經注皆作致密，而元和志、寰宇記皆作殷密，蓋傳寫之訛。

平陸故城。在汶上縣北。本古厥國。戰國時爲齊平陸邑。孟子之平陸，即此。史記齊世家：康公十五年，魯敗齊師於平陸。漢置東平陸縣。劉宋去「東」字曰平陸。元嘉中移樂平縣寄治於此。隋復改樂平爲平陸。唐改名中都，屬鄆州。元和志：鄆州中都縣，西北至州一百里。寰宇記：中都縣在鄆州東六十五里。

桃鄉故城。在汶上縣東北。春秋魯邑。春秋襄公十七年：齊侯伐我北鄙，圍桃。漢鴻嘉二年，封東平思王子宣爲桃鄉侯，國於此，屬泰山郡。後漢省。水經注：汶水又西南逕桃鄉縣故城西，王莽之鄣亭也。世以爲鄣城。魏收志：「無鹽有南章城。」蓋即此也。

陽穀故城。在陽穀縣東北三十里。本春秋齊邑。左傳僖公三年：齊侯、宋公、江人、黄人會于陽穀。杜預注：「在須昌縣北。」又齊語：桓公大朝諸侯於陽穀。隋因置陽穀縣。元和志：縣東南至鄆州七十五里。寰宇記：開寶六年，河水衝破縣城。至太平興國四年，移於上巡鎮。宋志：景德三年，又移治孟店。即今治。又陽穀亭在東阿縣東南四十里。又有會盟臺，在縣南五里，亦名陽穀亭。

壽張故城。漢置縣，在今縣東南五十里東平州界。金大定中，河水壞城，乃遷於今縣西竹口鎮。十九年復還故治。明洪武初廢。十四年又移置於王陵店，即今治也。

瑕丘舊城。在滋陽縣西二十五里。左傳哀公七年：季康子伐邾，以邾子益來，囚諸負瑕。杜預注：「負瑕，魯邑。高平南平陽縣西北有瑕丘城。」是也。漢置瑕丘縣。元朔三年嘗封魯恭王子政爲侯國。晉省入南平陽。水經注：瑕丘，魯邑。昔衛大夫公叔文子升於瑕丘，曾子弔諸負夏。鄭玄、皇甫謐並言衛地。魯、衛雖殊，土則一也。元和志：宋元嘉三十年立兖州，理瑕丘城，而瑕丘無縣。隋文帝割鄒縣、汶陽、平原三縣界立瑕丘縣，屬兖州。縣志：漢之瑕丘，宋置于嵫陽。明洪武初隸濟寧府。十八年廢，建今治。

平原舊城。今寧陽縣治。本漢寧陽縣北境。北齊改置平原縣於此。隋開皇十六年改名龔丘，屬魯郡。唐因之，屬兖州。元和志：龔丘縣南至兖州五十里。本漢寧陽縣之地，屬泰山郡。後漢改屬東平國。北齊文宣帝移置平原縣於漢寧陽城北十七里，今縣理也。隋以此縣與德州平原縣同名，以縣東南二十里有龔丘城，遂改平原爲龔丘，屬魯郡。按：隋書地理志、元和志皆云平原本北齊置，當時必有所據。曹學佺名勝志乃謂後魏移置，新志又以沈約宋志「陽平郡有平原縣，大明中置，後魏屬東陽平郡」，遂謂平原縣本宋時置。考魏書地形志，東陽平郡平原縣有鉅野澤，鉅野去今寧陽尚遠，非龔丘地也。當以隋書、元和志爲是。

寧陽舊城。在今寧陽縣南。漢武帝元朔三年，封魯恭王子恬爲寧陽侯，國於此。魏書地形志：東陽平郡元城縣有寧陽城。水經注：洸水逕寧陽縣故城西。元和志：漢寧陽城在龔丘縣南十七里。

剛縣舊城。在寧陽縣東北三十五里。戰國時齊之剛邑。秦昭王三十六年，取齊剛壽。漢置剛縣，屬泰山郡。後漢改屬濟北國。晉曰剛平縣，屬東平國。宋省。水經注：汶水西南過剛縣北。其地逼近汶水，後譌「剛」爲「堽」，今有堽城壩。又春秋哀公八年：齊伐魯，取闡。注：「闡鄉在剛縣北。」漢書地理志：剛縣故闡鄉。水經注：京相璠曰「剛縣西四十里有闡亭」，未知孰是。

汶陽舊城。在寧陽縣東北。本春秋時魯地。左傳僖公元年：公賜季友汶陽之田。成公二年：齊人歸我汶陽之田。漢置汶陽縣，屬魯國。晉屬魯郡。宋及後魏因之。元和志：故汶陽城在龔丘縣東北五十四里。舊志：漢章帝元和三年，東巡泰山，立行宮於汶陽，世謂之闕陵城。

成縣舊城。在寧陽縣北。本周時郕國地。武王封弟叔武於此。春秋隱公五年：衛師入郕。註：「郕國也。東平剛父縣西南有郕鄉。」後漢置成縣，屬濟北國。晉省。水經注：洸水逕盛鄉城西，京相璠曰「剛縣西南有盛鄉城」者也。按：郕，公羊作「盛」，史記作「成」。後漢置縣因之。古郕國與魯之成邑雖皆屬寧陽，實爲二地。郕國在西，近洸水，魯成邑在東，近淄水，不相混也。明統志謂郕國城在汶上縣北二十里，誤。

滕國舊城。在滕縣西南十四里。周文王子叔繡所封。秦爲滕縣。漢置公丘縣，屬沛郡。後漢屬侯國。晉咸寧三年改屬魯郡，後廢。水經注：南梁水逕蕃縣北，西逕滕城北。春秋左傳隱公十一年：滕侯、薛侯來朝。漢高帝封夏侯嬰爲侯國，號曰滕公。鄧晨曰：「今沛郡公丘也。縣故城在滕西北。」前漢書地理志：公丘侯國，故滕國。周懿王子錯叔繡所封。齊滅之。秦以爲縣。漢武帝元朔三年，封魯共王子劉順爲侯國。元和志：古滕國，在滕縣西南十四里，滕城是也。公丘故城在縣西南十五里。夏侯嬰初爲滕令，號滕公。此時高祖未立屬縣，故滕爲秦縣。至武帝改爲公丘縣，屬沛國。縣志：古滕城俗呼文公里，城周二十里，內有子城。按：左傳，郜、雍、曹、滕，文之昭也。則叔繡之爲文王子明甚。漢志誤爲懿王子，顏師古已辨之矣。

合鄉舊城。在滕縣東。漢置縣，屬東海郡。後漢志作合城。晉仍曰合鄉。宋屬蘭陵郡。後魏因之。北齊廢。水經注：

漷水出東海合鄉縣。漢和帝永寧九年，封馬光子復爲侯國。元和志：合鄉故城在滕縣東二十三里，即論語所謂互鄉是也。

永興廢縣。在滕縣東南。後魏黄興初，置永興、永福二縣，屬建昌郡。太和十五年罷郡，屬彭城。武定五年改屬蕃郡。北齊省。縣志有臨城，在縣東南七十里，周四里。城西有永興村，疑即故縣也。又有故縣城，在縣東南一百二十里茱萸山北，今猶名故縣集。疑即故永福也。

東阿廢縣。在陽穀縣東北五十里。春秋莊公十三年：公會齊侯，盟于柯。杜注：「今濟北東阿爲齊之柯邑，猶祝柯今爲祝阿也。」史記：齊桓公與魯會柯而盟。後爲阿邑。司馬穰苴傳：齊景公時晉伐阿、鄄。趙成侯九年，與齊戰阿下。又齊威王烹阿大夫。秦時謂之東阿。漢置東阿縣。後漢以下因之。自宋開寶八年，遷縣治於今東阿縣之南穀鎮，而故城遂墟。今屬縣界謂之阿城鎮。

檀城。在府城北。亦曰檀鄉。後漢書任光傳：刁子都餘黨會於檀鄉。注：「今兖州瑕丘縣東北有檀鄉。」府志地理：瑕丘檀城，古灌壇也。周時侯國。炎帝之後。路史：兖州有檀鄉。

鄹城。在曲阜縣東南。魯邑。左傳襄公十年：晉侯伐偪陽，偪陽人啓門，諸侯之士門焉。縣門發，郰人紇抉之，以出門者。注：「郰邑，魯縣東南莝城是也。」史記孔子世家：孔子生魯昌平鄉陬邑。注：孔安國曰：「孔子父叔梁紇所治邑。」縣志：縣東十里有西鄒集。按：鄹，左傳作郰，史記作陬，字義皆同，與邾婁之改名鄒者有别。水經注謂邾國，叔梁之邑，孔子生於此者，誤也。

昌平城。在曲阜縣東南八十里。左傳僖公二十九年：介葛盧來朝，舍于昌衍之上。注：「魯縣東南有昌平城，即昌衍也。」府志：明嘗於此置昌平驛。

春城。在寧陽縣西北三十里汶水之陰。即水經注所謂春亭也。府志：即古春城郡。

成城。在寧陽縣東北九十里。春秋魯邑。春秋桓公六年：公會紀侯于郕。後爲孟氏邑。左傳昭公七年：晉人來治杞田，季孫以成與之，而遷孟氏之邑于桃。後復歸魯。定公十二年：仲由爲季氏宰，將墮成。公圍成，弗克。禮記檀弓：子羔爲成宰。史記：齊宣公四十八年，田和取魯之成邑。縣志：舊曰故城社，今併太平爲一社，曰太古社。

漆城。在鄒縣東北。左傳襄公二十一年：邾庶其以漆閭丘來奔。注：「南平陽縣東北有漆鄉。」水經注：泗水自南平陽縣又南逕故城西，世謂之漆鄉。十三州記曰「漆鄉，邾邑也」。今見有故城，西南方二里。

姑蔑城。在泗水縣東。春秋隱公元年：公及邾儀父盟于蔑。注：「蔑，姑蔑，魯地。魯國卞縣南有姑蔑城。」括地志：姑蔑故城，在泗水縣東四十五里。

菟裘城。在泗水縣北。左傳隱公十一年：公曰：「使營菟裘，吾將老焉。」杜預注：「菟裘，魯邑，在梁父縣南。」元和志：菟裘故城在泗水縣東北五十里。

郳城。在滕縣東。春秋莊公五年：郳黎來來朝。注：「附庸國也。東海昌慮縣東北有郳城。」孔穎達疏：「郳之上世出於邾國，譜云小邾，邾挾之後也。夷父顏有功於周，其子友別封爲附庸，居於郳。曾孫黎來，始見春秋。數從齊桓尊周室，王命爲小邾子。」寰宇記：郳城在丞縣。文獻通考：郳城，今沂州。嶧，即古丞地，屬沂州。齊乘：郳城在鄫城南。土人云小灰城，即「小邾」之訛也。府志：郳城在滕縣東一里梁水之東。周八里。按：郳，即小邾。應劭及晉志皆云蕃縣，故小邾國。蕃即今滕縣。而昌慮亦在縣境，當以在滕者爲近。且寰宇記、齊乘既以郳城在丞縣、嶧州，而於滕縣下仍云古小邾國，亦自相矛盾矣。

堌城。在滕縣東薛河之南。或謂之五固。府志：城半爲河水所圮，近於河岸塌出一碑，八分書，所引用皆漢以前事，文字古質，殆漢時物也。

梁城。在滕縣東漷河南。有臺焉，舊城基也。建置無考。其曰「梁」者，或因梁水爲名。

二疏城。在嶧縣東四十里。漢疏廣、疏受所居也。齊乘：二疏宅在嶧州東四十里羅滕城，墓亦在焉。府志：城周五六里，土人指以爲宅〔四〕。乾隆二十七年、三十年，高宗純皇帝南巡經此，俱有御製二疏城詩。

鍾離城。在嶧縣西南三十五里。路史：沂之氶有鍾離城。縣志：舊傳楚將鍾離昧所築。又孟壤城在縣西北三十里，其北爲夾谷山，相傳爲齊侯城。

闞城。在汶上縣西南南旺湖中。春秋桓公十有一年：公會宋公于闞。注：「闞，魯地。在東平須昌縣東南。」戰國策：無忌謂魏王曰：「秦長驅梁北，東至陶、魏之交，北至平闞。」史記魏世家：北至平監。注：徐廣曰：「史記齊闞止作『監』字。」後漢書郡國志：東平陸有闞亭。注：「須昌有闞城。博物記曰即此亭是也。」

伏城。在陽穀縣東。元和志：陽穀縣有伏城，在縣東南二里。蓋伏生所居，因名。

范城。在壽張縣東二十里。寰宇記：壽張縣有范城，即春秋范武子邑。舊志：在縣東南二里。

閭丘邑。在鄒縣境。水經注：洙水又西南，逕南平陽縣之顯閭亭西。邾邑也。春秋襄公二十一年經書邾庶其以漆閭丘來奔。杜預曰：「平陽北有顯閭亭。」十三州記曰：山陽南平陽縣又有閭丘鄉。從征記曰：杜謂顯閭亭也。今按漆鄉在縣東北，漆鄉東北十里見有閭丘鄉，顯閭非也。然則顯閭自是別亭，未知孰是。

虛朾邑。今泗水縣治。春秋成公十有八年：仲孫蔑會晉侯、宋公、衛侯、邾子、齊崔杼同盟于虛朾。元和志：泗水縣西南至兗州一百里。本春秋之虛朾地。漢爲卞縣地。隋分汶陽縣，於此城置泗水縣，屬兗州。

常邑。在滕縣東南。詩魯頌：居常與許。鄭氏曰：「『常』或作『嘗』，在薛之南。孟嘗君食邑於薛。」府志：今薛城南十里有孟嘗集，或以爲即古常邑。史記越世家：頗齊之試兵南陽莒地，以聚常、郯之境。索隱曰：「常，邑名，即田文之所封。」

薛陵邑。在陽穀縣東北。戰國時齊邑。史記齊世家：威王七年，衛伐我，取薛陵。又，威王語阿大夫：「衛取薛陵，子不知。」蓋其地與阿近。

奄里。在曲阜縣城東。古奄國。書序：成王東伐淮夷，遂踐奄，遷其君于蒲姑。左傳昭公九年：詹桓伯曰：「蒲姑，商奄，吾東土也。」許慎説文：鄣國在魯。後漢書郡國志：魯有古奄國。注：皇覽曰：「奄里伯公冢在城内祥舍中。民傳言，魯五德，奄里伯公葬其宅。」

闕里。在曲阜縣城中。家語：孔子始教學於闕里。漢書梅福傳：仲尼之廟不出闕里。注：師古曰：「闕里，孔子舊里也。」後漢書明帝紀：永平十五年三月，幸孔子宅。注：「在今兖州曲阜縣故魯城中歸德門内、闕里之中。背洙面泗，矍相圃之東北也。」又鮑永傳：孔子闕里，無故荆棘自除，從講堂至於里門。水經注：闕里背洙面泗，牆南北一百二十步，東西六十步，四門各有石闔。北門去洙水百餘步。本朝康熙二十三年，聖祖仁皇帝南巡，經過闕里，有御製過闕里詩。乾隆十三年、二十一年、三十六年、四十一年、四十九年，高宗純皇帝東巡，俱有御製恭和聖祖過闕里詩。按：魯有兩觀，闕名也。禮記：仲尼與于蜡賓，事畢，出遊于觀之上。蓋闕門之下，其里即名闕里。而孔子之宅適在是耳。

杏壇。在曲阜縣孔廟殿前。即孔子教授堂之遺址。莊子：孔子遊於緇帷之林，休坐乎杏壇之上。司馬彪注：「杏壇，澤中高處也。」漢明帝幸宅，嘗御此。後世因以爲殿。宋天聖間，孔道輔監修祖廟，增廣殿庭，移大殿於後。講堂舊址不欲拆毁，因甃爲壇，環植以杏。金學士党懷英篆「杏壇」二字，碑於亭内。本朝乾隆十三年，高宗純皇帝幸魯，有御製杏壇贊併詩。二十一年，有御製杏壇詩。

雩壇。在曲阜縣南。水經注：雩門南隔水有雩壇。壇高三丈，論語所云「舞雩」是也。寰宇記：雩壇在曲阜縣南六里，沂水之南。即樊遲從遊處也。

泮宮。在曲阜縣城中東南隅。詩魯頌：既作泮宮，淮夷攸服。水經注：靈光殿東南即泮宫也。在高門直北道西。宫中有臺，高八十尺。臺南水東西一百步，南北六十步；臺西水南北四百步，東西六十步。臺池咸結石爲之，詩所謂「思樂泮水」也。

乾隆十三年，高宗純皇帝幸魯，於泮池舊基建有行宫，恭邀清蹕；二十一年、二十二年、二十七年、三十六年、四十一年、四十九年，俱有御製古泮池詩，與御製古泮池證疑，並勒石行宫。按，泮宫臺，亦謂之書雲臺。左傳僖公五年「日南至，公登臺以望雲物」，即此。

靈光殿。在曲阜縣東二里。漢景帝子共王所立。王延壽魯靈光殿賦序：初，恭王始都下國，好治宫室，遂因魯僖基兆而營焉。遭漢中微，自西京未央、建章之殿皆見隳壞，而靈光巋然獨存。水經注：孔廟東南五百步，有雙石闕，即靈光之南闕。北百餘步，即靈光殿基，東西二十四丈，南北十二丈，高丈餘。東西廊廡別舍，中間方七百餘步。闕之東北有浴池，方十四許步。池中釣臺方十步。池、臺悉石也。遺基尚整，故王延壽賦曰「周行數里，仰不見日者」也。

達巷。在滋陽縣西北五里。縣志：相傳即達巷黨人所居。

陋巷。在曲阜縣闕里東北。今顏子廟在焉。寰宇記：陋巷在曲阜縣西南二里，孔子廟北二百步。即顏子所居。本朝乾隆十三年，高宗純皇帝幸魯，有御製陋巷詩。

五父衢。在曲阜縣東南。禮記：孔子少孤，不知其墓，殯於五父之衢。左傳襄公十一年：季武子將作三軍，詛諸五父之衢。杜預注：「五父衢，魯縣東南道名也。」後漢書郡國志：魯有五父衢。注：地道記曰：「在城東。」括地志：五父衢在曲阜縣東南二里。

子貢廬墓室。在曲阜縣孔林石壇西南。一室三楹，俱東向，即子貢廬墓處也。乾隆二十一年，高宗純皇帝幸魯，有御製子貢廬墓處詩。

萬仞宫牆。在曲阜縣南門。即今仰聖門也。額四字，明胡纘宗所題。本朝乾隆十三年，高宗純皇帝幸魯，御書易之，併御書萬仞宫牆贊。

兩觀。在曲阜縣東南。春秋定公二年：雉門及兩觀災。注：「兩觀，闕也。」家語：孔子誅少正卯于兩觀之下。元和志：兩觀，在曲阜縣東南五十步。闕里志：兩觀，在古魯城雉門之外。周圍各四十步，高二丈，東西相去一百步。

奎文閣。在曲阜縣孔廟同文門北。金明昌五年，章宗所命名。閣凡七楹。本朝康熙間，恭藏聖祖仁皇帝賜書墨寶於上。又聖蹟殿，在孔廟寢殿後。明萬曆間建。藏聖蹟圖諸石刻。本朝乾隆十三年，高宗純皇帝幸魯，有御製奎文閣贊。

魯壁。在曲阜縣孔廟東詩禮堂後。即孔子故宅，後世以爲廟。宋時即故址建金絲堂。明弘治間改建新廟，遂移金絲堂於廟西。漢書景十三王傳：魯恭王初好治宫室，壞孔子舊宅以廣其宫，聞鐘磬琴瑟之聲，遂不敢復壞。於其壁中得古文經傳。李東陽金絲堂銘序：金絲堂舊在孔廟左廡之東，東直井，前直詩禮堂。嘗掘地得石刻，知爲孔子故宅，蓋世所傳魯恭王聞金石絲竹之聲者也。故歷代之樂器藏於其間。本朝雍正間，廟燬而堂猶存。新廟之闢，堂地皆入左廡，金絲則移而西，與詩禮堂正相直。乾隆十三年，高宗純皇帝幸魯，有御製金絲堂贊；二十一年，有御製魯壁詩，並勒石。

矍相圃。在曲阜縣城内闕里西。即今曲阜縣學之地。禮記：孔子射於矍相之圃。後漢書郡國志注：矍相圃在城中西南，近孔子廟。元和志：在曲阜縣西三里魯城中。

蒲圃。在曲阜縣。左傳：襄公四年，季孫爲己樹六檟于蒲圃東門之外。

魯莊公臺。在曲阜縣東。左傳莊公三十二年：築臺臨黨氏。寰宇記：莊公臺在曲阜縣西北二里。魏書地形志：魯縣有昭公臺。府志：在城西北，與莊公臺相對。

鬭雞臺。在曲阜縣東南七里。左傳昭公二十五年：季、郈之雞鬭。括地志：鬭雞臺二所，相去五十步，在曲阜縣東南三里魯城中。

春秋臺。在曲阜縣南十里。孔子作春秋處。見任昉述異記。

郊臺。在曲阜縣西南。水經注：沂水又西，逕圜丘北。高四丈餘。明統志：郊臺在曲阜縣西南十里。東西五十八步，南北四十步，即魯君郊祀之所。

周公臺。在曲阜北。水經注：季武子臺西北二里有周公臺，高五丈，周五十步。臺南四里許，即夫子故宅也。府志：今文憲王廟在城北高阜上，世所稱魯太廟舊址者，亦即其地也。

季武子臺。在曲阜縣東北。左傳定公十二年：公山不狃、叔孫輒率費人以襲魯。公與三子入于季氏之宫，登武子之臺。水經注：曲阜上有季氏宅，宅有武子臺，今雖毁，猶高數尺。

清涼臺。在滕縣東南。縣志：相傳漢武東巡，置宫於此。復築臺曰清涼。今其地名漢宫村。

逍遥臺。在滕縣故薛城南十里。左傳莊公三十一年：築臺于薛。舊志：孟嘗君歸薛，乃更築，名曰逍遥。唐張九齡有登薛公逍遥臺詩。

嶽雲樓。在府治東南。本古兖州城樓。唐杜甫嘗登此，賦詩云「浮雲連海岱」，故稱嶽雲。後樓毁，人呼其故址爲少陵臺。

詩禮堂。在曲阜縣孔廟承聖門内。本孔子舊宅。宋真宗幸魯，嘗御此。本朝康熙二十三年，聖祖仁皇帝南巡，迴蹕至曲阜，釋奠禮畢，御詩禮堂，命聖裔舉人孔尚鉝、監生孔尚任講書。乾隆十三年，高宗純皇帝幸魯，釋奠禮畢，于詩禮堂御經筵，有御製詩禮堂進講詩，併詩禮堂贊，俱勒石；又御書額曰「則古稱先」。二十一年、三十年、三十六年、四十一年、四十九年，高宗純皇帝幸曲阜，俱有御製詩禮堂詩。又詩禮堂之東廡爲禮器庫。乾隆十三年，御製禮器贊，勒石庫中。

斷機堂。在鄒縣南門外曝書臺側。即孟子故居也。元元貞初建。

鄒堂。在鄒縣治内。宋黄庭堅嘗作鄒操。元祐中，縣令建鄒堂，書其操於屏風。

思聖堂。在汶上縣治内。元楊奂東遊記：汶上，古之中都也。先聖之舊治。魯定公九年宰于此，縣署之思聖堂是也。

顔樂亭。在曲阜縣城内顔子廟前。舊有廢井。宋膠西太守孔宗翰濬井，作亭於上，名曰顔樂。有司馬光銘，蘇軾記，程顥詩。有杜子美望嶽詩刻。

宋駐蹕亭。在曲阜縣孔林内。宋真宗幸魯，駐蹕於此。

詠歸亭。在曲阜縣城南。即曾點詠歸處。

浮香亭。在曲阜縣雩水北。元楊奂東遊記：北涉雩水，由竹徑登浮香亭，殊有幽勝。

庚宗亭。在泗水縣東，接費縣界。左傳昭公四年：穆子去叔孫氏，及庚宗。哀公八年：吴伐魯，舍于庚宗，遂次于泗上。杜注：「庚宗，魯地。」

曲池亭。在寧陽縣東北。春秋桓公十二年：公會杞侯、莒子盟于曲池。注：「魯國汶陽縣北有曲池亭。」

蒧亭。在嶧縣東故繒城北。春秋莊公九年：春，公及齊大夫盟于蒧。注：「蒧，魯地。琅邪繒縣北有蒧亭。」按，蒧，公羊作「暨」，後漢志作「概」，訛也。

次室亭。在嶧縣東南。故蘭陵地。後漢書郡國志：蘭陵有次室亭。注：地道記曰「故魯次室邑」。列女傳有「漆室之女」，或作次室。

周社、亳社。俱在曲阜縣城内。春秋哀公四年：亳社災。左傳閔公二年：成季之將生也，桓公使卜之，曰「間于兩社，爲公室輔」。注：「兩社，周社、亳社。兩社之間，朝廷執政所在。」定公六年：陽虎盟公及三桓于周社，盟國人于亳社。哀公七年：以邾子益來，獻于亳社。穀梁傳：亳社者，亳之社也。

大庭氏庫。在曲阜縣治東。左傳昭公五年：南遺使國人助豎牛，以攻諸大庫之庭。十八年：宋、衛、陳、鄭皆火，梓愼登大庭氏之庫以望之。注：「魯城内有大庭之墟，于其上作庫。」孔穎達疏：「炎帝號神農，一曰大庭氏。」水經注：魯縣大庭氏之庫，春秋豎牛之所攻也。故劉公幹魯都賦曰：「戢武器於有炎之庫。」本朝乾隆二十一年、三十六年、四十一年、四十九年，高宗純皇帝幸魯，有御製大庭氏庫用唐李白韻詩。

故宅門。在曲阜縣孔廟中。今毓粹門外舊址是也。乾隆十三年，高宗純皇帝幸魯，有御製故宅門贊。

孔廟古檜。在曲阜縣孔廟前大成門左。闕里志：夫子手植檜三株，兩株在贊德殿前，高六丈餘，圍一丈四尺。其文左者左紐，右者右紐。一株在杏壇東南隅，高五丈餘，圍一丈三尺。其枝蟠屈如龍形，世謂之再生檜。晉永嘉三年枯，隋義寧元年復生；唐乾封二年復枯，宋康定元年復生。金貞祐甲戌，寇犯闕里，焚及三檜，無復孑遺。元至元甲午春，東廡頹址甓隙間茁焉其芽，時張須爲三氏學教諭，取而植之故所，漸矯如龍形，高一丈，圍四尺。迨弘治己未，孔廟災，復燬。至今百餘年間，雖無枝葉，而直幹堅挺，狀如銅鐵，皮生苔蘚，生意隱然，不見朽腐。本朝康熙二十三年，聖祖仁皇帝躬祀闕里畢，至樹前撫觀良久，稱其神異，有御製闕里古檜詩賦。雍正十年，廟工告竣，復生新條，今高一丈許矣。乾隆十三年、二十一年、三十六年，高宗純皇帝幸魯，俱有御製手植檜詩。

孔林古楷。在曲阜縣北孔林中享殿後。即子貢手植者。高四丈，圍一丈，枯而不朽。許愼説文：楷木，孔子冢樹。淮南子：楷木生孔子冢上，其幹疏而不屈，今林中最多，惟此獨以子貢著名。旁有楷亭西向。本朝乾隆十三年，高宗純皇帝幸魯，有御製子貢手植楷詩。

顔墓石楠。在曲阜縣顔子墓前。凡二株，可三四十圍。傳是顔子手植。見述異記。

窮桑。在曲阜縣北。帝王世紀曰：少昊自窮桑登帝位。窮桑在魯北，後徙曲阜。

關隘

陶陽鎮。在滕縣東南六十里陶山下。金史地理志：沛縣有陶陽鎮。

夏鎮。在滕縣南七十里。即戚城。漢縣，屬東海郡。本朝乾隆三十八年，改泇河通判爲同知，駐此。

鄒塢鎮。在嶧縣西北四十里。明初設巡司。嘉靖四十二年移置于縣西六十里拖黎溝〔五〕。今裁。

柴城鎮。在汶上縣境。金史地理志：汶上縣有柴城鎮。今廢。

張秋鎮。即安平鎮。爲陽穀、壽張、東阿三縣交治之地。在陽穀縣東二十里，壽張縣東北四十里，東阿縣西北六十里。本朝乾隆二十年，移糧捕通判駐此。

阿城鎮。在陽穀縣東北五十里。本朝設縣丞駐此。

安樂鎮。在陽穀縣東北三十里。金史地理志：陽穀有樂安、定水二鎮〔六〕。舊志：定水鎮在縣北五十里。

竹口鎮。在壽張縣西二十里。九域志：壽張縣有竹口鎮。金時嘗移縣治此。

界河營。在鄒縣東南五十里。爲漕渠防汛之所。本朝設守備駐此。雍正二年，改隸兖州鎮標右營，移駐府城内。

沙溝營。在滕縣南九十里。明弘治二年設遞運所。嘉靖間設巡檢司。萬曆三年設沙溝營。本朝雍正九年設都司駐此。

臺莊營。在嶧縣東南六十里臺莊閘旁。明萬曆三十四年設巡檢司，並設兵守禦。後裁。本朝順治中築城，設遊擊駐此。雍正二年，改遊擊爲兖州鎮標中營，而移兖州參將駐此，以衛漕渠。

梁山營。在壽張縣西七十里虎頭崖前。本朝雍正九年裁守備，改設都司駐此。
袁家口。在汶上縣西四十里袁家口閘旁。本朝設守備駐此。
社安集。在滕縣南三里。本朝乾隆二十一年移同知駐此。
梁山集。在壽張縣南梁山之西。又西有虎頭崖集。舊有巡司，本朝乾隆三十七年裁。
新嘉驛。在滋陽縣西北四十五里。一名賓陽城。有驛丞，今裁。
昌平驛。在滋陽縣北。初置于曲阜舊昌平城，後改置于此。有驛丞，今裁。
青川驛。在寧陽縣北三十里堽城壩。舊在縣西八里青川村。明成化二年移置于此。有驛丞，今裁。
界河驛。在鄒縣東南五十里。有驛丞，今裁。
郕城驛。在鄒縣西北。有驛丞，今裁。
滕陽驛。在滕縣城東門外。有驛丞，今裁。
臨城驛。在滕縣東南七十里。南北陸路所經。有驛丞，今裁。本朝乾隆十年，移縣丞駐此。
萬家莊水驛。在嶧縣西南五十里。有驛丞，今裁。
新橋驛。在汶上縣西門内。明永樂中置驛丞，今裁。
開河水驛。在汶上縣西南三十里。有驛丞，今裁。
荆門水驛。在陽穀縣東五十里。有驛丞，今裁。
馬村。在汶上縣。有縣丞駐此。

津梁

九仙橋。在滋陽縣東門外黑風口之西。跨金口閘河。

泗水橋。在滋陽縣東南五里。當泗水急流處，爲南北要途。明萬曆三十七年，魯憲王所建。中通十五洞。本朝乾隆二十一年，高宗純皇帝幸魯，經此，有御製度泗水橋詩。

平政橋。在滋陽縣西關。濟河與城中水會流于此，橋跨其上。北臨昌平驛，其西爲飛龍橋。

高吴橋。在滋陽縣西北三十里。跨洸水。宋元符初建。

沂水橋。在曲阜縣東南十里。跨沂水。

瞻嶽橋。在曲阜縣西北二十五里。

文津橋。在曲阜縣北門外。城門與孔林門相對，松柏夾道，其直如絃，橋建其中。

青川橋。在寧陽縣西八里。跨洸水。

東陽橋。在鄒縣城東門外。又因利橋在縣南門外，永利橋在縣北門外。三橋皆跨因利渠。

界河橋。在鄒縣南五十里。

平陽橋。在鄒縣西三十里。跨白馬河。

永濟橋。在鄒縣西七十里。跨白馬河。

卞橋。在泗水縣東五十里。跨泗水上流。金大定二十一年建。

躋雲橋。在滕縣東南一里。跨南梁河。俗名斗子橋。長五十丈，濶二丈五尺。

官橋。在滕縣南四十里。跨薛河。隋開皇八年建。

小白橋。在滕縣西四十五里。跨白水河。

龍潭橋。在嶧縣東二十里。跨西泇河。

蕭橋。在嶧縣南五里。跨金注河。

孺子橋。在嶧縣城西門外滄浪水上。長三十五丈，濶三丈，爲洞十五。以孟子所稱「孺子歌滄浪」得名。

望嶽橋。在汶上縣城東門外。

洸河橋。在汶上縣東四十里。跨洸水。金李守純有記，碑刻尚存。

蘇魯橋。在汶上縣西南。跨蜀山湖口。

弘仁橋。在汶上縣西南。跨馬踏湖口。

草橋。在汶上縣西北八里。跨汶水。

博濟橋。在陽穀縣東門外。爲壽張抵東昌南北孔道。

孔家橋。在陽穀縣西湖陂。自此而西，則曹州府朝城縣孔道也。

范城橋。在壽張縣東南二十五里。

湖水。

隄堰

臨湖隄。在滕縣南運河西岸。東自嶧縣界韓莊閘，而西入縣境。歷江蘇徐州沛縣，接魚臺縣界。長七十里，以隔湖水。

金口堰。在滋陽縣東五里。元至正中，爲滾水石壩。引泗入運，即隋時薛胄于泗、沂之交積石爲堰，決令西注陂澤，以溉良田者。延祐中，疏爲三洞，以洩水勢。成化間築石堰，東西長五十丈，甃石三處，視水消長，時其啓閉。横巨石爲橋，以便往來。歲久土淤，舊堰獨低，水消，泗不入洸，每春築土壩以障之。嘉靖三十七年易以石，仍爲金口三，添閘版，以時啓閉。歲省前費，水亦賴以節宣。

堽城堰。在寧陽縣東北三十四里。元至元中置堰。中爲斗門，以導汶水入洸。明永樂中改爲壩。成化十一年，以舊堰水瀾河深，于其西南八里爲堽城新堰，置閘啓閉。後廢。縣志：舊石閘在堽城西北隅，新石閘在縣西北三十里，其上流又有堽城石堰閘，引汶水入洸。皆成化中員外郎張盛所建。

東邵壩。在滕縣東南邵村。明隆慶元年建，以遏薛水。由呂孟湖出地浜溝濟運。又有王家口、豸里、宋家口〔七〕、黄甫等壩，俱明隆慶間尚書朱衡建。

金口閘。在滋陽縣東五里金口堰之北。元至元中建，以導泗水西流至濟寧州入運。又土婁閘在縣西十里，杏林閘在縣西三十里，皆元至元中建。明永樂九年，重修土婁閘，置閘官一員，總于金口閘。嘉靖初裁。二閘皆與濟寧州接界。

洸河東、西二閘。在寧陽縣西四里許洸河兩涯之間，東西相通。通志：明嘉靖六年，工部主事吴鵬因洸水久涸，柳泉南入于洸，悉滲入沙，不能達漕，乃于城西導柳泉，横過洮河，東西各立一閘。大雨時行，洸水泛漲，則閉閘以防其決；春秋之交，河水淺澁，則啓閘以達其流。東會蛇眼、張家等泉，以達運道。

修永閘。在滕縣西南七十里。又縣南七十五里有三洞閘，九十里有減水上閘，八十里有減水下閘，皆在微、吕二湖間，蓄洩河水以濟運。

韓莊閘。在嶧縣西南運河上。自江蘇徐州沛縣界之夏鎮閘而南，七十里爲韓莊閘，有閘官。又二十里爲德勝閘，又二十里爲張莊閘，又八里爲萬年閘，又十里爲丁廟閘，又六里爲頓莊閘，又二十里爲侯遷閘，又八里爲臺莊閘，向俱設有閘官，今惟萬年、頓莊、臺莊三閘有之。此縣境之八閘也。爲衛漕要地。又湖口雙閘在韓莊閘東，新開伊家河西北。本朝乾隆二十二年、三十年，高宗純皇帝南巡，迴蹕過韓莊閘，有御製韓莊閘詩。

南旺上閘。在汶上縣西南三十里南旺隄運河上。一名柳林閘。有閘官。

寺前鋪閘。在汶上縣西南三十九里運河上。又開河閘在縣西南三十五里南旺隄運河上，袁家口閘在縣西三十里運河上，俱有閘官。其北有洪仁橋單閘、新河頭單閘，俱在運河東岸，與舊金線閘相對。

南旺下閘。在汶上縣西南三十九里南旺隄運河上。一名十里閘。汶水自東而來，行二閘之中，由分水龍王廟前南北分流入運，所謂分水口也。分水之法，上閘石底高三尺許，下閘石底卑三尺許，故南少而北多也。謹按聖祖仁皇帝勅諭，分水口爲水脊，二閘最宜斟酌啓閉。洩于南，當閉北閘；洩于北，當閉南閘。聖諭精詳，萬世咸奉爲法守。恭讀高宗純皇帝御製分水龍王廟詩注，謂「人皆知分水爲人力，不知實天地自然結勢于此」，尤爲探本之論。謹並志焉。

荆門上閘。在陽穀縣東五十里。又北三里爲荆門下閘，又十里爲阿城上閘，又北三里爲阿城下閘，又十二里爲七級上閘，又北三里爲七級下閘。俱在運河東岸，有閘官。

陵墓

古

古少皞陵。在曲阜縣東北八里。明統志：少皞陵在軒轅陵東。前有石壇、石像，又有八卦石。于慎行遊魯城記：陵如覆釜，甃以甎石，有壇一成，其上不屋。府志：陵前石碑四，廣、高各二十餘尺，龜趺亦長二十尺〔八〕，其上無字，蓋宋時所造。碑成未鐫，今有司春秋致祭。乾隆十三年、二十二年、三十六年、四十一年、四十五年，高宗純皇帝幸魯，俱有御製謁少皞陵詩。

啓聖王林。在曲阜縣東二十八里防山北，東距泗水縣三十五里，爲兩縣接界之地。林門三楹，享殿三楹，華榱承檐，覆以碧瓦，一如崇聖祠之制。闕里志：啓聖林在縣東二十里，叔梁大夫與顔氏合葬處。南負防山，北臨泗水，禮所謂「合葬于防」者是也。墓前有齊國公廟，廊廡重門俱備。金明昌間，衍聖公孔元措立石，表其神道。墓之東南三步許，伯皮墓在焉。明永樂間，知縣孔希範立石。本朝乾隆十六年，高宗純皇帝南巡迴蹕，便道經此，特命大學士陳世倌至林前奠酒。按：水經注謂「林在尼山南數里者」，非是。

孔林。在曲阜縣北二里。史記孔子世家：孔子葬魯城北泗上，弟子皆服三年。三年心喪畢，相訣而去，或復留。惟子貢廬于冢上，凡六年，然後去。弟子及魯人往從冢而家者，百有餘室，因命曰孔里。魯世世相傳，以歲時奉祠孔子冢，而諸儒亦講禮、鄉飲、大射于孔子冢。孔子冢大一頃。注：皇覽曰：「孔子冢去城一里。冢塋百畝。冢南北廣十步，東西十三步，高一丈二尺。冢前以瓴甓爲祠壇，方六尺，與地平。本無祠堂，冢塋中樹以百數，皆異種，魯人世世無能名其樹者。民傳言孔子弟子異國人各持其方樹來種之。其樹柞、枌、雒離、女貞、五味、毚、檀之屬。孔子塋中，不生荊棘及刺人草。」王充論衡：孔子當泗水而葬，泗水爲之卻流。水經注、史記、冢記、王隱地道記咸言葬孔子于魯城北泗水上。今泗水南有夫子冢。孔叢子曰：「夫子墓塋方一里，在魯城北六里泗水上。諸孔氏封五十餘所，人名昭穆，不可復識。有銘碑三所，獸碣俱存。」謹按：孔林背泗面洙，繞以周垣，圍徑數里。至聖先師墓在中央，高一丈五尺，前有碑曰「大成至聖文宣王墓」，立石祠壇在碑前，厚三尺，方亦如之。壇石縱横各七，其數四十有九。墓東十步許，爲伯魚墓。南十步許，爲子思墓。子思墓前有石壇，上有二龜，鐫云：「漢居攝元年二月造。」又有上谷府卿、祝其卿二碑，碑前有宣和間立翁仲二，外以壖垣環之。伯魚墓南爲宋真宗幸魯駐蹕亭，又南爲楷亭西向，又南爲享殿五間。循享殿而北，四圍繚以周垣，方一里。直享殿之南爲甬道，中峙石鼎一，旁立石翁仲二，左執笏，右執劍；石麟、石虎四，華表二。漢永壽元年，魯相韓敕建。前有墓門三楹，東偏爲思堂，雍正十年奉敕造。左右廂各三間，孔氏子孫春秋會祀之所。林門外爲洙水，水上有橋，橋南爲觀樓。其下林牆，牆周十餘里，樓在其上。魯故北城也。南爲林門，門外有坊，坊左右守林人聚族而居。其前又有大石坊五，上鐫「萬古長春」四字，明萬曆二十二年建。左右有碑亭。又南，有橋曰文津橋。林門與縣北門相直，夾道檜柏森然。本朝康熙二十三年，聖祖仁皇帝躬祀闕里，遂詣孔林，至林門，即命從臣皆下馬。駕至墓門，降輦步入。詣墓前北面跪，三酹酒畢，行三叩禮。周覽林木，咨訪陳蹟，徘徊良久，乃出林門。林地故十八頃，衍聖公孔毓圻奏請增擴，詔給地十一頃有奇，一切賦役蠲除。雍正八年，詔命葺孔林享殿，瓦色依廟工寢殿之制。乾隆十三年，高宗純皇帝駕至曲阜，詣孔林酹酒，行三叩禮，有御製謁孔林酹酒詩。二十一年，以平定伊犁，駕幸曲阜祭告，遂詣孔林，有御製謁孔林詩。二十二年、二十七年，南巡迴蹕至曲阜，四十一年東巡，並詣孔林酹酒，俱有御製詩。按：林内伯魚墓南有亭，南向，爲聖祖仁皇帝駐蹕亭。林門東偏爲思堂，則高宗純皇帝謁林駐蹕之所。恭識于此。

古

蚩尤冢。在汶上縣西南南旺湖中。史記封禪書：八神，三曰兵，主祀蚩尤。蚩尤在東平陸監鄉，齊之西徑也。注：皇覽云：「蚩尤冢在東平郡壽張縣闞鄉城中。冢高七尺。常以十月祀之。有赤氣出，如絳帛，名爲蚩尤旗。」

夏

奚仲墓。在滕縣東南六十里奚公山上。後漢書郡國志注：地道記云：「夏車正奚仲所封。冢在薛城南二十里山上。」齊乘：奚公冢在滕州東南青丘村奚山下，古奚邑。

商

仲虺墓。在滕縣東南奚仲墓東。

周

魯公伯禽墓。在曲阜縣東八里。魏書地形志：魯郡有伯禽冢。寰宇記：冢在曲阜縣南七里。明統志：魯公墓在曲阜縣東八里。修隴蔓延不絶，皆周、魯諸公所葬。其西葬伯禽，其南葬文公。

顔子墓。在曲阜縣東二十里防山南。前有碑曰「先師兖國公之墓」。冢高丈餘。西北數步，爲顔子父杞國公墓。其地廣袤各一百五尋有五尺，林木森鬱，今亦名顔林。

顔叔子墓。在曲阜縣東南。名清陵墳。

宰我墓。在曲阜縣西南三里。魏書地形志：魯郡有宰我冢。寰宇記：宰我墓在曲阜縣西南二十里。

南宫适墓。在鄒縣西十里。

公孫丑墓。在鄒縣西北十里。齊乘：在滕州北公村。

孟母墓。在鄒縣北二十里馬鞍山下。墓前有祠，宋孔道輔建。元人張頴嘗作銘。

孟子墓。在鄒縣東北三十里四基山西麓。墓前有廟，宋孔道輔建，泰山孫復爲記。後漢書郡國志：騶城北有孟軻冢。寰宇記：孟軻墓在曲阜縣南四十里。原屬鄒縣，唐貞觀八年改屬曲阜。按：孟子墓，唐、宋間改屬曲阜，今又在鄒縣界，二縣南北相錯故也。

卞莊子墓。在泗水縣東北四十二里。又見東昌府聊城縣。按：論語注：「莊子，卞邑大夫。」蓋以邑氏者。今泗水縣本漢卞縣可證。聊城之墓存疑。

田嬰墓。在滕縣東南。後漢書郡國志注：皇覽曰「靖郭君冢在薛城中東南陬」。

田文墓。在滕縣東南。史記孟嘗君傳注：皇覽曰「孟嘗君冢在魯國薛城中向門東。向門，出北邊門也」。水經注：漷水徑薛縣故城北。齊封田文于此，號孟嘗君，有惠譽。今郭側猶有文冢，結石爲郭，作制嚴固，瑩麗可尋。行人往還，莫不迳觀，以爲異見矣。括地志：孟嘗君冢在徐州滕縣南五十二里。

毛遂墓。在滕縣東南故薛城北。

冉求墓。在滕縣東南六十里奚仲墓旁。府志：魯有三冉，仲弓、伯牛之墓已有定處，惟冉求無考，或此其地也。按：明統志、續文獻通考俱云滕縣南三里伯冢社有冉子墓，縣志謂在伯冢社者乃伯牛墓，在奚仲墓旁者當爲冉求墓。而伯牛墓又見東平州，究未知孰是。

萬章墓。在滕縣西南十里。齊乘：在滕州南萬村。

鮑叔牙墓。在滕縣北十里。今其地名鮑冢。

荀卿墓。在嶧縣東故蘭陵城南。史記荀卿傳：荀卿卒，葬蘭陵。寰宇記：荀卿墓在丞縣東六十二里。

高柴墓。在嶧縣東五十里故蘭陵城北。又陽穀縣亦有高柴墓。

左丘明墓。在嶧縣東北七十里。

漢

江公墓。在滋陽縣南。其子孫爲博士者皆葬此。

魯恭王墓。在曲阜縣東南七里。漢魯諸王墓多在其地。魏書地形志：魯郡有魯恭王陵。寰宇記：在曲阜縣南九里。

韋賢墓。在鄒縣東十五里東韋社。後漢書郡國志注：劉會騶山記曰：「邾城東門外有韋賢墓。北有繹山。」

張良墓。在滕縣南微山。魏書地形志〔九〕：彭城郡留有張良冢祠。寰宇記：張良墓在沛縣東南六十五里，有廟。又壽張縣亦有張良墓。按：沛縣近微山，微山近留。謂在壽張縣者，誤也。

疏廣墓。在嶧縣東二疏城南。寰宇記：在丞縣東四十里。又疏受墓在縣東四十二里。

蕭望之墓。在嶧縣東五十里故蘭陵城北。

匡衡墓。在嶧縣西南十三里。墓左有祠，宋宣和間建。

衡方墓。在汶上縣西南十三里平原村。墓前有古碑，漢建寧間立。浚儀令衡立祔，亦有一碑。

晉

王肅墓。在嶧縣東南二十五里。

劉伶墓。在嶧縣東北二十里。旁半里許有劉伶臺。按：伶，沛人。去嶧不百里。

南北朝　北齊

顏之推墓。在曲阜縣東五里大道北。今曰侍郎林。府志：顏氏自晉、唐來爲黄門中書侍郎及六部侍郎者，前後凡十三人，皆葬于此，故云。其地周迴二里餘，顏氏之裔祔焉。

唐

張公藝墓。在壽張縣南十里。

五代　梁

王彦章墓。在汶上縣西門外。即王彦章死節處也。墓前有祠，明成祖駐蹕汶上，親祭其墓。按：歐陽修題彦章畫像記謂葬鄭州管城。此蓋後人掩其衣冠耳。

宋

孔道輔墓。在曲阜縣孔林内西南。

金

完顔致墓。在汶上縣南二十里。

元

王思誠墓。在滋陽縣東南十里。

李稷墓。在滕縣西北一里。

馬之貞墓。在汶上縣東南十里。

張昉墓。在汶上縣南三里。

曹元用墓。在汶上縣西南七十里。

明

范淑泰墓。在滋陽縣北。

許彬墓。在寧陽縣東〔一〇〕。

吴良能墓。在滕縣東門外。

路迎墓。在汶上縣南七里。

殷雲霄墓。在壽張縣北。

祠廟

堯祠。在滋陽縣東南七里。漢熹平初建。元和志：堯祠在瑕丘縣東南七里，洙水之西。唐李白有魯郡堯祠詩。宋李昉有堯祠碑記。

子羔祠。在寧陽縣治東。

嶧山神祠。在鄒縣東南二十五里。宋大中祥符元年，封靈巖侯。崇寧四年賜額。明改封嶧山之神。

孟母祠。在鄒縣城南子思書院之右。府志：舊在城北馬鞍山，後改置於此。相傳即孟子故居。有臺高丈許，名孟子曝書臺。元李泂有記。

泗水神祠。在泗水縣東五十里陪尾山下。前代封仁濟侯，明改今稱。

滕文公祠。在滕縣城内文廟東。即元性善書院。明萬曆三年改爲祠，以然友、畢戰從祀焉。後燬於火。本朝康熙間，於南門外重建書院，移文公舊像祀於後殿。

二疏祠。在嶧縣東四十里二疏城内。明弘治五年建。

三公祠。在嶧縣西南萬年閘北岸。本朝乾隆二十八年建，祀明總河舒應龍，都御史劉東星、李化龍。三十年，高宗純皇帝南巡迴蹕，水程經此，御書額曰「績均洳運」，恭懸祠内。

伊河神祠。在嶧縣西南六十里。本朝乾隆二十四年，伊河既導，因於北岸創建。

滄浪神祠。在嶧縣北六十里滄浪淵上。宋宣和間賜額爲靈澤廟，今載祀典。

宋尚書祠。在汶上縣分水龍王廟西。明正德間建，祀尚書宋禮。

白老人祠。在汶上縣北戴村壩東龍王廟後。明萬曆二十六年，主事胡瓚建，祀汶上老人白英。

伏羲廟。在滕縣西北五十里。齊乘：伏羲廟在滕州染山。顓臾，風姓，實司太皞之祀，魯鄒有廟是也。

周公廟。在曲阜縣東北三里。故魯太廟之墟。宋大中祥符時，追封周公爲文憲王，重建新廟。真宗親爲之贊，立石廟中，春秋委官致祭。歷代因之。本朝康熙二十三年，聖祖仁皇帝幸魯，回鑾至兖州，特命恭親王長安、禮部尚書介山往祭。御製碑文，勒石廟庭。以後裔東野沛然爲五經博士，世襲。乾隆十三年、二十一年、三十六年、四十一年，高宗純皇帝幸魯，躬詣廟中展謁，俱有御製謁元聖祠詩，勒石廟中。又御書額一，曰「明德勤施」。

尼山聖廟。在曲阜縣東南六十里。周顯德中始於其地創廟，以祀夫子。宋慶曆中，文宣公孔宗愿大建廟宇。元至順元年，衍聖公孔思誨請命重建，賜額尼山書院。立學舍、祭田，設山長一人奉祀。

至聖先師廟。在曲阜縣南門内。即闕里故宅也。魯襄公二十二年庚戌之歲，十月庚子，孔子生於魯昌平鄉陬邑，卒於哀公十六年四月己丑，年七十三。哀公誄之，稱爲尼父。漢元始元年，追謚褒成宣尼公。後魏太和十六年，改謚文聖尼父。後周大象三年，封鄒國公。唐貞觀二年，尊爲先聖；十一年，尊爲宣父；乾封元年，追贈太師；開元二十七年，追贈文宣王。宋大中祥符五年，改謚至聖文宣王。元大德十一年，加號大成至聖文宣王。明嘉靖九年，改稱至聖先師孔子。本朝因之。史記孔子世家：孔子故所居堂，後世因廟，藏孔子衣冠、琴、車、書，至於漢，二百餘年不絶。高皇帝過魯，以太牢祀焉。諸侯卿相至，嘗先謁，然後從政。水經注：孔廟，即夫子之故宅也。宅大一頃，所居之堂，後世以爲廟。廟屋三間，夫子在西面東向，顏母在中間南向，夫人隔東一間東向。魏黄初二年，文帝令郡國修孔子舊廟，置百夫吏卒。廟有夫子像，列二弟子執卷立侍，穆穆有詢仰之容。漢、魏以來，廟立七碑，二碑無字，栝柏猶茂。闕里志：聖廟，漢、魏、唐、宋，代有修飾。宋崇寧元年，詔名大成殿。金皇統、大定間，制始大備。元凡三修。明洪武初重修；永樂十四年，撤其舊而新之；成化十八年，廣正殿爲九間，規制益宏；弘治十二年，災，奉詔鼎建，遣輔臣祭告；嘉靖、隆慶以來，守臣代有修葺。前後各有碑。謹按廟制，中爲大成殿九楹，殿中奉至聖先師像，南向；左右列四配、十二哲先賢像；前陳法琅供器。本朝雍正十年，御賜物，又漢陶太尊一，銅犧尊、象尊、山尊、雷尊各一，漢章帝元和二年物也。殿前爲杏壇，壇前有宋真宗御贊石十有二；壇左右爲兩廡，各五十楹；兩廡中間各開翼門，左通崇聖祠，右通啓聖祠。大成殿後爲寢殿七楹，左右掖各有門，左達神庖及后土祠，右達神廚及瘞所。寢殿後則聖蹟殿也。自殿而南爲大成門，列戟二十四。旁開掖門，左曰金聲，右曰玉振。循金聲門而東，爲承聖門。内爲詩禮堂，堂東爲禮器庫。其北即崇聖門，有孔氏世系碑。又北爲家廟。循玉振門而西〔二〕，爲啓聖門。内爲金絲堂，堂西爲樂器庫。其北即啓聖祠，又北爲寢殿。出大成門，列碑凡十二。有唐乾封初贈太師碑，崔行功撰；儀鳳二年碑，刻詔書二通；開元七年修廟碑，李邕撰；二十八年修廟碑，張之宏撰；咸通中修廟碑，賈防撰；宋太平興國中修廟碑，呂蒙正撰；景祐中講學堂碑，成昂撰；五賢堂碑，孔道輔撰；金大定中鄆國夫人廟碑，明昌中修廟碑，並党懷英撰；元大德中加封碑，刻誥一通；元統中賜孔廟中田宅碑，歐陽玄撰。各覆以亭。碑亭之左爲居仁門、毓粹門，右爲由義門、觀德門。其前爲奎文閣，閣左右掖皆有門，門各五楹。其東南舊爲齋所，本朝高宗純皇帝屢幸闕里，皆駐蹕於此。閣之後碑亭十有三座，一爲聖祖仁皇帝御製孔子廟碑，一爲御製重修孔子廟碑，一爲世祖憲皇帝御製重修孔子廟碑，一爲高宗純皇帝御製孔子廟碑，其五爲我朝遣官祭告孔子文，又其四則唐、宋、金、元諸碑也。其前爲同文門，門左有漢魯相史晨祀廟碑，魯相韓敕修墓碑，泰山都尉孔宙碑，博陵太守孔彪碑；右有漢魯相乙瑛百石卒史碑，魯相韓敕禮器碑，諸郡史孔謙碑，魏曹植宗聖侯奉祀碑。又前爲大中門，門榜字舊爲宋仁宗御書。門左有碑亭二，爲明永樂、弘治時修廟碑。大中門前有三門，金舊制也。前爲石橋三，以跨璧水。石橋左側爲快睹門，右側爲仰高門，直北爲弘道門。橋之前有聖時門，直太和元氣坊，東一坊曰德侔天地，西一坊曰道冠古今。坊前爲櫺星門，左右下馬碑二，金明昌二年立。櫺星門南爲金聲玉振坊。又有金水橋，自此而南，則縣城南門。本朝康熙二十三年，聖祖仁皇帝南巡。十一月，駕幸曲阜，躬詣大成殿致祭，特行三跪九叩禮，佾舞一如國學之儀。禮畢，御詩禮堂講書，特授聖裔舉人孔尚鉝、監生孔尚任爲五經博士；御書「萬世師表」，懸額大成殿；御製碑文一道，又御製孔子及顔、曾、思、孟四子贊詞；賜衍聖公以下銀幣，並敘録孔氏陪祀、觀禮官員、生監等有差。命留曲柄黄蓋於廟中。特免曲阜縣田租一年。三十年四月，發帑修理聖廟，明年告成，仍頒御製碑文。雍正元年，世宗憲皇帝御書「生民未有」四字額於大成殿。二年六月，衍聖公孔傳鐸疏奏廟災，詔發帑金，命大臣督工修建。凡殿門廊廡倣帝王宫殿之制，用黄琉璃瓦。先令繪圖進呈，親爲指授，視舊益隆。七年十一月丙申，大成殿上梁，前二日卿雲見於曲阜縣，特命廣庚戌科會試額四百名，壬子科各省鄉試每十名加額一名。御書榜聯大成殿曰：「德冠生民，溯地闢天開，咸尊首出；道隆羣聖，統金聲玉振，共仰大成。」大成門曰：「先覺先知，爲萬古倫常立極；至誠至聖，與兩間功化同流。」又御書大成殿、大成門扁名，頒送廟中。凡祭器俱内府製造。崇聖祠，舊名啓聖祠，專祀聖父叔梁公。雍正元年追封五代，木金父公爲肇聖王，祈父公爲裕聖王，防叔公爲詒聖王，伯夏公爲昌聖王，叔梁公爲啓聖王，合祀祠中。乾隆二年，高宗純皇帝御書大成殿額曰「與天地參」，頒闕里。十三年二月戊寅，駕幸曲阜。是日，先詣孔廟拈香，至奎文閣降輦，步入大成門，行三跪九叩禮。翌日，親行釋奠，如康熙二十三年儀。四配、十二哲及兩廡先賢、先儒、崇聖祠，各遣官分獻。禮畢，御詩禮堂進講，賜十三氏子孫宴，有御製詩，及復聖、宗聖、述聖、亞聖四贊。御書大成殿額曰「時中立極」，聯曰：「覺世牖民，詩書易象春秋，永垂道統；出類拔萃，河海泰山麟鳳，莫喻聖人。」門額四，曰聖時，曰宏道，曰大中，曰同文。詩禮堂扁曰「則古稱先」，聯曰：「紀緒仰斯文，識大識小；趨庭承至教，學禮學詩。」併書杏壇。賜衍聖公孔昭焕御製詩一章，並貂裘、蟒服、表裏經史。授聖裔舉人孔繼汾爲内閣中書舍人，凡十三氏子孫有職者，皆加一級；進士以下，各賜白金有差。降旨遵聖祖例，留曲柄黄蓋一於廟中。詔免曲阜縣次年地丁錢糧，廣通省入學額數。又遣大臣分祭顔、曾、思、孟四賢專祠。二十一年三月，以平定伊犁，駕幸曲阜祭告，親行釋奠，如十三年儀。有御製述事詩。二十二年四月、二十七年四月，南巡迴蹕至曲阜，詣廟瞻禮，並有御製詣闕里瞻拜詩。按：前代自漢高帝十二年，後漢建武五年、永平十五年、元和二年，唐乾封二年、開元十年，五代周廣順二年〔一二〕，宋大中祥符元年，凡因巡狩經過闕里者，皆躬親祭奠，而禮數缺畧，儀制未備。我聖祖仁皇帝躬備至德，心源相接，詳酌典禮，咸本睿裁。康熙五十八年，欽頒中和韶樂器於闕里。我世宗憲皇帝登極，即加封先聖五代，勒石廟庭，以光盛典。改稱「幸學」爲「詣學」，又命凡地方姓氏及臨文所用，遇先師聖諱，並加「阝」旁，讀作「期」音，以昭至敬。我高宗純皇帝尊師重道，率祖攸行，四詣闕里〔一三〕。舉釋奠之典，先後頒鉶、爵、簠、簋、籩、豆諸祭器於廟中，敕樂部撰昭平、宣平、秩平、敘平四時旋宮樂辭六章，並定陳設樂器之制，又改謁廟儀注立獻爲跪獻。凡可以備尊崇之禮者，無一不至矣。又按，先師後裔列代封爵不一。宋崇寧中封衍聖公，元、明以來因之。本朝雍正八年，特旨增設執事官三品至九品四十員，選孔氏族人充補；其曲阜縣知縣，宋時初以孔氏子孫選充，金、元遂爲世襲。明改世襲爲世職。本朝乾隆二十一年，命改爲在外題選之缺。又念現任世職歸部改銓，不過恩及其身而止，特授爲世襲六品官，尤見我高宗純皇帝玉成聖裔，有加無已之至意。二十六年，又定四氏學學録保送升選之例，蓋我朝聖聖相承，道統治統，一以貫之。凡此典禮優隆，實皆前古所未有。猗歟盛哉！

復聖顏子廟。在曲阜縣城中孔廟東北三百餘步。即陋巷故宅也。宋熙寧間，太守孔宗翰搆顏樂亭於其地。元元貞間始建廟。至元九年，歐陽玄撰碑，立廟中。明成化、正德間奉敕重修，增廓其制。廟南有坊，榜曰「陋巷」。府志：滋陽縣復聖公廟，舊在城東南八里。唐開元中封顏子爲兗國公，即其地建廟，春秋致祭，歷代因之。繼遭兵燬，明洪武十八年創建縣學，遷于學宫奉祀。又寧陽縣復聖公祠在縣西四十里，顏氏子孫有居於此者，元時因立廟祀之，仍復其家。明因之。本朝乾隆三十六年，高宗純皇帝東巡，有御製過陋巷顏子祠詩。

述聖子思子廟。在曲阜縣城中孔廟西北隅。舊有講堂，在鄒縣城東南隅。元元貞初改爲書院。明弘治十六年，始以衍聖公次子世襲五經博士，奉祀事。本朝康熙二十九年，命視顏、曾、孟三賢祀典，一體立廟曲阜。

亞聖孟子廟。在鄒縣城南道左。宋景祐四年，孔道輔知兗州，訪孟子墓，得於鄒縣東三十里四基山，因於墓旁建廟。政和四年，奉詔重修。後以距城遼遠，徙建東門之外。宣和四年，復徙南門外。金泰和中燬。元、明以來相繼重修。門人樂正克以下皆從祀焉。本朝康熙二十六年，聖祖仁皇帝幸魯，親撰碑文，令所司立之廟庭。乾隆二十二年、二十七年，高宗純皇帝南巡，經鄒縣，親詣拈香，行一跪三叩禮。

分水龍王廟。在汶上縣西南三十里南旺湖上運河西岸。汶水自戴村壩轉西南流至廟前，南北分流，明初建廟於其上以鎮之。天順二年，主事孫仁重修，學士許彬有記。今春秋秩祀。本朝乾隆三十年、三十六年、四十一年、四十五年、四十九年，高宗純皇帝東巡，俱有御製分水龍王廟詩。

魯義姑廟。在寧陽縣南門外。舊在縣東北八十里，宋建。明嘉靖十八年，主事張文鳳移建於此。

汶河神廟。在寧陽縣西北堽城壩。明成化十一年建。

寺觀

興隆寺。在滋陽縣北門内。隋仁壽二年建。舊名普樂，宋太平興國七年改名。王禹偁有記。有古塔十三級，高峻入雲，隋時物也。

迴鑾寺。在寧陽縣葛石社。宋大中祥符中東封泰山，駐蹕於此，故名。

開元禪寺。在鄒縣東羅頭社。唐天寶中建。

泉林寺。在泗水縣東五十里陪尾山下。寺之左右皆深林茂樹，有大泉十數，渟泓澄澈，互相灌輸，會而成溪，是爲泗水。南經卞城東，有橋曰卞橋。自卞橋西至邑城，復有大泉數十，南北交會，入於泗水，以達曲阜。大抵邑境數十里内，泉如星列，皆泗水也。以泗泉在東〔一四〕，又多古林，故曰泉林。相傳「子在川上」即此處。本朝康熙二十三年，聖祖仁皇帝南巡，迴蹕至曲阜，經泉林寺，有御製泉林記。乾隆二十一年於泉上建行宮，高宗純皇帝幸魯，迴蹕駐此，御製泉林詩二章，又御製行宮八景詩，曰近聖居，曰在川處，曰鏡瀾榭，曰横雲館，曰九曲彴，曰柳煙坡，曰古蔭堂，曰紅雨亭。二十二年、二十七年、三十年、三十六年、四十一年、四十五年、四十九年，東巡駐蹕，俱有御製詩，並勒于石。凡賜御書額九。

靈芝寺。在滕縣東薛山前。唐初建，元大德間重修。

清涼寺。有二：一在滕縣東南漢宫村，五代時建；一在縣東北三十里東郭村，金大定間修，僧月曇撰記。

顯慶寺。在滕縣城南。五代漢乾祐中建。金大定二年賜額。

重福寺。在滕縣東北牙山。唐武德間建。

大雲寺。在嶧縣西北四十里。唐天寶間爲永安寺。宋宣和中爲巖公寺，金大定間更今名。寺前多古木。有許由泉，環繞寺側。

清真觀。在嶧縣治東南。元爲玄都宫。明洪武十八年敕賜今名。

龍門觀。在嶧縣北六十里滄浪淵西。宋時建。其地峯巒環抱，竹樹掩映，稱爲勝地。

萬壽宫。在滕縣薛山東北隅丹陽洞。元長春真人丘處機建。亦名雲峯觀。

校勘記

〔一〕齊田盼及宋人伐我東鄙　「盼」，乾隆志作「眄」。按，戴震校水經注以爲刻誤，當作「肸」。是也。字或作「肦」。

〔二〕劉會騶山記曰　「會」，乾隆志同，後漢書郡國志今本作「薈」，中華書局點校本校勘記云：汲古閣本「薈」作「會」。

〔三〕漢宣帝甘露四年封魯孝王子弘爲侯國　「四」原作「元」，「魯」原作「梁」，「弘」原作「宏」，乾隆志同，據漢書卷一五下王子侯表改。

〔四〕土人指以爲宅　「土」，原作「士」，據乾隆志改。

〔五〕嘉靖四十二年移置于縣西六十里拖黎溝　「黎」，乾隆志作「犁」，明史卷四一地理志作「梨」。

〔六〕陽穀有樂安定水二鎮　「樂安」，乾隆志、金史卷二五地理志同，疑當作「安樂」。今陽穀縣仍有安樂鎮是也。

〔七〕宋家口　「口」，原闕，所乾隆志補。

〔八〕軀趺亦長二十尺　「趺」，原作「跌」，據乾隆志改。

〔九〕魏書地形志　「形」，原作「理」，據乾隆志改。

〔一〇〕在寧陽縣東　「東」下，乾隆志有「二里」二字。

〔一一〕循玉振門而西　「玉」，原作「王」，據乾隆志及上文改。

〔一二〕五代周廣順二年　「二」，原作「一」，據乾隆志改。

〔一三〕四詣闕里　「四」，乾隆志作「六」。

〔一四〕以泗泉在東　「泉」，乾隆志作「水」。

大清一統志卷一百六十七

兗州府三

名宦

漢

田叔。陘城人。景帝時爲魯相。初至官，民以王取其財物自言者百餘人，叔取其渠率二十人笞，怒之曰：「王非汝主耶？何敢自言主！」王聞大慚，發中府錢，使相償之。相曰：「王自使人償之。不爾，是王爲惡而相爲善也。」魯王好獵，相常從入苑中，王輒休相就館。相嘗暴坐苑外，曰：「吾王暴露，獨何爲舍？」王以故不大出遊。數年以官卒，魯人以百金餉其少子仁，不受，曰：「義不傷先人名。」

鮑永。屯留人。光武時，董憲裨將屯兵於魯，侵害百姓。迺拜永爲魯郡太守，擊討，大破之，降者數千人，惟别帥彭豐、虞休、皮常等不肯下。頃之，孔子闕里無故荆棘自除，永異之，謂府丞及魯令曰：「方今危急，而闕里自開，豈夫子欲令太守行禮，助吾誅無道耶？」迺會人衆，修鄉射之禮，請豐等會觀，手格殺豐等，擒破黨與。帝嘉其略，封爲關内侯。

鍾離意。山陰人。建武時，除瑕丘令。吏有檀建者，盜竊縣内，意屏人問狀，建叩頭伏罪。不忍加刑，遣令長休。建父聞之，爲建設酒，謂曰：「吾聞有道之君，以義行誅。子罪，命也。」遂命建進藥而死。顯宗時爲魯相。出私錢萬三千文付户曹孔訢，修夫子車，身入廟，拂几席劍履。男子張伯除堂下草，土中得玉璧七枚，伯懷其一，以六枚白意。意令主簿安置几前。孔子教授堂下牀首有懸甕，人莫敢發。意發之，中得素書，文曰：「後世修吾書，董仲舒；護吾車，拭吾履，發吾笥，會稽鍾離意；璧有七，張伯懷其一。」意即召問，伯果服焉。

鄭宏。山陰人。顯宗時拜騶令。勤行德化。部人王逢等得路遺寶物，懸於通衢，求主還之。魯國當春大旱，五穀不登，騶獨致雨偏熟。永平十五年，蝗起泰山，流被郡國，過騶界不集。郡以狀聞，詔書以爲不然，遣使按行，如言也。

謝夷吾。山陰人。爲壽張令。永平十五年，蝗發泰山，流徙郡國，薦食五穀，過壽張界，飛逝不集。

汝郁。陳國人。和帝時，累遷爲魯相。以德教化，百姓稱之。流人歸者八九千户。

王堂。郪人。永建中拜魯相。政存簡一，至數年無詞訟。

公沙穆。膠東人。桓帝時遷繒相。時繒侯劉敞所爲多不法，廢嫡立庶，傲佷放恣。穆到官，謁曰：「臣始除之日，京師咸謂臣曰：『繒有惡侯，以弔小相。』明侯何因得此醜聲之甚也？朝廷使臣爲輔，願改往修來，自求多福。」乃上没敞所侵官民田地，廢其庶子，還立嫡嗣。其蒼頭兒客犯法，皆收考之。因苦諫敞，敞涕泣爲謝，多從其所規。

朱儁。上虞人。靈帝時除蘭陵令。政有異能，爲東海相所表。

三國 魏

孫禮。容城人。太祖時遷滎陽都尉。魯山中賊數百人爲民作害，乃徙禮爲魯相。至官，出俸穀，發吏民，募首級，招納降附，使還爲間，應時平泰。

晉

江統。國人。東海王越爲兖州牧，以統爲别駕，委以州事。統舉高平郗鑒爲賢良，陳留阮修爲直言，濟北程收爲方正，時以爲知人。

南北朝　魏

游明根。任人。獻文時，都督兖州諸軍事、瑕丘鎮將，尋就拜東兖州刺史。爲政清平，新民樂附之。

李崇。頓丘人。高祖時除兖州刺史。兖舊多劫盜，崇乃村置一樓，樓懸一鼓，盜發之處，雙搥亂擊，四面諸村始聞者，撾鼓一通；次復聞者，以二爲節；次後聞者，以三爲節。各擊數十搥，諸村聞鼓，皆守要路。俄頃之間，聲布百里。其中險要，悉有伏人，盜竊始發，便爾擒送。諸州置樓懸鼓，自崇始也。

張應。延興中爲魯郡太守。履行貞素，聲績著聞，妻子樵採以自供。高祖深嘉其能，遷京兆太守。按，北史作張膺。

房謨。洛陽人。魏末爲兖州刺史。選用廉清，廣布恩信。寮屬守令有犯必知，百姓安之。

北齊

張華原。代郡人。神武時爲兖州刺史。人懷感附，寇盜浸息。州獄先有囚千餘人，華原皆決遣。至年暮，唯有重罪者數十人，亦遣歸家申賀，依期至獄。先是，州境素有猛獸爲暴，自華原臨州，忽有六駮食之，咸以爲化感所致。

鄭述祖。開封人。天保初，累遷兖州刺史。時穆子容爲巡省使，歎曰：「古人有言，聞伯夷之風，貪夫廉，懦夫有立志。今於鄭兖州見之矣。」初，述祖父道昭爲兖州刺史，於城南小山起齊亭〔一〕，刻石爲記，述祖時年九歲。及爲刺史，往尋舊蹟，得一石，銘云：「中岳先生鄭道昭之白雲堂。」述祖對之嗚咽。有入市盜布者，其父執之以首，述祖原之，境遂無盜。人歌之曰：「大鄭公，小鄭公，相去五十載，風教猶尚同。」

隋

薛胄。汾陰人。高祖受禪，除兖州刺史。到官，繫囚數百。胄剖斷旬日便了，囹圄空虚。有陳州人向道力者僞作高平郡守，將之官。胄遇諸途，察其有異，遂往收之，道力懼而引僞。其發姦摘伏，皆此類也。先是，兖州城東沂、泗二水合而南流，汎濫大澤中，胄遂積石堰之，使決令西注，陂澤盡爲良田。又通轉運，利盡淮海，百姓賴之，號爲薛公豐兖渠。

鄭善果。滎澤人。開皇時累轉魯郡太守。母崔，賢明曉政治。嘗坐閤内，聽善果處決，或當理則悦，有不可則引至牀下責媿之。故善果所至有績，號清吏。

唐

陸亘。吴人。憲宗時爲兖州刺史。對延英，具陳節度分兵屯屬州〔二〕，刺史不能制，故易亂。帝因詔屯士得隸刺史。

五代　晉

程羽。陸澤人。天福中授陽穀主簿，有政績。

周

崔周度。鄆陵人。爲泰寧節度判官。慕容彥超反，周度諫曰：「魯，詩書之國也。自伯禽以來，未有能霸者。然以禮義守之，而長世者多矣。公若量力相時而動，可以保富貴而終身。李河中、安襄陽、杜令公，近歲之龜鑑也。」彥超大怒，害之。兗州平，贈秘書監。

宋

楊瓊。西河人。景德初知兗州。有州卒自言得神術，能飛行空中，州人頗惑。瓊捕之，折其足，奏戮之。

張禹珪。河朔人。景德初知兗州。會河隄決溢，禹珪率衆塞之。宰相王旦使兗州還，言其狀，優詔褒之。

王臻。汝陰人〔三〕。真宗時以殿中丞知兗州，特遷監察御史。剛毅善決事，所至有賢聲。

蔡齊。萊州膠水人。真宗時通判兗州。時太守王臻政治嚴猛，齊濟之以寬，訟獄爲之不冤。

陳太素。緱氏人。真宗時知兗州，有治績〔四〕。

崔立。鄢陵人。真宗時知兗州。歲大饑，募富人出穀十萬餘石，以賑饑者。所全活甚衆。

徐起。鄄城人。真宗時知兗州。有都巡檢虐所部，部兵百餘人持兵至庭下，州人大恐。起不爲動，以禍福開諭之。衆感泣聽命，因按致其首，奏罷都巡檢。

杜衍。山陰人。慶曆中以尚書左丞出知兗州。時州縣官有累重而素貧者，以公租及帑均給之，量其大小，咸使自足，有侵漁者責之。

李師中。楚丘人。仁宗時知濟、兖二州。濟水堙塞久，師中訪故道，自兖城南啓鑿之。

魏濤。彭城人。元祐間知丞縣。政治明毅，所至無冤獄，丞人思之。

邵潛。陽羡人。元祐八年知丞縣，兼兵馬監押。敦篤化民，庭訟日虚。

吕由誠。開封人。御史中丞誨之子。靖康中知襲慶府。拊循有方，士樂爲用。金兵至，百道攻城，力盡遂陷，闔門俱殉。

元

張炤。濟南人。至元八年知兖州。時亢旱，吏民懇禱不雨。炤始至，甘雨霑足。屬邑有桀黠吏，肆爲暴横，炤繩之以法，杖出境外，民害遂息。

汪澤民。婺源人。仁宗時知兖州。建議孔子後宜封爲公，尊其品秩，以示褒崇之意。廷議從之。

張翌。其先蜀之導江人，僑寓江左。至元中，大臣薦諸朝，命爲孔、顔、孟三氏教授。鄒魯之人，服誦遺訓，久而不忘。

韓仲暉。至元中爲壽張縣尹。建言開河置牐，引汶水達舟於御河，以便漕販。工成，賜名會通河。

明

盧熊。崑山人。洪武初知兖州。時兵革之餘，命營魯王府，又浚兖州河。熊竭力經度，事集而民不擾。坐他事累死，籍其家，惟餘麻枲。太祖深悔之。

史誠祖。解州人。洪武二十二年知汶上縣。以廉平寬簡爲治。永樂中，遣御史考覈郡縣長吏，還奏誠祖治第一。成祖賜璽書勞之，特擢濟寧知州，仍視汶上縣事。并賜内醞一尊，織金紗衣一襲，鈔千貫。誠祖既得旌，益勤於治。土田增闢，户口繁滋，益編户十四里。成祖過汶上，欲徙其民數百家於膠州，誠祖奏免之。秩滿，輒爲民請留。在任二十九年卒。

朱琺。龍溪人。永樂中知鄒縣。明敏有吏幹，雖洞悉民隱，而性寬厚有容。刑用鞭，中貫以綿。歲凶，解銀帶、簪、珥易米賑饑。每巡行郊野，勸民耕種。秩滿，以民請留，再任。卒於官。

孔公朝。樂清人。永樂中知寧陽縣。清廉有幹。後坐事遣戍，民屢叩閽不許。宣德初，詔求賢，或以公朝薦。寧陽人聞之，又相率請再任。帝謂廷臣曰：「公朝去寧陽已二十年，民猶奏乞不已，非良吏耶？」遂與之。

黄瑜。臨桂人。正統中授兖州府同知。發倉賑饑，築隄捍水，以治行高等，即擢本府知府。

房嵒。滑縣人。宣德間知鄒縣，至正統中，閲二十餘年。卒，吏民皆愛戴之。

龔弘。嘉定人。成化中知兖州府。府有借兑糧、寄養馬，相沿爲常課。弘力請上官，得捐糧萬石，馬八千匹，民困大蘇。

許進。靈寶人。成化中知兖州府。莅政明敏，摘伏若神。

張泰。肅寧人。成化中知鄒縣。明於聽斷，訟無留滯，囹圄遂空。御史按曲阜，獨鄒無録，心疑之。按畢，由鄒取道至滕，突入縣署，索獄門鑰。泰曰：「無鎖，安得鑰？」御史自往視之，門大啓。入視，竟無一人。於是改容歎息而去。

惠儒。長安人。正德時爲兖州通判。屬有閹宦索逋，致斃民命者，所司下儒鞫問。閹懼，以金一罈遺儒，覆之以醬。儒即摘發以聞，遂如法論抵，僚屬皆敬服。

章時鸞。青陽人。嘉靖中知鄒縣。鄒土瘠民散，時鸞招集流亡，勸耕織，邑大治。時河淤漕阻，朝廷遣尚書朱衡經理其事，令沿河官集議。時鸞首創開南陽新河，漕運復通。

張鏜。武功右衛人。嘉靖中知滕縣。時邑多流亡，計其所蓄，以定徭役。舊輸賦者，皆奸胥無賴先期斂收，及不能償，任責本户。鏜選有業愿民爲之簿正，躬閲所納，由是民無逋賦。鏜明習法令，獄訟一鞫即決，誣訴者必窮其指使。刁民悉逃匿他境，境内大治。

姬文胤。華州人。天啓二年知滕縣。視事甫三日，白蓮賊徐鴻儒來薄城，吏卒多散走。文胤登陴與賊語，賊見文胤身長面赤，鬚髯奮張，皆羅拜。及城潰，文胤嚼齒駡賊，械繫三日，終不屈，自經死。贈太僕少卿，立祠祀之。

俞起蛟。錢塘人。由貢生歷官魯府左長史。惠王欲易世子，起蛟力諫乃已。世子嗣位，值凶歲，勸王賑貸，自出粟二千石佐之。大盜李青山率衆來犯，偕在籍給事中范淑泰擊破其衆。崇禎十五年城破，起蛟率親屬二十三人抗禦，死之。

鄧藩錫。金壇人。崇禎十五年知兖州府。時中州殘破已盡，兖與接壤，藩錫繕完守具，與監軍參議王維新死守。及城陷，被執，不屈死。妻攜稚子亦赴井死。

郝芳聲。忻州人。崇禎十五年知滋陽縣，有政聲。城破，死之。前令樊吉人，元城人，以才擢兵部主事，再擢山東兵備僉事。未行，會城破，自刎死。

吴良能。蓋州人。崇禎中知滕縣。有武略。捍禦山賊，邑賴以安。十五年，城被圍，將破，良能殺其家屬，拜母而出，力戰死。

本朝

李可愛。滿洲人。順治初知陽穀縣。下車即值土寇丁惟岳之亂，可愛嬰城固守，力盡城陷，死之。

楊奇逢。正紅旗漢軍。康熙二十四年知滕縣。滕爲運道咽喉，工役繁多，民甚勞瘁。奇逢詳免彭口歲挑夫二百名，均其值爲雇役。又罷派民運柳，令種植官地，公取公用，民甚便之。

李世敬。大興人。康熙三十八年知兖州府。郡薦饑，奉詔發粟以賑。世敬按歷州邑，窮鄉僻壤，皆手籍而面稽。遇有遺亡後至者，則出己俸以償之。

陳安策。泰和人。康熙四十二年知嶧縣。有吏才。諸廢興舉，前此社户紛雜，特爲釐正，使甲比户聯，滚單易行，民無擾累。

婁一均。會稽人。康熙四十八年知鄒縣。勸農勤政，寒暑不敢少懈。決訟立判，民無久候。杜絶里長私派，人咸德之。

楊文熹。正紅旗漢軍。雍正十三年知嶧縣。廉明正直，滑吏斂跡。設義塾，勤教化，士風丕振。歷任八年，士民至今思之。

沈齊義。知壽張縣。乾隆三十九年，逆匪王倫倡亂，齊義謀捕之。不密，賊日夜攻城。城陷，被戕。女二姑聞父死，投繯自盡。

劉希燾。廣東長樂人。乾隆三十九年任陽穀縣阿城鎮縣丞。聞壽張賊警，赴援至柴家莊，遇害。典史方光祀率從子義守監獄，賊至，俱被戕。

人物

漢

叔孫通。薛人。拜博士，號稷嗣君。漢王爲皇帝，去秦儀法爲簡易。羣臣飲争功，醉或妄呼，拔劍擊柱，上患之。通説上徵魯諸生共起朝儀，爲緜蕞野外習之。漢七年，長樂宮成，諸侯羣臣朝，莫不震恐肅敬。竟朝置酒，無敢讙譁失禮者。於是高帝曰：「吾乃今日知爲皇帝之貴也。」拜通爲奉常，從太子太傅。高帝欲易太子，通諫，上遂無易太子志。孝惠即位，徙通爲奉常，定宗廟儀。及稍定漢諸儀法，皆通所論著也。

高堂生。魯人。漢初，傳士禮十七篇。唐時從祀孔廟，宋封萊蕪伯。

徐生。魯人。善爲頌。孝文時，爲禮官大夫。漢書注：蘇林曰：「漢舊儀有二郎，爲此頌貌威儀事。徐氏後有張氏，不知經，但能盤辟爲禮容。天下郡國有容史，皆詣魯學之。」按：「頌」，讀作「容」。

穆生。魯人。少與楚元王交，及白生、申公俱受詩於浮丘伯。元王既至楚，以穆生、白生、申公爲中大夫。初，元王敬禮申公等，穆生不嗜酒，元王常爲穆生設醴。及王戊即位，常設，後忘設焉。穆生退曰：「可以逝矣。醴酒不設，王之意怠。不去，楚人將鉗我於市。」遂謝病去。申公、白生獨留。王戊稍淫暴，二人諫，不聽，胥靡之。

白生。魯人。詳見上。按漢書注：服虔曰：「白生，魯國奄里人。」

申公。名培，魯人。少與楚元王交，俱事浮丘伯受詩。呂太后時，浮丘伯在長安，元王遣子郢客與申公俱卒業。文帝時，聞申公爲詩最精，以爲博士。始爲詩傳，號魯詩。元王薨，郢客嗣，令傅太子戊。戊不好學。及戊立爲王，胥靡申公。申公媿之，歸魯，退居家教弟子。自遠方來受業者千餘人。蘭陵王臧、代趙綰，武帝初，請立明堂以朝諸侯，不能就其事，乃言師申公。於是上使束帛加璧，安車以蒲裹輪駕駟，弟子二人乘軺傳從。至見上，問治亂之事。申公時已八十餘，老，對曰：「爲治者不在多言，顧力行何如耳。」上以爲大中大夫，舍魯邸，議明堂事。後病免歸。

繆生。蘭陵人。申公弟子。長沙内史。

闕門慶忌。鄒人。申公弟子。膠東内史。

王臧。蘭陵人。從申公受詩。景帝時，爲太子少傅。免去。武帝初即位，臧上書宿衛，累遷，一歲至郎中令。

公孫弘。薛人。少時家貧，牧豕海上。年四十餘，乃學春秋雜說。武帝初，弘年六十，以賢良徵爲博士。免歸。元光五年，復徵賢良，上策詔諸儒。時對者百餘人，太常奏弘第居下。策奏，天子擢爲第一。召入見，拜爲博士。一歲中至左內史。數年，遷御史大夫。元朔中，代薛澤爲丞相。時上方興功業，屢舉賢良，弘於是起客館，開東閤以延賢人，與參論議。弘身食一肉，脱粟飯，故人賓客仰衣食，俸禄皆以給之。年八十，終丞相位。

江公。瑕丘人。受穀梁春秋及詩於魯申公。傳子至孫，爲博士。

孔安國。孔子十一世孫。少學詩於申公，受尚書於伏生。武帝時，以治尚書爲博士。官至臨淮太守。初，魯共王壞孔子舊宅，於壁中得古文尚書及禮、論語、孝經〔五〕，皆科斗文字。時人無能知者。安國以所聞伏生之書，考論文義，以隸古字寫之，送之官府。安國承詔作傳，引書序冠其篇首，定爲五十八篇。會巫蠱事起，不得奏上，私傳其業於都尉朝，謂之尚書古文之學。又爲古文孝經傳、論語訓解。唐時從祀孔廟，宋封曲阜伯。

許生。魯人。從申公受詩。守學教授，韋賢、王式皆事之。

周霸。魯人。受易東武王同子中。以易至大官。亦能言尚書。

褚大。蘭陵人。從胡母生受公羊春秋。至梁相。

蕭奮。瑕丘人。以禮至淮陽太守。

眭弘。魯國蕃人。從嬴公受春秋。以明經爲議郎，至符節令。

榮廣。魯人。能傳江公詩、春秋。高才敏捷，與公羊大師眭孟等論，數困之。故好學者復受穀梁。沛蔡千秋少君、梁周慶幼君、丁姓子孫，皆從廣受。

夏侯始昌。魯人。通五經，以齊詩、尚書教授。自董仲舒、韓嬰死後，武帝得始昌，甚重之。始昌明於陰陽，先言柏粱臺災日，至期日果災。時昌邑王以少子愛，上爲選師，始昌爲太傅，年老以壽終。

韋賢。魯國鄒人。爲人質樸少欲，篤志於學。兼通禮、尚書，以詩教授，號稱鄒魯大儒。徵爲博士給事中，進授昭帝詩，遷大鴻臚。宣帝即位，以先帝師，甚見尊重。本始三年，代蔡義爲丞相，封扶陽侯。地節三年，以老病乞骸骨，賜黄金百斤，罷歸。丞相致仕自賢始。卒，謚曰節侯。

丙吉。魯國人。治律令，爲魯獄吏。武帝末，巫蠱事起，吉以故廷尉監徵，詔治巫蠱郡邸獄。時宣帝生數月，以皇曾孫坐繫，吉哀曾孫無辜，擇謹厚女徒，命保養曾孫，置閒燥處。後元二年，武帝遣使者分條中都官，詔獄繫者皆殺之。内謁者令郭穰夜到郡邸獄。吉閉門拒不納，穰還以聞，因劾奏吉。武帝寤，因赦天下。郡邸獄繫者，獨賴吉得生。宣帝即位，掖庭宫婢則自陳常有阿保功，辭引吉知狀，然後知吉有舊恩，而終不言。上大賢之，封博陽侯。後代魏相爲丞相。吉居相位，尚寬大，好禮讓，務掩過揚善，知大體，卒謚定侯。

龔遂。南平陽人。以明經爲官。至昌邑郎中令，事王賀。遂爲人忠厚剛毅，有大節。内諫争於王，外責傅相，引經義，陳禍福，至於涕泣。王廢，羣臣坐誅，遂以數諫得減死。宣帝即位，渤海左右郡歲饑盗起，上選能治者，丞相、御史舉遂可用。上以爲渤海太守，時年七十餘矣。遂單車獨行至府，郡中翕然，盗賊悉平。數年，徵至京師。上以遂年老，拜爲水衡都尉，甚重之。

孟喜。蘭陵人。父號孟卿，善爲禮、春秋，授后蒼、疏廣，世所傳后氏禮、疏氏春秋皆出孟卿。孟卿以禮經多、春秋煩雜，迺使喜從田王孫受易，得易家候陰陽災變書。喜舉孝廉爲郎，曲臺署長，病免爲丞相掾。喜授同郡白光少子、沛翟牧子兄，皆爲博士。由是有翟、孟、白之學。

顔安樂。薛人。眭孟姊子。家貧，爲學精力，官至齊郡太守丞。後爲仇家所殺。安樂初與嚴彭祖俱事眭孟，質問疑誼，各持所見。孟曰：「春秋之意在二孟矣。」孟死，彭祖、安樂各顓門教授，由是公羊春秋有顔、嚴之學。

疏廣。蘭陵人。少好學，明春秋。地節三年，立皇太子，廣爲少傅。數月，徙爲太傅。廣兄子受，字公子，亦以賢良舉爲太子家令。受好禮恭敬，敏而有辭。頃之拜受爲少傅。太子每朝，太傅在前，少傅在後，父子並爲師傅，朝廷以爲榮。在位五歲，皇太子年十二，通論語、孝經。廣與受俱上疏乞骸骨，許之，加賜黄金二十斤，皇太子贈以五十斤，公卿大夫、故人設祖道供帳東都門外，車數百輛。道旁觀者，或歎息爲之下泣。既歸鄉里，廣子孫竊謂其昆弟老人勸買田宅，廣曰：「我豈不念子孫？顧自有舊田廬，足以供衣食，今又增益之，但教子孫怠惰耳。又此金者，聖主所以惠養老臣也，故樂與鄉黨宗族共饗其賜。」於是族人悦服。皆以壽終。

韋玄成。賢子。少好學，修父業，尤謙遜下士。永光中，代于定國爲丞相，遂繼父相位，封侯故國，榮當世焉。玄成爲相七年，守正持重不及父賢，而文采過之。卒後謚曰共侯。

蕭望之。蘭陵人。徙杜陵。好學，治齊詩。地節三年夏，京師雨雹，望之因上疏欲陳災異。宣帝下少府宋畸問狀，望之對陰陽不和，是大臣任政，一姓擅執之所致。天子拜望之爲謁者。後霍氏誅，望之寖益任用。宣帝寢疾，望之受遺詔輔政，領尚書事。元帝即位，望之以師傅見尊重，多所匡正。宦官中書令弘恭、石顯久典樞機，望之以爲中書政本，白欲更置士人，由是大與恭、顯忤。恭、顯奏望之欲專擅權勢，請逮捕。望之飲鴆自殺，上爲之涕泣，哀動左右。

孔霸。孔子十三世孫。治尚書，事太傅夏侯勝。宣帝時，以選授皇太子經，遷詹事、高密相。元帝即位，賜爵關内侯。爲人謙退，不好權勢。上欲致霸相位，霸讓位，自陳至三。上深知其至誠，迺弗用。卒，謚烈君。

鄭弘。剛人。兄昌，字次卿，亦好學。皆明經，通法律政事。次卿爲太原涿州太守，弘爲南陽太守，皆著治蹟。次卿用刑罰深，不如弘平。遷淮陽相，以高第入爲右扶風，京師稱之。代韋玄成爲御史大夫。

匡衡。丞人。好學。諸儒爲之語曰：「無説詩，匡鼎來；匡説詩，解人頤。」元帝即位，史高薦衡於上，爲郎中，遷博士、給事中，爲太子少傅。數上疏陳便宜。建昭三年，代韋玄成爲丞相，封樂安侯。成帝即位，上疏戒妃匹，勸經學威儀之則，復奏正南北郊，罷諸淫祀。子咸，亦明經，列位至九卿。

朱雲。魯人。徙居平陵，從博士白子友受易，又事蕭望之受論語，皆能傳其業。好倜儻大節。成帝時，上書求見，公卿在前，雲曰：「臣願賜尚方斬馬劍，斷佞臣一人頭以厲其餘。」上問：「誰也？」對曰：「安昌侯張禹。」上大怒。御史將雲下，雲攀殿檻，檻折。雲呼曰：「臣得下從龍逢、比干遊於地下足矣，未知聖朝何如耳！」於是左將軍辛慶忌免冠解印綬，叩頭殿下。上意解，乃已。及後當治檻，上曰：「弗易。」因而輯之，以旌直臣。

陳湯。瑕丘人。元帝時，以薦爲郎。數求使外國，久之，遷西域副校尉，與騎都尉甘延壽俱出。時郅支單于殺漢使者谷吉等，西奔康居。建昭三年，湯與延壽出西域。湯爲人沈勇，喜奇功，與延壽謀曰：「郅支雖所在絶遠，無金城强弩之守。如發屯田吏士，敺從烏孫衆兵，直指其城下，千載之功，可一朝成也。」延壽猶豫不聽。湯矯制發兵，部勒行陳，合四萬餘人。上疏自劾奏矯制，陳言兵狀。即日引軍分六校，從南北道入康居，至單于城下，四面圍之，斬郅支首。既至論功，賜爵關内侯。

史丹。魯國人。徙杜陵。父高，以外屬封樂陵侯，拜大司馬輔政。丹以父任爲中庶子。元帝即位，詔丹護太子家。成帝時，從左將軍、光禄大夫，封武陽侯。丹爲人足知，愷悌愛人，心甚謹密，故尤得信於上。卒謚頃侯。

毌將隆。蘭陵人。爲從事中郎，遷諫議大夫。成帝末，奏封事，言宜徵定陶王使在國邸，後上竟立定陶王爲太子，隆遷冀州牧、潁川太守。哀帝即位，遷執金吾。時侍中董賢方貴，上使中黄門發武庫兵前後十輩，送董賢及上乳母王阿舍。隆奏言：「武庫兵器，天下公用。以給私門，非所以示四方也。」上不悦。頃之，傅太后使謁者買諸官婢，賤取之，復取執金吾官婢八人。隆奏言賈賤，請更平直。左遷沛郡都尉。王莽少時與隆交，隆不甚附。莽秉政，使大司徒孔光奏隆前爲冀州牧，冤陷無辜。免官，徙合浦。

夏侯敬。魯人。受慶氏禮。

孔子建。魯人。少遊長安，與崔篆友善。及篆仕王莽，爲建新大尹，嘗勸子建仕，對曰：「吾有布衣之心，子有衮冕之志。道既乖矣，請從此辭。」遂歸，終於家。

王良。蘭陵人。習小夏侯尚書。王莽時，寢病不仕，教授諸生千餘人。建武三年，徵拜諫議大夫。數有忠言，以禮進止，朝廷敬之。六年，代宣秉爲大司徒司直。在位恭儉，妻子不入官舍，布被瓦器。後以病歸，卒於家。

曹充。薛人。持慶氏禮。建武中，爲博士，從巡狩岱宗，定封禪禮。還，受詔議立七廟、三雍、大射、養老禮儀。顯宗即位，上言當制禮以示百世。拜侍中，作章句辨難，於是遂有慶氏學。

寒朗。薛人。博通書傳，舉孝廉。永平中，以謁者守侍御史，考案楚獄顏忠、王平等，辭連及隧鄉侯耿建、朗陵侯臧信、護澤侯鄧鯉、曲成侯劉建。建等辭，未嘗與忠、平相見。是時，顯宗怒甚，吏皆惶恐，諸所連及，無敢以情恕者。朗上言建等無姦，專爲忠、平所誣，疑天下無辜，類多如此。乃召朗入問，帝意解。建初中，詔以朗納忠先帝，拜易長，遷濟陽令。以母喪去官，百姓追思之。永元中，再遷清河太守。坐法免。

曹褒。充子。少傳充業，博雅疏通，尤好禮士。常憾朝廷制度未備，慕叔孫通漢禮儀，晝夜研精，寢則懷抱筆札，行則誦習文書。舉孝廉，徵拜博士。會肅宗欲制定禮樂，褒上疏陳禮樂之本，制改之意。拜侍中，敕於南宮、東觀，盡心集作。褒乃撰禮制百五十篇上之。褒博物識古，爲儒者宗。作通議十二篇、演經雜論百二十篇，又傳禮記四十九篇，教授諸生千餘人。慶氏學遂行於世。

孔僖。子建曾孫。自安國以下，世傳古文尚書、毛詩。僖習春秋，拜蘭臺令史。元和二年，帝幸闕里，以太牢祀孔子，大會孔氏男子二十以上者六十三人。僖因自陳謝，帝曰：「今日之會，於卿宗有光榮乎？」對曰：「臣聞明王聖主，莫不尊師貴道。陛下崇禮先師，增輝聖德。至於光榮，非所敢承。」帝大笑曰：「非聖者子孫，焉有斯言？」遂拜僖郎中，使校書東觀。卒官臨晉令。

子長彦、季彦，長彦好章句學，季彦守其家業，門徒數百人。

戴封。剛人。年十五詣太學，師東海申君。申君卒，送喪到東海。道經其家，父母豫爲娶妻，封拜親不宿而去，還京師卒業。後遇賊，財物悉被掠奪，遺縑七匹，封追以與之。賊驚曰：「此賢人也！」盡還其器物。詔書求賢良方正、極言之士，封對策第一，擢拜議郎，遷西華令。永元十二年，徵拜太常。卒於官。

王龔。高平人。爲青州刺史，劾奏貪濁二千石數人。安帝嘉之，徵拜尚書。建光二年，遷汝南太守。政崇温和，好才愛士，引進郡人黄憲、陳蕃等。永和元年，拜太尉。在位公慎，自非公事，不通州郡書記。其所辟命，皆海内長者。龔深疾宦官專權，志在匡正，乃上書極言其狀，請加放斥。諸黄門恐懼，各使賓客誣奏龔罪。順帝命亟自實。前掾李固奏記於大將軍梁商，商即言之於帝，事乃得釋。

王輔。平陸人。學公羊傳、援神契，隱居野廬，以道自娱。辟公府，舉有道，對策，拜郎中。陳災異，甄吉凶，有驗，拜議郎。以病歸。安帝公車徵，不行。卒於官。

王暢。龔子。以清實著稱，無所交黨。大將軍梁商辟舉茂才，四遷尚書令，歷轉漁陽太守，所在以嚴明稱。坐事免官。太尉陳蕃薦暢清方公正，復爲尚書，尋拜南陽太守。奮厲威猛，豪右大震。功曹張敞奏記諫暢，更崇寬政，教化遂行。建寧元年，遷司空。數月策免，明年卒。

何休。樊人。精研六經，世儒無及。尤好公羊春秋。不仕州郡，進退必以禮。爲太傅陳蕃所辟。蕃敗，坐廢錮，乃作春秋公羊解詁。又與其師、博士羊弼追述李育意，以難二傳，作公羊墨守、左氏膏肓、穀梁廢疾。黨禁解，拜議郎。屢陳忠言，再遷諫議大夫。光和五年卒。

劉梁。寧陽人。宗室子孫。少孤貧，賣書於市。常疾世多利交，以邪曲相黨，乃著破羣論，又著辨和同之論。桓帝時舉孝廉，除北新城長。大作講舍，延聚生徒，儒化大行。召拜尚書郎。孫楨，字公幹，亦以文才知名。

請誅之。張儉。高平人。初舉茂才，以刺史非其人，謝病不起。延熹八年，太守翟超請爲東部督郵，舉劾中常侍侯覽及其母罪惡，覽遏絶章表不得通，由是結仇。覽鄉人朱並素佞邪，爲儉所棄，遂上書告儉與同郡二十四人爲黨。於是刊章討捕，儉得亡命。望門投止，莫不重其名行，破家相容。復流轉東萊，止李篤家。篤因緣送儉出塞，以故得免。中平元年，黨事解，辟徵皆不就。獻帝初，百姓饑荒，儉傾竭財産，與邑里共之，賴其存者以百數。建安初，徵爲衛尉。見曹氏已萌，不豫政事。歲餘卒。

孔昱。魯人。霸七世孫。少習家學，梁冀辟不應。遭黨事禁錮。靈帝即位，徵拜議郎，補洛陽令。以師喪棄官，卒於家。

檀敷。瑕丘人。少爲諸生，家貧而志清。舉孝廉，連辟公府，皆不就。立精舍教授，遠方至者常數百人。靈帝時，舉方正，再遷議郎，補蒙令。以郡守非其人，棄官而去。

蕃嚮。魯國人。官至郎中，名在八廚。年八十，卒於家。

戴宏。剛人。父爲膠東縣丞。宏年十六，從在丞舍。膠東侯相吴祐每行園，常聞諷誦之音，遂與結友。卒成儒宗，知名東夏。官至酒泉太守。

劉表。高平人。魯恭王之後。初平元年爲荆州刺史。時江南宗賊大盛，表遣人誘宗賊帥斬之，江南悉平。李傕等入長安，表遣使奉貢，以表爲鎮南將軍、荆州牧，封成武侯。開土遂廣，地方數千里，帶甲十餘萬。威懷兼洽，大小悦服，學士歸者千數。遂立學校，博求儒術，愛民養士，從容自保。及曹、袁相持於官渡，紹求助，表許之。不至，亦不援曹操。建安十三年，曹操自將征表。表疽發背卒。二子琦、琮。琮舉州降操，操以爲青州刺史，封列侯。後劉備表琦爲荆州刺史。

孔融。魯國人。孔子二十世孫。幼有異才。年十歲，造李膺，膺目爲偉器。十三喪父，哀悴過毁，州里歸其孝。性好學，博涉多該覽。山陽張儉與融兄褒有舊，亡抵於褒，不遇。時融年十六，因留舍之。事泄掩捕，一門争死，由是顯名。歷官虎賁中郎將。董卓廢立，輒有匡正。以忤卓旨，轉爲議郎。尋出爲北海相。袁、曹方盛，融無所協附。負其高氣，志在靖難，而才疏意廣，迄無成功。獻帝時，拜大中大夫。性寬容少忌，薦達賢士，多所獎進。知而未言，以爲己過，故海内英俊皆信服之。曹操既積嫌疑，而郗慮復搆成其罪，遂令路粹枉狀奏融。下獄棄市，妻子皆被誅。

三國　魏

仲長統。高平人。少好學，博涉，贍文辭。性俶儻，敢直言，不矜小節。默語無常，爲樂志論。又作詩二篇以見志。尚書令荀彧聞統名，奇之，舉爲尚書郎。後參丞相曹操軍事。每論説古今及時俗行事，恒發憤歎息。著昌言三十四篇。卒年四十一。

王粲。高平人。魏初拜侍中。時舊儀廢弛，興造制度，粲恒典之。初，粲與人共行，讀道邊碑，背誦不失一字。觀人圍棋，局壞，粲爲覆之，不誤一道。其强記默識如此。善屬文，舉筆便成，無所改定。時人嘗以爲宿搆，然正復精意覃思，亦不能加也。著詩、賦、論、議垂六十篇。建安二十二年卒。

繆襲。蘭陵人。有才學，多所述敘。官至尚書光禄勳。正始六年卒。

晉

唐彬。鄒人。有經國大度。敦悦經史，尤明易、史。泰始初，賜爵關内侯，詔監巴東諸軍事。上征吴之策，甚合帝意。後與王濬共伐吴。應機制勝，多所擒獲。吴平，以彬爲右將軍，都督諸軍事，改封上庸縣侯。鮮卑侵掠北平，以彬爲使持節，監幽州諸軍事。於是鮮卑並遣侍子入貢，邊境獲安。元康四年卒於官，謚曰襄。

馬隆。平陸人。少而智勇，好立名節。泰始中，兖州舉隆才堪良將，稍遷司馬督。初，涼州刺史楊欣失羌戎之和，隆陳其必敗。俄而欣爲虜所没，河西斷絶。帝每有西顧之憂，乃以隆爲武威太守。奇謀間發，出敵不意，轉戰千里，前後誅殺及降附者以萬計，涼州遂平。太熙初，封奉高縣侯，加授東羌校尉。積十餘年，威信震於隴右。卒於官。

王沈。高平人。少有俊才。出於寒素，不能隨俗沈浮，爲時豪所抑。仕郡文學掾，鬱鬱不得志，乃作釋時論，讀之者莫不歎息焉。

繆播。蘭陵人。播才思清辨，有意義。懷帝立，以播及從弟胤等有公輔之量，又盡忠於國，故委以心膂。東海王越懼爲己害，以兵入宫，執播於帝側，遂害之。朝野憤惋。

繆胤。播從弟。與播名譽略齊，後爲東海王越所害。

孔衍。魯國人。孔子二十二世孫。衍少好學，年十二，能通詩、書。弱冠，公府辟，本州舉異行直言，皆不就。元帝引爲安東參軍，掌記室。中興初，補中書郎。明帝在東宫，領太子中庶子，練識舊典，朝儀軌制，多取正焉。王敦惡之，出衍爲廣陵郡，時人爲之寒心，而衍不形於色。大興三年，卒於官。衍博覽，過於賀循，凡所傳述百餘萬言。子啓，廬陵太守。與宗人夷吾並有美名。

檀憑之。高平人。少有志力，閨門邕肅。從兄子韶兄弟五人，稚弱而孤，憑之撫養，若己所生。義旗建，與劉毅俱以私艱墨絰而赴，爲皇甫敷軍所害。義熙初，加贈散騎常侍〔六〕，追封曲阿縣公。

蒯恩。承人。膽力過人。從伐廣固，破盧循，追斬徐道覆，與王鎮惡襲江陵，隨朱齡石伐蜀。又從伐司馬休之。武帝録前後功，封新寧縣男。武帝北伐，留恩侍衛世子，命朝士與之交，益自謙損，撫士卒，甚有綱紀，衆咸親附之。歷官輔國將軍、淮陵太守。入關，迎桂陽公義真。義真爲佛佛所追，恩斷後，力戰死。

孔淳之。魯人。少有高尚，愛好墳籍，爲太原王恭所稱。居會稽剡縣，性好山水，每有所遊，必窮其幽峻。除著作佐郎、太尉參軍，並不就。居喪至孝，廬於墓側，與徵士戴顒、王弘之及王敬弘等爲人外之遊。元嘉初，復徵爲散騎侍郎，乃逃於上虞縣界。弟默之爲廣州刺史，注穀梁春秋。

齊

李安民。丞人。少有大志。高帝即位，爲中領軍，封康樂侯。國家密事，上惟與安民論議，謂曰：「署事有卿名，我便不復細覽也。」累遷尚書左僕射。尋上表求退。爲吴興太守，卒於官，年五十八，謚曰肅侯。子元履，有操業，嫺政體，仕梁爲刺史。

桓康。丞人。隨武帝起兵，摧堅陷陣，膂力絶人。江南人畏之，以其名怖小兒，畫其形以辟瘧，無不立愈。高帝鎮東府，除武陵王中兵、寧朔將軍，帶蘭陵太守。建元元年，封吴平縣侯。大破魏軍於淮陽。武帝即位，卒於驍騎將軍。

周盤龍。北蘭陵人。膽氣過人，尤便弓馬。高帝即位，進號右將軍。建元元年，以盤龍爲軍主，助桓崇祖拒魏，大破之。明年，魏攻淮陽，盤龍與子奉叔單馬率二百餘人陷陣。魏軍萬餘騎，張左右翼圍之。父子兩騎，縈攪數萬人，魏軍大敗，名播北國。進爵爲侯，尋卒。

唐

張公藝。壽張人。九世同居。高宗有事泰山，臨幸其居，問本末，書「忍」字以對。按，壽張本漢故縣，在今泰安府東平州。至隋以後，始有今縣境地。故名宦、人物，俱斷自唐始，而前此皆從略焉。

徐彦伯。瑕丘人。名洪，以字顯。七歲能爲文，對策高第，調永壽尉、蒲州司兵參軍。時司户韋暠善判，司事查亘工書，而彦伯屬辭，時稱「河東三絶」。累擢修文館學士、工部侍郎，歷太子賓客。開元二年卒。彦伯事寡嫂謹，撫諸姪同己子。秉筆累朝，後來翕然慕傚。始武后時，王公卿士以語言爲酷吏所引，死徙不可計。彦伯著樞機論以戒世云。

儲光羲。兖州人。登開元中進士第。又詔中書試文章，歷監察御史。安禄山反，陷賊自歸。著正論十五卷，集七十卷。

孔巢父。孔子三十七世孫。少好學，隱徂徠山。永王璘辟署幕府，不應。德宗出狩，擢給事中，爲河中陝華招討使。累上破賊方略，未幾兼御史大夫，爲魏博宣慰使。見田悦，與言君臣大義，利害逆順。數日田緒殺悦，與大將邢曹俊等聽命。巢父即以緒權軍中務，紓其難。李懷光據河中，復令巢父宣慰，罷其兵，爲亂軍所害。帝聞震悼，贈尚書左僕射，謚曰忠。

李自良。泗水人。天寶末，從戰積閥至殿中監，事節度薛兼訓爲牙將〔七〕。及訓徙太原，鮑防代總節度事。會回紇入寇，防遣大將焦伯瑜等擊之。自良曰：「寇遠來，難與争鋒。請築二壘搤歸路，堅壁勿出。師老而惰，其勢易乘。」防不聽。伯瑜戰百井，大敗。由是知名。馬燧代防，表爲軍候。貞元三年，德宗罷燧，以自良代之。自良以事燧久，不敢當。帝謂曰：「卿於進退，豈不有禮？然守北門無易卿者，勉爲朕行。」乃以檢校工部尚書充河東節度。居治九年，舉不愆法，簡儉易循，民不知有軍，上下諧附。卒於官，贈尚書左僕射。

孔戣。巢父從子。擢進士第，爲侍御史，累擢諫議大夫。條上四事，憲宗異其言。又劾李涉結近倖罔上，宦寵側目。論正李少和、崔昜簡獄事。再遷尚書左丞，出爲華州刺史。歷拜嶺南節度使，交、廣晏然大治。穆宗立，還爲左丞，以老自乞。韓愈疏言：「在朝如戣輩，不過三數人，宜留之。」不報。以禮部尚書致仕。卒，謚曰貞。

孔戡。巢父從子。進士及第，補修武尉，昭義節度使盧從史留署掌書記。從史與王承宗、田緒陰相結，戡陰争不從，肆言折之，遂以疾歸洛陽。李吉甫鎮揚州，表置幕府。從史即誣以事，奏三上，詔以衛尉丞分司東都。未幾，卒。

孔戢。戡弟。父死難，詔與一子官，補修武尉。不受，以讓其兄。擢明經，書判高等，累遷右散騎常侍、京兆尹。歲旱，文宗憂甚。戢躬祠曲江池，一夕大澍。詔兼御史大夫。卒，贈工部尚書。子温業，擢進士第。大中時，爲吏部侍郎。求外遷，宰相白敏中顧同列曰：「吾等可少警，孔吏部不樂居朝矣。」後爲太子賓客。

孔緯。戣之孫。少孤，才譽早成，擢進士第。歷御史中丞，遷吏部侍郎。權要私謁至盈几，不一省。僖宗避朱玫，次陳倉，詔拜御史大夫，令趣百官至行在。宰相蕭遘、裴澈怨田令孜，不欲行。緯召御史曰：「吾等身被恩，誼不辭難。夫與人布衣遊，猶緩急相䘏，況於君乎？」御史請辦一日費而行，緯曰：「吾妻疾，旦暮盡，丈夫豈以家事後國事乎？」既及行在，緯策玫必反，即日去陳倉而玫兵至。微緯言，幾不脱。進拜兵部侍郎、同平章事。玫平，從帝還。累遷尚書左僕射。昭宗即位，進司空，加司徒，封魯國公。後屏居華陰，再擢吏部尚書，以司空門下侍郎復輔政。卒，贈太尉。

五代　梁

王彦章。壽張人。少爲軍卒，事梁。累遷澶州刺史。驍勇有力，持一鐵槍，騎而馳突如飛，軍中號「王鐵槍」。晉軍破澶州，擄彦章妻子，歸之太原。間遣使者招彦章，彦章斬其使者以自絶。龍德三年夏，晉取鄆州。宰相敬翔入見末帝曰：「事急矣！非彦章不可。」乃召爲招討使。帝問破敵之期，對曰：「三日。」彦章馳兩日至滑州，引精兵數千趨德勝，急擊南城，城遂破，蓋三日矣。唐兵攻兖州，彦章死戰被擒。莊宗愛其驍勇，欲全活之。彦章謝曰：「臣受梁恩，死不能報。朝事梁而暮事晉，生何面目見天下之人乎？」莊宗又遣明宗往諭之。彦章創卧不能起，仰顧明宗呼曰：「我豈苟活者！」遂見殺。

周

顔衎。曲阜人。顔子四十五世孫。開運末，拜御史中丞。執憲有風采。顯德初，以尚書致仕。衎守章句學，無文藻，然直諒孝悌，爲時所推。

從之。

宋

田告。纂禹元經十二篇，時稱爲東魯逸人。太祖聞之，召至闕下，詢以治水之道，善其言，將授以官。以親老固辭歸養，從之。

孔宜。曲阜人。孔子四十四世孫。乾德中爲曲阜主簿，歷知星子縣。後代還，獻文賦數十篇，太宗嘉之。襲封文宣公。

張進。曲阜人。拳勇善射，挽强及石。咸平中，累遷天雄軍部署。會河決鄆州王陵口，發數州丁勇塞之，命進董其役，凡月餘畢。詔褒之，移并、代副都部署。李繼遷寇麟州，州將遣間道乞師太原，諸將以無詔猶豫未決，進獨抗議發兵赴援。既至而圍解，手詔褒美。景德元年卒。

張茂直。瑕丘人。父延昇，以經術教授鄉里。茂直弱冠，勵志於學。開寶中，登進士第。累秩著作佐郎。扈蒙薦其才，改秘書丞。真宗即位，選用舊臣，以茂直知制誥。後出知潁州，卒。

童升。兖州人。五世同居，真宗時旌表，仍蠲其課調。

東野宜。曲阜人。合居五六世，有節行。大中祥符初，東封泰山，即行在所降詔褒美，優賜粟帛。

孔道輔。初名延魯，孔子四十五代孫。幼端重。舉進士第，歷知仙源縣。召爲左正言。受命日，論奏曹利用、羅重勳竊弄威柄，宜早斥去。太后可其言，乃退。權御史中丞。性鯁挺特達，遇事彈劾無所避，天下皆以直道許之。後出知鄆州，行至韋城，病卒。

顔復。魯人。顔子四十八世孫。父太初以名儒爲國子監直講。嘉祐中，詔訪遺逸，京東以復言。試於中書，歐陽修奏復第一，賜進士。元祐初，爲太常博士。請會萃古今典範爲五禮書，又請考正祀典，朝廷多從之。拜中書舍人，兼國子祭酒，卒。

孔中翰。道輔子。登進士第，知仙源縣，歷陝、揚、洪、兖州，皆以治聞。元祐初，召爲司農少卿，遷鴻臚卿。言孔子之後，自漢以來，有褒成、奉聖、宗聖之號，皆賜實封，以奉先祀。至於國朝，世襲公爵，然兼領他官，不在故郡，於名爲不正。請自今襲封之人，使終身在鄉里。詔改衍聖公爲奉聖公，不領他職。以寶文閣待制知徐州，卒。

孔宗旦。魯人。爲邕州司户參軍。度儂智高必反，以書告知州陳珙，珙不聽。後智高破橫州，即載其親往桂州，曰：「吾有官守不得去，無爲俱死也。」既而州破，被執。賊欲任以事，宗旦叱賊且大駡，遂被害。事聞，贈太子中允。

孔傳。孔子五十代孫。建炎初知郊州，又知陝州，平鼎、澧寇有功。進續白氏六帖、文樞要記等書。

王師道。兖州人。爲人沈勇，任吉州粟傳砦巡檢。紹興中，與盗戰於吴村。每射輒斃，追擊數里。遇賊有伏於民居者，挺身力戰，遂死。立廟其地。部使者以聞，官其二子。

畢再遇。兖州人。開禧二年北伐，金兵見其騎，呼曰：「畢將軍來矣！」功第一，累除驍衛大將軍。嘉定十年，以武信軍節度使致任。卒贈太師，謚忠毅。再遇姿貌雄傑，武藝絶人。屬邊事起，諸將望風奔衄，再遇獨稱名將云。

金

孔端甫。孔子四十八代孫。明昌初，學士党懷英薦其年德俱高，讀書樂道，該通古學，特召至京師，賜王澤榜及第。除將仕郎、小學教授，以主簿奉祀致仕。

元

張昉。汶上人。性縝密，遇事敢言，確然有守。嚴實行臺東平，辟爲掾。鄉人有執左道惑衆謀不軌者，事覺逮捕，詿誤甚衆，諸僚佐莫敢言，昉獨别白出數百人。實才之，進幕職。有將校死事以弟襲其職者，至是革去，昉辨明復之。持金夜饋昉，昉卻之，慚謝而去。同里張氏以絲五萬兩寄昉家而他適，俄而昉家被火，家人惶駭走避，貲用悉焚。昉力完所寄絲付張氏。歷拜兵部尚書致仕。卒謚莊憲。

申屠致遠。其先汴人，徙居壽張。致遠與李謙、孟祺等齊名。世祖南征，以薦爲經略司知事，多所謨畫。後拜江南行臺監察御史。江淮行省宣使郄顯、李兼愬平章莽古特不法，詔付莽古特鞫之，必抵以死。致遠知其冤，縱之。桑格當國，治書侍御史陳天祥，使至湖廣。劾平章岳蘇穆，桑格誣以不道。致遠按部湖廣，累章極論之。江西行省美合等橫征牟利，致遠并劾之。又言占城、日本不可涉海遠征；銓選限以南北，優苦不均，宜考其殿最，量地遠近，立爲定制。大德二年，以淮西江北道廉訪司行部至和州，卒。致遠清修苦節，恥事權貴。聚書萬卷，名曰墨莊，著書甚富。「莽古特」舊作「忙兀台」，「桑格」舊作「桑哥」，「岳蘇穆」舊作「要束木」，「美合」舊作「馬合」，今俱改正。

楊桓。兖州人。幼警悟，讀論語至「宰予晝寢」章，慨然有立志。由是終身非疾病，未嘗晝寢。弱冠爲郡諸生，一時名公咸稱譽之。成宗即位，疏上時務二十一事，帝嘉納之。升秘書少監，預修大一統志。秩滿歸兖州，以貲業悉讓弟楷，鄉里稱焉。桓爲人寬厚，事親篤孝。博覽羣籍，尤精篆籀之學。著六書統、六書泝源、書學正韻，皆行於世。

孔思晦。孔子五十四世孫。資質端重，而性簡然。受業於導江張𥂕。家貧，躬耕以爲養。雖劇寒暑，而爲學未嘗懈。居母喪，勺水不入口者五日。至大中，舉茂才，爲范陽學教諭。延祐初，調寧陽學。先是，兩縣校官率以廩薄不能守職，而思晦儉約自將，教養有法。比去，學者皆不忍舍之。後襲衍聖公。元統元年卒。

曹元用。世居阿城，後徙汶上。資稟俊爽，幼嗜書，一經目輒成誦。以鎮江路儒學正考滿，遊京師。翰林承旨閻復見而奇之，薦爲國史院編修官，御史臺辟爲掾史。元用初不習吏事，而見事明決，吏反師之。累遷翰林直學士。至治三年八月，特史之變，賊黨徹辰特穆爾遣至京師，趣召兩院學士北上。元用獨不行，曰：「吾有死不能從也。」未幾賊果敗，人皆稱其有先見之明。歷拜翰林侍講學士，兼經筵官。卒，追封東平郡公，謚文獻。「特史」舊作「鐵失」，「徹辰特穆爾」舊作「赤斤鐵木兒」，今俱改正。

王思誠。嵫陽人。天資過人。中至治元年進士第。至正元年遷國子司業，二年拜監察御史。累上疏言時政，朝廷多是其議。鞫獄松州豐潤，多所平反。出籤河南山西道肅政廉訪司事，陝西行臺言欲疏鑿黄河三門，立水陸站以達於關、陝，思誠度其不可，作詩歷敘其險。執政采之，遂寢其議。歷拜通議大夫、國子祭酒，卒謚獻肅。

李泂。滕州人。生有異質，姚燧薦於朝，授國史院編修官。歷遷奎章閣承制學士，告歸。泂骨格清峻，神情開朗，秀眉疏髯，目瑩如電，顔如冰玉，唇如渥丹，望之者疑爲神仙中人。爲文章，奮筆揮灑，思態疊出。意之所至，臻極神妙。每以李太白自擬，人亦以是許之。尤善書，篆隸真草，皆爲世所珍愛。卒年五十九。有文集四十卷。

李稷。滕州人。泰定四年中進士第。累官户部尚書、山東廉訪司。卒謚文穆。稷爲人孝友恭儉，廉慎忠勤。處家嚴而有則，與人交，一以誠恪，尤篤於鄉黨朋友之誼。中丞任擇善、陳思謙既没，皆撫其遺孤。出入臺省二十年，始卒無疵，爲時名卿。

顔瑜。曲阜人。顔子五十七代孫。以行誼舉爲鄒及陽曲兩縣教諭。至正十八年，田豐起山東，瑜攜家走鄆城。道遇賊，執使寫旗，瑜大詬曰：「我腕可斷，豈能爲爾寫旗從逆乎？」賊以槍刺瑜。至死，罵不絶口。妻子皆爲所害。

田改住。汶上人。父病不能愈，禱於天，去衣卧冰上一月。又同縣王住户，母病，卧冰上半月。

明

賈諒。嶧縣人。永樂中以鄉舉入太學。擢刑科給事中。宣德間，劾清軍侍郎金庠受賄，又劾陽武侯薛禄朋比不敬，廷中肅然。尋拜右副都御史。巡視四川、江西、湖廣，按治豪强不少假。正統二年，江北、河南大水，命諒往賑。芒碭山盜爲患，諒捕獲甚衆。四年，還至德州，卒。

白英。汶上人。永樂九年，尚書宋禮開會通河，英獻策築壩戴村，遏汶水全流，使盡出於南旺，四分南流達於淮、泗，六分北流達於漳、衛。禮用其策，由是會通復始。

魏紳。曲阜人。事母孝。母没，廬墓三年。成化中舉進士，歷南京大理丞。讞獄詳明，累擢都御史。巡撫山西，築偏頭關迤西邊牆四十里，增墩堡四十餘。又拓寧武關城，建營舍二千楹，募士兵實之。改蘇松巡撫，歲大饑，議止織造，省力役，督有司賑濟。武宗立，進刑部右侍郎，卒。

殷雲霄。壽張人。弘治進士，官給事中。武宗納有娠女子馬姬於宫中，雲霄偕同官切諫，不報。雲霄爲人峭直，堂邑穆孔暉雅重之。

王杲。汶上人。正德進士，知臨汾縣。以治最擢御史，巡視陝西茶馬。帝遣中官分守蘭、靖，杲極言其累民，不報。嘉靖間遷户部侍郎，賑饑河南，全活無算。尋以右都御史總督漕運。故事，運艘軍三民七。杲請改折兩年漕運十之三，以所省轉輸費治運艘，軍民便之。入爲户部尚書，上制財用七事，帝咸納之。後以譖謫雷州，卒。隆慶初，進贈太子太保。

吴嶽。其先東阿人，後徙居汶上。嘉靖進士。歷户部郎中，督餉宣府。卻羨金數千，累擢保定巡撫。疾嚴嵩害政，引疾歸。嵩敗，起貴州巡撫。遷南京吏部尚書，致仕。嶽方正耿介，廉静自持，不尚苛細。卒，謚介肅。

賈三近。嶧人。隆慶進士，選庶吉士。萬曆初，爲户科都給事中。時海運多覆舟，三近言：「漕渠已通，奈何舍易就險？」乃罷之。時又令州縣徵賦，以八分爲率，不及者議罰。三近言：「素號凋敝者，宜量減一分。」從之。中官温泰請天下關税、鹽課俱輸内庫，三近争之，議遂寢。張居正當國，言官論事俱先白。三近曰：「吾不能以天子耳目，爲相門白事吏。」歷巡撫保定，以親病乞歸。召爲兵部侍郎，未行而卒。

孟承光。鄒人。孟子裔孫。襲職五經博士。天啓二年，妖賊徐鴻儒陷鄒城，承光被執，駡賊不屈，見殺。贈尚寶少卿。

范淑泰。滋陽人。崇禎進士。授行人，遷給事中。上陳時政五事，又言搜括借助之非，及强兵之法〔八〕，皆切中時弊。疏救給事中莊鼇獻、章正宸，劾大學士王應熊、吏部侍郎張捷，言皆切直。典試浙江，還家，值兗州被圍，竭力固守，城破死之。贈太僕少卿。

王大年。壽張人。萬曆進士，累官太僕少卿。出按甘肅，任滿還家。崇禎十五年城陷，不屈死。

劉宏緒。滕人。崇禎進士。官兵部郎中。以忤權要罷歸。城陷，不屈死。

顏胤紹〔九〕。曲阜人。顏子六十五代孫。崇禎進士。知鳳陽縣，調江都。以廉幹聞，遷大名同知，升河間知府。城陷，闔門舉火自焚。

孔貞璞。曲阜人。孔子六十三世孫。崇禎中知伊陽縣。流寇攻其城，堅不下，乃解去。後有事汝陽，道遇賊，被殺。

黄世清。初名祖年。滕人。崇禎進士。授户部主事，歷商洛参議。癸未，流賊圍城，世清率衆堅守。城陷被執，不屈死。贈太常卿。

本朝

甯之鳳。寧陽人。順治丙戌進士。由部郎遷知河南府，以廉正稱。有流寇遺黨鼓惑兵民，剋期襲城。之鳳知之，集丁壯二百許人伏城濠。乙夜賊果至，之鳳躍馬突出，伏兵皆起，賊驚遁，追殲其魁。

朱克配。寧陽人。勇而有義，知名齊、魯間。順治初，土寇蜂起，克配練鄉壯捍禦。每遇敵，必身先之。鄒、魯、汶、泰間，恃爲保障。從大軍平江南，徐、邳諸州傳檄而定。攝邳州、六安、霍山等篆，草竊輩皆輸伏。盪平之後，即投劾歸。

郭震槐。汶上人。以廪貢任陵縣訓導，旋攝縣篆。當土寇蜂起，與紳士登城守禦，寇不敢犯。居家事母至孝，母病目，震槐虔禱，雙瞽復明。

路允鳌。汶上人。天性純孝，好善樂施。時汶境土寇猖獗，皆相戒勿犯路善人家。允鳌性樸素，耽書史，晚年尤精醫理。拯卹疾苦，遠近頌之。

周仔世。寧陽人。父爰訪，翰林院編修。歿於京邸，宦槖蕭然。仔世年十四，與兄治世徒跣扶櫬還鄉。以儉勤自力，事母至孝。值歲饑，有鬻妻以奉母者，仔世傾貲完聚之。

趙增。汶上人。順治戊戌進士。授山西安邑知縣，再補福建閩縣。時閩寇初平，增力求綏輯，拊循備至。旋擢兵部督捕主事，以安静爲本，株連之累一蘇。

何廣。汶上人。天性至孝。年九齡，值歲祲，躬負米以奉親。父歿，事母及兄益謹。順治己亥成進士，授江西豐城令。剔弊鋤奸，士民懾服。母歿，遂終身不仕。

顔光猷。曲阜人。康熙癸丑進士。以翰林改刑部郎中，出爲安順守。安順猺獞雜處，不可齊以法。光猷曲意拊循，郡大治。轉河東鹽運使。時山西、河南行引鹽引尾，各州縣俱設關防，境壤相錯，跬步罹法。光猷疏請通省設一關防，民以永利。著有易經説義、水明樓詩集。乾隆十年，祀鄉賢祠。弟光敏，考功郎中。以詩名。光敩，翰林，督學浙江。屏絶干請，文風爲之一振。時稱爲「曲阜三顔」。

孔興範。曲阜人。康熙十九年知山西盂縣。在官六年，寬猛並濟，盂人懷之。

孫象燦。嶧人。生而孝友，能曲體親心。父歿，哀號盡禮，幾不欲生。弟象炳，亦孝行著聞。

楊兆立。滋陽人。莘縣把總。乾隆三十九年，奉檄赴陽穀禦賊，至南門戰死。

殷逢春。滋陽人。由行伍洊擢陝西略陽營遊擊。嘉慶三年，隨勦教匪，受傷死。贈雲騎尉。

王徵蘊。滕縣人。孝行著聞。嘉慶十五年旌。

流寓

漢

李善。濟陽人。本同縣李元蒼頭。建武中，疫疾，元家相繼殁，惟孤兒續始生數旬，而貲財千萬。諸奴婢欲謀殺續，分其財産。善深傷李氏而力不能制，乃潛負續逃去，隱山陽、瑕丘界中。親自哺養，乳爲生湩。續雖孩抱，奉之不異長君。續年十歲，善與歸本縣，修理舊業，告奴婢於長吏，悉殺之。時鍾離意爲瑕丘令，上書薦善行狀。光武詔拜善及續並爲太子舍人。善官至九江太守，續至河間相。

列女

漢

王良妻。蘭陵人。良爲大司徒司直，妻子不入官舍。時司徒史鮑恢以事到東海，過候其家，而良妻布裙曳柴從田中歸。恢告曰：「我司徒史也。故來受書，欲見夫人。」妻曰：「妾是也。苦掾無書。」恢乃下拜，歎息而還。聞者莫不嘉之。

張雨。壽張女子。早喪父母，年五十，不肯嫁。撫卹二弟，教之學問，各得通經，皆成善士，雨爲聘娶。縣令謝夷吾薦於州府，使各選舉，表復雨門户。

晉

鄭袤妻曹氏。薛人。袤先娶孫氏，早亡，聘爲繼室。事舅姑甚孝。及袤爲司空，其子默等又顯朝列。曹氏深懼盛滿，每默等升進，輒憂形於色。初，孫氏瘞於黎陽。及袤卒，議者以久喪難舉，欲不合葬。曹氏曰：「孫氏原配，理當從葬，不可使孤魂無所依。」於是備吉凶導從之儀迎之。聞者莫不歎息。

唐

鄭孝女。瑕丘人。父神佐爲官兵，戰死慶州。時母已亡，又無兄弟。女時二十四，即翦髮毀服，身護喪還鄉里，與母合葬。廬墓下，手樹松柏成林。初許適牙兵李元慶，至是謝不嫁。大中中，兖州節度使蕭俶狀於朝，有詔旌表其閭。

宋

董氏女。滕人。許適劉氏子。建炎元年，盜李昱攻剽滕縣，悦其色，欲亂之。誘諭再三，曰：「汝不從，當剉汝萬段。」女終不屈，遂斷其首。劉氏子聞女死狀，大慟曰：「烈女也。」葬之，爲立祠。

元

李如忠繼妻馮氏。汶上人〔一〇〕。初，如忠娶蒙古氏，生子任。妻亡，乃續馮，生子伏。一歲而如忠卒。時如忠任浙之山陰尹，族人盡取其遺貲及子任以去。馮不與較，鬻衣厝二柩於蕺山下，攜伏廬墓側。時年二十二。爲女師自給，教伏成學。卒護喪歸葬汶上。

明

周氏。汶上人。洪武中，御史劉福姑也。福奉詔籍藍氏，遺一嬰兒於地窖中，遂論死。周持刀被髮，訟福忠清奉法，必無枉縱，請自死以鳴福冤。福遂得減死，戍鳳陽衛。

孔氏女。曲阜人。孔子五十八代孫公晉女。年十七，未醮。正德六年，爲流賊所執，義不受辱，賊支解之。同時有孔公田妻顧氏、孔彦臣妻王氏、孔宏憲妻賈氏、孔公雷妻張氏、孔公揚妻尋氏、孔彦霄妻胡氏、孔德澤妻陳氏、孔彦琳妻宋氏、陳思道妻孔氏、劉拱辰妻傅氏，並守節遇害，詔旌其門。

王襲芳妻張氏。汶上人。年十七，嫁襲芳。無子。夫得狂疾，家人多避去，氏日夜不離於側。久之，夫憊甚，食難齒決，乃嚼而哺之。積十餘年，終不懈。及夫亡，遂絶食而死。

劉仲妻林氏。滕人。有美色。仲死，少年謀娶之。氏恐不能免，適煮豆湯沸，歎曰：「爲孽者此面也！」以首埋釜中而死。

高誠妻張氏。滕人。誠父朝用，山西賈人也，客於滕。張生二歲，父以字誠。後朝用貧不能納聘，自請罷婚，張執不從，父乃贅誠於家。甫一載，誠還鄉里不來。久之，傳言誠死。誠兄論素無賴，欲嫁之。張翦髮以誓。富人鄧謹欲娶之，曰：「無髮亦可。」張復截其耳。謹懼，乃止。論又陰許賈人謝鳳。娶之夕，張始知之，乃沐浴更衣，懷其夫遺鏡，謂所親曰：「所以斷髮截耳不死者，以誠存亡未可知也。今已矣！」遂縊而死。

李勝任妻褚氏。嶧人。勝任爲縣諸生，既歿，氏事舅姑孝，教諸子嚴，宗親皆敬之。崇禎壬午，兵至，其子在門勸母逃避，氏曰：「姑喪在殯，義不可去。與其僥倖以求生，不若守正而無憾。」城破，伏姑柩前以死，在門亦從死。

李氏女。嶧人。生員李在門女。年十三。崇禎壬午，城陷，爲兵所掠。不屈，遂見殺。

閻翼經妻楊氏。汶上人。崇禎壬午之難，以不屈被殺。同邑生員高熊妻祝氏、高良棟妻王氏寓居壽張，壬午城破，皆投井死。

孫正心妻朱氏。滋陽人。正心死崇禎壬午之難，氏盡歸奩具於姑所，佯請歸母家。行至途中，入尼庵，自縊佛座下。同邑郭璉繼室萬氏于歸後，璉病卒，氏縊死柩旁。

劉之芹妾楊氏。寧陽人。崇禎壬午城破，氏與從姑古氏各抱幼子奔逃，中途乏窘，古氏偕子投井，氏以子囑婢曰：「劉氏絶續，在此一子。爾速遠避，吾當佑汝。」言訖，亦投井死。

秦生鋌妻張氏。鄒人。崇禎壬午之難，氏與生鋌弟生鑰妻賈氏同時抗節死。

本朝

劉光傳妻孫氏。鄒人。夫亡，撫一子至十歲，白於姑曰：「吾向之不死者，以此子未長成耳。今已十歲，願遂初志。」閉户自縊死。

薄子温聘妻杜氏。鄒人。許字子温，婚有日矣，氏忽得病，數年弗起。父見其難療，乃爲壻另娶王氏。未幾，子温與王相繼病歿，氏病反愈，乃易衰往弔，守節四十餘年。

馮秉謙聘妻李氏。鄒人。許字秉謙，未婚而秉謙卒。女聞訃，自縊死。

張璵妻劉氏。滕人。夫亡，自縊死。同縣王四妻任氏、李如崑妻周氏、种士禎妻褚氏，生員侯士亨妻王氏、喬偉之妻沈氏、馮昌儒妻李氏、張藹妻李氏，貢生李文祥妻張氏、李德溥妻黄氏、彭勃妻胡氏、殷壽眉妻鄭氏、劉君弼妻孫氏、馬應麟妻楊氏，俱夫亡盡節。

鄭閎中妻邵氏。嶧人。順治初，山寇横出，氏同家衆避難微山湖。賊伏叢葦中劫之，大駡，被殺。同縣孫成美妻謝氏，避難被執，詈駡不屈，賊怒殺之。

徐躍妻高氏。嶧人。夫亡，自縊死。同縣焦弘道妻閻氏、王質溥妻孫氏、張桓妻褚氏、李應張妻孫氏〔一一〕、鄭悟妻孫氏，俱夫亡盡節。

賈氏女。嶧人。許字王生，未婚而王卒。母與兄謀另適，女聞之自縊。

于尚玉妻張氏〔一二〕。汶上人。夫亡，其父迫令他適，自刃死。同縣聞克讓妻路氏，夫亡，不食死。

王氏二女。汶上人。一爲王應期女，一爲王應昌女。二女俱未字。順治初，爲土寇所掠，大駡不屈，賊並殺之。同縣郭衡藻二女、劉國瑞女、陳士簡女、劉嘉玉女，俱許字未婚，夫亡盡節。

韋紹妻焦氏。陽穀人。夫亡，鍵户縊死。同縣夏恕妻陳氏、王延岷妻張氏、胡玉增妻辛氏、薛光澤妻孟氏，俱夫亡盡節。

張玉妻于氏。陽穀人。守正捐軀。

范懷仁妻褚氏。滋陽人。于歸一載，懷仁病卒。氏時年十六，舅姑以其青年無子，勸之改嫁。氏以石灰置兩目，遂成雙嚮。尋以病卒。同縣張國輔妻李氏、張國弼妻侯氏，前明壬午城破，國輔兄弟皆殉難。李氏有孤三歲，侯氏無子，相依守節終身。均康熙年間旌。

楊惟聰妻范氏。滋陽人。惟聰之父獻吉與聰同殉前明壬午之難。獻吉妻劉氏遺腹生男，族人利其貲，百計傾之。劉氏忿恨卒。氏以莊宅分給族衆，撫幼叔成立，守節終身。同縣節婦鄭東齊妻邊氏、臧文載妻張氏、宋璜妻朱氏、宋映昌妻張氏、李殿妻邱氏、王元恭妻韓氏、楊文榮妻何氏、黄節妻時氏，均康熙年間旌。

趙氏女。滋陽人。幼許字汶上縣郭某。郭外出久無音耗，其父嵐曉謀令改適。女聞之自縊。康熙年間旌。

孔尚恪妻朱氏。曲阜人。年二十四夫亡，遺子殤殁，以夫兄子衍溥爲嗣。又早世，氏矢志守節，備嘗艱苦。同縣孔興焯妻顔氏、孔毓玠妻陸氏，均康熙年間旌。

周又從妻朱氏。寧陽人。夫殉前明壬午之難，氏時年二十五，撫孤成立，守節三十餘年。同縣程應世妻朱氏、甯橘齡妻許氏、甯俞經妻孔氏，均康熙年間旌。

潘景焕妻孔氏。鄒人。景焕殉前明壬午之難，氏投井中，水淺，爲鄰人救起。一家散失。後兵退，氏親訪姑於江南之尼庵，獲子於鄰境。又於積屍中檢殮夫骸，歸葬祖墓。同縣節婦岳虞咨妻馮氏、劉儀淑妻孟氏，均康熙年間旌。

种珩妻王氏。滕人。年二十一夫亡，誓志撫孤，守節五十餘年。同縣烈婦侯還妻杜氏、楊愷妻殷氏，均康熙年間旌。

褚懋淇妻任氏。嶧人。夫亡，自縊不死，翦髮撫幼女。明年女殤，復投繯，帶忽斷。乃號泣步至夫墓，縊於樹。同縣烈婦高光妻胡氏、胡廉法妻劉氏、汪宗妻毛氏，均康熙年間旌。

邵振颺妻孫氏。嶧人。夫亡，守節五十餘年，康熙年間旌。

任大任妻胡氏。嶧人。順治初，山賊竊發，劫氏以行，大駡不從，遂見殺。同縣田畯妻唐氏，值山寇猖獗，懼爲所辱，率子婦王氏、燕氏同時縊死。均康熙年間旌。

伊務敬妻馮氏。汶上人。務敬殉前明壬午之難，氏年十七，守節撫孤，備嘗艱苦。同縣節婦王虛心妻郭氏，均康熙年間旌。

張茂蘭妻姚氏。汶上人。夫亡無子，誓以身殉。父與姑勸之，不從，竟投繯死。同縣烈婦岳文運妻李氏、路青選妻周氏、劉謙妻孫氏、林爲焕妻辛氏，生員高良謨妻于氏、趙自傑妻胡氏、劉沿妻孫氏、宋琦妻徐氏，均康熙年間旌。

曹保妻孟氏。陽穀人。夫亡，守節撫孤。同縣節婦梁廷相妻朱氏，均康熙年間旌。

孟守才妻郭氏。陽穀人。夫亡守節。順治初，土寇竊發，鍵户自縊。同縣宋某妻劉氏，爲土寇所掠，挾之馬上。以手爪傷賊眼，賊怒，臠殺之。均康熙年間旌。

楊國正妻陳氏。泗水人。年十八夫亡，撫孤成立。雍正年間旌。

李振乾妻陳氏。滕人。順治三年，土寇壓境，氏被掠。大駡，賊斷其舌而死。同縣程良相女、尹修政女，遇賊不屈，俱見殺。杜喬齡妻宋氏，爲土寇所掠，乘間投水死。均雍正年間旌。

張養敬妻董氏。滕人。土寇至，懼爲所污，與養敬同縊死祖墓前。同縣侯穎妻李氏，聞寇至，率三女并家人婦凡十一口皆自盡。均雍正年間旌。

鹿鳴熙妻季氏。滕人。夫亡，不食死。同縣曹思慶妻殷氏，守正捐軀。雍正年間旌。

陳柏聘妻高氏。嶧人。高延富女，許字陳柏，未婚而柏亡。女聞訃自縊。同縣褚氏女，許字李應軫。應軫病卒，女聞訃奔喪，水漿不入口，二十一日乃絶。均雍正年間旌。

鍾仕妻劉氏。陽穀人。夫亡，不食死。雍正年間旌。

陳錫禄妻李氏。滋陽人。年二十歲，夫亡守節。同縣節婦劉玗妻王氏、曹興邦妻毋氏、劉文翰妻張氏、尚宏任妻曲氏、种集湖妻張氏，烈節賈繼曾妻賈氏，均乾隆年間旌。

孔毓懿妻姚氏。曲阜人。事舅姑至孝。毓懿卒於官，氏匍匐扶櫬歸葬，絶粒而殁。同縣節婦閻化玉妻顔氏、顔崇玖妻姚氏、孔傳瑛妻章氏、孔毓坦妻上官氏、孫立廬妻陳氏、朱世培妻商氏，均乾隆年間旌。

徐光嗣妻柳氏。寧陽人。年二十四歲夫亡守節。同縣甯毓純妻朱氏，均乾隆年間旌。

馮大任妻謝氏。鄒人。同縣楊明子媳劉氏、董倫女，均乾隆年間旌。

王咸法妻田氏。泗水人。夫亡守節。同縣宋天祐妻趙氏、楊世嶧妻張氏、梁鍾秀妻徐氏、徐三妻孔氏，均乾隆年間旌。

閻衡聘妻陳氏。滕人。未婚而衡卒，氏矢志守節。同縣節婦孔傳檜妻軒轅氏、黄愈亮妻李氏、倪延紋妻楊氏、周吉士妻朱氏、胡乾妻楊氏、白興文女、侯小騍妻黄氏、韓景妻李氏、王克正女、曹江妻馬氏、任毓魁妻王氏、鹿濟勇妻陳氏、張文焕妻孫氏、黄綵妻楊氏、邱樂妻劉氏、邵二奇妻徐氏，又孝女徐氏，均乾隆年間旌。

潘瑚聘妻孫氏。嶧人。未婚而瑚卒，女聞悲慟，乘隙自縊。同縣節婦王深妻孫氏、武榮宗妻楊氏、孫詡妻李氏、孫誦妻殷氏、賈廷璜妻彭氏、王增吉妻石氏、謝德培妻張氏、郜三畏妻李氏、蘇謹妻賀氏、褚文煒妻孫氏、張勿我妻陳氏、張廷訓妻王氏，又烈女袁柱聘妻丁氏、李姓聘妻邵氏、孫大溺妻王氏、李樹敬女、道姑王氏，均乾隆年間旌。

郭兆鶴妻路氏。汶上人。夫亡守節。同縣韓訓妻郭氏、陳治妻郭氏、馬棻繼妻林氏、劉居禮繼妻胡氏、路吉潔妻郭氏、王在坪妻柳氏、曹天與妻馬氏、王兆洛妻趙氏、鄭國琈繼妻李氏，均乾隆年間旌。

司宗孝妻王氏。汶上人。夫亡守節十五載，守正捐軀。同縣烈婦臧大玉妻林氏、柏有林妻徐氏，烈女胡公臣女，均乾隆年間旌。

亓觀妻谷氏。陽穀人。夫亡守節。同縣高作霖妻殷氏、孟興文妻郭氏、李克緒媳朱氏、史進之妻邢氏，烈婦劉氏、米氏，烈女李贊義女，均乾隆年間旌。

楊氏女。壽張人。楊濮女。守正捐軀。同縣節婦李金聲妻于氏、王曰資妻丁氏，均乾隆年間旌。

吴開泰妻丁氏。滋陽人。夫亡守節。同縣劉成義妻邱氏、勞思善妻汪氏、朱文燈妻龔氏、王宗周繼妻汪氏、鄭恩舉妻李氏、鄭恩瑞妻程氏、湯景曾妻李氏，均嘉慶年間旌。

李孔氏。曲阜人。遇暴不辱，服毒死。同縣節婦孔廣休妻成氏、孔興坤妻顔氏、孔繼汧妾聶氏、伍繼澤妻韓氏、孔傳器妻鮑氏、顔紹杞妻劉氏、孔毓楹妻蘇氏、苗繼龍妻孔氏、彭永昭妻柴氏，均嘉慶年間旌。

王裕節妻武氏。寧陽人。夫亡守節。同縣王蕙芳妻甯氏、陳伯哲妻甯氏，均嘉慶年間旌。

劉則欣妻周氏。鄒人。守正捐軀。同縣烈婦陳燦妻范氏，節婦杜梁妻孫氏、盛淮妻王氏，均嘉慶年間旌。

李賀氏。泗水人。守正捐軀。同縣節婦邵毓華妻喬氏、劉成業繼妻蘇氏、王亨愷妻劉氏、蔣松巖妻宋氏、周秉鑑妻馬氏，均嘉慶年間旌。

柴次寔妻王氏。滕人。夫亡自縊。同縣烈婦范昌煒妻蔣氏、閻世傳妻某氏、郭朱氏、孫釗妻滿氏、顔尚禮妻趙氏、王凝重妻張氏、郭人存妻杜氏、殷高捷妻趙氏、孫性明妻楊氏、賈藍田妻王氏、趙鍾軍妻黄氏、滿文言妻任氏、李嘉謨妻王氏、王樹政繼妻張氏、華際陽妻殷氏、蓋普覆妻楊氏、杜珊妻葉氏、孔傳玢妻王氏、馬全信妻朱氏、高協同妻宗氏、張朝幹妻嚴氏、趙連榮妻袁氏、趙克棟妻周氏、渠維祥母陳氏、王畛媳羅氏、陳建近妻李氏、任住妻江氏、張秉林妻趙氏，烈女張廣露女，均嘉慶年間旌。

姬鳳翥聘妻史氏。嶧人。未婚夫亡，聞訃服滷死。同縣烈婦王韓氏、李胡氏，節婦龍元光繼妻姚氏、鄭運肇妻孫氏、孫敬儔妻王氏、鄭鳴儀妻喬氏、曹廷漣繼妻种氏、孫毓祥妻褚氏，均嘉慶年間旌。

韓先珠妻張氏。汶上人。守正捐軀。同縣節婦林三登妻李氏、李浩妻韓氏、孫保德妻王氏、張自書妻張氏，均嘉慶年間旌。

石廷魁妻王氏。陽穀人。夫亡守節。同縣孫思元妻汪氏、韓懷妻許氏、李萬里聘媳蕭氏、潘旺山媳張氏、李氏女，均嘉慶年間旌。

馮有貴妻王氏。壽張人。守正捐軀。同縣節婦趙學曾妻董氏、劉永嘉妻孫氏、許宗孔妻閻氏，均嘉慶年間旌。

仙釋

漢

王方平。名遠。嶧人。舉孝廉，官至中散大夫，後棄官入山。道既成，漢桓帝連徵不出，俾郡國逼載詣京。閉口不語，乃題四百餘字於宮門，皆言方外事，削去復見。後還鄉，居太守陳耽家四十餘年，一夕蟬脱去。

土産

文綾。出滋陽縣。有鏡花、雙距之號，雅稱輕靡，蓋魯縞之遺也。唐書地理志：兖州土貢鏡花綾、雙距綾。宋史地理志：襲慶府貢大花綾。

尼山石硯。出曲阜縣尼山。文理精膩，亦稱雅品。

柘硯。出泗水縣柘溝。其地産赤埴瓶盎，亦可爲硯。滑潤如石，謂之柘硯。

巧石。出泗水縣南巧石埠。大如榆莢。

黑瓷器。明統志：嶧縣出。

楷木。出曲阜縣孔林。文如貫錢，有縱有横，可以爲杖。

蓍。出曲阜縣孔林。叢高五六尺，一本一二十莖，多者五十莖。

茯苓。宋史地理志：襲慶府貢茯苓。明統志：滋陽等縣出。

阿膠。出陽穀縣東阿城鎮。詳見「阿井」。按：舊志載，唐書地理志「兖州土貢雲母、紫石」，宋史地理志「襲慶府貢雲母、紫石英」，今未聞。又明統志「嶧縣出鐵、錫，舊有場」，今亦廢。謹附記。

校勘記

〔一〕於城南小山起齊亭　「齊」，乾隆志卷一三一兖州府名宦（下同卷簡稱乾隆志）作「齋」。按，「齊」同「齋」。

〔二〕具陳節度分兵屯屬州　「屯」，原闕，據乾隆志及新唐書卷一五九陸亘傳補。

〔三〕王臻汝陰人　「陰」，原作「陽」，據乾隆志及宋史卷三〇二王臻傳改。

〔四〕有治績　「績」，原作「蹟」，據乾隆志改。

〔五〕於壁中得古文尚書及禮論語孝經　「禮」，原作「傳」，乾隆志同，據漢書卷三〇藝文志及後漢紀卷一二改。

〔六〕加贈散騎常侍　「贈」，原作「增」，據乾隆志及晉書卷八五檀憑之傳改。

〔七〕事節度薛兼訓爲牙將　「兼」，原脱，據乾隆志及新唐書卷一五九李自良傳補。

〔八〕及强兵之法　「及」，原作「又」，據乾隆志改。

〔九〕顔胤紹　「胤」，原作「引」，乾隆志同，據崇禎實録卷一五改。按，清史臣避清世宗諱改字，今改回。

〔一〇〕汶上人　按，元史卷二〇〇列女傳云馮氏「大名宦家女，山陰縣尹山東李如忠繼室也」。此蓋以夫家爲言。

〔一一〕李應張妻孫氏　「張」，乾隆志作「章」。

〔一二〕于尚玉妻張氏　「于」，乾隆志作「干」。

東昌府圖

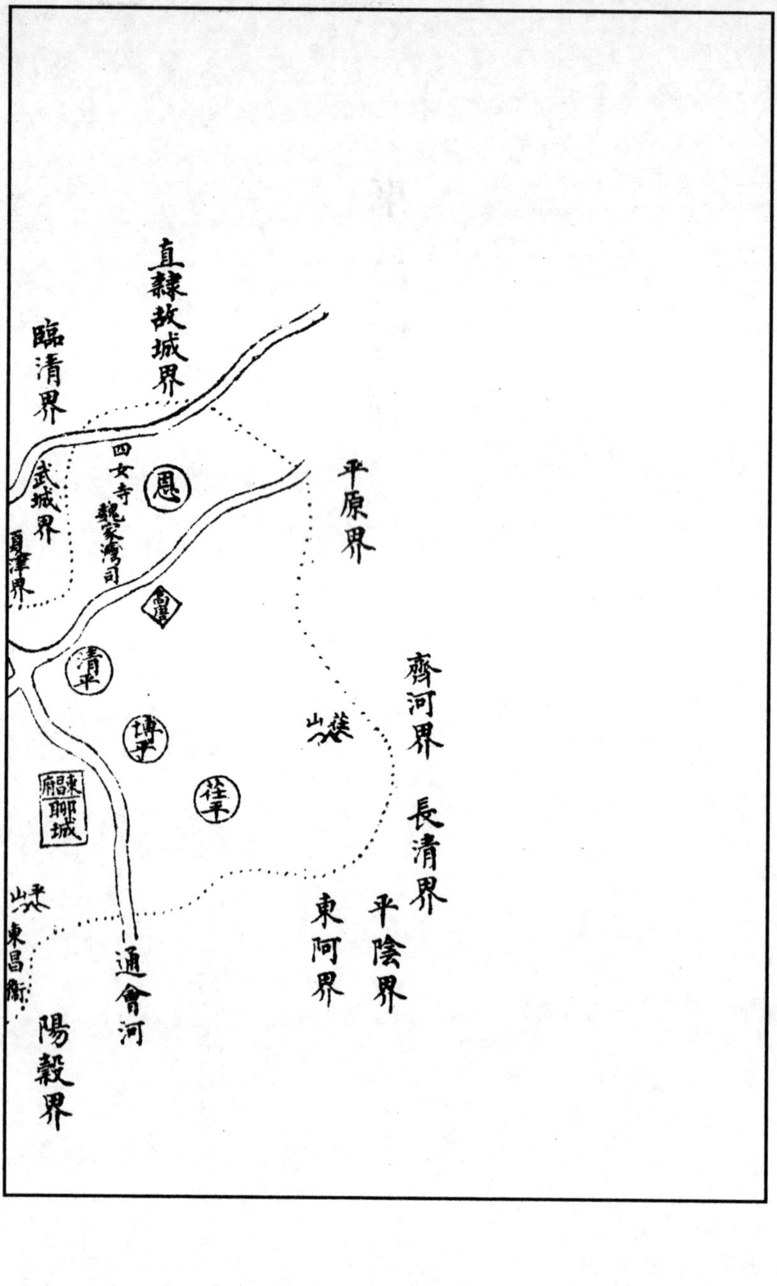
直隸故城界
臨清界
武城界
夏津界
四女寺
魏家灣司
恩
高唐
清平
博平
茌平
平原界
齊河界
長清界
東阿界
平陰界
東昌府
聊城
東昌衛
通會河
陽穀界

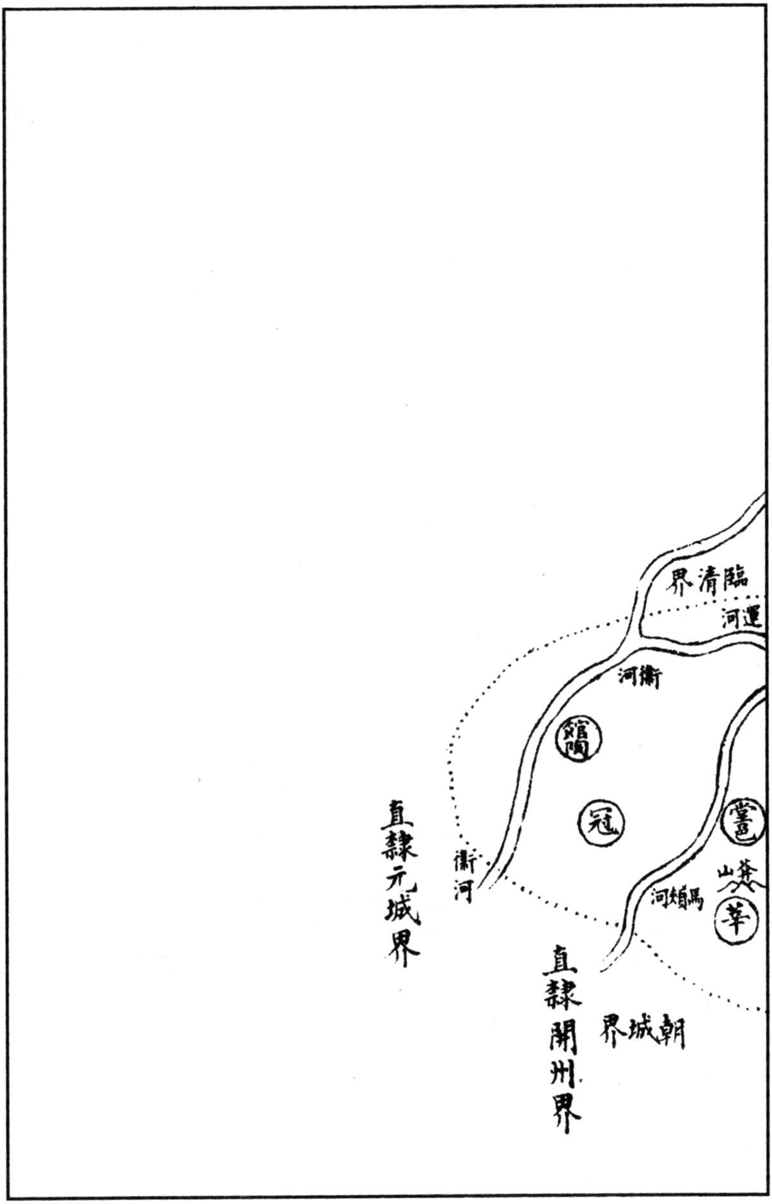
臨清界
運河
衛河
館陶
冠
堂邑
弇山
莘
馬頰河
衛河
直隸元城界
直隸開州界
朝城界

東昌府表

	東昌府	聊城縣
秦	東郡地。	
兩漢		聊城縣屬東郡。
三國	魏平原郡地。	聊城縣魏屬平原郡。
晉	平原國地。	聊城縣屬平原國。
南北朝	平原郡魏太和十一年改置，治王城。武泰初分置南冀州。	聊城縣郡治。 西聊縣魏孝昌中分置。
隋	開皇初郡廢。十六年置博州。大業初州廢。	聊城縣屬武陽郡。 開皇初省。
唐	博州武德初復置州，屬河北道。	聊邑縣州治。天祐三年改名。
五代	博州	聊城縣後唐同光初復故名。
宋金附	博州宋屬河北東路。金屬山東西路。	聊城縣宋淳化二年移治，仍爲州治。
元	東昌路至元四年升博州路。十三年改名，屬中書省。	聊城縣路治。
明	東昌府洪武初改府，屬山東布政司。	聊城縣府治。

續表

	堂邑縣	博平縣
	清縣屬東郡。後漢建初元年改曰樂平。 發干縣屬東郡。	博平縣屬東郡。
	樂平縣 發干縣	博平縣
	樂平縣屬陽平郡。 發干縣屬陽平郡。	博平縣屬平原國。
	樂平縣齊省。 發干縣齊省。	博平縣魏屬平原郡。
武水縣開皇中置，屬武陽郡。	堂邑縣開皇六年置，屬武陽郡。	博平縣大業初改屬清河郡。
武水縣改屬博州。	堂邑縣貞觀初改屬博州。	博平縣屬博州。貞觀十七年省入聊城。天授二年復置。
周廣順二年河圮，廢。	堂邑縣後晉改曰河清。尋復故。	寬河鎮。 博平縣
	堂邑縣	博平縣宋景祐四年移治。
	堂邑縣屬東昌路。	博平縣屬東昌路。
	堂邑縣屬東昌府。	博平縣屬東昌府。

續表

茌平縣	清平縣
茌平縣屬東郡。後漢屬濟北國。	
茌平縣	
茌平縣屬平原國。	
茌平縣齊省。濟州濟北郡魏泰常八年置，治碻磝城。盧縣魏僑置，爲郡治。	
興利鎮，爲聊城縣地。茌平縣開皇初復置，屬清河郡。濟北郡開皇初州廢。盧縣郡治。	
茌平縣武德初移置。貞觀八年省入聊城。武德四年復置濟州。天寶初改濟陽郡。十三載州廢。盧縣武德四年爲州治。天寶十三載屬鄆州。後廢。	
	明靈砦，爲博平縣地。
茌平縣金天會中劉豫復置，屬博州。	清平縣宋熙寧二年移治。
茌平縣屬東昌路。	清平縣屬德州。
茌平縣屬東昌府。	清平縣屬東昌府。

續表

	莘縣
貝丘縣 屬清河郡。後漢屬清河國。 厝縣 屬清河郡。後漢安帝改曰甘陵，移清河國治此。	陽平縣 屬東郡。
貝丘縣 甘陵縣	陽平縣
貝丘縣 清河縣 又改名，爲清河國治。	陽平縣 屬陽平郡。永嘉後省。
貝丘縣 魏屬清河郡。齊省入清河。 貝丘縣 齊改名。	樂平縣 魏復置。齊改名。周建德七年改置武陽郡。
清平縣 開皇六年復分置於此。十六年改名，屬清河郡。 清陽縣 開皇六年改名，屬清河郡。	莘縣 開皇初郡廢。六年復曰陽平。八年又改曰清邑。十六年置莘州，又置莘亭縣。大業初州廢，改縣曰莘，屬武陽郡。
清平縣 改屬博州。 永昌初徙廢。	莘縣 武德五年復置莘州。貞觀初州廢，屬魏州。
清平縣 屬大名府。	莘縣
	莘縣 屬大名府。
	莘縣 屬東昌路。
	莘縣 屬東昌府。

續表

冠縣	館陶縣	恩縣
館陶縣地。	館陶縣 屬魏郡。	
	館陶縣	
	陽平郡 石趙移郡來治。 館陶縣 屬陽平郡。	武城、鄃二縣地。
	陽平郡 周大象二年兼置毛州。 館陶縣 魏郡治。周州治。	
冠氏縣 開皇六年置，屬武陽郡。	開皇初郡廢。大業初州廢。 館陶縣 屬武陽郡。	
冠氏縣 屬魏州。	武德五年復置毛州。貞觀初廢。 館陶縣 屬魏州。	
冠氏縣	館陶縣	
冠氏縣 屬大名府。	館陶縣 宋屬大名府。金移今治。	恩州 金移來治，屬大名府。
冠州 初屬東平路。至元六年升州，直隸省部。	館陶縣 改屬濮州。	恩州 至元二年直隸省部。
冠縣 洪武初降縣，屬東昌府。	館陶縣 洪武初屬東昌府。弘治二年改屬臨清州。	恩縣 洪武一年降縣，屬高唐州。

高唐州	
	東陽縣 屬清河郡。後漢省。
	索盧縣 屬廣川郡。
南清河郡 魏置，治靈縣。齊廢。	索盧縣 魏屬長樂郡。齊省。
	歷亭縣 開皇十六年析置，屬清河郡。 漳南縣 開皇六年復置東陽。十八年改名，屬清河郡。
	歷亭縣 屬貝州。 漳南縣 屬貝州。
	歷亭縣 漳南縣
	歷亭縣 宋屬恩州。金爲州治。 漳南縣 宋省入歷亭。
高唐州 初屬東昌路。至元七年升州，直隸省部。	至元二年省入州。
高唐州 屬東昌府。	

續表

續表

	靈縣 屬清河郡。後漢初省。永元九年復置，屬清河國。
	靈縣
	靈縣
高唐縣 魏景明三年分置，屬南清河郡。	靈縣 魏郡治。齊省。
高唐縣 屬武陽郡。	開皇六年復置。大業初省入博平。
高唐縣 改屬博州。長壽二年改曰崇武。尋復故。	武德初復置。四年省。
高唐縣 梁改曰魚丘。後唐復故。晉又改曰齊城。漢復故。	
高唐縣 州治。	
省入州。	

大清一統志卷一百六十八

東昌府一

在山東省治西二百二十里。東西距二百二十里，南北距二百八十里〔一〕。東至濟南府長清縣界一百里，西至直隸大名府元城縣界一百二十里，南至兖州府陽穀縣界三十里，北至臨清州界一百二十里。東南至泰安府東阿縣界九十里，西南至直隸大名府開州界二百六十里，東北至濟南府齊河縣界一百八十里，西北至臨清州界一百五十里。自府治至京師九百四十里。

分野

天文女、虚、危分野，玄枵之次，兼營室、東壁之分。

建置沿革

禹貢兖州之域。周爲齊、衛二國之境。戰國時分屬齊、趙。秦爲東郡地。兩漢因之。三國魏爲平原郡地。晉爲平原國地。後魏太常八年置濟州。治府東境。太和十一年改置平原郡。武泰初分置南冀州。永安中州廢。隋開皇初郡廢，十六年置博州。大業初州廢，改屬武陽郡。唐武德四年復置博州。天寶初改曰博平郡。乾元初復曰博州，屬河北道。五代因之。宋屬河北東路。金曰博州，屬山東西路。元初屬東平路。至元四年析爲博州路總管府。十三年，改爲東昌路，屬中書省。明洪武初改爲東昌府，屬山東布政司。本朝因之，屬山東省。初領州二，縣十二。乾隆四十一年升臨清爲直隸州，以武城、夏津、丘縣屬之。今領州一，縣九。

聊城縣。附郭。東西距三十三里，南北距四十里。東至茌平縣界十五里，西至堂邑縣界十八里，南至兖州府陽穀縣界十五里，北至堂邑縣界二十五里。東南至泰安府東阿縣界四十里，西南至莘縣界五十五里，東北至博平縣界二十五里，西北至堂邑縣界三十里。春秋時齊西境聊攝地。漢置聊城縣，屬東郡。後漢因之。三國魏屬平原郡。晉屬平原國。後魏太和十一年爲平原郡治。隋初郡廢。開皇十六年爲博州治。大業初州廢，以縣屬武陽郡。唐復爲博州治。天祐三年改曰聊邑。五代後唐同光初復故。宋淳化二年移治孝武渡西，仍爲州治。元爲東昌路治。明爲東昌府治，本朝因之。

堂邑縣。在府西四十里。東西距三十六里，南北距六十四里。東至聊城縣界十二里，西至冠縣界二十四里，南至聊城縣界十四里，北至臨清州界五十里。東南至聊城縣界二十五里，西南至莘縣界二十五里，東北至博平縣界三十五里，西北至館陶縣界六十里。春秋時齊清邑。漢置清、發干二縣，皆屬東郡。後漢改清縣曰樂平。晉屬陽平郡。後魏因之。北齊二縣俱省。隋開皇六年置堂邑縣，屬毛州。大業初屬武陽郡。唐初仍屬毛州。貞觀初屬博州。五代晉改爲河清縣，尋復曰堂邑。宋、金因之。元屬東昌路。明屬東昌府，本朝因之。

博平縣。在府北四十里。東西距五十五里，南北距三十二里。東至茌平縣界十五里，西至堂邑縣界四十里，南至茌平縣界七里，北至清平縣界二十五里。東南至茌平縣界十五里，西南至聊城縣界十二里，東北至高唐州界四十里，西北至清平縣界四十里。春秋時齊博陵邑。漢置博平縣，屬東郡。後漢因之。晉屬平原國。後魏屬平原郡。隋初屬毛州，後屬博州。大業初屬清河郡。唐初屬博州。貞觀十七年省入聊城縣。天授二年復置，仍屬博州。宋景祐四年移治寬河鎮。元屬東昌路。明屬東昌府，本朝因之。

茌平縣。在府東少北六十里。東西距四十二里，南北距七十里。東至濟南府長清縣界三十里，西至博平縣界十二里，南至東阿縣界四十里，北至高唐州界三十里。東南至泰安府平陰縣界五十里，西南至聊城縣界三十里，東北至濟南府齊河縣界五十里，西北至清平縣界四十里。漢置茌平縣，屬東郡。後漢屬濟北國。晉屬平原國。後魏因之。北齊廢。隋開皇初復置，屬清河郡。唐初屬博州。貞觀八年省入聊城。金天會中，劉豫復置茌平縣，屬博州。元屬東昌路。明屬東昌府，本朝因之。

清平縣。在府北七十里。東西距六十五里，南北距二十二里。東至高唐州界十里，西至臨清州界五十五里，南至博平縣界十二里，北至高唐州界十里。東南至博平縣界十二里，西南至博平縣界三十里，東北至高唐州界八里，西北至臨清州夏津縣界三十里。漢置厝、貝丘二縣，皆屬清河郡。後漢安帝改厝縣曰甘陵，移清河國治焉。晉改甘陵曰清河，爲清河國治。後魏因之。北齊徙清河郡於信城，省貝丘縣入清河，改清河縣曰貝丘。隋開皇六年改貝丘曰清陽，仍分置貝丘縣。十六年，改貝丘曰清平，與清陽皆屬清河郡。唐屬博州。永昌初徙清陽縣於清河。五代周以清平屬大名府。宋、金因之。元屬德州。明改屬東昌府，本朝因之。

莘縣。在府西南七十里。東西距一百里，南北距一百十里。東至兗州府陽穀縣界三十里，西至冠縣界七十里，南至曹州府朝城縣界四十里，北至堂邑縣界七十里。東南至陽穀縣界三十里，西南至朝城縣界四十里，東北至聊城縣界七十里，西北至冠縣界七十里。春秋時衛莘邑。漢置陽平縣，屬東郡。後漢因之。晉屬陽平郡。永嘉後省入樂平。後魏太和二十一年復置。北齊改縣曰樂平。後周建德七年，於此置武陽郡。隋開皇初郡廢。六年，復改縣曰陽平。八年又改曰清邑。十六年置莘州。大業初州廢，改縣曰莘縣，屬武陽郡。唐武德五年復置莘州。貞觀元年州廢，縣屬魏州。宋屬大名府。金因之。元屬東昌路。明屬東昌府，本朝因之。

冠縣。在府西一百里。東西距五十里，南北距五十里。東至堂邑縣界三十五里，西至館陶縣界十五里，南至曹州府朝城縣界二十五里，北至館陶縣界二十五里。東南至莘縣界八十里，西南至直隸大名府元城縣界六十里，東北至臨清州界一百十里，西北至臨清州丘縣界九十里。春秋時晉冠氏邑。漢爲館陶縣地。隋開皇六年始析置冠氏縣，屬武陽郡。唐初屬毛州。貞觀初屬魏州。宋屬大名府。金因之。元初屬東平路。至元六年升爲冠州。明洪武初降爲縣，改屬東昌府，本朝因之。

館陶縣。在府西北一百二十里。東西距五十二里，南北距五十里。東至堂邑縣界四十里，西至臨清州丘縣界十二里，南至冠縣界二十五里，北至臨清州界二十五里。東南至冠縣界十八里，西南至丘縣界十八里，東北至臨清州界七十里，西北至臨清州界二十五里。春秋時晉冠氏地。漢置館陶縣，屬魏郡。後漢因之。晉屬陽平郡。石趙移陽平郡治此。後魏因之。後周大象二年兼置毛州。隋開皇初郡廢。大業初州廢，以縣屬武陽郡。唐武德五年復置毛州。貞觀初州廢，縣屬魏州。宋屬大名府。金因之。元初屬東平路，至元三年改屬濮州。明洪武初屬東昌府，弘治二年屬臨清州。本朝屬東昌府。

恩縣。在府東北一百八十里。東西距七十二里，南北距六十五里。東至濟南府平原縣界十二里，西至臨清州武城縣界六十里，南至高唐州界三十五里，北至濟南府德州界三十里。東南至濟南府禹城縣界六十里，西南至臨清州夏津縣界四十里，東北至濟南府陵縣界五十八里，西北至直隸故城縣界七十里。本漢東陽縣地，屬清河郡。後漢省。晉以後爲武城、鄃二縣地。隋開皇十六年析置歷亭縣，仍屬清河郡。唐屬貝州。宋屬恩州。金移恩州治此，屬大名府。元初仍爲恩州，屬東平路。至元二年，以州治歷亭縣省入。七年，以州直隸中書省。明洪武二年降州爲縣，屬高唐州。本朝屬東昌府。

高唐州。在府東北一百十里。東西距五十五里，南北距七十五里。東至茌平縣界二十五里，西至清平縣界三十里，南至茌平縣界三十五里，北至恩縣界四十里。東南至濟南府長清縣界三十里，西南至博平縣界七十里，東北至濟南府平原縣界三十里，西北至臨清州夏津縣界三十里。漢置靈縣，屬清河郡。後漢初省。永元九年復置，屬清河國。晉因之。後魏景明三年，分置高唐縣。後又於靈縣置南清河郡，以高唐屬之。北齊廢郡及靈縣，以高唐屬清河郡。隋屬武陽郡。唐屬博州。長壽二年，改縣曰崇武。神龍元年復故。五代梁改曰魚丘，後唐復故，晉又改曰齊城，漢初復故。宋、金因之。元初屬東昌路。至元七年爲高唐州治。明洪武初省縣入州，改屬東昌府，本朝因之。

形勢

地平土沃，無名山大川之限。元史地理志。南接濟、兖，北連德、景，漕河所經，實要衝之地。明統志。襟衛河而帶會通，控幽、薊而引淮、泗。泰嶽東峙，漳水西環，實齊、魯之會。府志。

風俗

鄒、魯、齊、衛之交，多好尚儒學。性質直懷義，有古風烈。隋書地理志。其民樸厚，好稼穡，務蠶織。元史地理志。

城池

東昌府城。周七里有奇，門四，池廣三丈。宋淳化三年土築。明洪武五年甃甓。本朝乾隆五十七年修。聊城縣附郭。

堂邑縣城。周六里，門四，水門二。明洪武初土築，正德中增隄濬濠，崇禎十年環城共爲濠三重。本朝乾隆五十七年修。

博平縣城。周四里餘，門四，池廣二丈。宋景德中土築。本朝康熙年間修，乾隆五十七年重修。

茌平縣城。周三里有奇，門四，池廣三丈。明正德六年改築。

清平縣城。周六里，門四，池廣二丈。金大定十三年土築。

莘縣城。周五里有奇，門四，池廣三丈。明成化十九年因故址築，正德七年築外城。本朝乾隆三十八年修，五十七年重修。

冠縣城。周四里，門三，池廣三丈。金舊址。明萬曆二十二年甃甎。

館陶縣城。周四里，門四，池廣三丈。明成化三年土築。崇禎十二年甃甎。本朝乾隆五十七年修。

恩縣城。周五里，門五，池廣三丈。明成化三年土築。本朝乾隆三十八年修。

高唐州城。周九里有奇，門四，池廣二丈。元舊址。明正德六年增築。本朝乾隆三十八年改建甎城。

學校

東昌府學。在府治東。明洪武三年建。入學額數二十名。

聊城縣學。在縣治東北。明成化間徙建。本朝康熙五十一年修。入學額數二十名。

堂邑縣學。在縣治東北。金大定間徙建。明洪武六年重建。入學額數十五名。
博平縣學。在縣治東。明洪武三年創建，成化十八年因舊布政分司署改建。入學額數十二名。
茌平縣學。在縣治東南。金承安間徙建。明景泰六年重建，萬曆十二年修。入學額數十五名。
清平縣學。在縣治東北。金大定十三年建。入學額數十五名。
莘縣學。在縣治東北。明洪武三年徙建。入學額數十五名。
冠縣學。在縣治東。金貞元中建。元、明以來屢修。入學額數十二名。
館陶縣學。在縣治東南。金皇統中建。後圮於水。明洪武三年重建。本朝順治十二年修，康熙三年重修。入學額數十五名。
恩縣學。在縣治東南。明洪武七年徙建。入學額數十五名。
高唐州學。在州治西。元至元二十四年建。明正統中修。本朝康熙十年修。入學額數二十名。
陽平書院。在府治。本朝康熙五十八年建，乾隆二十八年修。
啓文書院。在府城。本朝乾隆三十九年建。
光岳書院。在府城内。本朝雍正五年建。
白雀書院。在堂邑縣城内。本朝康熙五十六年建，嘉慶十五年修。
仰山書院。在博平縣城内。本朝乾隆四十七年重修。
先覺書院。在莘縣城内。本朝康熙三十八年建。

近聖書院。在恩縣城内。本朝雍正元年建。

鳴山書院。在高唐州城内。本朝乾隆十年建。按：舊志載，崇文書院在冠縣崇文鄉，以冉子嘗寓此，故建；青蓮書院在恩縣西南隅大沼中，上有小洲，明萬曆間知縣周淳建，植柳萬株，駕橋其南，名曰步瀛。謹附記。

户口

原額人丁三十六萬零二百四十五，今滋生男婦大小共一百六十一萬三千九十名口，計民户共三十一萬七千七十五户。又衛所屯户共一萬七千三百十一户，男婦大小共八萬三千五百六十六名口。

田賦

田地九萬三千二百七十五頃八十畝四分五釐有奇，額徵地丁正、雜銀二十九萬六千六百七十八兩四錢五分五釐，麥改米五十二石四斗五升一合四勺，米八萬四千三百六十三石四斗四升一合七勺。

山川

平山。在聊城縣西南。土阜隆起如山。舊設平山衛，得名以此。

駱駝山。在堂邑縣西十八里。地形隱起如伏駝，故名。

茌山。在茌平縣東北。土脈赤墳，横亘五百餘步。府志：相傳金、元時取土築城，其山遂平。

弇山。在莘縣北四十里。北魏孝昌二年，忽有泉湧出，號曰弇山泉。宋崇寧中，禱雨輒應，建祠，賜號顯仁。金史地理志：堂邑縣有弇山。

陰山。在恩縣南二十里。今僅存土阜。

西山。在恩縣西四十里。舊恩縣遺址存焉。

魚丘山。在高唐州東。狀如魚。五代梁改縣名魚丘以此。又州城東北有土岡，亦謂之高唐山。唐段成式酉陽雜俎：高唐縣有鳴石山，高百餘仞，以石扣之，聲甚清越。晉太康中，逸士田宣隱此。按：鳴石山，州志載入，而不詳其方隅里數。今高唐境内並無寸嶂，而段成式乃云山高百仞，殆不可考。附記于此。

丁家岡。在茌平縣西四十里。有泉甘冽，釀酒甚美。又有興隆岡，在城南十里。

牡丘。在茌平縣東十里。春秋僖公十五年：諸侯同盟于牡丘。

重丘。在茌平縣西南二十五里，與聊城縣接界。春秋襄公二十五年：諸侯同盟于重丘。杜預注：「重丘，齊地。」寰宇記：聊城縣東北有重丘。

陶丘。在館陶縣西南五十里。亦名陶山。

鶖子鼻。在博平縣西北十五里。土阜巍然，以形似名。

運河。自兖州府陽穀縣流入聊城縣境，又北逕堂邑縣東北四十五里、博平縣西南二十五里，又北逕清平縣西南三十里，入臨清州境。餘詳臨清卷。

漳河。在府境。自大名府東北流入館陶縣界，逕縣南館陶鎮入衛河。水經注：漳水東北逕平恩縣故城西，又逕曲周縣故城東。元和志：漳水在漳南縣北四十六里。明史河渠志：元時分漳水支流入衛河，以殺其勢。永樂間湮塞，舊迹尚存，御史林廷舉請發丁夫疏濬，漳水遂通於衛。萬曆二年，漳水北溢入曲周縣之滏陽河，而入衛之道漸湮。本朝順治九年，漳水自廣平、元城等處直注臨清州丘縣，其館陶縣僅有通漳遺迹。康熙三十六年，漳水驟至館陶，與衛河合，此後北流漸微。四十七年，入丘之上流盡塞，而全漳會於館陶。自此漳、衛匯流，舟行順利，其裨益於漕者多矣。

古黄河。在府境。史記河渠書：禹厮二渠，以引其河。注：「二渠，其一出貝丘西南南折者也，其一則漯川。」漢書溝洫志：孝武元光中，河决瓠子。後二十餘歲，塞瓠子，導河北行二渠，復禹舊迹。其後河復北決於館陶，分爲屯氏河。宣帝地節中，光禄大夫郭昌更穿渠，直東，經東郡界中，不令北曲，渠通利，百姓安之。元帝永光五年，河決清河靈鳴犢口，而屯氏河遂絶。成帝初，河決館陶及東郡金隄，泛濫兖、豫，入平原、千乘、濟南，凡灌四郡。水經注：大河故瀆又東逕艾亭城南，又東逕平晉城南，又東北逕靈縣故城南，別出爲鳴犢河。河水故瀆又東逕鄃縣故城東，又河水自東阿縣故城西，東北流注鄧里渠。又東北過茌平縣西，自鄧里渠東北逕昌鄉亭北，逕碻磝城西。又東北流逕四瀆津。元和志：大河故瀆俗名王莽河，在館陶縣東四里，冠氏縣北十八里。博州武水縣，黄河南去縣二十二里。聊城縣，黄河南去縣四十三里。宋史河渠志：皇祐二年，河決大名府館陶縣之郭固。四年正月，塞郭固，而河勢猶壅。議者請開六塔以披其勢。嘉祐五年，河流派別於魏之第六埽，曰二股河，行一百三十里，至魏、恩、德、博之境，曰四界首河。明統志：黄河故道在館陶縣西南五十里。舊志：王莽河故道在館陶縣西南六十里遷隄村之南，自元城縣黄金隄迤邐而北入衛河。又縣西南有黄河故道，廣闊數里，與廣平相接，居漳、衛西。又博平縣有新河，凡二派：一自縣西南東北流入禹城縣界，一自縣西南東流入管氏河。又有馮家河，亦在河西遶城三面東流，至二十里鋪河，皆古黄河餘流也。按：黄河自兩漢以迄唐、宋，皆經府境。金、元以後，南合於淮，去郡始遠。自明弘治中，築斷黄陵岡，而沙灣之流亦絶。今以漢書、水經注、元和志、宋史諸書合近志考之，證以今之輿地，自大名府元城縣入境，東北歷冠縣、館陶、堂邑、清平、博平、高唐、恩諸州縣，以入濟南府平原縣、德州界者，此西漢黄河之故道，水經「河水故瀆東北逕發干縣以下」是也。其自茌平以入濟南府禹城、平原界者，此東漢以後黄河之故道，水經「河水自鄧里渠東北過茌平以下」是也。其在聊城之南以至平陰縣界者，此唐及五代之故道也。宋初東京故道猶循其舊。慶曆中商胡埽決，改而北流，合永濟渠，則自大名之元城入境，東北歷冠縣之西北，館陶、臨清之西，入廣平府威縣之南，北達清河。又逕臨清州夏津之西北，武城之西，以至冀州棗强縣界，此宋時黄河北流之故道也。至金明昌五年，河決陽武，由南、北清河分流入海，遂不由府境。

古屯氏河。在府境。故道自館陶縣東北流逕臨清州界，又東北流逕清平縣之北，夏津縣之南，又東北逕高唐州及恩縣界。漢書地理志：魏郡館陶，河水别出爲屯氏河，東北至章武入海。過郡西行千五百里。又溝洫志：屯氏河東北逕魏郡、清河、信都、渤海入海，廣深與大河等。元帝永光五年，河決靈鳴犢口，而屯氏河絶。成帝初，清河都尉馮逡請開屯氏河，使分流殺水力。水經：屯氏河逕館陶縣東，又東北，别河出焉。又東逕甘陵之信鄉縣故城南，又東逕甘陵縣故城北，逕靈縣北，又東北逕鄃縣，與鳴犢河故瀆合。又東逕清河郡北，又東北逕陵鄉南，又東北逕東武城縣故城南，又東北逕東陽縣故城南。元和志：屯氏河俗名毛河，在館陶縣西二里夏津縣北。府志：今冠縣、館陶、丘縣、茌平、高唐俱有屯氏河故道。又有熙河，在茌平縣北七十里，北流至高唐州，入濟南府禹城縣界。其源無考，蓋即屯氏河也。按：元和志謂永濟渠南自汲郡引清、淇二水東北入臨清，此渠蓋漢屯氏故瀆也。後人緣此爲説，清、淇、屯氏遂混而爲一。而以水經注考之，屯氏河自大河決出，逕館陶、清淵之東，而東出清河縣之南；

清、淇水經館陶、清淵之西，而出清河之北。今考衛河所行，自臨清以上，則皆古清、淇也；自臨清以下，行清河縣南，則古屯氏也，與元和志之言頗合。然今衛河自武城以下又皆清、淇所行，非屯氏所能至矣。

古漯河。黄河支流也。俗名大士河，亦曰徒駭。故道自曹州府朝城縣流入，逕莘縣東，又東北逕堂邑縣東南，又東逕府城北，又東北逕博平縣南，又北逕清平縣西，又東逕高唐州西，又東北至濟南府禹城縣界。水經注：漯水自高唐城北逕東武陽縣故城南，又東北逕陽平縣之岡城西，又北逕莘道城之西北，又東北逕樂平縣故城東，又北逕聊城縣故城西，又東北逕清河縣故城北，又東北逕文鄉城東南，又東北逕博平縣右與黄溝同注川澤。又東北逕援縣故城西，又逕高唐縣故城東〔二〕。胡渭禹貢錐指：「漯首受河，自黎陽宿胥口始，不起東武陽也。水經注所敘河水自宿胥口至委粟津，皆古漯水也。自周定王五年，河徙從宿胥口東行漯川，至長壽津，始與漯别。其津以西，漯水之故道，悉爲河所占，而上游較短矣。然河之故瀆不經東武陽，亦不逕高唐，迨漢成帝建始末，河決館陶，由東武陽絶漯水，而東北至高唐，又絶漯水，東北至千乘入海。雖嘗塞治，而故道猶存。王莽始建國三年，復決於此。莽爲元城冢墓計，不隄塞。明帝永平中，王景修之，遂爲大河之經流。自是委粟津以西漯水之故道又爲河所占，上游益短矣。漯水一出於武陽，再出於高唐，據成帝後言之耳〔三〕。水經注所言漯水乃自西漢末以迄後魏漯川之原委也。

馬頰河。自曹州府朝城縣流入，東北流逕莘縣西五十里，又北逕堂邑縣西十二里，又北逕清平縣西十二里，又北逕夏津縣東三十里，又東北逕高唐州西北二十里，又東北逕恩縣南二十里津期店，亦名津期河，又逕縣東十二里，東北入濟南府平原縣界。按：禹貢九河之馬頰，故道久湮，與今郡境無涉。唐時有馬頰河，出澶州清豐縣界，東北流至平昌，合篤馬河，即此河也。宋至和二年，李仲昌議開六塔河，引歸横隴故道。歐陽修言六塔止是别河下流，已爲濱、棣、德、博之患，是宋之六塔實唐時之馬頰〔四〕。惟李仲昌所開，引商胡決流，使之東南入横隴故道爲異耳。至嘉祐五年，河流派别於魏之第六埽曰二股河，自魏、恩東至德、滄入海，當時馬頰故道又爲二股河所行。今此河或斷或續，故道雖存，但因運河身高，水難匯入，遂至棄爲平地，募種陞科，無藉疏濬之力矣。

今亦湮。

湄河。在博平縣境。今湮。府志以爲即古漯河，非是。又有小湄河，在縣南十五里。明景泰間鑿，循城東而北入鳴犢河。

七里河。在博平縣西南。自府城東南七里受漕河減水閘之水，北流入縣界，又北逕縣西北鄧家橋入鳴犢河。成化間，漕河減水汎漲，奏請開鑿以洩之。

鳴犢河。在博平縣北，又東北逕高唐州南。漢書地理志：清河郡靈河水別出爲鳴犢河，東北至蓨，入屯氏河。溝洫志：元帝永光五年，河決清河靈鳴犢口。水經：鳴犢河故瀆，上承大河故瀆於靈縣南，東北逕靈縣東，東入鄃縣，而北合屯氏瀆。

鄧里渠。在茌平縣東。自陽穀縣流入。古瓠子河瀆也。水經注：鄧里渠自臨邑縣北逕茌平縣東、臨邑縣故城西，北流入河。

洩水渠。在恩縣西北。長二十里。明萬曆二十年，河水漲溢，知縣孫居相開渠洩水歸河。

黄溝。在聊城縣東。古漯水支渠。水經注：黄溝承聊城郭水，水泛則津注，水耗則輟流自城東北出，逕清河城南，又東北逕攝城北。

唐公溝。在高唐州東門外。明成化中，知州唐積因東北地下濬溝注董固河，水患遂息。

龍湫。在清平縣西南二十五里。東南去博平縣四十里。縣志：湫當漕河之東，漯水之上流，汪洋百頃，波濤洶湧，即宋時河決清平故城處也。明嘉靖間，風雨雷電，移於下流五十餘里，夏津縣之馬頰橋，今又移恩縣界，不絶如帶而已。

龍灣。在恩縣東十二里。冬夏不涸。

龍潭。在茌平縣南十五里。方百畝。又縣北六十里亦有龍潭。

黑龍潭。在恩縣南二十里津期橋東。其深不測。橋西亦有白龍潭。

大溪陂。在茌平縣東南三十五里。環二十餘里。

文泉。在博平縣城内學舍東南。古井也。明正德中，泉自湧而甘冽。又有甘泉，在縣治西南，亦古井。相傳嘗飲萬馬不竭。

靈泉。在博平縣西三十里莎隄北。明永樂中疏會通河，泉堙。

雙井。在聊城縣東關。泉清味甘。又南關外有濟衆寒泉，東關寺内有隆興寒泉，水皆甘冽。

玉環井。在聊城縣西南。一名玉井，井中甃石如玉。

樓兒井。在高唐州城内西南隈。水清甘，夏月久貯不變。

古蹟

武水故城。在聊城縣西南五十里。漢陽平縣地，屬東郡。隋開皇中析置武水縣。唐初屬莘州。貞觀初改屬博州。元和志：縣東北至州六十里。在武水溝之南，故名。寰宇記：周廣順二年爲河決衝壞。顯德二年割屬聊城。宋大觀三年置武水巡司於此。舊志：故城内有石柱，後魏孝文帝所立，爲鄴東之表。水經云武水東流從古石柱北，是也。

聊城故城。在聊城縣西北十五里。本齊聊攝地。左傳：晏子曰「聊攝以東」。戰國策：燕將守聊城。漢置聊城縣，屬東郡。後漢因之。晉改屬平原國。後魏爲郡治。魏書地形志：平原郡，太和十一年分屬濟州，治聊城縣，後罷并郡。有王城，郡、縣治〔五〕。又有西聊縣，孝昌中分聊城置，治聊城。水經注：黄溝水逕王城北。魏泰常七年，安平王鎮平原所築，世謂之王城。太和二十三年罷鎮，立平原郡治此。隋開皇初郡廢，兼廢西聊，以聊城屬武陽郡。唐武德四年置博州，治聊城。蕭德言括地志：聊城故城在今縣西四十里。按：水經注「後魏太和二十三年立平原郡」，與魏志不合，存以俟考。

清縣故城。在堂邑縣東南。春秋時齊邑。左傳成公十七年：齊侯使國勝告難于晉，待命于清。杜預注：「今樂平也。」漢置清縣，屬東郡。後漢爲樂平侯國，仍屬東郡。晉改屬陽平郡。後魏因之。北齊省。元和志：樂平故城在堂邑縣東三十里。

發干故城。在堂邑縣西南。漢置縣，屬東郡。元狩五年，封衛青子登爲侯邑。後漢建安十七年，割屬魏郡。晉屬陽平郡。南燕時僑置幽州於此。後魏仍屬陽平郡。北齊省。括地志：發干故城在堂邑縣西南二十三里。

博平故城。在今博平縣西北三十里。本齊之博陵邑。史記：齊威王十六年，晉伐我，至博陵。注：徐廣曰：「東郡之博平是也。」亦謂之博關。張儀曰：「趙兵至清河，指博關。」漢置縣。宋徙今治。金史地理志：博平縣有博平鎮，即古治也。

茌平故城。在今茌平縣西。漢置縣。漢書地理志「東郡茌平」，注：應劭曰：「茌，山名。縣在山之平陸，故曰茌平。」昔石勒之隸師灌，屯耕於茌平，聞鼓角鞞鐸之聲於是縣也。魏書地形志：茌平縣治鼓城，有茌平城。蓋已移治也。元和志：茌平故城在聊城縣東五十三里。于欽齊乘：茌平故城在聊城縣東北七十里。唐武德初，以聊城之興利鎮置。尋廢。至金劉豫始復，屬博州，即今治也。縣志：茌平故城在今縣西二十里，興利鎮在今縣西三十里。

濟州故城。在茌平縣西南。即碻磝城也。晉永和八年，姚襄屯碻磝津。宋永初四年，魏人立濟州濟北郡於此。後魏泰常八年，置濟州，治碻磝城，是也。元嘉七年，到彦之等取魏碻磝。尋復入於魏。水經注：河水經碻磝城西，有碻磝津。其城臨水，西南圮於河。後魏更城之，立濟州治此。其西南隅又圮於河，即故茌平縣也。隋廢州，以濟北郡治盧縣。唐武德四年，復於盧縣置濟州。天寶初改濟陽郡。十三載，州廢，以盧縣屬鄆州。元和志：盧縣東南至鄆州一百里，其濟州復爲河所陷廢。寰宇記：盧縣仍屬鄆州。又曰：博州，東南至舊濟州五十里，後廢。按：濟州在濟水西岸，爲漢茌平縣地。水經注、元和志歷歷可證。其所治盧縣蓋亦元魏時僑置，非漢縣也。後人但以長清縣有故盧縣，不復分別，并以濟州入之，誤矣。

甘陵故城。在清平縣南。漢置厝縣，屬清河郡。後漢安帝改曰甘陵，移清河國治此。桓帝建和二年改清河國，亦曰甘陵。水經注：屯氏故瀆東逕甘陵縣故城北〔六〕。晉改國、縣俱曰清河。後齊移郡治於信城，改此爲貝丘縣。隋開皇六年改曰清陽，仍屬清河郡。唐屬貝州。舊唐書地理志：清陽縣舊治甘陵城。永昌中始移縣治於今直隸清河縣界。

貝丘故城。在清平縣西南。漢置縣，屬清河郡。應劭曰：「即左傳齊侯田于貝丘是也。」後漢屬清河國。晉因之。後魏屬清河郡。北齊省入清河縣。元和志：貝丘城在臨清縣東南五十里。城内有丘，高六丈，周迴六十八步，城因此名。寰宇記：後魏初移於故城東北十里，今縣東有貝丘城，即後魏治所。

陽平故城。今莘縣治。漢置陽平縣。後漢爲侯國。隋大業初改曰莘縣。元和志：魏州莘縣西至州一百里。寰宇記：莘縣在魏府東七十五里。有武陽城在縣南，後周置郡於此。

莘亭故城。在莘縣北。春秋時衛地。左傳桓公十六年：宣姜與公子朔搆急子，公使諸齊，使盜待諸莘。注：「陽平城西北有莘亭，屬陽平縣。」隋於此置莘縣，大業初廢。唐武德四年復置，屬博州，五年併入莘縣。元和志：莘亭在莘縣北十三里。

冠氏故城。在冠縣北。春秋時晉冠氏地。左傳哀公十五年：子贛曰：「齊爲衛故，伐晉冠氏。」注：「冠氏即陽平館陶縣。」水經注：喬亭城去館陶十五里，春秋冠氏也。隋因置冠氏縣。元和志：縣西去州六十里。今移於今治。

館陶故城。在館陶縣西南。漢置。更始二年，蕭王追擊銅馬於館陶。晉永和七年，冉閔追後趙將劉顯於陽平，時陽平郡治館陶也。元和志：縣西至魏州五十里。有陶丘，在縣西北。趙時置館於側，因爲縣名。金移於今治。金史地理志：館陶縣有館陶鎮。即古縣也。

歷亭故城。在恩縣西四十里。隋開皇十六年分武城縣置。唐武德六年移貝州治此，八年仍還舊治，而縣屬之。元和志：縣西南至貝州一百里。本漢東陽縣地。後漢省東陽，其地屬鄃縣。隋改置歷亭縣，遥取漢歷縣爲名。寰宇記：隋置縣於今縣之東永濟渠南，後以其地下濕鹹鹵，移龍盤河。在古歷城西七十里，即今縣也。金初移恩州治此。明洪武二年降爲縣，七年移縣治東四十里許官鎮，即今治也。今故城俗呼爲舊縣，城址猶存。

東陽故城。在恩縣西北。春秋時晉地。左傳昭公二十二年：晉荀吴略東陽。戰國時爲衛地，後屬趙。戰國策：國子曰「兼魏之河南，絶趙之東陽」。漢爲東陽侯國。後漢省。水經注：應劭曰：「東武城東北三十里有東陽鄉，故縣也。」隋開皇六年復置東陽縣，屬貝州。十八年改爲漳南縣。大業十一年，竇建德起兵漳南。元和志：東陽故城在歷亭縣西十八里。又貝州漳南縣西南至州一百一十里。本漢東陽縣地。寰宇記：隋分棗强於今縣東北二十二里置東陽縣，後改名。唐武德七年移於今理。宋至和元年省爲鎮，入歷亭。金史地理志：歷亭有漳南鎮，故縣也。舊志：鎮在今縣西北六十里，衛河南岸。

靈縣故城。在高唐州西南，與博平縣接界。即齊靈丘邑。漢置靈縣，屬清河郡。後魏置南清河郡，治此。齊廢。隋開皇六年復置。大業初省入博平。唐武德初復置，尋省入博平。寰宇記：故靈城在高唐縣西二十里。齊天保七年省。今博平縣爲河所壞，曾寄理於此。金史地理志：博州高唐有靈城鎮，即故縣也。

堂邑舊城。在今堂邑縣西十里。漢爲發干縣地。隋開皇六年置堂邑縣。大業末，宇文化及掌屯兵於此，築臺於城南。唐屬博州。天寶十五載，平原太守顔真卿遣兵擊賊，邀袁如泰於堂邑西南。元和志：堂邑縣東至州六十里。本漢清、發干二縣地。宋熙寧中圮於水，因東徙今治焉。

清平舊城。在今清平縣西四十里。隋開皇六年置貝丘縣。十六年改曰清平，屬清河郡。唐屬博州。元和志：縣東南至州八十里。隋自臨清縣界移貝丘縣於此，後改名也。宋初改屬大名府。寰宇記：縣在府東北一百四十里。宋史地理志：熙寧二年，割博平之明靈砦來屬，移縣治之。齊乘：舊治在縣西四十里清平鎮。元豐間漯河決，壞城，徙治明靈砦，即今治也。

索盧廢縣。在恩縣北。魏書地形志：長樂郡領索盧縣。晉屬廣川。神瑞二年併廣川。太和二十二年復置，有索盧城。隋書地理志：清和郡漳南有後魏索盧城。隋并入棗强。開皇十六年來屬。

高唐廢縣。今高唐州治。春秋時齊有高唐邑。漢置高唐縣，在今濟南府禹城縣界。後魏景明三年始改置縣於此。元和志：縣西南至州一百一十里。

夷儀城。在聊城縣西南十二里。後漢書郡國志：東郡聊城有夷儀聚。按：春秋「邢遷於夷儀」，注：「夷儀，邢地。」今直隸順德府邢臺縣有夷儀城，是也。地名偶同，與此無涉。

古賴城。在聊城縣西。齊境上邑也。史記：晉趙鞅伐齊，至賴而去。

畔城。在聊城縣西。魏書地形志：平原郡聊城有畔城。

博固城。在聊城縣東北。寰宇記：聊城縣博固城，或謂之布鼓城。石勒時築，在大河之曲。

巢陵城。在聊城縣東北十五里。縣志：相傳巢父隱居躬耕處。五代晉開運時，嘗遷州治於此。尋圮於河。

微子城。在聊城縣東北十八里。寰宇記：聊城縣有微子城，紂之庶兄封邑於此。又有郭城，春秋時郭公舊墟。

攝城。在博平縣西。左傳昭公二十年：晏子曰「聊攝以東」。注：「聊攝，齊西界也。平原聊城縣東北有攝城。」水經注：黄溝東北逕攝城北，春秋所謂「聊攝以東」也。俗稱郭城，非也。京相璠曰「聊城縣東北三里有故攝城」。元和志：城在博平縣西南二十里。

艾亭城。在博平縣北。水經注：大河故瀆東逕艾亭城南。

博望城。在博平縣舊城西南。史記田敬仲完世家〔七〕：宣王二年，三晉之王皆因田嬰朝齊王於博望。

陽城。在茌平縣南二十餘里。今西北二面垣墉猶存。

清河城。在清平縣南。水經注：在甘陵城東四十里。

文鄉城。在清平縣南。水經注：漯水又東逕文鄉城。

岡成城。在莘縣西。後漢書郡國志：東郡陽平有岡成城。府志：有頓城，在縣東南十里；斗城，在縣西南七里，其城如斗，故名。

黄城。在冠縣南。本趙邑，後屬魏。史記田敬仲完世家：宣公四十三年，伐晉，毁黄城。又趙世家：敬侯八年，拔魏黄城。肅侯十七年，圍魏黄，不克。括地志：故黄城在冠氏縣南十里。讀書記：漢陳留郡有外黄縣，魏郡有内黄縣，山陽郡有黄縣，俱在大河旁，爲戰争之地。王氏曰：蘇秦説齊趙集魏之河北，燒棘蒲，隊黄城。此河北之黄城也，在冠氏南十里。

蕭城。在館陶縣東南五里。周十餘里，高三丈，門四，壘址俱存。宋景德元年，遼蕭后兵至澶淵，築城於此。亦謂之歇馬城。又有青陽城，在縣西十里。

古戰場。在堂邑縣東南。縣志：相傳唐顔真卿同李萼破賊處。

樂平故壘。在茌平縣東南三十里。遺址横數百步。今名樂平鋪。

蘇康壘。在館陶縣西南境。通鑑：晉太元十七年，丁零翟釗遣將翟都侵館陶，屯蘇康壘。胡三省注：「蘇康，人姓名。」

馬莊。在茌平縣東南十里。府志：相傳唐中書令馬周宅。相近有興隆岡，岡下坡陀相屬。又南二十里有賀欒店，相傳石晉時賀欒宅。

魯連村。在茌平縣東北二十里。府志：相傳魯仲連所居。今名望魯店。

光嶽樓。在府城中。高廣數丈，樓作四層，矗立雲表。本朝乾隆三十年，高宗純皇帝南巡，迴蹕過東昌府，登光嶽樓，有御製詩二章。按：城東北隅有望嶽樓，舊志混而爲一，恭繹御製詩注，始知其舛云。三十六年、四十一年、四十五年、四十九年，並有御製疊舊韻詩。

譼宵樓。在堂邑縣西北。元縣尹張養浩建。

魯連臺。在聊城縣西北十五里故聊城中。高七十餘丈。即射書燕將之所。

晉臺。在博平縣西北三十里舊縣城中。府志：相傳晉公子重耳奔齊，桓公以宗女妻之，留齊五歲，築臺以望故國，故名。

黄花臺。在館陶縣西南二十里。府志：相傳漢館陶公主所築。又縣西南四十里有駙馬渡。

靈芝亭。在聊城縣西南四十五里。本宋武水鎮都巡檢司講武亭。大觀間有芝生於梁，故名。

緑雲亭。在府城西北隅。宋建。舊名自公亭，元至元間改名。

致慤亭。在茌平縣東北一里許。元尚書梁宣建，吴澄記。又縣境有孝思亭，元張通甫建，虞集記。

四知堂。在堂邑縣治内。元縣尹張養浩建。

茌山草堂。在茌平縣東南隅。元馬興祖讀書處。

三槐堂。在莘縣東北二里。地名羣賢保，即宋王祐手植三槐處。蘇軾有記。

龍井堂。在高唐州北二十里。徐鉉稽神録：唐僖、昭時，魏州人羅弘信微時投寄高唐田氏，田氏撫愛如子，遂冒姓田。已令浚井，甫下，忽龍自井出，雷雨交作，衆皆驚悸，弘信自井出，神色自若。後以軍功進爵豫章郡王，迎田氏夫婦，事之如父母。及殁，又爲堂於龍井之上以祀之。

孟館。在茌平縣東。通志：相傳孟子遊齊，館於此。

孫奭宅。在博平縣西北舊城南。

馬牧。在茌平縣。晉永興中，汲桑、石勒起於馬牧。亦謂之牧苑。齊乘：茌平縣西南地名牛叢塊，相傳是石勒舊耕處。又李陽争漚麻池，今謂之大李莊。

麒麟碣。在府學内。明統志：碣載鄉賢淳于髡等三十人贊，取漢麒麟閣義而名。

三絶碑。在府學内。金大定間重修廟碑，王去非撰，党懷英篆，王庭筠書，時稱「三絶」。

界碑。在恩縣西北。寰宇記：在漳南縣西北八里。後魏太和六年置，當鄴正東三百里。

關隘

四口關。在茌平縣南。即古四瀆口也。水經注：河水東北逕四瀆津。津西側岸臨河有四瀆祠，東對四瀆口。河水自是出，東北流逕九里，與清水合，故㳍瀆也。自河入濟，自濟入淮，自淮達江，水逕周通，故有「四瀆」之名也。元和志：四口故關在聊城縣東南八十里。隋置。

魏家灣巡司。在清平縣東北三十里清陽驛西。其下十餘里爲戴家灣。

王官鎮。在聊城縣東南四十里。金史地理志：聊城縣有王官、武水二鎮。府志：今其地在王官莊鋪。

侯固鎮。在堂邑縣北五十里。金史地理志：堂邑縣有回河、侯固二鎮。舊志：侯固鎮即今堠堌集，在縣北五十里。又有柳林集，在縣西北五十里。二集俱有土城，明嘉靖二十二年築。

廣平鎮。在茌平縣西南三十里。金史地理志：茌平縣有廣平、興利二鎮。縣志：廣平鎮城址猶存。

馬橋鎮。在莘縣北四十里。金史地理志：莘縣有馬橋鎮。

固獻鎮。在冠縣西北一百里衛河北岸，與館陶、丘縣、臨清州及直隸之廣宗、威縣皆犬牙相錯。

清水鎮。在冠縣東北四十里。有城堡，即古清水縣也。金史地理志：冠氏縣有普通、清水、博寧、桑橋四鎮〔八〕。縣志：明嘉靖中築堡濬濠，周四百丈。又各築一墩於堡外五里，防察奸民，遂爲往來貿易處。

南館陶鎮。在館陶縣西南四十里。舊縣治也。明洪武七年置巡司，今裁。

固河鎮。在高唐州東北。金史地理志：高唐州有固河、齊城、靈城、夾灘四鎮。州志：固河鎮在州東北。齊城鎮在州東，舊有廟學，元閻復爲記。夾灘鎮在州東南十五里。北鎮在州東北三十里，南鎮在州南三十里。北鎮即新劉，南鎮即南劉也。

白馬鎮。在恩縣西十五里。唐置鎮於此。亦曰白馬營。

四女樹鎮。在恩縣西北五十里。九域志：歷亭有安樂、陽於、禮固、漳南四鎮。金史地理志：歷亭有漳南、新安樂、舊安樂、王杲四鎮。縣志：安樂鎮今名四女樹鎮，在衛河東岸。相傳漢時有傅長者，生四女，因無兄弟，守貞養親，共植一槐於此，故名。鎮有四女祠，土人呼爲四女寺。本朝移縣丞住此。漳南鎮在縣西北，四望坦平，中心高阜，環以水。王杲鎮在縣北二十里。

平山衛。在府治東南。明置指揮使。本朝設領運千總。

東昌衛。在府治西南隅。明置指揮使。本朝設守備及領運千總。

賈鎮堡。在冠縣東三十里。明知縣姚本所築。周三百八十餘丈，外爲濠，各濶二丈，築墩一。

崇武水馬驛。在聊城縣東門外運河西岸。舊有驛丞，今裁。

茌山馬驛。在茌平縣治東。

清陽水驛。在清平縣西南三十里，通運河東岸。舊有驛丞，今裁。

太平馬驛。在恩縣南門内。

魚丘馬驛。在高唐州治東。

津梁

通濟橋。在聊城縣東門運河上。

董家橋。在聊城縣東北十五里。爲商旅大路。

中行橋。在堂邑縣南門外。明嘉靖二十九年建。

捍石橋。在堂邑縣西北八里。明成化間建。

鄧家橋。在博平縣西北十五里，跨鳴犢河。

倫家橋。在博平縣西北四十五里，跨古漯河。

劉公橋。在茌平縣東南。久廢。元和志：劉公橋架濟水，在盧縣東二十七里。宋武帝伐燕過此所造，故名。

登岱橋。在茌平縣南關外。

鐵板橋。在茌平縣東北六十里，跨古漯河。

通便橋。在茌平縣東北七十里。

牟家橋。在清平縣西七里許，跨古黄河。

藺家橋。在清平縣魏家灣東。往來要道也。
通津橋。在莘縣西門外。明正德二年建。
津期橋。在恩縣南二十里。今名永長橋。
張家橋。在恩縣西北漳南鎮北五里。爲棗强、故城二縣之通道。
楊官屯橋。在高唐州東二十五里，跨通濟河。每夏秋水漲，作筏以濟。
囤家橋。在高唐州西三十五里，跨馬頰河，入臨清大路。明嘉靖十九年建，長二百丈。

隄堰

雙隄。在聊城縣南五里。有護城隄，本朝順治間築。
禹隄。在博平縣西三十里。縣志：自縣西南入境，遶舊治西迤北入清平境。
金隄。自博平縣西南，東北入茌平境。迤邐至館陶縣西南五十里，上接冠縣，下入臨清，皆漢隄故迹。
薛家圈新隄。在館陶縣西南八里。縣志：衛水去城至近，夏秋間嘗漂溢爲民害。明萬曆二年水大漲，知縣李仲奎相視，於薛家圈築月隄一道，長十餘里，亦曰李公隄。
古隄口。在恩縣西衛河東岸。河之西與武城分界，舊築之以障河決者。
爵隄。在高唐州西。州志：隄在州西十里，以禦馬頰河之泛溢，俗呼其地爲馬灣。

周家店閘。在聊城縣東南三十二里運河上。南距兗州府陽穀縣七級下閘十二里，元大德四年建。今有閘官。其北十二里爲李海務閘，元元貞二年建〔九〕。本朝乾隆二十八年修。舊有閘官，今裁。又北二十里爲通濟橋閘，明永樂九年建。又北二十里爲永通閘，明萬曆十七年建。今皆有閘官。外有進水閘二：曰房家口，曰十里鋪，在漕渠西岸。伏秋水大，開此引水入河以利漕。其龍灣之進水閘今已廢。減水閘四：曰裴家口，曰米家口，曰官窑口，曰柳家口，並在漕渠東岸。河水盛漲，則開此洩水，由引河歸徒駭河入海。

梁家鄉閘。在堂邑縣北。南距永通閘十八里，明宣德四年建。有閘官。其北十二里爲土橋閘，明成化七年建。本朝乾隆二十三年修。河之西岸有進水閘二：曰中閘，曰涵谷洞。河之東岸舊有土城，中有減水閘二，明季廢。

戴家灣閘。在清平縣西北。南距土橋閘三十八里，明成化元年建。本朝乾隆十年修。有閘官。河之東岸有李家口、魏家灣二減水閘。自魏家灣迤南，又有減水閘五，屬博平縣界。

陵墓

古

高陽氏陵。在聊城縣西北二十里。陵前有廟。又有聖水井，旱禱輒應。按：高陽氏爲帝顓頊，本朝遣官祭告，在河南滑縣。聊城之陵出於附會無疑也。

巢父墓。在聊城縣東南十五里。又河南登封縣有巢父塚。按：巢父見皇甫謐高士傳，莊子但言許由，不言巢父。或曰許由夏常居巢，故又號巢父。其人既荒遠難稽，則塚墓亦類多傅會，姑存其名以備考。

周

淳于髡墓。在茌平縣西二里許。

甘羅墓。在茌平縣北。縣志：在縣北七十里。羅，秦上卿。祖茂仕秦，出奔於齊，因家焉。後遂葬此。

段干木墓。在館陶縣北十里。按：府志，干木，魏人，墓在安邑段村，不知館陶何以有之。據段道超墓誌，爲干木裔孫，貝州永濟人。世遠殆不可考。

田盼子塚。在高唐州東四十里固河鎮。按：田盼子，齊人。見史記楚世家。

三國　魏

華歆墓。在高唐州東。元和志：墓在高唐縣二十里。

晉

劉實墓。在高唐州東二十五里。

五女墓。在聊城縣西，同穴而葬。唐王建宋氏五女詩注：五女，貝州宋處士廷芬之女也。曰若華、若昭、若倫、若憲、若荀。其父老病，五女誓不嫁以奉事之。

唐

馬周墓。在茌平縣東一里許。本朝康熙二年修築。

宋

廉公諤墓。在堂邑縣東北八里。

王巖叟墓。在清平縣任官屯北。

王曰墓。在莘縣東北二里許。按歐陽修碑，曰葬於開封新里鄉，則墓不應在此。疑曰父祐所葬也。

金

賈鉉墓。在博平縣南。

張琪墓。在莘縣南二十里。琪以孝聞，累官顯武將軍。

閻詠墓。在高唐州西七里。

元

梁宜墓。在茌平縣東北一里許。

閻復墓。在高唐州東二十里。

明

郭敦墓。在堂邑縣西十里。

穆孔暉墓。在堂邑縣北三里。

張後覺墓。在茌平縣北義莊。

祠廟

丁御史祠。在府城東關。祀明靖難御史丁志芳。土人稱爲忠臣廟。又有忠善祠，祀靖難典史周養民。

魯義姑祠。在博平縣西北十五里鶩子鼺旁。

馬周祠。在茌平縣東一里。明景泰二年建。

魯仲連祠。在茌平縣西鄉。

仲弓祠。在冠縣北二十里。明天順二年建。有司春秋致祭。

四女祠。在恩縣西北衛河南岸。土人稱爲四女寺。按：四女名不可考。相傳漢景帝時人，姓傅，因父無子，四女矢志不嫁以養親，後俱得仙去。祠有明成化間碑，具列其事。説雖涉荒誕，然自昔相沿。並稱四女，乃縣志所載題咏，以恩屬唐貝州，遂以處士宋廷芬五女當之，又獨詘若憲一人，與四女之名不合，益爲附會，不足信矣。

東方朔祠。在高唐州東北十里。今祠廢，惟元閣復碑存。

羊使君廟。在聊城縣東北二十里。明統志：使君忘其名，晉開運初爲博州郡守。河溢，城欲没，使君投水死。民立廟以祀。

濟廟。在茌平縣東故臨邑縣界。漢書郊祀志：宣帝改元神爵，祠祭於臨邑界中。地理志：東郡臨邑有濟廟。

孟子廟。在茌平縣東北孟家莊。縣志：相傳孟子遊齊、梁時嘗經此。後人爲立廟。

後唐明宗廟。在清平縣西南。山東通志：明宗嘗屯兵於此，民賴其保障，名爲明靈砦，立廟祀之。

伊尹廟。在莘縣城内。

二子廟。在莘縣東。祀衛宣公二子伋、壽。水經注：陽平縣東有二子廟，謂之孝祠。

晉文公廟。在高唐州西。縣志：相傳文公奔齊，嘗舍於此。後人因爲立廟。

寺觀

隆興寺。在聊城縣東門外。明洪武間建。

覺慈寺。在茌平縣東北郭里店。宋嘉祐八年，仁宗夢神僧求賜名，因賜今額。

鐵旛寺。在莘縣東北。金天眷二年建。一名黑塔寺。内有甎塔一座，高十三級，可望七十里。塔頂銅籠，容二十餘人。明正德六年，巨寇逼城，邑令諸忠令民登塔望賊，隨方設備，自後賊不敢犯，城賴以全。

寶應寺。在館陶縣西南。金時建。方搆寺時，出一石匣，内有古銅磬一口，佛像十幅，今存其六。

大覺寺。在高唐州東南。唐時建。明成祖嘗駐蹕於此。有塔十三級，高三十六丈。

白雀觀。在堂邑縣北門外。縣志：相傳堂邑城初築時，有白雀馴集，因名白雀城。元置白雀觀於此。今爲真武廟基。明穆孔暉有記。

校勘記

〔一〕南北距二百八十里　「二百八十里」，乾隆志卷一三三東昌府（下同卷簡稱乾隆志）作「一百五十里」。

〔二〕又逕高唐縣故城東　「東」，原作「北」，據乾隆志及水經注卷五漯水改。

〔三〕據成帝後言之耳　「言之」，原作「之言」，乾隆志同，據胡渭禹貢錐指卷三乙正。

〔四〕是宋之六塔實唐時之馬頰　「唐時」，原作「行唐」，據乾隆志及上下文意改。

〔五〕有王城郡縣治　「縣治」，原無，乾隆志同。按，無此二字，則以「郡」字上屬，非是。今據魏書卷一〇六中地形志補二字，或删「郡」字亦可。

〔六〕屯氏故瀆東逕甘陵縣故城北　「陵」，原作「泉」，據乾隆志及水經注卷五河水改。

〔七〕史記田敬仲完世家　「完」，原脱，乾隆志同，據史記卷四六田敬仲完世家補。

〔八〕冠氏縣有普通清水博寧桑橋四鎮　「寧」，原作「安」，據乾隆志及金史卷二六地理志改。按，本志避清宣宗諱改字也，今改回。

〔九〕元元貞二年建　「元貞」，原作「貞元」，乾隆志同，據元史卷六四河渠志乙。

大清一統志卷一百六十九

東昌府二

名宦

漢

李章。河内懷人。光武即位，拜陽平令。時趙、魏豪右往往屯聚清河，大姓趙綱遂於縣界起塢壁，繕甲兵，爲所在害。章到，乃設饗會而延謁綱，綱帶文劍，被羽衣，從士百餘人來到。章與對讌飲，有頃，手劍斬綱，伏兵亦悉殺其從者。因馳詣塢壁，掩擊破之，吏人遂安。

巴肅。渤海高城人。察孝廉，歷貝丘長。以郡守非其人，辭病去。

劉虞。東海郯人。初舉孝廉，爲博平令。守正持平，高尚純樸，境内無盜賊，災害不生。時鄰縣接壤，蝗蟲爲害，至博平界，飛過不入。

董尋。河東人。爲貝丘令，清省得民心。

南北朝　魏

盧度世。范陽涿人。興安中除齊州刺史〔一〕。州接邊境，將士數相侵掠。度世乃禁勒所統，還其俘擄，二境以安。

杜纂。常山九門人。明帝初拜清河内史。性儉約，尤哀貧老，問民疾苦，至對之泣涕。勸督農桑，親自檢視。勤者賞以物帛，惰者加以罪譴。弔死問生，甚有恩紀。

房景伯。東清河繹幕人。由齊州輔國長史除清河太守。郡人劉簡武曾失禮於景伯〔二〕，聞其臨郡，闔家逃亡。景伯督切屬縣捕擒之，即署其子爲西曹掾，命諭山賊，賊以景伯不念舊惡，一時俱下。論者稱之。舊制，守令六年爲限，限滿將代。郡人韓靈和等三百餘人表訴乞留，復加三載。

曹世表。東魏郡魏人。延昌中除清河太守。治官省約，百姓安之。

楊機。天水冀人。熙平中除清河内史，有能名。

北齊

辛術。隴西狄道人。爲清河太守，政有能名。遭父憂去職，清河父老數百人詣闕上書，請立碑頌德。

蘇瓊。長樂武强人。文襄時除南清河太守。郡多盜賊，及瓊至，奸盜止息，鄰郡富豪至將財物寄置界内以避盜。平原郡有妖賊劉黑狗搆結徒侶，通於滄、海。瓊所部人連接村居，無相染累，鄰邑於此服其德。瓊性清慎，不發私書。郡人趙穎得新瓜一雙來奉，苦請，遂便爲留，乃置於廳事梁上，竟不剖。人遂競貢新果，至門，問知穎瓜猶在，相顧而去。有百姓乙普明兄弟爭田，積年不斷，瓊召對衆人諭之，莫不灑泣，遂還同住。每春，總集大儒衛覬隆等講於郡學，胥吏文案之暇，悉令受書。當時州郡無不遣人至境，訪其政術。在郡六年，人庶懷之。

宋世良。廣平人。除清河太守。在郡未幾，聲聞甚高。郡東南有曲隄，成公一姓阻而居之，羣盗多萃於此。世良施八條之制，盗奔他境。天保初大赦，郡無一囚，率羣吏拜詔而已。及代至，傾城祖道。有老人丁金剛泣而前謝曰：「已年九十，記三十五政，君非唯善治，清亦徹底。今失賢者，民何濟矣！」莫不攀轅涕泣。

崔伯謙。博陵安平人。天保初除濟北太守，恩信大行。縣公田多沃壤，伯謙咸易之以給人。又改鞭用熟皮爲之，不忍見血，示恥而已。有朝貴行過郡境，問人：「太守政何似？」對曰：「府君恩化，古者所無。」因誦民歌曰：「崔府君，能臨政。退田易鞭布威德，人無争。」客曰：「既稱恩化，何因復威？」對曰：「長吏憚威，民庶蒙惠，故兼言之。」徵赴鄴，百姓號泣遮道，數日不得前。

隋

房恭懿。洛陽人。仕齊，歷平恩令。有能名。

韋壽。京兆杜陵人。高祖時遷毛州刺史。有治名。

樂運。清陽人。開皇五年轉毛州高唐令。有聲績。

劉仁恩。開皇時爲毛州刺史。治績爲天下第一，擢拜刑部尚書。

魏德深。弘農人。煬帝時爲貴鄉長，轉館陶長。將赴任，傾城送之，號泣之聲道路不絶。既至館陶，闔境老幼皆如見其父母。有猾人員外郎趙君實與郡丞元寶藏深相交結，前後令長受其指麾，自德深至，君實屏處於室，逃竄之徒歸來如市。貴鄉父老詣闕請留德深，許之。館陶父老復詣郡相訟，以貴鄉文書爲詐，郡不能決。會持節使者韋霽、杜整等至，乃斷從貴鄉。貴鄉吏人歌呼滿道，館陶衆庶合境悲哭，因而居住者數百家。

唐

裴耀卿。絳州稷山人。睿宗時爲濟州刺史。濟當走集，地廣而户寡。會天子東巡，耀卿置三梁十驛，科斂均省，爲東州知頓最。封禪還，次宋州，宴從官，帝謂張説曰：「濟州刺史裴耀卿上書數百言，至曰『人或重擾，即不足以告成』。朕置書座右以自戒。此其愛人也。」俄徙宣州。前此大水，河防壞，諸州不敢擅興役。耀卿曰：「非至公也。」乃躬護作役。未訖，有詔徙官。耀卿懼功不成，弗即宣，而撫巡飭厲愈急。隄成，發詔而去。濟人爲立碑頌德。

李棲筠。趙人。舉進士第，調冠氏主簿。太守李峴視若布衣交。

五代　晉

羊使君。名無考。開運二年守博州。河溢，城將没，使君投水死，水遽止。民立祠祀之。

宋

馬知節。薊人。雍熙間護兵博州。完城繕甲，儲積芻粟，吏民以爲生事。既而遼兵果至，以有備引去。

劉筠。大名人。真宗時爲館陶縣尉。臨事明達，治尚簡嚴。

郭申錫。魏人。知博州。州兵出戍，有欲脇衆爲亂者，申錫戮一人，黥二人，乃定。奏至，仁宗曰：「小官臨事如此，豈易得？」即爲御史臺推直官。

鄭瑾。徐州彭城人。仁宗時遷冠氏令。河決府西，檄夜下，調夫急。瑾方閲保甲，盡籍即行，先他邑至，決遂塞。時河朔饑，盗起，獨冠氏無之，且不入境。他邑獲盗詰治之，盗因言鄭冠氏仁，故相戒不犯耳。

蔡挺。宋城人。仁宗時，河北多盗，精擇諸郡守，以挺知博州。申飭屬縣，嚴保伍，得居停姦盗者數人，弛其宿負，補爲吏，使之察警。盗每發，輒得。均博平、聊城二縣税，歲衍鉅萬。三司下其法於四方。

耿幾父。神宗時知堂邑縣。持正不阿。時縣治近馬頰河，數有水患，爲徙置縣東十里。按：耿幾父不見史傳，相傳神宗時，縣有河患，有耿令者，始遷今治。考黄庭堅集，有過新堂邑寄贈耿幾父詩，極稱其事。然名不可得而詳矣。

王詔。鎮定人。知博州。魏俗尚椎剽，姦盗相囊橐。詔請開反告殺并贖罪法，以攜其黨。元祐初，朝廷起回河議，未決，而開河之役遽興，詔言：「河朔秋潦，水淫爲災，發廩賑饑，思稍蘇其生，未可以力役傷也。」從之。

宗澤。義烏人。元祐中爲館陶尉，縣令檄令同視河埽，澤適喪長子，奉檄遽行。適朝廷大開御河，時方隆冬，役夫僵仆於道。中使督之急，澤曰：「濬河細事。」乃上書其帥曰：「時方凝寒，徒勞民而功未易集。需至春初，可不擾而辦。」上聞，從之。

陳遘。永州人。知莘縣。爲治有績，魏尹蔣之奇、馮京、許將交薦之。

劉長孺。耀州人。建炎初爲博州簽書判官。劉豫僭號，長孺與豫書，勸令轉禍爲福。豫怒囚之，不屈死。

金

璞薩忠義。上京巴爾古河人。皇統四年除博州防禦使。在郡不事田獵燕遊，以職業爲務，郡中翕然稱治。忽一夕陰晦，囚徒謀爲反獄，倉卒間，將校皆惶駭失措。忠義但使守更吏撾鼓鳴角，囚徒以爲天且曉，不敢出，自就桎梏。及考，郡民詣闕願留，詔從之。「璞薩」舊作「樸散」，「巴爾古」舊作「拔盧古」，今俱改正。

王庭筠。辰州熊岳人。登大定進士第，調恩州軍事判官。臨政有聲。郡民鄒四謀爲不軌，事覺，連捕千餘人，而鄒四竄匿不可得。朝廷遣大理寺直王仲柯治其獄。庭筠以計獲鄒四，分别詿誤，坐豫謀者十二人而已。再調館陶主簿。

元

張好古。冀州南宫人。中統元年兼恩州刺史。訪民瘼，革吏弊，立爲條約。

徐世隆。陳州西華人。至元九年爲東昌路總管。至郡，專務以德率下，不事鞭箠，吏不忍欺，民亦化服，期年而政成，郡人頌之。

耶律伯堅。桓州人。至元中爲恩州同知。有循良之政，民親戴之。

張炤。濟南人。至元二十一年爲東昌路總管。莅政二年，吏民畏服，以治最稱。

張養浩。濟南人。成宗時授堂邑縣尹。人言官舍不利，居無免者，竟居之。首毁淫祠三百餘所，罷舊盜之朔望參者，曰：「彼皆良民，飢寒所迫，不得已而爲盜耳。既加之以刑，猶以盜目之，是絶其自新之路也。」衆皆感泣，相戒曰：「毋負張公。」有李虎者，嘗殺人，其黨暴戾爲害，舊尹莫敢詰問。養浩至，盡寘諸法，民甚快之。

王結。易州定興人。仁宗時爲東昌路總管。境有黄河故道，而會通隄遏其下流，夏月潦水，壞民麥禾。結疏爲斗門以泄之，民獲耕治之利。

劉天孚。大名人。爲東平總管府判官。歷知冠州，所至有治績。

明

宋守忠。延津人。嘉靖間知東昌府。濮州瀕河腴田，豪家藉口水患，移賦貧民。守忠躬行勘視，遂絶其弊。觀城富人恃嚴嵩私交，侵漁小民。守忠按治其罪，坐調温州。

戴浩。鄞縣人。宣德中爲東昌府通判。有清操，力行惠政，民爲謡曰：「戴别駕公，實惠吾儂。廉慎忘躬，克致年豐。」

王德。永嘉人。嘉靖間爲東昌府推官。年僅弱冠，而聽斷明決，人皆折服。後死於倭難，贈太僕少卿，謚忠愍。

沈鍊。會稽人。嘉靖中由溧陽知縣調茌平。縣多豪横，鍊甫至，悉捕其人，寘之法。值歲祲，力請賑貸饑民。朔望召諸生講學行禮，見民家子弟讀書者，即訓誨之，於是争尚學業。後以憂去。

范景文。吴橋人。萬曆中除東昌府推官。以名節自勵，苞苴無敢及其門。歲饑，盡心振救，闔郡賴之。以治行高等，擢爲吏部郎。

本朝

彭可謙。奉天人。順治五年知堂邑縣。時土賊寇犯甚亟，可謙訓練民兵，廣設方畧，獲其渠魁，奪還被擄男女七百餘人。事平，敘功，而部故以催徵不力難之，可謙曰：「遲我十年升轉，待民力全復，何如？」部知其不可動，爲疏請得免新舊税糧，擢爲本府屯田同知。

劉德芳。正紅旗漢軍。知東昌府。府西南地窪，秋水泛漲，每爲民害。德芳請開臨清下河以洩澇水，郡人賴之。

遲維坤。奉天人〔三〕。康熙十九年知聊城縣。公暇，即詣隴畝勸民力作，兼諮訪利弊。長幼皆得盡言，故所興革，悉中肯綮。尋卒於官。

楊朝徵。鑲白旗漢軍。康熙二十一年知東昌府。向各屬例徵臨清倉米折價，大爲民擾。朝徵請歸入條編總徵分解。聊城縣挑淺夫役，偏累不均，朝徵公之甲遞。郡西南瀦水爲行李患，首捐資建石橋三座。凡所設施，皆爲民謀久遠，至今郡人感頌。

曹煜。金壇人。康熙二十三年知莘縣。勤於政事，繕修城垣，清查保甲。魯隄水決，渰灌莘田，煜力請堵塞，詳詞剴切。莅任八年，卒於官。

程鵾化。莆田人。康熙五十年知東昌府。聊城爲郡首邑，向有學而無廟，春秋丁祭，皆將事於郡學。鵾化下車，即以建廟爲己任。閱二年而告成，凡禮樂、祭器悉備焉。

陳枚。全州人。乾隆三十九年，以試用知縣，署堂邑縣事。壽張逆匪王倫倡亂，犯堂邑。枚與弟武舉元櫟、把總楊兆相、訓導吴璟守城。城陷，兆相巷戰；枚、元櫟被執不屈死；璟遇賊於西門，與從子文秀、僕王忠同時被害。枚贈道銜，元櫟、兆相俱廕把總，璟廕主簿。

人物

漢

胡常。清河人。從膠東庸生受古文尚書。以明穀梁春秋爲博士。

王青。東郡聊城人。祖父翁〔四〕，與前太守翟義起兵攻王莽，及義敗，餘衆悉降，翁獨守節力戰，莽遂燔燒之。父隆，建武初爲都尉功曹。青爲小史，與父俱從都尉行縣，道遇賊，隆以身護全都尉，遂死於難。青亦被矢貫咽，音聲流喝。前郡守以青身有金傷，竟不能舉。太守張酺見之，嘆息曰：「豈有一門忠義而爵賞不及者乎？」遂擢右曹，乃上疏薦青三世忠義，宜蒙顯異。奏下三公，由此爲司空所辟〔五〕。

劉儒。東郡陽平人。郭林宗嘗謂儒「口訥心辯，有珪璋之質」。察孝廉，舉高第，三遷侍中。桓帝時，數有災異，下詔博求直言。儒上封事十條，極言得失，辭甚忠切。帝不能納，出爲任城相。頃之，徵拜議郎。會竇武事，下獄，自殺。

賈琮。東郡聊城人。舉孝廉，爲京兆令。有政理迹。中平元年，交阯屯兵反，靈帝特敕三府，精選能吏。有司舉琮爲交阯刺史。琮到部，斬渠帥爲大害者，簡選良吏，使守諸縣，百姓以安。在事三年，爲十三州最。徵拜議郎，詔以琮爲冀州刺史。諸臟過者，望風解印綬去，州界翕然。大將軍何進表琮爲度遼將軍，卒於官。

三國　吴

潘璋。東郡發干人。爲孫權將，積功封溧陽侯。權稱尊號，拜右將軍。璋爲人麤猛，禁令肅然。所領兵馬不過數千，而其所在常如萬人。征伐止頓，便立軍市，他軍所無，皆仰取足。

南北朝　魏

王榮世。館陶人。爲三城戍主，方城縣子。梁師攻圍，力窮知不可全，乃先焚府庫，後殺妻妾。及賊陷城，以不屈被害。明帝下詔褒美，進爵爲伯，贈齊州刺史。

孟信。索盧人。永熙末除奉朝請〔六〕，從孝武帝入關，封東州子、趙平太守。及去官，居貧無食，惟有一老牛，其兄子賣之，擬供薪米。券契已訖，信知之，告買牛人曰：「此牛有疾，小用便發，君不須也。」杖兄子二十。買牛者，周文帝帳下人。周文歎異，舉爲太子少師，遷太子太傅，特加車騎大將軍，儀同三司、散騎常侍。以老請退，卒於家。

唐

馬周。博州茌平人。少孤，家寠狹。嗜學，善詩、春秋，資曠邁。至長安，舍中郎將常何家。貞觀五年，詔百官言得失。何武人，不涉學，周爲條二十餘事，皆當世所切。太宗怪，問何，何曰：「此家客馬周教臣言之。客，忠孝人也。」帝即召見，與語，大悦，詔直門下省。明年，拜監察御史。奉使稱職，上疏言事，帝善其言。除侍御史，擢拜給事中，轉中書舍人。周善敷奏，機辯明鋭，動中事會，帝每曰：「我暫不見周即思之。」岑文本謂所親曰：「馬君論事，會文切理，無一言可損益。聽之纚纚，令人忘倦。」累拜中書侍郎，兼太子右庶子。十八年，遷中書令。帝征遼，留輔太子定州。及還，攝吏部尚書，進銀青光禄大夫。周病消渴，帝躬爲調藥，太子問疾。疾甚，周取所上章奏悉焚之，曰：「管、晏暴君之過，取身後名，吾不爲也。」卒，陪葬昭陵。子載，咸亨中爲司少常伯，與裴行儉分掌選事，稱裴馬焉。

吕才。清平人。貞觀時，祖孝孫增損樂律，與音家王長通、白明達更質難不能決。太宗詔侍臣舉善音者，中書令温彦博白才天悟絶人，聞見一接，輒究其妙；侍中王珪、魏徵盛稱才製尺與律諧契。即召直弘文館，參論樂事。帝嘗覽周武帝三局象經，不能通，試問才，退一夕即解，具圖以聞，由是知名。累擢太常博士。帝病陰陽家傳説多謬，世益拘畏，命才與宿學老師删落繁訛，掇可用者凡百篇，詔頒天下。又詔造方城圖及教飛騎戰陣圖，屢稱旨。擢太常丞。麟德中卒。子方毅，七歲能誦經。太宗召見，奇之，賜束帛。長爲右衛鎧曹參軍。母喪，以毁卒，布車從母葬，世共哀之。

王少元。聊城人。父隋末死亂兵，遺腹生少元。甫十歲，問父所在，母以告，即哀泣求尸。時野中白骨覆壓，或曰以子血漬而滲者，父胔也。少元鑱膚閲旬而獲，遂以葬。創甚，彌年乃興。貞觀中，州言狀，拜徐王府參軍。

王志愔。聊城人。擢進士第。神龍中爲左臺侍御史，以剛鷙爲治，所居人吏畏讋。遷大理正。嘗奏言：「法令者，人之隄防，不立則無所制。今大理多不奉法，以縱罪爲仁，持文爲苛。臣執刑典，恐且得謗。」遂上所著應正論以見志。因規帝失，凡數千言。帝嘉之。景雲初遷大理少卿，封北海縣男。太極元年兼御史中丞内供奉，出爲魏州刺史，改揚州長史。所至令行禁信，境内肅然。

孫逖。武水人。幼有文，屬思警敏。年十五，見雍州長史崔日用，令賦土火爐，援筆成篇，理趣不凡，日用駭嘆，遂與定交。舉手筆俊拔、哲人奇士、隱淪屠釣及文藻宏麗等科。開元十年，又舉賢良方正，擢左拾遺，以起居舍人入爲集賢院修撰，改考功員外郎。取顔真卿、李華、蕭穎士、趙驊等，皆海内有名士。遷中書舍人。開元間，蘇頲、齊澣、蘇晉、賈曾、韓休、許景先及逖典詔誥，爲代言最，而逖尤精密。張九齡視其草，欲易一字，卒不能也。居職八年，判刑部侍郎。以病風乞解。卒，謚曰文。子成，字思退，推蔭仕累洛陽、長安令。兄宿爲華州刺史，因悸病瘖，成請往視，不待報輒行。代宗嘉其悌，不責也。爲信州刺史，徙蘇州。改桂管觀察使，卒。

張鎬。博州人。儀狀瓌偉，有大志，好王霸大畧。天寶末，釋褐拜左拾遺，歷侍御史。明皇西狩，鎬徒步扈從。俄遣詣肅宗所，數論事，擢諫議大夫，拜中書侍郎、同中書門下平章事。尋詔兼河南節度使，都統淮南諸軍事。賊圍宋州，張巡告急。鎬倍道進，檄濠州刺史閭丘曉趣救。曉逗留不進，鎬怒，杖殺曉。帝還京師，封南陽郡公，詔以本軍鎮汴州，捕平殘寇。史思明提范陽獻順款，鎬揣其僞，密奏「思明包藏不測，不宜以威權假之」，又言「滑州防禦使許叔冀狡獪，宜追還宿衛」。書入，不省。時宦官絡繹出鎬境，未嘗降情結納，毁鎬無經畧才，遂罷宰相，授荆南大都督府長史。思明、叔冀後果叛，如鎬言。召拜太子賓客、左散騎常侍。代宗初，更封平陽郡公。鎬起布衣，二期至宰相。居身廉，不殖資産。善待士，性簡重，議論有體。在位雖淺，而天下之人咸推爲舊德云。

路泌。陽平人。通五經，以孝悌聞。建中末爲長安尉。德宗出奉天，棄妻子奔行在，扈狩梁州。排亂軍以出，再中流矢，裂裳濡血。以策説渾瑊，召至幕府。東討李懷光，奏署副元帥判官。從瑊會盟平涼，爲吐蕃所執，死焉。

路隋。泌子。泌死時，隋方嬰孺，以恩授八品官。逮長，知父被執吐蕃，日夜號泣，坐必西嚮，不食肉。母告以貌類父，終身不引鏡。貞元末，舉明經，授潤州參軍。李錡欲困辱之，使知市事，隋怡然坐肆不爲屈。元和中，吐蕃款塞，隋五上疏請修好，冀得泌還。詔可，而泌以喪至。帝愍惻，贈絳州刺史，官爲治喪。服除，擢左補闕、史館修撰。以鯁亮稱。穆宗立，累遷翰林學士。每除制出，以金幣來謝者，隋却之，曰：「公事而當私貺耶？」文宗嗣位，以中書侍郎、同中書門下平章事監修國史。初，韓愈撰順宗實録，書禁中事爲切直，宦豎不喜，訾其非實。帝詔隋刊正。隋建言改修非是，請條示甚謬誤者，付史官刊定，餘不復改。册拜太子太師。李德裕貶袁州長史，不署奏，爲鄭注所忌，罷爲鎮海節度使。卒，謚曰貞。

崔咸。博平人。元和初擢進士第。又中宏辭，爲侍御史。處正特立，風采動一時。敬宗將幸東都，裴度在興元憂之，自表求覲，與章偕來。時李逢吉當國，畏度復相，使京兆尹劉栖楚等十餘人悉力拒卻之。他日，度置酒延客，栖楚曲意自解，附耳語。咸舉酒讓度曰：「丞相乃許所由官囁嚅耳語，願上罰爵。」坐上莫不壯之。累遷陝虢觀察使，入拜右散騎常侍、秘書監。咸素有高世志，造詣嶄遠，諸文中歌詩最善。

路羣。冠氏人。通經術，善屬文，性志純潔。親歿，終身不食肉。累官中書舍人、翰林學士承旨，文宗優遇之。循循謙飭若不在勢位者。所與交，雖褐衣之賤，必待以禮，始終一節。

孫揆。逖五世從孫。第進士，辟户部巡官，歷中書舍人、刑部侍郎、京兆尹。昭宗討李克用，以揆爲兵馬招討制置宣慰副使，既而更授昭義軍節度使，以本道兵會戰。克用伏兵刀黄嶺，執揆，厚禮而將用之。揆大罵不屈，克用怒，使以鋸解之，至死，詈聲不輟。昭宗憐之，贈左僕射。

張瓊。館陶人。少有勇力，善射，隸太祖帳下。周顯德中，太祖從世宗南征，擊十八里灘砦，爲戰艦所圍。一人甲盾鼓譟而前，衆莫敢當。瓊射之，一發而踣，淮人遂卻。及攻壽春，太祖乘皮船入城，濠城上車弩遽發，瓊亟以身蔽太祖，矢中瓊股，鏃著髀骨，堅不可拔。瓊急索杯酒滿飲，破骨而出之，血流數升，神色自若，太祖壯之。及即位，累遷都虞候、嘉州防禦使〔七〕。爲史珪、石漢卿所誣死，太祖後甚悔之。

昝居潤。高唐人。善書計。初爲檢校太尉，建隆三年拜義武軍節度。在鎮數年，得疾，還京師，卒。居潤性明敏，有節概，篤於行義。嘗薦沈倫於太祖，以爲純謹可用，後至宰相，世稱其知人。

王祐。莘縣人。少篤志詞學，性倜儻，有俊氣。太祖受禪，累遷殿中侍御史、知制誥，轉户部員外郎。太祖征太原，命知潞州。饋餉無乏。會符彦卿鎮大名，頗不治。太祖以祐代之，俾察彦卿動静。祐以百口明彦卿無罪，彦卿由是獲免，故世謂祐有陰德。繼以用兵嶺表，徙知襄州，移潭州。召還，攝判吏部銓。時盧多遜惡祐不比己，遂出爲鎮國軍行軍司馬。太平興國初，入爲左司員外郎，拜中書舍人。未幾知開封府。以病請告。太宗謂祐文章清節兼著，特拜兵部侍郎。月餘卒。初，祐知貢舉，多拔擢寒畯，畢士安、柴成務皆其所取也。子懿，字文德。勵志爲學，舉進士。嘗知袁州，有政績。

劉謙。堂邑人。曾祖直，以純厚聞於鄉。有盜其衣者，置不問。州將廉知，召詰盜衣者，俾還之。直紿云：「衣乃自以遺少年，非竊也。」州將義之，賜以金帛。不受。謙少慷慨，應募從軍，補衛士。至道初，授東宫親衛都知。真宗時，累遷權殿前都虞候，振武軍節度。江北屯兵，常以八月給冬衣，謙上言：「邊城早寒，請給以六月。」後以爲例。移領保静軍節度，卒。

王旦。祐次子。祐嘗手植三槐於庭，曰：「吾之後世，必有爲三公者。此所以志也。」旦幼沈默，好學有文。祐器之，曰：

「此兒當至公相。」太平興國五年進士及第，爲大理評事，知平江縣。歷通判鄭州，入遷集賢殿修撰、知制誥。真宗即位，爲翰林學士。帝素賢旦，嘗曰：「爲朕致太平者，必斯人也。」咸平中，以工部侍郎參知政事，從幸澶州。命馳還，權留守東京事。歷官太尉兼侍中。凡柄用十八年，爲相一紀，帝久益信之，言無不聽。旦與人寡言笑，默坐終日。及奏事，羣臣異同，旦徐一言以定。遼人奏請歲給外，别假錢幣，旦曰：「東封甚近，車駕將出，彼以此探朝廷之意耳。止當以微物而輕之。」乃以歲給三十萬物内，各借三萬，仍諭次年額内除之。遼人得之，大慙。西夏趙德明言民饑，求糧百萬斛，旦請敕有司具粟百萬於京師，詔德明來取之。德明奉詔，慙且拜曰：「朝廷有人。」旦爲相，賓客滿堂，無敢以私請。察可與言，及素知名者，數月後召與語。詢訪四方利病，或使疏其言而獻之，觀才之所長，密籍其名。其人復來，不見也。凡所薦，人皆未嘗知。卒，謚文正。旦事寡嫂有禮，與弟旭友愛甚篤。婚姻不求門閥，被服質素，家人未嘗見其怒。不置田宅，曰：「子孫當各念自立，何必田宅？徒使争財，爲不義爾。」

王旭。旦弟。嚴於治内，恕以接物，尤篤友義。以蔭補大祝，嘗知緱氏、雍丘二縣。真宗尹京時，素聞其能。及踐阼，三遷至殿中丞。自旦居宰府，旭以嫌不任職。王矩嘗薦旭材堪治劇，判國子監，出知潁州，荒政備舉。旦既卒，歇歷中外，卓有政績。由兵部郎中出知應天府，卒。

張質。高唐人。少隸兵房，爲趙普、曹彬所知。太宗征河東，還駐鎮陽。彬方典樞務，一夕議調發屯兵。時軍載簿領，阻留在道，質潛計兵數、部分軍馬，及得兵籍，較之悉無差謬。歷右神武軍、右衛二大將軍。大中祥符七年，轉都承旨。在樞要五十年，練習事程，精敏端慤，未嘗有過。嘗召問五代洎國初軍籍更易之制，且命條其利害，質纂爲三篇，目曰兵要。上覽而稱善。好養生術，多接隱人方士，然語不及公家事。天禧元年卒。

靳懷德。高唐人。太平興國中明法，解褐廣安軍判官，累遷虞部員外郎，知德州。咸平中，遼兵至，懷德固守城壁。轉運使劉通言其善政，詔褒之，徙知密州、邛州、滄州。大中祥符中，選爲益州鈐轄，加領長州刺史。歷官以强幹稱。在劍外，軍民甚畏愛之。入拜西上閤門使，知澶州，著政績。後歸闕而卒。

李垂。聊城人。咸平中登進士第，上兵制、將制書。累遷著作郎、館閣校理。又上導河形勝書三卷，欲得九河故道，時論重之。丁謂執政，垂未嘗往謁。或問其故，垂曰：「謂恃權怙勢，觀其所爲，必遊珠崖，吾不欲在其黨中。」謂聞而惡之，罷知亳州，遷潁、晉、絳三州。明道中還朝。李康伯謂曰：「舜工文學議論稱於天下，諸公欲用爲知制誥，但宰相以舜工未嘗相識，盍一往見之？」垂曰：「我若昔謁丁崖州，則乾興初已爲翰林學士矣。今已老大，焉能看人眉睫，以冀推輓乎？」執政知之，出知均州，卒。

王沿。館陶人。少治春秋，中進士第。張知白薦其才，擢著作佐郎，遷太常博士。上書論河北爲天下根本，請罷諸坰牧，以其地爲屯田；募民復十二渠，以灌溉數郡。帝嘉之。遷監察御史，多所彈奏。天聖五年安撫關陝，歷河北轉運使。因詣闕奏事，上所著春秋集傳十六卷。累官陝西、河東都轉運使，知并、滑、虢等州，徙河中府，卒。有文集二十卷、唐志二十一卷。

王質。旭子。少謹厚淳約。師事楊億，億歎以爲英妙。伯父旦見其文，嘆賞之。以廕補太常寺奉禮郎，後獻文召試，賜進士及第。累遷尚書祠部員外郎。丁父憂，與諸弟飯脱粟茹蔬。終喪，通判蘇州，還判尚書刑部、吏部南曹，歷知蔡州、壽州、廬州、泰州〔八〕，徙荆湖北路轉運使〔九〕。累擢天章閣待制，出知陝州，卒。質家世富貴，而克己好善，自奉簡素如寒士，不喜蓄財，至不能自給。范仲淹貶饒州，治朋黨方急，質獨載酒往餞。或以誚質，質曰：「范公賢者，得爲之黨，幸矣！」世以此益賢之。

王素。旦季子。賜進士出身。爲侍御史，出知鄂州。仁宗思其賢，擢知諫院。素遇事感發，嘗請省中外無名之費。適皇子生，將進百僚以官，惠諸軍以賞。素争曰：「今西夏畔涣，契丹要求，宜留爵秩以賞戰功，貯金繒以佐邊費。」議遂已。京師旱，請帝禱於郊。王德用進二女子，素論之，立命遣出。擢天章閣待制，淮南轉運按察使，改知渭州。以樞密直學士知開封府，復出知定州、成都府，歷澶州、青州觀察使。熙寧初，以學士知太原府。入轉工部尚書，致仕，卒。子鞏，有雋才，長於詩。從蘇軾遊，歷官宗正丞。

王鼎。沿子。以進士累遷太常博士，數上書論時政得失。提點江東刑獄，摘發無所貸。歷知深州、建州，徙提點河北刑獄，遷淮南兩浙荆湖制置發運使。入爲三司鹽鐵副使，遷河北轉運使。徙河東，卒。鼎性廉不欺，嘗任其子，族人欲增年以圖速仕，鼎不可。父死，分諸子以財，悉推與其弟。事繼母孝，教育孤姪甚至。自奉儉約，當官明敏，强直不可撓。所薦士多知名，有終身不識者。

王巖叟。清平人。仁宗初置明經科，巖叟年十八，鄉舉、省試、廷對皆第一，調欒城簿。韓琦留守北京，以爲賢，辟管勾國子監，後知定州安喜縣。會有詔近臣舉御史，舉者意屬巖叟而未識，或謂可一往見。巖叟笑曰：「是所謂呈身御史也。」卒不見。哲宗即位，用爲監察御史。入臺之明日，即上書論社稷安危之計，在從諫用賢，不可以小利失民心。遂言役錢斂民太重，河北榷鹽法尚行，民受其弊。又極陳時事。時宰相蔡確以定策自居，巖叟言：「確敢貪天自伐。章惇讒賊很戾，罪與確等。豈宜容此大姦猶在廊廟！」於是相繼退斥。累遷侍御史，進權吏部侍郎。湖北諸蠻擾邊，巖叟請專委荆南唐義問，諭以勿爲徼倖功賞之意，後遂安輯。夏人侵定西之東、通遠之北，壞七厓巉堡，掠居人，轉侵涇原及河北鄜、府州。朝議欲以七巉經毁之地皆以與夏，巖叟力言不可，請築定遠以據要害。拜中書舍人，復爲樞密都承旨，權知開封府。元祐六年，拜樞密直學士、簽書院事。因入謝，奏哲宗當深辨邪正，君子小人無參用之理。劉摯爲御史鄭雍所擊，巖叟連疏論救，御史遂指爲黨，罷知鄭州，徙河陽，卒。巖叟爲文，語省理該，深得制誥體。有易、詩、春秋傳行於世。

孫構〔一〇〕。博平人。喜功名，勇於建立。中進士第，爲廣濟軍判官，歷知黎州、真州，遷度支判官。夔州部彝梁承秀等導生獠入寇，構督軍討平之，以其地建南平軍。徙湖北轉運使〔一一〕，諭降懿、洽二州，納歸附州十四。交阯入寇，拜右諫議大夫，知桂州，寇聞引去。以疾改大中大夫，卒。

廉公諤。堂邑人。嘗爲萊蕪令。民歌曰：「甑釜生塵魚，境内安以樂。昔聞范史雲，今見廉公諤。」累遷司農少卿，出知滑州。

王倫。旭玄孫。建炎元年，選能專對者使金，假倫刑部侍郎，充通問使。七年，復使金，至睢陽。劉豫移文取國書，倫報曰：「國書須見金主面納。」九年，復充迎梓宮奉還兩宮交割地界使。金拘倫，遷之河間，欲以爲平灤三路轉運使，脅以威。倫曰：

「受命而來，非降也。」遂冠帶南鄉，再拜而死。詔贈通議大夫，謚愍節。

王枏。倫之孫。倫使北死，孝宗訪求其孫之未禄者三人官之，枏其一也。調通州海門尉。韓侂胄以恢復起兵端，天子思繼好息民，遣方信孺往，將有成矣，坐忤侂胄得罪。欲再遣使，近臣以枏薦。擢監登聞鼓院，假右司郎中，使持書北行。枏至金，和議遂決。枏奏：「和約之成，皆方信孺將命之功。臣因人成事，乞録信孺功。」朝論多之。歷官太府卿，告歸，卒。

金

張琪。莘縣人。有盜掠財，琪負母而逃。猝遇盜，衆欲害之，盜首曰：「此孝子也，害之不祥。」遂獲免。後以武力選校尉，累官顯武將軍。

賈鉉。博平人。性純厚好學。大定進士，補尚書省令史。章宗爲右丞相，深器重之，累遷侍御史，改右司諫。上疏論邊戍利害，上嘉納之。遷左諫議大夫，與党懷英同修遼史。上書言：「親民之官，任情立威，決杖不如法式。願下州郡申明舊章。」復論：「山東采茶，一切護邏，執誣小民，嚇取貨賂，宜令按察使約束。」從之。遷禮部尚書。時有詔，凡奉敕商量照勘公事，皆期日奏聞。鉉言：「如此，恐官吏姑務苟簡，反害事體。」泰和三年，拜參知政事。後出爲安武軍節度使。致仕，卒。

孫鐸。恩州歷亭縣人。性敏好學，遼陽王遵古一見，器之，期以公輔。登進士第。章宗即位，除同知登聞檢院事。鐸言：「凡上訴者，皆因尚書省斷不得宜。若復送省，則必不行矣。乞自宸衷斷之。」上以爲然。遷户部尚書。鐸因轉對，奏曰：「比年號令，更張太煩，百姓不信。乞自今凡將下令，再三講究。有益於治則必行，無恤小民之言。」與張復亨議交鈔，詰難久之。復亨議詘，上顧謂侍臣曰：「孫鐸剛正人也，雖古魏徵何加焉！」泰和七年，拜參知政事。左司郎中劉昂等十餘人坐私議朝政下獄，鐸進曰：「昂等非敢議朝政，但如鄭人遊鄉校耳。」上悟，乃薄其罪。貞祐三年致仕，卒。

閻詠。高唐人。承安中擢詞賦魁選，士論厭服。素慕張詠爲人，氣節豪邁，以第一流自負。應奉翰林文字，居翰苑十年，終於河南治中。有後軒集行世。

元

趙天錫。冠氏人。金季兵起，父林保冠氏有功，授冠氏令。後天錫歸行臺東平嚴實，從征上黨，以功授冠氏令，俄遷元帥左都監，兼令如故。破宋將彭義斌於真定，授左副元帥。李全在大名，結其帥蘇椿，納金河南從宜鄭倜，日以取冠氏爲事。天錫每戰輒勝。倜自將萬人來攻，天錫乘城力戰，倜不能下，遁去。朝行在所，上便民事，優詔從之。子賁亨，字文甫，襲行軍千户〔一二〕。至元間，累以功授虎符、懷遠大將軍、處州路管軍萬户〔一三〕。

岳存。冠氏人。初歸東平嚴實，承制，授存武德將軍，帥府都總領，保冠氏。會金從宜鄭倜復據大名，自將萬人來攻，存擊走之。從嚴實及武仙戰於彰德西，敗之。遷冠氏主簿。又擊敗金將張開遇於開州，升本縣丞，移治楚丘。數年有惠政，以疾卒。子天禎，襲父職，從圍襄樊，戰焦山，平奉化賊，録功升管軍千户。江南平，授福州路總管，改吉州。歷贛州、建康，首定救荒之政，民立碑以紀。

齊榮顯。聊城人。九歲，代父旺爲千户，從外舅嚴實來歸，屢立戰功。攻濠州，宋兵背城爲陣，榮顯薄之，所向披靡。進拔五河口，權行軍萬户，守宿州，墮馬傷股。改本路諸軍鎮撫，兼提控經歷司。從實入朝，授東平路總管參議，兼領博州防禦使。謁告侍親，閒居十年，卒。

閻復。高唐人。性簡重，美丰儀。七歲，讀書穎悟絶人。弱冠入東平學。時嚴實領東平行臺，招諸生肄業，迎元好問校試其文，復爲首。用王磐薦爲翰林應奉，扈駕上京，賦應制詩，寓規諷意。累升翰林學士。成宗即位，除集賢學士。上疏言京師宜首建宣聖廟，用釋奠雅樂。從之。後詔賜孔林灑掃二十八户，祀田五千畝，皆復之請也。三年，上疏請定律令，頒封贈，增俸給，通調内外。且言「郡守以徵租受杖，非所以勵廉隅。江南公田租重，宜減以貸貧民」。拜翰林學士承旨。武帝踐阼，復首陳三事，言皆剴切。進階榮禄大夫，授平章政事。卒，謚文康。有靖軒集五十卷。

樊楫。冠州人。元初從下鄂、江陵，定廣西，攻厓山，以功累擢僉荆湖占城行中書省事〔一四〕。至元二十四年征交阯，進楫行中書省參知政事，將舟師入海，與賊舟遇安邦口，擊破之。遂進攻交阯，陳日烜棄城走。師還，爲賊邀遮，力戰殁。贈上黨郡公，謚忠定。

焦養直。堂邑人。夙以才器稱。至元十八年，召對稱旨，超拜典瑞少監，入侍帷幄。陳説古帝王政治，帝聽之每忘倦。成宗幸柳林，命養直進講資治通鑑，因陳規諫之言。遷集賢侍講學士，詔傅太子於東宫，啓沃誠至。至大元年，授集賢大學士，告老歸，卒。

梁宜。茌平人。延祐中舉進士，爲國子助教。嚴考課，剔宿弊。知邳、嶧二州，判大名府，俱有惠政。遷河南總管，拜禮部尚書，卒。

張本。茌平人。篤孝，事伯父、叔父皆甚謹。伯父嘗病，本晝夜不去側。復載以巾車，步挽詣岱嶽禱之。詔旌其家。

孫希賢。高唐人。母病痢，希賢閲方書，有曰「血温身熱者死，血冷身涼者生」，希賢嘗之，其血温，乃號泣告天，求身代之。母遂愈。

明

林英。聊城人。建文時爲御史。燕軍逼江上，英出募兵，知事不可爲，自縊死。妻宋氏下獄，亦自縊死。同時有丁志方者，亦聊城人，爲御史。燕兵至，令妻韓氏攜幼子還家，志方被執，不屈死。

郭敦。堂邑人。洪武中由舉人授户部主事，知衢州府。歷河南、陝西參政，擢禮部右侍郎，改户部。宣德初，進尚書，出鎮陝西。召還，卒。敦性平恕，臨事不苟合。居官儉約，始終一節。

趙巖。堂邑人。母早亡，事父甚謹。家貧，常稱貸供甘旨，不使父知。父歿，合葬，建祠墓側。廬居三年，肖象事之如生。夏月大雨雹，摧傷禾稼，至墓而止。永樂中，詔旌其門。

許通。冠人。幼侍父病，晝夜不離，久而不懈。及卒，負土成壠，廬居三載。正統中旌表。

朱舉。聊城人。景泰中舉人。性至孝。母歿，身操畚插治塋域。廬居三年，有四燕共巢、兔蛇交馴之異。詔旌其門。

李志。莘人。父早卒，刻木爲像事之。母喪，廬墓三年。志卒，其子忱亦如之。俱成化中旌表。

許路。平山衛人。弘治進士，爲刑部郎中。正德間諫武宗巡狩，廷杖。嘉靖初，議大禮，再杖。遷陝西副使兵備。招服洮民番彝四十族，改廣西兵備。病歸。

穆孔暉。堂邑人。弘治進士，授翰林院檢討。忤劉瑾，調南京禮部主事。瑾誅，復原官，進南京國子司業、左庶子，充經筵講官。嘉靖初，進學士掌院事。又忤權貴，改南京尚寶司卿，遷南京太常寺卿，致仕。孔暉初工古文辭，有聲，已乃棄去，研精六籍，潛心理學。著讀易録、尚書困學、諸史通編、大學千慮。居官三十年，茅茨僅蔽風雨。性温和，無疾聲遽色。卒，謚文簡。

張後覺。茌平人。事親至孝，居喪哀毀骨立。以歲貢生授華陰訓導。提學副使鄒善爲建願學書院，遠近師事之。

孟秋。茌平人。隆慶進士，知昌黎縣。有善政，遷大理評事，轉職方員外郎，守山海關。時關政久弛，秋嚴稽察，裁供億，爲前官所忌，以京察調外。後升刑部主事，進尚寶司少卿，卒。秋少有志於聖賢，家貧力學，晚年益進。謫官之日，與妻共駕一牛車。許孚遠過其廬，見茅屋數椽，書史縱橫，嘆曰：「大江以南無有也。」天啓初，追謚清憲。

王汝訓。聊城人。隆慶進士，授元城知縣。歷兵部主事，累遷光禄少卿。疏劾吏科都給事中陳與郊，忤政府，改調南京。孟秋饗廟，帝不親行，上章極諫。三遷右副都御史，巡撫浙江，進工部右侍郎。卒，謚恭介。

逯中立。聊城人。萬曆進士，由行人遷吏科給事中。遇事敢言。行人高攀龍等以救趙用賢忤王錫爵，被黜，中立上疏劾錫爵罪。文選郎顧憲成獲譴，又上疏言舉錯倒置，忤旨，謫陜西按察司知事。家居講學二十餘年。天啓初，追贈光禄少卿。

申一琴。冠人。與弟一攀俱幼孤，家貧，竭力養母。母殁，廬墓三年。萬曆中並旌表。

王宏。恩人。與同邑宋曰智、譚訓俱親殁廬墓，負土築臺，詔旌其門。

耿如杞。館陶人。萬曆進士。天啓時，累官遵化兵備副使。以不拜魏忠賢像逮下詔獄，搒掠，擬以大辟。崇禎初復官，尋擢太僕少卿。再遷右僉都御史。巡撫山西，會京師戒嚴，率兵入衛。抵都門三日，屢易汛地。衆軍飢且怒，譟而歸，坐下獄論死。如杞通敏有才，更以氣節顯，爲士所重。子章光，由進士仕至尚寶寺卿，以父死非其罪，爲刺血明心一疏。福王時，追贈如杞右僉都御史。

袁愷。聊城人。崇禎進士。由推官入爲給事中，陳時弊五事，請罷首輔薛國觀，繼發其納賄行私事，語侵僉都御史宋之普。國觀遂獲罪，而愷爲之普所傾，亦貶秩調外。

本朝

傅以漸。聊城人。順治丙戌進士第一。歷官秘書院大學士。以漸自諸生時，嗜學無異寒暑，不釋卷。及貴，食不重味。尋以疾歸。凡七年卒。

張其抱。高唐人。順治丙戌進士。事母至孝。每焚香告天，願以己年益親壽。母卒，哀毁盡禮，與兄共爨終身。官虞城知縣，民安吏治。尋以勞瘁回籍，卒。

朱昌祚。高唐人。由宗人府啓心郎授浙江巡撫。浙東西土寇未靖，昌祚撫勦，悉當機宜。未幾，杭、紹、台、寧等處災荒疊告，即連疏請賑，饑民賴以全活者數十萬。又清查積逋，條晰律例，酌定兵餉。在任三載，旋遷閩督。未之任，再遷直隸、河南、山東總督。釐奸剔弊，加意撫綏。卒，賜祭葬，祀名宦祠。

朱宏祚。高唐人。順治戊子舉人。知盱眙縣，以卓異擢刑部郎。發奸摘伏，寃獄多所開釋。累遷至僉都御史，巡撫兩粵。首革庾嶺役夫，請裁粵東芻茭扉屨浮徵至百餘萬。上鹽法八疏，悉中機宜。改督浙閩，復奉修南河，卒於工所。

王臨元。聊城人。順治己丑進士。選授江西浮梁知縣。康熙十三年，饒州參將程鳳叛附耿逆，陷浮梁，奪臨元印。脅降不屈，自縊死。

王功成。博平人。順治己丑進士，知長治縣，累遷江南驛傳道。值三藩之變，羽檄如織，功成應濟無乏。署按察使，大獄多所平反。

王曰高。茌平人。幼有「神童」之譽。順治乙未進士。授翰林，改給事中。歷十有七年，多所建白。癸卯典試江南，得人稱最。著有槐軒集行世。

張我鼎。清平人。順治乙未進士。知四川鹽亭縣。擢户部主事，分司糧儲。出入嚴明，吏不敢欺。

崔迪吉。茌平人。順治己亥進士。知陜西白水縣。取與不苟，然諾必信。鄉黨稱其孝友，始終無間。

黄文年。堂邑人。以叔圖安廕，授湖廣酃縣知縣。前任有僞報墾荒，應徵賦千餘金，將攤派爲民害，文年詳達獲免。會夏包子猖獗，文年設法守衛，地方以安。及致仕歸，邑民攀轅遮道，七日始得出境。

朱鼎延。聊城人。歷官工部尚書。陳情終養，旋里之後，問寢視膳，曲盡子道。潛心程、朱之學，以正心誠意，持己訓人，澹泊自甘，不營資産。東郡試院傾圮，捐金修整，至今焕然。

孫愈盛。莘人。歲貢生，任禹城縣訓導。性端介，有學識。禹邑歲荒，縣令匿不報。愈盛爲訴撫司，申請賑濟，饑民賴以全活。禹人德之。

安躍拔。聊城人。由武舉從征荆州。奉使慈利，探賊直入巢穴，與賊力戰洞庭，躬冒矢石。及征四川，由巫、夔抵重慶，賊望風逃竄。事平，振旅而還。仕至潮州總兵官。卒，祀鄉賢祠。

沙亮。冠人。雍正丁未武進士。由三等侍衛洊升西安城守營參將。乾隆十二年，調征金川。亮領延綏兵攻格什戎岡，奪據碉卡，被矛傷，卒。

蔣瑶。聊城人。爲邑諸生。天性純孝。乾隆十五年旌。

王興宗。清平人。孝行著聞。同邑孝子齊卜年俱乾隆年間旌。

劉湄。清平人。乾隆己丑進士。由翰林歷官左副都御史。平時渾厚和平，不矜氣節。遇職守所當言，則侃侃然不肯遷就。卒，祀鄉賢祠。

楊治安。高唐人。由藍翎侍衛授廣西梧州協中軍都司，洊擢湖北武昌城守營參將。嘉慶元年，勦捕邪匪，奮勇出力，受槍傷卒。同邑曹州營把總劉忠孝，擊達州邪匪，力戰遇害。俱贈雲騎尉。

流寓

元

袁裕。洛陽人。幼孤，從兄避難聊城，因家焉。稍長，嗜學。中統初，由聊城縣丞辟中書右司掾，累拜刑部侍郎。

列女

三國　魏

王經母。清河人。經坐高貴鄉公事誅。始經爲郡守，經母謂之曰：「汝田家子，今仕至二千石，物太過不祥，可以止矣。」經不能從。及經被收，辭母，母顔色不變，笑而應之曰：「人誰不死，恐不得其所也。以此并命，何恨之有哉？」

宋

王柟母。莘人。初，柟祖倫使北死，孝宗復遣柟北行，歸白其母。母曰：「而祖以忠死，故恩及子孫。汝其勉旃，毋以吾老爲念。」柟乃拜命疾驅，和議遂決。

元

趙氏女。名玉兒，冠州人。嘗許爲李氏婦。未婚夫死，遂誓不嫁，以養父母。父母殁，負土爲墳，鄉里稱孝焉。

明

李茂妻王氏。堂邑人。弘治間，茂以輸税入京師。同行縣吏焦讓、臧克儉利其財，誘茂飲酣，夜分殺之，匿其尸。王怪夫久不歸，單身至京，擊登聞鼓。詔命錦衣邏刺得二吏殺茂狀，捕抵罪。出其尸於墻側，舁歸斂葬，守節終身。

劉氏女。博平人。正德間從其父諸生劉俊自村舍入城，賊殺俊，擁女上馬。女痛哭不行，賊挺刃逼之。女瞋目大駡，賊怒，遂殺之。

彭氏、李氏。俱清平人。彭年十七，許嫁千户所軍李成，未婚。成征交阯，成妹李氏獨與母居，迎彭至家共養親。成陣亡，成母欲嫁彭，彭泣曰：「已是李家婦，當作李家鬼。」李氏念母無子，亦不嫁。成母死，二女俱廬墓，紡績爲生。死俱葬墓側，人呼爲「姑嫂墓」。

張氏、李氏。俱清平人。張氏贅楊厥未婚，厥父充河南吏，與厥俱死於途。父母議再嫁，女曰：「雖未成婚，已合兩姓，豈可更適？」遂誓死自守。其弟婦李氏，年二十餘，夫張泰死，子甫七月，亦誓不再嫁，與張共養。貞女節婦同出一門，當時稱之。

孟氏女。高唐州人，名崇梅，年十八。正統六年，流賊入境，執女欲汙之。紿云渴甚，乞汲水飲。及井，遂投入。同里劉氏女，名瑞兒，年十七，亦爲流賊所掠，强之行。女厲聲曰：「死耳，豈肯從賊耶！」賊遂害之。事聞，並旌表，碑曰「二貞」。

本朝

李元芬妻劉氏。聊城人。其姊先適元芬，生一子一女，卒。氏繼室，甫兩月而元芬病亡。氏矢志撫孤。人以非己所出喻之，氏曰：「吾子女有二母，吾姊妹惟知一夫也。」守節五十餘年。

傅沛之妻田氏。聊城人。順治初，土寇起，氏聞其入境，攜婢小春投水死。同縣柳應武妻劉氏、滿旺妻王氏俱被難，不屈死。

許繼嶽聘妻鄧氏。聊城人。甫議婚而繼嶽患瘋痺，成痼疾，許遣媒退婚。女聞之，告父母曰：「兒命不辰，改議何益？

將與此約偕亡。」父母憐而厚資遣之。氏盡撤其環瑱延醫，而竟不愈。繼嶽亡，遂自縊。同縣王好學妻盧氏，夫病革，先期投井，遇救得免。及夫歿，殮畢，遂自縊死。

相有法妻許氏。堂邑人。少事父母以孝稱。年十七，歸有法，三載而寡。值歲屢祲，許黽勉操作，以精饌進姑，而自厭糠粃，撫孤成立。

李思貞妻趙氏。堂邑人。夫亡，剺面毀容，既終喪，遂投繯死。同縣朱岱妻權氏、欒廷相妻李氏，俱夫亡殉節。

劉叔奎妻朱氏。博平人。順治初，土寇奄至。叔奎已被殺，氏倉卒埋舅姑二主於堂地，趨破屋自經，梁折屋摧，竟不受壓。至暮，復起二主負之，奔母家。賊平，經營葬其夫，爲己作生壙，納夫主於其中；祔舅姑二主於神廟，以所居宅地贍之，因無子也。氏卒，鄉里欽其志，爲合葬夫墓。

焦樸妻李氏。茌平人。順治初，土寇奄至，樸舉家逃難。賊追樸，刃既及，氏以身蔽之，遂被害，而樸得免。

張明賓妻楊氏。茌平人。順治初，爲土寇所掠。不從，罵賊而死。

祁鑑妻李氏。茌平人。年二十一夫亡，撫子成立。娶媳焦氏，生孫而子亡。復撫孫，孫婦某氏生曾孫而孫又亡。三世孤嫠相守，邑人哀之。

王振宜妻劉氏。茌平人。夫亡，年十七，子女俱無，而舅姑年甚高。氏曰：「吾當代夫供子職也。」生養死葬，無不如禮。守節四十餘年。

王東周妻李氏。莘人。年二十三，夫亡無子。績紡自供，守節終身。

陳煌聘妻劉氏。冠人。許配未婚而煌卒，女聞訃自縊。同縣劉景瞻繼妻戴氏、彭萬善妻孫氏，俱守正捐軀。

劉氏女。名玉。高唐人。年十六，守正捐軀。同州姚某妻張氏，夫亡守節。鄰有無賴子，强欲娶之，氏不從，遂被殺。

李遲女。高唐人。年十四，值母病，親侍湯藥。三年，每夜焚香告天，願以身代。母卒，一慟而絶。

楊昌裔妻宋氏。高唐人。歸昌裔，三年無所出。昌裔從戎登鎮，因娶王氏，生子甫三歲而昌裔病亡。扶柩歸葬，與王相依而守。無何，子夭。有豪慕王，欲强娶之。宋曰：「王異鄉女子，爲吾夫而來，吾不保其節，何以見夫於地下？」以死拒聘。未幾，宋殁，王氏卒能守節。

朱緗妻王氏。高唐人。年十七適朱。值翁遠宦浙、閩，姑病，親侍湯藥，衣不解帶。居三年，姑卒，哀毁幾至滅性。夫亡，亦如之。其後守節壽終。

王氏女小存。聊城人。守正捐軀。雍正年間旌。

鄭氏女。博平人。名莊姐。年十五，守正捐軀。雍正年間旌。

于氏女。清平劉興旺養媳。年十六，未婚，守正捐軀。同縣董氏女，名三姐，亦守節不污死。均雍正年間旌。

李振秀妻任氏。聊城人。年二十九，夫亡守節。同縣鄭玉妻邱氏、竇克豐妻鄧氏、苗琫妻梁氏、武經妻紀氏、李珩妻郭氏、任化美妻胡氏、任士瓊繼妻丁氏、靖王柱繼妻陳氏、靖煌璧妻陳氏、黄元林妻張氏、馮宗京妻韓氏、朱光藴妻鄧氏、鄧汝襄妻朱氏、商美廷妻賈氏、蔣琮妻雲氏、李希聖繼妻王氏、傅自明聘妻李氏、展培桂聘妻雲氏、李士英妻陶氏，烈婦楚小四妻徐氏、趙扁頭妻某氏，均乾隆年間旌。

李道坦妻許氏。堂邑人。年二十五夫亡，孝養舅姑，訓育幼子。子早卒，撫孫二人皆成立。同縣黄運繼妻田氏、黄體乾妻韓氏、黄連芳妻王氏、王全孝繼妻劉氏、黄之柱妻許氏、李德普妻徐氏、陳八妻勞氏、劉祥妻蘇氏、張季妻梁氏、解大成妻王氏、李璞妻路氏、姜義泗妻丁氏、熊大成妻王氏，均乾隆年間旌。

高德成妻王氏。博平人。守正捐軀。同縣烈婦李天章妻喬氏，節婦耿熺妻任氏、楊沖錫繼妻常氏、楊沖斗妻謝氏、侯儀妻高氏、侯運璋妻徐氏、劉尚仁妻蘇氏、烏踆烏妻謝氏〔一五〕、王好問妻楊氏、謝忠賢妻王氏、刁鎮妻張氏，均乾隆年間旌。

邵俊才妻馮氏。茌平人。夫亡守節。同縣楊書有妾張氏、楊元瑞妻孫氏、袁元美妻李氏、袁士夏妾李氏、路夢戊妻李氏、吴在新妻張氏、楊允楷妻祁氏、王希賢妻李氏、張交泰妻馬氏、張士聰妻何氏，均乾隆年間旌。

高尚素妻翟氏。清平人。夫亡守節。同縣吴錫恩妻陳氏、郭在廂妻黄氏、郭順妻郭氏、王經妻李氏，均乾隆年間旌。

張心樸妻王氏。莘人。夫亡守節，父母欲其改適，不從，自縊。同縣節婦魏之屏妻王氏、周明綱妻裴氏、王得己妻彭氏、虞茂良妾陳氏、曹簡繼妻劉氏、王錫辛妻周氏、李本貞妻楊氏、張有才妻趙氏、王瑀妻田氏、林應孔妻孔氏、臧辰妻胡氏、劉居所繼妻孫氏、楊泳洄妻鄒氏、劉圻繼妻張氏、賈維煌妻郭氏、武緯妻吴氏、孫純嘏妻毛氏、劉及第繼妻甯氏、鄭永久妻王氏、趙小妻陳氏、耿秋喜妻賈氏，均乾隆年間旌。

劉氏女。冠人。名桂姐。許字未嫁，年十五，守正捐軀。同縣節婦杜重慶繼妻戴氏、劉應選妻馬氏、尹文煌妻張氏、尹文烺妻趙氏、張璽妻趙氏、張培妻徐氏、武起貴妻楊氏、劉德輝女、趙儉女、張文東妻董氏，均乾隆年間旌。

姜基渭妻紀氏。恩人。夫亡守節。同縣李士貞妻張氏、宋爾敏妻霍氏、胥桐妻鴻氏、劉志玘妻張氏、關廉妻賈氏、郭焕妻宋氏、郭可翰妻李氏，烈婦桑吴氏，均乾隆年間旌。

張文選妻鄭氏。高唐人。夫亡守節。子號早卒，媳梁氏亦矢志不嫁。同州李作杼妻劉氏、李採妻黄氏、張溥妻司氏、王功敘繼妻林氏、林毓坤繼妻邢氏、林耐風妻管氏、朱懷連妻張氏、許杞妻王氏、徐照妻杜氏，均乾隆年間旌。

蔣續勳妻竇氏。聊城人。夫亡自縊。同縣李赫氏，守正捐軀。節婦左文炳妻鄭氏、傅維楷妻高氏、鄧汝賢繼妻黄氏、傅文浩妻任氏、燕秉衡妻張氏、袁純繼妻劉氏、李運達妻郭氏、臧琳妻丁氏、李運貴妻張氏、葉繼祀妻任氏、裴天剛妻孫氏、朱衍祿妻徐氏、喬興祿妻袁氏、陳廣祿妻衣氏、翟玫妻王氏、郎彬妻李氏、郎振海妻李氏、朱衍韶妻李氏，烈婦王代公母季氏，均嘉慶年間旌。

王氏女。堂邑人。名三姐。守正捐軀。同縣烈女王紳女，節婦趙有吉妻王氏、趙上達繼妻蘇氏、范天崇妻王氏、楊九奎妻董氏、張秀繼妻路氏、黄道煊繼妻孟氏、李枋妻孫氏，均嘉慶年間旌。

王從周妻郭氏。茌平人。夫亡守節。同縣胡啓楨妻趙氏、酈文生妻李氏、張繼志妻劉氏、張榮桂妻朱氏、商宜默妻趙氏，均嘉慶年間旌。

閻好古妻宋氏。清平人。夫亡守節。同縣孔傳樑妻王氏、孫杰妻李氏、孫子付妻郭氏，均嘉慶年間旌。

張大貴妻劉氏。冠人。守正捐軀。同縣烈女李二姐、魏三姐、李氏女、李進孝女、郭善能女，節婦魏成禄妻魏氏、李金先妻梁氏，均嘉慶年間旌。

程氏女。館陶人。名五姐。守正捐軀。同縣烈婦宋自由妻梁氏、李二妻丁氏，均嘉慶年間旌。

劉氏女。恩人。名貞姐。守正捐軀。嘉慶年間旌。

華偃繼妻李氏。高唐人。夫亡守節。同州華元訓妻武氏、田壘妻曹氏，均嘉慶年間旌。

土産

絲綿。府志：府境俱出。

鹽。府志：聊城、茌平多瀉鹵，百姓煮鹽爲生。

南粉。通志：出東昌。

莨莠席。府志：莨莠草似稻，出東昌，可爲蓆。

棉花。各縣皆有。府志：高唐、恩宜木棉，江淮賈客貿易〔一六〕，居人以此致富。

牽牛子。通志：出東昌。本草圖經：二月種子，三月出苗，七月生花，微紅帶碧，八月結實，九月後收。又名金鈴。

按：舊志載，唐書地理志「博州，土貢綾、平紬」。元和志「博州開元貢平綾十疋」。宋史地理志「博州貢平絹」。今無。謹附記。

校勘記

〔一〕興安中除齊州刺史　「齊」，原作「濟」，乾隆志卷一三三東昌府名宦（下同卷簡稱乾隆志）同，據魏書卷四七盧度世傳改。

〔二〕郡人劉簡武曾失禮於景伯　「武」，乾隆志、北史卷三九房景伯傳同，魏書卷四三房景伯傳作「虎」。按，其人名本作「虎」，唐人避李淵祖父李虎諱改字也。

〔三〕暹維坤奉天人　「奉天人」，乾隆志作「正白旗漢軍」。

〔四〕祖父翁　「父」，原作「文」，乾隆志同，據雍正山東通志卷二八之一人物志及後漢書卷四五張酺傳附王青傳改。

〔五〕由此爲司空所辟　「司空」，原作「三公」，據乾隆志及後漢書卷四五王青傳改。按，此蓋涉上文而誤。

〔六〕永熙末除奉朝請　「永熙」，原作「永業」，乾隆志同，據北史卷七五孟信傳改。按，北魏無「永業」年號，下文云「從孝武帝入關」，則「業」爲「熙」之誤無疑。

〔七〕累遷都虞候嘉州防禦使　「防禦」，原作「禦防」，據乾隆志乙。

〔八〕歷知蔡州壽州廬州泰州　「廬」，原作「盧」，乾隆志同，據宋史卷二六九王質傳改。

〔九〕徙荆湖北路轉運使　「荆」，原脱，乾隆志同，據宋史卷二六九王質傳補。

〔一〇〕孫構　「構」，原作「搆」，據乾隆志及宋史卷三三一其人本傳改。下文同。

〔一一〕徙湖北轉運使　「湖北」，原作「河北」，乾隆志同，據宋史卷三三一孫構傳改。

〔一二〕襲行軍千户　「襲」，原作「龍」，據乾隆志及元史卷一五一趙天錫傳改。

〔一三〕處州路管軍萬户　「軍」下原衍「民州路管軍民」六字，據元史卷一五一趙天錫傳删。按，乾隆志「軍」下衍「民」字，本志因之，又複刻「州路管軍民」五字，致此大錯。

〔一四〕以功累擢僉荆湖占城行中書省事　「占」，原作「古」，據乾隆志及元史卷一六六樊楫傳改。

〔一五〕烏竣烏妻謝氏　「竣」，乾隆志作「踆」。

〔一六〕江淮賈客貿易　「客」，原作「落」，據乾隆志改。

青州府圖

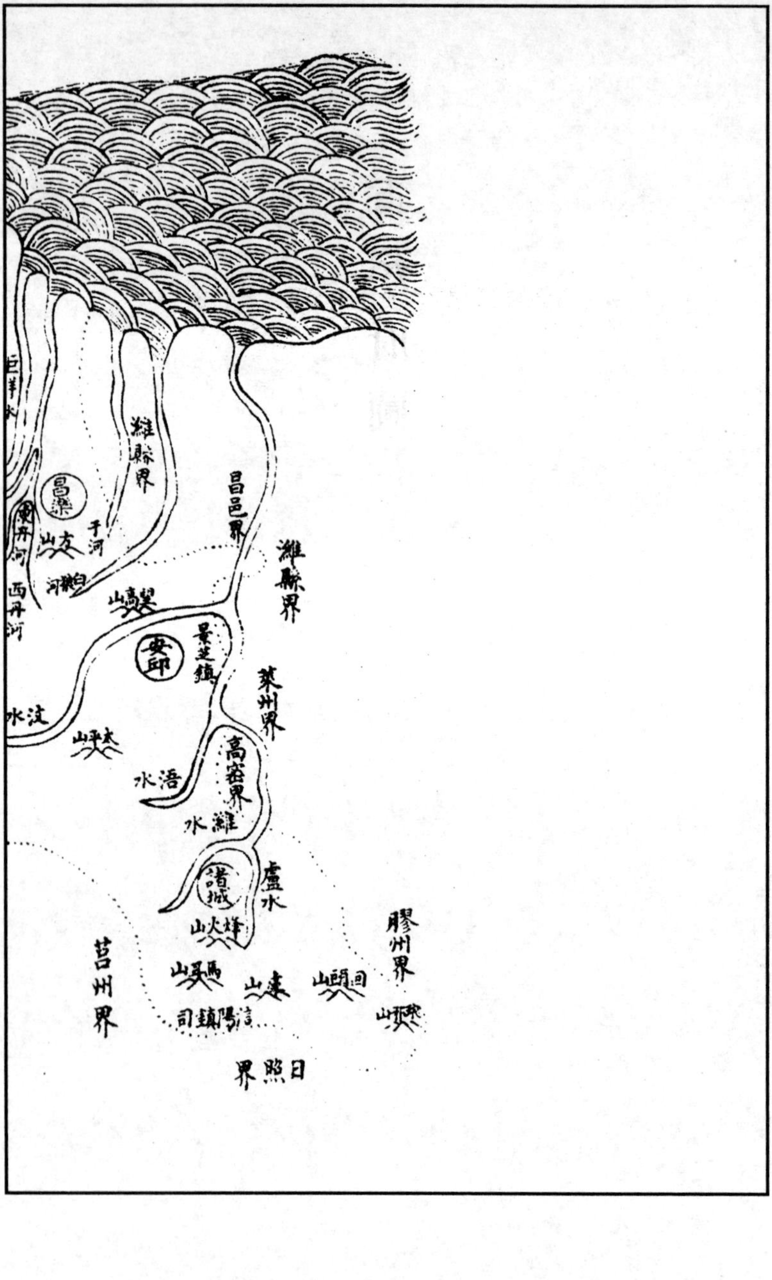

濰縣界
昌樂
于河
白狼河
西丹河
昌邑界
濰縣界
安邱
景芝鎮
萊州界
汶水
太平山
浯水
高密界
濰水
諸城
盧水
烽火山
馬耳山
回頭山
信陽鎮司
莒州界
膠州界
日照界

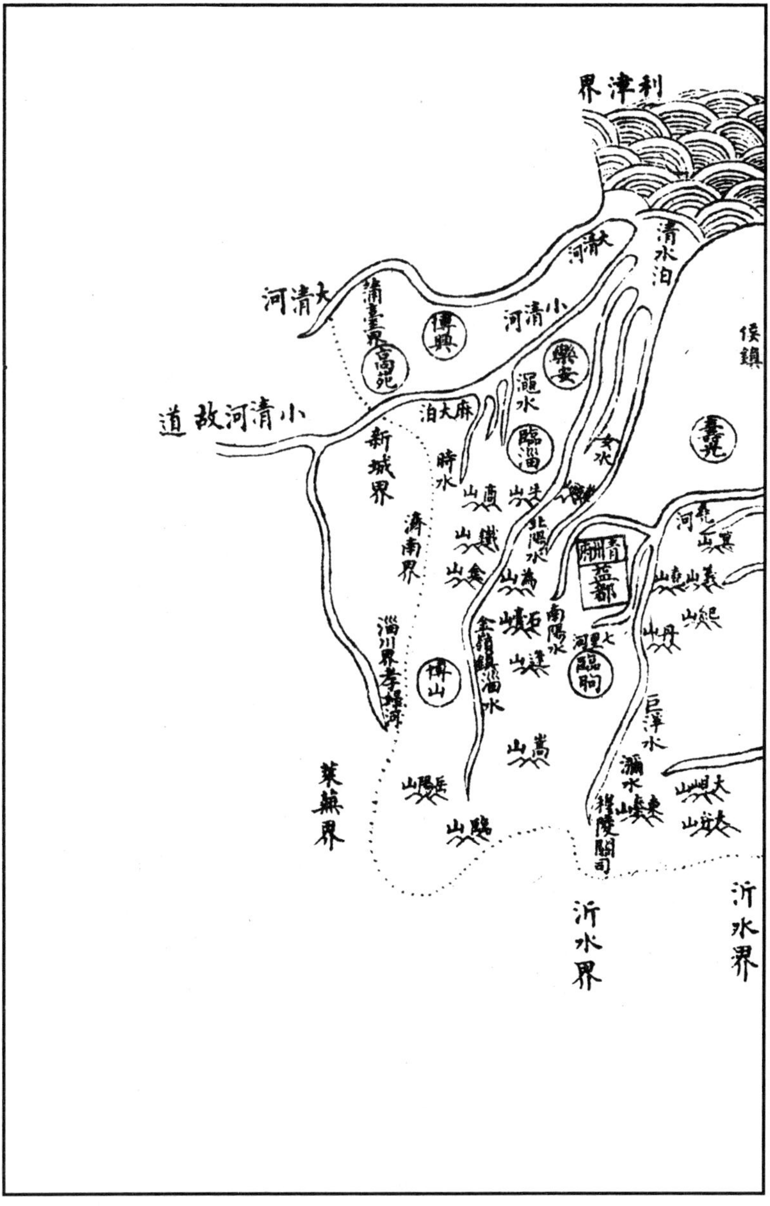
利津界
大清河
小清河
小清河故道
清水泊
新城界
濟南界
淄川界
萊蕪界
沂水界
沂水界
益都
臨淄
樂安
博興
高苑
壽光
臨朐
博山
侯鎮
麻大泊
時水
女水
北陽水
南陽水
巨洋水
彌水
淄水
穆陵關司
孝婦河

青州府表

	青州府	益都縣
秦	齊郡	
兩漢	青州齊郡 元封五年置州，治臨淄。	廣縣 屬齊郡。 柳泉侯國 屬北海郡。後漢省。
三國	青州齊郡	廣縣
晉	青州齊郡 永嘉後移州治廣固城。義熙五年治東陽城。	義熙五年築東陽城爲州治，不置縣。 廣縣 屬東莞郡。永嘉後改築廣固城。義熙中廢。
南北朝	青州齊郡 齊州、郡皆治益都。	益都縣 齊天保七年置，爲州、郡治。
隋	北海郡 大業三年州廢，改郡名。	益都縣 郡治。
唐	青州 武德四年復置州，屬河南道。	益都縣 州治。
五代	青州	益都縣
宋金附	益都府 宋慶曆三年爲京東東路治。金改府，爲山東東路治。	益都縣 府治。
元	益都路 改路，屬中書省。	益都縣 路治。
明	青州府 洪武初改府。九年屬山東布政司。	益都縣 府治。

續表

博山縣	臨淄縣
萊蕪縣地。	臨淄縣 齊郡治。後漢青州治。 西安縣 屬齊郡 東安平縣 屬淄川國。後漢屬北海國。
	臨淄縣 西安縣 東安平縣
	臨淄縣 西安縣 東安平縣 屬齊國。
魏以後貝丘縣地。	臨淄縣 宋魏郡治。齊省入益都。 西安縣 齊省。 高陽郡 宋僑置，領安平、饒陽、鄴、高陽、新城五縣。齊廢。 安平縣 宋去「東」字，屬齊郡。齊省。
	臨淄縣 開皇十六年復置，屬北海郡。又分置時水縣。大業初省。
	臨淄縣 屬青州。武德四年復置時水縣。八年省。 武德四年復置安平縣，屬青州。八年省。
	臨淄縣
	臨淄縣 金屬益都府。
行淄川縣 初置。至元二年廢。	臨淄縣 至元三年省入益都。十五年復置，屬益都路。
	臨淄縣 屬青州府。

續表

博興縣		
博昌縣 屬千乘郡。後漢屬樂安國。	樂安縣 屬千乘郡。後漢屬樂安國。	高昌縣 屬千乘郡。後漢省。
博昌縣	樂安縣	
博昌縣	省。	
宋徙廢。	樂陵郡 宋僑置，領樂陵、陽信二縣，屬冀州。後漢屬青州。	
開皇初郡廢。	博昌縣 開皇十六年移置改名，屬北海郡。十八年析置新河縣，大業初省。	
博昌縣 武德初改置樂安縣。八年省。總章二年又移故博昌來治，屬青州。		
博興縣 後唐改名。		
博興縣 金屬益都府。		
博興州 升州，爲益都路。		
博興縣 初廢州，仍爲縣，屬青州府。		

續表

	高苑縣
利縣 屬齊郡。後漢屬樂安國。	千乘郡 高帝分置，治千乘。後漢永元七年改曰樂安國，徙治狄。 被陽侯國 屬千乘郡。後漢省。 千乘縣 前漢郡治。後漢屬。
利縣	千乘縣
利縣	省。
宋省。	渤海郡 長樂縣 齊移治。 長樂縣 宋僑置。
	高苑縣 開皇十八年改曰會城。大業初又改屬齊郡。
	高苑縣 屬鄒州。景龍元年新置濟陽縣。元和十二年省，屬淄州。
	高苑縣
	高苑縣 宋景德三年改縣爲宣化軍。熙寧三年廢，仍爲縣。
	高苑縣 至元元年屬益都路。
	高苑縣 屬青州府。

續表

	樂安縣
狄縣屬千乘郡。後漢永初二年改曰臨濟，爲樂安國治。 建信縣屬千乘郡。後漢省。	廣饒縣屬齊郡。後漢省。 鉅定縣屬齊郡。後漢省。
臨濟縣	
臨濟縣屬樂安國。	廣饒縣復置，屬齊國。
臨濟縣魏屬東平原郡。	樂安郡宋移治。 千乘縣宋移置，郡治。 廣饒縣宋、魏屬齊郡。齊省。
省。	開皇初廢。 千乘縣 千乘縣開皇初移置，屬北海郡。
	武德二年置乘州。八年廢。 千乘縣屬青州。
	千乘縣
	樂安縣金改名，屬益都府。
	樂安縣屬益都路。
	樂安縣屬青州府。

續表

	壽光縣
琅槐縣 屬千乘郡。後漢省。	壽光縣 屬北海郡。後漢屬樂安國。 劇縣 文帝十六年爲淄川國治。後漢爲北海郡治。 益縣 屬北海郡。後漢屬樂安國。
	壽光縣 劇縣 益縣 益都縣 魏置，屬齊國。
	壽光縣 劇縣 屬東莞郡。 省。 益都縣
	博昌縣 宋改置，屬樂安郡。齊省。 劇縣 宋屬北海郡。齊省。 益都縣 宋、魏屬齊郡。齊省。
	壽光縣 開皇六年復置，復故名，屬北海郡。十六年分置閭丘縣。大業初省。
	壽光縣 屬青州。
	壽光縣
	壽光縣 金屬益都府。
	壽光縣 屬益都路。
	壽光縣 屬青州府。

	昌樂縣
平望侯國，屬北海郡。後漢省。樂望侯國，屬北海郡。後漢省。	北海郡，景帝中二年置，治營陵。後漢徙治劇。營陵縣，前漢郡治。後漢屬。
	營陵縣
	營陵縣，初屬東莞郡。元康十年屬高密國。
	營陵縣，魏屬平昌郡。齊省。
	營丘縣，開皇十六年復置改名，屬北海郡。大業八年省。
	武德初權置杞州。二年州廢，復爲縣。八年省。
	昌樂縣，宋乾德三年改置安仁縣，尋改名，屬濰州。
	至元三年省入北海。
	昌樂縣，洪武初復置，屬青州府。

	臨朐縣
劇侯國 屬北海郡。後漢省。 劇魁侯國 屬北海郡。後漢省。	臨朐縣 屬齊郡。 朱虛侯國 屬琅邪郡。後漢屬北海國。
	臨朐縣 朱虛縣
	臨朐縣 屬東莞郡。 朱虛縣 改屬東莞郡。
	昌國縣 魏改名，仍屬齊郡。 都昌縣 魏移置，屬北海郡。 朱虛縣 宋屬平昌郡。齊省入郚城。
	臨朐縣 開皇六年改曰逢山。大業初復故名，屬北海郡。 都昌縣
	臨朐縣 屬青州。 武德二年屬濰州。六年省。
	臨朐縣
	臨朐縣 金屬益都府。 穆陵縣 金貞祐四年分置，屬益都府。
	臨朐縣 屬益都路。 省。
	臨朐縣 屬青州府。

續表

安丘縣	
昌安縣 屬高密國。後漢初省。安帝元年復置，屬北海國。 安丘縣 屬北海郡。 安丘侯國 屬琅邪郡。後漢省。	缾侯國 屬琅邪郡。後漢省。 臨原侯國 屬琅邪郡。後漢省。
昌安縣 安丘縣	
平昌郡 惠帝改置，治安丘。 昌安縣 屬城陽郡。元康十年分屬高密國。 安丘縣 初屬東莞郡。後爲平昌郡治。	
平昌郡 魏治昌安。齊廢。 昌安縣 魏爲平昌郡治。 安丘縣 魏屬平昌郡。齊省。	般陽縣 魏移治朱虛縣界。齊省。
大業初省。 安丘縣 開皇十六年改置牟山縣。大業初復故名，屬高密郡。	開皇六年復分置。大業初省入。
輔唐縣 武德二年復置昌安。六年省，移安丘來治。乾元元年改名，屬密州。	
膠西縣 梁開平二年復曰安丘。後唐復曰輔唐。晉又改。	
安丘縣 宋開寶四年復故名。	
安丘縣	
安丘縣 屬青州府。	

續表

諸城縣	
琅邪郡	
琅邪郡 前漢治東武。後漢徙廢。	平昌縣 屬琅邪郡。後漢屬北海國。 郚城縣 屬琅邪郡。後漢省。 淳于縣 屬北海郡。後漢初省。永元九年復置。 成鄉侯國 屬北海郡。後漢省。
	平昌縣 淳于縣
	平昌縣 初屬城陽郡。元康十年屬平昌郡。 淳于縣 初屬城陽郡。元康十年分屬高密國。
膠州高密郡 魏永安二年置東武郡，兼置膠州。齊改郡名。	平昌縣 魏延昌中改屬高密郡。齊省。 琅邪縣 齊置。 淳于縣
密州高密郡 開皇初郡廢。五年改密州。大業初復爲郡。	郚城縣 大業初改名，屬高密郡。
密州 武德五年復置州，屬河南道。	武德六年省入輔唐。
密州	
密州 宋屬京東東路。金屬山東東路。	
密州 屬益都路。	
洪武元年省。	

續表

東武縣 前漢郡治。後漢屬琅邪國。	諸縣 屬琅邪郡。	昆山侯國 屬琅邪郡。後漢省。	折泉侯國 屬琅邪郡。後漢省。	姑幕縣 屬琅邪郡。爲都尉治。
東武縣	諸縣			姑幕縣
東武縣 屬城陽郡。	諸縣 初屬城陽郡。太康十年屬東莞郡。			姑幕縣 初爲城陽郡。太康十年分屬東莞郡。
東武縣 宋屬平昌郡。魏爲州、郡治。	諸縣			姑幕縣 宋省。魏永安中復置，屬東武郡。齊省。
諸城縣 開皇十八年改名，爲郡治。				
諸城縣 州治。				
諸城縣				
諸城縣				
諸城縣				
諸城縣 屬青州府。				

兹鄉侯國 屬琅邪郡。後漢省。	横縣 屬琅邪郡。後漢省。	琅邪縣 屬琅邪郡。	昌侯國 屬琅邪郡。後漢省。	石泉縣 屬高密國。後漢省。
		琅邪縣		
		省。		
扶淇縣 魏永安中置，屬東武郡。齊省。			梁鄉縣 魏永安中置，屬東武郡。齊省。	
		琅邪縣 開皇十六年復置，曰豐泉。大業初復故名，屬高密郡。		
		武德初省。		

續表

大清一統志卷一百七十

青州府一

在山東省治東三百三十里。東西距二百七十五里，南北距三百四十里。東至萊州府濰縣界九十五里，西至濟南府淄川縣界一百八十里，南至沂州府沂水縣界一百五十里〔一〕，北至武定府利津縣界一百九十里。東南至海五百里，西南至泰安府萊蕪縣界二百里，東北至海一百八十里，西北至武定府蒲臺縣界一百八十里。自府治至京師一千里。

分野

天文虛、危分野，玄枵之次。

建置沿革

古爽鳩氏之墟。禹置青州。周爲齊國。秦始皇二十六年置齊郡。漢元年復爲齊國，元封元年國除爲郡，五年復置青州。後漢建武十三年復置齊國，三國魏及晉初因之。永嘉末陷於石氏。

太寧元年屬石趙。永和中，石氏敗，爲段龕所據。升平元年屬慕容燕。太和五年屬苻秦。太和九年，苻氏敗，刺史苻朗以州降晉，改置幽州。隆安二年，爲慕容德都，號曰南燕。義熙五年，劉裕平燕，復置青州齊郡。自晉永嘉以前，郡國多治臨淄。永嘉後，治廣固。義熙後，治東陽城。宋、魏因之。後周置總管府。隋開皇十四年府廢，大業三年州廢，改曰北海郡。唐武德四年復曰青州，置總管府。貞觀元年府罷。天寶元年復曰北海郡。至德元載，置青密節度使。乾元元年復曰青州。三年，改淄青平盧節度使，屬河南道。五代因之。宋淳化五年，置鎮海軍節度。至道三年，置京東路。慶曆三年爲京東東路治。金改曰山東東路，置南青州節度，後改曰益都府，升爲總管府。元曰益都路，屬中書省。明洪武初改曰青州府，置山東行中書省。九年，改布政使司，移治濟南，以青州爲屬府。本朝因之，屬山東省。領縣十一。舊兼領安東衛，乾隆七年裁。

益都縣。附郭。東西距一百五十五里，南北距七十里。東至昌樂縣界五十五里，西至濟南府新城縣界一百里，南至臨朐縣界二十五里，北至壽光縣界四十五里。東南至昌樂縣界四十五里，西南至博山縣界一百五里，東北至壽光縣界四十五里，西北至臨淄縣界三十五里。漢置廣縣，屬齊郡。後漢因之。晉改屬東莞郡。永嘉後廢。義熙五年於縣界築東陽城，爲青州治所。宋、魏因之。北齊置縣曰益都，青州及齊郡皆治此。隋爲北海郡治。唐爲青州治。宋因之。金爲益都府治。元爲益都路治。明爲青州府治。本朝因之。

博山縣。在府西南一百八十里。東西距一百二十里，南北距二十七里。東至臨朐縣界九十里，西至泰安府萊蕪縣界三十里，南至萊蕪縣界十五里，北至濟南府淄川縣界十二里。東南至沂州府蒙陰縣界七十里，西南至泰安府萊蕪縣界二十里，東北至益都縣界九十里，西北至淄川縣界三十里。本淄川縣之顏神鎮地。漢爲萊蕪縣地。北魏以後爲貝丘縣地。元初嘗置行淄川縣於此。至元二年縣廢,以鎮隸益都。明嘉靖十七年設通判駐此。本朝雍正十二年,始以益都之孝婦、懷德二鄉三十四社及淄川之大峪等二十一莊、萊蕪之樂疃等七莊置縣,屬青州府。

臨淄縣。在府西北五十五里。東西距六十五里,南北距四十里。東至益都縣界三十里,西至濟南府長山縣界三十五里,南至益都縣界十五里,北至樂安縣界二十五里。東南至益都縣界五十里,西南至益都縣界三十里,東北至壽光縣界三十里,西北至博興縣界二十五里。本古營丘地。周封太公望爲齊國。獻公自薄姑徙都此,曰臨淄。漢置臨淄縣,爲齊郡治。後漢并爲青州治。晉初因之。宋、魏爲齊郡治。北齊移齊郡治於益都縣,廢臨淄入焉。隋開皇十六年復置,屬北海郡。唐屬青州。宋因之。金屬益都府。元至正三年省入益都縣。十五年復置,屬益都路。明屬青州府。本朝因之。

博興縣。在府西北一百一十里。東西距六十里,南北距九十里。東至樂安縣界四十里,西至高苑縣界二十里,南至臨淄縣界五十里,北至武定府蒲臺縣界四十里。東南至臨淄縣界七十里,西南至濟南府新城縣界十五里,東北至樂安縣界四十里,西北至武定府蒲臺縣界二十里。本漢博昌、樂安二縣地,屬千乘郡。後漢屬樂安國。晉省樂安入博昌。宋移博昌縣於壽光縣界,而於故縣地僑置樂陵郡,領樂陵、陽信二縣,屬冀州。後魏屬青州。隋開皇初郡罷。十六年移治故樂安縣界,仍改曰博昌,屬北海郡。唐武德二年改置樂安縣。八年廢,屬青州。總章二年,還治故博昌縣界。後唐改曰博興。宋因之。金屬益都府。元初升爲博興州,屬益都路。明初州廢,仍爲博興縣,屬青州府。本朝因之。

高苑縣。在府西北一百五十里。東西距五十里,南北距三十五里。東至博興縣界二十里,西至濟南府鄒平縣界三十里,南至濟南府新城縣界五里,北至武定府蒲臺縣界三十里。東南至博興縣界二十五里,西南至濟南府新城縣界八里,東北至武定府蒲臺縣界三十里,西北至鄒平縣界三十里。本戰國時齊之千乘、狄邑地。漢高帝分齊置千乘郡,治千乘,領狄、被陽、高苑等縣。後漢永平三年置千乘國。永元七年改曰樂安國,徙治狄縣,領千乘、高苑,而被陽縣廢。永初二年改狄縣爲臨濟。晉仍曰樂安國,移治高苑,領臨濟〔二〕,而千乘縣亦廢。晉末,地入於魏,因移置樂安郡於齊郡界。宋復於故狄城僑置長樂縣及渤海郡。後魏因之。北齊郡廢，移縣治被陽。隋開皇十八年改曰會城。大業三年，又改曰高苑，屬齊郡。唐武德元年屬鄒州。八年，州廢。景龍元年，析置濟陽縣。元和十五年省，屬淄州。宋景德三年，改縣爲宣化軍。神宗初，廢軍爲縣，仍屬淄州。金因之。元至元二年，改屬益都路〔三〕。明屬青州府。本朝因之。

樂安縣。在府北少西九十里。東西距四十里，南北距一百二十三里。東至壽光縣界三十里，西至博興縣界十里，南至臨淄縣界二十三里，北至武定府利津縣界一百里。東南至壽光縣界二十七里，西南至臨淄縣界二十五里，東北至海一百三十里，西北至博興縣界二十里。漢置廣饒、鉅定二縣，屬齊郡。後漢俱省。晉復置廣饒縣，屬齊國。宋、魏俱屬齊郡。北齊廢。隋開皇初，移置千乘縣於此，屬北海郡。唐武德二年，於縣置乘州。八年，州廢，縣屬青州。宋因之。金改曰樂安，屬益都府。元屬益都路。明屬青州府。本朝因之。

壽光縣。在府東北七十里。東西距七十里，南北距一百三十里。東至萊州府濰縣界四十里，西至益都縣界三十里，南至昌樂縣界三十里，北至海一百里。東南至昌樂縣界三十里，西南至益都縣界二十五里，東北至濰縣界六十里，西北至樂安縣界五十里。本古斟灌氏地。春秋爲紀國地。漢置壽光縣，屬北海郡。後漢屬樂安國。晉因之。宋省壽光，改置博昌縣於此，屬樂安郡。後魏因之。北齊廢。隋開皇六年復置，復曰壽光，仍屬北海郡。唐武德二年，屬乘州。八年，州廢，還屬青州。宋因之。金屬益都府。元屬益都路。明屬青州府。本朝因之。

昌樂縣。在府東七十里。東西距三十五里，南北距七十二里。東至萊州府濰縣界二十里，西至益都縣界十五里，南至臨朐縣界六十里，北至壽光縣界十二里。東南至安丘縣界九十里，西南至臨朐縣界四十里，東北至濰縣界二十五里，西北至壽光縣界七里。本古營丘地。漢置營陵縣，爲北海郡治。後漢置北海國，治劇縣，以營陵屬之。晉初屬東莞郡。元康十年，改屬高密國。宋因之。後魏屬平昌郡。北齊省。隋開皇十六年復置，改曰營丘，屬北海郡。大業八年廢。唐武德初，於縣權置杞州。二年，州廢，復爲營丘縣，屬濰州。八年，省入北海。宋乾德三年，改置安仁縣，尋又改曰昌樂，屬濰州。金因之。元至元三年省入北海。

明初復置昌樂縣，屬青州府。本朝因之。

臨朐縣。在府南少東四十五里。東西距一百五十里，南北距一百二十五里。東至安丘縣界七十五里，西至益都縣界七十五里，南至沂州府沂水縣界一百五里，北至益都縣界二十里。東南至安丘縣界九十三里，西南至博山縣界一百一十里，東北至昌樂縣界七十里，西北至益都縣界二十五里。本戰國時齊之朐邑。漢置臨朐縣，屬齊郡。晉屬東莞郡。宋省。後魏改置昌國縣，仍屬齊郡。隋開皇六年改曰逢山。大業二年復曰臨朐，屬北海郡。唐屬青州。宋因之。金屬益都府。元至元三年併入益都。十五年復置，屬益都路。明屬青州府。本朝因之。

安丘縣。在府東南一百六十里。東西距一百二十里，南北距五十五里。東至萊州府高密縣界五十里，西至臨朐縣界七十里，南至諸城縣界四十里，北至萊州府濰縣界十五里。東南至萊州府高密縣界五十里，西南至沂州府莒州界七十五里，東北至萊州府昌邑縣界五十里，西北至昌樂縣界三十里。漢置安丘縣，屬北海郡。晉初屬東莞郡。惠帝改置平昌郡治此。宋因之。魏屬平昌郡。北齊郡、縣俱廢入昌安。隋開皇十六年改置牟山縣。大業初復曰安丘，省昌安入之，屬高密郡。唐武德六年移治昌安故城，仍曰安丘，屬密州。乾元二年改曰輔唐。五代梁開平二年復曰安丘。後唐同光初復曰輔唐。晉天福初改曰膠西。宋開寶四年復曰安丘，仍屬密州。金、元皆因之。明初改屬青州府。本朝因之。

諸城縣。在府東南二百八十里。東西距九十里，南北距一百八十里。東至萊州府膠州界四十里，西至沂州府莒州界五十里，南至沂州府日照縣界一百二十里，北至安丘縣界六十里。東南至海一百五十里，西南至沂州府日照縣界七十里，東北至萊州府高密縣界五十里，西北至安丘縣界九十里。本春秋時魯諸邑，及齊琅邪邑地。秦置琅邪郡。漢初置東武縣，爲郡治，并領琅邪、諸縣。後漢改置琅邪國於開陽，以東武等三縣屬之。晉初省琅邪縣，以東武、諸縣屬城陽郡。太康十年屬東莞郡。宋以東武縣分屬平昌郡。後魏永安二年置東武郡，兼置膠州。北齊改置高密郡，又置膠州，省諸縣入之。隋開皇初郡廢。五年，改州曰密州。十八年，改東武縣曰諸城。大業初，州廢爲高密郡。唐武德五年復曰密州。天寶元年復曰高密郡。乾元元年復曰密州，屬河南道。宋曰密州高密郡。開寶五年，升安化軍節度，屬京東東路。金曰密州，屬山東東路。元屬益都路。明洪武元年，始廢密州，以縣屬青州府。本朝因之。按：青州府屬，舊有安東衛一，本從沂州府日照縣分置。日照舊隸青州，後爲沂屬，而安東未經改歸。本朝乾隆七年裁衛，以所轄村莊歸入諸城、日照二縣，但計其道里，究與日照爲近，應將安東廢衛列入沂州。附識於此。

形勢

東北據海，西南距岱。書禹貢傳。海、岱間一都會。漢書地理志。青州沃壤，古曰東秦。四塞之固，負海之饒。晉書慕容德載記。東道之雄，號稱富衍。宋史地理志。

風俗

其民鱻而好勇。管子。寬緩濶達，好議論。史記。務農桑，崇尚學業。隋書地理志。文物彬彬。輿地記。

城池

青州府城。周十三里有奇，門四，池廣三丈五尺。本土城，明洪武三年甃甎，天順、正德間增修。本朝乾隆四十七年修。

益都縣附郭。

博山縣城。周三里，門四。即顔神鎮故城也。本朝雍正十二年重建。

臨淄縣城。周四里，門四，池廣二丈。元末築。明成化中，知縣蔣鳳甃甎。本朝乾隆六十年修。

博興縣城。周三里有奇，門四，池廣二丈二尺。元末築。明嘉靖三十四年修。本朝乾隆五十七年修。

高苑縣城。周五里，門四，池廣三丈。明景泰四年築，萬曆四年甃甎。

樂安縣城。周五里，門四，池廣二丈。明成化中增築，萬曆二十三年甃甎。本朝乾隆五十八年修。

壽光縣城。周三里有奇，門五，池廣一丈六尺。明正德六年增築，崇禎十三年甃甎。本朝康熙三十四年修，乾隆六十年重修。

昌樂縣城。周四里，門四，池廣一丈。明初築土城，成化二年重築，萬曆二十四年甃石。

臨朐縣城。周三里，門二，池廣一丈六尺。元至正末築。明崇禎十三年甃甎。本朝乾隆三十八年修。

安丘縣城。周三里有奇，門三，池廣一丈七尺。明崇禎十三年甃甎。本朝康熙六十年修。

諸城縣城。周九里，門五，池廣一丈九尺。明洪武四年修。本朝乾隆五十八年修。

學校

青州府學。在府治東。本元太虚宫故址，明洪武五年移建。本朝康熙五十四年修，五十八年重修。入學額數二十名。

益都縣學。在縣治東。舊在縣治西南，明洪武十年移建。本朝康熙十年修，五十六年重修。入學額數十五名。

博山縣學。在縣治南。顔神鎮舊有學。本朝雍正十二年因舊址建。入學額數八名。

臨淄縣學。在縣治前。舊在縣治東南，明嘉靖中移建。本朝順治三年增修。入學額數十五名。

博興縣學。在縣治東南。宋徽宗時建。明洪武三年重建。本朝康熙二十五年修。入學額數十二名。

高苑縣學。在縣治東。宋至和三年建。本朝康熙二十五年修。入學額數十二名。

樂安縣學。在縣治東南。宋徽宗時建，後燬。元至元十三年重建。本朝康熙年間修，雍正八年重修。入學額數十二名。

壽光縣學。在縣治東。元至元十年重建。本朝嘉慶十五年修。入學額數二十名。

昌樂縣學。在縣治西南。明洪武三年建。入學額數十五名。

臨朐縣學。在縣治西。舊在西南，宋紹聖間移建。本朝順治三年修。入學額數十二名。

安丘縣學。在縣治東。明洪武二年建。本朝康熙七年修，五十八年重修。入學額數二十名。

諸城縣學。在縣治東南。金貞元中建。明洪武初修。入學額數二十名。按：本朝乾隆七年，裁安東衛，以入學額數之半分入諸城及沂州府日照縣。

松林書院。在府治西南。即矮松園，宋王曾讀書處。本朝乾隆十五年修。

范泉書院。在博山縣東門外。

稷門書院。在臨淄縣治。本朝康熙三十三年建。

聞韶書院。在臨淄縣治西。

長樂書院。在高苑縣治。本朝乾隆二十二年建。

乘州書院。在樂安縣治。本朝乾隆二十七年建。

樂育書院。在樂安縣城内。

朐陽書院。在臨朐縣南門内。本朝嘉慶十四年修。按：舊志載范公書院在府城西南顔神鎮，宋范仲淹讀書處；朐山書院在臨朐縣南，明嘉靖間知縣褚寶建；公冶書院在安丘縣西南八十里，明成化八年建；滄浪書院在諸城縣治南，明嘉靖二十七年建；東武書院在諸城縣治西，明成化十一年建。謹附記。

户口

原額人丁二十三萬二千零五十八，今滋生男婦大小共三百三十一萬八千七百六十三名口，計五十四萬四千五十一户。

田賦

田地十萬三千五百八十二頃七十六畝一分四釐有奇，額徵地丁正、雜銀四十五萬一千一百七十兩一錢五分四釐，米十二石三合。

山川

箕山。在益都縣東五十里。亦名𡺼山，又名香山。左思齊都賦：箕嶺鎮其左。隋書地理志：都昌縣有箕山。齊乘：齊城山勢，俱帶西南。東郊平原百餘里有香山，童然孤峙。康浪發其南，堯水逕其東，即𡺼山也。山西南十里有龍女泉。

青山。在益都縣東南十里。産石，深青細潤。又有黄山，在縣東南十五里，石色黄赭，故名。

雲門山。在益都縣南五里。齊乘：雲門山在府城南五里。上方號大雲頂，有通穴如門，可容百餘人，遠望如懸鏡。東南曰劈山，西則駝山。三山聯翠，障城如畫。府志：雲門山，一名雲峯山。陰有石井，名龍潭，水旱不加盈涸。有亭曰聳翠。其左爲鳳凰嶺，其南爲雲臺山。

駝山。在益都縣南八里。以形似名〔四〕。山陰有龍湫，禱雨輒應。又縣西南十里爲方山，在駝山之陽。

劈山。在益都縣南十里。水經注：石井水出南山，山頂洞開，望若門焉。俗謂之劈頭山。齊乘：山峯分裂如劈，故名。山東通志：劈山在雲門山東南，亦謂之劈裂峯。其南有八仙臺。

石膏山。在益都縣西南二十五里。南陽水發源於此。

神頭山。在益都縣西南一百八十里。山有顔文姜廟〔五〕，故名。相近有鷹山、虎山。

大龍山。在益都縣西二十里。其東有小龍山。二山對峙，蜿蜒若龍。

九迴山。在益都縣西四十里。即古爲山。北陽水出焉。漢書地理志：廣縣有爲山，濁水所出。水經注：爲山，世謂之冶嶺山〔六〕。齊乘：九迴山，俗名九扈山，即古爲山也。

金山。在益都縣西八十里。金嶺鎮取此以名。又北十里即臨淄之鐵山也。

堯山。在益都縣西北八里。水經注：從征記曰：「廣固城北三里有堯山祠。堯因巡狩登此，後人遂以名山。」齊乘：山去今府城十里。

黑山。在博山縣東十六里。山石皆黑，冶器取資於此。

岳陽山。在博山縣東南三十里。亦名原山。漢書地理志：萊蕪縣有原山，淄水所出。齊乘：顔神鎮東南二十五里岳陽山，即原山也，淄出其陰，汶出其陽，跨淄川、益都兩縣界。

博山。在博山縣東南五十里，魯山之西。又南十里有南博山。

甕口山。在博山縣西南二十里。南連青石關，形如甕口。

菟頭山〔七〕。在臨淄縣東南十五里。漢書地理志：東安平縣有菟頭山，女水所出。水經注：女水出東安平縣之蛇頭山。括地志：一名鼎足山。晉書慕容德載記「北登社首，東望鼎足」是也。一名牛首岡。

牛山。在臨淄縣南十里。晏子春秋：景公遊於牛山，北臨其國城而流涕。後漢書楊賜傳：虹貫牛山。左思齊都賦：牛嶺鎮其南。水經注：天齊水出南郊山下，即牛山也。魏書地形志：廣川縣有牛山。府志又有南郊山，在縣東南十里，蓋連麓而異名耳。

猛山。在臨淄縣南十五里。詩齊風：遭我乎猛之間兮。漢書地理志作「嶩」，亦作「巎」。

稷山。在臨淄縣西南十三里。史記田敬仲完世家：齊宣王時，稷下學士復盛。虞喜志林：齊有稷山，立館其下也。齊乘：山舊有后稷祠，故名。又齊宣王嘗立孔子廟於此，亦名孔父山。

社山。在臨淄縣西。劉向說苑：齊宣王獵於社山，父老十三人相與勞王。水經注：時水逕愚公山東，又屈而逕社山北，有愚公谷山，即社山之通阜。韓非子：「齊桓公逐鹿而入山谷之中，見一老父而問之曰：『是爲何谷？』對曰：『爲愚公之谷。』」元和志：社山在縣西北二十五里。按：社，一作「杜」。

商山。在臨淄縣西。即古鐵山。跨益都、臨淄及濟南府新城三縣界。崔琰述征賦云「涉淄水，過桓都，登鐵山，望齊、岱」是也。詳見濟南府。

奎山。在博興縣東南。縣志：一名筆架山，在縣東南迎秀門外，累土所爲。又有靈山。唐書地理志：博昌縣有靈山。

節女山。在昌樂縣東，接萊州府濰縣界。隋書地理志：營丘縣有女節山。寰宇記：在北海縣西三十五里〔八〕。郡國志：「相傳北海縣節女，當齊湣王時伐楚，有蘇渾者死焉，其五女終身不嫁，呼父魂葬此山，因名。」

孤山。在昌樂縣東二十里，接萊州府濰縣界。府志：有跪河出焉。一名鳳山。

方山。在昌樂縣東南二十里。晏謨齊記：劇城東南有方山，遠望正方。水經注：東丹水、渏水並出方山。寰宇記：方山在昌樂縣東南二十五里。齊乘：方山在丹山東北。府志：東丹河出山西，汙河出山東。

黄山。在昌樂縣東南二十五里，接萊州府濰縣界。又有西黄山，在縣南二十里。

喬山。在昌樂縣南二十里。府志：峯巒獨秀，上有仙路，春夏草木不生。西坂有石眼，秋出紅泉。

叢角山。在昌樂縣南二十五里。隋書地理志：營丘縣有叢角山。寰宇記：山有三峯，岌如叢角，故名。金史地理志：昌樂有聚角山，其北爲桃花山，舊多桃花。

二姑山。在昌樂縣南二十五里。府志：相傳有二仙姑成道於此。又南十五里爲隨姑山，相傳有人隨仙姑至此，故名。下有龍泉。

柳山。在昌樂縣南六十里。

紀山。在昌樂縣西南五十里，接臨朐縣界。即古丹山。西丹河發源於此。史記五帝本紀：黄帝東至於海，登丸山。注：徐廣曰：「丸，一作凡。」括地志：「丸，即丹山，在朱虚故縣西北二十里，丹水出焉。」水經注：丹山，世謂之凡山。府志：紀山在臨朐縣東北五十里。又東北去昌樂縣五十里。

擂鼓山。在昌樂縣西南五十里紀山之東。白狼河發源於此。水經注：白狼山河西出丹山。唐書地理志：都昌縣有白狼山。齊乘：白狼西源出丹山，即隋志之白狼山也。相近又有摩旗山。

廟山。在臨朐東六十里，接安丘縣界。有朱虚城故址。又有孤山，在縣東四十里；方山，在縣東三十里。

朐山。在臨朐縣東南二里。水經注所謂覆釜山也。應劭曰：「臨朐縣以臨朐山爲名。」縣志：山在瀰水東岸。高原自東來，首忽昂起，入瀰水，狀如螭龍飲河。石皆黑色。

大弁山。在臨朐縣東南，與安丘縣接界。亦曰汴山。長亘數里，上下正方如翠屏。水經注：沭水出大弁山，與小泰山連麓而異名。沂水雜記：又名太平山，頂平八九十里。齊乘：今又訛作大屏山，當從水經作大弁者是。

大峴山。在臨朐縣東南一百五里。宋書武帝紀：慕容超聞王師將至，其大將公孫五樓説超宜斷據大峴。魏書刁雍傳：雍謂叔孫建曰：「大峴以南處處狹隘，不得方軌。」又魏書地形志：盤陽縣有大峴山。水經注：峴水北出大峴山。元和志：大峴山在沂水縣北九十里。崖坂峭曲，石徑幽危。寰宇記：山西接小泰山，高三里，周四十二里。齊乘：大峴山即穆陵關也。爲齊南天險。

黄山。在臨朐縣南四十里。

沂山。在臨朐縣南九十里，與沂州府沂水縣接界。亦曰東泰山。周禮職方氏：正東曰青州，其山鎮曰沂山。漢書地理志：朱虛縣東泰山，汶水所出。水經：汶水出朱虛縣泰山。注：「東小泰山也。」隋開皇十五年，詔祠名山大川，以沂山爲東鎮。元和志：沂山在沂水縣北一百二十四里。唐沈亞之沂水雜記：沂山有谷九十九所，河分八流，大曰沂、汶。寰宇記：沂山東北四里有五壇，是宋武帝伐燕立壇以祭五帝處。齊乘：沂山在臨朐縣南一百里，即公玉帶請漢武帝所封之泰山也〔九〕。然漢志謂卑小不稱其聲者，蓋沂山遠望之本高，緣坡麓曼衍八九十里，以漸而升，逮至其巔，遂失其峻極耳。其嶺曰百丈崖，有泉自山巔而下，灑若飛雨。沂水出西麓，沭水、汶水出東麓。按：鄭康成周禮注「沂山爲沂水所出」，今沂水實出沂水縣雕崖山，其流北去此山尚五十餘里，山名分合，水源通塞，年代久遠，不能詳也。

海浮山。在臨朐縣西南二十里。下臨熏冶泉。又西爲三一山，三峯西合而東分，可十餘里。北麓有鍾乳洞、石虎洞。

嵩山。在臨朐縣西南四十里，接沂州府沂水、蒙陰二縣界。有畧水洞，出銀礦，又出鉛、鐵、銅、錫、丹砂之類。山下河水，間出砂金。其西南連接者曰黑山，亦有礦。

八岐山。在臨朐縣西南五十里。下如九疊屏風，上則八峯騈秀。魏書地形志西安有八士山，疑即此。

仰天山。在臨朐縣西南七十里。上有羅漢、水簾、觀音諸洞。又有黑龍淵，禱雨輒應。

石門山。在臨朐縣西十八里。縣志：勢如錦幛環列，獨西面稍平。山中亭午不見日影，向夕乃返照熒然，故「石門返照」爲縣勝境。

逢山。在臨朐縣西二十五里。殷諸侯逢伯陵之國。左傳昭公二十年：晏子曰：「有逢伯陵因之。」杜預注：「逢伯陵，殷諸侯，姜姓。」漢書郊祀志：神爵元年，祠逢山石社、石鼓於臨朐。地理志：臨朐縣有逢山祠。水經注：逢山，即石膏山也。上有石鼓，鳴則年凶。述征記曰：「逢山在廣固南三十里。有祠并石鼓。」魏書地形志：逢山在西安縣。齊乘：逢山四面斗絶，惟一徑可登，且有泉。石膏山，即逢山之西麓也。按：是山跨二縣界，在臨朐縣名逢山，在益都者名石膏山，實一山耳。

龍門山。在臨朐縣西北五十里，與龍山對峙。

委粟山。在臨朐縣東北三里。水經注：巨洋水東北逕委粟山東，孤阜秀立，形若委粟。齊乘：委粟山，今名粟山。縣志：亦名稷山。上有后稷祠。

龍山。在臨朐縣東北十里。蜿蜒如龍形。山下有澤，相傳龍潛於此，禱雨輒應。府志：元至正十七年，龍見於臨朐龍山，大石立起，即此。

靈山。在臨朐縣東北二十里。晏子春秋：齊大旱，景公欲祀靈山，晏子止之。即此。

義山。在臨朐縣東北五十里。亦名堯山。堯河出此。漢書地理志：劇縣有義山，蕤水所出。伏琛齊記：亦名堯山，水名堯水，地名堯溝。

蓋公山。在安丘縣東四十里，枕濰、浯之交。縣志：漢初，蓋公嘗棲隱於此，故名。今其上有蓋公冢、祠。

礪阜山。在安丘縣東五十里，接萊州府高密縣界。水經注：濰水西有雁阜。寰宇記：高密西北有礪阜山，蓋「雁」、「礪」字相近而訛也。齊乘謂高密郡碑產山有礪阜，誤。

書院山。在安丘縣東南八十里。有兩山對峙，一蟠曲南向者曰書院，一孤峭北向者曰登臺。二山皆多竹木。

三山。在安丘縣南十五里。亦曰三山阜。

神山。在安丘縣南五十里雹泉神祠北。

牟山。在安丘縣西南十五里。水經注：安丘城對牟山。元和志：山在縣西南十三里，隋牟山縣取名於此。齊乘：安丘南二十里有牟婁山，本牟夷國。密之諸城有婁鄉，隋因置牟山縣。今訛作朦朧山。

劉山。在安丘縣西南四十里。上有故壘，劉裕平燕，停車於此，故名。縣志：山高百餘丈，峯巒九出，上有桃源洞。

峯山。在安丘縣西南五十里。上有仙姑洞。

峿山。在安丘縣西南六十里。一名巨平山。水經注：汶水出朱虛縣東南峿山，山在小泰山東。縣志：峿山四面險絶，上寬平可數百畝，有故城遺址。中有池。其東北懸崖聳出，土人呼曰仙女望。又有峓山，在峿山之東。

太平山。在安丘縣西南八十里。與臨朐縣之大弁山相連，實一山也。上有長城嶺。其左右連絡者曰金鞍山、望海山、鳳凰山、擂鼓山。

柴阜山。在安丘西四十里。水經注：汶水逕柴阜山北，俗呼爲赤埠。齊乘：柴阜在安丘西五十里。其東又有慈阜。

雨羅山。在安丘縣西六十里。嶄巖秀出，雲氣羅布，天必雨，故名。

望高山。在安丘縣西北二十里。

峽山。在安丘縣東北四十里。以兩山夾峙而名。濰水流經西麓。又岞山在縣東北四十里，爲汶、濰合流處。

藏馬山。在諸城縣東一百里。山峯尖峻，中俯平川，有一小山如馬形，故名。西五里有天臺山對峙，又東爲塔山。

烽火山。在諸城縣東南二十里。隋書地理志：諸城有烽火山。縣志：自岱歷沂，磅礴而來，盤結於此。爲縣主山。山陰有琵琶阜，延亘十里。

五弩山。在諸城縣東南三十里。水經：膠水出黔陬縣膠山。注：膠水出五弩山，蓋膠山之殊名也〔一〇〕。魏書地形志：東武郡梁鄉有五弩山。寰宇記：膠山一名五弩山，膠水所出。在密州東南九十里。按：膠水本出膠州之鐵橛山，與五弩山正相接，蓋即一山。齊乘以高密之鹵山爲五弩山，誤。

鄑日山。在諸城縣東南三十里。亦名奕山。水經注：密水西源出奕山，亦曰鄑日山。山狀鄑日，是有此名。隋書地理志：琅邪有鄑日山。府志：蘇軾謂山形類峩眉，但小耳。又相近有竹山、牛臺山，與鄑日山鼎峙。

徐山。在諸城縣東南三十里。隋書地理志：琅邪有徐山。寰宇記：秦時徐福將童男女集會於此，因名。

盧山。在諸城縣東南三十里。本名故山。漢書地理志：琅邪郡横縣有故山，久台水所出。水經注：久台水出琅邪横縣故山，山在東武縣故城東南，世謂之盧山。宋蘇軾超然臺記：「其東則盧山，秦人盧敖之所從遁也。」縣志：山陽有盧敖洞，俗名休糧洞。其巔有巨石，爲飲酒臺。洞左掖爲聖燈巖。

石門山。在諸城縣東南六十里。柳林河出此。

回頭山。在諸城縣東南七十五里。山極高峻，盤池河出此。其南爲大、小青門山。

雲母山。在諸城縣東南九十里。魏書地形志：扶淇縣有雲母山。縣志：山背巨石，相傳中有雲母。其西二里爲赦山。

紀丘山。在諸城縣東南一百五十里，與琅邪山並峙。俗名争高山。魏書地形志：梁鄉縣有紀丘山。

琅邪山。在諸城縣東南一百五十里。漢置琅邪郡，以此取名。爲八祠之一。管子：齊桓公將東遊，南至琅邪。孟子：齊景公問於晏子曰：「吾欲觀於轉附、朝儛，遵海而南，放於琅邪。」注：「齊東南境上邑。」戰國時，蘇秦説齊宣王：「南有泰山，東有琅邪。」史記：始皇二十八年，南登琅邪，留三月，徙黔首三萬户琅邪山下，作琅邪臺，立石刻頌秦德；三十七年，從會稽還吳，北至琅邪、之罘。漢元封五年東巡，北至琅邪，並海。太始三年，復幸琅邪。水經注：琅邪山孤立，特顯出於衆山，上下周二十餘里，傍濱巨海。所作臺基三層，層高三丈，上級平敞，方二百餘步，高五里。臺上有神淵。括地志：山在縣東南一百四十里。縣志：其山三面皆海，惟西南通陸。

常山。在諸城縣南二十里。水經注：扶淇水出東武西南常山。寰宇記：山在諸城縣，以祈雨常應，故名。祠前迤西十餘步有二泉並出。蘇軾禱雨於此，名曰雩泉。因構亭其上，作雩泉記。

轉頭山。在諸城縣南四十里。又桃林山在縣南六十里。

石屋山。在諸城縣西南三十二里。山下有桃花洞。

馬耳山。在諸城縣西南五十里。水經注：涓水出馬耳山。山高百丈，南巔二峯，秀削如馬耳形。蘇軾詩「試掃北臺看馬耳，未隨埋没有雙尖」，又云「孤雲落日在馬耳，照耀金碧開煙鬟」。又有松山，在縣西南六十里。水經注：折泉水出松山。齊乘：松山今名分流山，在馬耳山西。又有松垛山，在縣西南八十里，乃故松山也。

昆山。在諸城縣西南六十里。漢昆山縣以此名。山北有梳洗河。

五蓮山。在諸城縣西南八十五里。縣志：有巨峯五，如青蓮矗起。舊名五垛山，東路有十八盤、三垛峯，西路由風門入，與九仙山相近。

九仙山。在諸城縣西南九十里。潮河出此。山勢高聳摩空，嘗有仙人居之。西北有潭水，與東海相通。久雨將晴，井中有聲如雷；旱則以石擊井，必雨。其他爲峭峯十有一，盤石十有八。蘇軾詩「九仙今已壓京東」，又謂「九仙在東武，奇秀不減雁宕」。金史「有土賊據九仙山」，即此。

荆山。在諸城縣西北四十里。亦名荆臺山。山巔有鳳凰石〔一一〕。水經注：荆水出平昌縣南荆山。魏書地形志：姑幕縣有荆臺山。

錫山。在諸城縣西北四十里故姑幕城東南二里。其東麓爲公冶山。

白龍山。在諸城縣東北四十里，兩隅各有龍池。

巴山。在諸城縣東北五十里。齊乘：濰水東北至巴山，合密水。

馬駒嶺。在昌樂縣南六十里。綿延而南，達於諸城。

破車峴。在臨朐縣東。水經注：朱虛城西有長坂遠峻，名爲破車峴。元和志：破車峴在臨朐縣東南三十五里，高七十丈，周迴二十里，道徑險惡，因名。齊乘：丹山下帶長坂，曰破車峴。

長峪。在府城西南。志名馬陘，亦名弇中峪，亦名萊蕪峪。左傳成公二年：晉師從齊師入自丘輿，擊馬陘。又，襄公二十五年：閭丘嬰與申鮮虞乘而出，行及弇中。水經注：淄水逕萊蕪谷，又北逕馬陵，俗名長峪道。府志：自臨淄西南至古萊蕪，有長峪，界兩山間，踰三百里，中通淄河。

齋堂島。在諸城縣東南琅邪山東南海中，去岸五里。相傳始皇登山，從臣齋戒於此，故名。島中地千餘畝，多土少石，甚肥饒，産紫竹、黄精、海棗。元時海運糧船悉泊於此。

沐官島。在諸城縣南信陽場東南里許海中。相傳秦時從官齋沐於此，故名。廣半里餘，袤一里，沮洳難行，且多石，磽确不可耕。又有陳家島，在夏河寨東南十五里。宋乾道中，李寶敗金兵於此。

白石坑。在昌樂縣東南七十里。其石可爲器用。

淄水。源出博山縣西二十五里岳陽山東麓，東北流逕長峪道，歷益都縣境，又東北逕臨淄縣東十里，又北逕樂安縣南二十里，折東北流逕縣東十里，又東北逕壽光縣東北界，合清水泊入海。書禹貢：青州，濰、淄其道。周禮職方氏：東北曰幽州，其浸菑、時。漢書地理志：萊蕪郡原山，淄水所出。水經：淄水出泰山萊蕪縣原山，又東北過臨淄縣東，又東過利縣東，又東北入於海。注：淄水出縣西南山下，世謂之原泉。東北流逕萊蕪谷，屈而西北流，逕其縣故城南，又西北轉逕城西，又東北流，與聖水合，又北出山，謂之萊蕪口。自山東北流逕牛山西，又東逕臨淄縣故城南，東得天齊水口，又東逕四豪冢北，又東北逕蕩陰里西，又北逕臨淄城東，又自利縣東北流逕東安平城北，又東逕巨淀縣故城南，又東北逕廣饒縣故城南，又東北，馬車瀆水注之。又北，時澠之水注之。淄水入馬車瀆，亂流，東北逕琅槐故城南，又東北逕馬井城北，又東北至皮丘沈入於海〔一二〕。元和志：淄水出淄川縣理東南原山，去縣六十里，俗傳禹理水功畢，土石黑，數里之中，波流若漆，故謂之淄水。齊乘：淄多伏流，潦則薄崖，旱則濡軌而已。俗謂之「九乾十八漏」。

時水。一名耏水，亦名如水，俗名烏河。源出臨淄縣西南平地，西北流逕濟南府新城縣界，又西北至博興縣南，合小清河東入海。周禮職方氏：幽州，其浸菑、時。左傳襄公三年：晉將合諸侯，使士匄告於齊，盟於耏外。水經注：時水出齊城西北二十五里，平地出泉，即如水也。亦謂之源水。因水色黑，俗又目爲黑水。西北逕黄山東，又北歷愚山。水有石梁，亦謂石梁水。又有澅水注之。時水又西北，逕西安縣故城南，又西至石洋堰，分爲二水，謂之石洋口。枝津西北至梁鄒入泲。時水又北，逕西安城西，又北京水、系水注之。又東北流，澠水注之。自下通謂之爲澠也。時水又屈而東北，逕博昌城北，又東北逕齊利縣故城北，又東北逕巨淀縣故城北，又東北逕廣饒縣故城北，東北入淄水。齊乘：時水之源，南近淄水。詳其地形、水脈，蓋伏淄所發。水經謂時水自西安城南石洋堰分爲二支津，西北合黄山之德會水、黄阜之南五里泉，至梁鄒入濟，旱則涸竭。此乾時也，今不通矣。益都衆水，惟此通舟，未嘗淺涸焉。博興縣志：時水發源處，地名矮槐樹，舊置郵亭於此。

巨洋水。亦名瀰河〔一三〕。源出臨朐縣南沂山西麓，北流逕臨朐縣東，又北歷益都縣，又東北流逕壽光縣界，又東北會黑冢泊入於海。水經注：巨洋水出朱虛縣小泰山北，即國語所謂具水矣。袁宏謂之巨昧，王韶之以爲巨蔑，或曰朐瀰，皆一水也。其水北流逕朱虛縣故城西，自朱虛北入臨朐縣，熏冶泉水注之。又逕臨朐縣故城東，又東北逕委粟山東，又東北，洋水注之。又東北得邳泉口，又北會建德水，又東北會康浪水，又東北逕劇縣故城西，又東北逕晉龍驤將軍、幽州刺史辟閭渾墓東，而東北流，又東北逕益縣故城東，又東北積而爲潭，枝津出焉，謂之百尺溝，西北流注於巨淀。巨洋水自湖東北流逕壽光縣故城西，又東北流，堯水注之。又東北逕望海臺西，又東北注於海。齊乘：巨洋水，今謂之洱河。漢志：石膏山，洋水所出，東北至廣饒，入巨淀，即此水也。但因北洋而誤其源，因枝津別出而誤云入巨淀耳。曾肇南洋橋記乃以洋爲南陽，非也。洋爲齊之大川，故以「巨」名。道元所謂羣書盛稱，孟堅不應捨大而志小。

濰水。自沂州府莒州東流入諸城縣界，逕縣北五里，折流而北，逕萊州府高密縣界，又北逕安丘縣東，又北流入萊州府昌邑縣界。水經：濰水東北過東武縣城西，又北過平昌縣東，又北過高密縣西，又北過淳于縣東，又東北逕都昌縣東，注濰水。又西，折泉水注之。又東北逕諸城縣故城西，又東北，涓水注之。又東逕東武縣西北流，合武淇之水。又北，右合盧水。又北，逕石泉縣故城西，又北逕昌平縣故城東，荆水注之。又北，浯水注之。又自故堰北逕高密縣故城西，又北逕昌安縣故城東，又北左會汶水，北逕平城亭西，又東北逕密鄉亭西，又東北逕下密縣故城西。元和志：濰水故堰在諸城縣東北四十六里，蓄以爲塘，方二十餘里，溉水田萬頃。寰宇記：安丘縣濰水，南自高密縣界流入，去縣二十里。

北陽水。源出益都縣西南九迴山，東北流逕城北，又東北逕壽光縣西四十里，又北入清水泊，即古濁水也，亦謂之繩水。水經注：呂忱曰：「濁水，一名溷水。出廣縣爲山，東北流逕廣固城西，東北流逕堯山東，又東北流逕東陽城北，東北流，合長沙水，又北逕臧氏臺西，又北逕益城西，又北流注巨淀。」齊乘：北陽水出府城西南九迴山，東北逕五龍口，又北逕廣固廢城，行乎絶澗之底，水激而岸峻，古諺所謂「瘦馬不渡繩」，指此。非臨淄縣之澠水也。

南陽水。亦名長沙水。源出益都縣西南石膏山，東北流至城西，折而東繞城北，又東流入巨洋水。水經注：長沙水出逄山北阜，世謂之陽水。東北流逕廣縣故城西，又東北流，石井水注之。又東逕東陽城東南，又北屈逕漢城陽景王劉章廟東，東注於巨洋。後人遏斷，令北注濁水。時人通謂濁水爲陽水，故有南陽水、北陽水之論。二水渾流，世謂之爲長沙水，亦或通名之爲繩水。齊乘：南陽水出府城西南石膏山，流貫益都南、北兩城間，西逕表海亭，東逕城陽王廟基。古人自廟東遏斷，使北注濁水，今復東流十五里，合建德水入巨洋。又云曾肇南洋橋記因漢志石膏山之洋水而以「陽」爲「洋」，誤矣。石膏山與逄山連麓，長沙水出其西，石溝水出其東，洋水自出臨朐沂山，以音同致疑也。按：繩、澠兩水，異派殊名，在益都縣境者爲繩水，即南陽、北陽二水也；在臨淄縣境者爲澠水，乃系水分流也。字畫相似，易致混淆。附考於此。

澠水。自臨淄縣西北古齊城外西北流，逕樂安縣西南，又西北至博興縣東南，入時水。左傳注：澠水出齊國臨淄縣，北入時水。水經注：澠水出營城東，世謂之漢溱水也。西北流逕營城北，又西逕樂安南博昌縣故城南，西歷貝丘，又西北入時水。齊乘：即今臨淄西門申池水。北流者勢極屈曲，俗稱「九里十八灣」，過梧臺北，小泥河入焉。又北至博興李監橋，入時水。

汶水。源出臨朐縣南沂山瀑布泉，東流逕縣東南六十里，又東入安丘縣界，逕縣城北三里，又東北入濰水。水經：汶水出朱虛縣泰山北，過其縣東，又北過淳于縣西，又東北入於濰。注：伏琛、晏謨並言水出朱虛縣東南峿山，山在小泰山東也。汶水自縣東北逕峿城北，又東北逕管幼安冢東，又東北逕柴阜山北，又東北逕漢青州刺史嵩墓西，又東逕安丘縣故城北。其兩川交會之處，則在淳于城東北也。齊乘：沂山絶頂穆妃陵側有瀑布泉，懸百丈崖而下，即汶水也。東流循鳳凰嶺折而北，經大峴山陰，崀水入焉。又北逕符峪口，有水出峪中，西來入焉，疑即伏琛所謂汶源也。又北逕龜山陰，乃折而東，逕柴阜，又東北逕安丘城西，又東北入於濰。又曰齊有三汶，入濟之汶見禹貢，入濰之汶見漢書，入沂之汶見水經。此則入濰之汶也。舊志：汶有二源，一出臨朐縣沂山，即瀑布泉，東北流入縣界；一出縣西南峿山，北流七八里，與沂山水合，亂流逕縣北三里，又東入濰。

丹水。有二源：一出昌樂縣南方山，爲東丹河；一出臨朐縣東北丹山，爲西丹河。俱東北流逕昌樂縣西北，至昌樂故城西合流，又東北逕壽光縣東，入濰縣界。竹書紀年：堯放丹朱於丹水。水經注：朱虛城東北二十里有丹山。山導丹水有二源〔一四〕，各導一山，世謂之東丹、西丹水也。西丹自穴山北流〔一五〕，逕劇縣故城東，東丹水注之。出方山，山有三水，一水即東丹水也，北逕縣合西丹水而亂流，又東北出，逕漪薄澗北，漪水入之，謂之魚合口。又東北逕望臺東，東北注海。

浯水。亦名清河。自沂州府莒州流入諸城縣界，東北流至安丘縣東南四十里景芝鎮，東入濰水。水經注：浯水東北逕姑幕縣故城東，又東北逕平昌縣故城北，古堨此水，以溉田，南注荆水。浯水又東北流，而注於濰水也。安丘縣志有淇水，源出縣西南六十里峡山之麓，東北流，入於浯水。又縣西南三十里景芝社有小浯河，源出楊埠〔一六〕，東北流入濰。

堯水。即古蕘水也。源出臨朐縣東北堯山，北流逕昌樂縣西二十里，又北逕壽光縣東，又東北流入丹水。水經注：堯水出劇縣南山，即古義山也，水即蘻水矣。地理志曰：劇縣有義山，蘻水所出也。北逕峨山東，俗亦名之爲青水。又東北逕東、西壽光二城間，又東北注巨洋。

康浪水。在益都縣東。水經注：康浪水發劇縣西南峨山，北流注於巨洋。齊乘：康浪水即今香山南豬王河。三齊畧曰：康浪水在齊城西南十五里康衢側，即甯戚叩角而歌之地。

建德水。在益都縣東南。水經注：建德水，西發逄山阜，東流入巨洋水。齊乘：建德水，出府南七里澗，俗名七里河。水東猶有建德村。合南陽水入巨洋。

石井水。在益都縣西。水經注：石井水出南山頂〔一七〕，其水北流注井，井際廣城東側，三面積石，高深一匹有餘。長津激浪，瀑布而下。澎贔之音，驚川聒谷；漰渀之勢，狀同洪井。北流入陽水。齊乘：石井水亦謂之石子澗，即今之瀑水澗也。時有通塞。

女水。在臨淄縣東南十五里。源出鼎足山，東北流至樂安縣界，入北陽水。漢書地理志：東安平縣菟頭山，女水所出，東北至臨淄，入巨淀。水經注：女水出東安平縣之蛇頭山，或云齊桓公女冢在其上，故以名水也。水甚有神，化隆則水生，政薄則津竭。東北流逕東安平縣故城南，伏流一十五里，然後便流注北陽水。又逕安平城東，東北逕龍丘東，東北入巨淀。崔鴻十六國春秋南燕録：慕容德建平六年，女水忽暴竭；慕容超太上四年，女水又竭。斯三川穀、洛之異，非獨是水有神也。

澅水。在臨淄縣西，西北流入時水。水經注：澅水出時水東，去臨淄十八里，所謂澅中也。俗以爲宿流水，西北入於時水。孟子去齊，三宿而後出澅，故世以此而變水名也。齊乘：澅水，俗謂之泥河。北逕臨淄城北，系水入焉。按：孟子作「晝」，劉熙曰：音「獲」，齊西南近邑。因澅得名。

系水。在臨淄縣西。水經注：系水出齊城西南，世謂寒泉也。東北流逕申門西，爲申池。傍城北流，逕陽門西，又北逕臨淄城西門北，又西流逕梧宫南，又西逕葵丘北，又西左迤爲潭，又西逕高陽僑郡南，又西北流注於時。齊乘：系水出臨淄城西申門，即申池水也。門側小阜曰包山，俗又名包河。並城北流，分爲二，俱入時。一支逕梧臺前西入者曰系水，一支遠至博興東南李監橋入者曰澠水。

盧水。在諸城縣東。舊名久台水。北流入濰。漢書地理志：琅邪郡横縣故山，久台所出。水經注：盧水，即久台水也。出東武縣東南盧山，西北流逕昌樂故城西，東北流逕東武縣故城東，又北入濰。府志：盧水有二源：東源出盧山之陰，西北流；西源出烽火山陰，東北流。二水分流五里，至縣東南十五里曹陳村合而爲一，俗名合河。又經合河頭村東北流，又折而西北，入濰水。

密水。在諸城縣東三十里。水經注：密水有二源：西源出奕山，亦曰鄣日山，其水東北流；東源出五弩山，西北流。同瀉一壑，俗謂之百尺水。古人堨以溉田數十頃。北流逕高密縣西，下注濰水。又有諸葛河，源出縣東北三十里蒲溝，東北流而入濰。

折泉水。在諸城縣西南七十里。自分流山西發源，流至沂州府莒州境入濰。一作折泉。漢書地理志：折泉水北至箕入濰。水經注：折泉水出折泉縣南松山，東北流逕折泉縣東，又東北流，入於濰。府志：有小水河，源出分流山陰，北流三十里，入白歛河。

扶淇水。在諸城縣西。水經注：扶淇之水出西南常山，東北流注濰。舊志：河源即常山之雩泉也。府志：常山雩泉，水甚微細，不足爲河源。西北流三里，入朱盤河。朱盤河出馬耳山東八里寨山之陰，東北流十里，有兩河自東南來注之。東北流七里，有注輔河自東南來，合流而北，從此下流，始名扶淇河。又北流五里入濰。兩河出常山東：注輔河，一名柳林河。按：扶淇，亦作邞淇。宋蘇軾詩「隨師東渡游濰邞」，王十朋注：「濰、邞，密州二水名。」又軾詩有「郚淇自古北流水」之句，「郚淇」別無依據，當是集本訛「邞」爲「郚」。謹附識於此。

涓水。在諸城縣西。水經注：涓水出馬耳山陰，北逕婁鄉城東，又北注於濰水。齊乘：涓合扶淇水入濰，今名孛齊河。府志：涓水源出龍湫山北，經石梁室，始至馬耳山。縣志又有白斂河，出馬耳山西南鐵鼓山陰，東北流逕牛心塚，東繞五里，逕許孟北入涓水。按：白斂河即白練河，有東西二源，俱在沂州府日照縣境。

荆水。在諸城縣西四十里。源出荆山，北流入浯水。水經注：荆水出平昌縣南荆山阜，東北流逕平昌縣故城東，又東北流注於濰水。府志：水經平昌故城臺下，合雹泉入於浯。同流至高密縣北入濰。其西爲長行溝水，北流於荆。又有山泉河、朱龍河、石龍河，俱入荆。

海。樂安、壽光、諸城三縣皆濱海。在樂安、壽光北界者名渤海，自萊州府濰縣西經壽光縣東北一百十里，又西經樂安縣東北一百三十里，接武定府利津縣界。在諸城縣東南者名東海，自沂州府日照縣，又東北經諸城縣東南百三十里，接萊州府膠州界。圖説：小清河海口在樂安縣東北一百三十里，又北爲新河海口，又北爲汪河海口，接利津縣。諸城縣大海在信陽場南一里，其南十五里爲宋家海口，又折而東北有南龍灣海口。

黄河故道。在高苑縣北。後漢書明帝紀：永平十二年，遣將作謁者王吴修汴渠，自滎陽至於千乘海口。水經：河水東逕漯沃津，又東逕千乘城北，又東北過利津縣城北，又東分爲二水。枝津東逕甲下城南，東南歷馬常坈注濟。又東北過甲下邑，又東北入於海。縣志：河逕千乘，自東漢歷魏、晉，至隋、唐猶然。自梁、晉夾河之戰，河又北徙，或謂今之大清河即東漢以後大河經流處也。

漯河故道。在高苑縣北，久湮。漢書地理志：漯水東北至千乘入海。水經：漯水逕建信縣故城北，又東北逕千乘縣二城間，又東北爲馬常坈。注：伏琛曰：「千乘城，齊城西北一百五十里，隔會水，即漯水之别名也。」坈東西八十里，南北三十里，亂河支流而入於海。地理風俗記曰：漯水東北至千乘入海。河盛則通津委海，水耗則微涓絶流。書「浮於濟、漯」，亦是水也。

濟河故道。自濟南府新城縣流入，逕高苑縣北，又東經博興縣北，又東北逕樂安縣北，又東北入於海。書禹貢：「導沇水，東流爲濟。」又北東入於海。水經注：濟水自臨濟縣，又東北迤爲淵渚，謂之平川。又東北逕高昌縣故城西，又東北逕樂安縣故城南，又逕薄姑城北，又東北逕狼牙固西，東北至甲下邑南，東歷琅槐縣故城北，又東北，河水枝津注之。又東北入海。元和志：高苑縣，濟水北去縣七十步。博昌縣，濟水北去縣百步，又東北流入海。其水口謂之海浦，在博昌縣東北二百八里。樂安縣志：濟瀆入海之道，自唐以來數變，初經高苑縣北，又東北至博昌入海。其後改從蒲臺東北與河合而入海。宋南渡後，劉豫導濼東行入濟水故道，爲小清河，仍經高苑北，至樂安縣入海。及金皇統中，縣令高通改由縣南長沙溝至博興合時水，又東北至樂安，由馬車瀆入海，而小清河之上流遂塞。

小清河。自濟南府新城縣流入府境，逕高苑縣南五里，又東逕博興，南會時水，又東逕樂安縣北十八里，又東北由馬車瀆入海。即古濟水故道。本逕高苑、博興之北，金皇統中改由縣南。自博興以東，皆時水經流也。府志：小清河河身狹小，不能容受鄰縣諸山之水，而河岸復低，尤易衝決。本朝康熙五十七年，開支脈溝分其勢。乾隆六年，以年久淤塞，復發帑疏濬焉。按：五代史雜傳「王師範據青州，恃博興之水，不備於北」。當時蓋巨浸也，久而淤廢。明成化中，常疏濬之，東方鹽貨得抵張秋。今小清河之上流皆爲平陸，止孝婦等河來滙。旱則涸而斷流，潦則溢而爲災。其在高苑、博興地者，南岸爲新城地，南決則新城受害，北決則高、博受害。然南岸地高，水雖入而易退；北岸地卑，水一決而遂聚。此講求水道者所當深究也。

孝婦河。源出博山縣顏神鎮孝婦祠下，西北流入濟南府境，又自新城縣西流至高苑縣西南界，入小清河，即古灉水也。水經注：灉水南出長城中，北流至般陽。寰宇記：古名孝水，一名籠水。府志：出顏神鎮南三十里，西北流逕鎮西，又北經鷹山西虎山東，入淄川縣界。

虞河。在昌樂縣東南。源出方山，東北流入萊州府濰縣界。一名汙河，亦曰于河。齊乘：有西虞河，因東虞得名。源出黄山，北流經濰州西，又北入海。縣志：汙河亦曰黑水，出方山東麓，東北流經黄山，有寶泉流合焉。下流至濰縣，合白狼河。

跪河。在昌樂縣東南二十餘里。源出孤山，北流入壽光縣界，下達萊州府濰縣入海。

白狼河。在昌樂縣東南五十里。源出擂鼓山，東北流入濰縣界。水經注：營陵城北有白狼水，西出丹山，又曰白狼水。上承營陵縣之下流，東北逕平壽城東，西入別畫湖，又東北入海。齊乘：白狼河有二源：一出丹山，一出北海縣南小王莊。平地泉涌如輪，上源合此始大。唐書地理志：長安中，北海令竇琰於故營丘城東北穿渠引白狼水，曲折三十里以溉田，號竇公渠。

龍泉河。在臨朐縣南一里。源出縣西寺泊社平地，東流逕縣南，入瀰河〔一八〕。明嘉靖中，知縣褚寶導之，繞城爲池。又有黄龍溝出縣西田村西南五里平地，亦東逕縣南入瀰河。

大河。在臨朐縣南六十里。自沂水縣東流，逕嵩山西麓，又東北流入瀰河。又有小河，在縣南二十里。源出縣西南中莊社平地，東流入瀰河。居民倚以陶埴。

靈河。在安丘縣西南牟山西十里。一名淩子河。源出縣西南峯山，北流逕白雲山，又北逕牟山西，又北流入汶水。又有金溝河，在牟山西麓〔一九〕，源出南營，東北逕故城北，又北入於汶。紅河在縣西六十里。源出臨朐縣朱音社，東流入汶。又有五里河，源出平地，自縣南折東北，至縣東北十餘里入汶。

鐵溝河。在諸城縣東南十里。源出烽火山，西北流入濰。宋蘇軾有贈喬太傅鐵溝行，即此。

棘津河。在諸城縣東南二十里。上源從信陽鄉紀里河分流，西北出，名棘津河。河南有太公釣魚臺。又西五里，入柳林河。相傳爲太公釣處。

吉利河。在諸城縣東南六十里。一名紀里河。有二源：東源出五弩山西南麓，西源出千秋嶺。俱南流十餘里，合流逕石河頭村北，西南流，合勝水河，又西南至宋家口入海。

勝水河。在諸城縣東南七十里。源出迴頭山，曰盤池河，亦曰白馬河。東南流至三里莊，名勝水河。又東南入吉利河。

横河。在諸城縣東南一百里。源出縣東南石老公山，地名盤石羅。東南流，折而西，又南流至窰頭口入海。

岔河。在諸城縣東南一百二十里。源出塔山西狼窩溝，北流逕曹村社，合韓信溝，同流入於濰。

潮河。在諸城縣南八十里。源出九仙山天津灣，東南流逕兩成集，亦曰兩城河。又東南入沂州府日照縣界。

柳林河。在諸城縣西北。爲上巳祓除之所。

商溝河。在諸城縣西北三十里。有二源：東源出程哥莊北嶺，東南流二十五里入濰；西源出荆山，東南流三十五里入濰。又有算河，源出縣西五十里宋家莊；龍灣河，源出縣西四十五里馬跪泉；營河，源出岳哥莊西。俱入商溝河。

天齊淵。在臨淄縣東南八里。史記封禪書：天齊淵水在臨淄南郊山下。水經注：天齊水出南郊山下，謂之天齊淵。五泉並出，南北三百步，廣十步。水在齊八祠中。齊之爲名，起於此矣。其水北流，注於淄水。齊乘：天齊淵在淄水之東，女水之西。平地出泉，廣可半畝。土人名曰龍池。

青沙泊。在博興縣南，與小清河相接。爲高苑、新城二縣蓄水之地。莊民俱傍泊以居。南有桑公隄十八里，又舊設石閘一座。本朝乾隆五年改爲滚水壩。

麻大泊。在博興縣西南七里，接高苑、新城二縣界。時山所豬之澤也。一名魚龍灣，又名錦秋浦。蒲葦叢生，芙蕖如錦，周五十餘里。按：水經注有濟水所匯之平川，今不可考。計其道里，與此泊相近。

馬家泊。在高苑縣西南五里，小清河北。鴐鴨灣水所匯也。舊引爲支脈溝，經縣南二里，又東經博興至樂安縣界，仍入小清河。明嘉靖中，其溝淤塞。每經夏雨，則泊水汎漲爲患。

清水泊。在樂安縣東北四十里，接壽光縣界。淄水、女水、北陽水俱匯於此。即古鉅定湖也。水經注謂之巨淀湖，在鉅定縣東南。齊乘：鉅定，即今樂安東北清水泊也，亦即古之青丘，一名青丘濼。

黑冢泊。在壽光縣東北五十里。地名黑冢社。齊乘：巨洋水又東北由黑冢泊入海。郭緣生述征記謂之烏常泛。齊人名「湖」爲「泛」，冢即秦皇望海臺也。晉書慕容德置鹽官於烏常澤，即此。今涸。

支脈溝。在樂安縣北六十里。洩馬家泊之水入於海。今迹微存。居民皆佃作供租，非甚潦，則無水。本朝康熙以來屢加修濬。

馬車瀆。在樂安縣東北五十里。今名高家港。漢書地理志：鉅定縣有馬車瀆，首受鉅定，東北至琅槐入海。又時水東北至鉅定入馬車瀆。水經注：巨淀北爲馬車瀆，北合淄水，又北時、澠之水注之。

馬局灣。在高苑縣東南。縣志：相傳齊桓公牧馬於此。冬夏積水不涸。

龍灣。在安丘縣北汶水側。周廣數里，隆冬不冰。

聖水池。在益都縣東十里聖水祠下。有泉二泓，清瑩見底。歲旱禱雨常應。

芹泉。在益都縣西南五十里。中多芹菜，故名。元史：王英卒，憲司請卹典於朝，有曰「不食寇粟，餓死芹泉」。芹泉，谷名，英所居也。又噴泉，在縣東南十里。

珍珠泉。在博山縣東。亦名范公泉，以宋范仲淹讀書其側也。相近又有白雲泉，泉流濆涌，突起如雲，故名。

温泉。在臨淄縣南十里牛山西北、淄水南岸。又一在安丘縣西南七十里。其水四時常温，北流入汶。

釜泉。在臨朐縣南一百里。泉脈盛而常温。

熏冶泉。在臨朐縣西南二十五里海浮山下。水經注：水出西谿，谿上有一祠，目之爲冶泉祠，蓋古冶官所在，故水取稱焉。水色澄明，而清冷特異。東北流入巨洋，謂之熏冶泉。

雹泉。在安丘縣南四十里。自石罅中涌出，匯爲池，東流入浯水。

沸泉。在安丘縣西南四十里。泉出如沸，北流入灃河。

古泉。在諸城縣東南門外古城内。縣志：泉出東南溝崖之陰，泉流用瓦筩相接，水從筩中西北流。居人云，古城枕崗，地高土堅，鑿井至數丈不得泉，故古人制此以資居民。其筩長近尺，圍尺有半，上鏤細花，蓋秦、漢以前物也。

五色井。在臨朐縣西南二十五里。井旁土皆五色。

校勘記

〔一〕南至沂州府沂水縣界一百五十里　「州」，原作「川」，據乾隆志卷一三四青州府（下同卷簡稱乾隆志）改。

〔二〕領臨濟　「臨」，原脱，據乾隆志及晉書卷一五地理志補。

〔三〕元至元二年改屬益都路　「二年」，乾隆志同，表作「元年」。

〔四〕以形似名　「名」下原有「山」字，據乾隆志删。

〔五〕山有顔文姜廟　「姜」，原作「美」，據乾隆志及雍正山東通志卷九古蹟志改。按，顔文姜乃北齊時孝婦，太平寰宇記卷一九引輿地志曰：「齊有孝婦顔文姜，事姑孝養，遠道取水，不以寒暑易。」

〔六〕爲山世謂之治嶺山　「治」，原作「治」，據乾隆志及水經注卷二六淄水改。

〔七〕菟頭山　「菟」，原作「菟」，乾隆志同，據漢書卷二八下地理志改。

〔八〕在北海縣西三十五里　「西」，乾隆志同，太平寰宇記卷一八濰州作「西北」。

〔九〕即公王帶請漢武帝所封之泰山也　「王」，原作「玉」，乾隆志同，據史記卷二八封禪書改。

〔一〇〕膠水出五弩山蓋膠山之殊名也　「五」原作「蓋」，「膠山」原作「膠水」，據乾隆志及水經注卷二六膠水改。

〔一一〕山巔有鳳凰石　「石」，原作「山」，據乾隆志改。

〔一二〕又東北至皮丘沈入於海　「沈」，乾隆志作「流」。按，其字當作「坈」，水經注傳本多訛作「沈」。戴震校四庫本水經注改作「坈」是也。坈，王逸注：「陂池曰坈。」洪興祖云：「『坈』字書作『坑』，丘庚切，俗作『坈』。」乾隆志蓋未解「沈」為「坈」之訛，逕改作「流」也。

〔一三〕巨洋水亦名瀰河　「瀰」，原作「彌」，據乾隆志改。按，本志上文有瀰水，當即此水，字皆從水旁。下文引水經注「或曰朐瀰」亦同改。

〔一四〕山導丹水有二源　「山導」，乾隆志同。按，戴震校水經注以二字爲衍文，是也。「丹水」，原作「丹山」，據乾隆志及水經注卷二六巨洋水改。

〔一五〕西丹自穴山北流　「穴」，乾隆志同。按，戴震校水經注改「穴」爲「凡」，是也。

〔一六〕源出楊埠　「埠」，乾隆志作「阜」。

〔一七〕石井水出南山頂　乾隆志同。按，「頂」字當刪。考水經注卷二六淄水注原文云：「水出南山頂洞開，望若門焉。」戴震校以爲「山」下脱「山」字，是也。

〔一八〕入瀰河　「瀰」，原作「彌」，據乾隆志改。下文同改。

〔一九〕在牟山西麓　「山」，原作「水」，據乾隆志改。

大清一統志卷一百七十一

青州府二

古蹟

青州故城。今府治。本漢廣縣地，晉之東陽地也。晉書地理志：慕容超爲劉裕所滅，留長史羊穆之爲青州刺史，築東陽城而居之。水經注：以在陽水之陽，即謂之東陽城。世以濁水爲西陽水故也。北齊始移益都縣治此，仍爲州治。杜佑通典：東陽城即郡治東城也。齊乘：府城五門，周二十里，俗稱南陽城。北城爲東陽城，東西長，南北狹。兩城相對，抱陽水如偃月，因水以爲隍，因其崖以爲壁，蓋古者合爲一城。金初，止於北城立府。天會中，北城頹廢，移治南陽城。按：曾肇記曰：東陽城，府治之北城也。五代史房知温傳：爲平盧節度使，治第青州南城。宋史王居卿傳：青州河貫城中，泛溢爲病，居卿即城立飛梁，上設樓櫓，下建門以時啓閉，人服其智。王闢之澠水燕談則云，青州城西南皆山，中貫洋水，限爲二城。明道中，夏英公守青州，架大木爲飛橋。然則青州之兩城久矣。

柳泉故城。在益都縣東。漢地節四年，封膠東戴王子强爲柳泉侯，國於此，屬北海郡。後漢省。晉隆安三年，慕容德攻廣固，幽州刺史辟閭渾遣司馬崔誕戍薄荀固，平原太守楊豁戍柳泉。胡三省曰：「薄荀，人姓名，因以名固。亦在廣固城西。」

廣縣故城。在益都縣西南四里。漢置。高帝六年封召歐爲廣侯。竟寧元年封甾川孝王子便爲侯。晉永嘉末改築廣固城，而此城廢。齊乘：廣縣城在益都府南瀑水澗側，後魏置青州於此，遺址猶存。土人目爲古青州。

廣固故城

在益都縣西北八里，堯山之陽。晉書地理志：永嘉亂，青州淪没，東萊人曹嶷爲刺史，始造廣固城。水經注：廣固城在廣縣西北四里。四周絶澗，岨水深隍，曹嶷所築也。元和志：廣固城在縣西北四里，有大澗甚廣固，故謂之廣固。故城側有五龍口。隆安中，南燕慕容德都於廣固。其後德又於其中築内城，亦曰小城。義熙五年，劉裕克廣固，毁其城隍，而改築東陽城爲州治云。

安平故城

在臨淄縣東十里。本齊邑。史記田敬仲完世家〔一〕：田常割齊，自安平以東至琅邪自爲封邑。又田單傳：田單走安平，襄王封田單，號曰安平君。漢置東安平縣，屬淄川國。應劭曰：「博陵有安平，故此加『東』〔二〕。」後漢改屬北海國，封淄川王之子茂爲侯邑。晉改屬齊國。宋曰安平縣，仍屬齊郡。北齊廢入臨淄。唐武德四年復置安平縣，屬青州。八年廢。括地志：安平故城在臨淄縣東十九里。齊乘：有石槽城，在臨淄東十里，即古安平也。因城内有石槽，故名。

西安故城

在臨淄縣西三十里，北距時水。漢置，屬齊郡。元始元年封東平思王孫漢爲侯邑。後漢建武五年，張步弟藍棄西安走劇。章懷太子曰：西安城在臨淄縣西北。齊乘：西安城在臨淄西三十里。

高陽故城

在臨淄縣西北三十里，時水之陽。宋孝武僑置高陽郡，領安平、饒陽、鄚、高陽、新城等五縣。後魏因之。魏書地形志：高陽郡，故樂安地。水經注：系水西經高陽僑郡南。隋書地理志：大業初，廢高陽縣入臨淄。蓋北齊廢郡，隋始廢縣也。又宋孝武僑置渤海郡，領重合、修、長樂三縣。後魏因之。地形志：渤海郡，故臨淄地也。在今臨淄北，接高苑界。

時水故城

在臨淄縣西北三十里。隋開皇十六年置縣。大業二年廢。唐武德四年復置縣，屬青州。八年又廢。

臨淄故城

在今臨淄縣北八里。亦曰齊城，自齊獻公以下皆都此。戰國策：蘇秦説齊宣王曰：「臨淄城中七萬户。」秦滅齊，因故城置齊郡。其後項羽封田都爲齊王。漢有天下，封庶長子肥爲齊王，皆即故城都焉。伏琛齊記：古齊城周五十里，蓋臨淄有大城，又有小城也。元和志：縣理即古臨淄城也。漢齊郡亦理於此。縣志：今爲古城店。按齊記，齊城有十三門，西曰雍門。左傳襄公十八年「晉及諸侯伐齊，伐雍門之萩」是也。其西北曰揚門。襄公十八年「范鞅門於揚門，州綽門於東閭」，杜預曰：「揚門，齊西門；東閭，齊東門也。」其西南曰中門，其南曰稷門。昭公二十二年「莒子如齊莅盟，盟於稷門之外」是也。又東南曰鹿門。昭公十年國人追敗欒施、高彊於鹿門，蕭德言括地志以爲武鹿門。此古門可考者也。又有郭關，亦齊郭門也。哀公十四年田氏殺闞止於郭關是矣。其章華東門則齊宮門。湣王二十六年蘇代自燕入齊，見於章華東門是矣。

樂陵故城。今博興縣治。劉宋於今縣東故博昌縣地僑置樂陵郡及樂陵等縣。北齊移樂陵縣於今治。隋於漢樂安地改置博昌縣，省樂陵入之。唐武德初改置樂安縣，八年省。總章二年，又移博昌縣來治。自後因之。舊唐書地理志：博昌舊治之樂安乃漢故縣，在今博興縣北。駱賓王與博昌父老書所云「聞縣移就樂安城」者，乃唐所改置，非一地也。

利縣故城。在博興縣東四十里。漢置縣，屬齊郡。後漢屬樂安國。晉因之。宋省。晏謨曰：「縣在齊城北五十里。」齊乘：在樂安西北二十里。縣志：今曰租城鎮，在縣東四十里，遺蹟尚存。其東即樂安縣界。

博昌故城。在博興縣南。本齊邑。戰國策：千乘、博昌之間，方數百里。漢置博昌縣，屬千乘郡。後漢屬樂安國。晉因之。魏書地形志：樂陵郡陽信縣有博昌城。水經注：澠水西逕樂安博昌縣故城南。齊乘：博昌故城在博興南二十里。或亦呼爲薄姑城。按：縣東北九十里有博昌鎮，不知何代縣治也。存以俟考。

高昌故城。在博興縣西南。漢置，屬千乘郡。地節四年，封董忠爲高昌侯。後漢省。水經注：濟水逕高昌縣故城西，世謂之高昌城。縣志：有漢延鄉城，在縣南五里，故址尚存。考水經注，延鄉城在新城，不應在縣界。此城或即故高昌也。

樂安故城。在博興縣北。漢元朔五年封李蔡爲侯。表在博昌。後置縣，屬千乘郡。後漢屬樂安國。晉縣省而城存。宋元嘉二十七年，蕭斌攻魏青州刺史張淮之於樂安城。水經注：濟水逕樂安故城南。隋時改置博昌縣於此。隋書地理志：北海郡博昌舊曰樂安。開皇十六年改名是也。章懷太子曰：「樂安故城在博昌縣南。」舊唐書地理志：博昌舊治樂安城，總章二年又移今治。

被陽故城。今高苑縣治。漢置縣。元朔四年，封齊孝王子燕爲侯。後漢世祖時封歐陽歙爲侯，後省。水經注：臨濟有南、北二城，中隔濟水，即漢被陽故城也。宋、魏僑置渤海郡。北齊又自狄城移長樂縣治此。隋改名高苑，屬淄州。齊乘：縣南至州一百一十里，取縣東南高苑故城而名。

臨濟故城。在高苑縣西北。本齊之狄邑。或曰春秋時長狄所居，故名。戰國策田單攻狄，五月不下。即此。漢置狄縣，屬千乘郡。後漢永初二年改曰臨濟，爲樂安國治。晉又移國治高苑，以臨濟爲屬縣。泰始二年，高陽、渤海二郡太守劉乘民據臨濟以應建康。後魏亦曰臨濟，屬東平原郡。隋併入高苑，而移臨濟之名於故朝陽縣，非故名也。

建信故城。在高苑縣西北。漢高帝七年，封婁敬爲侯，後爲縣，屬千乘郡。後漢省。應劭曰：「臨濟縣西北五十里有建信侯城，都尉治故城。」

長樂故城。在高苑縣西北二里。漢狄縣地。宋孝武僑置長樂縣。寰宇記：劉宋於今高苑縣西二里如狄故城置長樂縣，高齊又移於被陽故城，而此城廢。按漢志，狄即臨濟。劉宋時臨濟爲縣如故，何由別置郡縣於此？豈寰宇記所謂如狄城者，又非漢之狄耶？然宋、魏志俱不載，疑誤。

千乘故城。在高苑縣北二十五里。本齊邑。漢置縣，並置千乘郡治焉。後漢改郡爲樂安國，移治臨濟，以千乘爲屬縣。晉省。劉宋移千乘之名於漢廣饒縣，而於故縣界僑置陽信縣，屬樂陵郡。魏書地形志陽信縣有千乘城是也。齊記：千乘城在齊城西北百五十里，有南、北二城，相去二十餘里。其一城縣治，一城太守治。千乘者，以齊景公有馬千駟，畋於青田，因以爲名。寰宇記：在縣北者，南千乘也。

鉅定故城。在樂安縣北。漢置縣。後漢省。水經注作鉅淀縣，東南有鉅淀湖，蓋以水受名也。舊志：在壽光縣西北八十里。

廣饒故城。在樂安縣東北。漢置。元鼎元年，封甾川靖王子國爲侯，後爲縣。水經注：淄水經廣饒城南，時水經廣饒城北。北齊省。隋移千乘縣於廣饒縣地。元和志：千乘縣東南至青州八十里。

琅槐故城。在樂安縣東北一百十里。漢置縣，屬千乘郡。後漢省。地理風俗記：博昌東北八十里有琅槐鄉，故縣也。水經注：濟水逕琅槐城北，淄水逕琅槐城南。

壽光故城。在今壽光縣東。漢置縣。後漢建武二年，封更始子鯉爲侯邑。元和志：壽光縣西南至青州七十里。隋開皇六年於縣北一里博昌故城置。

樂望故城。在壽光縣東十五里。漢縣也。地節四年，封膠東戴王子光爲樂望侯〔三〕，國於此。屬北海郡。後漢省。齊乘：今名王望店。其北十餘里又有古城，土人名爲女直營。舊志：王望店在縣東北四十里。

劇縣故城。在壽光縣東南。故齊邑。魯連子：朐、劇之人辯。漢初置劇縣，屬齊國。文帝十六年，以悼惠王子賢爲甾川王，都此。後漢爲北海國治。晉初改屬東莞郡。惠帝後累經改屬。晉書地理志：元康十年，分城陽之大劇屬高密國。漢有二劇縣，故謂此爲大劇也。宋書州郡志：劇縣，晉屬琅邪。宋還屬北海郡。水經注：巨洋水逕劇縣故城西，城之北側有故臺，臺西有方池。晏謨曰：「西去齊城九十七里。」北齊省。括地志：故城在壽光縣南三十一里。寰宇記謂之劇南城。又昌樂縣有廢劇縣，在縣西五十五里。城内有紀臺。疑此爲漢甾川國所治之劇，而在壽光縣東南者則漢北海郡屬縣也。

閭丘故城。在壽光縣南。隋開皇十六年分壽光置閭丘縣。大業初省。

益縣故城。在壽光縣西。漢置縣，屬北海郡。後漢爲侯國，改屬樂安國。晉省。水經注：巨洋水逕益縣故城東。晏謨曰：「南去齊城五十里。」司馬懿伐公孫淵，北徙豐縣人於此，遂改名爲南豐城也。齊乘：南豐縣即古益城。舊志：豐城店在縣西二十里。

益都故城。有二：一爲漢侯國，在今壽光縣西北。漢書王子侯表：益都敬侯胡，菑川懿王子，元朔二年封。水經注：百尺溝水西北流，逕北益都城北。蓋以在益都縣城之北，故曰北益都也。齊乘：王胡城在壽光北二十里，即漢益都侯國，以封王子胡而名。縣志：王胡城店在縣北十五里是也。一爲三國魏所置縣，北齊省。在今壽光縣南。宋書州郡志：齊郡有益都縣，魏因之。元和志：魏於今壽光縣南十里益都城置益都縣，屬齊國。宋及後魏屬齊郡。舊唐書地理志北齊自壽光移入青州城是也。山東通志有赤烏城，在壽光縣南十里，即益都城。縣志：在縣南七里，遺址微存。按：晉志「利縣」作「利益」，疑益即益都，傳寫者誤并二縣爲一也。二城與上益城北三城俱在壽光縣界，故説者多混。

平望故城。在壽光縣東北。漢書地理志：北海郡平望侯國，後漢建初二年封北海王興子毅爲平望侯。而志無此縣，蓋尋省也。水經注：伏琛、晏謨並以爲平望亭在平壽縣故城西北八十里，故縣也。又或言秦始皇升以望海，因曰望海臺云。舊志：望海臺在縣東北四十里，俗名黑塚。其北即黑塚泊也。

營陵故城。在昌樂縣東南。即古營丘。亦曰緣陵。史記：武王封太公於營丘。又春秋僖公十有四年：諸侯城緣陵。傳曰：「遷杞也。」漢書地理志：營陵或曰古營丘。應劭曰：「師尚父封於營丘。陵亦丘也。」薛瓚曰：「營陵，春秋謂之緣陵。」顔師古曰：「臨淄、營陵，皆舊營丘地。」漢屬北海郡。晉惠帝元康十年，分城陽之營陵縣屬高密國。北齊廢。隋開皇十六年復。唐初權置杞州。武德二年復爲營丘縣。八年州廢，省營丘入北海。括地志：營陵故城在青州北海縣南三十里。齊乘：昌樂城東南十餘里有營陵城。又安丘、北海界上有起城。營陵即緣陵，「起」即「杞」之譌也。明統志：在昌樂縣東南五十里營丘社。縣志：營丘城在城東南五十里。太公受封所築也。營陵城在留泉社内，有營臺。按：古營丘即營陵，縣志分而爲二，誤。

劇魁故城。在昌樂縣西北。漢元朔元年封菑川懿王子黑爲侯國，屬北海郡。後漢省。舊志：劇魁故城在昌樂縣西北。蓋亦與二劇相近。

昌樂故城。在今昌樂縣西北十里。寰宇記：昌樂縣在濰州西五十五里。宋初析壽光縣長壽鄉於營丘故縣界置。齊乘：廢昌樂城在濰州西五十里。至元三年廢入北海。有宋玉華宮，舊名神遊觀。縣志：宋昌樂故城在今縣北十里，元省入北海。明初復置，始移今治。

朱虛故城。在臨朐縣東。漢高后二年，封齊悼惠王子章爲朱虛侯，國於此，屬琅邪郡。闞駰曰：「以丹朱所遊之虛，故名。」後漢永初元年改屬北海國。晉屬東莞郡。宋屬平昌郡。北齊廢入郚城。括地志：朱虛故城在臨朐縣東六十里。舊志：今縣東北廟山社有遺址，土人猶呼爲城頭。

臨原故城。在臨朐縣東。漢元朔二年封菑川懿王子始昌爲侯國，屬琅邪郡。後漢省。寰宇記：臨原故城在今縣東輔唐縣之北。按：史記作臨原，漢書表作臨泉，疑即「原」之譌。

缾縣故城。在臨朐縣東南。亦作郱，又作駢。春秋：莊公元年，齊師遷紀、郱、鄑、郚。註：郱在東莞臨朐縣東南。漢文帝十四年，封孫單爲侯，國於此。元封元年，又封菑川靖王子成爲侯，屬琅邪郡。後漢省。應劭曰：臨朐縣有伯氏駢邑。括地志：郱城在青州臨朐縣東南三十里。齊乘：缾城在安丘南，與郚城相近。

般陽故城。在臨朐縣東南。漢般陽縣在今菑川，宋、魏間移治於此。魏書地形志：般陽縣有朱虛城、大峴山、甑山、鉅平山、泰山祠。隋書地理志：開皇六年，分臨朐置般陽縣。大業初廢。縣志：故城在縣東南三十五里般陽社，社以故縣名，俗訛爲般羊。

都昌故城。在臨朐縣東北。漢都昌縣在今昌邑。宋書州郡志：青州北海郡都昌縣與郡皆寄治州下。隋書地理志：都昌縣有箕山、阜山、白狼山。唐書地理志：都昌縣，武德二年屬濰州。六年省。括地志：都昌故城在臨朐縣東北，蓋宋、魏間又自州下所徙置者也。按：魏志昌國縣有紀信塚。隋志臨朐舊曰昌國，漢昌國縣在今淄州，漢都昌縣在今濰縣。此城蓋即隋志所謂昌國，魏時移治者也。

昌安故城。今安丘縣治。漢置縣，屬高密國。後漢永平元年封鄧禹子襲爲昌安侯，尋省。安帝元年復置，屬北海國。晉屬城陽郡。元康十年分屬高密國〔四〕。宋因之。魏爲平昌郡治。隋大業初省入安丘。唐武德二年復置。六年省。章懷太子曰：「昌安故城即安丘外城。」乾元中改曰輔唐，屬密州。晉天福初改爲膠西縣。宋復爲安丘，至今因之。

平昌故城。在安丘縣南。漢文帝四年封齊悼惠王子卬爲侯國，屬琅邪郡。後漢屬北海國。魏文帝立平昌郡，尋省。晉初屬城陽郡。元康十年又置平昌郡，以平昌爲屬縣。後魏延昌中改屬高密。水經注：荆水逕平昌故城東，城東南有臺，臺下有井，與荆水通。昔常有龍出入於其中，故世亦謂之龍臺城。魏書地形志：平昌縣有龍臺山。又東武縣有平昌城，蓋舊治本在東武，延昌移治龍臺也。北齊省。寰宇記：在縣南六十里。大業三年自牟山移安丘縣治此。唐武德六年始移昌安，而此城廢。府志：平昌故城在諸城縣東北柴溝東南，即安丘縣境也。按：水經注、地形志平昌即龍臺也。齊乘謂平昌故城在安丘南六十里，龍臺城在安丘南八十里，亦謂之城陽城，分而爲二。寰宇記又謂在昌安城内，恐誤。

安丘故城。漢有二安丘：一在縣西南。高帝八年封張説爲侯國，後爲縣，屬北海郡。後漢建武五年封張步爲侯國。後魏爲平昌郡屬縣。水經注：汶水又東，逕安丘縣故城北，城對牟山。寰宇記：漢安丘縣城在今縣西南二十里，即莒渠丘邑是也。一在縣東南界。漢鴻嘉元年封高密頃王子嘗爲安丘侯，國於此，屬琅邪郡。後漢省。

牟山故城。在安丘縣西南牟山北。隋開皇十六年置。大業初改曰安丘。唐移治昌安，此城遂廢。

郚城故城。在安丘縣西南六十里峿山北。亦作吾，又作梧。春秋莊公元年：齊遷紀、郚。注：「郚城在朱虛東南。」漢置郚城縣，屬琅邪郡。後漢省。地理風俗記曰：朱虛東四十里有郚亭城，故縣也。隋書地理志：高密郡郚城，舊置平昌郡。後齊廢郡，置琅邪縣，廢朱虛入焉。大業又改郚城。唐武德六年省入輔唐。寰宇記：郚城在安丘縣西南六十里。按：寰宇記又有石泉故城，在安丘縣西南六十里。考水經注，石泉城在平昌東南四十里，不應在此。

淳于故城。在安丘縣東北。古淳于國。春秋桓公五年：冬，州公入曹。傳作「淳于公如曹」。杜預注：「淳于，州國所都。」後入於杞。襄公二十九年「晉人城杞之淳于，杞又遷都淳于」是也。漢置淳于縣，屬北海郡。晉初屬城陽郡。元康十年分屬高密。後魏改屬平昌郡。水經注：淳于，故夏后氏之斟灌國也。周武王以封淳于公，號曰淳于國。其城東北則汶、濰兩川夾會處也。北齊廢入高密。括地志：故城在安丘縣東北三十里。縣志亦名杞城。

東武故城。即今諸城縣治。漢置東武縣，爲琅邪郡治。高帝八年，封郭蒙爲東武侯，即此。魏書食貨志太和八年平昌郡之東武以麻布充稅，是也。隋始改曰諸城。括地志：漢東武故城即今諸城。舊唐書地理志「諸城縣，隋移入廢高密郡城」是也，至今因之。縣志又有古城，在縣東南里許。蘇軾守郡時，與劉廷式循古城廢圃，求杞菊食之。今名杞菊圃。

昌縣故城。在諸城縣東南。漢高帝八年，封旅卿爲昌侯。元鼎元年，又封城陽頃王子差爲侯國，屬琅邪郡。後漢省。水經注：久台水西北流逕昌縣故城西。城應在諸城縣東南。縣志：縣東北三十里有昌城社，疑是石泉縣故址也。

梁鄉故城。在諸城縣東南。後魏永安中置縣。興和中立臨海郡，尋廢，以縣屬東武郡。北齊廢。金史地理志：膠西縣有梁鄉鎮。府志：故城在諸城縣東南一百二十里。

橫縣故城。在諸城縣東南四十里。漢置縣，屬琅邪郡。後漢省。寰宇記：故城在盧山之北，盧水之側。

琅邪故城。在諸城縣東南一百五十里琅邪山下。本齊邑。吴越春秋：勾踐二十五年，徙都琅邪。漢置琅邪縣，屬琅邪郡。晉省。水經注：琅邪城即秦王所築琅邪臺，在縣東南十五里。隋開皇十六年置豐泉縣。大業初改曰琅邪縣，屬高密郡。唐武德初省。括地志：琅邪臺在諸城縣東南一百四十里，臺西北十里有琅邪城。寰宇記：琅邪故城在今諸城縣東南一百六十里，東枕大海。舊志或以爲今之夏河城，在琅邪臺西北十里。

諸縣故城。在諸城縣西南三十里。春秋莊公二十九年：城諸及防。文公十二年：季孫行父帥師城諸及鄆。漢置諸縣，屬琅邪郡。後漢延光三年，黃龍見諸。北齊省入東武。隋又改爲諸城。元和志「諸城縣取縣西三十里漢故諸縣城爲名」是也。府志：在石屋山東北二里濰河南岸。縣志：亦名季孫城。

姑幕故城。在諸城縣西南五十里。漢置縣，屬琅邪郡。漢書地理志：姑幕縣爲都尉治。或曰薄姑。晉初屬城陽郡。太康十年分屬東莞郡。劉宋省。博物記：姑幕縣，有淮水入城。東南五里有公冶長墓。水經注：浯水逕姑幕故城東。後魏永安中復置，屬東武郡。魏書地形志：縣有荆臺山、公冶長墓。北齊省入東莞。寰宇記：漢姑幕城在莒縣東北百六十里，公冶長墓在諸城縣西北五十里。齊乘據博物記、寰宇記公冶長墓之説，謂姑幕當在諸城。公鼒姑幕辯謂晉志、通典、十道紀、章懷太子俱以姑幕爲薄姑，實非也。薄姑城在今博興縣。

昆山故城。在諸城縣西南六十里，昆山西七里。漢初元元年，封城陽荒王子光爲侯國，屬琅邪郡。後漢省。寰宇記：在今莒縣東諸城。

折泉故城。在諸城縣西南七十里。漢初元元年，封城陽荒王子根爲侯國，屬琅邪郡。後漢省。水經注作析泉。寰宇記：在今莒縣東北，分流山之北。府志：在諸城縣西南七十里，分流山西。

兹鄉故城。在諸城縣西北。春秋昭公五年：莒牟夷以牟婁及防、兹來奔。注：姑幕縣東北有兹亭，平昌縣西南有防亭，皆在縣西北界。漢甘露四年，封城陽荒王子弘爲侯國〔五〕，屬琅邪郡。後漢省。

扶淇故城。在諸城縣西北。一作扶其。後魏永安中置縣，取扶淇水爲名，屬東武郡。北齊廢。縣志：縣西北有扶淇鄉。

石泉故城。在諸城縣東北。漢置縣，屬高密國。後漢省。水經注：濰水北逕石泉縣故城西。地理風俗記曰：平昌縣東南四十里有石泉亭，故縣也。按：石泉故城應在今諸城縣東北界。寰宇記謂在安丘縣西南六十里，乃誤指平昌故城耳。

新河廢縣。在博興縣東北。隋開皇十八年析博昌縣置，大業初仍省入。唐武德二年復置，屬乘州，六年又省。新河册説：樂安縣有新河海口，縣當相近。

穆陵廢縣。在臨朐縣南。金貞祐四年，升臨朐之穆陵關置縣，屬益都府。元省。

成鄉廢縣。在安丘縣北。漢地節四年，封膠東戴王子饒爲成鄉侯〔六〕。又建始二年，封高密頃王子安爲侯國，屬北海郡。後漢省。寰宇記：在安丘北界。

古鄑邑。在臨淄縣東。春秋莊公三年：紀季以鄑入於齊。杜預注：「在齊國東安平縣。」國語：齊地東至於北鄑。後爲田成子之邑。後漢書郡國志：東安平縣有鄑亭。括地志：安平城，古紀國之鄑邑也。

挍城。在臨朐縣東。漢書王子侯表：挍侯雲，城陽頃王子，元鼎元年封。闞駰曰：「朱虚城東十三里有挍亭故縣。」縣志：漢表又有邳離侯路博德、臧馬侯雕延年，俱元狩四年封，在朱虚。今不可考。邳離，史記作符離。

索頭城。在臨淄東南二十里女水之南。後魏慕容白曜圍沈文秀於青州，築此城。今有索頭村。

長城。在臨淄縣南，與沂水接界。俗名長城嶺。西至濟南府淄川縣南界，東至沂州府沂水、莒州之北，又東至諸城南。水經注：朱虚縣泰山上有長城，西接岱山，東連琅邪、巨海，千有餘里，蓋田氏之所造也。竹書紀年：梁惠成王二十年，齊築防以爲長城。又晉烈公十二年，王命韓景子、趙烈子及我師伐齊，入長垣。戰國策：蘇代所謂齊有長城巨防。史記所謂「齊威王越趙伐我長城」者也。張守節正義云：泰山郡記「長城緣河，經泰山千餘里，至琅邪臺入海」。括地志：長城西起濟州平陰縣，沿河歷泰山北岡，由穆陵關至密州琅邪臺入海。寰宇記：長城在諸城縣南四十里。東南自海迤邐上大珠山起，盡州南界二百五十里，古蹟依約尚存。舊志：古長城在臨朐東南一百五里、諸城縣南五十里。按：古長城因山爲之，蜿蜒千里。考管子云「長城之陽，魯也；長城之陰，齊也」，蓋春秋時已有長城矣。

營城。在臨淄縣西北二里。亦名營丘城。漢書王子侯表：營侯信都，齊悼惠王子，文帝四年封。水經注：澠水出營城東，西北流逕營城北。

晝邑城。在臨淄縣西北二十里。春秋時棘邑，又云澅邑。史記田單列傳：燕之初入齊，聞晝邑人王蠋賢，令軍中曰：

「環畫邑三十里無入。」後漢書耿弇傳：弇攻張步，進軍畫中。章懷太子曰：「畫中邑，在西安城西南」。

蒲姑城。在博興縣東北。亦曰薄姑。本殷、周間諸侯國。書序：成王東伐淮夷，遂踐奄，遷其君於蒲姑。左傳昭公九年：詹桓伯曰「蒲姑、商、奄，吾東土也」。注：「樂昌博安縣北有蒲姑城。」又昭公二十年：晏子曰「蒲姑氏因之」。注：「蒲姑氏，殷、周之間代逢公者。」漢書地理志：殷末有蒲姑氏爲諸侯。至周成王時，蒲姑氏與四國共作亂，成王滅之，以封師尚父，是爲太公。史記齊太公世家：胡公徙都薄姑。後漢書郡國志：博昌縣有薄姑城。魏書地形志：樂陵有薄姑城。水經注：濟水逕薄姑城北。元和志：故城在博昌縣東北六十里。齊乘：薄姑城，今博興東北，俗呼爲嫌城者是。明統志：薄姑城在博興縣東南十五里。

紀城。在壽光縣南。左傳隱公元年：紀人伐夷。注：「紀國在東莞劇縣。」應劭曰：「古紀國，今壽光縣紀亭是。」齊乘：紀城在壽光南三十里，即劇城也。通志：紀本在東海贛榆，後遷劇，亦稱紀城。有臺高九尺，俗曰紀臺。城旁有劇南城，漢劇縣也。府志：紀臺城在壽光縣南二十五里，廢址尚存，在瀰、堯二水之間。

牟城。在壽光縣東北二十里。或謂即春秋牟子國。又有鹽城，在縣北八十里，亦名霜雪城。土人多用芠草煎鹽。又七里營城，在縣東南七里，未詳所置。

斟灌城。在壽光縣東北四十里。左傳襄公四年：魏絳曰「寒浞使澆用師滅斟灌及斟尋氏」。注：「二國，夏同姓諸侯。仲康之子后相所依。樂安壽光縣東南有灌亭，北海平壽縣東南有斟亭。」應劭曰：「古斟灌，禹後。今灌亭是。」括地志：斟灌故城在縣東五十四里。寰宇記：斟灌城，亦名東壽光。齊乘：斟灌城在壽光東四十里。今爲斟灌店。

婁鄉城。在諸城縣西南四十里。春秋隱公四年：莒人伐杞，取牟婁。又昭公五年：莒牟夷以牟婁及防、兹來奔。注：「牟婁，杞邑。城陽諸縣東北有婁鄉。」後漢書郡國志：平昌縣有婁鄉。水經注：涓水北逕婁鄉城東，俗謂此城爲東諸城。

衆利城。在諸城縣西北。漢書功臣表：衆利侯郝賢，元朔六年封，在姑幕。又高冠侯高不識，元狩二年封，在昌縣。縣志：應在今縣東界。

城陽城。在諸城縣北。寰宇記：魏明帝徙城陽郡理東武。齊乘：城陽城在安丘南八十里，亦曰龍臺城。府志：城陽城在縣北六十里。有城陽鄉，又有城陽社。

青州故衛。在府城東門内。明洪武初建益都衛於府城西北，尋改青州左衛。永樂十四年，移建於此。本朝康熙十七年裁。

廢諸城所。在諸城縣西南隅。明洪武四年建。本朝順治十二年裁。

營丘。在臨淄縣西北。漢書地理志：臨淄名營丘。晉書慕容德載記：德如齊城，登營丘。元和志：營丘在臨淄縣北百步外城中。齊乘：在縣西二里塔寺後。按：史記言太公都營丘，後五世胡公遷薄姑，弟獻公徙臨淄。而班氏地理志言營丘者，猶晉遷於新田而猶謂之絳，楚遷於鄀而仍謂之郢也。

葵丘。在臨淄縣西。左傳莊公八年：齊侯使連稱、管至父戍葵丘。注：「葵丘，齊地。臨淄縣西有地名葵丘。」去國三十里。水經注：京相璠曰：「齊西五十里有葵丘。」元和志：葵丘在臨淄西北二十里。又僖公九年，齊桓公會諸侯於葵丘，在河南考城縣。

渠丘。在安丘縣南一里許。左傳成公八年：晉侯使申公、巫臣如吴，假道於莒，與渠丘公立於池上，曰城已惡。九年，楚子重自陳伐莒，圍渠丘，渠丘城惡，衆潰，奔莒。楚入渠丘。孟康曰：「今安丘縣渠丘亭是。」水經注：伏琛、晏謨並言亭在安丘城東北十里，非城也〔七〕。舊志：渠丘亭，亭下有池，即申公、巫臣與渠丘公立談處。明洪武三年置渠丘驛，景泰二年省。

貝丘。在博興縣南。左傳莊公八年：齊侯田於貝丘。注：「博昌縣南有地名貝丘。」史記作「田於沛丘」，亦作浿丘。後漢書郡國志：博昌縣有貝中聚。京相璠曰：「在齊城西北四十里。」水經注：澠水西歷貝丘。齊乘：在博興縣南五里。縣志：今有貝丘鄉。

濟川墟。在高苑縣西北五里。晉書裴秀傳：魏咸熙初，封濟川侯，地方六十里，邑千四百户〔八〕。以高苑縣濟川墟爲侯國。

鄭公鄉。在安丘縣東。後漢書鄭康成傳：北海相孔融爲康成特立一鄉，曰鄭公鄉，號其門曰通德門。縣志：亦名鄭公店。

袁婁。在臨淄縣西。春秋成公二年：齊侯使國佐如師。己酉，及國佐盟於袁婁。穀梁傳：「爰婁，去國五十里。」博物記：臨淄西有袁婁。

莊嶽。在臨淄縣北古齊城内。左傳襄公二十八年：陳桓子曰：「得慶氏之木百車於莊。」又慶封反陳於嶽。杜預注：「莊，六軌之道；嶽，里名。」孟子：引而置之莊嶽之間。注：「莊嶽，齊街里名也。」蓋莊是街名，嶽是里名。

稷下。在臨淄縣北古齊城西。左傳昭公十年：齊陳鮑伐欒高氏，戰於稷。史記田敬仲完世家〔九〕：齊宣王時，稷下學士復盛，且數百千人。注：劉向別録曰：「齊有稷門，城門也。談説之士期會於稷下也。」杜預曰：「祀后稷之處。」又曰：「稷，地名。六國時齊有稷下館。」索隱引齊地記曰：「齊城西門側系水左右有講室址存焉。」蓋因側系水，故曰稷門。古側、稷音相近。

蘧丘里。在臨淄縣西。左傳莊公九年：春，雍廩殺無知。昭公十一年：楚申無宇曰「齊渠丘實殺無知」。注：「渠丘，今齊國西安縣也。」齊大夫雍廩邑。後漢書郡國志：齊國西安有蘧丘里，古渠丘也。

蕩陰里。在臨淄縣南。諸葛亮梁父吟：步出齊城門，遥望蕩陰里。水經注：淄水又東北逕蕩陰里。

管公里。在安丘縣西南四十五里。即管幼安舊居也。縣志：有棄金坡，在書院山東五里。相傳即幼安鋤園揮金處。

雪宫。在臨淄縣東北。孟子：齊宣王見孟子於雪宫。元和志：齊雪宫故址在臨淄縣東北六里。晏子春秋所謂齊侯見晏子於雪宮也。

遄臺。在臨淄縣東一里。左傳昭公二十年：齊侯至自田，晏子侍於遄臺。肇域志：在臨淄縣東一里。

檀臺。在臨淄縣西。左傳哀公十四年：齊簡公與婦人飲酒於檀臺。史記正義：在青州臨淄縣東北一里。齊乘：梧臺南有歇馬臺，土人以爲晏子作歌之臺。或又以爲簡公之檀臺。

梧臺。在臨淄縣西北。楚使聘齊，齊王饗之梧臺。水經注：系水流逕梧宮，其地猶名梧臺里。即古梧宮之臺。闞子所謂宋之愚人得燕石於梧臺之東是也。

釣魚臺。在臨淄縣東北五里，淄河東岸。魏書地形志：齊郡益都有釣臺。齊乘：辟閭渾墓在壽光縣西南三十里，俗呼釣魚臺。按：水經注，辟閭渾墓側有一墳甚高大，時人謂爲馬陵臺。齊乘以爲釣魚臺，有誤。

鳳停臺。在高苑北二十五里。漢宣帝本始元年，鳳凰集於千乘，後人因爲建臺。有宋元豐間斷碑。

柏寢臺。在樂安縣東北。韓子：景公與晏子遊於少海，登柏寢臺而望其國。服虔曰：「柏寢，地名，有臺。」括地志：在千乘縣東北二十里〔一〇〕。舊志：亦名柏臺。

臧氏臺。在壽光縣西三十里。水經注：濁水又北，逕臧氏臺西。齊乘：臧臺在壽光西四十里。舊有宋碑，云是臧武仲之臺。

倉頡臺。在壽光縣東北。水經注：巨洋水逕壽光城東，有孔子石室，故廟堂也。齊乘：倉頡臺在壽光東北，洱水所經，水經注爲孔子問經石室，非也。鄭樵通志云：倉頡石室記二十八字，在倉頡北海墓中，土人呼爲藏書室。周時無人識之。逮秦李斯始識八字，曰「上天作命，皇辟迭王」。漢叔孫通識十三字。豈孔子至齊，亦嘗訪焉，故有「問經」之目耶？

鳳凰臺。在壽光縣西北三十里。齊乘：宋天聖間，鳳凰下此，因築臺。有宋碑，今廢。

南皮臺。在壽光縣東北四十里。齊乘：鳳凰臺北有南皮臺，前有東岳、南岳行祠。金永安二年碑刻在焉，疑即古平望亭也。又有熙熙臺，在壽光縣北城上；過宋臺，在縣南二十五里；官臺，在縣北七十里。有鹽官，俗謂縣周迴有十臺，九城，如熙熙、過宋、官臺之類，皆不可考。

琅邪臺。在諸城縣東南琅邪山上，可望大海。山海經：琅邪臺在渤海之間，琅邪之東。注：「今琅邪在海邊，有山特起，狀如高臺，即琅邪臺也。」太平御覽：琅邪臺，郡國縣道記云在故城東南十里，州東南一百七十里，臺上有始皇碑，碑上有六百字可識，餘多剥落。

超然臺。在諸城縣北城上。宋蘇軾守郡時因舊臺建，刻秦篆置之臺中。又有山堂，在超然臺上，蘇軾建。

蓋公臺。在諸城縣城内。宋蘇軾建，有記。

表海亭。在府城北關西。齊乘：南陽水西逕表海亭，在府城北南陽橋北。宋范仲淹、歐陽修皆有詩。明知府李昂設，建北關。

范公亭。在府西門外。范仲淹知青州，洋溪側出醴泉，公構亭泉上，後人名范公泉。齊乘：環泉古木蒙密，塵迹不到，如在深山中，最爲營丘佳處。歐陽修、劉攽賦詩刻石置亭中。

富相亭。在府城南瀑水澗側。宋富弼知青州時建。

元世祖碑亭。在府舊城北。齊乘：世祖平李璮後，賑恤青人，民立「聖德碑」。

錦秋亭。在博興縣東南城上。齊乘：元中統中邑人所建，取蘇軾詩「霜風吹緑錦，萬頃水雲秋」命名。蓋齊地甾、時、般、濼衆水瀦爲馬車瀆以入海，博興宛在水中，舟檝交通，魚稻成市，風景絶類江南云。

海岱樓。在府城内。府志：樓在府城東門内。金統軍司廨也。

山齋。在府治。宋歐陽修知青州時建。

秦皇碑。在諸城縣東南琅邪山上。詳見前「琅邪山」及「琅邪臺」。

蘇軾遺石。在諸城縣儒學内。太湖石也〔一一〕。高一尺八寸，瓓瓏奇麗，石背刻「禹功傳道明叔子瞻遊」九字，爲蘇軾筆。

關隘

徐關。在博山縣東。左傳成公二年：齊師敗於鞍。齊侯自徐關入。又十七年：齊侯與國佐盟於徐關而復之。杜甫詩：徐關東海西。

青石關。在博山縣南二十里。由長峪道迤邐而來，直接泰安府萊蕪縣界。兩山壁立，連亘數里。山巔隘處高及三丈，行旅悚慄，俗名楊家關。

黄草關。在諸城縣西南九十里，九仙山西北，兀子山南。兩山之間有孔道，東通海上信陽場，西通沂州府莒州。鹽徒經行，委區長防守。又昌樂縣東南方山之東亦有黄草關，今名大巖口、小巖口，又有開山口，在縣東南十里。兩山迤邐，中有路通行旅。

穆陵關巡司。在臨朐縣南一百里大峴山上，南接沂州府沂水縣界。左傳僖公四年：管仲曰「南至於穆陵」。隋書地理志：北海郡臨朐有穆陵山。沂水雜記：沂水縣北一百里有將軍峴，峴西南曰鞍山，山北有關曰穆陵關。寰宇記：山在泰山南，龜山北。齊乘：大峴山即穆陵關也。縣志：穆陵關，元至正壬辰命益都路副達魯噶齊建兵室，創戍樓，把截於此。明洪武三年始設巡檢司，至今仍之。

信陽鎮巡司。在諸城縣南一百二十里。元和志：諸城縣東南一百三十里濱海有鹵澤九所，煮鹽。金史地理志：諸城縣有信陽鎮。信陽縣志：信陽場在縣南二十里大莊村，南去海一里。明洪武初設巡司，管宋家、崔家二海口。今仍舊。又鹽課司亦置於此。

金嶺鎮。在益都縣西七十里，與淄川縣接界。舊置驛及遞運所。本朝順治十六年裁。乾隆二十八年移縣丞駐此。

淳化鎮。在博興縣北。金史地理志：博興有博昌、淳化二鎮。縣志：淳化鎮在縣北四十里。又博昌鎮在縣北九十里，近利津、濱州、樂安界。又有柳橋鎮，在縣南二十里；陳虎店鎮，在縣西二十五里。

田鎮。在高苑縣西北三十里，接青城縣界。相傳即田横故居也。舊置巡檢司，後廢。

樂安鎮。在樂安縣西北六十里。縣志：即古清河鎮也。明置巡司，後移顏神鎮。今在石辛鎮。

高家港鎮。在樂安縣東北百里。縣志：高家港鹽場，在縣東北九十里高家社。舊置巡司。本朝雍正十二年裁。

廣陵鎮。在壽光縣東北五十里。金史地理志：壽光縣有廣陵鎮。縣志：廣陵鎮，明初置巡司。本朝順治十六年裁。又縣舊有新建遞運所，久廢。

侯鎮。在壽光縣東北五十里。本朝乾隆二十八年移縣丞駐此。

景芝鎮。在安丘縣東四十里，接諸城、高密二縣界。四達之路，有土城，居民四五十家。明萬曆七年設萊州通判駐此，尋裁。本朝乾隆二十四年移縣丞駐此。又有牛沐店，接莒州、臨朐界。

李丈鎮。在安丘縣南六十里。金史地理志：安丘縣有李丈鎮。縣志：今名朱耿店。

龍灣鎮。在諸城縣東南一百三十里。亦名南龍灣口。西枕琅邪，東據海口。有巡司，管龍灣、丁家、董家三海口。本朝乾隆七年裁。

普慶鎮。在諸城縣西。金史地理志：諸城縣有普慶、信陽、草橋三鎮。縣志：普慶鄉在縣治西，領東普慶社，在縣西南三十里；西普慶社，在縣西四十里。又草橋社，屬信陽鄉，在縣東南一百二十里。

芝盤鎮。在諸城縣西北六十里。府志訛爲「淄泮」，明初置巡司於此，後革。又桃林鎮，在縣南六十里；石渠空鎮，在縣北一百二十里。明初俱置巡司，後革。

王岡場。在樂安縣東北一百里。舊置鹽大使。

官臺場。在壽光縣北。舊置鹽大使。金史地理志：壽光縣有鹽場。齊乘：官臺在壽光北七十里，有鹽官。縣志：官臺場在縣北八十里，産鹽。

塘頭寨。在樂安縣東北一百里，小清河南。有土城，周三里，明設備禦百户所駐守於此。

夏河寨。在諸城縣東南，去琅邪臺十里。有甎城，周四里。

錦衣衛口。在諸城縣南一百二十里九仙山東，五朶山西。縣志：一名惡山口，以其地當緊要，故以錦衣衛名之。迤東一山，與口相對，名團路山。

青社驛。在益都縣北。有驛官。舊有青社遞運所，今省。

丹河驛。在昌樂縣西十里。舊置丹河馬驛。又有小丹河店遞運所，明萬曆初與驛俱革。今爲丹河鋪。

藥溝驛。在諸城縣東北六十里藥溝社。又桃林驛，在縣南六十里桃林社；東關驛，在縣東關外。俱明洪武中置，後革。

津梁

海岱橋。在益都縣東門外，跨城濠。

洰洱橋〔一二〕。在益都縣東三十里。相近又有崔高橋。俱跨瀰水上。

月漾橋。在益都縣東南二十里白馬廟東。采石凝結如天成，下竅有室，可容數人，水流不竭。

轉雲橋。在益都縣西南七里雲門山西麓。

南洋橋。在益都縣北門外，跨南陽水。宋曾肇撰修橋記，米芾書。明萬曆中修，改名萬年橋。長二十丈，廣二丈。本朝康熙年間修。

永濟橋。在博山縣西南三里鳳凰山東麓，跨瀧水。

淄河橋。在臨淄縣東南十二里。

時水橋。在臨淄縣西北四十里。

柳橋。在博興縣東南二十里，跨小清河。

會昌橋。在博興縣南灣頭店。舊名通濟橋，小清、孝婦二水合流，南通臨淄，北達蒲臺。

李監橋。在博興縣南十二里。齊乘：澠水至博興李監橋入時水。即此。

通濟橋。在高苑縣東南五里，跨小清河。

岔河橋。在高苑縣西南七里。有兩橋相對，一跨孝婦河，一跨小清河，當二水合流之衝。

淄河店橋。在樂安縣東二十里，跨女水。

東王橋。在樂安縣東南十五里，跨淄水。

大王橋。在樂安縣東南二十五里，跨北陽水。明統志：在壽光縣西四十五里。唐建，石刻尚存。

平政橋。在樂安縣西北二十八里，跨小清河。

朝宗橋。在樂安縣北二十里，跨小清河。

張建橋。在壽光縣東十里，跨瀰河。

稻田石橋。在壽光縣東三十里。

五龍橋。在壽光縣南關。有五水會流，故名。

羅橋。在壽光縣西北二十里。

白狼河橋。在昌樂縣東南五十里。

東丹河橋。在昌樂縣西三里。又有西丹河橋，在縣西九里。俱明萬曆四十一年建。

龍泉橋。在臨朐縣南關，跨龍泉河。

瀰河橋。在臨朐縣南一里許。

龍灣橋。在安丘縣南二十五里。

汶水橋。在安丘縣西北三里。

注輔河橋。在諸城縣南七里。

石河橋。在諸城縣南七十里。

濰河橋。在諸城縣北五里。

鐵溝河橋。在諸城縣東北五里。

盧河橋。在諸城縣東北三十里。

百尺河橋。在諸城縣東北四十里。

韓信橋。在諸城縣東北三十五里。

隄堰

護城隄。在高苑縣南。金皇統九年，知縣高通築。

高堰隄。在高苑縣西南二十餘里。俗名大堰，防滸山泊一帶之水趨城北者。又有禦水隄，俗名小堰，在縣西南，自程兒頭起至閘上，凡五十里。

曲隄。在樂安縣南二十里。起淄河北岸，東南延袤五里。相傳元時築。

利農隄。在樂安縣北八十里清水岸。明成化十七年，知縣沈清築。以禦小清河之水。

浯水堰。在安丘縣南。水經注：浯水逕平昌故城北，古堨此水以溢溉田，南注荆水。元和志：今尚有餘堰，稻田畦畛存焉。

濰水堰。在諸城縣東北。即上、中、下三壩也。水經注：濰水歷碑産山西。有故堰，舊鑿石豎柱斷濰水。廣二十餘步，掘東岸，激通長渠，逕高密城南，蓄以爲塘，方二十餘里。元和志：濰水故堰在諸城縣東北四十六里。

陵墓

古

倉頡墓。在壽光縣東北。縣志：齊乘曰，水經注所謂孔子問經石室，即倉頡墓也。按：明統志謂在縣治西，誤。

周

蘇秦墓。在益都縣東二十五里。齊乘：般陽西又有秦冢。

田和墓。在益都縣北二十里。亦名太公冢。和亦稱齊太公，故名。皇覽作太公吕尚冢，誤。

紀季墓。在臨淄縣東，古安平城北。齊乘：石槽城北有紀季墓。

黔敖墓。在臨淄縣東九里。

齊景公墓。在臨淄縣東南。

齊桓公墓。在臨淄縣東南七里淄水南。水經注：女水西有桓公冢，甚高大。元和志：墓在臨淄縣東南二十三里鼎足山上。貞觀十一年設致祭，禁三十步内不令樵蘇。齊乘：在臨淄東南十里。一墓二墳，俗謂二王冢，以女水爲二王冢水。

管仲墓。在臨淄縣南二十一里牛山之下。宋鮑照有詩。

王蠋墓。在臨淄縣西三十里愚公山右。水經注：澅水西北入時水，水南山西有王蠋墓。

隰朋墓。在臨淄縣東北七里。

高敬仲墓。在臨淄縣東北二十里。又名白兔冢，即高傒也。

魯仲連墓。在高苑縣西北五里。世稱爲魯先生墳。墳前有祠，曰高節。

公冶長墓。在諸城縣西北四十里公冶山之東。博物記：姑幕縣有公冶長墓。

四豪冢。在臨淄縣東。水經注：淄水東逕四豪冢北。水南山下有四冢，方墓員墳，東西直列，乃齊威、宣、湣、襄四王冢。

杞梁冢。在臨淄縣東。

晏嬰冢。在臨淄縣古齊城北。晉書慕容德載記：德如齊城，登營丘望晏嬰冢。水經注：臨淄城北門外東北二百步有齊相晏嬰冢宅。元和志：晏嬰墓在臨淄縣東北三里。貞觀十一年，詔與管仲墓十五步並禁樵蘇。齊乘：高密、平原各有晏嬰冢，以臨淄墓爲真。

三士冢。在臨淄縣南一里。水經注：淄水逕蕩陰里西，水東有冢，一墓三墳，東西八十步，是烈士公孫捷、田開彊、古冶子之墓也。晏子惡其勇而無禮，投桃以斃之，死葬陽里，即此也。

齊太公冢。在臨淄縣南十里。齊記：太公望葬於周，齊人思其德，葬衣冠於此。

漢

蒯徹墓。在臨淄縣東二里。

董永墓。在博興縣南三十五里。般陽長山南又有冢、廟。皆出齊東野語。

任光墓。在博興縣北。水經注：樂安城西三里有任光冢。光是縣人。齊乘：光，南陽宛人，封阿陵侯。子隗。又傳三世至孫，徙封北鄉侯，始爲齊地。自北鄉以上，官封無至齊者，光何緣有墓在此？豈北鄉侯冢耶？

八博士墓。在樂安縣西南五里。縣志：相傳歐陽生至歙，八世皆爲博士，葬此地，故名。

兒寬墓。在樂安縣西五里。名勝志：兒寬冢在八博士墓傍。按：漢書歐陽生、兒寬，皆千乘人。後人徒以樂安縣在隋、唐時嘗名千乘，遂漫引入鄉賢，不知漢之千乘實在今高苑縣界，而樂安則漢故廣饒縣，未嘗屬千乘也。恐二墓亦屬附會。

李左車墓。在樂安縣西北二十五里。縣志：明成化五年，盜發古冢，縣令徵其所出銅鼎，有文曰「漢將軍李左車」云。又博興縣西北十五里有李將軍墓，俗亦呼爲左車墓。

逢萌墓。在昌樂縣。齊乘：在濰州營陵古城中。按：水經注萌墓在都昌濰水之側，疑此皆附會。

鄭康成墓。在安丘縣東礪阜山。水經注：濰水西有雁阜，阜上有鄭康成冢，石碑猶存。寰宇記：康成本葬劇東，後因墓壞，歸葬礪阜，在高密西北五十里。唐貞觀十一年，詔去墓四十步禁樵採。按：康成墓正當高密、安丘接界之處，其地唐、宋時皆屬高密，今屬安丘。

孫嵩墓。在安丘縣西南。水經注：汶水逕漢青州刺史孫嵩墓西。齊乘：孫嵩墓在安丘南四十里。

王章墓。在安丘縣西南六十里。通志：金石畧云，章碑在密州。齊乘：章，泰山鉅平人。何緣葬此，其碑斷毁不可考。

管幼安墓。在安丘縣西十五里。水經注：汶水東北逕管幼安冢東。晏謨言柴阜西南有魏管幼安墓。

紀侯冢。在益都縣東四十五里。寰宇記：紀侯冢在箕山之陰。魏書地形志：昌國縣有紀信冢。按：縣志以紀侯冢爲紀季冢，誤也。

蓋公冢。在安丘縣東四十里。

高密頃王冢。在諸城縣東八十里。中一大冢，左右分列二十四小冢，俗呼排衙冢。

三國　魏

王修墓。在安丘縣西。晏氏齊記曰：營陵城南四十里有慈阜，魏奉常王修葬此。俗以修至孝，故丘以「慈」表稱。齊乘：慈阜在柴阜之東。

邴原墓。在安丘縣西北。水經注：汶水逕管幼安墓東，又東北逕柴阜山北、水之東，有徵士邴原墓，碑志存焉。齊乘：柴阜山，安丘西五十里，邴原之墓在焉。

晉十六國　前秦

王猛墓。在壽光縣南門内。

辟閭渾墓。在壽光縣南三十里。

王裒墓。在昌樂縣東南。齊乘：王裒墓在濰州南三十里〔一三〕。

宋

王曾墓。在益都縣東四十里鄭母店。

周沆墓。在益都縣西南駝山南。司馬光誌。

潘美墓。在昌樂縣東孤山南。

明鎬墓。在安丘東朱藏里。

元

王英墓。在益都縣西南芹泉側。

段綺墓。在昌樂縣南洪鄉埠。

劉澤墓。在昌樂縣北。

鄭衍德墓。在安丘縣西南土山。

明

劉珝墓。在壽光縣西四十里。

馬愉墓。在臨朐縣南十里朱位社。

邱橓墓。在諸城縣東南五里北岡。

臧惟一墓。在諸城縣南六里。

祠廟

蓋公祠。在府城北門内。祀漢蓋公，即曹參師事者。

范文正公祠。在府治西。宋建，祀宋范仲淹。

富公祠。在府城西門外。明嘉靖間改建，祀宋富弼。

名賢祠。在益都縣松林書院前。明成化間，知府李昂奏請，祀宋寇準、曹瑋、王曾、龐籍、程琳、范仲淹、李迪、富弼、歐陽修、吴奎、趙忭、張方平、劉摯。

天齊祠。在臨淄縣東南天齊淵旁。史記封禪書：秦祠八神，一曰天主，祠天齊。明賜額曰「休應廟」。

后稷祠。在臨淄縣西南稷山上。即漢靈星祠。

呂仙翁祠。在博興縣城内。省志：祠即韓氏酒壚，仙翁嘗飲於此，題壁云：「呂巖獨酌。洞濱宣和壬寅六月書。」凡十三字。「濱」字增「水」爲異。後居民被火，惟韓氏室完，人呼爲「辟火符」，因祀之。

三靈侯祠。在高苑縣城中。縣志：祀唐宸、葛雍、周武，相傳皆周厲王臣，以諫死。宋大中祥符元年，東封建祠，賜額曰「威佑」，封宸孚靈侯，雍威靈侯，武浹靈侯，故名「三靈」。

蕭信公祠。在樂安縣治西。祀隋令蕭琅。琅謚信公，故名。明統志：信公，隋千乘尹蕭琅，後人以元樂安尹綦泰、張德新配之，故又名三尹廟。

逢山祠。在臨朐縣西逢山西北。漢書地理志：臨朐有逢山祠，蓋祠古逢伯陵。

公冶長祠。在安丘縣南七十里。土人咸以九月九日祀焉。

四時祠。在諸城縣東南琅邪山上。史記封禪書：八神，八曰四時主，祠琅邪。漢書地理志：琅邪郡琅邪有四時祠。又昌樂縣有環山祠。皆久廢。

蘇軾祠。在諸城縣東北超然臺上。

齊太公廟。在府城西南隅。祀太公望，以管仲、晏嬰配享。宋大中祥符元年，真宗御贊碑刻尚存。又臨淄縣治東南有齊太公、桓公廟。

堯廟。在府城西北堯山麓。有唐朱誕碑。水經注：從征記曰：「廣固城北三里有堯山祠，堯因巡狩登北山，廟在山之左麓。」齊乘：堯山頂有祠，祠邊有柏樹，枯而復生，不知年代。

顔文姜廟。在博山縣南長城嶺下。宋熙寧間賜額「靈泉」，祀北齊孝婦顔文姜。

愚公廟。在臨淄縣西愚公山東。齊乘：愚山，後人因愚公爲立廟。宋元豐間，禱雨有應，封隱利侯。

東方朔廟。在壽光縣東。齊乘：壽光縣東方村有東方朔廟。舊志：有朔墓，在壽光縣東南十五里，蓋因古村廟之名而附會也。

高密伯廟。在壽光縣東四十五里。府志：宋封鄭康成爲高密伯，故廟以名。

倉頡廟。在壽光縣東北。即倉頡墓也。

夷齊廟。在昌樂縣孤山。齊乘：宋時以孟子言伯夷居北海之濱，因立廟，封伯夷清惠侯，叔齊仁惠侯，碑刻存焉。

東鎮廟。在臨朐縣南沂山之麓。齊乘：沂山之半有東鎮東安王廟。府志：廟在山之東谷。

靈澤廟。在臨朐縣西南仰天山黑龍洞側。宋元符三年，賜額曰「靈澤」。崇寧五年，封豐濟侯。又縣西南熏冶泉上有冶官祠，爲歐冶子鑄劍之地。

膏潤廟。在安丘縣西南雹泉之後。祀泉神。明統志：宋大觀間，禱雨有應，封靈沛侯。

常山神廟。在諸城縣南常山北麓。魏書地形志：扶其縣有常山祠。明統志：宋宣和間禱雨有應，封靈澤昭應王，誥碑尚存。

寺觀

普恩寺。在府城内。本朝雍正十年建，賜額。

龍興寺。在府城北門外南洋橋北。亦名彌陀寺。北齊建，賜額南陽。隋開皇初改曰長樂，又改曰道莊。唐天授二年改曰大雲。開元十八年改今名。齊乘：龍興寺宋碑云：「寺即田文宅。」詳考圖誌，乃南史劉善明宅耳。寺内有飯客鼓架；寺東有淘米架，有北齊八分碑，刻制精妙，碑陰大刻四字曰「龍興之寺」。寺後天宫院，古老柏院也。有石刻布衣張在詩。府志：寺西有古垣，曼衍如隄。有門二：東曰車陽，西曰馬驛。高大而堅緻。益都北城之遺址也。

普照寺。在府城東北。齊乘：古名皇化寺。相傳南燕主慕容行宫。金大定碑刻存焉。

大雲寺。在府城南雲門山麓。舊在雲門山後，明景泰間徙。唐李邕有大雲寺禪院碑記。

廣福寺。在府城南劈山左麓。舊有隋大業隸書碑記。

法慶寺。在府治北門外。本名大覺院。本朝順治十七年賜今額。

興國寺。在臨淄縣西關内。有阿育王塔，後趙石虎於塔下掘得承露盤。唐太和中建寺，今圮。齊乘：祥符中更名廣化寺。府志：元至順二年復額興國寺，分其前爲廣化寺。

龍泉寺。在臨淄縣東南，天齊淵西北。有三石佛，各高一丈八尺。

聖水寺。在博山縣東南。金明昌年建。

逢山寺。在臨朐縣逢山下。宋普濟禪師在此傳法。

仰天寺。在臨朐縣西北五十里仰天山之阿。一名文殊寺〔一四〕。寺側一小洞，有石壁，光可以鑑。每月明，則山巒草樹，咸在鑑中。

安國寺。在諸城縣城北。南唐相孫晟少嘗爲道士居此。

光明寺。在諸城縣西南八十里五蓮山。明萬曆中僧心空請帑建，敕賜藏經。省志：東省四大禪寺，長清之靈巖，益都之法慶，諸城之侔雲、光明是也。

侔雲寺。在諸城縣西南八十七里九仙山上。今名興雲寺。

太虚宫。在益都縣東北舊普照寺内。元丘長春卜築於此。井鹵不食，使弟子咀茶投之，即成甘泉。

名宦

漢

朱邑。廬江舒人〔一五〕。宣帝時選北海太守。以治行第一，入爲大司農。

馮野王。杜陵人。剛彊堅固，確然無欲。成帝素聞其名，拜爲琅邪太守。

朱博。杜陵人。成帝時選琅邪太守。齊俗舒緩養名，博新視事，召見諸曹史書佐及縣大吏，選視其可用者，出教置之。數年，大改其俗。常令屬縣各用豪傑以爲大吏，文武從宜。縣有劇賊，博移書詰責之，賞罰輒行，以是豪傑懾服。

王閎。元城人。更始遣閎爲琅邪太守，張步拒之。閎爲檄曉諭，吏人降。得贛榆等六縣，收兵數千人。與步戰不勝，乃詣步相見。步大陳兵，引閎曰：「步有何過，君前見攻之甚乎？」閎按劍曰：「太守奉朝命，而擁兵相拒，閎攻賊耳，何謂甚耶？」步嘿然。乃令閎關掌郡事。

陳俊。西鄂人。建武中爲琅邪太守。時琅邪未平，齊地素聞俊名，入界，盜賊皆解散。張步叛還琅邪，俊追討斬之。帝美其功，詔俊得專征青、徐。俊招致豪傑，撫貧弱，表有義，檢制軍吏，不得與郡縣相干，百姓歌之。

李章。河内懷人。建武中爲琅邪太守。時安丘大姓夏長思等反，囚太守處興，據營陵城。章即發兵馳往擊之，掾吏以兵不得擅發止之。章曰：「坐討賊而死，吾不恨也。」遂擊平之。

董宣。陳留圉人。建武中累遷北海相。大姓公孫丹新造居宅，卜工以爲當有死者，丹乃令其子殺道行人，置屍舍内，以塞其咎。宣知，即收丹父子殺之。

楊音。臨淄人。建武中爲本邑令。江革巨孝，音高之，設特席，顯異於稠人廣衆中，親奉錢以助供養。

薛漢。淮陽人。永平中爲千乘太守，政有異蹟。

魯恭。平陵人。和帝時遷樂安相。是時，東州多盜賊攻劫。恭到，重購賞，開恩信。渠帥張漢等率黨降，其餘遂自捕擊，盡破平之，州郡以安。

陳蕃。平輿人。桓帝時爲樂安太守。時李膺爲青州刺史，有威政，屬城聞風皆引去，蕃獨以清績留。郡人周璆，高潔之士，前後郡守招命莫肯至，惟蕃能致焉。特爲置一榻，去則懸之。後以璆執親喪不哀，竟論列焉。大將軍梁冀有所請託，不得通；使者詐求謁，蕃怒，笞殺之。坐左轉修武令。

孔融。魯國人。孔子二十世孫。獻帝時爲北海相。時黄巾寇數州，北海最爲賊衝。融到郡，收合士民，起兵講武，爲賊所敗。乃更置城邑，立學校，表顯儒術，薦舉賢良，鄭康成、彭璆、邴原等，雖一介之善，莫不加禮。郡人無後，及四方遊士有死亡者，皆歛葬之。黄巾復來侵暴，融求救故平原相劉備，賊散走。在郡六年，備表領青州刺史。

三國 魏

何夔。夏陽人。樂安太守。時海賊郭祖寇暴樂安、濟南界，州郡苦之。夔到官數月，諸城悉平。

晉

曹攄。譙人。武帝時調補臨淄令。有寡婦養姑甚謹，姑憫其年少守節，勸改適不從。姑密自殺，親黨告婦殺姑，考鞫誣服，獄當決。摅到辯究，具得實情，時稱其明。獄有死囚，歲夕，摅行獄憫之，縱暫歸家，剋日令還，至日並無違者。一縣號曰「聖君」。

南北朝

宋

申恬。魏郡魏人。元嘉中轉北海太守，所至皆有政績。二十七年，魏兵南侵，遣恬援東陽。因與齊郡太守龐秀之保城固守。蕭斌遣青州别駕解榮之率垣護之還援，恬等乃出軍北門外，環塹爲營，魏兵不敢逼。世祖踐祚，遷青州刺史，尋加督東莞、東安二郡諸軍事。齊地連歲興兵，百姓凋敝，恬防衛邊境，勸課農桑，二三年間，遂皆優實。性清約，頻處州郡，妻子不免饑寒。

沈文秀。武康人。泰始中爲青州刺史。魏兵屢逼城下，文秀善於撫馭，將士咸爲盡力。每與敵戰，輒摧破之。掩擊營砦，往無不捷。青被圍三載，外無援軍，至甲胄生蟣蝨，士無叛志。及城陷，文秀被執，兵刃交至，終不屈。鏁送桑乾，凡十九年卒。

魏

公孫邃。孝文時爲青州刺史。遺迹可紀，下詔褒述。卒於官，孝文爲之舉哀。

隋

吐萬緒。鮮卑人。文帝時轉青州總管。振刷幽滯，興舉廢墜，有政名。

蕭琅。梁宗室。文帝時爲千乘令。甚愛民，後爲青州刺史。卒，謚曰信公，民立祠祀之。

唐

尹思貞。長安人。中宗時爲青州刺史，治有績，蠶至一歲四熟。黜陟使路敬潛至部，見童子張羅，得雉復縱，問之。曰：「是雉將雛。」敬嘆曰：「仁心所感，宜其善政致祥也。」表言之。

李邕。江都人。明皇時爲北海太守。文名天下，時稱李北海。

李仁。東光人。任高苑令。公魚鹽之利，委俸禄之餘，變斥鹵爲膏腴，化畋漁爲紡績。開建黌宫，誘進生徒。有碑在縣治。

五代 晉

顔衎。曲阜人。唐明宗時，房知温鎮青州，辟置幕中。知温險愎厚斂，多不法，衎每極言之。高祖入洛，知温恃兵力偃蹇，衎勸其入貢。知温以善終，衎之力也。

翟光鄴。鄄城人。出帝時爲青州防禦使。招輯兵民，甚有恩意。

漢

郭瓊。盧龍人。乾祐中，淮人攻密州，以爲行營都部署。未至，淮人解去。會平盧節度使劉銖稱疾不朝，大臣懼其難制，先遣瓊與衛州刺史郭超將兵屯青州。銖置酒召瓊，伏壯士欲害之。瓊知其謀，屏去從者，從容就席，銖不敢發。瓊爲陳禍福，銖感其言，遂治裝。俄詔至，即日上道。

宋

杜鎬。無錫人。江南平，授千乘縣主簿。太祖即位，江左舊儒多薦其能。

楊澈。北海人。太祖時爲青州司户參軍。知州張全操多不法，澈隨事匡救，無所阿畏。征賦從寬，鞫獄平允。太祖知其名，召爲著作佐郎。

馬仁瑀。夏津人。建隆中爲密州防禦使。太祖征晉陽，令仁瑀率師巡邊，至上谷、漁陽。遼人素聞仁瑀名，不敢出。兖州賊首周弼、毛襲甚勇悍，號「長脚龍」。監軍討捕，數不利。詔仁瑀掩擊。仁瑀率帳下十餘卒入泰山，擒弼，盡獲其黨，魯郊遂安。

李林。京兆人。太祖時爲千乘令。精熟法律，決斷如流，父老頌之。

戚綸。楚丘人。大中祥符中知青州。歲饑，發公廩以救餓殍，多所全安。

寇準。下邽人。太宗時罷知青州。帝念之，常不樂，語左右曰：「寇準在青州樂乎？」數日輒復問。明年召拜參知政事。

趙賀。封丘人。太宗時補臨朐縣主簿，有幹才。知州寇準具知賀。淳化中，調丁壯塞澶州決河，衆多逸去，獨賀全所部歸。臨朐父老張樂迎，準使由譙門過，曰：「旌賀之能也。」

蔡齊。其先洛陽人，後家膠水。大中祥符八年改知密州。歲旱，除公田租數千石，又請弛鹽禁，使民得易食，飢民賴之。

王博文。濟陰人。真宗時徙知密州。負海有鹽場，歲饑民多盜鬻，吏捕之，輒抵死。博文請弛其禁，候歲豐乃復，從之。

劉偁。真宗時知博興縣。偁爲陜州司法參軍，罷官，賣所乘馬，跨驢以歸。魏野贈之詩曰：「誰似甘棠劉法掾，來時乘馬去乘驢。」真宗素野著作，得詩，擢知博興。

李仕衡。成紀人，後家京兆府。真宗時，盜起淄、青間。遷刑部侍郎，知青州〔一六〕。前守捕羣盜妻子，置棘圍中。仕衡至，悉縱罷之使去。未幾，其徒有梟賊首至者。入爲三司使。

曹瑋。靈壽人。乾興中知青州。有遺愛。

韓億。雍丘人。仁宗初知青州。有治聲。

田瑜。壽安人。仁宗時知青州。有殺人投戶井中者，吏以其無主名，不以聞。瑜廉得之，出金帛購賊。後數日，鄰州民執賊以告。屬歲凶多盜，瑜立賞罰，設方畧，捕格之，境中肅然。

郝仁禹。景祐中爲青州兵馬都監，知田事。請規度水利，募民耕墾，從之。數年之內，野無曠土，邑無遊民。

胡順之。臨涇人。爲青州從事。高麗入貢，中貴人挾以爲重，使州官旅拜於郊。順之曰：「青，大鎮也。奈何卑屈如此？」獨不拜。大姓麻士瑶，陰結貴侍，陵蔑州縣，莫敢發其奸。會殺其兄子，其母訴於州，衆相視曰：「孰敢往捕者？」順之持檄徑去，盡得其黨。有詔鞫問，士瑶論死，其子弟坐流放者百餘人。

范仲淹。吴縣人。仁宗時選户部侍郎，徙知青州。爲政尚忠厚，所至有恩。

富弼。河南人。仁宗時知青州，兼京東路安撫使。河朔大水，流民就食，弼勸所部出粟，益以官廩，得廬舍十萬餘區，散處其人。官吏待缺寄居者，皆賦以禄，使選民之老弱病瘠者廩之，仍書其勞，約奏請受賞。率五日，遣人持酒肉飯糧慰藉，人爲盡力。山林陂澤之利，聽流民擅取。死者爲大塚葬之。明年麥大熟，民各以遠近受糧歸，凡活五十餘萬人，募爲兵者萬計。帝聞之，遣使褒勞，拜禮部侍郎，辭不受。其救災立法簡便周盡，天下傳以爲式。王則叛，齊州禁兵應之。弼欲往捕，慮齊非所部，事泄生變，適張從訓銜命至青，弼度其可用，密付以事，使馳至齊，發吏卒取之，無得脱者。即自劾顓擅之罪，帝益嘉之。

趙槩。虞城人。仁宗時知青州，坐事免。久之起知滁州。山東有寇李二過其境上，告人曰：「我東人也，公嘗爲青州，民愛之如父母，我不忍犯。」率衆去。

陳執中。南昌人。仁宗時徙知青州。請城附海諸州，詔不許。執中卒城之。明年沂卒王倫叛，趣淮南，執中遣巡檢傅永吉追至采石磯，捕殺之。召拜參知政事。

張掞。歷城人。仁宗時知益都縣。督賦租，置里胥弗用，民皆以時入。石介獻息民論，請以益都爲天下法。

王存。丹陽人。仁宗時除密州推官。修潔自重，爲歐陽修、吕公著、趙槩所知。

龐籍。成武人。仁宗末爲户部侍郎，知青州。曉律令，長於吏事，治民頗有惠愛。

歐陽修。廬陵人。神宗初知青州。請止散青苗錢，爲王安石所詆，屢乞歸。

趙抃。衢州西安人。神宗時改知青州。時京東旱蝗，青獨多麥。蝗及境，遇風退飛，盡墮水死。

吳獬。安陸人。神宗時知青州。會散青苗錢，獬不忍民受害，引疾去。

陳次升。仙遊人。神宗時知安丘縣。轉運使吳居厚以聚斂聞，檄尉罔徵税於遠郊，得農家敗絮，捕送縣，次升縱遣之。居厚怒，將中以文法。會薦擢御史，乃已。

蘇軾。眉州眉山人。神宗時徙知密州。司農行手實法，不時施行者，以違制論。軾謂提舉官曰：「違制之坐，出於司農，是擅造律也。」提舉官驚曰：「公姑徐之。」未幾，朝廷知法害民，得罷。有盜竊發，安撫使遣悍卒來捕。卒入民家，争鬬殺人，且畏罪，將爲亂。民奔訴，軾投其書不視曰：「必不至此！」散卒聞之少安，徐使人招出戮之。

劉廷式。齊州人。神宗時，蘇軾守密州，廷式爲通判，有能聲。

毛注。衢州西安人。徽宗時知高苑縣，以治辦稱。御史中丞吴執中薦爲御史。

黄鐸。江南人。徽宗時知樂安縣。長於吏事，以課最聞。縣有學，自鐸始。

翟汝文。丹陽人。徽宗時徙知密州。密産鹽，蔡京屢變鹽法，盜販者衆。有司窮治黨與，汝文曰：「祖宗法度欲靖民也，今繫而虐之，將爲厲矣。」悉縱之。密歲貢牛黄，汝文曰：「牛失黄輒死，非所以惠農，宜輸財市之，則其害不私於密。」帝從之。

曾孝序。晉江人。靖康中知青州。繕修城池，訓練士卒，儲峙金穀，有數年之備，金兵不敢犯。高宗即位，升延康殿學士，召赴行在。青州民詣南都請留，許之。後兵亂，孝序出據廳事，瞋目罵之，遂與子宣教郎訏皆遇害〔一七〕。城無主，遂陷。時知臨淄縣陸有常，歷陽人，率民兵拒守，死於陣；知益都縣張侃、千乘縣丞丁興宗亦死之。

楊存中。代州崞縣人。紹興六年爲密州觀察使。時韓世忠圍淮陽，存中統兵趨督府助之，與劉猊戰於藕塘，大破之，北方大恐。捷聞，帝遣中使勞賜。

金

高通。皇統九年爲高苑令。時小清河溢爲患，通改水道由長沙溝，又築隄捍城。至今民受其惠。

完顔齊。明昌四年授山東西路副統軍，兼同知益都府事。有惠愛，郡人爲立碑。

伊拉古鼐。貞祐中，元兵取密州，古鼐率兵力戰，流矢連中其頸。既拔去，復中其頰，死焉。三年，詔贈安遠大將軍，知益都府事。「伊拉古鼐」舊作「移剌古與涅」，今改正。

元

薩克蘇。回鶻人。世祖時，選經畧統軍一使，兼益都路達魯噶齊。時兵燹後，民乏牛具，疏請官給之。統軍韶布哈畋遊無度，害稼病民，表聞收治之。又元帥伊蘇岱爾據民田爲牧地，上聞，還其田。山東歲累歉，爲請於朝，發粟賑卹，并奏蠲田租。山東人刻石頌德。「薩克蘇」舊作「撒吉思」，「達魯噶齊」舊作「達魯花赤」，「韶布哈」舊作「抄不花」，「伊蘇岱爾」舊作「野速答爾」，今俱改正。

段綺。濱州人。中統中爲昌樂尹。撫字有恩，後改高密，民乞留之。卒葬城南。

安都勒。上都人，凱烈氏。元統二年除益都路總管。俗頗悍黠，安都勒興學校，以平易治之。時有上馬賊白晝劫人，久不能捕，安都勒生擒之。其黨賂宣慰使羅鍋，誣以枉勘，縱其賊。已而賊劫河間，復被獲，乃盡輸其情，而安都勒之誣始白。親王曼努鎮益都，其府屬病民，復裁抑之，民以無擾。「安都勒」舊作「暗都剌」，「曼努」舊作「買努」，今俱改正。

黄濟。祥符人。至正八年遷知密州。會歲饑盜熾，濟陳十事，請弛漢人持兵器禁，乞減價糶常平倉，毁安丘淫祠，決豪民楊春等獄。輿論稱服。

王玠。太原人。爲壽光令。歲凶盜起，玠爲建亭習射，練兵數月，藝精器備，盜不敢犯。

張貴。樂安人，以才擢本縣令。元末，羣盜縱横，縣無城郭，貴設濠塹，立營堡，經營守禦，民賴以安。

明

歐陽銘。泰和人。洪武中遷知臨淄縣。副將軍常遇春過臨淄，卒入民家，取酒相毆擊，一市盡譁。銘笞而遣之，卒訴遇春，召銘詰之。銘正言以應，遇春意解，爲責軍士謝。已大將軍徐達至，軍士相戒不敢犯。銘爲治廉静平恕，暇輒進諸生講文藝，或單騎行田間，勸勵民之勤惰，邑大治。

于子仁。武岡人。洪武中爲昌樂縣丞。爲政廉能，吏胥畏服。後擢本縣令，賜金幣。

張旗。榆次人。永樂中知安丘縣。會妖賊唐賽兒等攻城，旗率民兵以死拒戰。會救至，合擊，大破之。擢山東左參政。

陳勛。沔人。宣德初擢青州知府。興學造士，教民孝弟力田。每省耕行縣，繪爲勸農圖。未幾，以疾去。民謡云：「去陳府，百姓苦。」

李昂。仁和人。成化初知青州府。廢政悉舉，郡中稱治。秩滿將去，民狀政績三十有四事，上於巡撫乞留。俄升福建左參政。民懷思不已，刻像於表海亭，列邑皆祠祀。或有寃不得申者，輒走祠下愬之，其得民如此。丁内艱，服除改山東，尋進右布政使，舊治民鼓舞而迎者載道。

郭桂。咸寧人。弘治中知安丘縣。縣民王愷富而横，令至輒啖以利，爲所挾制。桂發其事，鞭笞之。有翁訟其子盗金者，且罵母，桂知其爲後母也，令翁歸發媪衣笥，果得金。於是翁大感悟，知媪所爲，乃復愛其子。嘗赴郡，縣中獄囚乘間逸，攝縣者追告之途，桂曰：「當在某地古墳坎窞中。」果然。其他明斷多類此。

何鈇。靈寶人。弘治中知博興縣。河決，淹城南諸社，鈇築隄障之。

王緒。華陰人。正德初知諸城縣，流賊劉六、劉七等攻圍縣城，緒誓以死守，決扶淇河水注池隍。賊不能踰，遂解圍去。

謝譽。安邑人。正德中知昌樂縣。流寇起，民多逃避。會譽朝覲歸，泣諭百姓還守。賊千餘攻城，力戰卻之。

牛鸞。獻縣人。正德中知益都縣。時劇賊劉六等轉掠城邑，所過望風奔潰，鸞獨與樂陵令許逵東西相應扼之。賊圍城三匝，鸞日夜拒守。及賊斂兵退，乃率子弟兵及諸亡命追戰於大王橋，身被四矢，鬬益力，斬獲無算，賊自是不復東。事聞，擢備兵青州〔一八〕。顔神鎮王堂聚衆山谷，鸞挺身突入賊中，奮刃大呼，隨就殁。

雷啓東。開封人。正德中知臨朐縣。城爲流賊破者再，啓東至十八日，守禦之具悉備。未幾，賊逼郡城，啓東令鄉民近城者挈其家及芻粟入城中，簡丁壯與紳士畫地分守。賊知不可破，解去。

王雲龍。襄垣人。知臨朐縣。端方清惠，均田有法。縣税自雲龍後無逋者。

唐文煥。富平人。知諸城縣。值大蝗，文煥禱神，蝗赴水死。未翼者有大鳥羣食立盡。安丘饑民爲亂，鄰邑響應，獨憚文煥不敢發，發輒獲之。饑民爭鬻子女，文煥請發倉賑貸，全活至數萬人。

楊繼盛。容城人。嘉靖中貶狄道典史，遷諸城知縣。

魏學張。陝西人。爲益都縣丞。性剛介，宗室縉紳，皆不可干以私。金嶺驛馬户舊制官雇，奸吏忽更派民間，邑大擾。學張力争，得如舊。

葛臣。固始人。嘉靖中知高苑縣。新城人惑上官，欲決蔡家口，洩青沙泊水入高苑境。臣力争之，得已。

姜璧。文安人。隆慶中知樂安縣。大姓王彦飛聚黨横行里中，至探丸殺人，前令莫敢問。璧至，召其黨，許以縛王自贖。衆恐，願自効。彦飛至，論具，立斃獄中，而散遣其曹。在邑五載，威惠大著。

張貞觀。沛人。萬曆中知益都縣。平賦減役，應役者請計畝輸銀，官爲雇役，著爲令，民甚便之。部有自戕其妻以誣兄者，獄已具，貞觀平反其事。一時稱神明。

吴宗堯。歙縣人。萬曆中知益都縣。時礦使中官陳增横甚，守吏都屈節。宗堯獨具賓主禮。驛丞金子登説增開孟丘山礦，日徵千人，多捶死。又誣富民盗礦，三日捕繫至五百人。宗堯盡列其不法狀。奏聞，請以一身易萬人命，增遂劾宗堯阻撓礦務。有旨逮治，使者至，民大譁。及行，哭聲振地。久之，釋宗堯爲民。

王杍。商丘人。萬曆中知壽光縣。滕縣妖賊起，杍練卒儲餉，賊不敢犯境。修丹河隄城，民免水患。

高邦佐。襄陵人。萬曆中知壽光縣。教民墾荒，招集流亡三千家。天啓初，遼陽破，起參政，分守廣寧，殉難。

楊天民。山西太平人。萬曆中，由朝城知縣調諸城。有異政，擢禮科給事中。

汪喬年。遂安人。崇禎初知青州府。值歲饑，捐俸勸輸，全活數萬人。每升堂鞫獄，置土銼十餘於廊廡，令訟者自炊以候，吏無敢索一錢。以治行卓異，遷登萊兵備副使。

鄭安國。崇禎中爲博興縣丞。度小清河形勢，置閘引水灌田，種稻如江南，斥鹵皆變爲膏腴。

文昌時。全州人。崇禎中知臨淄縣。以廉慎得民。十五年，城受圍，與訓導申周輔共守。城破，舉家自焚。周輔亦死難。

周啓元。黄岡人。崇禎中知高苑縣。十五年城破，朱衣坐堂上，不屈死。

李耿。大興人。崇禎中知壽光縣。十五年城被攻，自縊城上。

舒萬化。玉山人。崇禎末知博興縣。城陷殉難。

張述。海豐人。崇禎末任博興教諭。城破，同訓導王象益、郭純、典史沈季佐皆殉難。

本朝

陳霆萬。嘉善人。康熙初知臨朐縣。强幹有爲，創立順莊滾單之法，省里催户胥之擾。人頌其德。

邵嗣堯。猗氏人。康熙九年進士。知臨淄縣。有惠政，著勸民續言。

劉有成。奉天人。康熙三十年知壽光縣。精於吏治。邑民素健訟，又好藉勢侮貧弱。有成以嚴明馭之，境内肅然。時單騎行村墅，勸課農桑。以卓異擢同知。

黄驥。復州衛人。康熙三十三年授壽光縣訓導。整飭學規，凡士子有涉訟欠糧者，輒擯斥不許接見。訪其行事，改則禮之。以是人知自愛，至於廟廡堂齋以時修葺，不假力於有司。士人尤重其義。

校勘記

〔一〕史記田敬仲完世家　「完」，原脱，乾隆志卷一三五青州府古蹟（下同卷簡稱乾隆志）同，據史記卷四六田敬仲完世家補。

〔二〕博陵有安平故此加東　「有」，原作「右」，據乾隆志改。

〔三〕封膠東戴王子光爲樂望侯　「東」，原作「城」，乾隆志同，據漢書卷一五下王子侯表三改。

〔四〕元康十年分屬高密國　乾隆志同。按，晉元康年號至九年止，次年正月朔即改元永康。然晉書卷一五地理志亦云惠帝元康十年，其誤已久。下文「淳于故城」條亦云「元康十年分屬高密」，蓋同承晉志之誤也。

〔五〕封城陽荒王子弘爲侯國　「弘」，原作「弓」，乾隆志同，據漢書卷一五下王子侯表改。

〔六〕封膠東戴王子饒爲成鄉侯　乾隆志同。按，據漢書卷一五下王子侯表，劉饒封成康侯，非成鄉侯。封成鄉侯者爲平干頃王子慶，時當神爵三年。

〔七〕伏琛晏謨並言亭在安丘城東北十里非城也　乾隆志同。按，「非城也」之「城」字疑衍，戴震校水經注删改作「非矣」。

〔八〕邑千四百户　「千」，原作「十」，據乾隆志及晉書卷三五裴秀傳改。

〔九〕史記田敬仲完世家　「完」，原脱，乾隆志同，據史記卷四六田敬仲完世家補。

〔一〇〕在千乘縣東北二十里　「東」下原衍「縣」字，「二」字原脱，據乾隆志及史記卷一二武帝本紀集解引括地志删、補。

〔一一〕太湖石也　「石」上原衍「高」字，據乾隆志删。

〔一二〕洰洱橋　「洱」，雍正山東通志卷二二橋梁志同，乾隆志作「瀰」。

〔一三〕王裒墓在濰州南三十里　「濰」，原作「維」，據乾隆志及齊乘卷五古蹟改。

〔一四〕一名文殊寺　「殊」，原作「珠」，據乾隆志改。

〔一五〕廬江舒人　「廬」，原作「盧」，據乾隆志及漢書卷八九循吏傳改。

〔一六〕遷刑部侍郎知青州　「遷」，原作「選」，據乾隆志及宋史卷五八李仕衡傳改。

〔一七〕遂與子宣教郎訏皆遇害　「訏」，原作「訐」，乾隆志同，據宋史卷四五三曾孝序傳改。

〔一八〕擢備兵青州　乾隆志同。按，此敘擢職未明。考國朝獻徵録卷九五有青州兵備副使牛公鸞傳云「擢按察司僉事，整飭兵備。青州開署自鸞始」。

大清一統志卷一百七十二

青州府三

人物

漢

東郭先生。齊人。初，齊王田榮怨項羽，謀舉兵叛之，劫齊士，不與者死。處士東郭先生與梁石君在劫中，强從。及榮敗，二人相與入深山隱居。至齊悼惠王時，曹參爲相，禮下賢人。蒯通見參曰：「東郭先生、梁石君，齊之俊士也。願足下使人禮之。」參皆以爲上賓。

田横。千乘人。故齊王田氏族。與兄儋、榮皆豪傑，宗强能得人。陳涉起，兄弟三人更王齊。儋子市爲齊王時，横爲將，平齊地。及榮子廣爲齊王，横相之。政無巨細，皆斷於相。漢五年，横立。項籍既滅，漢王立爲皇帝，横懼誅，與其徒五百人入居海島。帝以横兄弟本定齊，齊人賢者多附焉，乃使赦横罪而召之。横與二客乘傳詣雒陽，未至三十里自剄。帝以王者禮葬横。二客皆自剄從之。餘五百人在海中，聞横死，皆自殺。

劉敬。齊人。本姓婁。高帝五年，因虞將軍得見。帝用其説，西都關中，賜姓劉氏，拜爲郎中，號奉春君。七年，帝自擊韓王信，聞信與匈奴欲擊漢，使敬使匈奴。還報以爲不可擊。帝怒，繫敬廣武。果被圍白登七日。還，赦敬曰：「吾不用公言，以困平城。」乃封敬二千户爲關内侯，號建信侯，使往結和親約。敬歸，因請徙齊諸田，楚昭、屈、景，燕、趙、韓、魏後及豪傑名家實關中，爲强本弱末之術。帝曰「善」，乃使敬徙所言關中十餘萬口。

浮丘伯。齊人。高后時，浮丘伯在長安。楚元王遣子郢與申公俱受詩卒學。

淳于意。臨淄人。齊太倉長，爲太倉公。少喜醫方術。高后八年，更受師同郡元里公乘陽慶。慶年七十餘，無子，使意盡去其故方，悉以禁方予之，傳黄帝、扁鵲之脈書、五色診病及藥論甚精。受之三年，爲人治病，決生死多驗。

張歐。字叔。安丘侯説少子。文帝時以治刑名侍太子，然其人長者。景帝時，尊重常爲九卿。至武帝元朔中，爲御史大夫。自歐爲吏，未嘗言案人，專以誠長者處官，官屬亦不敢大欺。上具獄事，有可卻，卻之；不可者，爲涕泣面對而封之。其愛人如此。老病篤，請免〔一〕，以上大夫禄歸老於家。家陽陵，子孫咸至大官。

歐陽生。千乘人。事伏生受尚書，授兒寬，寬授歐陽生子。世世相傳，至曾孫高，爲博士。高孫地餘，以太子中庶子授太子經，後爲博士，論石渠。元帝即位，地餘侍中，貴幸至少府。戒其子曰：「我死，官屬送汝財物，慎毋受。汝九卿儒者子孫，以廉潔著，可以自成。」及死，少府官屬共送數百萬，其子不受。天子聞而嘉之，賜錢百萬。

胡毋生。齊人。治公羊春秋。景帝時爲博士，與董仲舒同業，仲舒著書稱其德。年老歸教於齊，齊之言春秋者宗事之。

轅固。齊人。治詩。景帝時爲博士。竇太后好老子書，召問固。曰：「此家人言耳。」太后怒。帝以固廉直，拜爲清河太傅。疾免。武帝即位，復以賢良徵，罷歸，時已九十餘矣。公孫弘亦徵，側目而視固，固曰：「公孫子務正學以言，無曲學以阿世。」諸齊以詩顯貴，皆固弟子也。

鄒陽。齊人。景帝時，吴王濞招致四方之士，陽與嚴忌、枚乘等至吴，俱以文辨著名。吴王怨望不朝，陽奏書諫，王不納。

去之梁，從孝王遊。陽有智略，慷慨不苟合，介於羊勝、公孫詭之間。勝等嫉陽，惡之孝王，下吏將殺之。陽於獄中上書，書奏，孝王出之，卒爲上客。

嚴安。臨淄人。元光中，與主父偃等上書言世務。書奏召見，帝曰：「何相見之晚也！」乃拜爲郎中。

捷子。齊人。漢書藝文志道家：捷子二篇。

王同。東武人。與雒陽人周王孫、丁寬，齊人服生受易田何，皆著易傳數篇。

即墨成。齊人。受易王同。至陽成相。

兒寬。千乘人。治尚書，以郡國選詣博士，受業孔安國。貧無貲用，時行賃作，帶經而鋤，休息輒誦讀。補廷尉文學卒史。寬爲人温良，廉智自將。善屬文。廷尉張湯奇其材，及爲御史大夫，以寬爲掾。舉侍御史。見武帝，語經學，帝説之，擢中大夫，遷左内史。勸農桑，理獄訟，卑禮下士，務在於得人心，吏民大信愛之。又表奏開六輔渠，定水令以廣溉田。收租税，時裁濶狹，與民相假貸，以負租課殿當免，民聞皆恐失之，大家牛車，小家擔負，輸租繈屬不絶，課更以最。帝愈奇寬。奉詔與司馬遷等共定漢太初曆。元符元年，爲御史大夫，從東封泰山。居位九歲，以官卒。

周堪。齊人。事大夏侯勝，受尚書。宣帝時，論於石渠，經爲最高。後爲太子少傅。元帝即位，領尚書事，甚見尊任。與太傅蕭望之等同心輔政，爲石顯等所譖，免官。尋擢爲光禄勳，左遷河東太守。後以災異，下詔褒堪，徵拜光禄大夫，領尚書事，卒。

梁丘賀。諸人。爲武騎，從大中大夫京房受易。更事田王孫。宣帝時，求房門人，得賀，待詔黄門。詔入説易，帝善之，以爲郎。以筮有應，由是近幸，爲大中大夫、給事中，至少府。爲人小心周密，帝信重之。年老終官。子臨，亦入説爲黄門郎。甘露中，奉使問諸儒於石渠。臨學精熟，宣帝選高材郎從臨講。琅邪王吉使其子駿上疏，從臨受易。

長孫順。淄川人。受詩王吉，爲博士。

任公。淄川人。爲少府。受公羊春秋於顔安樂。

魯伯。琅邪人。爲會稽太守。受易施讎。伯授邴丹。丹字曼容〔二〕，琅邪人。著清名。

筦路。琅邪人。爲御史中丞。受公羊春秋於疏廣，又事顔安樂。

左咸。琅邪人。爲郡守九卿。受公羊春秋於泠豐，徒衆尤盛。

王中。琅邪人。爲元帝少府。受公羊春秋於嚴彭祖。家世傳業，中授同郡公孫文。文，東平太傅，徒衆尤盛。

貢禹。琅邪人。以明經潔行著聞，徵爲博士，復舉賢良。元帝即位，徵爲諫大夫。上書崇節儉，帝納其忠，下詔令減食穀馬、食肉獸，省宜春苑，又罷角觝諸戲。歷御史大夫。禹在位數言得失，書數十上，帝下其議，令民産子七歲乃出口錢自此始。又罷上林公館希幸御者，及省建章、甘泉宫等衛卒。餘雖未盡從，然嘉其質直。

諸葛豐。琅邪人。以明經爲郡文學。爲人特立剛直。元帝時，擢爲司隸校尉。刺舉無所避，京師爲之語曰：「間何闊，逢諸葛〔三〕。」帝嘉其節，加光禄大夫。時侍中許章以外屬貴幸，奢淫不法，豐欲奏其事。適逢章，欲收之，章窘迫馳入宫門。豐上奏，於是收豐節。旋徙城門校尉，免爲庶人。終於家。

伏理。東武人。八世祖勝，字子賤，所謂「濟南伏生」者也。後家東武。理受詩於匡衡，爲當世名儒。以詩授成帝。爲高密太傅。

皮容。琅邪人。受詩滿昌，至大官。徒衆尤盛。

徐良。琅邪人。受大戴禮。爲博士、州牧、郡守。家世傳業，由是大戴有徐氏之學。

師丹。東武人。治詩，事匡衡。舉孝廉爲郎。建始中，丞相翟方進等舉丹論議深博，廉正守道。歷少府、光禄勳、侍中，甚見尊重。成帝末，爲太子太傅。哀帝即位，累遷大司空。丹以師傅居三公位，得信於上。書數十上，多切直之言，諫封帝舅、后父，及傳太后求尊號，博引經義，開陳婉切。已，被劾免歸。平帝初，封義陽侯。卒，謚曰節。

伏湛。理子。性孝友。少傳父業。成帝時，以父任爲博士弟子。更始立，爲平原太守。光武即位，徵拜尚書，使典定舊制。建武三年，爲大司徒，封陽都侯。彭寵反漁陽，帝欲親征，以湛諫而止。徐異卿等據富平，連攻之不下，惟曰：「願降司徒伏公。」帝知湛爲青、徐所信向，遣到平原，異卿等即日歸降。湛雖在倉卒，造次必於文德。坐事免。六年徙封不其侯，遣就國。四傳孫無忌，亦傳家學。順帝時爲侍中、屯騎校尉，詔與議郎黄景校定中書、五經、百家藝術。桓帝時，復詔與景等共撰漢紀。又自采集古今，删著要事，號曰伏侯注。

邴漢。琅邪人。以清行徵用。後爲太中大夫。王莽秉政，乞骸骨。

薛方。齊人。爲郡掾祭酒。王莽以安車迎，方因使者辭曰：「堯、舜在上，下有巢、由。」莽説其言，不强致。居家以經教授，著詩賦數十篇。光武即位，被徵，道病卒。又栗融，亦齊人；蘇章、禽慶，皆北海人。並去官，不仕王莽。

王璜。琅邪人。能傳費直易。璜又傳古文尚書。

兒萌。齊國人。王莽時，萌兄弟見執於赤眉，將食之。萌叩頭乞以身代，賊哀而兩釋之。

徐房。北海人。與同郡逢萌，平原李子雲、王君公相友善，並曉陰陽，懷德獨行。

牟長。臨濟人。少習歐陽尚書，不仕王莽。建武二年，拜爲博士。稍遷河内太守。諸生講學者常千餘人，著録前後萬人。著尚書章句，皆本之歐陽氏，俗號牟氏章句。坐事免。復徵爲中散大夫。子紆，隱居教授，門生千人。肅宗徵之，欲以爲博士，卒於道。

淳于恭。北海淳于人。清静不慕榮名。王莽末，歲饑兵起。兄崇將爲盜所烹，恭請代，得與俱免。後崇卒，恭養孤教學。有不如法，輒反杖自箠，以感悟之，兒慙而改過。州郡連召不應，幽居養志，舉動必由禮度。建初元年，下詔美恭素行，除爲議郎，遷侍中騎都尉，禮待甚優。其所薦名賢，無不徵用。進對陳政，皆本道德，帝未嘗不稱善。五年，卒於官，詔刻石表閭。

伏隆。湛子。少以節操立名，仕郡督郵。建武中，張步兄弟擁重兵據齊地，帝拜隆太中大夫，持節使青、徐，招降郡國。隆移檄以告，羣盜惶怖即降。步遣使隨隆上書，獻鰒魚。拜隆光祿大夫，復使於步。隆招懷綏緝，多來降附，帝嘉其功，比之酈生。即拜步爲東萊太守。步猶豫未決，欲留隆共守青、徐。隆不聽，步遂執隆而受劉永封。隆遣間使上書，願以時進兵，無以隆爲念。帝召隆父湛，流涕以示之，曰：「隆可謂有蘇武之節。」其後隆遂被殺。

伏恭。湛兄子。湛弟黯，以明齊詩，改定章句，作解說九篇，位至光祿勳，以恭爲後。恭性孝，少傳黯學，以任爲郎。建武四年，除劇令視事。十三年，以惠政公廉聞，青州舉爲尤異，太常試經第一，拜博士，遷常山太守。敦修學校，教授不輟，由是北州多爲伏氏學。永平四年，帝臨雍，於行禮中拜恭爲司空，儒者以爲榮。在位九年，以病乞歸。詔賜千石俸以終其身。十五年，行幸琅邪，引遇如三公儀。建初二年，年九十，帝行饗禮，以恭爲三老。元和元年卒。子壽，官至東郡太守。

甄宇。安丘人。清净少欲，習嚴氏春秋，教授嘗數百人。建武中，爲州從事，徵拜博士，遷太子少傅，卒於官。傳業子普，普傳子承。承尤篤學，講授亦嘗數百人。諸儒以承三世傳業，莫不歸服。建初中，舉孝廉，卒於梁相。子孫傳學不絕。

江革。臨淄人。遭亂負母避兵，備經阻險，得全於難。建武末年與母歸，鄉里稱之曰江巨孝。母終，至性殆滅，嘗寢伏冢廬，服竟不忍除。永平初，舉孝廉爲郎，補楚太僕。建初初，太尉牟融舉賢良方正，累遷五官中郎將。每朝會，帝嘗使虎賁扶持，及進拜，恒目禮焉。時有疾不會，輒令大官送醪膳，恩寵有殊。貴戚慕其行，各奉書致禮，革無所報受。後乞骸骨，轉諫議大夫，賜告歸。元和中，帝思革至行，詔賜穀千斛。常以八月長史存問，由是「巨孝」之稱行於天下。

周澤。安丘人。少習公羊、嚴氏春秋，隱居教授。建武末，辟大司馬府，署議曹祭酒。永平十年，歷太常。果敢直言，數有據争。十八年，拜侍中騎都尉。後數爲三老、五更。建初中致仕，卒。

承宫。姑幕人。少孤，年八歲，爲人牧豕。鄉里徐子盛以春秋經授諸生，宫樂其業，因就聽經。數年勤學不倦，歸家教授。

遭亂，將諸生避地漢中。後與妻子之蒙陰山，肆力耕種。永平中，徵詣公車。帝臨雍，詔拜博士，遷左中郎將。數納忠陳政，論議切愨，朝臣憚其節，名播匈奴。歷官侍中祭酒。

吴良。臨淄人。習大夏侯尚書。初爲郡吏，歲旦入賀，掾王望舉觴上壽，稱太守功德。良斥望佞邪欺諂，願勿受其觴。太守歛容而止，轉良爲公曹。恥以言受進，終不肯謁。東平王蒼聞而辟署西曹，甚相敬愛，上疏薦良公方廉恪，宜備宿衛。顯宗以示公卿曰：「前以事見良，鬚髮皓然，衣冠甚偉。蕭何舉韓信，設壇而拜，不復考試。今以良爲議郎。」後遷司徒長史。每處大議，輒據經典，不希旨偶俗以徼時譽。後坐事免。復拜議郎，卒。

牟融。安丘人。少博學。以大夏侯尚書教授，由茂才爲豐令。永平五年，入爲司隸校尉。多所舉正，百僚敬憚之。十一年，爲大司農。顯宗方勤萬幾，每延謀政事，判折獄訟，融經明才高，善論議。帝數嗟嘆，以爲才堪宰相。明年爲司空，舉動方重，甚得大臣節。肅宗即位，遷太尉。建初四年卒。

魏譚。琅邪人。爲饑寇所獲，等輩數十人，皆以次當烹。賊見譚謹厚，獨令主爨，暮則執縛。賊有夷長公，特哀譚，密爲解縛令去。譚曰：「譚爲諸君執爨，恒得遺餘，餘人皆茹草萊，不如食我。」長公義之，並得免。永平中爲主家令。

劉毅。北海敬王子。初封平望侯，永元中奪爵。毅少以文辯稱。元初元年，上漢德論，并憲論十二篇。時劉珍、鄧耽、尹兑、馬融共上書稱其美。安帝嘉之，賜錢三萬，拜議郎。

郎顗。安丘人。父宗，學京房易。善風角、星算、六日七分，望氣占候吉凶。安帝徵之，對策爲諸儒表，後拜吴令。以博士徵。宗恥以占驗見知，懸印綬遁去，終身不仕。顗少傳父業，隱居海畔，研經占象，朝夕無倦。州郡舉有道方正，不就。順帝時，災異屢見。陽嘉二年正月，公車徵，乃詣闕拜章。帝使對尚書，顗條便宜七事，復條四事以對。勸帝早宣德澤，以應天功。書奏，拜郎中。不就，歸。其夏及明年災寇咸如顗言。後復徵，不行。

滕撫。劇人。初任州郡，稍遷涿令。太守委任郡職，兼領六縣。在事七年，道不拾遺。順帝末，盗賊羣起，三公舉撫有文武才，拜爲九江都尉，助御史中丞馮緄合兵共討。撫前後擊破斬獲無算，東南悉平，振旅而還。以撫爲左馮翊，所得賞賜盡分麾下。性方直，不交權勢，宦官懷忿。及論功當封，太尉胡廣承旨黜撫，天下冤之。卒於家。

孫嵩。安丘人。桓帝時，趙岐逃難四方。嵩年二十餘，見岐賣餅市中，察非常人，停車呼與共載。岐素聞嵩名，即以實告，遂俱歸。嵩先入白母，迎入堂上，饗之極歡。藏岐複壁中數年，後因赦出。獻帝時，嵩寓於劉表。表不爲禮，時岐使荆州，乃稱嵩素行篤烈，因共表上爲青州刺史。

童恢。姑幕人。父仲玉，遭世凶荒，傾家賑卹，九族鄉里賴全者以百數。早卒。恢少仕州郡爲吏。靈帝時，司徒楊賜聞其執法廉平，乃辟之。賜被劾當免，掾屬悉去，恢獨詣闕争之，乃得理。掾屬悉歸府，恢杖策而逝，由是論者歸美。除不其令，一境清静，獄中無囚，流人歸者二萬餘户。青州舉尤異，遷丹陽太守，卒。弟翊，字漢文，名高於恢。宰府先辟之，翊不肯往。及恢被命，乃就孝廉，除須昌長。有異政，吏人爲立碑。

趙祐。北海人。靈帝時爲宦官，與濟陰丁肅、下邳徐衍、南陽郭耽、汝陽李巡等五人稱爲清忠，皆在里巷，不争威權。祐博學多覽，著作校書，諸儒稱之。

任旐。博昌人。以至行稱。漢末黄巾賊起，到博昌，相謂曰：「宿聞任子旐，天下賢人也，可入其鄉耶？」遂相帥而去，由是聲聞遠近。州郡並舉孝廉，歷酸棗、祝阿令。

邴原。北海朱虚人。少以操尚稱，辟命皆不就。黄巾起，原將家屬入海，住鬱洲山。孔融爲北海相，舉原有道，遂到遼東，歸原者數百家，遊學之士、教授之聲不絶。積十餘年，遁還故土。講述禮樂，吟咏詩書，門徒數百，服道數十。時鄭康成以博學洽聞，注解典籍，爲儒雅所歸。原亦以高遠清白，頤志澹泊，口無擇言，身無擇行，故英偉之士向焉。海内咸稱青州有「邴、鄭之學」。

管幼安。北海朱虚人。長八尺，美鬚眉，與平原華歆、同縣邴原相交。遊學異國，並敬善陳仲弓。黄巾之亂，至遼東。往見太守公孫度，語惟經典，不及世事。乃因山爲廬，鑿坏爲室，越海避難者皆來就之，旬月而成邑。遂講詩書，陳俎豆，飾威儀，明禮讓，非學者無見也。由是度安其賢，民化其德。魏黄初中，徵爲太中大夫。明帝時，以爲光禄勳，並辭不受。卒年八十四。

三國　魏

任嘏。旐子。八歲喪母，以至性見稱。年十四始學，三年中，誦五經皆究其義，兼包羣言，無不綜覽。邑中争訟，皆詣嘏質之。其子弟有不順者，父兄竊數之曰：「汝所行，豈可令任君知耶？」其禮教所化率如此。時訪召海内至德，嘏應舉，爲臨淄侯庶子、相國東曹屬、尚書郎。文帝時爲黄門侍郎。每納忠言，帝嘉其淑慎。累遷河東太守，所在化行。

王脩。營陵人。七歲喪母，母以社日亡，脩感念哀甚，鄰里爲之罷社。

徐幹。北海人。體道修行，聰識洽聞，與孔融、陳琳、王粲、阮瑀、應瑒、劉楨稱「建安七子」。建安中，特加旌命，以疾休。後除上艾長，又以疾不行。及卒，文帝書與元城令吴質曰：「偉長懷文抱質，恬淡寡欲，有箕山之志，可謂彬彬君子。」著中論二十餘篇。

孫炎。樂安人。受學鄭康成之門，人稱東州大儒。徵爲秘書監，不就。王肅集聖證論以譏短康成，炎駮而釋之。作周易、春秋例，毛詩、禮記、春秋三傳、國語、爾雅諸注，又著書十餘篇。

吴

孫邵。北海人。爲孔融功曹，融辭曰：「廊廟才也。」孫權統事，數陳便宜，以爲應納貢聘，從之。黄武初，爲丞相，封陽羡侯。

是儀。營陵人。本姓氏，初爲縣吏，後仕郡。郡相孔融令改爲「是」。依劉繇，徙會稽。孫權徵儀到，專典機密，拜騎都尉。既定荆州，都武昌，拜裨將軍，封都亭侯。黄武中，大破曹休，遷偏將軍，入闕省尚書事。駕東遷，使儀輔太子登留鎮，太子敬之，事先諮詢然後行。後從太子還建業，拜侍中。執法平諸官事。典校郎吕壹誣故江夏太守刁嘉謗訕國政，權怒，收繫驗問。儀獨云無聞，辭不傾移，嘉得免。以尚書僕射領魯王傅，盡忠規諫。儀事上勤，與人恭，不治産業，數十年未嘗有過。吕壹歷白將相大臣罪，獨無以白儀。權歎曰：「使人盡如儀，尚安用科法爲？」年八十一卒。

滕胤。劇人。少有節操，美儀容，弱冠尚公主。起家丹陽太守，徙吴會稽，所在見稱。太元元年爲太常，與諸葛恪等俱受遺詔輔政。孫亮即位，加衛將軍。恪將伐魏，胤諫之。爲都下督，掌統留事，白日接賓客，夜省文書，或通曉不寐。進爵高密侯。孫峻欲城廣陵，朝臣知其不可而莫敢言，惟胤諫之。不從，而功竟不就。

晋

王裒。脩孫。父儀，爲司馬昭司馬。東關之敗，昭曰：「誰任其咎？」儀曰：「責在元帥。」昭怒，遂斬之。裒少立操尚，博學多能。痛父非命，未嘗西向而坐，示不臣于晋也。隱居教授，徵辟皆不就。廬於墓側，旦夕至墓所拜跪，攀柏哀號，涕泣著樹，樹爲之枯。母性畏雷。母殁，每雷輒到墓曰：「裒在此。」讀書至「哀哀父母，生我劬勞」，未嘗不三復流涕，門人爲廢蓼莪篇。家貧躬耕，及洛陽傾覆，親族悉移渡江東，裒戀墳壟不去，遂爲賊所害。

任愷。博昌人。尚魏明帝女。累遷員外散騎常侍。武帝時爲侍中，封昌國縣侯。愷有經國之幹，以社稷爲己任，帝政事多諮焉。性忠正，惡賈充爲人，每裁抑之。充計畫令與帝疏，因稱愷才能，宜任官人之責。帝不之疑，以爲吏部尚書。愷選舉公平，盡心所職，然侍覲轉希。充黨乘間浸潤，遂免官。後起太僕，轉太常，以憂卒。子罕，幼有門風。以淑行致稱，歷官大鴻臚。

張載。安平人。父收，蜀郡太守。載性閒雅，博學有文章。太康初，至蜀省父，經劍閣，以蜀人恃險好亂，因著銘以作誡。益州刺史張敏表上其文，武帝遣使鐫之劍閣。又爲濛汜賦，司隸校尉傅休奕見而嗟嘆，爲之延譽，遂知名。起家佐著作郎，歷官中書侍郎，稱疾歸。弟協，與載齊名，官河間内史。亢，亦有屬綴，爲散騎常侍，領佐著作。時人謂之「三張」。

左思。臨淄人。貌寢口訥，而辭藻壯麗。造齊都賦，一年乃成。復欲賦三都，詣著作郎張載訪岷、邛之事，遂搆思十年。門庭藩溷，皆著筆紙，得句便疏之。自以所見不博，求爲秘書郎。賦成，皇甫謐爲其序，張載等復爲注解，司空張華見而嘆曰：「班、張之流也。」于是競相傳寫，洛陽爲之紙貴。齊王冏命爲記室督，辭不就。以疾終。

徐苗。高密淳于人。累世皆以博士爲郡守，曾祖華有至行，祖邵爲魏尚書令，以廉直稱。苗少家貧，與弟賈就博士宋鈞受業，遂爲儒宗。作五經同異評，前後所造數萬言，皆有意味。性抗烈，輕財貴義，兼有知人之鑒。數徵辟不就。武、惠時，計吏至臺，帝輒訪其安否。

光逸。樂安人。初爲博昌小吏，胡毋輔之見而奇之，呼與談，果俊器。後舉孝廉，爲州從事。輔之薦於太傅越，尋避亂渡江。與輔之、謝鯤等酣飲，時人謂之「八達」。元帝以逸補軍諮祭酒，爲給事中。卒於官。

伏滔。安丘人。有才學。爲大司馬桓温參軍，深加禮接。從温伐袁真，以淮南屢叛，著論二篇，名曰正淮。壽陽平，以功封聞喜縣侯。太元中，拜著作郎，專掌國史。遷游擊將軍，卒。子系之，亦有文才。歷官侍中、尚書。

十六國　苻秦

王猛。劇人，家於魏郡。少貧賤，以鬻畚爲業。博學，好兵書。謹重嚴毅，氣度宏遠。遊鄴都，時人莫識，高平徐統見而奇之，召爲功曹，不就。隱於華山，懷佐世之志。桓温入關，猛披褐謁之，捫蝨而言，旁若無人。拜高官都護，猛仍還山。苻堅聞其名，遣呂婆樓招之，一見便若平生。堅僭位，以猛爲中書侍郎，轉始平令，一歲中五遷，歷尚書令、太子太傅，加散騎常侍。後率軍討慕容暐，軍禁嚴明，遠近帖然。以功進封清河郡侯，留鎮冀州，聽以便宜從事。入爲丞相，宰政公平，流放尸素，拔幽滯，顯賢才，外修兵革，内崇儒學，秦國遂致富强。堅嘗敕太子宏、長樂公丕等曰：「汝事王公，如事我也。」其見重如此。尋疾甚，上疏言時政，多所宏益，堅覽之流涕。及疾篤，親臨省問。猛言：「晉，正朔相承，願不以爲圖。鮮卑，我之仇讐，宜漸除之。」遂卒。子永，幽州刺史。苻丕立，累進左丞相。與慕容永戰於襄陵，死之。

南燕

晏謨。青州人。嬰之後。慕容德時爲秀才。德如齊城，問謨以齊之山川丘陵、賢哲舊事，謨歷對詳辨，畫地成圖。德深嘉之，拜尚書郎。立鐵冶於商山，置鹽官於烏常澤，以廣軍國之用。

南北朝　宋

王鎮惡。猛孫。以五月五日生，故名鎮惡。初爲天門臨澧令，武帝召至與語，甚異焉，謂諸佐曰：「所謂將門有將也。」即以爲青州治中從事史，行參太尉軍事，屢戰有功。武帝討劉毅，加鎮惡振武將軍，遣率百舸前發。鎮惡晝夜兼行，破江陵後二十日，大軍方至。以功封漢壽縣子。晉義熙十二年，武帝將北伐，轉爲諮議參軍，行龍驤將軍，領前鋒。鎮惡曰：「不克咸陽，誓不復濟江而還也！」及陷長安城，武帝至，勞之曰：「成吾霸業者，真卿也！」以鎮惡領安西司馬、馮翊太守，委以捍禦之任。爲參軍沈田子所害。武帝受命，追封龍陽縣侯。鎮惡被害，弟康攜家出洛陽，歸武帝，即以爲相國。求還視母。值關陝不守，康倡集義徒堅守六旬，武帝嘉其節，封西平縣男，進號龍驤將軍，迎康家還京邑。

魏

賈思伯。益都人。世父元壽，中書侍郎，有學行。思伯釋褐奉朝請，累遷中書侍郎。任城王澄之圍鍾離也，以思伯爲軍司。及澄失利，思伯爲後殿，託以失道，不伐其功。昭帝時，拜涼州刺史，後轉衛尉卿。時議建明堂，多有同異，思伯上議，學者善之。後爲侍講、中書舍人，入授明帝杜氏春秋。思伯少雖明經，至是更延儒生，夜講晝授。性謙和，傾身禮士。卒，謚文貞。弟思同，少勵志行，雅好經史。元顥之亂，思同不降。莊帝還宫，封營陵縣男。後爲侍講，授靜帝杜氏春秋，拜侍中，卒。

王憲。猛孫。皇始中，道武見之曰：「此王猛之孫也。」厚禮以待之，以爲本州中正。太武即位，遷廷尉卿，出爲上谷太守。清身率下，風化大行。尋拜外都大官，移中都。歷任二曹，斷獄稱旨，進爵北海公。天安初卒。

孫益德。樂安人。其母爲人所害，益德童幼爲母復仇，還家哭於殯，以待縣官。孝文、文明太后以其幼而孝決，又不逃罪，特免之。

梁

伏曼容。滔曾孫。少篤學，老善易。常施高坐，有賓客，輒升坐講説，生徒常數十百人。梁臺建，以曼容舊儒，召拜司馬，出爲臨海太守。卒於官。

任昉。博昌人。幼好學，早知名。性至孝，居喪盡禮。續遭母憂，嘗廬於墓側，哭泣之地，草爲不生。高祖克京邑，霸府初開，以昉爲驃騎記室參軍。及踐阼，拜黄門侍郎，轉御史中丞、秘書監。天監二年，出爲新安太守，卒。昉善屬文，尤長載筆，當世王公表奏，莫不請焉。家聚書萬餘卷，率多異本。所著文章數十萬言，盛行於世。好交結獎進，坐上客恒有數十，時人號曰任君。第四子東里，頗有父風，官至尚書外兵郎〔四〕。

伏暅。曼容子。幼傳父業，與任昉、劉曼俱知名。起家奉朝請，仍兼太學博士。高祖踐阼，累遷中書侍郎，兼五經博士，與徐勉等總知五禮事。出爲永陽内史。在郡清潔，治務安静，高祖善之。歷豫章内史，徵爲給事黄門侍郎。未及起，卒於郡。徐勉爲之墓誌。子挺，敏悟有才思，好屬文。齊末舉秀才，對策第一。高祖義師至，見之甚悦，謂曰「顔子」。天監初，除中軍參軍事。於宅講論語，聽者傾朝。徵爲京尹。太清中卒。

北齊

王昕。劇人。少篤學。昕體素甚肥，遭喪後，遂終身羸瘠。楊愔重其德素，以爲人之師表。齊文宣踐阼，拜七兵尚書。以讒徙幽州。後徵還，判祠部尚書。帝與朝臣酣飲，昕稱疾不至，遂斬之。昕母清河崔氏，學識有風訓。生九子，皆風流藴藉，世號「王氏九龍」。

王晞。昕弟。幼而孝謹，有器度，淹雅好學。齊神武訪朝廷子弟忠孝謹密者，令與諸子遊，晞與崔瞻等首應此選。補中外府功曹參軍，帶常山王演友。及昭帝踐阼，除晞散騎常侍，仍兼領吏部郎中。晞與尚書陽休之等共舉録歷代廢禮墜樂〔五〕、職司廢置、朝饗異同、輿服增損，或道德高儁，久在沉淪；或巧言眩俗，邪辟害政；爰及田市舟車、徵税婚葬，有不便於時者，悉令詳思條奏。尋拜太子太傅，又兼中庶子。帝欲以晞爲侍中，苦辭不受。或勸晞勿自疏，晞曰：「我閲要人多矣。充詘少時，鮮不敗績。且性實疏緩，不堪時務。非不愛作熱官，但思之爛熟耳。」性閒淡寡慾，雖王事鞅掌，而雅操不移。在并州，人謂之「物外司馬」。武平初，歷官大鴻臚，加儀同三司。

隋

高構。北海人。性智辨，好讀書，工吏事。歷官吏部侍郎，有能聲。所舉杜如晦、房玄齡等，後並至公輔。論者稱構有知人之鑑。

唐

崔信明。益都人。强記，美文詞。唐興，竇建德僭號，信明族弟敬素爲賊鴻臚卿，勸信明臣賊。答曰：「昔申胥海隅釣師，能固其節。爾欲吾屈身賊中，求斗筲耶？」遂踰城去，隱太行山。貞觀六年，有詔拜興勢丞，遷秦州令，卒。

段志玄。臨淄人。資質偉岸，以驍果爲秦王所識。授右領軍大都督府軍頭。下霍邑、絳郡〔六〕，攻永豐倉，摧鋒最。劉文静拒屈突通於潼關，爲桑顯和所襲，軍且潰。志玄率壯騎馳殺〔七〕，中流矢，突擊自如，唐軍復振。通敗走，躡獲之。授樂遊府車騎將軍。從破竇建德，平東都，遷秦王府右二護軍。隱太子嘗以金帛誘之，拒不納。秦王即位，累遷左驍衛大將軍，封樊國公。文德皇后葬，勒兵衛章武門。太宗夜遣使至志玄所，拒曰：「軍門不夜開。」使者示手詔，志玄曰：「夜不能辨。」不納。帝歎曰：「真將軍，周亞夫何以加！」改封褒國公。歷鎮軍大將軍，卒。三世孫文昌，疏爽任義節。穆宗時拜平章事，歷西川、淮南、荆南節度使。子成式，博學强記，著酉陽雜俎，官終太常少卿。

房玄齡。臨淄人。幼警敏，博綜典籍，善屬文，書兼草隸。開皇中，天下混一，皆謂隋祚方永，而玄齡決其亡可立待。年十八，舉進士，授羽騎尉。太宗以燉煌公徇渭北，杖策謁軍門，一見如舊，署行軍記室參軍。公爲秦王，授府記室，封臨淄侯。征伐未嘗不從，獨收人物致幕府，軍符府檄，駐馬即辦。高祖曰：「若人機識，是宜委任。每爲吾兒陳事，千里外猶對面談。」太宗即位，爲中書令，進尚書左僕射。帝曰：「公爲僕射，當助朕廣耳目，訪賢才。」乃敕細務屬左、右丞，大事關僕射。徙梁國公。居宰相積十五年，進司空，仍總朝政，累表固辭。卒，謚文昭。

孫既。樂安人。母喪廬墓，哀毀骨立。有醴泉湧於墓側，里人名之曰孝源泉。

郭昈。齊人。舉進士，爲李師道判官。憲宗時，師道叛，與高沐等引古今成敗前後諫説，不能入。及沐以款結天子，爲師道所害，並囚昈，凡十年。昈爲繒書藏衣絮間，使郭航間道見李愿，請奇兵三千浮海擣萊、淄。及王師討師道，頗用其策。航，萊州人，與昈世居齊。

五代

梁

第五泰。益都人。咸通中鄂州文學。著左傳事類二十卷。

牛存節。博昌人。爲人忠謹，太祖愛之，以爲小校。屢戰有功，積官邢州團練使、元帥府左都押衙。太祖即位，拜右千牛衛上將軍。晉兵攻澤州急，存節入城自守，晉人解去。遷匡國軍節度。會朱友謙叛，西連鳳翔。同州水鹹無井，友謙與岐兵合圍，欲以渴疲之。存節鑿井八尺，水甘可飲，友謙卒不能下。末帝立，徙鎮天平。以功進太尉。時梁、晉方苦戰，而存節病痟，忠憤彌激，治軍督士，未嘗言疾。將卒，語其子知業曰：「忠孝，吾子也。」不及其他。

唐

夏魯奇。青州人。莊宗時，爲衛護指揮使。時梁將劉鄩軍於洹水，莊宗以百騎覘敵，遇鄩伏兵，圍之數重，幾不得脱。魯奇力戰，手殺百餘人，身被二十餘創，與莊宗決圍而出。莊宗奇之，以爲磁州刺史。從戰中都，擒王彦章。遷河陽節度使。爲政有惠愛。明宗時，徙鎮忠武〔八〕，又徙武信。東川董璋反，攻遂州。魯奇閉城拒之。旬月救兵不至，城中食盡，魯奇自刎死。

晉

石昂。臨淄人。家有書數千卷。喜延四方之士，士無遠近，多就問學。昂不求仕進，節度使符習高其行，召爲臨淄令。與監軍楊彦朗忤，即解官還家。高祖時，詔天下求孝悌之士。户部尚書王權等上昂行義。詔至，以爲宗正丞，遷少卿。出帝即位，數上疏極諫，不聽。乃稱疾東歸，以壽終。

漢

蘇禹珪。諸城人。仕高祖爲觀判官，累官至右僕射侍郎、同平章事。決斷無留滯，用舍黜陟，所議必當。帝倚重之。

宋

許仲宣。青州人。氣貌雄偉。太祖召對便殿，悦之，擢太子中允，知北海軍。仲宣度其形勢廣袤，可爲州郡，畫圖上之。遂升爲濰州。從征并門，掌給納，四十餘州資糧悉能集事，帝益知其强幹。開寶四年，知荆南轉運事。及征江南，又兼南面隨軍轉運事，供饋無闕。南唐平，拜刑部郎中。太祖時，歷西川、廣南轉運使，擢諫議大夫。後遷給事中。

齊得一。諸城人。幼嗜學。及長，教授鄉里。士大夫子弟不遠百里就之肄業。王萬徹爲密州防禦使，性貪暴，執鄉民殺之，而取其資産。得一親族死者十餘人，惟得一與兄脱身獲免。詣闕上訴，按鞫得實，削官坐死有差。得一乃歸，布衣蔬食，不樂仕進。開寶中，詔舉廉退孝弟之士，本郡以得一應詔。策試中選，授章丘主簿。

張平。臨朐人。秦王廷美領貴州，署爲親使。太宗即位，詔補右班殿直，監市木秦隴。以功遷供奉官，監陽平都木務，兼造船。舊造舟既成，備漂失，一舟調三戶守之，歲役數十。平穿池引水，繫舟其中，不復調民。雍熙初召還，累遷鹽鐵使，卒。平好史傳，微時遇異書，或解衣易之。及貴，聚書數千卷。子從吉，以蔭補殿直。景德四年，宜州軍校陳進叛，命副曹利用爲廣南東西路安撫使，將兵討之。以平賊功，改莊宅副使。

李覺。本京兆長安人，唐之後裔。其先徙家青州益都。父成，五代末以詩酒行公卿間，善摹寫山水，世傳以爲寶。覺性強毅而聰敏。太平興國中舉九經，起家將作監丞，通判建州，遷知泗州，轉秘書丞。命與孔維等校定五經正義。奉使交州還，遷國子博士。端拱元年初，令學官講説，覺首預焉。太宗幸監，召覺對御講泰卦，從臣皆列坐。覺因述天地感通、君臣相應之旨。帝甚悦，賜帛百匹。俄獻時務策，帝頗嘉獎。尋以本官直史館，遷司門員外郎，卒。覺累上書言時務，述養馬、漕運、屯田三事，太宗嘉其詳備，令送史館。

李宥。覺子。幼孤，不好弄。長讀書屬文，不雜交遊。舉進士，調火山軍判官，遷集賢校理，遂直院。知蘄州，歲凶，令牧養散委嬰孩，所活甚衆。後以諫議大夫知江寧府，致仕。起官太子賓客，判留司御史臺，卒。宥性清介，然與物無忤，好獎拔士人。既死，家無餘財，官賜錢十萬。

張宏。益都人。太平興國中舉進士，爲將作監丞，遷著作郎，與修太平御覽。歷左拾遺。太宗謂宏曰：「朕親擇羣材，卿與呂蒙正皆中朕選。」累官吏部侍郎。真宗朝，與王旦知登聞院，再舉吏部，卒。

王曾。益都人。咸平中，鄉貢試、禮部廷對皆第一。楊億見其賦，嘆曰：「王佐器也。」由將作監丞累官參知政事。真宗末，入草遺詔，黜丁謂之奸，正色獨立，朝廷倚以爲重。仁宗初即位，拜平章事。每進見，言利害，事審而中理。多所薦拔，尤惡僥倖。既而太后不悦，出知青州。景祐元年，復拜平章事，封沂國公。曾進退士人，莫有知者。范仲淹嘗謂曾曰：「明揚士類，宰相之任，公之盛德，獨少此耳。」曾曰：「夫執政者，恩欲歸己，怨使誰歸？」仲淹服其言。寶元元年卒，謚文正。仁宗篆其碑曰「旌賢之碑」，改其鄉曰旌賢鄉。凡大臣賜碑篆自曾始。

王子融。本名皞，字子融，後以字爲名。曾弟。祥符中進士及第，累遷太常丞，同知禮院。嘗論次國朝典禮因革，爲禮閣新編上之。以其書藏太常。權同糾察刑獄，知河陽。又集五代事爲唐餘録六十卷以獻。權判大理寺，乃取讞獄輕重可爲準者，類次以爲斷例。歷官兵部侍郎，卒。

張荷。壽光人。少師事种放，與吳盾、魏野、楊朴、宋瀨友善。性高潔，爲文奇澁。著過非九篇，詩文三卷。

賈同。臨淄人。五代時，楊光遠反，同祖崇率鄉里四百餘家保愚谷山，全活者二千人。同初名罔，篤學好古。真宗時，登進士，命改今名。王欽若方貴盛，聞同名，欲致之，固謝不往。居八九年，始補歷城主簿，歷判兖州。天聖初，上書言：「丁謂之姦既白，宜明告天下，正符瑞之謬，罷宫觀崇奉，歸不急之衛兵，收無名之實費。」又言：「寇準忠亮貶黜，宜還之内地。」再遷殿中丞，知棣州，卒。其友及門人謚曰存道先生。

楊光輔。安丘人。居莒州之馬耆山〔九〕，學者多從受經。真宗時，州守王博文薦爲太學助教。孫奭知兖州，又薦爲太常寺奉禮郎，州學講書。仁宗詔至，命説尚書，光輔講無逸一篇，時年七十餘，論説明暢。帝悦，欲留爲學官，固辭。以國子監丞老於家。子安國，五經及第。歷翰林侍講學士，在經筵二十七年，仁宗稱其行義淳質。累遷給事中，卒。

傅霖。青州人。少與張詠同學。霖隱不仕，詠既顯，求霖三十年不可得。真宗時，詠知陳州。來謁，閽吏白「傅霖請見」，詠責之曰：「傅先生天下賢士，吾尚不得爲友，汝何人，敢名之？」詠因問昔何隱，今何出。霖曰：「子將去矣，來報子耳。」詠曰：「詠亦自知之。」霖曰：「知復何言？」翌日別去。後一月，詠卒。

周沆。益都人。第進士，知渤海縣。歷開封府推官。湖廣蠻唐、盤二族寇暴，以沆爲轉運使，朝廷用沆策，二族皆降。儂知高亂定，仁宗命安撫廣西，諭之曰：「嶺外地惡，非賊所至處，毋庸行。」對曰：「君命仁也。然遠民罹塗炭，當宣布天子德澤。」遂往，徧行郡邑。擢河北都轉運使。李仲昌建六塔河之議，以爲費省而功倍，詔沆行視。沆言：「此役若成，河必泛溢。齊、博、濱、棣之民其魚矣！」英宗時，以户部侍郎致仕，卒。

李之才。青社人。天聖中進士。爲人樸率，從河南穆修受易。修易受之种放，放受之陳摶。其圖書象數變通之妙，秦、漢以來，鮮有知者。之才初爲衛州獲嘉主簿，權共城令。時邵雍居母憂，之才扣門來謁，勞苦之。雍再拜，願受業，於是先示之以陸淳春秋，意欲以春秋表儀五經。既可，語五經大旨，則受業而終焉。其後雍卒以易名世。之才器大，難乎識者，棲遲久不調。尹洙以書薦於葉道卿，得應銓，改大理寺丞。世稱劉義叟曆法遠出古今上，實之才授之。寶曆五年卒。邵雍表其墓。按：宋史本傳，之才青社人。世記三王世家注：「齊在東方，故曰青社。」又益都縣有青社驛，古人文字類稱青州爲青社，史文遂相沿不改。附記於此。

趙師民。臨淄人。九歲能屬文。舉進士第。孫奭辟兖州説書，領諸城主簿。師民學問精博，奭自以爲不及。年五十來京師，宋郊、韓琦等列薦，至檢討、崇正殿説書，遷宗正丞。趙元昊反，上書陳十五事，及請任方面以圖報効。在經筵十餘年，甚見器異。三遷刑部郎中，復領宗正，卒。師民淳静剛敏，幼孤哀感。年四十四始婚，專以讀書爲事。勤於吏治，政有惠愛。

趙禹。青州人。仁宗時上書言趙元昊必反，宰相以禹狂言，徙建州。後元昊果反，禹至京自理，宰相怒，下開封獄。陳希亮言禹可賞不可罪，乃以禹爲徐州推官。

麻仲英。臨淄人。博學有行，以親不逮養，不肯仕。韓琦、富弼守青州，致書幣，薦其行義，召爲國子監助教。東州學者咸尊師之。

明鎬。安丘人。進士。補蘄州防禦推官。仁宗時遷太常博士。還朝，帝問鎬所能。薛奎稱其沉摯有謀，能斷大事。爲陝西轉運使。常閲同州廂軍，得材武者三百人，教以强弩，奏爲清邊軍，最驍悍。陝西、河東頗仿置之。王則叛，命鎬爲安撫使，副文彦博平貝州。以功拜參知政事。卒，謚文烈。

盧士宗。昌樂人。舉五經，歷提點江西刑獄，侍講楊安國以經術薦之。仁宗御延和殿，詔講官悉升殿，聽其講易。明日復命講泰卦。授天章閣侍講，賜三品服，累進銀臺司。英宗時出知青州。入辭，帝曰：「學士忠純之操，朕所素知。豈當久處外？」及見，論知人安民之要〔一〇〕，勸帝守祖宗法。神宗時，以禮部侍郎致仕。士宗以儒者長刑名之學，前後在刑部審刑十餘年，而主於仁恕。

任顓。壽光人。進士賜第，擢鹽鐵判官。仁宗時，陝西鑄「康定大錢」，顓曰：「壞五爲一，以一當十，恐犯者衆。」卒如其言。夏人納款，遣使要請十一事，顓押伴，曉以義，辭折而去。又遣使來，欲自買賣，且通青鹽、增歲賜。詔許置榷場，其議多顓所發。歷判三司、憑由司。爲諒祚册禮使，采摭西夏風物、山川、道里、出入、攻取之要，爲治戎精要三篇，上之。進直史館，遷河東轉運使，歷知潭州、渭州，徙徐州。以太子賓客致仕，積官户部侍郎。

孫唐卿。青州人。少有學行。年十七，以書謁韓琦，琦甚器之。景祐中，以進士爲舉首有名，通判陝州，權府事，於吏事若素習。民有母再適人而死，及葬其父，盜母之喪而同葬之。有司論以法，唐卿曰：「是知有孝而不知有法耳。」乃釋之以聞。未幾丁父憂，毁瘠吐血而卒。詔賻其家。

張擇行。益都人。進士起家，爲北海臨沂主簿，歷右司諫。與唐介、包拯共論張堯佐除節度、宣撫兩使不當，語甚切。又論河北兵多財不足，願分兵就食内地。不報。遷户部郎中、集賢殿修撰，卒。

朱壽隆。諸城人。以蔭知九龍縣，所至有聲。以少府監知揚州終。壽隆爲人和厚而不屈於權貴。狄青討賊，欲殺裨將不用命者數人。壽隆論罪不當死，青感其言，乃止。

蘇丕。益都人。有高行。少時一試禮部不中，拂衣去。居瀰水之濱，五十年不踐城市。歐陽修言於朝，賜號曰沖退處士。

王贇。青州人。元豐元年，贇父爲人毆殺。贇幼未能復讐，幾冠，刺讐斷支首，當斬。帝以殺讐祭父，又自歸罪，其情可矜，詔貸死刺配隣州。

韓晉卿。安丘人。爲童子時，日誦書數千言。長以五經中第，由主簿歷知同州、壽州，奏課第一。元祐中官大理卿。晉卿自仁宗朝已典訟臬，數與王安石等争議，終持之不肯變，用是知名。元豐置大理獄，多内廷所付。晉卿持平考覈，無所上下，神宗稱其才。諸州請讞大辟，執政惡其多，將劾不應讞者。晉卿曰：「聽斷求所以生之。苟讞而獲譴，後不來矣。」議者又欲引唐日覆奏，令天下庶戮悉奏決。晉卿言：「可疑可矜者，許上請，祖宗之制也。四海萬里，必繫以聽明命，恐自今瘐死者多於伏辜者矣。」朝廷皆行其説，故世推其忠厚，不以法家名之。

趙挺之。諸城人。舉熙寧進士。哲宗朝爲監察御史，除給事中。時蔡京爲相，帝謀置右輔，京薦挺之，隨拜尚書右僕射。既相，屢陳京姦惡，且請去位避之。帝因盡除京諸蠹法，罷京，召挺之見曰：「京所爲一如卿言。」加挺之特進，仍爲右僕射。卒，謚清憲。

仇悆。益都人。大觀中進士，授邠州司法，所至有惠政。南遷知廬州，募兵復壽春。張浚視師，悆爲畫策不用。以忠義勉牛臯，臯奮勇，所向披靡，寇遂自潰。以悆克復守禦功，加徽猷閣待制。累遷寶文閣學士、陝西都轉運使。秦檜以爲異己，落職，後積官至左朝議大夫〔一一〕，爵益都縣伯。

陳規。安丘人。中明法科。靖康末爲安陸令。建炎元年知德安府。倣古屯田制條上營屯田事宜，詔嘉奬，仍下其法於諸鎮。屢立戰守功，遷直學士，知順昌府。金兵將至，會劉錡領兵赴京留守過境，規迎至，告以死守計。布設麤畢而金兵薄城，規與錡巡城督戰，累挫敵鋒。烏珠自將鐵浮圖軍來援，規勉激諸將軍殊死鬭，斬獲無算。烏珠遂還。奏功，遷樞密直學士，移知廬州。以疾卒。有攻守方畧傳於世。規端毅寡言笑，以忠義自許。功名與諸將等，而位不酬勞，時共惜之。「烏珠」舊作「兀术」，今改正。

張所。青州人。登進士第，歷監察御史。高宗即位，遣所按視陵寢。還，上疏論還京師有五利。又條上兩河利害。帝欲以其事付所，會所言黄潛善奸邪，責所團練副使，安置江州。李綱入相，乃以所充河北招撫使〔一二〕，一切以便宜從事。所方招來豪傑，以王彦爲都統制，岳飛爲準備將，而綱已罷相。所落直龍圖閣，嶺南安置，卒於貶所。

金

劉琉。益都人。以功臣子補閤門祗候。海陵忌宗室，琉坐與往來，斥居鄉里。世宗即位，琉兼馳上謁，帝大悦，呼其小字而謂之曰：「太平庶幾贊朕至太平矣！」累遷左宣徽使，以疾求補外。除定海將軍、節度使。弟璣，舉進士，爲國子祭酒、太常少卿。常同知漕運，言省費事。又嘗爲户部員外郎，條上便宜，世宗嘉納之。

元

欒均用。益都人。讀書斥口耳之學。中統中，守臣强之仕，不受。徙嶺南，怡然就道。嶺南守臣復薦之，亦辭不受。

綦公直。樂安人。初爲益都勸農官。至元十年，世祖知其勇，召見，同行荆南等處招討司使，破宋軍。奉旨從諸軍南伐，至隆興，宋軍突出，公直敗之。由是南安、吉、贛，皆望風款附。公直又令第三子莽噶岱攻梅關，入廣東，至南海，皆下之。累功授輔國上將軍、都元帥、宣慰使，鎮别十八里。請葬父以行，至家，計樂安税課及貧民逋負，悉以賜金代輸之。後諸王海都叛，侵别十八里，公直從丞相巴顔進戰敗之。追擊浸遠，援兵不至〔一三〕，第五子瑗力戰而死，公直與妻及莽噶岱俱陷焉。莽噶岱奔還，爲湖州萬户，討衢州山賊有功，加昭勇大將軍。「莽噶岱」舊作「忙古台」，今改正。

王英。益都人。有大節，膂力絶人。襲父職，爲莒州翼千户。父子皆善用雙刀，人號刀王。討賊屢立戰功，歷官懷遠大將軍。至元三年，賊李志甫起漳州，劉虎仔起潮州，時英已致仕，平章政事巴咱爾謂僚佐曰：「是非刀王不可。」乃使迎致。英據鞍横槊，精神飛動。及賊平，英之功居多。至正中，毛貴陷益都，英年已九十有六，謂其子宏曰：「吾世受國恩，今老矣。縱不能事戎馬以報天子，尚忍食異姓之粟，以求生乎〔一四〕？」水漿不入口者數日，遂卒。巴咱爾，舊作伯撒里，今改正。

于欽。益都人。由助教累官侍郎。奉命山東，周覽山川，考水經地紀、歷代沿革，著齊乘六卷。

劉蕃。樂安人。爲西臺御史，彈劾無所避，累官中奉大夫、遼陽行省參政、治書侍御史。

傅公讓。益都人。元統初進士。累官亞中大夫、西臺御史。至正二十年，宦者保布哈内侍太子，外結吹斯戩，驕恣不法。公讓劾之，左遷松江知府。「保布哈」舊作「朴不花」，「吹斯戩」舊作「搠思監」，今俱改正。

齊文郁。博興人。至正中任山東宣慰僉事。明兵下益都，郁自縊死。藁葬城外，植棗樹一株識之，枝皆北向。其孫振遷葬，植榆樹二株，枝仍北向。

明

馬愉。臨朐人。宣德中進士第一，授修撰。九年，特簡史官及庶吉士三十七人，進學文淵閣，以愉爲首。正統五年，以侍讀學士入閣，參預機務。愉以文學受知兩朝，端重簡默，門無私謁。嘗奏天下獄久者多瘐死，宜簡使者分道決遣，帝納焉。邊警方命將，而別部使至，衆議執之。愉言：「賞善罰惡，爲治之本。波及於善，非法；乘人之來執之，不武。」帝然之，厚遣其使。歷官禮部左侍郎，卒。

曹凱。益都人。正統中進士，授刑科給事中，磊落多壯節。英宗北征，諫甚力，帝不從，果陷。凱慟哭竟日，與王竑共擊馬順至死。景泰中，遷左給事中。時令輸豆得補官，凱爭曰：「近例輸豆四千石以上授指揮，彼受禄十餘年，費已償矣。乃令之世襲，是彼取息長無窮也。乞自今惟令帶俸，不得任事傳襲。文職則止原籍帶俸。」帝以爲然，命未授者悉如凱議。用薦擢浙江右參政。在浙數年，聲甚著。初，凱爲給事，嘗劾武清侯石亨。亨修前憾，遂謫凱衛經歷，卒。

劉珝。壽光人。正統中進士，授編修。成化十年，歷吏部侍郎，充講官如故。每進講，反覆開導，詞氣侃侃，聞者爲悚。明年以本官兼翰林學士，入閣預機務。帝每呼東劉先生。進户部尚書，加太子太保，乞休。珝初遭母喪，廬墓三年。比歸，父殁，復廬於墓。弘治中卒，謚文和。子鈗，八歲時，憲宗召見，愛其聰敏，命爲中書舍人。宫殿門閾高，嘗提之出入。歷官五十餘年。嘉靖中至太常卿，仍供事入閣。鈗博學有行誼，與長洲劉棨並淹貫，故時稱「二劉」。

趙鑑。壽光人。成化中進士。除蕭山知縣，擢御史。按宣、大，時邊帥久不進，鑑上疏劾之。又陳方畧甚悉，於是兵將奮勇，連戰皆捷，寇爲遁去。與劉瑾忤，出知順德府。正德八年，進右副都御史，巡撫甘肅。恤民募兵，大修邊務。乃諭吐蕃，復哈密侵地，帝璽書嘉勞。嘉靖二年，歷官刑部尚書，命按治諸巨奸，咸得其情。宸濠之叛，宗室坐繫者衆，鑑上疏請釋其株連者，獲全二百餘人。五年，致仕。卒，謚康敏。

張文錦。安丘人。弘治中進士。授户部主事。正德初爲劉瑾所陷，逮繫詔獄，斥爲民。瑾誅，起故官，再遷郎中，督税陝西。條上籌邊裕民十事，遷安慶知府。度宸濠必反，與都指揮楊鋭爲禦備計。宸濠浮江下，文錦等慮其攻南都，令軍士登城詬之。宸濠乃留攻，卒不能克。璽書褒美，擢太僕少卿。嘉靖元年拜右副都御史，巡撫大同。三年，文錦議設五堡，堡成，欲徙鎮兵戍之，爲亂兵所殺。萬曆中追謚忠愍。

翟鑾。諸城人，家京師。弘治中進士，入翰林。學優經濟，明習典章，歷官至大學士。時張璁、桂萼用事，鑾守職奉法，不敢阿比。卒，謚文懿。

馮裕。臨朐人，以戍籍生於遼東。師事賀欽，有學行。正德初舉進士，授華亭令，歷知晉州。所至多惠政，遷户部郎。數忤權貴，乃密遣人偵伺裕闕失，無所得，益重之。出守貴州，遷副使。先後七年，屢建平蠻功。解官歸，卒。

顧鐸。博興人。正德初，流賊入境，鐸父殁未殮，獨居守，見賊擗踴無懼容。賊曰：「空城中惟此一人，必孝子也。」舍去。

後登進士，爲刑部郎中。率同官抗疏論大禮，被廷杖，出爲汝寧知府。歷官太僕卿。

蔣暘。樂安人。正德中進士。知沭陽縣，擢御史，督鹽河東。及巡畿輔，平羊山寇，擒妖賊以千數，時論偉之。後忤權貴，謫居吉州，遷貴州兵備，致仕。

陳經。益都人。正德中進士。擢兵科給事中，忠直敢言。武宗末，劾奏宸濠、江彬餘黨，帝覽疏，顧左右曰：「此髯給事中也。」世宗時，累遷兵部尚書，加太子少保。時邊警日至，經殫心籌畫，條上防禦事宜，帝皆允行。邊臣議復河套，經力陳其不可，忤宰執意，因乞致仕，卒。

李舜臣。樂安人。生而警敏，日記千言。嘉靖中會試第一，授户部主事，歷官尚寶卿。日惟閉門讀書，考究六藝。升應天府丞，均賦愛人，有惠政。時宰忌之，致仕。屢薦不起。

馮惟訥。裕子。嘉靖中進士，知宜興縣，歷浙江督學副使，累遷江西左布政。入覲，覈吏能否，部稱之曰：「鑿然不存兩可者，獨馮公也。」以老乞休，進光禄卿，歸。訥性孝友，歷官所至，皆奉母以行。夜必候户外，問寢食，然後退。所著有輯古詩紀等書。

馬文煒。安丘人。嘉靖中進士，知確山縣。折獄如神，入爲御史。巡鹽兩淮，上便宜六事，報可。積羡金十餘萬，俱抵正額，商困乃甦。歷守德安，表二千石尤異，煒名居首。擢副使，治兵荆南。帝爲江陵相張居正治第，監奴横行，文煒縛置於獄，中貴愧謝乃已。後巡撫江西，以十事要約屬吏，執法頗嚴，中蜚語。有旨改南京，遂歸，家居十八年卒。

李用敬。益都人。由進士擢給事中。嘉靖中，劾仇鸞驕縱。趙文華督師，劾張經，用敬復上疏救理，廷杖落職。隆慶時，復起用。

冀練。益都人。嘉靖中進士，知長安縣。以治行聞，擢户部主事。以抗直久不調。嚴嵩敗，累擢光禄少卿。神宗時，至户部侍郎。生平嚴敬自持，言笑必謹，不爲矯激。喜容接後進，居官以清勤著。卒，謚端恪。

傅應兆。臨朐人。嘉靖中進士。授平涼訓導。以良知主敬主静之説皆空言無徵，獨主喻義，以爲士行準繩。歸三十餘年卒，私謚清毅先生。

石茂華。益都人。嘉靖中進士，知濬縣，歷知揚州府。有破倭功，累遷右僉都御史。巡撫甘肅，轅門卒嘗以賞不時給，羣譟，茂華至，立誅渠魁數人，一軍懾服。進右都御史，總督陝西三邊軍務。邊外要市，諭以期額，咸受約束。其傍七十一部，皆請命爲外臣。奏功，拜兵部尚書。致仕數年，再總督三邊。值旱饑，至人相食，茂華日夜露禱，得大雨。復奏請蠲賦發倉，全活者數千萬。居秦六月，竟以積勞嘔血卒，將吏莫不流涕。謚恭襄。

丁應壁。壽光人。嘉靖中進士，授兵部主事。值振武兵變，朝議欲分其黨，莫敢先發。應壁假他事去其魁，分置部位，一軍乃定。升南昌知府。

盧廷器。昌樂人。性勇烈，起卒伍。嘉靖中，以把總征倭，與子璿俱戰殁。詔廕一子，立祠祭之。

臧惟一。諸城人。嘉靖中進士，歷文選郎中。萬曆時，累遷順天府尹，奏行寬恤十事。巡撫河南，詔取麒麟皮，惟一疏諫忤旨，遂乞歸。終南京兵部侍郎，卒。子爾勸，萬曆中進士。歷官有政績。開府寧夏，大殲孛氏餘寇於賀蘭山。入爲兵部侍郎，乞歸。姪爾令，天啓中進士，擢禮部主事，歷方面，移疾歸。崇禎十五年，城破殉難。

邱橓。諸城人。嘉靖中進士。由行人擢刑科給事中。帝久不視朝，橓言：「權臣不宜獨任，朝綱不宜久弛。」嚴嵩深憾之。隆慶中，進大理少卿，病免。萬曆中，擢左副都御史。陳吏治積弊八事，疏入，帝稱善，敕所司下撫按奉行，不如詔者罪。頃之，又言積弊如故，自劾不職，請罷斥以警有位。帝優詔報之，拜南京吏部尚書。卒，謚簡肅。

石繼芳。益都人。嘉靖中，由猗氏學博擢知桐城縣。催科不擾，聽訟平允，遷錦衣衛經歷。衛帥毛澄私讐校尉官，上章劾之。擢寧夏副使，總兵哱拜有叛志，因收其權，裁之以法。并請增牙兵備之，未集而難作，遂死焉。

朱鴻謨。益都人。隆慶中進士，授吉安推官。識鄒元標於諸生，厚禮之。擢南京御史。元標及吴中行等以論張居正得罪，鴻謨疏救，語侵居正。居正怒，斥爲民。既歸，杜門講學。居正卒，起故官。出按江西，撫應天、蘇州十府，皆有政聲。歷官刑部右侍郎。謚恭介。

馮子咸。惟健子。少孤，事母孝。母疾，不解衣者踰年。母殁，哀毁骨立。萬曆初，舉於鄉。再會試不第，遂不赴。講求濂、洛之學，嘗曰：「爲學須剛與恒。不剛則隳，不恒則退。」治家宗顏氏家訓，鄉人率其教，多爲善良。

馮琦。裕曾孫。幼穎敏絶人，年十九，舉進士，授編修。進侍講，充日講官，歷庶子。三王並封議起，移書王錫爵力争之。累遷吏部侍郎。涖政勤敏，力抑營競。萬曆二十七年，災異數見，琦草疏偕尚書李戴極言信用奸徒、搜括民財之害，拜禮部尚書。東宫册立期迫，中官以供費不給爲詞，琦弟户部主事瑗適輦餉銀四萬出都，琦立追還給費，事乃濟。三十年，帝有疾，諭停礦税，既而悔之。琦與同列合疏争。湖廣税監陳奉以虐民撤還，琦言遼東高淮等肆虐不減於奉，並乞徵還。帝將簡琦入閣，爲沈一貫所阻，尋病卒。遺疏請勵明作、發章奏、補缺官，推誠接下，收拾人心，語極懇摯。帝哀悼，贈太子少保。天啓初，謚文敏。

趙秉忠。益都人。萬曆中殿試第一，官翰林。分校禮闈，得孫承宗。典試江南，得張瑋、姚希孟、周順昌。充日講官，請加建文廟號。累遷禮部尚書。以忤魏忠賢削籍。

曹珖。益都人。萬曆中進士，授户部主事。衛軍貸羣璫子錢，償以月餉，珖命減息，軍困稍蘇。補兵部，巨璫私人求大帥，珖不可。歷南京太常少卿。紅丸議起，珖力言宜窮奸狀。天啓初，加光禄卿，歷大理卿。值魏忠賢亂政，請告歸。御史盧承卿歷攻東林，詆珖狎主邪盟，遂削奪。崇禎中，拜工部尚書。桂王重建府第，議加江西、河南等省賦十二萬有奇、浙江逋織造銀十餘萬請編入正額，珖皆持不可。與中官張彝憲不協，乞歸。屢薦不起，家居十四年，卒。

張僎。壽光人。萬曆中進士，授平陽推官。性直亮平恕，聽獄明允，務期得情。崇禎十五年，城陷殉難。本朝乾隆四十一年，賜謚節愍。

顧頤。博興人。萬曆中進士，累官遼東參政，殉難。本朝乾隆四十一年，賜謚節愍。

成勇。樂安人。天啓初會試對策，極言宦官之禍，被放。又三年，成進士。同年邀謁魏忠賢，持不可。歷任推官。崇禎時擢南京御史。楊嗣昌奪情入閣，黄道周諸人言之，俱獲譴。勇憤，抗疏糾之，遣戍寧波。著有周易發、西銘解等集。

孫康周。安丘人。天啓辛酉舉於鄉，爲遵化令，有善政，尋授太原守。崇禎甲申春，流賊至，蒲坂以北郡縣靡然從之。公謂同官曰：「睢陽之節見於今日。」嬰城固守。城陷，不屈，死之。本朝乾隆四十一年，賜謚節愍。

李獻明。壽光人。崇禎初進士，授保定推官。二年，遵化被圍，時獻明以察覈官庫在城中。或謂：「此邑非君所轄，去無罪。」獻明正色曰：「莫非王土，安敢見危避難？」請守東門。未幾城破，死之。本朝乾隆四十一年，賜謚節愍。

李廉仲。諸城人。崇禎中進士，知任丘縣，廉潔有聲。十一年城陷，身冒矢石，死於城下，一門皆遇害。

丁茂桂。壽光人。以貢士知平谷、柏鄉二縣，皆有政績。崇禎十五年，城陷殉難。本朝乾隆四十一年，賜謚節愍。

謝耀。臨淄人。性至孝。遇兵火，守父柩不去，死之。

張文浩。博興人。以貢生授安肅訓導，遇亂。或曰：「公無守城責。」文浩曰：「學官非國家臣子耶？」分汛固守，城陷死之。本朝乾隆四十一年，賜謚節愍。

來儀。字爻先，臨朐人。崇禎中進士，知蘭陽縣。崇禎末，與賊李自成戰，身受三矢，被執不屈。賊囚之，乘間脱歸，謁撫按，陳賊可圖狀。詔命儀參軍。未幾京師陷，儀募豪傑赴難，僞將襲執之。義兵殺僞將，儀獲免。後爲土寇所害。

本朝

孫廷銓。博山人。順治二年薦授河間推官，擢吏部主事，累遷吏部侍郎，晉兵部尚書。再遷户部，拜大學士。廷銓以銓曹起家，於銓事最久，以慎名器、通淹滯爲己任。及入相，勤修庶政，終歲未嘗休沐。以終養歸里。康熙十三年卒，謚文定。

馬國徵。博興人。順治舉人。性純孝，居喪三年，未嘗見齒。知大名縣，不用鞭朴，教化大行，至歲終無争訟者。卒祀鄉賢、名宦祠。

王荃可。益都人。順治丙戌進士。以御史巡按粤西，勞來安輯，布朝廷威德，墨吏皆望風解綬。會滇寇猝至，日夜拒守。力盡被執，不屈，死之。贈太僕少卿，廕一子。

李邦彦。益都人。以貢生授汶上訓導。順治三年，土寇犯汶上，邦彦與知縣分汛拒守。力盡，賊突入，邦彦率僕從力戰，殺十餘人，被執不屈死。祀名宦、鄉賢祠。

馮溥。臨朐人。性英敏，博綜經史。順治丁亥進士，授編修。累遷侍讀學士，尋升吏部侍郎。康熙初，廷議每省遣大臣二人巡察督撫，溥持不可，乃止。升左都御史，有申嚴職任、省刑薄斂諸疏。未幾遷刑部尚書，拜大學士。在閣二載，年七十四告休歸里，加太子太傅。卒，謚文毅。

劉果。諸城人。順治己亥進士。爲太原推官，改河間知縣，俱著能聲。入授刑部主事。修大清律，於條例異同，多所訂正。丁内艱歸，遂不復起。弟棨，康熙乙丑進士。由長沙令累遷江西按察使，多所平反。旋擢四川布政使，以勞卒於官。

張貞。安丘人。康熙壬子拔貢生。善古文詞。己未舉博學鴻詞，以親喪不就。所著有半部稿、或語、潛州集、青州鄉賢傳、安丘鄉賢傳諸書。

閻世繩。昌樂人。少孤力學。康熙丙辰進士。累官左諭德，告歸。以曾孫循琦貴，贈工部尚書。有文集行於世。

李華之。諸城人。康熙丙辰進士。由中書觀察粤東。時瓊州洞黎猖獗，華之單騎往諭，更爲布置營伍，兵黎相安，至今帖然。香山、澳門海寇竊發，奉檄往勦，不兩月而平。歷湖北、貴州按察使，升雲南布政使，官終刑部侍郎。

楊定國。益都人。以軍功授福建漳州守備。時海賊圍海澄，定國冒死往救，被陷不屈，支解死。康熙十七年，贈都司僉書，廕一子。

王沛憻。諸城人。康熙甲子舉人。四十三年，邑大饑，沛憻倡鄉紳認賑之法，各量力賑其親族鄰里。請以官米減價平糶，人不知爲歉歲。歷任至廣西布政使。五十八年，聞邑中稍旱，亟遺書其子，命出家粟千石助賑。雍正八年，邑又大水，沛憻家居，仍倡率分賑，縣人德之。

李澄中。諸城人。工詩文。由博學鴻詞歷官翰林院侍讀。致仕歸里，清白自守，足迹不入城市。著有卧象山詩集、艮齋文選諸書行世。

閻福玉。安丘人。由行伍累遷黄巖鎮遊擊。康熙五十一年，巡海至牛頭門，遇賊船，相持盡日，爲飛礮所傷而死。加贈副將，廕一子。

崔仁。益都人。性至孝。親喪，廬墓終身。

劉統勳。諸城人。雍正甲辰進士，授編修。入直南書房，洊升尚書。爲軍機大臣，授大學士。練達端方，秉公持正，有古大臣之風。既膺簡任，凡讞大獄、督大工，悉承命往莅，事無弗治者。乾隆二十八年，兼管翰林院掌院學士，命爲尚書房總師傅。三十八年卒，贈太傅，謚文正，入祀賢良祠。

閻循琦〔二五〕。世繩曾孫。乾隆壬戌進士。歷官工部尚書。以老成歷練，爲高宗純皇帝深知。卒，謚恭定。從弟循觀，性至孝，丙戌成進士，官吏部考功司主事。有文集行世。

劉墉。統勳子。乾隆辛未進士，授編修，督學安徽。以留心政體，除山西太原、江蘇江寧知府。遷陝西臬司，尋授内閣學士，入直南書房〔一六〕。旋由吏部侍郎出撫湖南，署直隸總督，晉吏部尚書，命在尚書房總師傅上行走。五十年，授體仁閣大學士。墉於政事外尤善書。嘉慶七年，卒於官，贈太子太保，謚文清，入祀賢良祠。

王垂重。諸城人。由監生議敘四川縣丞，改補潼川府經歷，洊升同知。嘉慶三年署忠州事。值寇至，率紳士鄉勇邀擊之。賊衆抵禦，垂重受傷陣殁。贈雲騎尉。

流寓

漢

嚴光。一名遵。會稽餘姚人。少有高名，與光武同遊學。及光武即位，光變名姓，隱居不見。光武思其賢，乃令以物色訪之。後齊國上言，有一男子，披羊裘，釣澤中。帝疑爲光，乃備安車玄纁，遣使聘之，三反而後至。

趙岐。京兆長陵人。延熹初，避仇逃難四方，自匿姓名，賣餅北海市中。安丘孫嵩藏之複壁中數年。岐作戹屯歌二十三章。

姜肱。彭城廣戚人。靈帝時拜太中大夫。詔書至門，肱使家人對云「久病就醫」，遂羸服間行，竄伏青州界中，賣卜給食，召命得斷，家亦不知其處。

宋

張邵。烏江人。建炎三年，假禮部尚書，充通問使，至濰州，翼日見左監軍撻攬，命邵拜。邵曰：「監軍與邵爲南北朝從臣〔一七〕，無相拜禮。」且以書抵之。撻攬怒，執邵送密州囚焉。

金

時茂先。日照縣沙溝酒監，寓居諸城。紅襖賊方郭三據密州，過其村，居民相率迎之。賊以元帥自稱，茂先怒，謂衆曰：「此賊首耳，何元帥之有？」方郭三聞而執之，斷其腕。茂先大駡，賊復剔其目，亂刀剉之。至死駡不絕。詔贈武節將軍，同知沂州防禦使事。

列女

漢

緹縈。臨淄人，淳于意少女。文帝四年，意以刑罪，當傳西之長安。意有五女，隨而泣。意怒，駡曰：「生子不生男，緩急無可使者！」於是緹縈隨父西，上書，願入身爲官婢〔一八〕，以贖父刑。書聞，帝悲其意，此歲中遂除肉刑法。

晉

左芬。臨淄人，左思妹。少好學，善綴文，名亞於思。武帝聞而納之。泰始八年拜修儀，後爲貴嬪，以才德見禮。嘗獻楊皇后誄，受詔作悼后頌及萬年公主誄，其文甚麗。帝每有方物異寶，必詔爲賦頌，以是屢獲恩賜。有答兄書及雜賦、頌數十篇行於世。

唐

房玄齡妻盧氏。臨淄人。玄齡微時，病且死，語曰：「吾病革，君年少，不可寡居，善事後人。」盧泣入帷中，剔一目示玄齡，明無他。會玄齡良愈，禮之終身。

五代

王凝妻李氏。青州人。凝爲虢州司户參軍，卒於官。李氏攜幼女負骸東歸，過開封，旅舍主人不許其宿，牽其臂出之。李氏慟曰：「吾爲婦人，而此手爲人所執耶？」即引斧斷其臂。歐陽修五代史馮道傳論載其事甚詳。

宋

毋卬妻馬氏。益都人。卬父母死，負土成墳。馬從卬朝夕哭，三年不衰。

張廷榮妻王氏。壽光人。廷榮進士，宣和末，賊邢真執榮與父，王以金帛贖之。又欲逼其從。王怒罵不止，遂被殺。

元

焦士廉妻王氏。博興人。養姑至孝。至正十七年，毛貴作亂，官軍競出擄掠。王氏被執，紿曰：「我家墓田有藏金，可共取也。」信之，隨王氏至墓所。王氏哭曰：「我已得死所矣。實無藏金，汝可於此殺我。」乃與妾杜氏皆遇害。

明

常氏女。名小課，博興人。正德六年，年十六，流賊犯境，聞女美，執其祖富，以刃加頸脇之。女聞，自土窨中躍出曰：「我在此。」賊遂捨富將女。女見富已脱，遂大罵，賊支解之。

蓋燿妻顧氏。博興人。年十七歸燿。三年燿卒，氏水漿不入口者數日。親戚勸慰，乃食，奉舅姑甚孝。歷二禩，舅卒，未幾姑卒。葬畢，即以資財分給諸婢子，自縊死。

顧思源妻張氏。博興人。思源，青州衛千總。城陷，張與思源俱被執，思源遇害，兵欲犯張，張大罵曰：「願夫婦同死一處。」兵怒殺之。

楊氏女。博興人。年十六，字而未嫁。賊入城，女謂祖母王氏曰：「賊入城矣，不可落賊手。」即投灣水而死。王亦隨之死。賊退，家人求其尸，兩尸手相挽，不可解，顔色如生。

李揚休妻張氏。高苑人。嫁甫七月，揚休病殁，號哭幾絶，即日自經於梔上。

李珽妻張氏。高苑人。珽疾篤，謂珽曰：「君不諱，妾願從死。」已而珽死，遂自縊於柩側。

蕭氏女。樂安人，宗輔女。正德中，賊陷城，女爲所執，罵賊，支解而死。詔建祠西門外。

劉允升妻隋氏。樂安人。夫亡，水漿不入口。母及姑使人守之。閱月，父語之曰：「汝年少而吾家富，别求佳偶至易也。」氏佯許，守者稍怠，潛入室自縊死。

臧氏二婦。昌樂人。一臧宿妻，一臧奉亭妻，俱逸其姓。正德七年並爲流賊所執，不從，被殺。

盧文燦妻劉氏。昌樂人，廷器孫。嘉靖中，廷器與子璿戰殁，文燦又早卒，氏泣數日，自縊死。

魏汝憲妻馬氏。臨朐人。汝憲爲諸生，病亡。氏年十六，不食三日，誓必死。家人防之稍懈，自縊柩前。

謝惠妻孟氏。臨朐人。夫病垂絶，孟先自縊。夫及見之，乃瞑。

林試妻李氏。臨朐人。試家甚貧，清明日死，氏慟絶。比試斂，以頭觸棺，呼曰：「少待我，當偕葬也！」夜半息漸微，有頃死。

彭氏女。安丘人。幼字王枚臯。未嫁，枚臯殁，誓不再適。濰縣丁道平密囑其父，欲娶之。女察之，六日不食。道平悔而止，心敬女節烈。後聞其疾革，贈以棺。女語父曰：「可束葦埋我，亟還丁氏棺，地下欲見王枚臯也。」遂死。

王氏女。名九栗，安丘人。年方及笄。正德六年，流賊劫城。九栗與鄰人韓氏女詐爲男子服，爲黠賊所識，欲污之，九栗大駡不從。賊怒，剚劍於胸，猶駡不絶口，碎首而死。

高氏女。安丘人。正德七年，流賊劫鄉村。女避古墓中，爲賊所得。復投井中，不死，賊綆出，欲污之。女駡不從，賊以刃脅之，血濺頸，將死猶駡不絶。

李敬中妻胡氏。諸城人。祖麗明爲遂平知縣。女年十七，歸敬中，生一女而夫卒。哭踴甚哀，比三日不哭，盥櫛拜舅姑堂下曰：「婦不幸，所天無子，將從死者地下，不得復事舅姑，幸强飯自愛。他日叔有子，爲亡人立嗣，歲時祭麥飯足矣。」姑及其母泣止之，不可。乃焚香告柩前，顧家人曰：「洗含汝等親之，不可近男子。」遂入室，距户自縊。母與姑搥門痛哭疾呼，終不顧而死。

于通妻趙氏。臨淄人。崇禎中避難，穴地而居。通母被執，通語賊曰：「有妻在，可供使令。」亟呼趙出。趙時年十七，歸甫十七日。厲聲駡賊，延頸受刃。母獲免。

魏瑄妻劉氏。壽光人。瑄官兵部侍郎。崇禎十五年，城陷，氏與女京姐從容赴井死。

本朝

王嶼妻仇氏。益都人。夫亡遺一子，矢志守節。越一年而子又殤。人或有摇其志者，氏曰：「烈女不更二夫，守節者，守夫之節，原不在子之有無也。」夫兄憐其節，以子喬年爲嗣。氏撫育之，教以讀書。順治二年補弟子員。同縣石藎妻姜氏亦夫亡守節。

呂才智妻王氏。博興人。夫病傴僂，家又貧窶。氏晝夜操作，無怨言。會歲祲，才智將鬻氏以求活。氏曰：「汝廢人，我去，汝何依？我身值幾何？不如同死，猶相依也。」終乞食以養。生一子，甫晬而夫死，人謂其青年子幼，必將他適。而氏守節，無纖毫瑕玷，里黨皆稱之。同縣欒玥妻許氏，夫亡守節。

張輔武妻何氏。高苑人。明崇禎壬午之難，夫被掠，久無音耗。姑欲其改適，氏以死自誓。無子，繼叔子爲嗣。不數年姑亡，氏慮叔有異志，乃盡以財産歸之叔，曰：「吾未亡人，孑然一身，漚麻治菅，足以自給。姪當嗣，此物非叔産乎？」叔由是乃安。年七十餘卒。同縣蔡錦妻張氏，夫亡無子，守節三十餘年。均康熙年間旌。

薛應富妻劉氏。樂安人。夫亡守節。有富室子謀欲强娶，氏聞之，自縊。同縣烈婦吴燻妻李氏，均康熙年間旌。

李應兑妻魏氏。壽光人。年少夫亡，生子甫周歲。明崇禎壬午，負子避兵於紀城之孟氏樓。樓焚，氏急投烈焰中，顱碎骨折，母子皆不死。乃潛伏榛莽中，三日始返。故居瓦礫，寄棲伯父母家，茹荼嚙蘗，撫孤守節五十餘年。康熙二十二年旌。

夏廷玉妻張氏。壽光人。廷玉與母俱死於難，氏年十八，翁年五十九，苦節孝養。以姪爲嗣，後子娶媳，翁尋歿。氏大慟曰：「可以死矣。」乃不食七日卒。

丁煒宗妻劉氏。壽光人。年二十夫亡，事姑甚孝。一日所居被火，而姑病在牀不能起。氏以被裹姑，負於背，匍匐而出。守節五十餘年。同縣隋藏修妻馬氏、劉大美妻隋氏、張福春妻王氏、孫淳之妻劉氏、陳貞吉妻柳氏、楊源濬妻隋氏、王元巘妻李氏，俱夫亡殉節。

夏士林妻曾氏。臨朐人。夫亡投井死。康熙年間旌。

牛顯麟妻劉氏。安丘人。顯麟死明壬午之難，遺孤甫三歲，氏守節撫之。順治癸巳，葬夫日，拊櫬號泣曰：「妾所以不死者，爲幼孤也。今幸長成，吾事畢矣。」遂自縊。

李邁庸妻王氏。安丘人。明壬午之難，邁庸死焉，氏年方十九。父母勸改適，不聽。順治初，土寇至，燬其樓門。氏知不免，遂墮樓死。同縣王永範妻都氏，不屈被殺。其妹爲高栻妻，投井不出，賊下石碎其首而死。又烈婦李其元妻孫氏、劉鵬翔妻黄氏、李培深妻劉氏、王士亮妻曹氏、王國棟妻劉氏、王業炳妻陳氏、韓應揚妻周氏、張緒倫妻韓氏、韓繼休妻陳氏、劉永元妻史氏、周派長妻張氏、孫貞妻馬氏。

王斗維妻沈氏。諸城人。斗維諸生，順治初，以廬墓爲土寇所殺。氏曰：「子從父死，妻不當從夫亡乎？」欲自盡。親族以撫孤勸止之。辛卯，土寇又至，氏大駡。賊殺之於夫柩前。

劉鸞妻丁氏。諸城人。甫歸劉，因伯父累，鸞兄弟皆死於獄，妻孥當遣戍，賴父惆贖之。氏復哀告其父曰：「良人藁葬遠土，舅姑雙柩尚未丘首。大事未完，何以生焉？」惆乃助其資財營墳墓，而築己壙附焉。

丁大轂妻聶氏。諸城人。大轂明舉人，壬午殉難，子甚幼。氏曰：「吾夫世族，不可無傳。」乃挾子以逃，經歷艱難險阻，卒能撫孤成立。同縣節婦丁世法妻高氏、王沛慈妻張氏、王沛懿妻馮氏、李作輔妻李氏、管攀俊妻郭氏、王允濟妻汪氏、李篤之繼妻郝氏，均康熙年間旌。

王沛悏妻孫氏。諸城人。沛悏邑貢生。氏年十九，夫亡，爲一慟，即與舅姑父母談。越三日，家防衛稍疎，投繯夫柩前。同縣邱志科妻范氏、周浩妻馮氏，均康熙年間旌。

隋璨妻徐氏。諸城人。璨爲仇家所殺，氏年二十三歲，子幼。族人無仗義者，氏乃匍匐走京師，控夫冤。卒雪其恨還。康熙年間旌。

張繼倫妻孔氏。安丘人。夫亡，遺孤貞，甫九歲。族人覬覦眈眈，氏慨然曰：「蝮蛇螫手，壯士斷腕。貲不去，孤不全。」乃大會宗黨，散田宅錢帛，取借券焚之。撫貞泣曰：「吾今乃貽汝以無患矣。」同縣節婦李朝棟妻周氏，均雍正年間旌。

惠及民妻王氏。諸城人。夫亡守節。同縣劉塾妻李氏、祝博妻胡氏、楊淜妻王氏、王柴妻馮氏、王沛儁妻冷氏，均雍正年間旌。

克星額妻瓜勒佳氏。青州駐防前鋒滿洲人。夫亡守節。又馬甲來德源妻趙氏、五十六妻瓜勒佳氏、賞阿佈妻韓扎氏、雍中泰妻墨勒得氏、富明妻傅察氏、雅爾哈妻鄭氏、圖喇妻瓜勒佳氏、德常妻楊氏、佛呢音泰妻吴扎勒氏，閑散阿琳泰妻扎拉哩氏、興詔妻瓜勒佳氏，領催賽柄阿妻馬佳氏，均乾隆年間旌。

管鳳苞妻周氏。益都人。夫亡，貧無以殮。氏脱己衣殮之。遺子一歲，尋殤。氏赴夫墓哭奠畢，服滷死。同縣節婦蔣沛生妻王氏、蔣慧生妻郇氏〔一九〕、翟維禎妻王氏、劉思敬妻胡氏、郗湖妻趙氏、張士秀妻王氏、竇棟妻李氏、房浩妻劉氏、李殿文妻張氏、王溥妻曹氏、馮協一妾李氏，均乾隆年間旌。

史明妻杜氏。博山人。夫亡守節。乾隆年間旌。

王欽旨妻李氏。臨淄人。夫亡守節。同縣崔沛水妻鄭氏、王孝妻崔氏、王彝訓妻張氏、孫鈁妻趙氏、戰希韓妻賈氏、孫存義姪女李孫氏，均乾隆年間旌。

李常青妻韓氏。博興人。孝子存介母也。常青遠遊無耗，事舅姑惟謹，卒能撫子成立。同縣節婦白諒妻張氏、白志能妻藺氏、藺昌祚妻劉氏、宋儀妻趙氏、韓執玉妻張氏、高士位妻曹氏、宋偉妻張氏，均乾隆年間旌。

馮慕堯妻劉氏。高苑人。守正捐軀。同縣節婦蔡思道妻王氏、馮慕光妻李氏、馮謨堯妻李氏，均乾隆年間旌。

牛文敖妻宋氏。樂安人。夫亡守節。同縣司瀟妻邵氏、司湖妻劉氏、孫枝昌妻鄭氏、孫思勉妻劉氏、成其憲妻王氏、孫志夔妻王氏、陳家琳妻隋氏、陳荀會妾姚氏、王嗣徵妻張氏、王瑄妻趙氏、魏蘭妻高氏，均乾隆年間旌。

楊永熾妻張氏。壽光人。夫亡，誓以身殉。遺子三歲，舅姑勸以撫孤大義，乃止。未幾子復殤，即自縊柩側。同縣節婦李廷弼妻劉氏、桑繼安妻王氏、劉峻繼妻周氏、王蓄厚妻劉氏、張可鑄妻王氏、楊楷妻方氏、龐福宏妻王氏、李欽妻張氏、張儒妻劉氏、鄭貴和妻朱氏，烈婦夏志仁妻王氏、韓長妻呂氏，均乾隆年間旌。

趙臨藻妻陳氏。昌樂人。于歸有期，聞臨藻卒，欲奔喪。父母不許，乘間自縊。同縣馬二妻徐氏、趙旺妻元氏、呂際隆妻田氏、黃文都妻劉氏、王秀妻宋氏、趙萬方妻王氏、劉永齡妻王氏，均乾隆年間旌。

馬士績妻孫氏。安丘人。夫亡，服滷自盡。同縣節婦李祥妻辜氏、張鵬年妻高氏、李克寬妻曹氏、王述祖妻馬氏、毛幹妻刁氏、王時宏妻李氏、李允挹妻王氏、李仁方妻周氏、周樂綏妻馬氏、劉曰珽妻李氏、王碕妻劉氏、王修妻吳氏、李恭妻王氏，又朱朋女，均乾隆年間旌。

丁廷抹妻李氏。諸城人。廷抹病篤，謂氏曰：「我死，爾將若何？」氏泣曰：「君歿自知之。」廷抹歿，氏乘間自縊。同縣節婦妻杓妻李氏、劉顏女，王者經妻陳氏，丁灝妻惠氏，惠洪妻劉氏，王建猷妻李氏，祝緒妻高氏，王引祀妻隋氏，范淞妻臧氏，高廷簡妻邵氏，孫元凱妻李氏，鄭玉成妻張氏，李湑繼妻安氏，王沛慎妻劉氏，王範妻王氏，王兆鯤妻丁氏，臧祚蕃妻王氏，李山齡妻張氏，管采妻范氏，臧端臨妻王氏，李玥妻寇氏，臧應眉妻邱氏，王執信妻周氏，李祥泰妻郭氏，王汾嗣妻張氏，王元勳妻臧氏，均乾隆年間旌。

伯福妻喬氏。青州駐防前鋒滿洲人。夫亡守節。又台佈妻葉氏，常住繼妻富察氏，哈爾善妻齊氏，富林佈妻胡佳氏，關成妻趙佳氏，春克佈繼妻李氏，馬甲吉郎阿妻張氏，薩哈昆妻陳氏，舒明阿妻趙佳氏，拴住妻劉氏，愛隆阿妻劉氏，郭興阿妻富察氏，色布珍泰繼妻寇氏，薩淩阿妻彭氏，蓋得繼妻富察氏，五十三繼妻吳雅氏，觀明妻宗伊氏，德隆妻傅察氏，菩薩保妻傅察氏，塔欽妻費莫氏，蘇里布妻舒穆嚕氏，富通阿繼妻張氏，德順妻李氏，伍勒登額妻楊佳氏，巴勒達爾妻張氏，納永阿妻瓜勒佳氏，造祿妻瓜勒佳氏，興成妻佟依氏，魁升妻吳氏，荷成保妻瓜勒佳氏，額勒荷佈繼妻韓春氏，六十三繼妻傅察氏，岱成繼妻金氏，領催西靈阿妻楊氏，永德妻那喇氏，閒散會德妻李佳氏，六十一繼妻馬察氏，委前鋒校格通額繼妻郭囉洛氏，步甲雙成保妻舒穆嚕氏，均嘉慶年間旌。

高氏女。益都人。名小藏妮。同縣節婦陳煥然妻劉氏，陳某妻劉氏，李廩妻郭氏，劉恪妻丁氏，鍾儼妻賈氏，馮沖妻徐氏，王儉妻陳氏，張文燦妻鍾氏，均嘉慶年間旌。

趙麟趾妻孫氏。博山人。夫亡守節。嘉慶年間旌。

趙墊繼妻杜氏。臨淄人。夫亡守節。同縣鄭九範妻葉氏，李顯祖妻劉氏，王作賢妻李氏，于一龍妻王氏，守仁妻王氏，均嘉慶年間旌。

張之緒妻高氏。博興人。夫亡守節。同縣張培和妻牟氏、劉珩妻卞氏、趙仲垣妻韓氏、李連會妻趙氏、李士俊妻于氏、曹天民妻路氏、周憲妻劉氏、馮增壽妾郭氏、蔡泮妻楊氏、孫汝峯妻張氏、宋澄泉妻鄭氏、王廉儒妻蔡氏、蕭學春妻顧氏、王家弼妻龐氏、郭天麟妻魏氏、蕭思温妻孫氏，均嘉慶年間旌。

蔡一乾妻王氏。高苑人。夫亡守節。同縣楊希朱妻張氏，均嘉慶年間旌。

王良臣妻連氏。樂安人。夫亡守節。同縣張發光繼妻郭氏、劉荆恬妻王氏、曹用中妻馬氏、李作新妻周氏、王小留妻王氏、王福祥妻岳氏、薛維緒妻李氏，又李宣女，均嘉慶年間旌。

楊源溦妻李氏。壽光人。夫亡守節。同縣蘇孔貞妻李氏、孫玉瑄妻韓氏、韓又新妻王氏、劉密妻李氏、李善文妻常氏，均嘉慶年間旌。

李氏女。昌樂人。名小景妮。守正捐軀。同縣節婦王文昌妻趙氏、王之昌妻趙氏、閻士鎬妻劉氏、吕善繼妻劉氏、趙捷昌妻林氏、徐克武妻劉氏、李如荀妻馬氏，均嘉慶年間旌。

劉德妻吴氏。臨朐人。守正捐軀。同縣張天祥妻林氏、劉士烈妻白氏、沈鐸妻傅氏，均嘉慶年間旌。

鄭熙妻王氏。安丘人。夫亡守節。同縣王源泗妻李氏、張瑛妾夏氏、馬見泰妻王氏、王孝思妻朱氏、崔良棟妻王氏、曹掄士繼妻李氏、曹興南妻李氏、黄長林繼妻匡氏、韓嶰水妻周氏、張務謐妻孫氏、劉漢錡妻李氏、曹煊妻馬氏、張運發妻王氏、張菊妻李氏，均嘉慶年間旌。

王詩妻劉氏。諸城人。夫亡守節。同縣丁淹妻趙氏、季嶡妻丁氏、王中孚繼妻李氏、張宸煦妻宋氏、王鼎崐妻邱氏、孫金相妻王氏，均嘉慶年間旌。

仙釋

秦

安期生。琅邪人。賣藥於東海邊。始皇東遊，與語三日夜，賜金璧皆置去，留書，以赤玉舄一緉爲報。曰：「後千年求我於蓬萊。」始皇遣徐生、盧生等入海，未至，遇風波而還。

漢

李少君。臨淄人。學於安期生，得神丹、爐火之方。武帝甚尊信之。帝有故銅器，少君曰：「此器齊桓公十年陳於柏寢。」帝驗其刻，果然，因知少君已數百歲人矣。帝嘗夢與少君俱上嵩山，有使者乘龍持節雲中來，言太乙請少君。及旦少君卒，忽失尸所在。

王和平。北海人。後漢書方術傳：王和平性好道術，自以爲當仙。濟南孫邕少事之，從至京師。會和平病歿，邕葬之東陶，有書百餘卷，藥數囊，悉以送之。

宋

賀元。琅邪人。得道不死。宋真宗東封，謁於道左曰：「晉水部員外郎賀元。」再拜而去。宋蘇軾送喬同寄賀詩「舊聞父老晉郎官，已作飛騰變化看。聞道東蒙有居處，願供菽水看燒丹。」喬同，賀弟子也。按：晉有賀欒，茌平人，官水部郎。時謂即其人也。謹附記。

劉野夫。青州人。居東都。嘗約龔德莊曰：「今夕家人必出，我往見君。」至晚，德莊坐待不至。俄火自門起，德莊犯烈焰而出，四傍皆燼。翌日野夫來曰：「君家人幸出，可賀也。」陳瑩中深重之。政和中〔二〇〕，寓興國寺。人計其壽一百四十五歲矣。

土產

綾絹。出壽光縣者佳。漢書地理志：臨淄有服官。唐書地理志：青州貢仙紋綾絲。元和志：青州賦綿絹。宋史地理志：青州貢仙紋綾，密州貢絹。

布。各縣俱有，名「吉貝布」。唐書地理志：密州貢貲布。元和志：密州貢細布、絁布。又禹貢「青州，貢絺」註：「絺，葛也。」

鹽。出壽光、樂安、諸城三縣。禹貢：青州貢鹽。漢書地理志：海曲縣有鹽官。今樂安、壽光等縣皆有鹽場。

鐵。出博山縣。漢書地理志：千乘、臨淄有鐵官。晉書慕容德載記：德拜晏謨尚書郎，立鐵冶於商山。元史哈拉布哈傳：世祖召哈拉布哈給宿衛，嘗至益都，於四脚山下置廣興、商山二冶，爲商山鐵冶都提舉。「哈拉布哈」舊作「合剌普華」，今改正。

海物。出諸城縣海中。有龍鬚、龍芻、海藻、海栗、海韭、海蒿、海帶、石花、鹿角諸品。禹貢：青州，海物惟錯。元和志：青州貢海物。唐書地理志：密州貢海蛤。

棗。各縣俱有。唐書地理志：青州貢棗。宋史地理志：青州貢梨棗。又府志：柿餅，府境出。

藥。各縣俱有。其類不一。金史地理志：益都府産天南星、半夏、澤瀉。今惟壽光、樂安二縣有之。

陶器。出博山縣。以赭、黄二土爲之。又出礬煤、黄丹、代赭、白堊。

茁草。出壽光縣清水泊。蒹葭之屬，可以覆屋、織蓆、供薪爨，其利比腴田數倍。按：舊志引水經註：姑幕縣有五色土。唐書地理志：青州貢紅、藍、紫草，密州貢牛黄。金史地理志：益都府貢沙魚皮。今俱未聞。謹附記。

校勘記

〔一〕老病篤請免　「病」，原無，乾隆志卷一三六青州府人物（下同卷簡稱乾隆志）同，據史記卷一〇三萬石張叔列傳補。

〔二〕伯授邴丹丹字曼容　「丹」字原不重，據乾隆志補。

〔三〕間何闊逢諸葛　「間」，原作「閭」，據乾隆志及漢書卷七七夏禹傳改。

〔四〕官至尚書外兵郎　「郎」，原作「部」，據梁書卷一四任昉傳改。

〔五〕晞與尚書陽休之等共舉録歷代廢禮墜樂　「陽」，原作「楊」，乾隆志同，據北齊書卷三一王晞傳改。按，陽休之本傳見北齊書卷四二。

〔六〕下霍邑絳郡　「郡」，原作「都」，乾隆志同，據新唐書卷八九段志玄傳改。

〔七〕志玄率壯騎馳殺　「壯」，原作「北」，據乾隆志及新唐書卷八九段志玄傳改。

〔八〕徙鎮忠武　「忠武」，原作「武忠」，乾隆志同，據新五代史卷三三夏魯奇傳乙。

〔九〕居莒州之馬耆山　「耆」，乾隆志同，雍正山東通志卷二八之二人物作「髻」。
〔一〇〕論知人安民之要　「論」，原作「諭」，據乾隆志及宋史卷三三〇盧士宗傳改。
〔一一〕後積官至左朝議大夫　「後」，原作「從」，據乾隆志改。
〔一二〕乃以所充河北招撫所　「撫」，原作「副」，據乾隆志及宋史卷三六三張所傳改。
〔一三〕援兵不至　「援」，原作「授」，據乾隆志及元史卷一六五綦公直傳改。
〔一四〕尚忍食異姓之粟以求生乎　「粟」，原作「栗」，據乾隆志改。
〔一五〕閻循琦　「琦」，原作「奇」，據本卷閻世繩條改。
〔一六〕入直南書房　「直」，原作「真」，據文意改。
〔一七〕監軍與邵爲南北朝從臣　「從」，原作「後」，據乾隆志及宋史卷三七三張邵傳改。
〔一八〕願入身爲官婢　「官」，原作「宫」，據乾隆志及列女傳卷六齊太倉女傳改。
〔一九〕蔣慧生妻郇氏　「郇」，原作「邮」，據乾隆志改。
〔二〇〕政和中　「政」，原作「致」，據乾隆志改。

登州府圖

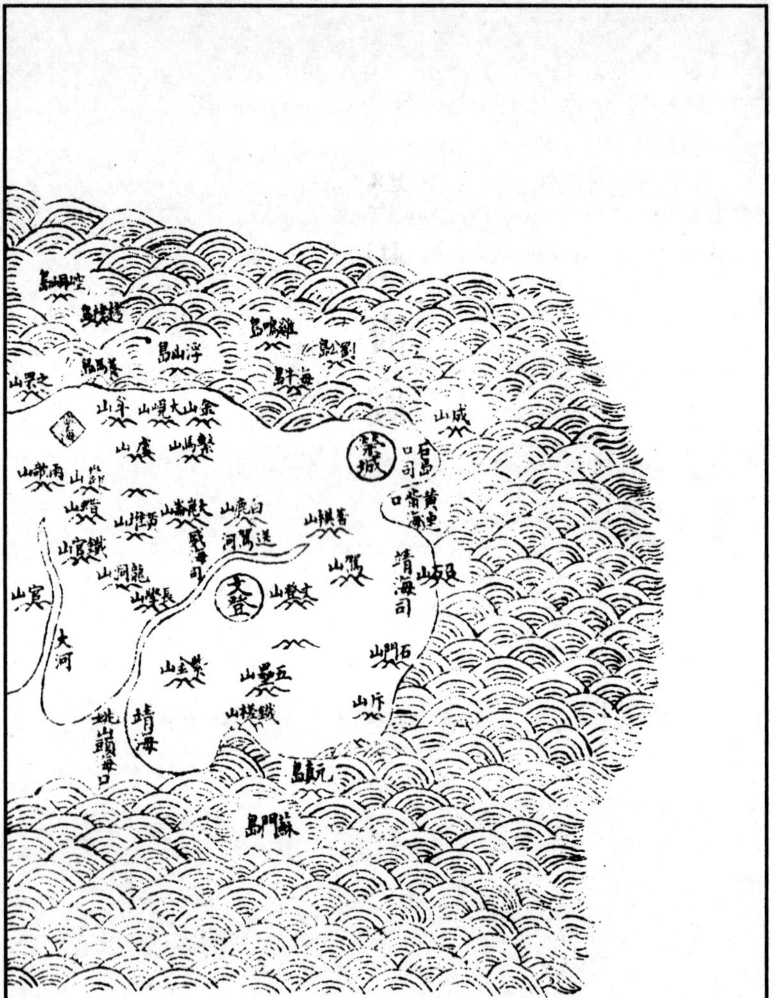

浮山島
雞鳴島
劉公島
成山
文登
靖海司
文登山
五壘山
斥山
石門山
蘇門島
大河
靖海

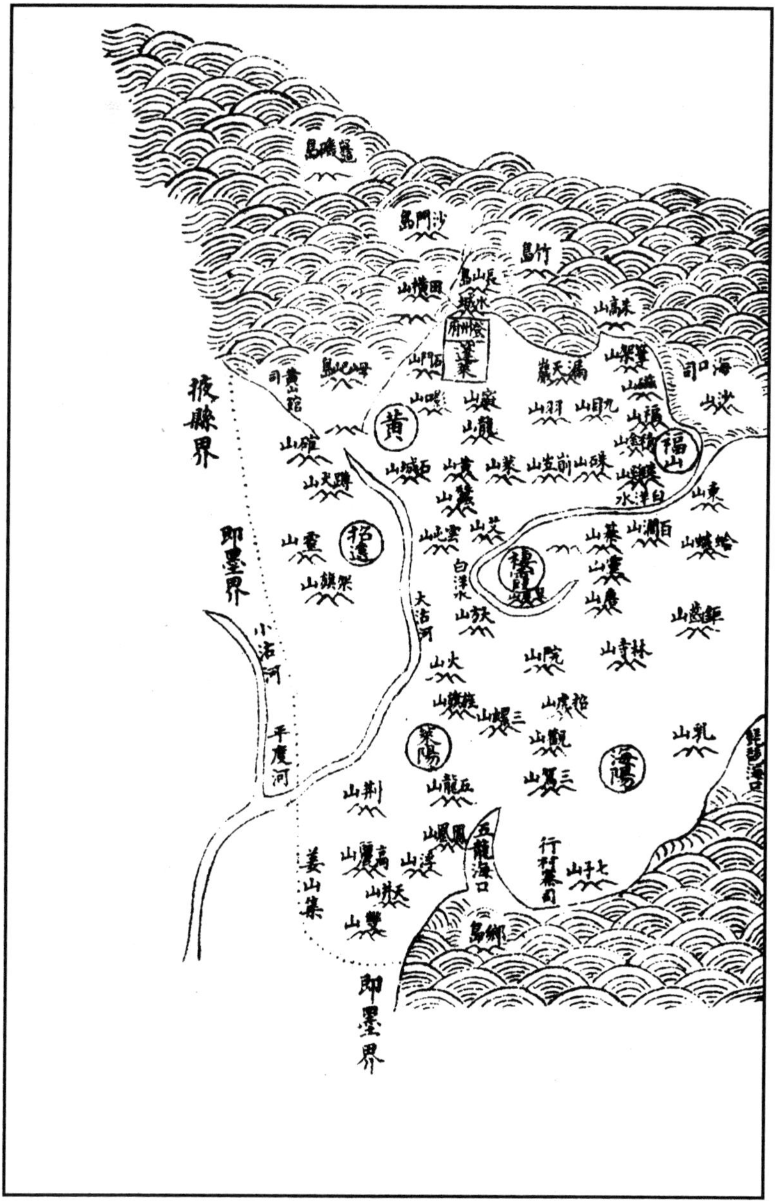
掖縣界
即墨界
小沽河
平度河
大沽河
姜山寨
五龍海口
行村寨司
即墨界
黃
招遠
萊陽
海陽
福山
沙門島
竹島
黃山館司
白洋水
羅山
鄉島
海口司

登州府表

	登州府	蓬萊縣	黃縣
秦	齊郡地。		
兩漢	東萊郡後漢移來治。	黃縣地。	
三國			
晉	東萊國地。		
南北朝	魏東牟郡地。		
隋	東萊郡地。		
唐	登州神龍三年改置，屬河南道。	蓬萊縣神龍三年分置，爲州治。	黃縣神龍三年省入蓬萊。先天元年復置，移今治，屬登州。
五代	登州	蓬萊縣	黃縣
宋金附	登州宋屬京東東路。金屬山東東路。	蓬萊縣	黃縣
元	登州初屬益都路。後屬般陽路。	蓬萊縣	黃縣
明	登州府洪武九年升府，屬山東布政司。	蓬萊縣洪武元年省入州。九年復置，爲府治。	黃縣屬登州府。

	福山縣
黄縣 屬齊郡。	
黄縣 屬東萊郡。後漢爲郡治。 ⿰巾玄縣 屬東萊郡。 徐鄉縣 屬東萊郡。後漢省。	牟平縣 屬東萊郡。
黄縣 ⿰巾玄縣	牟平縣
黄縣 屬東萊國。 ⿰巾玄縣	牟平縣 初省。後復置。
黄縣 魏屬東牟郡。齊屬長廣郡。 ⿰巾玄縣 魏屬東牟郡。齊天保七年省。	牟平縣 魏屬東牟郡。
黄縣	牟平縣 屬東萊郡。
	武德四年置牟州。八年廢。 貞觀初省入蓬萊。
	福山縣 金天會二年析置，屬登州。
	福山縣
	福山縣

續表

續表

棲霞縣	招遠縣	萊陽縣
腄縣地。	曲成縣地。	昌陽縣 屬東萊郡。
		昌陽縣
		昌陽縣 初省入長廣縣。元康八年復置，屬長廣郡。
	東曲成縣 魏皇興中析置，屬東萊郡。齊省入掖。	昌陽縣
		昌陽縣 屬東萊郡。
蓬萊縣地。		昌陽縣 永徽元年移今治，屬萊州。
		萊陽縣 後唐改名。
棲霞縣 金天會二年析置，屬登州。	招遠縣 金天會二年析置，屬萊州。	萊陽縣
棲霞縣	招遠縣	萊陽縣
棲霞縣 屬登州府。	招遠縣 洪武九年屬登州府。	萊陽縣 洪武九年屬登州府。

續表

寧海州	
	挺縣屬膠東國。後漢屬北海國。 觀陽縣屬膠東國。後漢屬北海國。 長廣縣屬琅邪郡。後漢屬東萊郡。
	挺縣 觀陽縣 長廣縣
	挺縣屬長廣郡。 觀陽縣省。 長廣縣屬長廣郡。
	挺縣齊省。 觀陽縣魏興和中復置，屬東牟郡。周省。 長廣縣齊省。
	盧鄉縣開皇十六年移置。開皇十六年復置，故名挺城。尋廢入盧鄉。 觀陽縣開皇十六年復置，并置牟州。大業初州廢，屬東萊郡。
	貞觀元年省入昌陽。 貞觀元年省入昌陽。
寧海州金大定二十二年置，屬山東東路。	
寧海州初屬益都路。至元九年直隸省部。	
寧海州洪武初屬萊州。九年改屬登州府。	

續表

	文登縣
東牟縣 屬東萊郡。	不夜縣 屬東萊郡。後漢省。 腄縣 屬東萊郡。後漢省。
東牟縣	
省入牟平。	
	文登縣 齊天統四年置，屬長廣郡。
	文登縣 屬東萊郡。
牟平縣 麟德二年復分置，屬萊州。如意元年置登州。神龍三年徙州治蓬萊，縣屬。	文登縣 武德四年置登州，六年又置清陽、廓定二縣屬之。貞觀元年州及二縣俱廢。
牟平縣	文登縣
牟平縣 金州治。	文登縣 金屬寧海州。
牟平縣	文登縣
省入州。	文登縣 洪武初屬萊州。九年改屬登州府。

續表

海陽縣	榮成縣
昌陽縣地。	不夜縣地。
	文登縣地。
萊陽縣地。	
大嵩衛洪武三十一年分置，並置海陽所，屬登州府。	成山衛洪武三十一年分置，屬登州府。

大清一統志卷一百七十三

登州府

在山東省治東北九百二十里。東西距五百六十里，南北距三百五十三里。東至海四百里，西至萊州府掖縣界一百六十里，南至萊州府即墨縣界三百五十里，北至海三里。東南至海三百九十里，西南至萊州府即墨縣界三百六十里，東北越海至遼東金州界旅順口五百里，西北至海四十里。自府治至京師一千八百六十里。

分野

天文虛、危分野，玄枵之次。

建置沿革

禹貢青州之域，春秋時牟子國，戰國屬齊。秦屬齊郡，漢爲東萊郡地，南境爲膠東國琅邪郡地。後漢移東萊郡來治。晉屬東萊國，南境爲長廣郡地。劉宋因之。後魏孝昌四年分置東牟郡。西境仍屬東萊郡。北齊郡廢，屬長廣郡。隋開皇十六年置牟州。大業初州廢，仍屬東萊郡。唐如意元年於牟平縣置登州。神龍三年，始徙州治於蓬萊縣。天寶初更爲東牟郡。乾元初復曰登州，屬河南道。五代因之。宋仍曰登州，屬京東東路。金屬山東東路。元初屬益都路，中統五年屬淄萊路，至元二十四年屬般陽路。

明洪武九年升爲登州府，屬山東布政使司。本朝因之，屬山東省。領州一、縣九。

蓬萊縣。附郭。東西距一百二十七里，南北距八十一里。東至福山縣界九十里，西至黄縣界三十七里，南至棲霞縣界八十里，北至海三里。東南至棲霞縣界十里，西南至黄縣界五十里，東北至福山縣界九十里，西北至海四十里。本漢黄縣地。唐神龍三年始分黄縣北之蓬萊鎮置蓬萊縣，爲登州治。五代及宋、金、元皆因之。明洪武元年省入登州。九年升登州爲府，仍置蓬萊縣爲府治。本朝因之。

黄縣。在府西南六十里。東西距八十里，南北距六十五里。東至蓬萊縣界二十里，西至招遠縣界六十里，南至招遠縣界四十里，北至海二十五里。東南至棲霞縣界四十五里，西南至招遠縣界四十里，東北至蓬萊縣界二十里，西北至海二十里。春秋萊國，後屬齊。秦置黄縣，屬齊郡。漢屬東萊郡。後漢爲郡治。晉屬東萊國。劉宋因之。後魏屬東牟郡。北齊屬長廣郡。隋開皇初郡廢，縣屬牟州。大業二年州廢，復屬東萊郡。唐貞觀初屬萊州。神龍三年省入蓬萊縣。先天元年復析置黄縣，屬登州。五代及宋、金、元因之。明屬登州府。本朝因之。

福山縣。在府東南一百三十五里。東西距七十五里，南北距七十五里。東至寧海州界二十五里，西至蓬萊縣界五十一里，南至萊陽縣界六十里，北至海十五里。東南至寧海州界四十里，西南至棲霞縣界三十里，東北至海三十里，西北至海六十里。漢置牟平縣，屬東萊郡。後漢因之。晉初省，後復置。劉宋因之。後魏屬東牟郡。隋仍屬東萊郡。唐武德四年於縣置牟州，八年州廢。貞觀初，省爲蓬萊縣地。金天會二年，劉豫析置福山縣，屬登州。元因之。明屬登州府。本朝因之。

棲霞縣。在府東南一百五十里。東西距一百六十里，南北距一百二十里。東至寧海州界一百十里，西至招遠縣界五十里，南至萊陽縣界五十里，北至蓬萊縣界七十里。東南至萊陽縣界七十里，西南至萊陽縣界六十里，東北至福山縣界八十里，西北至黄縣界五十里。漢爲腄縣地，屬東萊郡。唐、宋皆爲蓬萊縣地。金天會二年，劉豫析置棲霞縣，屬登州。元因之。明屬登州府。本朝因之。

招遠縣。在府西南一百四十里。東西距一百里，南北距一百里。東至棲霞縣界四十里，西至掖縣界六十里〔一〕，南至萊陽縣界六十里，北至黄縣界四十里。東南至萊陽縣界五十里，西南至萊州府掖縣界六十里，東北至黄縣界四十里，西北至海五十里。本漢置曲成縣地。後魏皇興中析置東曲成縣，仍屬東萊郡。北齊并東、西曲成俱入掖縣。隋及唐、宋皆爲掖縣地。金天會二年，劉豫析置招遠縣，屬萊州。元因之。明洪武九年割屬登州府。本朝因之。

萊陽縣。在府南二百五十里。東西距一百七十里，南北距一百五十里。東至海陽縣界六十里，西至萊州府平度州界一百十里，南至海一百里，北至招遠縣界五十里。東南至海陽縣界一百十里，西南至萊州府即墨縣界一百里，東北至棲霞縣界五十里，西北至萊州府掖縣界一百十里。漢置昌陽縣，屬東萊郡。後漢因之。晉初省入長廣縣。元康八年復置，屬長廣郡。劉宋、北魏因之。隋仍屬東萊郡。唐屬萊州。五代後唐同光元年改曰萊陽。宋、金、元皆因之。明洪武九年割屬登州府。本朝因之。

寧海州。在府東南二百十里。東西距一百里，南北距一百六十里。東至文登縣界五十里，西至福山縣界五十里，南至海一百五十里，北至海十里。東南至文登縣界一百五十里，西南至海陽縣界一百八十里，東北至文登縣界六十里，西北至福山縣界六十里。漢置東牟縣，屬東萊郡。後漢因之。晉省入牟平。唐麟德二年復分置牟平縣，屬萊州。如意元年於縣置登州。神龍三年移登州治蓬萊縣，以縣屬之。五代及宋因之。金天會二年，劉豫置寧海軍。大定二十二年升爲寧海州，屬山東東路。元初屬益都路。至元九年直隸省部。明洪武初以州治牟平縣省入，屬萊州府。九年改屬登州府，又設寧海衛於州城内。本朝因之。順治十六年併衛入州。

文登縣。在府東南三百三十里。東西距一百二十里，南北距二百里。東至榮成縣界六十里，西至寧海州界六十里，南至海一百十里，北至海九十里。東南至榮成縣界一百里，西南至寧海州界六十里，東北至榮成縣界七十里，西北至寧海州界五十五里。漢置不夜縣，屬東萊郡。後漢省。北齊天統四年置文登縣，屬長廣郡。隋屬東萊郡。唐武德四年於縣置登州。貞觀元年州廢，縣屬萊州。如意元年復置登州於牟平，以縣屬焉。五代及宋因之。金屬寧海州，元因之。明洪武初屬萊州，九年改屬登州府。
本朝因之。

海陽縣。在府東南二百二十里。東西距一百七十里，南北距一百二十二里。東至寧海州界九十里，西至萊陽縣界八十里，南至海二里，北至棲霞縣界一百二十里。東南至海三十里，西南至萊陽縣界八十里，東北至寧海州界五十里，西北至萊陽縣界一百十里。漢昌陽縣地，晉及五代因之。唐爲萊陽縣地，宋、金因之。明洪武三十一年分置大嵩衛並海陽所〔二〕，屬登州府。本朝初因之。順治十二年省海陽所入衛。雍正十三年升衛爲縣。

榮成縣。在府東四百六十里。東西距一百里，南北距一百四十一里。東至海四十里，西至文登縣界六十里，南至海一百四十里，北至海一里。東南至海一百五十里，西南至文登縣界七十里，東北至海五里，西北至文登縣界七十里。漢不夜縣地。北齊爲文登縣地。唐、宋及元皆因之。明洪武三十一年分置成山衛，屬登州府。本朝因之。雍正十三年升衛爲縣。

形勢

僻在東陲，三面距海。雖土田窄狹，而利擅魚鹽。馬端臨文獻通考。北越大海，可作遼左襟喉；

南出成山，足控江、淮門户。王圻續文獻通考。

風俗

東萊人尤樸魯。隋書地理志。人皆樸魯淳直，甚者失之滯固，然專經之士爲多。宋史。俗淳事簡，地瘠民貧。蘇軾謝表。民多樸野，性皆獷直。凡有施爲，質多文少。元史地理志。

城池

登州府城。周九里，門四，上下水門各三，小水門一，池廣二丈。明洪武中築，萬曆間增敵臺二十八座。本朝乾隆十八年修，三十五年、五十八年重修。蓬萊縣附郭。

黄縣城。周八百四十二丈，門四，池廣二丈四尺。明洪武五年築，萬曆二十二年增築甃石。本朝康熙十一年修，乾隆十八年重修。

福山縣城。周五百七十丈，門三，池廣八尺。明洪武四年築。本朝雍正十三年修，乾隆二十七年、五十六年重修。

棲霞縣城。周二里有奇，門四，南面帶河。明嘉靖三十七年甃石，又爲護城隄，以捍水患。本朝順治五年修。

招遠縣城。周三里有奇，門四，池廣二丈二尺。明萬曆初修。本朝乾隆二十八年修。

萊陽縣城。周六里，門四，池廣二丈二尺。明洪武三十一年築，正德十四年改建甎城。本朝乾隆二十八年修。

寧海州城。周一千零六丈有奇，門四，池廣七丈。明洪武中甃甎。本朝康熙十一年修，乾隆三十二年增築甃石，嘉慶十四年重修。

文登縣城。周七里，門三，池廣三丈。明洪武元年築，萬曆八年甃石。本朝康熙中修。

海陽縣城。周八里，門四，池廣八尺。原係大嵩衛舊建，明洪武三十一年築。本朝乾隆三年修。

榮成縣城。周六里有奇，門四，池廣一丈五尺。原係成山衛舊建，明洪武三十一年築。本朝乾隆三年修，五十八年重修。

學校

登州府學。在府治南。宋大觀間建。本朝順治十五年修。入學額數二十名。

蓬萊縣學。在府治東北。舊在府治西，明洪武中徙縣北，正德中遷府學東，萬曆中復遷今所。入學額數十二名。

黄縣學。在縣治東北。元大德中建。明正統中修。本朝順治十二年重建。入學額數十二名。

福山縣學。在縣治東南。金天會中建。明天順年間增建。本朝康熙年間屢修，雍正四年重修。入學額數十二名。

棲霞縣學。在縣治東。金大安元年建。明洪武三年重建。本朝順治年間屢修。入學額數十五名。

招遠縣學。在縣治西南。元至正中建。明洪武中修。入學額數十二名。

萊陽縣學。在縣治東南。舊在縣治西南，元至元四年遷今所。明嘉靖三十四年增修。本朝順治二年修，十八年、康熙三十年、三十六年、四十年重修。入學額數十二名。

寧海州學。在州治東。金皇統間建。明嘉靖中重修。本朝順治、康熙年間屢修。入學額數十五名。

文登縣學。在縣治東。舊在縣治東南，金大定九年遷今所。本朝康熙十一年修，五十四年、雍正二年重修。入學額數十五名。

海陽縣學。在縣治東。原係大嵩衛學，明永樂中建。本朝雍正十三年升衛爲縣，因舊址增修。入學額數十六名。

榮成縣學。在縣治東。原係成山衛學，明宣德初建。本朝雍正十三年升衛爲縣，因舊址增修。入學額數十二名。

瀛州書院。在府城西。

寶陽書院。在福山縣治北。本朝乾隆十一年知縣李經邦建。

霞山書院。在棲霞縣北關外里許。本朝嘉慶年間建。

牟平書院。在寧海州城。本朝嘉慶二年修。

長學書院。在文登縣西五十里。相傳漢鄭康成設教處。按：舊志載，河濱書院，在黄縣東，明嘉靖間知縣賈璋建；泮東書院，在萊陽縣東南，明嘉靖間知縣牛山木建；文山書院，在文登縣，明天啓中知縣解啓衷建。今並廢，謹附記。

户口

原額人丁一十三萬八千一百二十一，今滋生男婦大小共一百九十一萬二千五百一名口，計民户共三十二萬六千一百九十六户。

田賦

田地六萬八千三百十二頃二十九畝四分四釐有奇，額徵地丁正、雜銀二十二萬七百十二兩一錢七分二釐。

山川

朱高山。在蓬萊縣東八十里，下臨海。縣志：明洪武二十七年，移沙門島巡司於此。

三山。在蓬萊縣東九十里。又名筆架山。

羽山。在蓬萊縣東南三十里。之罘水所出。寰宇記：即殛鯀處。　按：殛鯀於羽山，在東海，今沂州山也。此山偶同名耳。

九日山。在蓬萊縣東南七十里，與黄縣接界。齊記：山有九竅，故名。

密神山。在蓬萊縣南十里。山之東麓有貴溪，一名密水。又南五里有馬鞍山，山東麓兩畔皆深澗，中起石岡，南北通行，謂之天生橋。

崮山。在蓬萊縣南八十里。上下皆平，約四十餘頃。又相接者曰北崮山。

龍山。在蓬萊縣南四十里。上有龍洞、龍岡、龍王廟。縣志：舊置鐵場於此，今廢。其西北十里許爲影口山。

荆山。在蓬萊縣西半里，與丹霞、田横二山連。山色紫而産荆，亦名紫荆山。

石門山。在蓬萊縣西十里。山口甃石，爲驛路所經。其東爲赤山、西山，西二里爲黑石山，下有黑水。

田横山。在蓬萊縣西北三里，即横與其徒五百人退保海上處也。即墨縣亦有田横島，蓋奔竄非一處耳。明萬曆間因倭寇立城垣於此。

丹崖山。在蓬萊縣北三里水城内。縣志：東西二面石壁巉巖，上有蓬萊閣、海市亭及半仙、獅子等十三洞〔三〕。其西北爲珠璣巖，石壁千尺，水中小石，歲久爲海水所磨，圓瑩可愛。俗呼彈子渦，或謂之珍珠門。

蔚陽山。在黄縣東二十里，接蓬萊縣界。又有平山，在縣東北十五里，莊頭河出此。

絳山。在黄縣東南二十里。絳水發源於此。

土山。在黄縣東南四十里。縣志：山環如城，有仙巖石，深闊丈餘，可蔽風雨。

萊山。史記封禪書：齊八祀，六曰月主，祠之萊山。漢書郊祀志：宣帝改元神爵，祠萊山於黄。又地理志東萊郡黄縣有萊山松林萊君祠。元和志：萊山在黄縣東南六十里。舊志：一名萊陰山，有黑虎洞。

黄山。在黄縣東南二十里。西爲丫角山。

石城山。在黄縣南四十里。一名芝陰山。縣志：峯巒岝崿，高出雲表，惟西北一徑可登陟。山半有石壘。又二三里至山口，爲南天門，徑僅一綫，其上平濶。

迷雞山。在福山縣西南二十里。

義門山。在黄縣西南二十里。縣志：相傳有王氏三世同居於此。相近有龍山。

白鶴頂山。在黄縣西南二十五里。

盧山。在黄縣西南二十五里。縣志：山下有延真宫，相傳晉時盧童子飛昇處。

蹲犬山。在黄縣西南三十里。大沽河出此。後漢書郡國志「東萊郡惤」，注：李䏰三齊記曰：「南有蹲犬山，似蹲犬，有神。劉寵出西都，經此山，山犬吠之。寵曰：『山神謂我人也。』」隋書張須陀傳：大業中，賊左孝友將衆十萬，屯於蹲狗山。

東山。在福山縣東八里。縣志：北據海上，南傍大沽河。峯嶺層疊蜿蜒，爲縣東障。

祝聖山。在福山縣東南二里。三峯横亘，峙兩河中央。一名芝陽山。山南一峯，下有洞曰芝陽洞。縣志：相傳金時馬丹陽修道處，圖刻尚存。東一峯曰昇仙峯。

高鑪山。在福山縣東南三十五里。縣志：山有石，形如香鑪，故名。北有寺，溪水環抱，極爲幽勝。

蛤蠦山。在福山縣南三十里。縣志：巔多靈水，隨石竇迸出。又多蠣房，海水結聚而成。上有蛤蠦寺。

積金山。在福山縣西一里。縣志：上有通仙宫，内奉王重陽、馬丹陽遺像。

硃山。在福山縣西二十五里。縣志：其巔皆危崖峭壁，懸洞可容數百人。西有疋山、蛇山，横亘十餘里。清陽河流繞其麓。

峴岦山。在福山縣西三十五里。北麓有勝水泉。

福山。在福山縣西北五里。由峴岦山蜿蜒三十餘里，至此拔起圓峯，羣山繞之。

磁山。在福山縣西北五十里。縣志：山産磁石，三峯聳拔。東峯石壁如削，懸崖瀑布。下爲石洞，深三丈許。下有三泉，旱澇不減不溢。南北又有石夾起，號曰天門。東與之罘相望。

沙山。在福山縣北十里。

海洋山。在福山縣東北二十八里。北枕海濱，南抵大洋。

之罘山。在福山縣東北三十五里，接文登縣界。三面距海，一徑南通。史記秦始皇紀：二十八年，登之罘，立石；二十九年，登之罘，刻石；三十七年，至之罘，射巨魚。封禪書：八神，五曰陽主，祠之罘。漢書武帝紀：太始三年，行幸東海，登之罘。司馬相如子虛賦：觀乎成山，射乎之罘。地理志：腄縣有之罘山。寰宇記：山在海中，高九里，周五十里。山東南水中有壘石，俗傳武帝造橋，兩石銘猶存。齊乘：之罘山，寧海西北五十里。長三十餘里，西南至福山縣。縣志：亦名青城山。山前有甘泉腴田，松卉陰翳。其背峭壁如削，下臨汪洋。有梁千户洞，中産異草。其東數小山，或巖石，或岡阜，棋布水面，直接崆峒島。其西南有巉巖相對，上有横石曰石門，潮水出入其間。其西有遷喬谷，上有秦時石刻二，俱李斯篆，今毁。

靈山。在棲霞縣東七里。縣志：土人立廟其上，祈雨輒應，故名。白洋河發源於此。又，招遠縣西四十里有靈山。

岠嵎山。在棲霞縣東二十里。岠嵎水出焉。元和志：萊陽縣有黄銀坑。舊志：金山亦名岠嵎山，即黄銀坑也。隋、唐以來，守土官採金充貢。後編户置官，歲定金額，有增無減，户漸逃亡。明洪武間始禁開採。

綦山。在棲霞縣東三十里。山之東又有寨山。

鉅齒山。在棲霞縣東七十里。山峯斷續，如鉅齒然。

唐山。在棲霞縣東南十五里。省志：相傳唐征遼駐師處。按：縣志云，唐太宗征遼，道出平州，未嘗至登。通志所載似屬附會。

院山。在棲霞縣東南七十里。

翠屏山。在棲霞縣南半里。福山義井河源於此。

大方山。在棲霞縣西南二十里。周三十里。三齊記：山頂方平，東一峯特起。春日晴明，雲物周護，起伏變幻，有城池、樓閣、旌旗、樹木、人、馬之狀，經時乃滅，若海市然。又迤西五里許，有小方山。

南斑山。在棲霞縣西十里。縣志：土石相半，五色斑斕。其北又有北斑山。

艾山。在棲霞縣西北三十里。齊乘：北抵蓬萊，西連黄縣，巑岏秀拔。上産靈艾，光異凡種。山前有温泉可浴。西大河發源於此。

鼇山。在棲霞縣西北五十里，接黄縣界。曹學佺名勝志：突兀孤挺，形如鼇簇。原疃河發源於此。

百磵山。在棲霞縣東北七十里。縣志：山形透迤，澗水百道交錯，舊産鐵，今無。

齊山。在招遠縣南三十里。

銀山。在招遠縣南五十里。縣志：頂有澄潭，深不可測，相傳與海潮相應。

架旗山。在招遠縣西南七里，綿亘數十里。縣志：相傳唐貞觀中，張亮征高麗，屯兵架旗於此。

霧雲山。在招遠縣西十五里。縣志：山形高峻，每辰、卯之交，煙雲吞吐，迴合山麓。

確山。在招遠縣西北五十里。一名金華山。

張畫山。在招遠縣北十五里。縣志：山高林茂，若張圖畫。

鳳喙山。在招遠縣北三十五里。本名牛心山，元至元中縣尹陳子恒改。

雲屯山。在招遠東北二十五里。縣志：東接棲霞，北連黄縣。諸山綿亘百餘里，中有上九盤、下九盤、上祥光觀、下祥光觀，又有滴水崖、六公澗、鶴姑頂、繡幙屏諸勝。稍南有魯基山、會仙山。

羅山。在招遠縣東北二十五里。齊乘：金初置羅峯鎮。縣志：下有班仙洞，羽士班全真修煉處。

倉山。在萊陽縣東四十里。縣志：舊産鐵。

觀山。在萊陽縣東七十里。山南有觀陽城故址。相近有長青山，山西南有長廣城故址。

五龍山。寰宇記：在萊陽東南二十里。有水道五，于山下合流入海。舊志：西大河、陶漳河、九里河、荆河自西北，昌水自東北，至山前合。

鳳皇山。在萊陽縣南五十里。

浮山。在萊陽縣南七十里，北臨龍沙。

韭山。在萊陽縣西南三十里。一名荆山。

高麗山。寰宇記：在萊陽縣西南九十里。明統志：高麗戍在萊陽縣西南九十里，司馬懿於此置戍，故名。土人訛爲崖崁山。

天井山。在萊陽縣西南一百里。山巔有泉如井。

雙山。在萊陽縣西南一百二十里。

芝山。在萊陽縣西北八十里。名勝志：相傳漢武帝東遊，得芝草於此。東良河水所出。

志霞山。在萊陽縣西北九十里。一名紫霞山。平南河所出也。

火山。在萊陽縣北二十六里。產赤石。

旌旗山。在萊陽縣北三十里。

三螺山。在萊陽縣東北四十里。福山之大沽河出此。中有龍門寺，稱一邑之勝。

盧山。在寧海州東十八里。東北與峴山相連，北去海百里。上有望海臺。

繫馬山。在寧海州東四十里。寰宇記：牟平縣繫馬山在縣東四十里。相傳秦始皇東遊此山，攬草繫馬，至今草生並皆垂屈作繫結之狀。俗曰繫馬礓。

大崑崙山。在寧海州東南四十里。周八十餘里，中多洞府。元史：丘處機爲全真，學于寧海之崑崙山。齊乘：仙經謂之姑餘山，相傳麻姑於此修道上昇。縣志：有小崑崙山相屬。

黄堆山。在寧海州東南八十五里。金水河發源於此。

龍洞山。在寧海州東南一百十里。

歸山。在寧海州南三十里。

蜡山。在寧海州南四十五里。下有温泉。又，州西南三十里雀山亦有温泉〔四〕。

鐵官山。在寧海州西南四十里。縣志：漢鐵官鑄冶處。

兩欹山。在寧海州西南六十里。寰宇記：兩峯欹側相背，故名。

乳山。在寧海州西南一百六十里。宋史：登州有乳山砦。

風山。在寧海州西四十里。

牟山。在寧海州東北三里。亦名東牟山。隋書地理志：牟平有牟山。文獻通考：牟平有東牟山。

峴山。在寧海州東北二十里。齊記：盧山東北有東牟、大峴山。寰宇記：峴山在牟平縣東北二十里。上有東牟侯祠。

金山。在寧海州東北四十五里。縣志：明洪武中置金山所於此。

文登山。一名文山。元和志：文登山在縣西北九十里。寰宇記：在縣東二里。相傳秦始皇東遊，召集文士于此山論德頌功，故名。

鵂鶹山。在文登縣東二里。寰宇記：常有鵂鶹棲止，故名。

石門山。寰宇記：在文登縣東南八十里。山有二石聳立，高二丈，望之如門。

五壘山。寰宇記：在文登縣南五十里。其山南北成行入海，宛如營壘。

鐵槎山。在文登縣南一百里，東連斥山，甚奇秀。府志：相連九頂，南瞰大海，上有清涼洞、千佛洞、雲光洞。下有水簾洞，爲海潮出入處。洞口有二石珠，將大風雨，珠輒蕩激響如雷，土人以卜陰晴。

昌陽山。在文登縣西南十里。昌水出焉。有温泉七。

萬石山。在文登縣西南十里。

紫金山。在文登縣西南五十里。一名崑崙。上有泉，曰靈源泉。

長學山。在文登縣西四十里。縣志：相傳鄭康成教授生徒處。

白鹿山。寰宇記：在文登縣北四十里。唐神龍三年，刺史畢元愷獲白鹿於此。

丰山。在文登縣東北二里。

駕山。在文登縣東北三十里。

著棋山。在文登縣東北五十里。縣志：頂有石棋盤，方一丈許。相傳爲呂洞賓遺迹。

垛山。在海陽縣東二十里。

七子山。在海陽縣西南七十里。寰宇記：山有八峯，大峯居中，七峯環列，若其子然。

昌山。在海陽縣西八十里。昌水所經。山南有昌陽城故址。

三駕山。在海陽縣西八十里。縣志：山峯矗起，爲東南巨嶂。山南有夙敬亭故址。

招虎山。在海陽縣西北三十五里。縣志：層巒疊巘，上有飛瀑。

望石山。在海陽縣北二里。

林寺山。在海陽縣北一百五里。齊乘：萊陽有林寺、福阜二山，皆淘金之地。宋、元時置買金場。

召石山。在榮成縣東四十里。齊乘：秦始皇造石橋，欲濟海觀日出處。有神人召石于山下，驅之岌岌相隨而行，石去不駛，神人鞭之見血，至今山下石色皆赤。山下有海神廟。

斥山。在榮成縣南一百二十里。取「海濱廣斥」之義。爾雅云：東北之美，有斥山之文皮焉。

成山。史記秦始皇紀：二十八年，至渤海。東過黄、腄，窮成山。三十七年，自琅邪北至榮成山。注：正義曰：「即成山也。」又封禪書：八神，七曰日主，祠成山。成山斗入海，最居齊東北隅，以迎日出。注：韋昭曰：「成山在東萊不夜縣。」司馬貞索隱曰：「斗入海，謂斗絶曲入海也。」漢書郊祀志：七曰日主，祠盛山。注：師古曰：「盛，音成。」三國魏志：孫權使周賀等使遼東，還至成山，田豫擊斬之。唐顯慶五年，蘇定方討百濟，自成山濟海。齊乘：在文登縣東北一百五十里。旁多礁島，海道極險處也。按：文登縣志，成山石刻有秦李斯篆書，曰「天盡頭」，曰「秦東門」，曰「詔獄公所」，今山入榮成縣。

卧龍岡。在府城南二里。西麓有清泉，名卧龍泉。

臙脂岡。在府城西南隅。

西牟岡。在福山縣東南十里。

次興岡。在福山縣西北十里。

清香岡。在棲霞縣東七十里。

漏天巖。在府城東三十里。縣志：海崖有巖石下覆，冬夏滴水如漏。

聖水巖。在寧海州東南一百二十里。

沙門島。在蓬萊縣西北六十里。寰宇記：蓬萊縣沙門島在縣北海中五十里。宋建隆三年，索内外軍不律者，配沙門島。齊乘：海艘南來，轉帆入渤海者，皆望此島以爲表識。其相連屬者，牽衣、大竹、小竹諸島，蒼秀如畫，海市現滅，常在五島之上。元時置戍軍於此。明永樂間，移戍内地。

鼉磯島。在蓬萊縣西北一百三十里，沙門島北七十里。縣志：產美石，可爲硯。相對者，東北爲大欽島、小欽島、蜿蟻島，西南爲高山島、侯雞島，皆與沙門相連絡。

長山島。在蓬萊縣北三十里。東西長三十里，若馬鬣然。縣志：凡海道至登州，不得入水城者，必於此駐泊。明時嘗命軍士屯田。又有阻島、虎島、半洋島，皆近蓬萊縣界。

南隍城島。在蓬萊縣北四百餘里。又北九十里，有北隍城島。南爲山東界，北爲遼東界，實諸島脉絡之首。

竹島。在蓬萊縣東北。小竹島在長山島東，大竹島在小竹島東。

烏湖島。舊唐書：太宗命萊州刺史李道裕運糧及器械貯烏湖戍。寰宇記：戍在蓬萊縣東北二百六十里海中烏湖島上。唐貞觀十八年，征高麗，置鎮於此。永徽元年廢。又，大謝戍在縣北三十里海中，亦唐時置。

峔屺島。在黄縣西北四十里海中。縣志：相傳明初爲牧馬場。東北三面皆礁石，東北去桑島八十里。

桑島。在黄縣北六十餘里海中。縣志：二十五里抵海岸。又水程四十里至島，其中多山桑，有石田可耕。

韓家島。在福山縣東北五里。相近有潘家島、胡家島。又五里有宫家島。

鄉島。在萊陽縣南一百六十里。又有馬官島、魯島、鴨島、土埠島，皆在縣東南一百七十里。又，東有千里島。

養馬島。在寧海州北十里。

崆峒島。在寧海州北七十里。相近有栲栳島、浮山島、雙島。又，草島在州西南一百五十里，青島在州南二百二十里。又東爲黄島、鹿島、竹島、腰島、亢島、筲島、皮島，環列海中。

玄真島。在文登縣東南一百里鐵槎山前。東西長五十里，爲海運大道。

蘇門島。在文登縣南一百六十里海中。縣志：相傳與姑蘇遥對，故名。島中出泉甘洌。其北有漲濛島，西有臬島、墨島，又西有邢家島。

劉公島。在文登縣北九十里海中。東西長二十里。凡海道開洋，過成山頭，必至此駐泊。東南有礁石嘴，須避。縣志：島中有田可耕。

鏌鎁島。在榮成縣東南一百五十里。

海牛島。在榮成縣西北十里。寰宇記：島産海牛，無角，長丈餘，紫色。足似龜，尾若鮎魚。性捷疾，見人則飛赴水。皮堪弓鞬，脂可燃燈。相近又有海驢島，上多海驢，常以八九月上島産乳。其毛長可二分，其皮水不能潤，可以禦雨。又有海狸，亦上島産乳。

雞鳴島。在榮成縣西北十五里。寰宇記：雞鳴島在不夜城北。舊志：在劉公島東南。

白石島。在福山縣西北五十里。

湯泉阜。在招遠縣東北五里。

林家崮。在棲霞縣東十里。又有胡家、滾龍、段子〔五〕、狼域諸崮。

虎斑洞。在棲霞縣東四十里。縣志：洞門巉巖若墜，色雜青黄，如虎斑文。

洪花洞。在棲霞縣東北四十里。縣志：巖石層疊，中有石門，稍折而下，空洞如屋，高濶各一丈五尺。又折而下，有清泉一泓，澄澈可鑒。土人病者，飲之即愈。

煙霞洞。在寧海州東南四十里大崑崙山。

密分水。在蓬萊縣東南一里。有數泉下注。亦名欒稼河。由小水門入，下流會黑河。

密水。在蓬萊縣南。發源密神山，北流入城，與黑水會。黑水出縣西南黑石山，東北流入城，會密水出城，西北流入海。

之罘水。在蓬萊縣南十五里。寰宇記：源出羽山，東北流，與石門山泉合流入海。

盛水。在棲霞縣西南二十里方山之陽。縣志：原竇湧泉潛行隱竅，經石龍口噴沫而出，下注方池。亦名聖水。

文水。在棲霞縣北三里。縣志：東、西、南三水交流，如文篆然，故名。

濱水。在棲霞縣北十里濱都宮前，抵福山入海。

海。府境三面皆距海。自蓬萊縣北，東至福山縣北，又東至寧海州北，又東至文登縣，又東至榮成縣之成山，爲府之東境；自成山迤南，折而西，至文登縣南，又西至海陽縣南，又西南接萊州府界，爲府之南境；自蓬萊縣北，迤西至黄縣北，又西至招遠縣北，又西接萊州府掖縣界，爲府之北境。元時海運自江南至山東，過鰲山衛，入府境。東至成山，折而西，至蓬萊縣北之沙門島，放大洋至直沽。齊乘：北自平州碣石，南至登州沙門島，是渤海之口，闊五百餘里。舊志：海在蓬萊縣北五里，黄縣北二十里，福山縣北十五里，招遠縣西北五十里。萊陽縣南距海，寧海州南、北皆距海，文登縣東、南、北皆距海。蓬萊有平陽、劉家汪、灣子、抹直、新開、石落、西山、西望莊、欒家、孫家諸海口，福山有之罘、海洋山、城後、八角、蘆洋諸海口，寧海有草島嘴、琵琶、西横、南横、太灣、雙島、金山、龍門、筥島、貂子、清泉諸海口，文登有姚山頭、長會、漲濛、黄連嘴、裏島、石島、馬頭嘴、養魚池、朝陽、九臯、長峯諸海口，黄縣有鹽場一百三十五處。按：今榮成縣東、南、北三面距海，而文登縣南、北距海。

大沽河。在黄縣東南四十里。源出蹲犬山，南流經招遠、萊陽二縣界，又折而西，東南入萊州府平度州界。魏書地形志：長廣郡長廣有沽水。詳見萊州府。

黄水河。源出黄縣東南六十里黄山，北流經故黄城，折而西北，合絳水河，流經縣東，又西北入海。又縣東北三里有絳水河，源出縣東南二十里絳山，北流經縣城東，合黄水河，至馬停鎮入海。

清洋河。亦名大海〔六〕。發源棲霞縣翠屏山東，遶城北流，折而東，經福山縣東北入海。又白洋河源出靈山，遶翠屏山而西，會溪谷諸水，北流經福山縣東，合清洋河。又縣西南三十里有義井河，源出翠屏山西麓，北流經縣城東，合清洋河。

原疃河。源發棲霞縣西北五十里蠶山，北流經招遠縣城東北，合東良、平南二河入海。

東良河。圖表曰界河。在招遠縣東三十里，源出萊陽縣西北八十里芝山，西北流，經西北入海，曰東良海口。其東與黄縣分界。又平南河源發萊陽西北九十里志霞山，北流入縣界，合東良河與原疃河入海。

萬盛河。在招遠縣西北五十里。源出確山。又，縣西北三十里有五澗河。俱由石灰灣流入海。

陶章河。在萊陽縣東十五里。源出棲霞縣東南十五里唐山，西南流經萊陽縣東，又西南會縣河、西大河合流，南入海。縣河源出棲霞縣西南之方山，南流經萊陽縣城東，又南流與陽章河合。

五龍河。在萊陽縣南二十五里。源出棲霞縣西北艾山，南流經小方山，爲西大河；又東南流經萊陽縣西，又南流至紅土崖與縣河、陶章河合；又經縣南五龍山下，與九里河、荆河、昌水河合，爲五龍口。兩崖皆山，澗二三丈。又南流入海。文獻通考：萊陽有五龍水。舊志：九里河源出招遠縣腰山。荆河源發荆山，會九里河，入五龍口。

大姑河。發源萊陽縣東北西十里三螺山之東麓，北流經福山縣東，又北入海。

金水河。在寧海州東五里。一名沁水河。發源州東南八十五里之黄堆山，合溪澗諸水北流，經州東，又東北入海。縣志：明洪武間築隄扞水。又州西北十里有五丈河，源出州南四十五里之蜡山，亦東北流入海。按：輿圖寧海州之西有辛安河，北流至龍門港口入海，疑即五丈河是。

黄壘河。在寧海州南一百里。發源姑餘山，東南流入海。按：輿圖有大河在寧海州南，南流至乳山口入海，疑即黄壘河。

昌水河。源出文登縣西南四十里昌山下，西南流經萊陽縣東南四十里，名水口河，又名昌陽水，會五龍河，南入海。文獻通考：文登有昌陽水。

送駕河。在文登縣西北五里。源出縣東北五十里著碁山之麓，西南流經縣西北，又東流入海。縣東抱龍河源出駕山，城東河源出丰山，俱合注送駕河。又縣西南六十里有古橋河，源出白鹿山，南入海。

柘埠河。在文登縣東北六十里。源出道谷中，東北流入海。

白沙河。在海陽縣西北六十里。源出甕崖頭，下流入海。

嵩潛河。發源嵩山，西南流經海陽縣西入海。

豯養澤。在萊陽縣東五十里。周禮職方氏：東北曰幽州，其澤藪曰豯養。漢書地理志：長廣縣西有豯養澤。元和志：昌陽縣豯養澤，在縣西北四十里。

鹹泉池。在蓬萊縣東北二十里。

五龍池。在文登縣西北七里。

温泉。府境温泉有十，在府城南者二：一出石嶺社，一出崮山之陽。在棲霞縣者一，出縣西北三十里艾山東麓。在招遠縣者二：一出縣東，至滾泉山南，一寒一温，分流並注，亦名鴛鴦河；一出縣北五里湯泉埠南，極熱，東流合温泉入池，始可浴。在寧海州者一，出州南八十里，即古湯泉鎮也，名歸仁温泉。在文登縣者三：一在縣西七里，名七里湯，又名昌陽湯；一在東南三十里，曰呼雷湯；一在縣北二十里，曰洪水灟。在榮成縣者一，出縣西北六十里，名温泉湯。

花山泉。在蓬萊縣南五十里。

聖母泉。在黄縣東南三里。縣志：自石竇湧出，甘潔異常，大旱不減，居民獲灌溉之利。又，黑虎泉在縣東南六十里萊山寺古洞前，味亦甘冽。

奇泉。在福山縣西里許積金山下。

通申泉。在福山縣東北二十里通申村。縣志：有古石臼攲立，泉自臼出，經冬不凍，大旱不涸。

聖水泉。有三：一在黃縣東南三里，一在福山縣西三十五里峝岦山東北，一在福山縣蛤蟆山頂。

平泉。在棲霞縣東北二十里。縣志：平地突湧不息，可引以灌田。

陽溝。在黃縣北十五里。縣志：長梁蜿蜒，爲邑中洩水之所。

暖水灣。在府城南二里。亦名響水灣。

古汀灣。在萊陽縣南十里。

千八港。在文登縣南六十里。

官渠。在福山縣西。縣志：清洋河與大姑河相隔僅二里，每夏秋水發，相合爲一，東至東山下，西至積金山下，田塍廬舍，時有衝溢之患。明成化間，知縣郭玉開渠，西自馬神廟，北抵清洋河，共十五里，廣一丈五尺，深一丈。邑民賴之。今多淤。

銅井。在府城南三十里漏天巖東。縣志：潮退則見。海水鹹鹵，而井獨甘。井口色青若銅，故名。

盧童井。在黃縣西南二十五里盧山延真宮。

古蹟

黃縣故城。在黃縣東南。古萊子國，亦謂之郲。左傳宣公七年：齊侯伐萊。注：「今東萊黃縣。」又，襄公四年：齊人以郲寄衛侯。秦置黃縣。史記：秦伐匈奴，使天下飛芻挽粟，起于黃、腄。黃即黃縣矣。唐神龍三年，分縣境之蓬萊鎮置蓬萊縣，遂以黃縣併入蓬萊。先天初，復移置黃縣于今治。元和志：故黃城在縣東南二十五里。寰宇記：高齊天保七年，移今治。齊乘：

萊子城，地名龍門。居山峽間，鑿石通道，極爲險隘，俗名萊子關。

⿰巾弦縣故城。在黃縣西南。漢置縣，屬東萊郡。後漢爲侯國。晉、宋因之。後魏改屬東牟郡。北齊天保七年省。寰宇記：故城在今縣西南二十五里。

徐鄉故城。在黃縣西南五十里。漢置縣，屬東萊郡。齊乘：以徐市求仙爲名也。成帝時封膠東王子炔爲侯。東漢省。

昌陽故城。在萊陽縣東南二十五里昌山南。漢置縣，屬東萊郡。成帝封泗水戾王子霸爲昌陽侯。後漢書琅邪王京傳：永平二年，以東萊之昌陽縣益琅邪。而郡國志仍屬東萊郡。舊唐書地理志：永徽元年，移治古縣西北二十三里。寰宇記：昌陽故城在文登縣西南三十里。晉復置于今縣界。唐又移于今治。後唐改曰萊陽。

挺縣故城。在萊陽縣南七里。漢置縣，屬膠東國。後漢屬北海國。晉屬長廣郡。宋、魏因之。後齊廢。隋開皇十六年改置挺城縣，屬萊州。尋又廢。

盧鄉故城。在萊陽縣西南四十里。漢置縣，屬東萊郡。後漢屬琅邪郡，後仍屬東萊。晉及宋、魏因之。北齊廢。其故城在今萊州府平度州界。隋開皇十六年復置，移治于此，仍屬東萊郡。唐初屬萊州。貞觀元年省入昌陽縣。章懷太子曰：盧鄉故城在昌陽縣西北。

長廣故城。在萊陽縣東。前漢置縣，屬琅邪郡。後漢屬東萊郡。晉屬長廣郡。劉宋、北魏因之。北齊省。寰宇記：在萊陽縣東五十里。齊乘：即故中郎城。石勒時，中郎將石同築，以防海。在縣東南一百三十里。

觀陽故城。在萊陽縣東七十里觀山之陽。漢置縣，屬膠東國。後漢屬北海國。建武中封賈復爲侯邑。晉省。後魏興和中復置，屬東牟郡。後周廢。隋開皇十六年復置，併置牟州治焉。大業初州廢，縣屬東萊郡。唐貞觀中省入昌陽。

不夜故城。漢置縣，屬東萊郡。齊地記云，不夜在陽庭城東南。古有日夜出，見于東萊，故萊子立此城，以「不夜」爲名。

王莽時曰夙夜。後漢省。元和志：不夜故城在文登縣東北八十五里。

牟平舊城。在今福山縣界。漢置牟平縣，屬東萊郡。後漢因之。晉省，後復置。劉宋屬東萊郡。後魏屬東牟郡。隋復屬東萊郡。唐貞觀初省，麟德中復置，屬登州。明洪武初省縣入寧海州。元和志：牟平縣，本漢縣，在牟山之陽。其地夷坦，故謂牟平。

育黎舊城。在寧海州界。漢置縣，屬東萊郡。後漢省入牟平。寰宇記：在登州東南一百二十里瀰港水側近。其地良沃，故以「育黎」爲名。

東牟舊城。在寧海州界。漢置東牟縣，屬東萊郡。高后六年，封齊悼惠王子興居爲侯國。後漢書琅邪王京傳：永平二年，以東萊之東牟縣益琅邪。注：「東牟故城在文登縣西北。」晉省入牟平。魏書地形志東牟郡治牟平縣有東牟城，是也。元和志：文登縣東牟故城，在縣西北一百十里。按：晉紀，永嘉元年，有東牟太守龐伉。魏書張幸傳：爲慕容超東牟太守。東牟爲郡，當始自晉，不應有郡而無縣。而晉、魏志皆殘缺其廢置，及郡治遷移皆不可考。

腄縣舊城。在文登縣西。秦置。史記：始皇二十八年，並渤海以東過黃、腄。漢屬東萊郡。呂后封呂通爲腄侯。後漢省。唐置清陽、廓定二縣。尋廢。寰宇記：腄縣在文登西七十里清陽水側近，與之罘山相對。齊乘：腄城在寧海州東三十里，臨清陽水，故名。清陽城又名陽庭城，即腄城是。又遠島城在縣西南八十里，五壘島城在縣南六十里，元真島城在縣東南一百里，行島城去元真島二十里。

鯀城。寰宇記：在蓬萊縣南六十里。相傳魏將田豫禦吳將周賀于此，因築此城，以近殛鯀之地而名。

士鄉城。寰宇記：黄縣有士鄉城，在縣西北十里。山東通志：後漢書孔融爲鄭康成特立一鄉，曰：「昔齊置士鄉，越有君子鄉，皆異賢之意也。」

大入城。元和志：大入故城在黃縣北二十里。司馬宣王伐遼東，造此城，運糧船從此入新羅、百濟。明統志：城在黃縣東北二十里。

牟城。在福山縣西北。應劭風俗通：牟子國，祝融之後。魏書地形志：東牟郡牟平縣有牟城。明統志：牟城在福山縣西北三十里。

潘家城。在招遠縣東北二十里。縣志：相傳宋潘美築城于此。又有將軍城在縣東南四十里，亦齊人屯兵處。

齊康公城。在寧海州東十五里。史記田敬仲世家：田和乃遷康公于海上，食一城以奉其先祀。即此。文登縣志：齊康公城在縣南四十里。

靖海廢衛。在文登縣東南。漢爲不夜縣地。北齊以後爲文登縣地。明洪武中分置靖海衛，屬登州府。本朝雍正十一年省入文登。去縣界二十里。

大嵩廢衛。今海陽縣治。漢昌陽縣地。明洪武中分置大嵩衛，領海陽、大山二所，屬登州府。本朝雍正十三年升爲縣。

成山廢衛。今榮成縣治。漢不夜縣地。北齊以後爲文登縣地，曰天水郡。明洪武中分置成山衛，領尋山所，屬登州府。本朝雍正十三年升爲縣。

威海舊衛。在文登縣北。漢東牟縣地。唐以後爲牟平縣地。金、元爲寧海州地。明洪武中分置威海衛，屬登州府。本朝雍正十二年省入文登。去縣界九十里。

兩水鎮。今福山縣治。齊乘：福山縣舊爲兩水鎮，劉豫置。蓋以清洋、大沽而名也。

楊疃鎮。今棲霞縣治。唐、宋蓬萊縣地。齊乘：棲霞縣在登州東南一百四十五里。舊爲楊疃鎮，亦劉豫所置。

羅峯鎮。今招遠縣治。本掖縣地。齊乘：招遠縣在萊州東北一百二十里。金初置羅峯鎮，後升爲招遠縣。

秦宫。在文登縣東北一百八十里。東、南兩面距海，相傳始皇東遊所築。南有七井水。

蓬萊閣。在府城北丹崖山上。縣志：舊爲海神廟。宋治平中，知州朱處約移廟于西偏，于廟故基建閣，爲州人遊賞之所。從閣西折而下，爲海潮菴，菴左側有海鏡亭〔七〕，處約有蓬萊閣記碑。蘇軾海上詩刻亦在閣上。

黄土臺。在萊陽縣西南八十里。名勝志：其壤黑色，惟臺土獨黄。相傳秦始皇取淄境土，築此以望仙。

望海臺。在文登縣東北一百八十里。府志：相傳秦始皇築此以望海。

賓日樓。在府治後。蘇軾東坡志林：居士移守登州，五日而去，眷戀山海之勝，與同僚飲酒賓日樓。酒酣作枯木竹石一帋，投筆而去。

萬松堂。在府城内。宋蘇軾有登州孫氏松堂詩。

静治堂。在府城内。宋趙明誠爲守于此，裝金石諸刻。

甘泉亭。在府城内聖水泉上。宋知州馬默建。

納川亭。在府城北海濱。

望仙門。在府城内。今譙樓也。縣志：相傳漢武帝遣方士望仙於此。

關隘

黄山館驛巡司。在黄縣西六十里。舊有驛丞。本朝雍正四年裁，乾隆三十一年移招遠縣東良海口巡司駐此。

福山海口巡司。在福山縣東北。本朝雍正十三年移即墨縣雄崖巡司駐此。

靖海巡司。在文登縣望海口東。本朝雍正十二年設。

威海巡司。在文登縣西北一百里。本朝雍正十二年移温泉鎮巡司駐此。

行村寨巡司。在海陽縣西南八十里。舊隸萊陽縣，本朝雍正十二年移屬。

石島口巡司。在榮成縣東二十里。本朝雍正十二年移文登縣赤山寨巡司駐此。

温泉鎮。在文登縣東北九十里。舊有巡司，本朝雍正十二年移駐威海。

湯泉鎮。在寧海州南四十餘里。爲遠近商民輻輳之處。

文登營。在文登縣東十里。明宣德二年建，初在縣西門内，十年遷此。有土城，周三里，東、西、南三門。營當東面之險。今移縣城中。

登安場。在福山縣北五里。舊置鹽大使。

巨峯寨。在府城東七十里。地有鹽場。

田横寨。在府城西北五里，與蓬萊閣對。西、北二面皆海，石壁高峻。山東通志：相傳漢韓信破齊，田横走于此。明萬曆癸巳，因倭警調浙兵戍登，設有城垣，遺址尚存。

劉家汪寨。在府城東北四十五里。又東爲解宋寨。

黄河寨。在黄縣東北二十里海口。宋築寨，明崇禎十年建石城。

乳山寨。在寧海州西南一百六十里。爲海口要地。宋史地理志牟平有乳山砦，即此。舊置巡司，本朝雍正十二年裁。

貉子寨。在寧海州北七里。

赤山寨。在文登縣東南一百二十里。舊有巡司，本朝雍正十二年移駐榮成縣石島口。

水城。在府城北。本名備倭城。南與府城接，北即新開海口，爲海道要會之區。城周三里許，門一。北砌水門，以禦海濤，引海水入城中泊船。門設關禁，以譏往來。明立備倭都指揮于此。本朝康熙六年，分設水師營駐水城，十六年、四十三年添設遊擊、守備、千總、把總，前、後二營，既又裁後營。

奇山所。在福山縣東北三十里。明洪武三十一年置。有城，屬寧海衛。今爲奇山社。

東良海口。在招遠縣西五十里。舊有巡司，本朝乾隆三十一年移駐黄山館驛。

姜山集。在萊陽縣西南九十里。本朝乾隆三十一年移縣丞駐此。

蓬萊驛。在蓬萊縣治西。

龍山驛。在黄縣西關。

津梁

畫橋。在府治東。跨黑水河。

密水橋。在府城南門外。密水流其下。

來賓橋。在府城西北，金山、旅順口海運所通處。

天橋。在府城北水城之新開海口。橋上架木板，以通往來，船行則撤之。海舟停泊處也。
月陽橋。在黄縣西關。通諸山水，達柳溝入河。
紫陽橋。在黄縣西。通高家溝水，會馬渠河入海。
清陽橋。在福山縣東清陽河上。
保成橋。在福山縣西門外。
迎仙橋。在棲霞縣北門外。以近丘處機濱都宫，故名。
折腰溝橋。在招遠縣西南三里。
東良河橋。在招遠縣西北五十里。
萬柳河橋。在萊陽縣東二十里，跨陶章河。
赤山河橋。在萊陽縣東南六十里，跨昌水。
吕疃河橋。在萊陽縣南十八里。
五沽河橋。在萊陽縣西南一百十里。
沭浴河橋。在萊陽縣東北二十里，跨縣河。
沁水橋。在寧海州東五里，跨金水河上。
瞻雲橋。在寧海州西門外。
五丈河橋。在寧海州西十里。

望海橋。在文登縣東門外。原名會仙橋。
路公橋。在文登縣南十五里。石刻「永安五年路公建」。
崑嵛橋。在文登縣西門外。原名迎仙橋。

陵墓

周

淳于髡墓。在黄縣東北二十里蔚陽山下。五代時，其裔孫左僕射晏爲立神道碑。
牟子墓。在福山縣西北三十里。
齊康公墓。在福山縣東北三十里之罘山。

漢

劉寵墓。在寧海州北十里養馬島。魏書地形志：牟平有劉寵墓。

宋

李師中墓。在府城西門外。師中知登州，因家焉。後葬此。

張忭墓。在萊陽縣北半里許。

金

郭長倩墓。在文登縣西三十里許。

元

丘真人墓。在棲霞縣北濱都宫右。

馬丹陽墓。在萊陽縣西南。

明

戚繼光墓。在蓬萊縣芝山北麓。

范復粹墓。在黄縣東北三十里。

左懋第墓。在萊陽縣北七里。

叢蘭墓。在文登縣東北一里。

祠廟

三賢祠。在府城内。縣志：祀宋郡守蘇軾、馬默、李師中，春、秋有司分祭。

大忠祠。在府城内鼓樓東。縣志：祀明禮部尚書陳迪、應天府尹陳鼎、刑部尚書陳其學。

忠烈祠。在府城北門内。縣志：祀明御史浦鋐、浦之浩。

東坡祠。在蓬萊閣西側。

月主祠。在萊山之麓。

陽主祠。在之罘山下。

日主祠。在成山之陽。

古孝女祠。在招遠縣南二十五里。縣志：相傳邑中有李氏女，父爲大蛇所吞，女慟死。官爲立祠。詳後列女。

史公祠。在文登縣治前。明統志：祀金時縣令史嗣貞。

廣德王廟。在府城北水城内丹崖山之陽。縣志：祀海神。唐貞觀中建，元中統間修，明洪武、萬曆中重修。

靈祥廟。有二：一在府北水城内丹崖山之陽，一在沙門島。縣志：祀天妃。

牟平侯廟。在寧海州東二里。漢王子侯表：齊孝惠王子渫爲牟平侯。

褚遂良廟。在萊陽縣東二十里望石山下。

寺觀

開元寺。在府城内西南隅。唐開元中建。

真定寺。在黄縣東南六十里萊山之曲。府志：一名萊山院。峯巒秀爽，松柏蓊鬱。山腰有仙人洞，下有石井、蓮花池。泉水自湧，四時不涸。

石泉寺。在黄縣西南二十五里。其陰爲王伯當廟，禱雨多應。

福聖寺。在福山縣治西。金大定中建。

延福寺。在棲霞縣西。元至正中建。

興國寺。在萊陽縣東南。縣志：金皇統中建。

彌勒寺。在寧海州治東。宋熙寧中建。

崇福瑜珈寺。在海陽縣東南八十里。一名三駕寺。縣志：中有石佛一尊，背有「魏武定二年」字。元皇慶二年僧道照修。明宣德元年僧慶端重修。

佑德觀。在府城南門内。唐開元中建。今名萬壽宫。

積金觀。在福山縣西二里積金山上。一名通仙宫。金大定中建。

神清觀。在寧海州東南五十里。金泰和中建。

朝元觀。在寧海州治西。金大定中建。

東華觀。在文登縣西五十里。金大定中建紫金山東華洞前。元馬丹陽築室曰契遇庵。

延真宫。在黄縣西南二十五里盧山下。府志：晉盧童子得道之所。隋曰昇天觀，唐曰仙君觀。宋熙寧中，郡守李良輔因歲旱累禱有應，疏請封盧仙曰冲禧真君。賜額。

濱都宫。在棲霞縣北十里。金明昌中建。

迎仙觀。在萊陽縣南十里。縣志：金大定中建。

遊仙宫。在萊陽縣西南。金皇統中建。

名宦

漢

毛欽。桓帝時爲黄令。張儉亡命，流轉東萊，止李篤家。欽撫篤曰：「蘧伯玉恥獨爲君子，足下如何自專仁義？」歎息而去，儉以得免。按：儉傳作「外黄令」，外黄在陳留郡，儉流轉東萊，東萊郡治黄，則非外黄明矣。

三國　魏

何夔。陽夏人。長廣太守。長廣縣人管承徒衆三千餘家，爲寇害。夔遣郡丞爲陳成敗，承等請服。牟平賊從錢衆亦數千，夔率郡兵討定之。東牟人王營衆三千餘家，脅昌陽縣爲亂，夔遣吏授以計畧，使離散之，旬月皆平定。是時魏武始置新科下州郡，夔以師旅之後，不可卒繩以法。魏武從其言。

南北朝 魏

邢臧。河間人。東牟太守。時在職者少廉白，臧獨清慎奉法，吏民愛之。

隋

辛公義。隴西狄道人。開皇中遷牟州刺史。下車先至獄中，露坐驗問，決斷咸盡，方還大廳。受領新訟，問事若不盡，應須禁者，公義即宿廳事，終不還閣。或諫之曰：「此事有程，使君何自苦也？」答曰：「豈有禁人在獄而心自安乎？」罪人聞之，咸自款服。後有欲争訟者，其鄉閭父老遽相曉曰：「此蓋小事，何忍勤勞使君？」訟者多兩讓而止。

唐

韋俊。開元中爲登州刺史。渤海靺鞨寇登州，俊死之。

五代 周

郭進。博野人。廣順初登州刺史。會羣盜攻劫居民，進率鎮兵平之，部内肅清。民吏千餘人詣闕請立屏盜碑，許之。

李萬超。太原人。登州團練使。有詔重均田租，前牟平令馬陶籍隸文登，隱田不税，命繫之，將斬而後聞，陶懼遁去。由是境内肅然。

宋

侍其曙。真宗時知登州。歲饑，請漕江、淮米以賑貧乏，活者甚衆。

劉涣〔八〕。保塞人。仁宗時知登州。益治刀魚船以備海寇，寇不敢犯。詔嘉奬之。

李師中。楚丘人。神宗時知登州。在官不貴威罰，務以信服。

馬默。成武人。神宗時知登州。沙門島囚衆，官給糧者纔三百人，每溢數，則投諸海。默爲奏請，更定配島法二十條，溢數而年深無過者移登州。其後蘇軾知登州，父老迎于路曰：「公爲政愛民，得如馬使君乎？」

宗澤。義烏人。通判登州。境内官田數百頃，皆不毛之地，歲輸萬餘緡，率横取于民。澤奏免之。

金

趙鑑。章丘人。大定中知寧海軍。秋禾方熟，蟲生。鑑出城行視，蟲乃自死。

完顔衷。大定中寧海州刺史。平賦役無擾，民立石頌遺愛。

烏古倫榮祖。河間人。寧海州刺史。貞祐二年，城破，榮祖力戰，死之。贈安武軍節度使，謚毅勇。「烏古倫榮祖」舊作「烏古論榮祖」，今改正。

吴邦傑。登州軍事判官。寓居日照之村墅，爲元兵所得，驅令攻城。邦傑曰：「吾荷國恩，詎忍攻吾君之城？」與之酒食，不顧，乃殺之。贈朝列大夫，定海軍節度副使。

元

張起巖。濟南人。年弱冠，爲福山教諭。值縣官捕蝗，移攝縣事，聽斷明允。其民相率曰：「若得張教諭爲真縣尹，吾屬何患焉？」後除同知登州事。

明

張鳳。洪武初知文登縣。廉明剛斷，惠煢獨，興學校，士民戴之。

林元美。閩人。正統間知寧海州。濱海兩衛軍多于民，每習爲暴，元美禁戢之。賑荒寬賦，民賴以安。有二僧入境，執訊之，乃他郡越獄大盜也。衆咸服其神。

段堅。蘭州人。景泰中知福山縣。刊布小學，俾士民講誦。俗素陋，至是一變，村落皆有絃誦聲。

劉淵。安肅人。弘治間知黄縣。政尚寬和，折獄以理，民自悦服。嘗夜出，聞紡績誦讀者，旦召而慰勞之。暇則出郭勸省，歷問民間疾苦。

徐問。武進人。正德初知登州府。地濱海多盜，問捕之盡，民以安居。

申良。高平人。正德初知招遠縣。山東盜起，良豫爲戰守具。盜至，追擊至黄縣，俘斬數百人。民懷其政，圖像祀之。

馮崑。蘇州人。正德中知登州府。土寇亂後，比户空虛。崑捐俸賑恤，招集流亡，給牛種，復差徭，民以蘇息。去官，時有餽金十錠，崑至淮上遣還。

陳韜。大同人。正德中萊陽主簿。土寇攻掠，率衆死守，城陷被執，不屈死之。贈登州通判。

司迪。澤州人。正德中知萊陽縣。土寇陷城，迪易築以甎石，經理有方，民不知勞。

章静。太湖人。正德中知寧海州。土寇方熾，静修城濬池，演武備以待之。寇薄城下，焚東門，指揮王瀛欲棄城走，静按劒叱之，衆心遂定。督兵奮擊，賊遁去。

高越。鳳陽人。正德中福山教諭。土寇犯城，越率士日夜防禦，退賊保城。以功升御史。

鄭漳。閩人。嘉靖中知登州府。政惟簡静，淡泊寡營。客有以子孫不給爲慮者，漳正色曰：「天下餓死人，豈皆清白吏子孫耶？」斷獄，每戚然不懌，以故獄無寃滯。逾二歲，升兩淮鹽運使。郡人環泣挽留，車不得行。

錢大復。華亭人。萬曆間知蓬萊縣。以經術爲吏治。時詣學宫，與諸生問難，捐俸置學田四百五十畝。著東牟試畧、四書證議諸書。

閻士選。江都人。萬曆中守萊州，升登州海防副使。值浙兵鼓譟，士選聞變，兼程赴登，捕治渠魁，登民安堵。

韋國賢。晉江人。萬曆中知福山縣。時礦使暴横，國賢力抗，中貴以庇民，被逮廷杖。

陶朗先。秀水人。萬曆中知登州府。歲大祲，請帑金三十萬，舟運遼糧，全活無算。

王以仁。寧羌人。天啓中知寧海州，多善政。卒于官，篋無餘貲，州人醵金以殮之。

吴世揚。洛陽人。崇禎中知黄縣。李九成叛，攻縣，世揚被執，罵賊死。贈光禄少卿，賜祭葬。縣丞張國輔、參將張奇功、守備熊渭皆力戰死。

陳顯際。正定人。崇禎末知萊陽縣。城破，顯際死之。

本朝

王大有。武進人。康熙二十二年知蓬萊縣。修葺學宮，勤于課士，文教頓興。登之衛社差徭久爲民累，大有秉公編審，弊絕民安。每春給牛種，捐貲助貧民，流亡皆得復業。

沈朝楷。山陰人。康熙三十八年授蓬萊縣丞。承辦審讞，一秉虛公，衆皆悦服。歲饑，分任賑事，一無遺濫，設粥必親嘗。又爲婦女請五日一折粥米，老羸稱便。

劉士冠。祥符人。康熙四十二年知蓬萊縣。捐公費以絕私派，請停德麥另徵，併入地丁徵解，積困永甦，民至今感頌之。

人物

漢

李忠。黄人。元始中以父任爲郎，以好禮修整稱。更始立，拜都尉官。從世祖攻下屬縣，至苦陘，世祖會諸將，問所得財物，惟忠獨無所掠。王郎攻信都，馬寵開城納之，收忠母、妻，而令親屬招呼忠。時寵弟從忠爲校尉，忠即格殺之。世祖聞而美之。建武初，封中水侯，以豫章太守病去官，卒。

劉寵。牟平人。齊悼惠王之後。父丕，博學，號爲通儒。寵少受業，以明經舉孝廉，除東平陵令。累官司徒、太尉。清約省素，家無貨積。嘗出京師〔九〕，欲息亭舍，亭吏止之曰：「整頓洒掃，以待劉公，不可得也。」寵無言而去，時稱長者。弟方，有二子：岱，繇，兄弟齊名稱。

李篤。黄人。張儉亡命，止篤家，令操兵到門。篤曰：「張儉知名天下，亡非其罪，忍執之乎？」令嘆息而去。篤因緣送儉出塞，以故得免。

三國　吴

太史慈。黄人。仕郡奏曹史。會郡與州有隙，慈詣公車門通郡章，而爲州家所疾，避禍遼東。北海相孔融，聞而奇之。及融爲管亥所圍，慈到平原説劉備，到曲阿見劉繇。會孫策至，繇使慈偵視輕重。獨與一騎卒遇策，慈便前鬬。會兩家兵騎各來赴，于是解散，慈與繇俱奔豫章。慈進往涇縣，策自攻討，遂見囚執。策解縛捉其手曰：「今日之事，當與卿共之。」即署門下督。劉磐數寇西安諸縣，策以慈爲建昌都尉拒磐，磐遂絶迹。慈美鬚髯，猨臂善射，弦不虚發。年四十一卒。

劉基。繇子。年十四，居父喪盡禮，故吏餽餉，皆無所受。姿容美好，孫權愛敬之。權宴飲騎都尉，虞翻醉酒犯忤，權欲殺之，基諫争得免。累官郎中令，權稱尊號，改爲光禄勳，分平尚書事。

宋

高敏。登州人。爲涇原指揮使，數與西夏戰。范仲淹、韓琦皆薦之，歷利州路都監。羌人以兵三十萬來寇，敏出戰，多所斬獲。次榆木，援兵不至，中流矢死。詔贈嘉州刺史。

孫思恭。登州人。神宗時累官天章閣待制。性不忤物，犯而不校，篤於事上，有所見必密疏以聞，帝亦間訪以政。歐陽修出政府，思恭盡力救解。出知江寧府。思恭精關氏易，尤妙於大衍。嘗修天文院渾儀，著堯年至熙寧長曆。近世曆數之學，未有能及之者。

金

郭長倩。文登人。登皇統經義乙科，仕至秘書少監，兼禮部郎中。修起居注，與施明望、王無競、劉嵓老、劉無黨相友善。所撰石決明傳爲時輩所稱。有崑崙集行于世。

元

隋世昌。棲霞人。父寶，徙居萊陽。世昌涉獵書史，善騎射。身長八尺，鍛渾鐵爲鎗，重四十餘觔，能左右擊刺。宋兵聞鐵鎗名，不敢近。仕至安遠大將軍，改沂郯上副萬户。世昌前後歷數百戰，體皆金瘡。卒，封定海郡侯，謚忠勇。

姜彧。萊陽人。幼穎悟好學。濟南守張榮辟爲掾，屢進參議官。中統初，李璮襲據濟南，彧棄家招集散亡，迎諸王哈布齊，進兵討之。賊衆出降。彧請于王，下令諸軍敢入城者，論以軍法。璮就擒，城中安堵如故。彧以功授大都督府參軍，累擢燕南河北道提刑按察使。「哈布齊」舊作「哈必赤」，今改正。

鄭將軍。黄縣人，逸其名。性忠烈。元末，率衆屯士鄉城。明徐達遣使封刃招之，鄭引頸就刃，人即葬于其地。墓旁赤沙深數尺，傳其頸血所濺也。鄉人神之，爲立祠。

明

高翼。棲霞人。洪武中以才行卓異薦。累官都察院左都御史。佐征滇、遼，著勛績。

于守禮。萊陽人。洪武中以通經舉，才識過人，歷任有聲績。累遷陝西按察僉事。卒于官，所遺圖書、衣衾而已。

胡琛。黄縣人。永樂舉人。正統間歷福建興化太守，討平劇寇鄧茂七。朝議將大用，而琛以終養告歸。子鏞，宰永寧，善決疑獄，有神明之稱。

曲鋭。萊陽人。成化進士。歷僉都御史，巡撫寧夏。劉瑾怒其不附己，勒令閒住。瑾誅，復官階。鋭有吏能，所至獄無滯囚。其在四川，土官馬湖知府安鰲恣横，誘執之，置之法。疏請改流官，州人德之。

許鋭。登州衛人。成化進士，授行人，擢御史。弘治中，中官梁芳專擅，鋭劾罷之。復以修省事，劾罷劉吉、徐溥等。及按口北〔一〇〕，條邊務六事，陳時政十二事。按畿南，以星變上言修政弭災八事。後出爲山西僉事，卒。

陳鼎。蓬萊人。弘治進士。爲禮科給事中，奏劾廖堂子姪夤緣鄉薦。後以條陳弭盜機宜忤權璫，斥歸。嘉靖初用薦起授陝西參議，遷延綏兵備副使。著有威績，累遷應天府尹。廉介剛正，爲時推服。

卜懷。寧海州人。幼孤，母教之嚴，常撃以杖。母卒，執杖而泣，供其杖于母側，廬墓三年。詔旌之。後官鄖陽通判。

孫禄。登州人。弘治進士，歷户部郎中。忤劉瑾，禁錮。瑾誅，起知揚州，有善政。累官應天府尹。

徐銘。萊陽人。以貢生通判大名府，乞休歸。正德中，土寇劉六等陷城，與馬負圖俱不屈而死。

劉文萃。棲霞人。正德初爲諸生。率衆禦土寇，不勝，被執，大駡死之。

叢蘭。文登人。幼嗜讀書，自天官、三式、兵鈐、醫術、算數，靡不討索。登弘治進士，官户科給事中。論中官梁芳、陳喜、汪直、韋興罪，諸人遂廢。正德初，進左通政，出理延綏屯田。奏陳十事，劉瑾大惡之，矯旨嚴責。瑾誅，擢户部右侍郎，巡視廬、鳳、滁、和，擊斬趙景隆。召還，論功增俸一級。歷遷南京工部尚書。卒，贈太子少保。

浦鋐。文登人。正德進士，知洪洞縣，擢御史。時尚書林俊去國，中官秦文已斥復用，鋐疏争之。且劾郭勛奸貪，忤旨，奪俸，出按陝西。連上四十餘疏。御史楊爵以直諫繫詔獄，鋐馳疏申救，被逮下詔獄。榜掠備至，爵迎哭之。鋐曰：「此吾職也。子無然。」七日而卒。穆宗初，贈光禄卿。

王時中。黄縣人。弘治進士，知鄢陵縣。尋擢御史。以論劾劉瑾，瑾銜之，識其名于座。已而時中巡按宣大，瑾矯詔逮至京，謫戍遼東鐵嶺衛。瑾誅，用薦起，累升僉都御史。世宗時進刑部尚書。御史馮恩疏列大臣邪正，最詆時中。奏入，詔下恩獄，將致之死。時中擬減戍，上忤世宗意，時中竟落職，而恩亦得不死。時人服其雅量。

陳其學。鼎子。嘉靖進士，擢御史。緹帥陸炳倚勢專擅，其學列疏劾之。累升總督陝西、宣、大軍務，先後擒斬叛人丘富等九百有奇，聲振邊塞。退歸田里，門巷蕭然。課耕讀外，無一切聲色之奉。卒，賜祭葬，謚恭靖。孫夢琛知思州府，夢瑝訓導。崇禎末，孔有德破蓬萊，俱死焉。

郭宗皐。福山人。嘉靖進士，選庶吉士，授御史。以星隕上疏，忤旨下詔獄，尋釋。累擢右僉都御史，巡撫順天。條寸邊五事，以不附夏言、嚴嵩罷歸。後起，撫大同、宣府。復以言事，廷杖謫戍。隆慶時，擢兵部尚書，致仕。宗皐剛方嚴重，言笑不苟，性更友愛。卒，贈太子太保，謚康介。

王言。登州衛人。嘉靖進士，以庶吉士除御史。嚴嵩以通家致之，不屈。大計榜已定，嚴世蕃書其名于驛丞後，遂歸。

張夢鯉。萊陽人。嘉靖進士。以兵部郎中知開封府。高拱有所屬，輒持不行，忤拱意。秩滿，以治行最，格不行。久之，乃升靖邊兵備，累升僉都御史，巡撫順天。入爲大理卿。時張居正秉政，九卿多絀下之，夢鯉獨無加禮。仕宦三十年，家無贏貲。所居園，荆扉槿落而已。

沃田。登州衛人。嘉靖中任都司，禦倭淮陽。賊寇天長，田赴援，斬獲甚衆。賊益兵攻之，戰死。

戚繼光。蓬萊人。幼倜儻，負奇氣。家貧，好讀書，通經史大義。嘉靖中歷浙江參將。以破浙東倭，進秩三等。倭犯江西、福建，皆命援擊，戰功特盛。尋升福建總督，屢平劇寇，威振南方，人號「戚家軍」。會薊門多警，命以都督同知總理三鎮練兵事。邊備修飭，節制嚴明，軍容爲諸邊冠。萬曆初，進左都督，加少保，改廣東。謝病歸。所著紀效新書、練兵事實，談兵者奉爲金科玉律焉。

王道一。黄縣人。萬曆進士。宰大名，調魏縣。濬漳河歸故道，魏免河患。擢工部郎中，出知邠州府。平陽寇起，相戒不入境。後乞休，加副使。所著有日省録、晝永編諸書。

宋玫。萊陽人。天啓進士，累官工部侍郎。大兵攻登州，玫與邑人趙士驥、族兄應亨、知縣陳顯際悉心城守。城破，死之。本朝乾隆四十一年，賜玫謚忠節，士驥、應亨、顯際，並謚忠愍。

張瑶。登州人。天啓進士。爲開封府推官，後左遷河州判官。未赴任，旋里。值李九成攻登州，率家衆禦之，城陷被執，駡賊遇害，妻女四人俱投井死。贈光禄少卿。

左懋第。萊陽人。崇禎進士，知韓城縣。流寇三薄城，練兵擊却之。尋擢户科給事中，章數十上，直聲振中外。福王立，召爲僉都御史，巡撫應天。時本朝大兵連破李自成兵，高宏圖議遣使通好，懋第請行。乃拜兵部右侍郎，與左都督陳洪範偕至京。洪範赴江南招諸將歸降，懋第以不降死。本朝乾隆四十一年，賜謚忠貞。

姜埰。萊陽人。崇禎進士，歷官禮科給事中。風采清峻，以直諫忤旨，廷杖，謫戍宣州衛。將行而都城陷，後流寓蘇州。

疾革時，語其二子曰：「吾本奉命戍宣州，死必葬我敬亭之麓。」二子如其言。弟垓，崇禎進士，授行人。見署中題名碑崔呈秀、阮大鋮與魏大中並列，立拜疏請去二人名。及見兄埰下獄，盡力營護。後聞鄉邑已破，父殉難，一門死者二十餘人，垓疏請代兄繫獄，釋埰歸葬，不許。垓即奔葬，奉母南走蘇州。大鋮得志，欲殺垓。乃變姓名之寧波，久之還至蘇州，卒。

張國儁。寧海州人。天啓武舉。任撫標千總。討白蓮賊，戰屢捷。後在後岡山深入賊巢，援不至，被執，不屈死。本朝乾隆四十一年，賜入忠義祠。

李日舒。棲霞人。有勇力。初爲諸生，崇禎中選將材，日舒應募，授河南守備。流賊陷開封，日舒力戰死。本朝乾隆四十一年，賜謚節愍。

黄承宗。文登縣威海衛人。以貢生知慶都縣。崇禎中慶都兵變，承宗同子朝瑄俱戰死，妻劉氏亦自縊。本朝乾隆四十一年，賜謚節愍。

單經翰。招遠人。爲諸生，以節義自許。崇禎末，城陷，經翰偕妻王氏同日自盡。本朝乾隆四十一年，賜入忠義祠。

沈迅。萊陽人。崇禎初進士，知新城、蠡二縣，歷都給事中，尋以保舉高光斗不當，謫國子博士。乞假歸。城破，闔門殉節死。本朝乾隆四十一年，賜謚烈愍。

本朝

沈時化。蓬萊人。父夢鯨，明季建寧同知。順治四年，土寇逼城，夢鯨禦之，時化及兄時宜與家丁沈平等並出戰。夢鯨被鎗傷重，時化負之以逃，死于僧寺。時宜及沈平等二十餘人，俱力戰死。後督院提兵南下，時化誓報父讐，投充制府健卒，斬關斫殺無算。賊衆悉平，乃扶父櫬歸里。

孫揚聲。萊陽人。由舉人授鄖陽府推官。清操自勵，淡泊甚于家居。順治四年，山寇猝發，郡城失守。揚聲挺身力戰，被執，慷慨罵賊而死。贈按察司僉事。

宋琬。萊陽人。順治丁亥進士，授户部主事，遷吏部郎。出爲隴西道，擢浙江按察使。時登州于七爲亂，琬同族子因宿憾，思陷之，遂以與聞逆謀告變，立逮下獄，闔門縲繫者三載。巡撫蔣國柱鞫得誣狀，得旨免罪，放歸。康熙十年，起官吏曹，尋授四川按察使。十二年入覲。值吴三桂叛，聞變驚惋，死。琬敦孝友，虚懷下士，詩古文詞盛名滿天下，時稱「南施北宋」。施，謂施閏章也。

李贊元。海陽人。五歲而孤，事母盡孝。家貧，其母檢舊券不下千金，贊元悉焚之。順治乙未成進士，由庶吉士改授御史。出按三楚，巡視兩淮鹽政，凡所施行，多惠績。累升督捕侍郎。條議分別窩、逃，及誤娶逃人外生之女，當免議，刊入條例。後以兵部侍郎告歸，卒。

王騭。福山人。順治乙未進士，授户部主事。歷任四川松茂道。時滇賊劉起龍圍建昌，騭轉餉濟兵，勦撫邊寨，賊平。擢總督浙閩。以户部尚書乞休歸。

高啓元。萊陽人。性孝友，自甘淡泊。初任昌樂教諭。萊陽值寇，凡族戚被焚掠者，皆招來之，衣食不足，且稱貸以繼。升任安陽縣知縣。宦囊所有，悉以奉兄長，不問出入。解組歸，益篤孝友，四世一堂，家教肅然。

袁夢吉。榮成人。任湖南武陵知縣。值流賊餘黨之亂，夢吉先事集流亡，繕城堞，練民壯，捍禦月餘。城陷，被執，罵不絶聲，遂被害。

趙作舟。海陽人。康熙己未進士，選庶吉士，改刑曹。疏理冤抑甚多。累升僉都御史，前後歷六任，皆清要，歸時囊橐蕭然。性嗜讀書，多才畧。辛丑，土寇于七逼衛，時作舟家居，出錢穀爲戍兵饋餉，與守土者共固圉。危城得安，皆其力也。

李本涵。贊元子。康熙戊辰進士。事繼母以孝聞，兄弟姊妹十九人共處，未嘗有疾言遽色。值萊陽饑，本涵出錢穀以賑，全活萬餘人。衛城傾圮，捐金倡修，雉堞完固。歿之日，家無長物。

鹿廷瑄。福山人。康熙庚戌進士。少以孝聞。母病癰，親爲吮舐。知吴橋縣，奔父喪，跣足走千餘里，哀毁骨立，見者傷之。後補承德知縣，有惠政。卒于官。

滕國祥。蓬萊人。由行伍累升登州水師遊擊。體恤兵卒，人皆樂爲用，號爲鋭師。康熙五十三年，遇賊于雞鳴島，爲賊藥鎗所中，負重創，尚殺賊數十人，氣盡乃仆。贈驃騎將軍。

于錞。蓬萊人。七歲見祖母畏寒，即知以身爲煖被。稍長，念祖母與母兩世守節，常泣下不止。苦志經營，以備孝養。祖母病思鱣，時當嚴寒，錞入水求之即得，人以爲孝思所感。

林鍾岱。文登人。乾隆己未進士。掌湖廣道監察御史。爲人剛方清慎，辨論鯁直。居鄉好義善施，賑饑贍族。卒祀鄉賢祠。

王懋賞。福山人。乾隆乙未一甲一名武進士，由頭等侍衛授雲南景蒙營遊擊，升湖南永州鎮總兵。協勦湖南、廣西、湖北三省賊匪，屢立戰功。嘉慶六年，迎擊川、陜股匪，斬獲甚多。中矛傷，卒。賜卹，廕騎都尉。

宋延清。招遠人。乾隆辛丑武進士，由藍翎侍衛洊擢貴州大定協副將。嘉慶三年，在四川楊家壩擊賊，受槍傷卒。得旨照總兵例加等議卹，廕騎都尉，入祀昭忠祠。

流寓

漢

張儉。山陽高平人。延熹中遭黨事亡命，流轉蓬萊，止李篤家。

鄭康成。高密人。家貧，客耕東萊。學徒相隨數百千人。

列女

漢

太史慈母。慈避難遼東，北海相孔融數問遺其母。及融爲管亥所圍，慈從遼東還，母謂之曰：「孔北海爲賊所圍，汝宜赴之。」慈單步見融，突圍出，求救于平原相劉備。備遣精兵隨慈至，解圍。事畢，還啓其母。母曰：「吾喜汝有以報孔北海也。」

明

仲夢鯉妻張氏。黄人。年十八，夢鯉亡，不食死。

史乾妻呂氏。黄人。乾客死于外，弟坤迎喪歸葬畢，一慟而絶。乾無子，坤有遺孤，呂與坤妻趙氏同撫之。娣姒同起卧一室，樵汲與共，六十年苦節如一日，年俱八十餘，里人稱曰「史門雙節」。

隋好信妻劉氏。棲霞人。好信與弟好智相繼殁，劉氏與好智妻李氏紡績以育諸孤者四十餘年，時稱「隋氏雙節」。

李孝女。招遠人。父石工，采石山中，爲蟒所食。女慟哭祝天，願見屍，與俱死。俄大雷震電，蟒裂，父屍見。女負土掩埋畢，觸石而死。有司立孝女祠祀之。

王湯臣妻康氏。招遠人。正德間，土寇攻城，湯臣出戰，上馬驚躍，康謂不利，以微言止之。不聽，戰没于陣。康聞之，絶食而死。

張烈女。萊陽人，張宣女。初許字同邑黄生。後黄貧，宣背約，叱辱黄生，黄自縊死。女聞之，伏地慟絶。欲奔喪，宣不許，遂自縊。救甦，七日不食死。

遲應聘妻董氏。萊陽人。正德中土寇攻城，被執，紿云取首飾，走至積水灣，自沉死。同縣曲簿妻閻氏、高尚德妻朱氏、于日妻宋氏、姜德仁妻高氏、董朝佐妻姜氏、張震妻姜氏、李注妻王氏、張信妻孫氏、徐進妻吕氏，皆遇賊，不屈被害。

劉烈女。萊陽人，劉寬女。正德中土寇破城，欲污之。女痛罵，以木擊賊，賊剖其腸。詔旌之。

王相妻林氏。寧海人。年十七。正德中土寇破城，逼之，不屈。先殺其婢以恐之，又不屈。縛而射之，氏罵賊益厲，遂支解死。同州杜氏女許字王纘、吴氏女許字楊志德，皆未嫁，遇賊不辱見害。

張瑶妻齊氏。蓬萊人。崇禎中，李九成叛，大掠城中。齊攜二子至東園井邊，與瑶訣曰：「此我母子死所也。君宜自爲計。」于是先投二子而身從之。亂平，浚井，屍僵立，手攜二子，面如生。同縣沙應鶴妻王氏、王宏基妻吴氏、周道直女聞城陷，俱投水死。

陶致煒妻韓氏。蓬萊人。李九成兵陷城，罵賊遇害。其長女適諸生許焕，被執，投烈焰中死。人嘆爲「母女雙烈」。同縣諸生李長生妻范氏、諸生劉見龍女、諸生周之綱妻吕氏、王三策妻甯氏、張毓秀妻王氏、浦延禧妻王氏，俱殉難死節。

林碧梧妻宋氏。黄人。孀居。聞李九成兵陷城，投井死。同縣李春曜妻鄒氏、義樂曈婦、李遇春妻丁氏、邵扈妻某氏、徐九鴻妻趙氏、趙維純妻閻氏，俱城陷聞變自縊。

張起雷妻曲氏。福山人。李九成兵陷城，被掠，于馬上投水死。

王澤宏妻范氏。棲霞人。澤宏殉壬午之難，氏亦死之。同縣馬鑑妻衣氏、衣潤身妻吴氏、郝延壽妻鄒氏、牟道生妻劉氏〔一一〕、牟鈺妻王氏〔一二〕、王化原妻徐氏〔一三〕、李濬妻牟氏、牟國縉妻宋氏、施王政妻姜氏，俱遇兵亂死節。

單經翰妻王氏。招遠人。李九成兵逼城，單謂妻曰：「吾聞烈士捐軀，今吾致身日也。」妻曰：「能如是乎？與君同之。」城陷，夫妻相對經死。

祝崙妻王氏。寧海人。崇禎壬午城破，遇兵難，不辱死節。同州俞价妾辛氏〔一四〕、王家棟妻趙氏、蘇大奎妻姜氏、李襄妻王氏、李崇起妻苗氏、張光裕妻謝氏、劉旗妻賀氏、姜兆妻劉氏、孫克元妻林氏〔一五〕、戚起宗妻黄氏〔一六〕、韓起歐妻孫氏、董勳妻于氏、林元芳妻高氏、王速城妻楊氏、李兆清妻祝氏、曹琮妻姜氏、蘇民熙妻顔氏，俱遇兵難，不辱死節。

劉煌妻王氏。文登人。城破，王逃避山谷，爲遊騎所獲，遂投身懸崖死。

本朝

胡瑄妻孫氏。蓬萊人。夫病腰癱，氏吮舐不倦。夫歿自縊。同縣周廷椿妻何氏，夫亡殉節。

王賓仁妻林氏。黄縣人。夫亡，不食死。

林巖妻郝氏。棲霞人。巖與兄嶸皆諸生，相繼病亡。嶸妻于氏欲以身殉，郝誡之曰：「從一而終，非輕生之謂也。慷慨赴死易，從容守節難。我與若詩禮傳家，正當勉爲其難者。」于服其言，妯娌形影相依三十年，各終其節。同縣衣惟友妻王氏、李贊妻林氏、劉坦妻吕氏、高灝妻柳氏、李塤妻王氏、董道廣妻孫氏、李份妻牟氏、牟國价妻何氏〔一七〕、柳映參妻劉氏、孫歷妻尚氏、劉思智妻周氏、李瑾妻吕氏，俱夫亡死節。

孫管住聘妻吴氏。招遠人。年十五，未嫁夫死。欲往弔，兄不許。吴奔母墓自縊。

初皎妻姜氏。寧海人。夫亡自縊死。同州孫枝員妻楊氏、鄒鎔妻曲氏〔一八〕、于日章妻鄧氏、楊印崍妻郭氏、孫得親妻張氏，俱夫殁殉節。

宋世傳聘妻樊氏。文登人。未婚夫殁。父母將令改適，遂自縊。同縣張廷珍妻劉氏、陶妻劉氏，俱未嫁殉夫死。又，劉榮任妻李氏、于渶妻吕氏〔一九〕、張相妻劉氏、于承謙妻李氏、劉葵妻叢氏、孫應第妻蘇氏、鄒肇妻叢氏、鄒肇瑞妾孫氏、畢宿焕妻李氏、于廷任妻田氏、王起泰妻代氏、王四妻趙氏、于焕妻梁氏、于璐妻王氏、叢漪妻于氏、王載福妻閻氏、于其瑭妻王氏、張君璞妻叢氏、姚旒妻孫氏、姜應欽妻孫氏〔二〇〕、韓謙妻侯氏、侯思文妻叢氏、周溎妻劉氏、岳作法妻宋氏、宋朗妻許氏、于經妻李氏、于永奉妻李氏、唐國簪妻劉氏、于珍妻李氏、王鏡妻張氏、范磊妻高氏、李泮妻劉氏、連可傳妻潘氏、常元福妻張氏、胡士瑢妻王氏、趙充美妻向氏、于化有妻劉氏、劉炳妾潘氏，俱夫亡死節。

畢縉妻盧氏。榮成人。夫亡自縊。同縣陳汝新妻劉氏、劉玉亨妻李氏、李應本妻唐氏、孫天錫妻劉氏、張允琨妻李氏、田永祚妻袁氏、王紀肅妻袁氏、李國選妻田氏、周世英妻蔡氏、田發生妻杜氏、張諮妻田氏、馬秉儒妻孫氏，俱夫亡死節。

張體隨妻姜氏。萊陽人。夫亡殉節。同縣烈婦梁恪妻丁氏、董松兒妻孫氏、王繼廣妻李氏，節婦趙希菴妻姜氏、張重縉妻董氏、周止妻趙氏、孫璋妻崔氏、李孚先妻嵇氏、張學敬妻劉氏、姜閣妻宫氏、宋思勰妻高氏、趙辰注妻周氏、孫克坤妻張氏、孫文成妻李氏、孫丰妾張氏、王夢爵妻邴氏、由永鉞妻譚氏，均雍正年間旌。

劉縉妻孫氏。寧海人。夫死，投繯殉節。同州節婦張芝才妻喬氏、李一玥妻王氏、李洊妻劉氏、王執中妻姜氏、李遠聲妻李氏、林國喬妻曲氏、王仁黄妻江氏、曲聖瑞妻孫氏、孫玥妻宋氏，均雍正年間旌。

曹廷秀妻宋氏。蓬萊人。同縣節婦王永爵妻班氏、王殿妻徐氏、陸澍妻王氏、李霑妻蔣氏、浦廷賓妻陳氏、遲榮宗妻劉氏、盧昭妻劉氏、馬甡麟妻沙氏、葛志德妻浦氏、張宴妻胡氏、楊方坤妻黄氏、蔣漳妻張氏、張榮泉妻劉氏、湯鉞妻管氏、張夔龍妻周氏、宫成龍妻李氏、王國球妻孫氏、于四子妻蘇氏、邢文富妻顧氏、王學妻張氏、吕羣妻邵氏，均乾隆年間旌。

趙德至妻李氏。黄人。廟見後兩月，德至死。氏絶粒十日不死，遂自縊。同縣烈婦陳元開妻徐氏，節婦李顯集妻吕氏、李琮妻王氏、田國玉繼妻馬氏、范琨妻鄒氏、范任荷妻曲氏、趙居寬妻鄒氏、王其佐妻馮氏、王其琳妻姜氏、崔作聖妻王氏，均乾隆年間旌。

劉堯齡妻林氏。福山人。甫廟見，堯齡病歿，氏投繯死。同縣節婦王典妻滕氏、王溥妻陳氏、劉琅妻姜氏、王顯素妻劉氏、王殿元妻鄒氏、郭世宣妻吕氏、張大觀妻孫氏、王希煜妻欒氏、王祐妻劉氏〔二〕、牟起麟妻張氏，均乾隆年間旌。

李元含妻孫氏。棲霞人。元含以苦學拔貢，遘疾没後，氏跪辭其姑曰：「婦既無子，夫幸有兄，媳得死所，不能常侍膝下矣。」遂投繯死。同縣郝鴻業繼妻欒氏，適鴻業，未久卒。氏善事舅姑，撫前室子仕。及翁姑没，仕亦亡，氏爲仕立嗣，並爲翁姑與仕營喪葬畢，乃自縊。節婦范大倫妻崔氏、林嶸妻于氏、林巖妻郝氏、李林氏，均乾隆年間旌。

閻鴻衍妻孫氏。招遠人。夫亡殉節。同縣節婦劉繼禄妻王氏、温潮繼室袁氏、李廷璋妻温氏、李延德妻楊氏、張獻璞妻王氏、王心繼妻楊氏、楊觀妾李氏、王之濱聘妻劉氏、張朝珍妻郭氏、吴禎繼妻孫氏、李智妻王氏、盛連喜妻曹氏、藺林薈妻孫氏、孫明祖妻王氏、楊汝倫妻姜氏、張秉彝妻楊氏、李炌妻邵氏、路浚明妻温氏、温克敏妻王氏、路圻妻張氏、臧文佐妻王氏，烈婦傅晉妻于氏，均乾隆年間旌。

劉誥妻周氏。萊陽人。夫亡守節。同縣遲欲玥妻劉氏、陳元開妻徐氏、左寬敞妻姜氏、左庭妻孫氏、郭在寬妻張氏、倪惟岍妻修氏、左需妻李氏、姜允執妻崔氏、遲天信妻王氏、姜鑄妻孫氏、吕紞繼妻王氏、沈享陛妻吴氏、李士訓妻于氏、宋煜妾劉氏，烈女李蘭、李芬女，烈婦宫有韜妻宋氏，均乾隆年間旌。

李毓澄妻孫氏。寧海人。夫亡守節。同州楊延榮妻孫氏、孫汝翼妻吕氏、蘇欲時妻曲氏、于惟鎮妻李氏、宫廷瑞妻常氏、宫若峘妻賀氏、姜焯妻李氏、于惟鑑妻谷氏、孫若桐妻楊氏、賀模似妻常氏、吕惟明妻曲氏、宫篪妻喬氏、姜自新妻王氏、初見瓏妻王氏，均乾隆年間旌。

劉榮任妻李氏。文登人。夫亡殉節。同縣烈婦于其璸繼妻張氏、王國平妻叢氏，節婦叢儼妻林氏、劉一和妻蔡氏、徐之沂妻孫氏、于衍祖妻吕氏、叢志仁妻畢氏、陶申士妻吕氏、李鳳文妻林氏、荆東校妻孫氏、叢秉堅妻陳氏、梁宏妻曲氏、徐士彬妻王氏、楊廷蘭妻榮氏、黄承宗妻劉氏、阮希朝妻張氏，烈婦劉成業妻劉氏、鄒四妻趙氏，均乾隆年間旌。

胡文煚妻王氏。海陽人。夫亡殉節。同縣烈婦胡晏妻李氏、李成輝妻趙氏、張凝元妻臧氏、黄庚年妻王氏、趙永煒妻王氏、車輝妻胡氏，節婦李敏妻王氏、馬開遠妻李氏、王加貞妻劉氏、于酉二妻李氏、胡勝妻宋氏、修念妻劉氏、李孚先妻嵇氏、黄抱赤妻梁氏、由以復妻崔氏、馬之燦妻馮氏、馬思恭繼妻張氏、孫爟妻張氏、鞠昕妻鄧氏、修王樹妻安氏、高元愷妻李氏、趙文翰妻孫氏、馬好仁妻孫氏、孫鳳妻李氏、孫九盛妻臧氏，均乾隆年間旌。

邵學孔妻林氏。榮成人。守正捐軀。同縣節婦陳畢氏，均乾隆年間旌。

張維禮妻李氏。蓬萊人。維禮謀食海北，病亡。氏聞訃，投身床下，死而復甦。既葬二日，投繯殉節。同縣陳曰明妻某氏、王國球妻孫氏、張訷妻叢氏、錢可亨妻李氏、許榮福妻陶氏、李萬言妻張氏、劉榮聖妻浦氏、楊余椋妻丁氏、張紘妻于氏、劉文彬妻王氏、葛湘鈐妻劉氏、湯聖謨妻張氏、楊之新妻趙氏、張學敏妻姜氏、劉本温妻鄭氏、劉元政妻孫氏、陳國琢妻李氏、胡成智妻盧氏、孫廷收妻張氏、劉澍妻王氏、喬文豸妻鄭氏、周而真妻盧氏、孫子壯妻欒氏、孫經長妻沙氏、于洵妻孫氏、于士倫妻馬氏、于士信妻吴氏、王昌妻陸氏、周文謨妾李氏、辛世鐸妻張氏、姜瑗妻慕氏、陶士齊妻白氏、趙元愷妻姜氏、張楫妻王氏、胡文若妻郭氏，均嘉慶年間旌。

趙掄輔妻范氏。黄人。夫亡守節。同縣賈焕妻楊氏、丁元瀾妻王氏、丁珖妻王氏，均嘉慶年間旌。

蘇巖妻牟氏。福山人。夫亡守節。同縣柳維安妻劉氏、劉嘉遇妻隋氏、王錫瑋妻林氏、于莊妻王氏、唐福妻劉氏，均嘉慶年間旌。

趙光南聘妻林氏。棲霞人。林競甲女。卜吉有期，光南先數日病逝。氏聞訃奔弔，即于是夜自盡。同縣烈女柳氏，烈婦張可妻王氏，節婦劉唐氏、孫克枸妻項氏、孫琴妻牟氏、米侯氏、孫項氏、孫牟氏、李王氏、林孫氏、孫欒氏、李王氏，均嘉慶年間旌。

孫炤妻王氏。招遠人。夫亡守節。同縣李澄妻趙氏、李培元妻王氏、李曰經妻張氏、陳春榮妻紀氏、陳廷楝妻李氏、王建明妻張氏、王曰俞妻楊氏，均嘉慶年間旌。

王坊妻趙氏。萊陽人。夫亡殉節。同縣節婦孫曰璆妻董氏、姜晞妻車氏、王之秀妻呂氏、朱漣光妻呂氏、蓋盛暉妻逄氏、王燦妻張氏、蓋大成妻宋氏、孫思元妻汪氏、崔兆賴妻王氏、陳世玗妻李氏、張如葵妻王氏、于鎬妻萬氏、阮天順妻孫氏、劉若琅妻韓氏、郭暻生妻趙氏、陶尚忠妻藍氏、陶蓋氏，又烈女于氏、王氏、徐温聘妻呂氏，均嘉慶年間旌。

曲廷藩繼妻李氏。寧海人。夫亡守節。同縣節婦常公亮妻趙氏、宇欽嗣妻王氏、趙謙吉繼妻林氏、周王氏、馬士備妻宋氏、郝執新妻陳氏、孔疏玢妻劉氏，均嘉慶年間旌。

董嗣煌妻呂氏。文登人。夫亡守節。同縣金鉦妻侯氏、劉宗文妻鞠氏、叢儒章妻邢氏、李永坤妻叢氏、王宋氏，均嘉慶年間旌。

趙煇妻辛氏。海陽人。幼因家貧，送歸夫家。並未成婚，煇赴京就傅，病歿。氏聞訃，痛不欲生。至煇歿之百日，從容自縊。同縣烈婦趙廷馭妻王氏、于中裕妻修氏、王希柏妻臧氏，節婦趙嗣宗妻鞠氏、趙爔宗妻高氏、薛尚信妻王氏、趙堃妻孫氏、高斯敞妻宋氏、毛遐齡妻黃氏、李樽彝妻王氏，均嘉慶年間旌。

仙釋

漢

安期生。賣藥東海上，人皆言千歲翁。李少君謂武帝曰：「臣嘗遊海上，見安期生食巨棗，大如瓜。安期生仙者，通蓬萊中。合則見人，不合則隱。」

麻姑。建昌人。修道于牟州東南姑餘山。宋政和中封真人。

金

重陽子。姓王名嚞〔一二〕。陝西盩厔人。金大定初東遊海上，棲息登州府城南修真觀。城有橋，高峻難登，重陽子語人曰：「此橋逢何必壞。」人疑當爲河水所衝激也。大定初，何彦邦來守郡，惡橋不便，因改造之，其言始驗。馬丹陽、丘長春、王玉陽、郝廣陵、譚處端皆其弟子，修道號爲「七真」。

馬丹陽。初名從義，後改名鈺，扶風人。登金貞元進士。大定間，遇重陽子，授以道術。與妻孫氏同時出家。孫先仙去，丹陽後遊萊陽，入遊仙宫，羽化。賜號丹陽順化真人。

任風子。狀貌奇異，少爲酒家傭。馬丹陽授以仙術，修鍊于萊陽之遊仙觀。或經旬不食，隆冬單衣行乞，氣體充粹，雙目炯炯，言休咎皆應。大定甲辰，端坐而逝。後人于他郡見之。

元

丘處機。棲霞人。自號長春子。兒時有相者，謂其異日當爲神仙宗伯。年十九，爲全真，學于寧海之崑崙山，與馬鈺輩同師重陽王真人，重陽大器之。金、宋遣使來召，不赴。元太祖詔求之，往見焉。太祖問爲治之方，則對以敬天愛民爲主；問長生久視之道，則告以清心寡欲爲要。太祖深契其言，錫之虎符，副以璽書，不斥其名，惟曰「神仙」。賜宫名曰長春，在京師順天府西便門外。明正統中，改名白雲觀。

土産

鐵。漢書地理志「東牟」，注：有鐵官。明統志：鐵，蓬萊、棲霞二縣出。

鹽。漢書地理志「東牟惤」，注：有鹽官。明統志：登州土産鹽，各縣俱出。

圓石。出府城北珠璣巖。明統志：石狀如珠璣，或如彈丸，歲久爲海水所磨盪，圓潔光瑩可愛。宋蘇軾嘗取數百枚養石菖蒲，且作詩云。

硯石。明統志：硯石，蓬萊縣海中鼉磯島下出，名「羅文金星硯」。又有「雪浪硯」。

滑石。明統志：蓬萊縣出。

石膏。明統志：蓬萊縣出。

牛黄。元和志：登州土貢牛黄。宋史地理志：登州貢牛黄。明統志：牛黄，各縣俱出。

文蛤。唐書地理志：登州土貢文蛤。宋史地理志：登州貢文蛤。圖經云：寧海州境海出紫貝，形似貝而圓，大三二寸，即砑螺也。

葛布。文登縣志：葛布出縣中。

檿絲。登州府志：出棲霞縣。文登、招遠等縣亦有之。

天南星。明統志：萊陽縣出。

蠟。明統志：萊陽縣出。

海驢。明職方圖：登州産海驢。府志：海驢出文登海中。

蜂蟹。明統志：福山縣出。按：舊志載，元和志萊陽縣有黄金坑；登州，開元貢水葱席。唐書地理志：登州土貢貲布。今俱無。謹附記。

校勘記

〔一〕西至掖縣界六十里　乾隆志卷一三七登州府建置沿革(下同卷簡稱乾隆志)同。按，據本志書例，「掖縣」上當有「萊州府」三字。下文「西南至萊州府掖縣界六十里」則可省「萊州府」三字。

〔二〕明洪武三十一年分置大嵩衛並海陽所　「海陽所」，乾隆志同，明史卷八六河渠志作「海洋所」。

〔三〕上有蓬萊閣海市亭及半仙獅子等十三洞　「半仙」，原作「半山」，乾隆志同，據雍正山東通志卷六山川及明一統志卷二五登州府山川改。按，明一統志登州府山川丹崖山下云：「又有三洞，曰半仙，曰獅子，曰南土，秀麗奇絶，爲一郡偉觀。」僅言有三洞，頗疑「等十」爲「南土」二字之訛。明章潢圖書編卷六一作「半山獅子南十三洞」尚存「南」字，可明訛變之迹。

〔四〕又州西南三十里雀山亦有温泉　「雀」，原作「崔」，據乾隆志及雍正山東通志卷六山川改。

〔五〕段子　原作「堅」，乾隆志同，據光緒增修登州府志卷三山川林家崘條改。按，乾隆志誤二字作一字，又變形爲「堅」，遂不可解。本志失察，承訛未改。

〔六〕清洋河亦名大海　乾隆志同。按，名河爲「大海」，似不可信。考光緒增修登州府志卷三山川清洋河條謂「一名白洋河」，然本志清洋河條下又云「又白洋河源出靈山，遶翠屏山而西，會溪谷諸水，北流經福山縣東，合清洋河」，則清洋、白洋非爲一河。「大海」之名莫究其詳，誌疑待考。

〔七〕菴左側有海鏡亭　「側」，原作「則」，據乾隆志改。

〔八〕劉涣　「涣」，原作「焕」，據乾隆志及宋史卷三二四劉涣傳改。

〔九〕嘗出京師　「嘗」，原作「當」，據乾隆志及後漢書卷七六循吏列傳改。

〔一〇〕及按口北　「口北」，乾隆志同，雍正山東通志卷二八之三人物作「古北口」。

〔一一〕牟道生妻劉氏　「生」，乾隆志作「中」。

〔一二〕牟鈺妻王氏　「鈺」，乾隆志作「玉」。

〔一三〕王化原妻徐氏　「原」，乾隆志作「源」。

〔一四〕同州俞价妾辛氏　「价」原作「介」，「妾」原作「妻」，「辛」原作「牟」，據乾隆志及光緒寧海州志卷二四烈婦改。

〔一五〕孫克元妻林氏　「孫克元」，乾隆志作「祝崙元」。按，光緒寧海州志卷二四烈婦有林氏，謂生員孫克元妻，遇難投海死。似以乾隆志爲誤。

〔一六〕戚起宗妻黄氏　「起」，乾隆志、寧海州志作「啓」；「黄」，寧海州志同，乾隆志作「王」。

〔一七〕牟國价妻何氏　「价」，乾隆志作「玠」。

〔一八〕鄒鎔妻曲氏　「鎔」，乾隆志作「鋐」。

〔一九〕于漢妻吕氏　「漢」，乾隆志作「瑛」。

〔二〇〕姜應欽妻孫氏　「欽」，乾隆志作「辰」。

〔二一〕王祜妻劉氏　「祜」，乾隆志作「祐」。

〔二二〕重陽子姓王名嚞　「嚞」，原作「嘉」，據乾隆志及重陽全真集署名改。